# 珍宝论

若干著名的历史和文物之谜

郑凯堂 ◎ 著

中国社会科学出版社

# 图书在版编目（CIP）数据

珍宝论：若干历史和文物之谜考论和破解／郑凯堂著．—北京：中国社会科学出版社，2011.11
ISBN 978-7-5004-9282-5

Ⅰ．①珍… Ⅱ．①郑… Ⅲ．①历史-研究-中国②文物-研究-中国 Ⅳ．①K207②K870.4

中国版本图书馆 CIP 数据核字（2010）第 224765 号

| | |
|---|---|
| 策划编辑 | 冯春凤 |
| 责任编辑 | 孙　彦 |
| 责任校对 | 刘　倩 |
| 封面设计 | 回归线视觉传达 |
| 技术编辑 | 王炳图 |

| | | | |
|---|---|---|---|
| 出版发行 | 中国社会科学出版社 | | |
| 社　　址 | 北京鼓楼西大街甲 158 号 | 邮　编 | 100720 |
| 电　　话 | 010-84029451（编辑） | 64058741（宣传） | 64070619（网站） |
| | 010-64030272（批发） | 64046282（团购） | 84029450（零售） |
| 网　　址 | http：//www.csspw.cn（中文域名：中国社科网） | | |
| 经　　销 | 新华书店 | | |
| 印　　刷 | 北京君升印刷有限公司 | 装　订 | 广增装订厂 |
| 版　　次 | 2011 年 11 月第 1 版 | 印　次 | 2011 年 11 月第 1 次印刷 |
| 开　　本 | 787×1092　1/16 | | |
| 印　　张 | 29.5 | 插　页 | 20 |
| 字　　数 | 595 千字 | | |
| 定　　价 | 88.00 元 | | |

凡购买中国社会科学出版社图书，如有质量问题请与本社发行部联系调换

版权所有　侵权必究

编号： 01-01-01

名称：中国18世纪宫苑珐琅彩瓷器上的"圣母圣子图"

说明：在清朝宫苑珐琅彩瓷器上这种绘画并不罕见，东方人多称为"西洋母子图"等。实际上它们是几百年前西方常见的"圣母圣子图"的东方衍化版，是天主教最重要的宗教布道图，而不是一般所谓的西洋母子图。中国18世纪的宫苑中除了以郎世宁为首的极少数耶稣会士画家之外，其他任何宫廷画家都没有能力设计和绘画这类题材。而在当时的宫苑传教士画家中，又只有郎世宁同珐琅彩瓷器关系密切，是故，推测它们极有可能是出自郎世宁的手笔，至少是出自郎世宁所教授的高足们之手。它们是郎世宁在18世纪的清朝宫苑中以特种方式寄托其宗教情怀的产物，甚至含有暗中布道的意蕴。

附注：现藏台北故宫博物院，图片选自该院《清宫中珐琅彩瓷特展》一书第143、144号。

编号：01-01-02

名称：中国宫苑珐琅彩瓷器上的东方课子图——"西风为体，中法为用"

说明："课子"题材（母亲教孩子读书）是中国文化的传统内容。18世纪的宫苑珐琅彩瓷上有不少类似的作品。它们是郎世宁及其画珐琅弟子们的常用绘画题材。同时它们也是天主教关于圣母圣子的内容同中国课子内容在特定时空中的有机结合。传统的西方圣母图的内涵和形式融合了传统东方课子图的内容和形式。这种绘画是典型的"西风为体，中法为用"。"西风为体"是说这些画从内容到画法乃属典型的西方传统式油画，而同中国画的传统非常不同。"中法为用"是说在表现技法上作了某种改良，以便能够通过中国皇帝的审美关卡。也就是按照东方人的喜好，尤其是乾隆皇帝的要求作了变通性处理，以符合东方审美意识的要求。例如人物面部几乎没有阴影和明暗反差，背景色调柔和、气氛宁静等。所谓"郎世宁风格"乃是西方和东方之传统画风在18世纪的中国宫苑这种特定环境中由特定艺术家有机融合二者的特殊产物，其所体现的以"西风为主、中法为用"的绘画风格是它的典型特征之一。

附注：现藏台北故宫博物院，此图片依据该院《清宫中珐琅彩瓷特展》一书第118号。

编号：01-01-03
名称：究竟有没有关于郎世宁本人的画像传世？
说明：此图为清宫旧藏。但不知何人、何时所绘，也不知所绘何人。但观画面人物装束，画中人无疑应是在中国长期生活的一位基督教传教士，着装华贵。鸠杖、念珠为变通后的宗教象征。当时中国的皇帝们不准来华的耶稣会士从事天主教传播活动，是故此人不可能是社会上的一般来华传教士，而应该是服务于宫廷的西洋传教士——如郎世宁、艾启蒙、王致诚、安德义等人——中之最著名者之一。其中以郎世宁年龄最长、服务时间最长、官阶最高、也最得皇帝信任。画中人黑发卷曲，腹部突出，应该同郎世宁晚年的状况相合。联想到郎世宁同乾隆皇帝关系非同一般；官阶为正三品大员；其去世后，乾隆皇帝将长春园中的一处新建筑物命名为"古月轩"应是对其表示怀念等。故推测，此画中人物很可能就是老年的郎世宁。或为乾隆皇帝在1766年郎世宁去世后，命在宫中服务的郎世宁的西洋弟子所绘，以慰皇帝对郎世宁的思念。台北故宫学者林丽娜认为此画可能成于乾隆末期。倘本人上述推测不误，则此画当成于乾隆中期的三十一年上下，最有可能是在郎氏谢世之后不久的一段时间内。
附注：此画现藏台北故宫博物院，图片选自《故宫文物月刊》杂志之1992年11月号《乾隆皇帝的文化大业·四、东西十万里》。

编号：01-01-04
名称：郎世宁雍正三年本"聚瑞图"真伪判定
说明：郎世宁"聚瑞图"，传世有雍正元年本和雍正三年本。前者现藏台北故宫博物院，属真迹无疑。而三年本则收藏于美国奥瑞冈（Oregon）大学艺术馆，认真研究过两幅"聚瑞图"的宋宇，著文认为是"伪作"（《雄狮美术月刊》1976年第12期）。另一说则广泛流传于网络，不仅被默认为当然的真品，并说其现藏于上海博物馆。关于雍正三年本"聚瑞图"的藏地，如非收藏权利发生转移，则两说至少必有一说为误。关于该画的真伪，本书作者认为宋宇之说或论据不足。中国的书画鉴定家应责无旁贷地对其进一步深入研究，作出应有的结论。此画题名"聚瑞图"，因画中瓶插静物双穗禾、并蒂莲等均为中国传统文化中的祥瑞之物。雍正皇帝对此画尤喜赏。郎世宁从此受到青睐，以自己的才华和辛勤逐渐赢得两代皇帝的长期信任和重用，成为当时宫廷画院的首领级人物，并管理宫廷绘画档案。"聚瑞图"是郎世宁进入清宫后建造的第一个晋身台阶。以后他经常奉命作画，也奉命开始参与和担负珐琅彩的试制、绘画和培养画珐琅人才的工作。后又负责设计和监造圆明园西洋楼建筑群。"聚瑞图"不仅是郎世宁个人生命历程和仕途上的晋身阶，也是其艺术风格的一次巨大转变和创新，同时还是西方艺术和美学在中国宫廷的滥觞和成功的灌输，并标志着中国绘画史和世界艺术史上一个灿烂的新画派的诞生。

附注：此图片据网络。

编号：02-03-01（右上）
名称：北京天主教东堂郎世宁早期居处
说明：北京天主教东堂位于清皇宫的东华门外。数百年来，曾经因天灾人祸屡毁又屡建。
　　　郎世宁到达北京后，早期住在东堂，并曾为该教堂绘制壁画。但壁画后来随教堂的毁坏而毁。
　　　郎世宁后来奉旨设计和建造长春园的西洋楼，成为"西洋楼"建筑群的总设计师和总工程师，还要负责珐琅彩的绘制和其他绘画，并且奉命移交了原在清宫负责的档案管理工作。他的后半生是在北京西北郊的圆明园度过的。
附注：此图片据网络。

编号：03-05-05（右下）
名称：康熙五彩"余园珍藏"款识（二之一）和花盆底部
说明：款识是先在白釉上按笔划以无光白釉（白彩）书写，再描以墨釉（墨彩），最后又描以透明的淡蓝釉（淡蓝彩），形成晶莹的墨釉款识。其中墨釉的老化脱落严重，岁月痕迹明显，而白釉痕迹则异常清晰。
　　　从北京故宫之康熙五彩藏品看，过去认为五彩没有或不用白彩，应非史实（这个问题需要另外专题论证）。花盆底部的胎体色泽呈红色，具有鲜明的时代特征。
附注：本书作者摄制。

编号：03-05-01
名称：康熙五彩"余园珍藏"款四季花卉图大花盆（二之一）
说明：此对花盆规格硕大，上口直径达61厘米，壁高达49.5厘米，是当时康熙瓷器中的庞然大物。经长期研究和反复鉴定，确认其为康熙五彩。花盆设计豪放，风格敦厚。四季花卉图及各种图案均以工笔绘制，十分精巧。但因长期室外摆放，釉面老化现象显著。彩色瓷釉开片，个别处并稍有脱落。
附注：美国私人藏品。Mr. Frank Li 摄影。

编号：03-05-02

名称：两只花盆之四季花卉图的夏荷和秋菊，画面两两对称

说明：此对花盆四面大开光中所绘制的四季花卉图——春牡丹、夏荷、秋菊、冬梅——其两盆上的画面都是左右对称的。上图中之上排两幅为夏荷，下排两幅为秋菊。花卉采用工笔没骨画法，是当时画界流行的技法。

附注：美国私人藏品，Mr. Frank Li 摄影。

编号：03-05-03

名称：花盆之釉彩边缘显现出美丽的彩虹光

说明：人们通常所说的"蛤蜊光"实际上可以分为很多种，彩虹光是其中最为美丽、奇妙、灵动，也是瓷器鉴定学上最有价值的一种。迄今仍未见到有成功仿造彩虹光的赝品。但显示彩虹光的照片却很难拍。胶卷相机不能显示，数码相机也不一定能够成功。本书作者试百千次，成功的次数极少。希望本图印刷时能清楚地显现出这种彩虹光的质地。

附注：美国私人藏品，图片为本书作者拍摄。

编号：03-05-04

名称：康熙五彩花盆上釉彩的老化

说明：此对花盆显然曾经长期被置于室外，经受了大自然"风霜刀剑严相逼"的考验，故多数釉彩老化明显，可以看到开片和脱落的情形。研究这些老化的痕迹是瓷器鉴定的一项学问，也是瓷器保护必须了解的知识。

附注：美国私人藏品，图片为本书作者拍摄。

编号：03-06-01（左）
名称：康熙皇帝对曹雪芹之父曹俯一封奏折的朱批
说明：康熙五十九年二月二日（1720年 3月10日）皇帝在给曹雪芹之父曹頫的御笔朱批中，严厉地申斥了当时任江宁织造官的曹頫为官不轨、擅自专断、行事不报的行为。警告他以后要遵旨行事，及时奏秉。但后来的事实证明，曹頫并未接受这次警告，而是继续不法之事。几年后曹家败亡，同所谓政治斗争实际并没有关系。这封朱批也是曹雪芹父、祖辈曾长期经办宫苑瓷器、烧制珐琅彩瓷的铁证。

附注：此图片据网络。

编号：03-06-02（右）
名称：曹寅书法举例
说明：曹寅自称"江宁织造，通政使司通政使臣曹寅"。实际上曹家几代都负责制造和操办宫中多种需求。曹寅同康熙皇帝关系密切，也是皇帝派到江南的秘密情报长官和统战部长，大小事宜均要密折直接奏报和请示皇帝；并广交知识分子和大商贾。曹寅本人同时也是诗人和书法家。

附注：据曹寅关于一帧传世书法作品的题词。

编号：04-07-01
名称：明代刘一燝捐助河南相国寺的牙雕金佛
说明：刘一燝 在明朝天启时期曾任当国首辅（相当于首相或总理）。此牙雕佛像高52厘米，头部高8.25厘米，身高是头高的6.3倍。再加紫檀底座，更显修长。中国佛教造像传统上大都是头部比例过大。是故此像应是比例最佳造像之一。此佛左手捧一多层佛塔于胸前，右手下垂长过膝部，符合佛经的记载。

附注：私人藏品。
Mr. Frank Li 摄影。

编号：04-07-02
名称：佛像之右侧像和左侧像。
说明：佛像着装华美高贵，雕刻复杂，线条流畅。表面更加鎏金，但岁月流逝，脱落严重。
附注：Mr. Frank Li 摄影。

编号：04-07-03
名称：雕像的细节和款识
说明：佛陀左手托塔于胸前，塔顶雕刻一莲蓬头，七颗莲子在莲房内至今依然可以转动。说明数百年前的设计和雕刻极为细致、精巧。其胸前的"卍"字形符号左旋。在古代佛像中实际上则是左旋、右旋者皆有，而以右旋者较

多。款识刻写于足底。笔力遒劲，尤其是左撇，力敌千钧。其中的"南""乙""萬""歷"等字写法特殊。"万历"的年号，正式写法作"萬歷"，但当时社会上也常有写作"萬曆"、"萬厯"、"萬歴"者等。根据佛经记载，释迦牟尼佛的体态具有"三十二相"，细节具有"八十种好"。佛陀之体态和形象，集世间理想的各种男性美之极致于一身，故佛陀无疑是世上第一美男子。此像设计和开相是严格遵照佛经中记载的"相"与"好"的标准的。而由于材料的特殊性，也会引起两臂长短有差的某种错觉。

附注：Mr. Frank Li 摄影。

编号：04-07-04

名称：北宋款牙雕金佛——被定为元／明产物和猛犸象牙材质

说明：此像背部刻款为："汴梁国恩寺大宋大观元年修内司少监萧服敬献。"拍卖行的专家为保险起见，定其为元／明时代——14/17世纪——的作品。一些学者认为其为非宋代文物的理由是没有确认的宋代相似的造像可以比照。但并无证据确证该像款识为后刻。款识书法水平甚高。且仅凭《宋史》"萧服传"，一般作伪者是很难造出这种同史传记载文字不同而又内容无误的款铭的。没有确认的宋代相似文物可以比照，亦难构成否定的充分理由。又说，科学分析认为此像材质为化石猛犸象牙，恐须再作确认。中国宋／元／明时代已经将化石猛犸象牙用于雕刻了吗？此像的材质真的是猛犸象牙么？

附注：据 Christis, New York 2009 年 3 月 28 日拍卖图录。

编号：05-09-01（右）
名称：鬼谷子下山图元青花罐
说明：伦敦克瑞斯蒂拍卖公司（Christi's, London）于2005年将此罐拍出创纪录的高价之后不久，仿品在中国即陆续出现于市场，追逐金钱的仿造行为真是快速！不过关于此器之真伪和是否"不到代"的争议，迄今仍然不止不息。

附注：据伦敦克瑞斯蒂2005年7月13日拍卖图录。

编号：05-09-02（左）
编号：元青花龙纹图扁罐
说明：此罐有伤损，曾经被修补。但原始收藏记录完整、可靠。2003年拍卖后，曾创造当时中国瓷器市场的世界高价记录。

附注：据纽约朵尔拍卖公司（Doyle, New York）2003年9月16日拍卖图录。

编号：05-09-03
名称：乾隆款锦鸡图珐琅彩瓷（右）
说明：此即所谓"古月轩"瓷器之一。康熙皇帝称珐琅彩为"磁器法琅"，清宫档案记载作"瓷胎画珐琅"，清末起收藏界俗称"古月轩"，但不知所由。现在通称"珐琅彩瓷器"。"古月轩"之说的起源问题，在20世纪的20年代和30年代曾形成学术探讨热潮，并出现三家学说——《古月轩瓷考》《词源续编》和《瓷器概论》。80年代和90年代又出现探源的热潮，但"古月轩"之谜却未能破解。而通过考据、论证和破解"古月轩之谜"，则占据了本书的重要篇章。
附注：据香港索斯比（Sotheby's, Hong Kong）拍卖公司2005年10月23日拍卖图录。

编号：05-09-04（左）
名称：**康熙墨地五彩花卉图观音尊 ——下落不明**
说明：康熙墨地彩瓷，多数为三彩，此瓶有红花，故也称墨地五彩。制作这类瓷器，困难处不在彩绘，而在墨地。陶瓷界关于"康熙墨地"的形成，一直是诸说杂陈而莫衷一是。本书从陶瓷学术的角度列举关于康熙墨地的诸说而予以辨正之。
附注：据郑振铎《伟大的艺术传统图录》之贴图。

编号：05-09-05
名称：康熙墨地素三彩花鸟图蒜头瓶
说明：对瓶之一。高61厘米。以一株花朵盛开的老梅树和栖息、嬉戏、鸣和、翻飞其间的30多只雀鸟铺满全瓶。
附注：私人收藏。Mr. Frank Li摄。

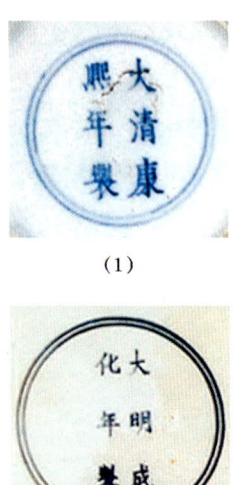
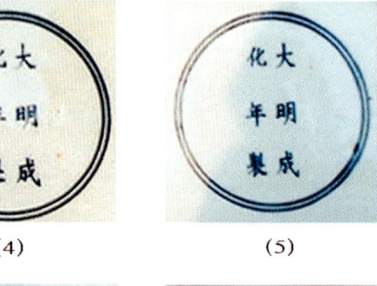

(1)       (2)       (3)

(4)      (5)       (6)

(7)      (8)       (9)

编号：05-09-06（上图）
名称：康熙墨地花鸟图对瓶
说明：此瓶造型具备康熙瓷器的一般特征——气魄、朴拙、厚重。体现一种盛世之美。绘画笔法流畅。老干虬枝，寒梅盛开，雀鸟欢跃。鸟的姿态多种多样——或休憩，或和鸣、或跳跃、或翻飞。
附注：Mr. Frank Li 摄影。

编号：05-09-07（左图）
名称：相关的各种瓷款之比较
说明：(1)(2) 康熙官窑款识两种。
(3) 康熙官窑仿成化款。
(4)(5) 墨地对瓶底款。
(6) 雍正官窑仿成化款。
(7) 雍正官窑款识之一。
(8)(9) 清末民初仿成化款。
附注：其中官窑款识的器物均藏于北京故宫博物院。

编号：05-09-08
名称：墨地彩瓷釉面的蛤蜊光放大照片
说明：彩瓷釉面的蛤蜊光如果系自然形成，便是岁月的一种当然象征。这种光泽的美丽、神奇和灵动，至今非仿造者能成功仿造，因此仍然是彩瓷鉴定的可靠依据之一。自然形成的蛤蜊光的特征是：它是由细小的、不同色泽的、不规则的、多角形的彩色斑块相互密集结合而组成。此外在两种彩釉结合部两侧，还能看到一些更加奇妙的彩虹光。
附注：本书作者拍摄制作。

编号：05-09-09
名称：康熙墨地海涛瑞兽图四方瓶
说明：右图为海涛瑞兽图方瓶侧面。主兽立于海涛中突出之岩石上，口吐祥云，祥云之上另立一较小瑞兽。其尾部鬃毛均呈火炬状，颇显力度。图中的编号图片分别是：

(1)(2)为从不同的特殊角度所拍摄的该瓶釉面蛤蜊光。

(3)(4)为该瓶一个侧面所具有的"康熙"款。

(5)该瓶之上口部。

(6)(7)为该瓶底部的青花花押图案。该瓶曾被西方人改作台灯架。

附注：私人藏品。本书作者摄制。

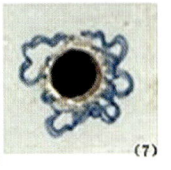

编号：05-09-10

名称：1810年代英格兰维吉伍德公司制中国狮舞图黑釉高足碗

说明：维吉伍德（Wedgwood，England）是英国老牌瓷业公司，但它早在1810年前后就制作这种黑釉（无光）中国舞狮图案的瓷器，是我们过去所不了解的。很多年前本书作者碰巧从美国拍卖行购得这只碗，当时只认为是至少150年前的器物。多年以后重新研究，才确认其制造于1810年前后。

附注：本书作者藏品，图片由本书作者摄制。

编号：05-09-11

名称：维吉伍德制无光黑釉中国狮舞图高足碗之彩虹光三幅

说明：该碗彩色釉面周围都能折射出这种彩虹光——美丽、奇幻、灵动。本人当初就是根据这种宽宽的彩虹光带将其断为18世纪后期19世纪中期的产物而从拍卖行购回的。现在依据维吉伍德博物馆藏品资料，将这只碗断为1810年前后的产物。

附注：图片为本书作者摄制。

编号：05-09-12

名称：维吉伍德1810年代和2008生产的中国式瓷器及康熙蓝釉狮子

说明：上左为维吉伍德1807年制作的无光黑釉熏炉，其三足为海豚式。

上右为维吉伍德1812年制作的白釉中国舞狮图绿彩茶壶。

此两件佐证可判定狮舞图无光黑釉高足碗当制作于1810年左右，比本书作者原来依据彩虹光断为18世纪中期到19世纪中期更准确可靠。

下左为康熙时烧制的一只天蓝釉瓷狮子（尾部折断，曾经美国人修过）。

下右为2008年维吉伍德制作的中国舞狮图传统图案盘，售价约40美元。

附注：三件维吉伍德产品根据该公司博物馆资料，康熙蓝釉狮子为本书作者藏品。

编号：05-09-13

名称：康熙墨地、墨彩和特殊铁锈斑

说明：左图为"康熙墨地"，其未被黑釉完全覆盖的一些小瑕疵处露出绿釉斑，绿釉斑的釉面低于黑釉。说明是墨釉覆盖在绿釉之上。

右上图为"康熙墨彩"书写的"余园珍藏"款的局部。其款字的笔划有绿色流釉，但绿釉釉面同墨釉釉面是平滑过渡，说明"康熙墨彩"是透明绿釉覆盖墨釉。

右下图为白釉上的一个铁锈斑。这个锈斑的特殊之处是中间有更小的不规则银灰色锈斑，并且其表面略低于外围铁锈斑的表面。这种斑的自然形成需要漫长的岁月，仿造极难。未来是否仿制和能否仿制成功恐怕要视仿造者投入的资本、人力和高科技含量的多寡以及鉴定学的发展而定了。

附注：图片为本书作者拍摄和制作。

编号：05-10-01

名称：康熙广彩六开光庭院人物和花鸟图大盘

说明：此盘图案继承了西方所谓"克拉克瓷（Kraak Pocerlain）"的基本样式。克拉克瓷泛指明后期出口青花瓷，中心图案周围开光（多数为八开光）绘图。

广彩又被后人美称之为"织金彩瓷"。此盘口径40厘米，属大件器。

陶瓷界一般认为广彩制造始于雍正时期。但此盘的出现应该说明广彩早在康熙时期已经制造。本书对此盘作了研究和鉴定，并考论了广彩产生的历史条件和具体时代。

附注：本书作者收藏和摄影。

编号：05-10-02
名称：广彩盘的特异性
说明：左图是该盘彩釉（釉彩）周围之白釉上围绕着彩釉边缘形成的彩虹光图片。彩虹光的宽度足以使它可以被定为清初康熙时代的产品。
下图是该盘的底部和外壁照片。这种胎体和胎釉的特征也是清初时期的典型特征之一，而在雍正时期的瓷器上是很难看到的。
附注：本书作者摄制。

编号：06-11-01
名称：辽太平二年款观音造像
说明：此像为男像观音。高仅15厘米，通体鎏金，像背铭文。于20世纪50年代进入北京故宫博物院，但被视为赝品而冷落数十年。90年代故宫学者李静杰、胡国强著文为其翻案。后又被学者金申著文反翻案。

此像地位虽不觉显要，但肯定意见同否定意见之间却涉及重要的历史学、佛像艺术史、文物资料学和古文字学方面之诸多领域的知识，应予考查和厘清。例如，像背刻款中有个"仏"字，便成为该像被否定的一个重要理由。这个所谓的日本"仏"字是否就可以成为铭文为20世纪初期后刻，并且是在北京的日本古董商人或中国古董商人为迎合日本人的需要而刻写的证据呢？还有艺术的时代特征和时代模式的问题也是需要再作深入研究的课题。

本书作者通过考证，发现有充分的历史资料能够证明否定方的否定理由是完全不能成立的。而该造像的真伪则须另外通过技术鉴定。

附注：图片依据李静杰、胡国强论文。

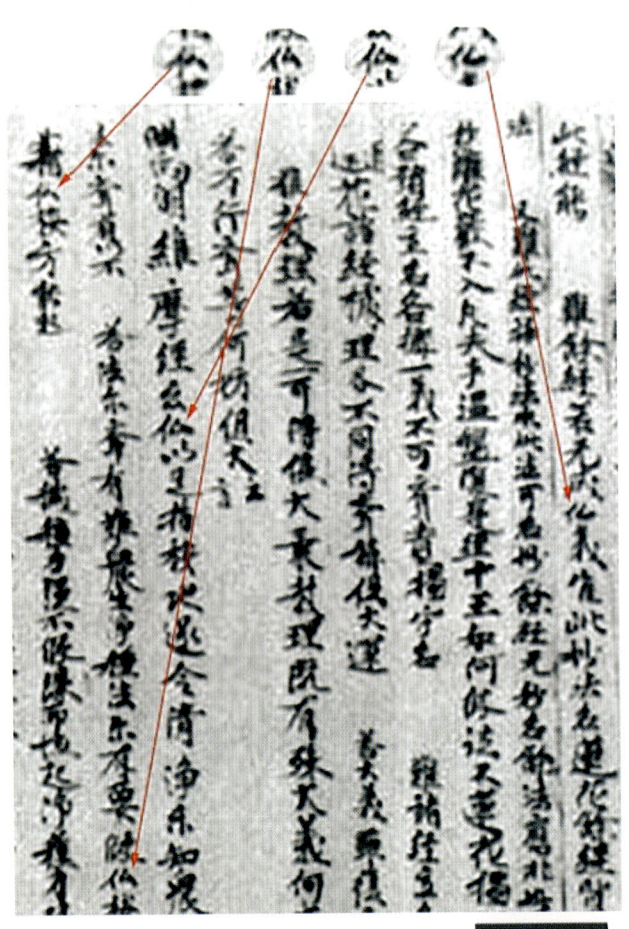

编号：06-11-02（左）
名称：唐代敦煌文书《斋琬文》局部
说明：本书选录这幅《斋琬文》局部图时突出了其中四个"仏"字。这应只是历史真实的冰山之一角。现有资料可证明："仏"字原本诞生于中国，至少从南北朝到隋唐的漫长岁月中同"佛"字一样广泛流行。后来此字为日本专用，中国则只用"佛"字。至宋代时，汉族一般知识分子已不识此字。而辽王朝直接继承大唐文化，此字完全可能在辽地继续使用。大辽王朝不可能、不会、事实上也没有继承大宋王朝的文化。而是后来才可能受其影响或趋向融合。

附注：原件现藏法国国家图书馆，统一编号为P2490。此处据网络。

编号：06-11-03（右）
名称：北齐武平六年石造像的发愿文
说明：北齐武平六年为公元575年。此像正面为双菩萨立像。铭文中"为四生有刑一时诚仏"一语，其中"四生"（卵生、胎生、湿生、化生）泛指天地间一切生物和诸天神鬼等，"有刑"即"有形"，"刑"字假借。"仏"、"佛"均为当时的常用字。而后来的发展是：中文用"佛"而日文用"仏"（日语发音则作bu）。

附注：本图据徐政夫编著之《观想佛像》一书（艺术家出版社）。

编号：06-12-01（右）

名称：天津蓟县独乐寺观音阁之辽统和四年建十一面观音巨像

说明：此像及其所在的观音阁和山门，公认为辽代的建筑与造像，直接继承唐代风格。因后代经过多次重装，观音大像头顶的小像已不复辽代原塑的本来面貌。

此像究竟为何人所建？辽像为何体现唐代风格？本书第六编第12篇论文碰巧考证、论述和回答了后一个问题。

附注：图片依据网络。

编号：06-12-02（左）

名称：辽统和二十六年菩萨造像

说明：此像出土于河北省围场县。围场县属于契丹民族的发祥地范围。有人认为此像不符合"宋辽造型"或"宋辽风格"，而具唐代造像或日本早期造像特征，因而不是辽代造像。其实正好歪打正着。

附注：图片据北京《故宫博物院50年入藏文物精品集》。

编号：07-13-01
名称：乾隆款"仿碧玉雕"皇家园林图大天球瓶
说明：此瓶高达71厘米，重31公斤。此类器物罕见，值得认真研究——尤其是在鉴定学和美学方面。
附注：美国私人收藏，Mr. Frank Li 摄影。

编号：07-13-02
名称：乾隆款"仿碧玉雕"皇家园林图大天球瓶另侧
说明：园林整体设计宏伟，林泉、山石、湖水处理得宜，且构思奇巧。花木繁茂，楼阁豪华，规模恢宏，画面壮观，颇显盛世皇家景象和气魄。
附注：Mr. Frank Li 摄影。

编号：07-13-03
名称：釉彩的老化和蛤蜊光
说明：上图为仿碧玉雕大天球瓶之釉彩的老化情形。注意其深绿釉比浅绿釉老化更显严重，分布自然有致。其水波线和叶脉线老化现象尤其严重。全瓶釉面均如此。
左图为该瓶从特殊角度所见其釉面折射出来的蛤蜊光。这种自然形成的彩色光泽有诸多特点，不难识别。
附注：本书作者摄影和制图。

编号：07-13-04

名称：大禹治水图青玉雕同仿碧玉雕大天球瓶之雕刻技法比较

说明：左图为中国宏伟的大型玉雕作品《大禹治水图》的局部。现藏北京故宫博物院。其雕成于乾隆五十二(1787)年，当年工程浩大，所费不赀。

下图为仿碧玉雕大天球瓶瓶身之半俯视图。此瓶设计之皇家园林图景象宏伟，刀法精湛。

两相比较可见它们的雕刻技法雷同。此瓶当为仿玉雕技法的作品。其制作年代推测在乾隆末年。

附注：左图据朱家溍《国宝》一书。下图为本书作者摄制。

编号：07-13-05（右）
名称：仿碧玉雕瓶的款识和瓶底
说明：此瓶款识笔法同乾隆晚期瓷款类似，但其篆刻的风味则相当浓厚，而非求笔划纤毫之不差。瓶底圈足宽厚，底面有旋纹。有稍许崩毁，崩毁处露出洁白的胎质。
附注：本书作者摄制。

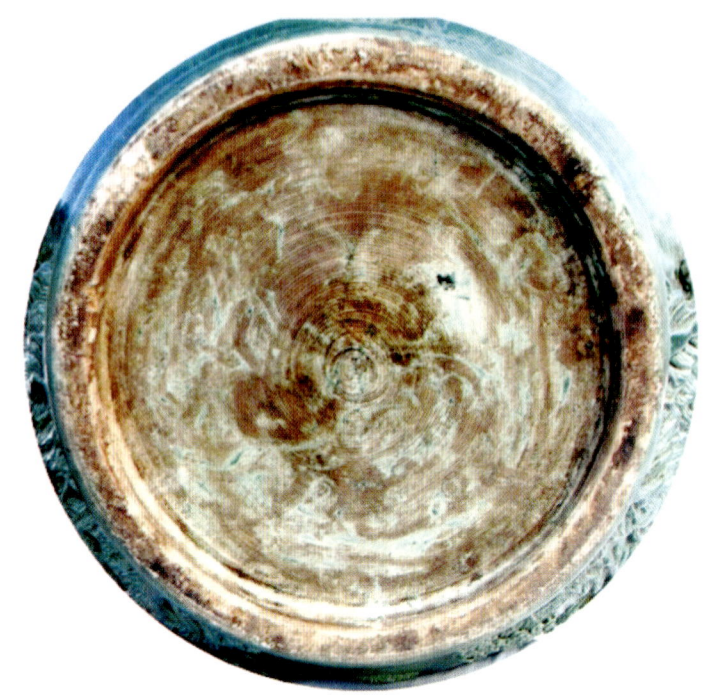

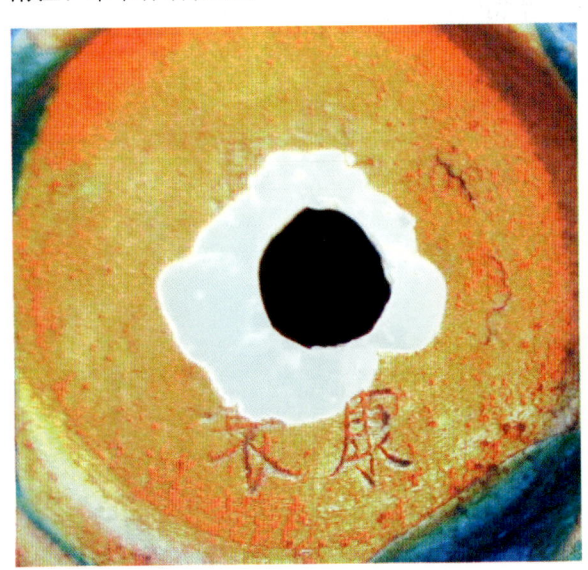

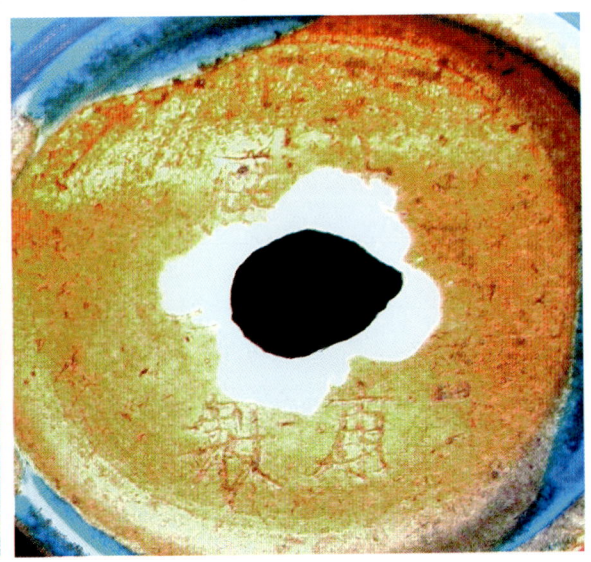

编号：07-14-03（下）
名称：瑞兽图对瓶之底部
说明：这对天蓝釉瑞兽图棒槌瓶瓶底部值得注意的地方有三点：
一是在改制台灯时钻孔技术不佳，造成孔洞周围胎体崩毁，但也因而露出洁白的糯米胎，证明其胎质极为纯正。
二是原来的款识被严重破坏，但康熙官窑款识及其特征仍然明显可辨。
三是底面涂有一层无色透明釉，故胎体表面显出光泽。
附注：本书作者摄制。

编号：07-14-01
名称：康熙款孔雀蓝海涛瑞兽图棒槌对瓶
说明：一般说，"捡漏"心态是初入收藏界者的金钱"黑洞"。但"捡漏"现象还是确实存在的。此瓶在偶然和必然之间被作为一对老台灯捡来。开始断其为康熙时产品。卸掉灯架，才发现其被破坏处露出洁白的胎体胎质和康熙官窑款识。
附注：私人藏品。Mr. Frank Li 摄影。

编号：07-14-02

名称：康熙款孔雀蓝釉海涛瑞兽图棒槌瓶之另外侧面

说明：这对瓶釉下刻画的图案之最大特点是刀法极为流畅，走刀自然，没有刻意追求工整和纤毫不差，颇有一点"速写"——实为"速刻"——的性质。两瓶图案左右比较可以发现好多不一致之处。但图案却又准确、生动。虽是传说和想象中的神兽，但却令人颇觉神韵十足。欣赏和鉴赏它们，自有一番美感。

流畅、生动、自然，不追求纤巧，是康熙时代瓷器图案之显著的时代特征之一。

以准确的时代艺术特征作为文物古董的鉴定标准，是美学艺术鉴定手段的一种运用。但常因人生异，存在着相当的不准确性。故值得警惕。

附注：Mr. Frank Li 摄影。

# 总 目

序 ……………………………………………………………………………………（ 1 ）
导言 …………………………………………………………………………………（ 1 ）

## 第一编　郎世宁生平和珐琅彩的历史问题

第一篇　郎世宁和宫苑珐琅彩关系之真相考论
　　　　——郎世宁未经考论过的一项艺术贡献 ……………………………（ 3 ）
第二篇　关于珐琅彩瓷十二个历史问题的考论 ……………………………（ 25 ）

## 第二编　关于"古月轩之谜"

第三篇　"古月轩之谜"考论和破解（上篇）………………………………（ 65 ）
第四篇　"古月轩之谜"考论和破解（下篇）………………………………（ 99 ）

## 第三编　"余园珍藏"款、曹雪芹父祖操办宫廷瓷器和珐琅彩的产生

第五篇　康熙五彩花卉图对盆鉴定手段和鉴赏美学 ………………………（131）
第六篇　"余园珍藏"款和曹雪芹父祖操办宫廷瓷器考论 ………………（151）

## 第四编　一件明代牙雕佛像和开封浩劫的肇祸者

第七篇　刘一燝款牙雕金佛和明末那段暗无天日的历史 …………………（185）
第八篇　谁是崇祯十五年决河灌城造成开封大劫难的肇祸者 ……………（211）

## 第五编　鉴赏、鉴定和考论编

第九篇　康熙墨地三彩　辉煌一个时代
　　　　——兼论墨地墨彩之工艺美学等学术问题 …………………………（245）

第十篇　广彩：学术探讨和实物新证 ………………………………（273）

## 第六编　驳论编

第十一篇　否定辽太平二年款观音造像的理由不能成立 ……………（295）
第十二篇　辽王朝的历史排序和辽代造像风格驳议 ……………………（310）

## 第七编　"捡漏"编

第十三篇　"仿碧玉雕"园林图景乾隆天球瓶
　　　　　——兼论"捡漏"及鉴赏、鉴别诸法之利弊 ………………（335）
第十四篇　文物鉴赏和鉴定中的美学标准及其意义 ……………………（361）

## 第八编　理论编

第十五篇　珍宝论 …………………………………………………………（381）

附录：
附录1：注释中文字较长且属论述性的条目汇编 ………………………（392）
附录2：征引书目和文目 …………………………………………（406）
附录3：名词和术语索引 …………………………………………（424）

# 目　录

序 ……………………………………………………………………（1）
导言 …………………………………………………………………（1）

## 第一编　郎世宁生平和珐琅彩的历史问题

### 第一篇　郎世宁和官苑珐琅彩关系之真相考论
——郎世宁未经考论过的一项艺术贡献 ……………（3）

一　郎世宁在世界艺术史上的成就辉煌 ………………………（3）
二　郎世宁身后持续发生的历史悲剧 …………………………（5）
三　郎世宁同画珐琅的关系：彩绘、培训、炼料和设计 ………（6）
四　郎世宁一直没有摆脱画珐琅的亲手彩绘工作 ……………（7）
　（一）朱家溍生前研究过郎世宁从事画珐琅的问题 ………（7）
　（二）入宫伊始，郎世宁即不得不从事画珐琅的彩绘 ……（8）
　（三）受雍正皇帝重用以后，郎世宁继续奉命画珐琅 ……（9）
五　郎世宁像培训宫廷画家一样地培训了一批画珐琅徒弟 …（11）
　（一）关于郎世宁培训画珐琅人才的史料记载 ……………（11）
　（二）关于林朝楷的记载揭示和涉及的一般历史 …………（12）
　（三）关于林朝楷的记载揭示和涉及的特殊历史 …………（13）
六　郎世宁还奉皇帝旨令教授炼制颜料 ………………………（14）
　（一）画家郎世宁也教授徒弟制造颜料 ……………………（14）
　（二）官廷试炼珐琅料和郎世宁的关系 ……………………（16）
　（三）画珐琅既是特种工艺，更是特种材料 ………………（19）
七　郎世宁还设计珐琅器物的图样 ……………………………（20）
八　本文的结论和新编郎世宁小传 ……………………………（21）
　（一）本文的结论 ……………………………………………（21）
　（二）新编"郎世宁小传" ……………………………………（22）
　（三）郎世宁有画像传世么？ ………………………………（24）

### 第二篇　关于珐琅彩瓷十二个历史问题的考论 ……………（25）

一　代序：清朝宫苑珐琅彩烧造场所诸说之评述 …………………（25）
二　雍正前期是不是珐琅彩瓷制作的低潮期？为什么？…………（27）
　　（一）珐琅彩瓷的品种少/规格小/进度慢/质量差 ……………（27）
　　（二）珐琅彩瓷几乎全为涩胎和色地 …………………………（28）
　　（三）宫廷瓷器匠人曾经全部被遣返 …………………………（29）
　　（四）不知道制作珐琅彩要使用油料调色 ……………………（30）
三　雍正珐琅彩的制作何时进入高峰期？…………………………（31）
四　所谓怡亲王府的珐琅窑场是否真的存在过？…………………（33）
五　把珐琅彩高度神秘化是否符合历史真实？……………………（36）
　　（一）早期研究者的神秘化已经背离史实 ……………………（36）
　　（二）随后的七十年间仍然继续被神秘化 ……………………（38）
　　（三）景德镇也制作珐琅彩何以常被忽略 ……………………（40）
六　宫廷自制珐琅彩料是怎样烧炼成功的？………………………（41）
七　景德镇何时具备条件并开始烧造珐琅彩？……………………（44）
　　（一）最迟雍正六年已有珐琅料和珐琅内行领导人 …………（44）
　　（二）雍正七年输送宫廷画/炼珐琅人才和珐琅料 ……………（46）
　　（三）乾隆二至三年皇帝令景德镇制作珐琅彩见于记载 ……（47）
八　有无景德镇制作的珐琅瓷存世？能否识别出来？……………（47）
九　圆明园造办处何时开始烧造珐琅彩瓷器？……………………（49）
十　宫苑珐琅彩瓷器究竟在何时停止烧造？………………………（50）
　　（一）清宫养心殿造办处珐琅作何时停止制作珐琅彩 ………（50）
　　（二）圆明园造办处制作珐琅彩的历史有多久 ………………（51）
　　（三）怡亲王府的珐琅彩制作情形怎样 ………………………（53）
十一　粤海关奉命为宫廷制作的珐琅究竟是哪些品种？…………（53）
　　（一）勇于追求真理和随时修正谬误为真学者 ………………（53）
　　（二）乾隆皇帝令粤海关烧造的珐琅是"广珐琅" ……………（55）
　　（三）广珐琅和景德镇仿造广珐琅制作的瓷器 ………………（56）
十二　广州能不能和有没有制作过瓷胎画珐琅？…………………（57）
十三　中国18世纪烧造珐琅彩的地方究竟有几处？……………（58）
十四　本文的结论和能否给珐琅彩下一个定义？…………………（59）

# 第二编　关于"古月轩之谜"

## 第三篇　"古月轩之谜"考论和破解（上篇） ………………（65）
一　所谓"古月轩之谜"的具体内涵：五个次级悬案 ……………（65）

- (一) 关于"古月轩"自身的真相和历史问题 …………………………（66）
- (二) 关于"古月轩"同官苑珐琅彩的关系问题 ……………………（66）
- (三) 关于"古月轩瓷器"的意指和范围问题 ………………………（66）
- (四) 关于"古月轩款识"的诡异和背反问题 ………………………（67）
- (五) 关于"古月轩之谜"究竟何时形成和如何发展的问题 ………（67）

二 似乎杂乱无章的一堆术语概念和前置的本文结论 ……………………（68）

三 结论居然能回答"古月轩之谜"的核心问题和系列性实质问题! ……（72）
- (一) 为什么"古月轩之谜"经过几代人的努力都无法揭开谜底？甚至连研究都感到无从着手？ ………………………………（72）
- (二) "古月轩"为什么会同中国18世纪的官苑珐琅彩瓷器联系在一起，并成为乾隆珐琅彩的代称 ……………………………（74）
- (三) "古月轩"的传统含义（其外延、范围）为什么仅指乾隆珐琅彩而不包括雍正朝和康熙朝的珐琅彩 ……………………（75）
- (四) 为什么迄今为止都没有发现乾隆时期制作的、带"古月轩"款识的、官窑产品传世 ………………………………………（78）

四 各术语之概念的确切意义及其相互关系之新考、新解和新论 ………（80）
- (一) 胡、古月、胡僧、天之骄子——汉、胡各族常讳用"古月" ………………………………………………………………（80）
- (二) 郎世宁、西洋楼——诞生"古月轩"的大背景 ………………（82）
- (三) 清宫造办处、圆明园造办处、珐琅作——对圆明园造办处需进一步考论 ……………………………………………（83）
- (四) 长春园、鉴园、古月轩——重点和难点只在"古月轩" ……（86）
- (五) 珐琅彩、瓷胎画珐琅、五彩珐琅、磁器法琅——概念和信息 …（89）

五 为什么说"古月轩"必定源于郎世宁的办公处所或兼居所？ ………（90）
- (一) 皇宫和皇家园林中非有极为特殊的情况不会出现"古月轩" …………………………………………………………（91）
- (二) 其他满大人也不会命名自己的官邸别墅和厅堂建筑为"古月轩" …………………………………………………………（92）
- (三) "汉大人"也不会将自己的宅第堂所和建筑物命名为"古月轩" …………………………………………………………（92）
- (四) 胡姓人士或工匠同"古月轩"珐琅彩相关的诸说均属无稽 …………………………………………………………（93）
- (五) 同"古月轩"和珐琅彩可能有关联的另几位洋人也可以排除 …………………………………………………………（94）
- (六) 惟有贡献卓著的郎世宁才会同"古月轩"建筑和

名号相关联 …………………………………………………………（96）

## 第四篇　"古月轩之谜"考论和破解（下篇）……………………（99）

六　郎世宁办公处和住处之考论关系着"古月轩之谜"能否破解 ……（99）
　　（一）关于郎世宁办公处所和居所的现有成说需要再研究 ………（99）
　　（二）造办处各作迁往圆明园，是一个有特殊意义的历史事件 …（104）
　　（三）郎世宁何时迁往圆明园办公或兼居住在圆明园中 …………（105）

七　为什么说郎世宁在圆明园的办公处所或兼居所是非正式建筑？…（107）
　　（一）"鉴园"和"古月轩"正式建成于郎世宁死后 ………………（108）
　　（二）郎世宁办公的"非正式建筑'古月轩'"是破解
　　　　　谜底的关键之一 ……………………………………………（109）

八　如何确认"非正式建筑'古月轩'"是历史的真实存在？………（112）
　　（一）从"谐奇趣"的建造判断郎世宁搬进圆明园办公和居住 …（113）
　　（二）史料记载了郎世宁交接原在宫廷的事务于他人的日期 ……（113）
　　（三）郎世宁搬进圆明园以后也不可能一直住在如意馆 …………（114）
　　（四）官苑中一座新建筑被皇帝定名为"古月轩"决非小事 ……（115）
　　（五）作为正式建筑的"古月轩"不可能同珐琅彩瓷有关联 ……（116）
　　（六）只有"非正式建筑古月轩"才会同乾隆珐琅彩相关联 ……（116）

九　为什么设想定名"古月轩"的所有可能性中只有一种可信？…（117）
　　（一）命名皇家园林新建筑为"古月轩"而同郎世宁无关？……（117）
　　（二）皇帝为纪念郎世宁而命名新建筑为"古月轩"？……………（118）
　　（三）因郎世宁曾长期工作和居住该处而命名"古月轩"？………（119）
　　（四）"古月轩"是皇帝怀念郎世宁并沿袭长期的旧称而定名！…（119）

十　洋教士不是住在如意馆而是住在非正式建筑的"古月轩"？…（120）
　　（一）郎世宁必在其中的长春园工程指挥部不可能设在如意馆 …（121）
　　（二）雍正早已定名的如意馆中不可能再出现谐谑的"古月轩" …（121）
　　（三）如意馆这种小规模传统式建筑物难以承受"轩"的称号 …（122）
　　（四）清宫苑建筑中被钦定为"古月轩"的历史史实无法解释 …（123）

十一　关于本文结论及其相关的问题 ……………………………（123）
　　（一）本文的结论 ………………………………………………（123）
　　（二）历来关于"古月轩"的所有说法均属臆测 ………………（124）

# 第三编　"余园珍藏"款、曹雪芹父祖操办宫廷瓷器和珐琅彩的产生

## 第五篇　康熙五彩花卉图对盆鉴定手段和鉴赏美学 ……………（131）

一　对"余园珍藏"款巨型成对花盆初见惊奇 …………………… （131）
　　二　鉴定学中究竟有没有"一招致胜"的绝技？ ………………… （132）
　　三　造型、规格和胎体所表现的盛世雄浑之美 ………………… （135）
　　四　图案纹饰显示特定时代之特定的艺术特征 ………………… （136）
　　五　四季花卉图绘画的工笔风格和壮观画面 …………………… （137）
　　六　清初被宗法数代的恽南田画风和没骨花卉 ………………… （139）
　　七　绿釉色阶／"土咬"痕迹／细微开片和一招致胜 …………… （140）
　　八　高温白釉上的黑疵／鬃眼／彩光同判定依据 ……………… （142）
　　九　"蛤蜊光"的分类及其在鉴定学和美学上的意义 …………… （143）
　　十　关于所谓康熙五彩瓷器之代表者的再认识 ………………… （145）
　　十一　何处追寻未见于任何记载的"余园珍藏"款 ……………… （147）
　　十二　结论：为一般收藏者堵塞金钱的无底黑洞 ……………… （149）

第六篇　"余园珍藏"款和曹雪芹父祖操办宫廷瓷器考论 …………… （151）
　　一　"余园珍藏"和"余园余熙" ………………………………… （151）
　　　（一）"余园珍藏"款瓷器和"仪征余园" ……………………… （151）
　　　（二）关于"余园余熙"的几条历史资料 ……………………… （153）
　　　（三）仪征余园余熙和曹雪芹的祖父曹寅 …………………… （155）
　　二　曹雪芹父祖操办宫廷用瓷 …………………………………… （159）
　　　（一）曹雪芹之父、祖均奉旨为官中经办瓷器 ………………… （159）
　　　（二）织造局为宫廷操办瓷器的其他一些佐证 ……………… （161）
　　三　瓷器"珍藏"款中包藏着某种诡秘 ………………………… （164）
　　　（一）瓷器"珍藏"款中存在着的诡秘和玄奥 ………………… （165）
　　　（二）郎廷极"御赐纯一堂珍藏"款的一些问题 ……………… （166）
　　　（三）了解"珍藏"款的授受关系是一个关键 ………………… （168）
　　四　康熙时两"珍藏"款的奥秘 ………………………………… （169）
　　　（一）瓷器款识尤其是"珍藏"款的特殊性 …………………… （169）
　　　（二）唐英款之官窑瓷器馈赠和收藏情形剖析 ……………… （170）
　　　（三）"御赐纯一堂珍藏"和"余园珍藏"的奥秘 ……………… （172）
　　五　结论：几个为什么的问题及其答案归纳 …………………… （176）
　　六　附录：一个玩笑的所谓"愚蠢"问题 ………………………… （180）

# 第四编　一件明代牙雕佛像和开封浩劫的肇祸者

第七篇　刘一燝款牙雕金佛和明末那段暗无天日的历史 ………… （185）
　　一　考证一尊牙雕鎏金佛像和解决一个历史悬案 …………… （185）

二　一尊有款的明代牙雕金佛出现于美国拍卖行 ……………… (187)
三　关于刘一燝款牙雕金佛的底款之鉴定要点 …………………… (189)
四　对中国历代牙雕制品所进行的现代讯息搜寻 ………………… (191)
五　一门四进士出身的刘一燝在明代历史上的地位 ……………… (193)
六　中国历史上一段政治最荒唐最暗无天日的时期 ……………… (198)
七　当国首辅刘一燝和捐助佛像的刘一燝是同一人 ……………… (200)
八　刘一燝何以会将牙雕鎏金佛像捐助河南相国寺 ……………… (202)
九　1642年开封惨绝人寰的灾难和佛像全身的奇迹 ……………… (204)
十　结论：牙雕金佛引起的历史情怀和无限遐思 ………………… (206)
十一　附录：关于北宋修内司少监萧服款牙雕金佛问题 ………… (208)

## 第八篇　谁是崇祯十五年决河灌城造成开封大劫难的肇祸者 …… (211)
一　历史大劫难的肇祸者成了一个著名的历史悬案 ……………… (211)
二　关于那次决河毁城的肇祸者现在存在四种说法 ……………… (213)
三　文献记载的决口和洪水毁城的日期竟然不一致 ……………… (218)
四　《明史》中关于决河和毁城的最具体最权威的记载 ………… (221)
五　次年堵塞两个决口的文献足以证实逻辑的结论 ……………… (227)
六　对所谓双方决河及其后果应作出怎样的评估 ………………… (229)
七　《明史·高名衡传》中存在着若干记载的模糊和错误 ……… (231)
八　所谓农民军"反决马家口以灌城"的疑点和旁证 …………… (234)
九　问题的要害已不在发现史料而在正确解析史料 ……………… (237)
十　本文结论及其同姚雪垠蔡美彪先生见解的异同 ……………… (239)

# 第五编　鉴赏、鉴定和考论编

## 第九篇　康熙墨地三彩　辉煌一个时代
——兼论墨地墨彩之工艺美学等学术问题 ………………… (245)
一　中国文物市场史上最珍稀昂贵的瓷器品种是什么？ ………… (245)
二　康熙墨地彩瓷——20世纪初期最辉煌名贵的瓷器 ………… (247)
三　康熙墨地的工艺和材料至今存在着诸多未解之谜 …………… (250)
四　陶瓷学界对康熙墨地的工艺和材料为何一直众说纷纭？ …… (251)
五　陶瓷界之混乱说法一：康熙墨地釉究竟是先施绿釉还是
先施墨釉？ …………………………………………………… (252)
（一）孙瀛洲的钴涂地盖大绿最早尝试为康熙墨地解码 ……… (252)
（二）冯先铭、耿宝昌认为先施绿釉后罩墨釉 ………………… (253)
（三）汪庆正、《古陶瓷图典》等说法则相反 ………………… (254)

（四）叶佩兰兼采两说而形成独特的第4说 …………………………（255）
六　混乱说法二：珠明料同"康熙墨地"究竟是什么关系？ ………………（256）
七　混乱说法三——"透明玻璃白""雪白熔剂"同"康熙墨地" …………（258）
八　康熙墨地的新样本及其材料和工艺解码新说 …………………………（260）
　　（一）康熙墨地是墨釉覆盖绿釉 ……………………………………（260）
　　（二）康熙墨彩是绿彩覆盖墨彩 ……………………………………（261）
　　（三）康熙墨地的新样本及其材料和工艺解码新说 ………………（261）
九　康熙墨地彩瓷究竟是历来认为的民窑器还是官窑器？ ………………（262）
　　（一）康熙官窑器的一个显著特点是气度恢宏和技艺精湛 ………（263）
　　（二）康熙墨地彩瓷发现有具标准康熙官窑款识者说明其为
　　　　　官窑产品 …………………………………………………………（263）
　　（三）"故宫旧藏"中署明朝官窑款识的康熙瓷器显属康熙
　　　　　官窑器，墨地彩瓷中具类似款识者自然也是。 ………………（264）
　　（四）故宫旧藏中没有康熙墨地三彩瓷器不能否定其官窑器
　　　　　性质。 ……………………………………………………………（264）
十　东西方不同时期都珍赏这种瓷器的美学理论探秘 ……………………（265）
十一　结论：瓷器中国和人类共享，文物回归和弘扬文化 ………………（267）
十二　附录：康熙墨地和墨彩样本、西方和东方的仿制 ………………（268）
　　（一）关于一对康熙墨地素三彩花鸟图对瓶 ………………………（268）
　　（二）关于英国早期复活康熙墨地瓷器的产品 ……………………（271）

## 第十篇　广彩：学术探讨和实物新证 ……………………………………（273）
一　广彩的概念和关于广彩的几个学术问题 ………………………………（273）
二　陶瓷界对广彩始烧年代的众多说法和趋势变化 ………………………（274）
三　广彩始烧年代可以追溯到康熙早期或顺治年间 ………………………（278）
　　（一）欧洲在长期追求青花瓷之后应开始转向彩瓷 ………………（278）
　　（二）南方长期内战和海禁是创烧广彩的历史机缘 ………………（279）
　　（三）西方统计若可靠便成为广彩创烧时间的铁证 ………………（280）
四　一件广彩大盘为我们提供了什么新的信息 ……………………………（281）
　　（一）特殊的胎质和釉面特征说明它是清初的产品 ………………（281）
　　（二）彩虹光的宽度说明其为康熙中早期的彩绘 …………………（282）
五　广彩瓷器同其他几种彩瓷的关系需要再研究 …………………………（283）
六　本文结论 …………………………………………………………………（285）
七　附录 ………………………………………………………………………（286）
　　附录1：对李广琪先生"说广彩"一文的简单评论 ………………（286）
　　附录2：不是广州学北京，而是北京学广州 ………………………（287）

附录3：潘淳在康熙末年并不能制造桃红珐琅彩料 …………………… (289)
附录4：珐琅彩、粉彩、广彩、宜兴胎珐琅彩出现的顺序 …………… (290)

# 第六编　驳论编

## 第十一篇　否定辽太平二年款观音造像的理由不能成立 ………… (295)
一　一尊小型辽款金铜造像如何引起了学术争议 ………………… (295)
二　辽代造像风格是学术上一个远未解决的问题 ………………… (297)
三　以所谓风格为文物断代和鉴定真伪可能是危险的 …………… (299)
四　"仏"字是中国古代的一个标准字和常用字 ………………… (301)
五　辽太平二年款观音是不是辽圣宗的佛装造像？ ……………… (304)
六　佛像脊背刻铭不能成为判定佛像真伪的依据 ………………… (308)
七　本文结论 …………………………………………………………… (308)

## 第十二篇　辽王朝的历史排序和辽代造像风格驳议 ………………… (310)
一　辽代佛教造像风格和学术探讨的困境 ………………………… (310)
二　所谓"宋辽风格"的立论依据都不能成立 …………………… (312)
三　从几项史实看辽代佛教造像的应有风格 ……………………… (314)
　（一）辽王朝在中国通史序列中被长期误置 ……………………… (314)
　（二）辽、宋曾经长期对抗和战争 ………………………………… (316)
　（三）辽王朝存在的时间很长 ……………………………………… (317)
　（四）辽王朝统治的疆域非常广阔 ………………………………… (317)
四　契丹民族对"八"字的崇尚源远流长 ………………………… (318)
　（一）契丹民族的宗教信仰和"八"字崇尚 ……………………… (318)
　（二）祖源传说、社会结构和"八"字崇尚 ……………………… (319)
五　"八"字崇尚和辽塔、辽像的风格特征 ……………………… (320)
　（一）辽代遗存的佛塔建筑几乎全为八角形状 …………………… (320)
　（二）辽代的造像常见八边形底座和八瓣莲花 …………………… (321)
六　观音信仰是契丹民族最普遍的信仰 …………………………… (323)
七　结论：对辽代佛教造像风格的简略概括 ……………………… (325)
　（一）辽代的佛教艺术直接承袭隋唐风格 ………………………… (325)
　（二）契丹民族特有之面容/体型/装饰等民族特征 ……………… (325)
　（三）佛教建筑和造像中体现"八"字崇尚 ……………………… (326)
　（四）辽代后期的佛教艺术才会融合北宋的风格 ………………… (326)
八　后记和附录：梁思成先生的真知灼见意味深长 ……………… (327)
　（一）观音阁及山门建筑是唐式，但开始向宋式过渡 …………… (328)

（二）观音大像及其伴随造像都体现着盛唐风格 …………………… （329）
（三）辽前期建筑和造像风格类唐不类宋是必然的 …………………… （330）

# 第七编　"捡漏"编

**第十三篇　"仿碧玉雕"园林图景乾隆天球瓶**
　　　　　——兼论"捡漏"及鉴赏、鉴别诸法之利弊 ………………… （335）
一　预展和拍卖现场，西方面孔和东方面孔 …………………………… （335）
二　捡漏心态——初入收藏界者之无底的金钱黑洞 …………………… （338）
三　逻辑推断——瓶若赝品又如何：可能走向反面 …………………… （339）
　（一）赝品大、厚、重的程度会导致反向思维的肯定 ………………… （339）
　（二）赝品图景美轮美奂的程度也必然会导致反向思维的肯定 ……… （340）
　（三）赝品而无范本依据和模仿对象也会导致反向思维 ……………… （341）
　（四）以逻辑判定真伪的可靠性和陷阱及正反例证 …………………… （341）
　（五）逻辑上推断大瓶为赝品比推断其为真品更困难 ………………… （344）
四　美学：画面美轮美奂/皇家园林风光和联想比照 ………………… （344）
　（一）瓶刻园林风光浑然一体、场面壮观、气势恢宏。 ……………… （345）
　（二）瓶刻画面令人悠然想起另外几套（件）艺术名品 ……………… （346）
五　造型鉴定和时代背景：乾隆天球瓶造型特征问题 ………………… （348）
　（一）老一代鉴定家的经验之谈及其时代背景 ………………………… （348）
　（二）乾隆天球瓶造型同中有异，异中有同，甚至大不相同 ………… （349）
　（三）从成型工艺看乾隆天球瓶造型的同和异 ………………………… （351）
六　瓶刻"大清乾隆年制"的款识之真伪 ……………………………… （352）
七　奇异变幻和普遍存在的釉面五彩蛤蜊光泽 ………………………… （353）
八　包浆：绿釉色阶丰富，釉面"包浆"复杂 ………………………… （354）
　（一）对所谓"包浆"的定义、功能和一般认识 ……………………… （354）
　（二）瓶雕绿釉的釉面包浆和色阶分布 ………………………………… （355）
　（三）绿釉釉面的老化状况和成化"姹紫" …………………………… （355）
九　工艺：胎体/损伤/质地/接痕/圈足和镟纹 ……………………… （356）
　（一）胎体、胎质和伤残显示特殊信息 ………………………………… （356）
　（二）关于胎体衔接保留的内部痕迹 …………………………………… （357）
　（三）胎体衔接工艺和今人对宋应星记载的补正 ……………………… （358）
　（四）假圈足、镟纹和点状/条状绿釉斑 ……………………………… （359）
十　结论 …………………………………………………………………… （359）

**第十四篇　文物鉴赏和鉴定中的美学标准及其意义** ………………… （361）

一 "什么是美？"——"天下皆知美之为美" …………………（361）
二 无底价拍卖的成交价可从1美元到十几万美元 …………（363）
三 大量破烂中有一对脏兮兮的瓷瓶改装的旧台灯 …………（363）
四 暗刻纹饰之美丽和魅力委实令人赞叹和着迷 ……………（364）
五 拍卖前部分人士提出的几种断代意见 ……………………（366）
六 从20美元开始的拍卖叫价、反复竞争和落槌 ……………（367）
七 卸掉底座后的意外发现和给人的几大惊诧 ………………（368）
八 清前期孔雀绿釉器的造型/工艺/开片和审美问题 ………（370）
　（一）孔雀绿釉和孔雀蓝釉究竟是两种釉还是一种釉？ …（370）
　（二）孔雀绿釉的烧成温度是低温/中低温/还是中温？ …（372）
　（三）孔雀绿釉究竟是直接挂在什么胎/釉上烧成？ ………（373）
　（四）清初的孔雀绿釉器物为什么少见款识？ ……………（374）
　（五）所谓孔雀绿釉瓷器之美究竟美在何处？ ……………（375）
九 结论：收藏美学的实质/效用/要害及其他 ………………（376）

# 第八编　理论编

## 第十五篇　珍　宝　论 …………………………………………（381）
一 珍宝或宝贝——清晰而朦胧、历久而弥新的问题 ………（381）
二 究竟什么是珍宝？什么是文物古董的珍品？ ……………（383）
三 文物价值——文物古董的历史和知识价值之含量 ………（384）
四 美学价值——文物古董的艺术、装饰和审美价值 ………（385）
五 珍奇价值——珍奇的程度直接关系着价值的含量 ………（386）
六 经济价值——市场价值，一般人最牵肠挂肚的价值 ……（387）
七 附加价值——供缅怀追思、信仰崇拜和医用的价值 ……（389）
八 质料价值——部分文物古董所具有的特殊价值 …………（390）
九 非文物的文物价值和非艺术品的美学价值 ………………（390）
十 结论：综合价值指数和价值真实的追求 …………………（391）

附录：
附录1：注释中文字较长且属论述性的条目汇编 ……………（392）
附录2：征引书目和文目 ………………………………………（406）
附录3：名词和术词索引 ………………………………………（424）

# 序

360年前，法国哲学家、数学家和科学家笛卡尔[1]提出"我思故我在"[2]的命题，后世反响一直强烈。有人信仰之，有人否定之。否定者将其在哲学上定为唯心论。

但我想，如果我们不在哲学之最高层次的宇宙观和认识论上去评价它，而是从较低层次的人生哲学的范畴去认识这个命题；又如果将"我思故我在"同另外一些人出于模仿、调侃或玩世不恭所说的"我吃故我在"或"我醉故我在"甚至"我赌故我在"等等相较，难道它不是人生哲学的一句至理名言么！

我在、我思、我写……于是，积数十年，居然有了不少书稿。

这些书稿绝大多数是关于历史、宗教、文字的，也有关于文物的。但大都是考证、论述和破解重要的悬案的，也有关于鉴赏、鉴定、美学和艺术的。

\* 其中最早的悬案达2000余年，如休屠金人之谜，从司马迁以后就存在了，一直到现代。让一代又一代的学者关心和争议。那么现代——还有望破解么？

\* 持续了一千数百年的洛阳龙门卢舍那大佛当初是否是比照武则天真容雕造的？民间虽代代传说而学者多予否定。那么今天——有无史料可以揭底么？

\* 杨贵妃是一个历史悲剧人物，日本供有一尊宋代飘洋过海去的杨贵妃观音，但杨贵妃生前实际上就已经出现了"贵妃观音"。此说——可信么？

\* 360前李自成大军第3次围困开封的最后阶段，暴雨连绵，黄河暴涨，而大堤被掘开，30万人成为溺死冤魂！谁是肇祸者，至今争论着。这——还有确解么？

\* 长期被博物馆打入偏僻角落的一尊辽代佛像，十几年前有故宫博物院学者著文为其翻案，但旋及又被否定。否定的理由其实都无法成立。这——要驳论么？

\* "古月轩之谜"形成实际不过百年，它牵动了好几代陶瓷学者、博物馆

---

[1] 笛卡尔（Rene Descartes 1596–1650），著名的法国哲学家、数学家和自然科学家。
[2] Cogito, ergo sum. I think, therefore I am. Or I think, therefore I exist. Or I am thinking, therefore I am alive.

学者、一般收藏者和其他关心者。但却长期陷入连研究都无从着手的困境。那么——今日能够通过考证、论述而破解谜底么？

……

　　学术界有朋友闻知，鼓励说：出（版）吧，这书可以传世。政论界有朋友鼓励说：不像我们，写出来的很快就成过眼云烟。文物界有佛门朋友鼓励说：为世人解惑，为历史解谜，是积功德的事。

　　是否传世、多久成过眼云烟，是否积功德，都尽可不必预测和计较，但书自然是可以出的，于是乃有十几篇专题考论集结为本书。

作者　2009 年 4 月 27 日于 LA。
（E-mail address：ktzjjl@Gmail.com）

# 导　言

1. 本书宗旨

解悬破谜、助益收藏、博深情趣。本书——是对若干题材著名和迄今难解的"历史和文物之谜"进行考论和破解的书，也是对某些重要文物进行真伪鉴定、美学鉴赏和价值研究的书，同时还应是内容为一般读者和收藏者感兴趣，而相关学术界人士会深究、会批评的书。

2. 关于书名

本书之主旨在考证、论述和破解若干著名的历史和文物之谜。

由于其中那些纯粹的历史之谜，或曰悬案，也大都同文物有关，而文物古董之高级者则被称为"珍宝"，故本书遂定名为《珍宝论》，副题则作《若干著名的历史和文物之谜考论和破解》。

3. 关于内容

（1）按篇章专题分为若干个历史和文物专案。

它们大都是十分著名或事关学术的、众说纷纭而至今未能破解的，甚至是无从索解和迄今依然争论不休的。

其时间最长者已持续2000余年，最短者已持续100余年。

（2）按板块架构可分三个部分：

一是相关史料的发掘、搜集、辨正、汇整、分类和编辑；

二是从史料中发掘其内涵、背景和联系，进行严密的逻辑论证；

三是达到破解那些悬疑已久、歧义纷陈的悬案，即揭开谜底。

是故，本书是以史料的搜集和考辨奠基础，严格的逻辑论证作手段，最终破解悬案为目的的。

（3）按知识涵盖则涉及：

相关历史悬案的成说歧见、源流考查、史实厘定、背景介绍和真相判断知识；

相关文物古董的真伪鉴定、年代确认、美学鉴赏、设计制作和工艺流程知识；

特殊历史阶段的社会、政治、经济、文化、宗教、艺术、文字和哲学知识等。

### 4. 关于插图

同时本书也精选一些图片，使文字叙述的部分内容能够同视觉形象有机地结合起来，以期更易于阐明（对作者）和了解（对读者）。

而对图片的文字说明，其中包含着一些新鲜的内容和独立的见解。

但因本书各篇章都是关于历史和文物之谜的学术论著，不属于人们常见的文物和古董图录及知识介绍之类，故选图数量被严格控制。

### 5. 关于资料处理

作者发掘和搜集了相关的历史文献资料和其它资料，其中不少为本书所征引。出现于本书中的所有资料均一一注明原始出处。原始出处难以确切和不详者，也注明其直接来源。

这不仅是为了证明作者论说有据，推断有理，破解可信。同时也为了便于他人查阅、研究、考辨、质疑，甚至驳论。

考虑到阅读方便，注释均置于其相关页末。书末则附录征引书目和文目供查考。

### 6. 关于注释中的考论

有些注释内容颇长，本身已经构成一篇学术考论的份量，但因同正文内容无直接关联，也只好暂时放在注释中。如：

"支那"一词同瓷器之绝无关联和对"支那"源流的新考论；

所谓"胡人"之"胡"的起源和传说以及"胡"字的一个原初本义；

延续千年的关于净土宗实际创始人善道的"两善道说"究竟对不对；

吴道子"官居宁王友"的"友"到底是个什么官；

欧阳修和司马光记载武则天的历史也有一项荒谬；

乾隆中期仪征盐船大火发生的年分为什么到嘉庆时就已难以确认；

《辞海》和《辞源》等对"云想衣裳花想容"中"想"字的解释何以都不确切；

中国历史上最大的盗墓者究竟谁人可以挡之；如此等等。

如果读者对这些问题都有兴趣的话，则对本书正文所涉及的题材重大、影响普遍、考论周详和破解可信的悬案，或曰历史和文物之谜，当会更有兴趣。

### 7. 关于论述和写作方法

把每一个重要的历史和文物悬案，作为一个较大的独立专题，各自成篇。每篇下先给予简略的内容提要。浏览提要，即可了然每个专题的中心内容和梗概。

把每一个段落标题作为一个较小的独立专题去论述。因此，每一段落，既是大专题中一个有机组成的环节，同时也是内容和文字都具有相对独立性的较小篇章，是一个大悬案中所包含的许多较小悬案中的一个。

放在相关页末的注释不仅指出每条引文的出处，它们也可能是对相关内容的一种解释、说明、补充、延伸和专题论述。其中文字较长而又具有学术性者，则从正文中移出集中汇编于书后的一个专门附录中。

8. 作者期待

历史和文物之谜的形成和破解大都表现为一个历史过程。作者站在前人和同时代其他学人的肩膀上，虽透过考论破解了它们，但深知很难臻于完善。因此本书的内容和结论都是开放的。资料有待于穷尽无遗而结论有待于完美无疵。

2009 年 2 月 26 日

# 第一编

## 郎世宁生平和珐琅彩的历史问题

第一篇　郎世宁和宫苑珐琅彩关系之真相考论
　　　　——郎世宁未经考论过的一项艺术贡献

第二篇　关于珐琅彩瓷十二个历史问题的考论

# 第一篇

# 郎世宁和宫苑珐琅彩关系之真相考论
## ——郎世宁未经考论过的一项艺术贡献

### 提　要

在世界艺术史上，郎世宁是一位具有多方面成就的艺术家，但他身后所发生的一系列历史悲剧使他的成就长期没有受到应有的关注和给予公正的评价。

近代中国人早期只知道他是一位西方来华传教士和宫廷御用画家，20世纪30年代由于日本学者的考证，才知道他也是一位建筑家。

其实，他还是一位画珐琅艺术家。但他在这方面的贡献，迄今还没有作为学术专题被认真考证、研究和评价过。本文尝试对此考证和论述之。

在考论的基础上，本书作者为郎世宁撰写一篇新的小传，并从故宫博物院发现了一幅画于18世纪后期的、且很可能是郎世宁老年面貌的画像。

## 一　郎世宁在世界艺术史上的成就辉煌

郎世宁同中国18世纪宫苑珐琅彩瓷的实质关系，世人历来不知究竟；只是到了现代，才有人猜测到珐琅彩瓷同郎世宁之间应该有着某种微妙的关联，但始终不能通过专门的学术探讨而得出肯定的结论；也就是说，猜测一直还停留在猜测阶段，因为现有历史资料的极端缺乏，虽有前辈学者如朱家溍先生作过尝试，但却一直无法揭示真相。

本书作者历时多年，搜集、汇编、研究了这方面所能见到的文献，终于通过考据和论证，揭开了被湮灭已久的真相，破解了这个历史的悬案。

郎世宁（1688—1766），无疑是世界艺术史上一位不朽的文化名人；但在中国，其身后所遭遇的历史命运却颇为不幸；从而使其无论在世界文化史上还是在中国文化史上，迄今都没有得到全面而应有的评价。原因有三：

一是史实不明。郎世宁18世纪在中国超过50年的宫廷生活极端封闭，几乎同外界完全隔绝。其生平事迹详情鲜为外人和后人所知，更不为西方世界所知。

二是作品和记载毁灭。郎世宁的大量作品和相关的历史记载随着圆明园的彻底被焚而同遭毁灭，剩下的只有少量一些画作和一个"宫廷画家"的头衔传世。

三是形势敌对。近一百七十年来，中国人反抗清王朝统治、反抗外国侵略、反抗基督教文化、反抗封建传统的时代风潮几乎将郎世宁的一切彻底否定[①]。

郎世宁原为意大利人，生于米兰（Milano, Milan）。本名约瑟佩·盖斯蒂廖内（Giuseppe Castiglione）。中文最后的定名写作"郎世宁"。对于中国的皇帝而言，作为臣下，这是一个非常吉祥的好名字。

作为天主教耶稣会会士，他受西班牙教会派遣，于 1715 年（清康熙五十四年）到达中国，不久后即进入清朝宫廷服务，直到逝世。

1766 年，郎世宁卒于北京，享年 78 岁（按中国算法应是 79 岁）。今年（2011 年）7 月 15 日是他逝世 245 周年，7 月 19 日是他诞生 324 周年。

郎世宁在中国生活了 51 年，历经康熙、雍正、乾隆三朝，辛勤劳作，出色地服务于皇帝和宫廷；并不断开拓，献身于绘画、建筑和画珐琅艺术。

从 1723 年（清雍正元年）献《聚瑞图》受到皇帝青睐开始，其名字、任务、活动和成就，有时也被记载于现存的"清档"[②]。

他的艺术成就，辉煌地表现于绘画、建筑和画珐琅三个方面。

绘画原是郎世宁的长才和本行，清宫历史文献的记载和他存世的卷轴画都证明他是个绘画奇才。

其画风直接继承了西方文艺复兴时期的古典传统，工笔写实、中西合璧、气势恢宏、题材广泛。有些画面描绘了宏伟、壮观的历史场景。

以雍正和乾隆两个皇帝之杰出的政治才干，思维的缜密、要求的完美和极度的挑剔，以及他们极高的艺术鉴赏力而能够长期欣赏和重用郎世宁，绝非偶然。

他在建筑方面的成就表现于他设计和督造了圆明园之长春园中的西洋楼区那个庞大而复杂的建筑群。

但现存"清档"对郎世宁在其中之具体作用和贡献的记载并不清楚，直到

---

[①] 一百七十年来，只是从 1840 年爆发的鸦片战争算起。郎世宁作为西方人及其在中国宫廷的全部生平事迹和一切艺术成就，在他死后，都同中国人长期进行的这四项激烈的反抗斗争相联系，而不幸的是，郎世宁的一切，都被归于敌对的一方。这后来的历史形势造成了对前人的湮灭无闻、通盘否定或评价不公。

[②] "清档"，全名为清宫内务府《养心殿造办处各作成做活计清档》。存世的原档藏于中国历史第一档案馆的"皇史宬"。2003 年 8 月紫禁城出版社出版了已故的著名学者朱家溍先生辑录的《养心殿造办处史料辑览·第一辑·雍正朝》。

20世纪30年代一位日本学者的考证著作问世[①],人们才得以初步了解郎世宁在这一方面的卓越贡献。

现在,学术界的通常看法是:郎世宁设计和督造了这片西洋楼区建筑群。

郎世宁同中国18世纪的清朝宫苑画珐琅——包括瓷胎画珐琅和金属胎画珐琅——也有着密切的关系。但这方面保留下来的文献记载则更少,后来专门研究和论述这种关系的学术论文也极为罕见。

本文下面将对郎世宁同画珐琅的关系加以考证和论述。在这里,首先提及如下一句话也许就足够了:

没有郎世宁,很可能就没有我们今天所知道的那种达到瓷器之极品境界、从而享誉世界的中国18世纪之宫苑瓷胎画珐琅。

见彩图01—01—01和01—01—02。

前者脱胎于西洋圣母圣子图,后者则是东方传统题材的"课子图"(母亲教育孩子功课)。虽不能确认它们是出自郎世宁本人的手笔,但这类珐琅彩瓷上的绘画无疑都是郎世宁的典型风格。尤其是西洋题材的绘画,就更是如此。

## 二 郎世宁身后持续发生的历史悲剧

上面提到,中国历史后来变迁的形势几乎湮灭和扫除了郎世宁毕生创造的一切文化遗迹。郎世宁身后的历史,悲剧色彩十分浓厚。其具体表现是:

(1)郎世宁生前,在漫长的岁月里,奔走于宫廷,挥笔于画室,思考于卧房,祷告于圣母和基督面前,恐怕难得一日清闲。他是一位长寿、勤奋而多产的艺术家,但遗留到今天的,除了一些卷轴画和铜版画外,还有圆明园的建筑遗址和残缺不全的构件,任人凭吊、唏嘘和惋惜。其他的则悉数毁于历次的战火、劫掠和其他各种无情的历史涤荡。

(2)他的作品虽然众多,而一旦问世,便被装饰于深深的宫苑建筑,收藏于密室之中,除了皇帝和皇帝周围的极少数人之外,长期不为世人所知,更不为外国人所知。对于一位西方出身的艺术家来说,其悲剧色彩十分浓厚。

郎世宁还培养了许多学习绘画的学生和学习画珐琅的徒弟,他们和他们的作品的命运也大都同郎世宁颇为类似。

(3)特别是在郎世宁死了94年之后的1860年,英法联军在第二次鸦片战争中攻下了北京,不但纵容和参与大肆劫掠,而且还公然焚毁了当时在欧洲即有"万园之园"称号的圆明园。

---

① 《郎世宁传考略》,石田干支助(いしだ みきのすけ,1891—1974)著,贺昌群译,载《国立北平图书馆刊》第7卷,第3、4合刊号。

郎世宁的作品——绘画、建筑和他其他方面的艺术成就，大都同圆明园直接相联系，故也随同那次抢劫和大火一起，全都灰飞烟灭。

（4）郎世宁是天主教耶稣会会士出身，而耶稣会在世界历史上曾经恶名昭著，遭遇到各种抵制，甚至被教皇所禁止。郎世宁身为其中一员，亦长期与有辱焉。

而中国从清代中后期开始，外国人通过强制性经商和战争不断地冲击中国自给自足的封建社会。中、外之间的不和、敌视、仇恨和冲突不断地加深和扩大，直至演化为几次大规模的国际战争。而19世纪后期在中国开始的民族和民主革命以及社会革命，乃是以满清王朝的统治和入侵的外国资本主义、帝国主义为革命的对象的，直到20世纪末期。

而郎世宁的事迹和他残存下来的艺术作品，又不幸都居于这个历史大潮流的敌对和否定方面。

因此，郎世宁和他的历史成就、艺术杰作，长期既不为中国人所知，更不为外国人所知，甚至也不为艺术史家所了解，而其作品又大都早已被历史所毁灭。

但郎世宁——谁应该还他一个历史的本来面目和还他在世界艺术史上本该享有的崇高地位呢？

本文的主旨，决定本文仅能就郎世宁同清朝宫苑画珐琅的关系进行考证和论述，而不能全面涉及郎氏生平和郎氏艺术的全面评价问题。这是本文所定主题所限。

## 三　郎世宁同画珐琅的关系：彩绘、培训、炼料和设计

关于郎世宁同清宫画珐琅的关系，现存的清宫档案没有为后人显现出一个清晰的轮廓，留下的只是一鳞半爪的记载。20世纪的一些学者也曾研究过郎世宁的生平，写过不止一部郎世宁的传记和年谱，但他们都不曾把研究和叙述的重点放在郎世宁同清朝宫苑画珐琅的关系上。

而"古月轩之谜"之历经一个世纪，不但不能揭开谜底，至今无从着落，甚至陷入连研究都无从着手的困境。

这恐怕同中国人，尤其是中国的文物界和陶瓷界对郎世宁的研究起步太晚、涉入太浅、专项不精等密切相关。

当然，这不能责怪中国20世纪的学术界，因为：

中国社会的长期动荡；

史料的散佚和被无情的毁坏；

剩余史料的被独占、甚至被封锁；

历史和政治环境所形成的学术禁忌等等，

都是造成此种状况的原因。

中国的郎世宁研究落后于外国半个多世纪，但由于：

郎世宁的一生大都是在中国度过，

并且活跃于中国"盛世"的宫廷超过半个世纪，

他的历史成就和艺术作品都是在中国所创造，

其幸存的作品绝大多数又都是收藏于中国，

是故，对郎世宁的最深入的研究和最高学术成果也应该出现在东方。

我们期待着……

本文作者长期不在国内，使用中国保存的郎世宁史料甚不方便。但还是将东鳞西爪、支离破碎的郎世宁同清朝宫苑画珐琅有关的历史资料——不管直接的还是间接的——尽量耙梳搜罗，整理汇编。历经数年，终觉有了清晰的眉目。

郎世宁同清朝宫苑画珐琅的关系，可以用这样一句话来概括：

郎世宁从进入清宫的时候开始，几乎就一直参与绘画、设计、指导和负责清朝宫苑画珐琅——其中最大宗的是瓷胎画珐琅——的工作，并且培训了一批画珐琅的人才。没有郎世宁这个西洋传教士，这个洋和尚，这个胡人和胡僧，没有他的辛劳和奉献，就很可能没有今天我们所知道的那些作为中国瓷器极品而饮誉世界的中国18世纪的宫苑珐琅彩瓷器。

下面列举历史资料，并予以论证。共分四个方面：

* 郎世宁一直没有摆脱画珐琅的亲手彩绘工作；
* 郎世宁像培训宫廷画家一样地培训了一批画珐琅徒弟；
* 郎世宁还奉皇帝旨令教授炼制珐琅颜料；
* 郎世宁也设计珐琅器物的新式图样。

现在考论从第一方面开始。

## 四　郎世宁一直没有摆脱画珐琅的亲手彩绘工作

郎世宁迢迢几万里到达中国，历史便立即同他开了一个恶作剧式的玩笑。

他到中国的历史使命本是受耶稣会的派遣传播天主教，他所学的技能则是绘画——绘制基督教题材的油画。但他到中国，却必须首先从事自己不情愿、也不熟悉的画珐琅工作。

（一）朱家溍生前研究过郎世宁从事画珐琅的问题

中国故宫博物院的著名学者朱家溍先生，享誉世界，他在生前曾特别研究了中国珐琅器的历史和制造问题。在其撰写的关于珐琅题材的论文中，有一篇叫作《清代画珐琅器制造考》。该文不仅史料丰富、翔实，论述客观、精辟，而且其内容具备学术史上的开创性质。

文中说到郎世宁从事过画珐琅的工作，但同时指出在历史文献上的"记载只有一次"。原文说：

> 过去曾传说珐琅彩器上面的西洋画都是郎世宁画的，纯属揣测之词。郎世宁的绘画传世作品见于《石渠宝笈》著录很多，也见于如意馆的日记档；而画珐琅器的记载只有一次。虽不能肯定没有第二次，但从一般画珐琅器上西洋画面的技术程度来看，也不完全像是郎世宁的手笔。估计他画的珐琅器是极少的。[①]

朱家溍氏引证当时宫中造办处的"日记档"记载，证明了郎世宁曾经从事过画珐琅的工作，虽不详尽，但却是学术研究上之难得的开拓和突破——不仅是珐琅史研究的一个突破，也是郎世宁生平传记研究的一个突破。但他同时又认为：现存宫苑珐琅彩瓷上的西洋画是郎世宁所绘画则"纯属揣测之词"。

惜乎从朱氏文章发表以来，又是四分之一个世纪过去了，但在这同一个历史问题上，并未见学术上有任何新的进展。

然而关于郎世宁从事画珐琅的工作，史料记载并非如朱氏所言只有一次。

现经本书作者考证，即使是关于郎世宁直接从事画珐琅工作的文献史料，"清档"和其他文献记载中就有好多条、好多次——至少有五次；至于郎世宁同当时宫苑画珐琅领域之关系的全部记载，那就更多了。

下面先征引、列举并论述郎世宁直接从事画珐琅工作的史料。

（二）入宫伊始，郎世宁即不得不从事画珐琅的彩绘

郎世宁于1715年（清康熙五十四年）进入清朝宫廷。次年，他的意大利同胞、耶稣会同志、共同工作的同事和好友 Matteo Ripa（中文名字叫马国贤）就在致欧洲友人的一封信中写到郎世宁和他本人的工作：

> 皇上（按指康熙皇帝）被我们欧洲珐琅迷住了，想尽办法要引进特为此建的宫廷作坊中。工匠将这些颜料绘在瓷器和一些从欧洲带来的物件上，也有些成绩，由于缺少欧洲画师，皇上命我和郎世宁涂镀珐琅。
>
> 我们声称从未研究过这种艺术，而且我们画得如此不高明，以至于当皇帝看到我们工作时，便生硬地喊道：够了！

---

[①] 朱家溍：《清代画珐琅器制造考》，载《故宫博物院院刊》1982年第2期。此处引文依据《名家谈鉴定》一书，紫禁城出版社1995年7月第1版，第372页。标点略有改动。

这样一来，我们就摆脱了那苦役般的生活。①

如果不是 Matteo Ripa（马国贤）②的这封信件，则他和郎世宁在康熙时期的这段苦役般的从事画珐琅的绘画生涯，就可能会被历史永远地湮灭了。因为现存"清档"中没有他们在康熙时期曾经从事宫廷画珐琅工作的任何记载③。

此后一段时间，马国贤忙于宗教活动，而郎世宁则似乎主要忙于绘画。"清档"记载，不久又有一位法国来华的、专门从事烧制珐琅的艺术人才进入宫廷：

> 康熙五十八年（1719）六月二十四日。（两广总督杨琳奏折：）本年五月十二日到有法蓝西行医外科一名安泰，又会烧画珐琅技艺一名陈忠信。奴才业会同巡抚公折奏闻，于六月十八日遣人伴送赴京在案……④
> 
> （康熙五十八年）六月……会烧画珐琅艺人陈忠信，年二十八岁，奉命赴京。⑤

郎世宁原是学绘画的，是个画家，本来并不通晓、更不精于画珐琅工艺，而且更不喜欢当时中国宫廷作坊里那种苦役般的工作，既然康熙皇帝说"够了"，而且又有新的烧画珐琅的专门人才进来，他们当然乐得从画珐琅的苦役脱身。

那么，郎世宁是否从那以后就完全摆脱了画珐琅的工作呢？

**（三）受雍正皇帝重用以后，郎世宁继续奉命画珐琅**

其实，摆脱只是暂时的。不久之后，"清档"中又记载：

> （雍正三年，1725 年）二月二十日。传旨：着郎世宁画双圆哈密瓜及银

---

① 此处马国贤书信的这段原文转引自林莉娜《清朝皇帝和西洋传教士》一文，载《故宫文物月刊》2002 年第 8 期，总 236 期。

② Matteo Ripa，中文名马国贤，意大利人，耶稣会士。1707 年被派到中国传教。1711 年和 1712 年（康熙五十年和五十一年）曾随康熙皇帝两次出巡关外，备咨询。他于 1723 年（雍正元年）返回意大利，创办中国书院。但后来的东西方历史对他都不公正。详见本书《附录 1：注释中文字较长且属论述性的条目汇编》中《关于 Matteo Ripa 马国贤在中西文化交流史上的贡献》。

③ "清档"始于雍正元年，康熙朝没有类似的档案记载。

④ 杨琳奏折，转录自萱草园主人《康熙、雍正、乾隆朝瓷胎画珐琅历史档案资料》，载萱草园官窑瓷器网站 www.xuancaoyuan.com/GuanYao/Qing/FaLangCa... 111K 2006－4－27。

⑤ 引文转引自鞠德源《郎世宁年谱》，载北京《故宫博物院院刊》纪念郎世宁诞生三百周年特辑，1988 年 2 月号。此处依据鞠德源网站之 www.jdyhome.com/yieshu/yieshu.asp。

盘。郎氏于三月初二日画完，交总管太监张起麟收讫。①

雍正皇帝下旨特别点名让郎世宁画的"双圆哈密瓜及银盘"，可以判定也是画珐琅，只不过应是金属胎而非瓷胎而已。

过了一年九个月之后，雍正皇帝又有另一条旨意：

（雍正四年，1726年）十二月初七日，海望传旨：着郎世宁画驴肝马肺钧窑缸一件，于本月二十八日画讫。②

那么什么是"驴肝马肺钧窑缸"呢？

"驴肝马肺"是当时对红釉成色的一种通俗描述和形容，故此器应该是仿钧红釉——很可能是郎窑红——的瓷缸，应该是瓷器中的一个大件。雍正皇帝"着郎世宁画"此缸，显然不是让他设计缸的形状或在现成的缸体上涂抹单一的红彩，而是在缸体上绘图，几乎可以确认是用画珐琅绘画彩图。

经过21天之久，郎世宁方始画成这只大瓷缸。

这无疑是一件瓷器艺术和西洋绘画艺术相结合的艺术珍宝，但早已不再存世。今天甚至连这个品种——也许应该命名为"钧窑（或郎窑）红地珐琅彩××图鱼缸"——也不存世。迄今为止，似乎也没有任何人或任何文章曾经研究和道及过这个"钧窑红珐琅彩绘"的品种③。

又过了约四年之后，郎世宁继续奉命画珐琅。"清档"记载：

（雍正八年，1730年）十月二十六日。据圆明园来帖称：首领太监萨木哈持来高足红玛瑙杯一件，有靶红玛瑙杯一件。传旨：着内务府总管海望照高足杯样，足矮些的，做金胎珐琅杯一份。亦随盖随托碟。着郎世宁画好些的花样……钦此。

（雍正九年，1731年）十月二十八日做得二份，内大臣海望呈进讫。④

---

① 《养心殿造办处各作承做活计清档》，雍正二年二月二十日记载。引文转引自鞠德源《郎世宁年谱》。此处依据鞠德源网站之 www.jdyhome.com/yieshu/yieshu.asp。

② 《养心殿造办处各作承做活计清档》，雍正四年十二月七日记载。引文转引自鞠德源《郎世宁年谱》。

③ 现在存世的清宫珐琅彩瓷器中有红釉地珐琅彩绘图案的品种，显然不是此处记载里所说的雍正皇帝令郎世宁特别绘画的"驴肝马肺钧窑缸"。

④ 《养心殿造办处各作承做活计清档》，雍正八年十二月二十六日和雍正九年十月二十八日记载。此处依据萱草园主人《康熙、雍正、乾隆朝瓷胎画珐琅档案资料》转录，此文载于 www.xuancaoyuan.com/GuanYao/Qing/FaLangCa... 111K 2006-4-27。

由雍正皇帝御旨，直接令郎世宁亲笔绘制的这两份（可能是每份一对两只）金胎画珐琅高足杯，当然也是珍贵异常，而后来似乎也不见传于世；但台北故宫博物院现藏有一件铜胎画珐琅花卉图高足杯，可能是后来依据此杯的复制品[①]。

1749年（乾隆十四年），郎世宁已经61岁，中国计龄法是62岁。这年的"清档"中仍然记载了"三月十一日，郎世宁画鱼缸及金鱼"的事[②]。这里的"画鱼缸及金鱼"应该理解为画金鱼图案的鱼缸。其同样属于珐琅彩绘（至少大部分是珐琅彩绘）应是没有疑义的。并且极有可能也是瓷器，甚至还可能同23年前的那件"驴肝马肺钧窑缸"有着某种承继关系。

以上文献记载说明，郎世宁自从服务于清宫开始，在其后持续的数十年中间，并没有脱离亲手彩绘画珐琅的工作。他的每一件作品完成以后，便自然又可能成为样板，随后则可能被批量复制。

## 五  郎世宁像培训宫廷画家一样地培训了一批画珐琅徒弟

郎世宁在清宫如意馆长期教授西洋绘画艺术，培养了一批优秀的、将西方画风和中国传统绘画艺术风格有条件地结合、而以西方画风为主修的宫廷画家。

换言之，郎世宁当时在如意馆曾经长期开办了一个绘画专科班，从这个科班出身的学生的名单可以列出长长一串，有的父子两代、兄弟昆仲都是郎世宁那个"绘画系"的学生。但因这些内容同本文的主旨无关，且已为人们所知，故详情此处从略。

（一）关于郎世宁培训画珐琅人才的史料记载

郎世宁在清宫也像培训宫廷画家那样地培训了一批画珐琅的艺术人才的史实，却鲜为后人所知，更未见有人专门涉及和探讨这桩几乎被掩埋了的历史。

这是因为郎世宁执教的这个"画珐琅系"的学生们——当时称"徒弟"——同他那个"绘画系"的学生们，身份不一样。

绘画系的学生们大都是官僚阶层出身，政治地位较高，且多为皇帝直接派遣

---

① 此杯现藏台北故宫博物院，其图片曾刊于《故宫文物月刊》2002年11月号，第20卷第8期（总236期）。林莉娜氏写了说明："铜胎……足底露胎，阴刻'乾隆年制'楷书款……此盖杯是广州民间作坊仿西洋高足杯形制制成，属于18世纪后期广州进贡之文物。"本书作者认为，其造型底足不高，符合雍正皇帝"足矮些"的指示。故其很可能是宫廷作坊依据郎世宁设计原图所制作之金胎珐琅杯复制。

② 《养心殿造办处各作承做活计清档》乾隆十四年三月记载。引文转引自鞠德源的《郎世宁年谱》，载北京《故宫博物院刊》纪念郎世宁诞生三百周年特辑，1988年2月号。此处依据鞠德源网站之 www.jdyhome.com/yieshu/yieshu.asp。

和御用，故他们的名字也常常出现在现存的"清档"中。而郎世宁培养的"画珐琅系"的学生们、徒弟们，则属于工匠这个阶层，技艺再高，一般也不会受命于皇帝的直接指派和御用，现存的"清档"中仅仅偶尔提到他们中某些人的名字而已。

但"清档"中以下两条记载透漏了当时实际情况的若干端倪：

（雍正六年，1728年）七月十一日：员外郎唐英启怡亲王，为郎世宁徒弟林朝楷有痨病，已递过呈子数次，求回广调养，俟病好时再来京当差。今病渐至沈重。王谕：着他回去吧！①

（雍正六年，1728年）八月二十日。据圆明园来帖内称：八月十九日，郎中海望启称：珐琅处画珐琅人林朝楷，因身病告假回广，前六月内已经回明。奉王谕准其回广在案。

今又具呈，称林朝楷来时，原系广东总督送来之人，蒙皇上赏赐伊本地安家银两；今若不知会总督，惟恐林朝楷在广难以居住。故此求转启王爷知会等语。

奉怡亲王谕：王必行文知会，而将总督家人传来，说我的话，带信与总督知道：今造办处画珐琅人林朝楷系有用之人，因身病告假回广养病，将伊送回广东。到广之日，将伊本地所食安家银两暂行停止，俟伊病好，照旧着人将伊送上京来时，将伊所食安家银两再行发给。遵此。②

这两处记载，后一段文字颇长。它们对于研究郎世宁和画珐琅的关系，特别是关于他培训画珐琅人才的情况来说，非常值得注意。因为它们不仅向我们揭示了关于当时宫廷造办处珐琅作的一般历史知识，还揭示了作为世界级大画家和大建筑家的郎世宁，同"珐琅作"和"画珐琅人"之间过去不为人所知的特殊关系。

现分别叙述如下。

（二）关于林朝楷的记载揭示和涉及的一般历史

①这个林朝楷，唐英在请示怡亲王时，说他是"郎世宁的徒弟"，这个事实应该是没有问题的；随后的"圆明园来帖"中，海望又说他是"珐琅处画珐琅人"，这个事实也是没有问题的。将这两种说法结合起来，结论则是：林朝楷是

---

① 《养心殿造办处各作承做活计清档》，雍正六年七月十一日记载。此处引文转引自《怡亲王允祥及年表》一文，载 www.xuancaoyuan.com/images/l_lan003.gif。

② 《养心殿造办处各作承做活计清档》，雍正六年八月记载。转引自《怡亲王允祥及年表》。

郎世宁为宫廷培训的一位画珐琅的绘画人才。

② 林朝楷是广东总督府选派到北京的画珐琅技术工匠，却也是艺术人才。当时被称为工匠，因为他是由官府包养的手工业匠人之一。其真实的社会身份属于官奴。宫廷只发给他们生活费和养家费——那时，每人每月一般只有 2 两白银——而不发给薪俸。但林朝楷的技艺高超，颇受重视。故其进与退甚至需要请示相当于宰相和总理的怡亲王本人，方可最后定夺。

③ 无论是根据相关的史料，还是根据实物传世品的数量，当时"珐琅处"制作的"画珐琅"产品，最大宗的，显然是所谓"瓷胎画珐琅"，即所谓"珐琅彩瓷器"，而金属胎的画珐琅相对而言，在当时则数量要少得多。林朝楷以"画珐琅人"的身份被两广总督选送入宫，既画金属胎和玻璃胎画珐琅，也画瓷胎画珐琅，珐琅作后来以制作瓷胎画珐琅为大宗。

④ 上文说过，康熙末年进宫的，还有一位法国来华的珐琅专家，他的中文名字叫陈忠信。此人比郎世宁年轻甚多，如无意外，此时应该还在宫廷服务。但唐英却没提到林朝楷是陈忠信的徒弟，而只说它是郎世宁的徒弟。这当然应该作为历史史实看待。陈忠信被选送入宫廷的专长技艺是"会烧画珐琅"，按说，他比郎世宁在这方面应该更为专业化。但画珐琅的绘画老师，显然是郎世宁，而非他人。

（三）关于林朝楷的记载揭示和涉及的特殊历史

⑤ 郎世宁显然不会只有林朝楷这样"一个"画珐琅徒弟，而是一定培养了"一批"画珐琅人才。不然的话，即如果郎世宁只培养一个画珐琅工匠林朝楷的话，当时岂能满足雍正皇帝和宫苑对于瓷胎画珐琅的热切需要？

正如郎世宁在"如意馆"曾经执教了一个"绘画系"一样，他在"珐琅作"应该也执教了一个"画珐琅系"，培训了一批画珐琅的"徒弟"，而不会只有一个林朝楷。这是逻辑的结论，否则便是难以想象的。

⑥ "清档"中曾经提到的其他画珐琅和画瓷器的人物中，还有"画磁器人宋三吉"①，"画珐琅人谭荣"②，"年希尧送来画珐琅人周岳、吴大琦二名，吹釉炼珐琅人胡大有一名"③，等等。

此外又有"年希尧处送来匠人折一件，内开画画人汤振基、戴恒、余秀、

---

① 《养心殿造办处各作承做活计清档》，雍正三年九月十三日记载。此处转引自《怡亲王允祥及年表》一文，载 www.xuancaoyuan.com/images/l_lan003.gif。

② 《养心殿造办处各作承做活计清档》，雍正六年三月十九日记载。此处转引自《怡亲王允祥及年表》。

③ 《养心殿造办处各作承做活计清档》，雍正七年闰七月九日记载。此处转引自《怡亲王允祥及年表》。

焦国俞等四名"①。这四个人虽被称为"画画人",而未被称作"画珐琅人",但他们是"总理陶务"官年希尧选送来的,而且都是"匠人"身份,后来他们也都是专门的"画珐琅人",是由雍正皇帝下旨把他们从如意馆正式调到珐琅作工作的②。

⑦ 这些人既然都到珐琅作工作,都做画珐琅,尤其是瓷胎画珐琅,则他们应该也和林朝楷一样,在当时都必然——甚至必须——要学习西洋绘画技巧,而师傅应该也是那个林朝楷的师傅郎世宁,故他们都应是郎世宁的徒弟——不管有无师徒名分——不过一般应该会有。

退一步说,即使他们不是"上面"指明的郎世宁的徒弟,但因他们入宫之前显然都只会中国绘画,而一般不会通晓西洋画法。既然当今皇上喜爱西洋画风和瓷胎画珐琅,现在又正好有一位西洋绘画大师来"珐琅作"教授他们的同事林朝楷学习西洋绘画,他们焉能不拼命抓住机会也向其学习?!

⑧ 只不过因为他们都属于工匠阶层,身份低下,而郎世宁却是官居三品的大员,保存到现在的资料记载中没有特别指明他们也向郎世宁学习画珐琅,或指明是郎世宁的徒弟,或许因此原因所致。

唯一被指明是"郎世宁徒弟"的"画珐琅人"林朝楷,"清档"也并非特意记载,或着意指出,而是在极其偶然的情况下被官员提到的。如果不是因为他罹患了肺结核("痨病")并日趋严重而要求返回广东老家养病,唐英在请示怡亲王时,顺便提到他是"郎世宁的徒弟"而郎中海望提到他是"画珐琅人",恐怕连他的名字都不会出现在档案里而为我们今天所能提及。

自然的结论是:像培养一批卓越的宫廷绘画艺术家那样,郎世宁在宫廷也培养了一批画珐琅艺术家。

这应该是关于林朝楷生病的资料同唐英和海望的随口之言所告诉我们的一段真实历史,不幸的是,过去它们是一直不为人知的。

## 六 郎世宁还奉皇帝旨令教授炼制颜料

(一) 画家郎世宁也教授徒弟制造颜料

郎世宁是油画家,但油画家不一定都会制造颜料,正如中国的书法家和水墨画家不一定会制墨一样。但郎世宁不仅是油画家,他也会制造颜料。甚至还参与

---

① 《养心殿造办处各作承做活计清档》,雍正七年十月三日记载。此处转引自《怡亲王允祥及年表》。

② 汤振基和戴恒于雍正九年正式调入珐琅作工作。"清档"记载:(雍正十年)四月二十九日:内大臣海望传旨……画水墨珐琅甚好,将画画人戴恒、汤振基,伊二人画珐琅活计……于本日……画画人戴、汤二人改画珐琅。

指导制造珐琅彩使用的彩色釉料。

现存"清档"中还有这样一条记载：

(乾隆元年，1736年)十二月初五日，骑都尉唐岱、郎世宁、沈源，获准每人画年节绢画一张。奉旨：挑选小苏拉几名与唐岱、郎世宁学制颜料。①

这是明确记载郎世宁还在清宫"奉旨"教授中国工匠制造颜料的一则历史资料。这种颜料究竟是绘画颜料，还是画珐琅颜料，记载中虽然没有明说，但依据文义，当为绘画颜料。但画珐琅起源于油画，画珐琅釉料起源于油画颜料，是故，绘画颜料和画珐琅釉料应该是有某种相通之处的。

如果确是绘画颜料，那当然一定是西洋油画颜料，因为中国画颜料的制造是用不着皇帝下旨拜郎世宁为师的。

这里的记载是"与唐岱、郎世宁学制颜料"，说明唐岱和郎世宁二人都是制造颜料的师傅。而把唐岱的名字排在郎世宁的前面，除了说明唐岱是中国人之外，并不意味着他的绘画和制料的本领先于或高于郎世宁。实际情况刚好相反，无论绘画和制料，唐岱都是郎世宁的学生或徒弟。

本文作者没有研究过炼制西方油画颜料同炼制珐琅彩色釉料之间的异同，不了解它们之间的本质差异和共通之处。但笔者可以确认如下一点：郎世宁首先作为一个画家，也会制造颜料；然后再到一个画珐琅的专家，再到制造珐琅彩色釉料，他都一一变成了内行。他是一个善于钻研、触类旁通、认真细致的人。

郎世宁之通晓画珐琅和制作画珐琅的颜料，同他从一个对建筑完全外行的画家变成一个长春园西洋楼区建筑群的设计家和工程专家比较起来，大概只能算是雕虫小技一桩罢了。

而在上面这条记载出现7年之前的雍正六年，也有一条记载：

(雍正六年，即1728年)九月初二日：首领太监吴书来说，奉怡亲王谕：今配烧珐琅用的红料，将玻璃厂的柏唐阿着吴书挑选二名学配红料。遵此。②

---

① 《养心殿造办处各作承做活计清档》，乾隆元年十二月记载。引文转引自鞠德源《郎世宁年谱》，载北京《故宫博物院院刊》纪念郎世宁诞生三百周年特辑，1988年2月号。此处依据 www.jdyhome.com/yieshu/yieshu.asp。

② 《养心殿造办处各作承做活计清档》，雍正六年九月二日记载。此处转引自《怡亲王允祥及年表》，载 www.xuancaoyuan.com/images/l_lan003.gif。

在这年的七月十日，即在记载此事的50多天之前，宫廷已经试炼成功多种珐琅彩的釉料，但其中偏偏没有红料。现在说"学配红料"，说明在那之后，珐琅彩红料也已试炼成功了。

记载中的"将玻璃厂的柏唐阿着吴书挑选二名学配红料"一句话不甚清楚，其实怡亲王的意思是说：叫负责玻璃厂的柏唐阿去通知首领太监吴书，让吴书挑选两个小太监去学习配制画珐琅的红料。

柏唐阿当时负责玻璃厂，后来又负责珐琅作，他也是一位画家。此人也应和唐英一样，是个颇具学习和钻研精神的人。

这里记载的"配红料"，明确指出是要配制"烧珐琅用的红料"。这种红料是中国原来所没有的红料，即所谓"金红"料。

这条记载中没有明确指出是向郎世宁学，不过郎世宁在炼制珐琅彩料中的贡献是无法被排除的。因为这样的师傅，当时宫廷只有郎世宁和陈忠信（如果此人当时还在宫廷）才可以充任。

(二) 宫廷试炼珐琅料和郎世宁的关系

雍正六年较早的相关记载，表明清宫造办处自炼珐琅料的工程，在当年二月二十二日正式启动：

> （雍正六年，1728年）二月二十二日：柏唐阿、宋七格等奉怡亲王谕：着烧炼珐琅。遵此。于本日，员外郎沈瑜、唐英说：此系怡亲王着试烧珐琅料所用钱粮物料，另记一档，以待试炼完时，再行启明入档。本日送交柏唐阿、宋七格。①

怡亲王是这一工程的发动者[②]、领导者和督办者。当时怡亲王批了一批钱粮物料着柏唐阿和宋七格通知宫廷造办处要炼制珐琅料。因为是新鲜事儿，造办处的具体办事人一时没弄清楚该如何处理，故当日晚些时候才有员外郎沈瑜和唐英去特地加以说明，并在说明后将这批所谓钱粮物料立即"送交"柏唐阿、宋七格，正式开始试炼珐琅彩料的工程。

此后，不到5个月，便自炼成功了一批珐琅料。"清档"记载：

---

[①] 《养心殿造办处各作承做活计清档》，雍正六年二月十二日记载。此处转引自《怡亲王允祥及年表》，载 www.xuancaoyuan.com/images/l_lan003.gif。

[②] 自然，当时试炼珐琅料这一工程的原始发动者，也有可能是雍正皇帝本人。由他指示怡亲王去推动和领导之。但史料记载尚无法直接证明这点。

（雍正六年，1728 年）七月十二日：据圆明园来帖内称，本月初十日怡亲王交：

西洋珐琅料：月白色、白色、黄色、绿色、深亮绿色、浅蓝色、松黄色、浅亮绿色、黑色，以上共九样。

旧西洋珐琅料：月白色、黄色、绿色、深亮蓝色、浅蓝色、松黄色、深亮绿色、黑色以上共八样。

新炼珐琅料：月白色、白色、黄色、浅绿色、亮青色、蓝色、松绿色、亮绿色、黑色，共九样。

新增珐琅料：软白色、香色、淡松黄色、藕荷色、浅绿色、酱色、深葡萄色、青铜色、松草色，以上共九样。①

这个记载很重要，也被很多文章所引用。因为这件事开创了中国宫苑自炼珐琅彩料的历史。不过上文提到过，在这 35 种珐琅彩料中，在"新炼珐琅料"中，独独缺少红色。

这里，值得我们注意的至少有以下几点：

①短期内试炼成功珐琅料。

烧炼珐琅彩料的工程启动不到半年，便获得很大成功。烧炼成功的珐琅彩料，似乎总共只有九个品种。但速度可谓相当快速。

这除了有新、旧进口的各种洋料作为样品之外，实际上，也应该有内行或比较内行的人予以指导。否则，所谓"试炼"又该从哪里试起？陈忠信是法国来的"烧画珐琅"专才，郎世宁则具备多方面的艺术和技术才能，他们应该都参与了这个试炼工作。

② 瓷器工匠曾经全部被遣返。

事实上早在雍正三年八月，原先在皇宫内苑制作珐琅彩的那些瓷器匠人，几乎全被遣返回江西，只留下了一名叫作宋三吉的：

（雍正三年，1725 年）九月十三日：员外郎海望启怡亲王：八月内做磁器匠人俱送回江西，惟画磁器人宋三吉，情愿在里边效力当差，我等着在珐琅处画珐琅活计，试手艺甚好。奉王谕：尔等即着宋三吉在珐琅处行走，以后伺我得闲之时，将宋三吉带来见我。如其果然手艺精工，行走勤慎，不独

---

① 《养心殿造办处各作承做活计清档》雍正六年七月十二日记载。引文转引自《怡亲王允祥及年表》。

此处给他钱粮食用,并行文该地方给他养家银两。记此。①

"造办处"的做瓷器匠人全被遣返后,"珐琅作"自然还继续存在,也还在运作,但根据"清档"记载,其规模微不足道,只是零星制作而已。

到了雍正六年,才不断地有被招募和选送来的新工匠陆续进宫。珐琅处的规模和生产不断扩大。

③ 试炼珐琅料应该是在玻璃厂。

关于雍正七年七月十二日的这封"圆明园来帖"中所讲的怡亲王于十日交到"圆明园造办处"②的这大批珐琅料,除了新、老进口料之外,本书作者对自家烧炼的那九种珐琅料颇感兴趣:它们究竟是在哪里试炼成功的?是由谁人指导、谁人操作烧炼成功的?

根据帖中所言,显然不是在清宫造办处,也不是在"圆明园造办处",更不是在景德镇。综合档案记载,可以作出判断:它们是在柏唐阿领导的那个"玻璃厂"试验烧炼成功的。

这个玻璃厂不是绝对没有可能设在当时的怡亲王府内,但一般说这种可能性应被排除。它们很可能是在柏唐阿、宋七格领导的皇家玻璃厂中试炼成功的。而宫廷设置玻璃厂的历史也最久。

④ 试炼珐琅料的参与者有地利之便。

参加者除了怡亲王本人(作为发起者、推动者和督导者),还有柏唐阿和宋七格(负责具体领导和督办),以及郎世宁和陈忠信(作为技术顾问和指导)和玻璃厂的一批工匠等。

怡亲王府当时在东安门外帅府胡同,而柏唐阿看起来又好像是怡亲王的人,但他实际是在宫廷造办处当差,管理玻璃厂,后来又管理珐琅作。

而郎世宁当时可能仍旧住在东华门外的天主教东堂。(陈忠信住址不详,若他也是教士,应也住在东堂——即使它不是教士,也是信徒,故也应住在东堂,而不大可能会单独居住。)

他们居处相距不远,而玻璃厂有可能在琉璃厂附近,倘果真如此,则他们这拨人共同工作,也享有地利之便。

⑤ 玻璃厂也应有一套"清档"。

按照雍正年间宫廷造办处的制度,柏唐阿领导的皇家玻璃厂应该也有一套同其他各作类似的"成造活计清档"。

---

① 《养心殿造办处各作承做活计清档》雍正三年九月十三日记载。引文转引自《怡亲王允祥及年表》,载 www.xuancaoyuan.com/images/l_lan003.gif。

② 关于"圆明园造办处",下文还会专门论证。

如果这样，则其在雍正六年的记载里，关于试炼珐琅彩料和稍后配制珐琅红料的事情，应该有更为详细的资料。而郎世宁在整个过程中所扮演的角色和所起的作用，今天便会一目了然，而用不着我们依据少得可怜巴巴的文献，再加上半是逻辑、半靠猜测地来作判断。

现在归纳一下本节关于判断郎世宁参与试炼珐琅料的主要依据：

* 郎世宁是画珐琅大师，亲自绘画珐琅，且为宫廷培训画珐琅的徒弟①，故他同宫廷画珐琅的制作，关系极为密切；

* 珐琅料的试炼是否成功，郎世宁必定参与试用和鉴定，并最后拍板，对试炼的结果给予否定、改进或完全肯定；

* 郎世宁教授绘画颜料的制造，"清档"中有明确记载。而珐琅彩料同绘画彩料相通，他完全可以为试炼珐琅料提供参考性、甚至指导性意见。

(三) 画珐琅既是特种工艺，更是特种材料

从本节的考论可以充分说明，画珐琅是中国 18 世纪使用特殊材料，以特种工艺制作的艺术品。而关于这点，最近曾读到毛晓沪先生的下述论说：

> 从我的研究来看，我认为如果从原料上讲，粉彩和珐琅彩用的是同一类原料，在古代文献上没有"珐琅彩"这个名词，只有"画珐琅"这个名词，顾名思义指的是工艺，一种画法，一种技艺，跟它对应的实际上是掐丝珐琅，也就是我们所谓的景泰蓝……②

毛晓沪是中国当代有名的瓷器仿古专家和瓷器鉴定家。其实，他不仅是"实战派"的，也是有理论的，只是不直接出身于"学院派"而已。

不过，其上面关于珐琅彩，或画珐琅，"指的是工艺，一种技法，一种技艺"的说法，并不全面和准确。

因为这个论述涉及到珐琅彩的定义和内涵这样的攸关珐琅彩的最富实质性的问题，故在此一并加以探讨。

诚然，中国在制造珐琅彩的 18 世纪的历史文献中没有出现过"珐琅彩"一词，而是"瓷胎画珐琅"。如果论说者把自己的重点放在"画"字上，当然可以把"画珐琅"的对应物（Counterpart）看作是"掐丝珐琅"，或者是"填珐琅"

---

① 郎世宁培训绘画弟子是在启祥宫的如意馆，培训画珐琅弟子的地点应该是在养心殿造办处的珐琅作。

② 这段话见于"人民网"最近（2006 年 8 月 17 日）的一篇报道：《实战派瓷器鉴定专家毛晓沪谈瓷器造假（2）》。虽是谈话记录而非本人论文，但应该符合毛氏之原意。见 art. people. com. cn/GB/41067/4715449. html – 38k, 2006 年 8 月 17 日 17：24。

等等。但当时的历史文献中也把珐琅彩称作"五彩珐琅"。

换言之，如果论说者的重点是放在"珐琅"上，则珐琅彩的对应物就不再是"掐丝珐琅"等，而是区别于珐琅的"五彩（硬彩）"，或"粉彩（软彩、洋彩）"了。也就是说，这里的重点，已不再"指的是工艺，一种技法，一种技艺"，而是原材料和釉料的特殊品种。

康熙皇帝把"珐琅彩"称作"磁器法琅"①，如果说话人重点在"磁器"，则"磁器法琅"对应物就是"非瓷胎"——包括金属胎和料胎等——珐琅。强调的就既不是工艺，也不是材料，而是胎质。

因此，我们也可以说宫苑珐琅彩，是使用特种材料（各种珐琅彩色釉料）和特种工艺（一种特殊的绘画和烧造技艺），以一种特殊材料的胎体（陶瓷）作为载体，在特殊年代（18世纪），由特殊才能的一批艺术家（一般说他们贯通中、西和珐琅绘画技能）在特殊环境中（主要是在中国的宫苑中）所制作的高级瓷器艺术品。

## 七　郎世宁还设计珐琅器物的图样

郎世宁在其漫长的中国宫苑生涯中，还经常设计珐琅器物的新式样。
"清档"记载：

> （乾隆十三年，1748年）七月三十日，郎世宁起得水法陈设鸽子纸样二张、龙凤瓶纸样一张。②

奇怪的是，郎世宁的这两件（套）设计图样，不知因为什么原因，直到八年之后的1756年，才设计完成，或者是才得以呈给乾隆皇帝御览，并由皇帝下旨着珐琅处制造：

> （乾隆二十一年，1756年）六月三十日，郎世宁起得水法陈设鸽子纸样二张、龙凤瓶纸样一张。呈览，奉旨：着珐琅处做珐琅鸽子一对，掐丝珐琅龙凤瓶一件，其座子用紫檀木做。③

---

① 见本书第六篇《"余园珍藏"款和曹雪芹父祖操办宫廷瓷器考论》及彩图03—06—02。
② 《养心殿造办处各作承做活清档》，乾隆十三年七月三十日记载。转引自鞠德源《郎世宁年谱》，载北京《故宫博物院院刊》纪念郎世宁诞生三百周年特辑，1988年2月号。此处依据鞠德源网站之 www.jdyhome.com/yieshu/yieshu.asp。
③ 《养心殿造办处各作承做活计清档》，乾隆二十一年六月三十日记载。引文转引自鞠德源《郎世宁年谱》。

郎世宁这次设计的"水法陈设鸽子"和"龙凤瓶",在乾隆皇帝览后下令珐琅处按图纸完成制作。龙凤瓶指明是掐丝珐琅,而"水法陈设鸽子"只说是珐琅,但未说是何种珐琅。应该不会也是掐丝珐琅,也不大可能是瓷胎画珐琅,推测可能是金属铜胎画珐琅。这种仿生制品,以金属铜赋其形态模样,以珐琅材料绘其外表羽毛,又不怕风吹、日晒、雨淋,很适于作为水法处所的陈设。

"清档"中又记载:

> (乾隆二十四年,1759 年)三月十一日,郎世宁画得累丝镀金盘托纸样一张、台撒镀金盒子纸样一张、珐琅盒子纸样一张、累丝宝石盒陈设纸样一张、西洋珐琅木座纸样一张。①

1759 年时,郎世宁已经 71 岁。但他仍然同清宫珐琅制品有着密切的关系。继续为宫廷设计包括珐琅品在内的各种陈设品和使用品的图样。

其中"西洋珐琅木座纸样一张",颇觉奇特,如果文献记载无误,而"木胎"又不能烧制烘烤,故推测所谓"西洋珐琅木座"可能是类似西方木板油画之类。

值得注意的是,不管是郎世宁的绘画作品、画珐琅作品,还是他设计的其他陈设品,其图像、画样和造型,都很可能被移植到其他种类,特别是瓷胎画珐琅的制品上。

## 八 本文的结论和新编郎世宁小传

(一)本文的结论

综合以上四个方面的考证和论述,可以得出这样的结论:

郎世宁在清宫供职的半个多世纪里,在珐琅制品,尤其是在画珐琅制品和从画珐琅向瓷胎画珐琅的移植、发展和创造工作中,具有卓越的、举足轻重的和不可磨灭的贡献。虽然,他在珐琅制品,特别是在宫苑瓷胎画珐琅方面的贡献,只是郎世宁在清朝宫苑和在世界艺术史上所作三大贡献中,居于最次要地位的一种贡献。

他的第一贡献是绘画,以西洋画法为主并吸收中国传统绘画风格的绘画。第二贡献是设计和监造圆明园中的西洋楼区建筑群。

---

① 《养心殿造办处各作承做活计清档》,乾隆二十四年三月十一日记载。引文转引自鞠德源《郎世宁年谱》。

当然，他在画珐琅方面的贡献，也是迄今为止最少被世人所注意、论证和研究，并将其尽可能恢复到本来面目的一项历史课题。他亲自参与绘画珐琅器物、培训画珐琅的人才、指导炼制珐琅彩料、设计新的珐琅产品图样等等。

不言而喻的是，在半个多世纪中，郎世宁不可能总是专注于画珐琅这项艺术。因为皇帝们有太多的工作要他去完成，郎世宁一生的精力和时间集中于奉命为皇帝们、后妃们，为宫廷苑囿，为贵胄显宦们作画，主持设计和督造长春园的西洋楼建筑群这一浩大的工程，但他无疑也一直是以瓷胎画珐琅为主体的画珐琅这项艺术的指导者、设计者、培训者和监督者。

(二) 新编"郎世宁小传"

郎世宁最早的传记可能是记录于《清史稿》中的简略事迹，是名副其实的"小传"[①]。在本书考论的基础上，应该为郎世宁重新写一篇"小传"。

既然这篇小传是建立在对郎世宁生平进行了新考论的基础之上，故它应同此前问世的郎世宁的任何其他传记有别。下面尝试为之；其中的年、月、日均改用公历，而加注中国纪元。

郎世宁（1688—1766）是18世纪欧洲耶稣会派到中国的传教士，在中国度过半个多世纪的生涯，历经康熙、雍正、乾隆三朝。他后来长期任三品"奉宸苑卿"，自由出入大清王朝宫掖苑囿。他在绘画、建筑和瓷胎画珐琅三方面均有卓越的成就，对探索和实践东、西方文化艺术的交流和融合更有不可磨灭的贡献。

郎世宁是中国艺术史和世界艺术史上的功勋艺术家。不幸的是，200多年来，他在中国艺术史上，曾经长期受到不公正地对待，而在世界艺术史上的地位则曾经几乎被湮灭。

郎世宁本人同他在圆明园中的办公处所和居所——当时尚未被命名，而后来被称作"古月轩"的一所临时或老旧的建筑物，是关于"古月轩之谜"的全部谜底之所在。

郎世宁，原名 Giuseppe Castiglione，到中国后为传教和工作方便，初取汉名郎宁石，后改定为郎世宁。"世宁"是社会安定的意思。对于清朝的盛世皇帝们来说，这是一个吉祥的好名字。

---

[①] 《清史稿》卷五〇四《列传》二九一《艺术三》中对郎世宁的记载极为简略："郎世宁，西洋人，康熙中入直，高宗尤赏异。凡名马、珍禽、奇花、异草，辄命图之，无不奕奕如生。设色奇丽，非秉贞等所及。"另在《清史稿》卷十三《高宗本纪四》中也提到他："（乾隆三十一年）六月……戊申，予故三品衔西洋人郎世宁侍郎衔。"在其他人的传记里偶尔也提到他。

1688年7月19日①，出生于意大利的米兰。

1707年1月19日②，19岁时在热那亚加入耶稣会为助理会士。

1714年受耶稣会葡萄牙传教部的派遣，出发到中国传教。

这是郎世宁生平的一个决定性转折点。

1715年8月17日（即清圣祖康熙五十四年七月十九日）抵达澳门③。

9月3日（康熙五十四年八月六日）到达广州，旋被送往北京。

11月22日（即清康熙五十四年十月二十七日）到达京师，初期居住于紫禁城东华门之外的天主教"东堂"。

1720年，东堂毁于地震。郎世宁曾为重建的东堂和另一教堂南堂绘制过大型壁画。

1723年10月13日（即清世宗雍正元年九月十五日）郎世宁献《聚瑞图》。上有题词曰："皇上御极元年，符瑞叠呈，分岐合颖之谷实于原野，同心并蒂之莲开于禁池。臣郎世宁拜观之下，谨绘写瓶花，以记祥应。雍正元年九月十五日，海西臣郎世宁恭画。"郎世宁的书法为印刷字体，当是从书本习得。故他应该没有专门演习中国书法。《聚瑞图》为雍正皇帝所喜爱，成为他晋身的第一个台阶。

这个时间点构成了郎世宁生命途程的一个新起点，开始了一个新阶段。

1745年11月30日（清高宗乾隆十年十一月八日），郎世宁奉命交卸在皇宫内廷管理档案和教授绘画的日常工作而专注于在圆明园的工作。在此前后，迁到圆明园中办公和居住。

这是他艺术生命的最后一个转折点。

他继续设计和主持大型历史性画卷的制作，并绘图、设计和指导建造了圆明园中的西洋楼区庞大的建筑群，还继续负责瓷胎画珐琅的设计、绘画和监制。

在圆明园中，他专注于多项工作至少长达21年之久，这一阶段构成了其艺术生命中最为辉煌的阶段。

1766年7月16日（即乾隆三十一年六月十日），郎世宁病逝于北京④，葬于北京市阜成门外的传教士墓地。

郎世宁在中国生活的时间几达51年（具体为50年又11个整月）。逝世的日子距离他的78岁生日，仅差3天。他的年龄，按西方计算法为77岁又11个月，

---

① 郎世宁出生的1688年7月19日，相当于中国清圣祖康熙二十七年六月二十二日。
② 公历1707年1月19日，相当于中国清圣祖康熙四十五年十二月十六日。鞠德源《郎世宁年谱》将郎世宁加入耶稣会的这个日期，系于康熙四十六年，稍嫌不妥。
③ 郎世宁抵达澳门（当时为葡萄牙控制）的具体时间是清圣祖康熙五十四年七月十九日，即西元1715年8月17日。
④ 郎世宁逝世于清高宗乾隆三十一年六月十日，即公元1766年7月16日。

若按中国传统计算法，则为 79 岁。

（三）郎世宁有画像传世么？

郎世宁一生绘画无数，也为皇帝、后妃、王爷们画过不少肖像，但大部分已被历史无情地湮灭。不过一般认为，郎世宁本人却没有一张公认的画像流传下来。

台北故宫博物院藏有一幅无作者、无作画时间、画中人也不知为何人的洋传教士人物画像。该画被认为是"可能作于乾隆晚期"的"无款旧洋罗汉"[①]。

而本书作者推测：这幅少见的人像画的主体，很可能就是郎世宁老年面貌的画像。

见彩图 01—01—03。

倘如此，则该画很可能是作于乾隆朝中期的 30 年代初，而画家则是王致诚、艾启蒙等当时尚活跃于宫苑的西洋传教士中的某一位。

本人的这个推测或猜想，是否真的是历史史实，是否能经得住考验，还要等待研究在未来的发展。

不过本人初步认为，这个推测和猜想，在学术上还是可以进行考据和论证的。只是，这已不是本文的任务。

2006 年 5 月 23 日初稿<br>
2007 年 7 月 19 日三稿<br>
2009 年 4 月 24 日修订

---

[①] 《乾隆皇帝的文化大业》，载《故宫文物月刊》，第 20 卷第 8 期第 27 页。其《说明》为林莉娜氏所作。

# 第二篇

# 关于珐琅彩瓷十二个历史问题的考论

提　　要

本文考论关于清代康熙、雍正和乾隆时期官苑御制珐琅彩瓷器——即官苑御制瓷胎画珐琅——制作的背景、情况、地点、时间和变迁（兴盛和衰落）的12个重要历史问题，同时也讨论了现代学术界在这个领域中流行的各种说法，并厘清诸多是非。

## 一　代序：清朝官苑珐琅彩烧造场所诸说之评述

关于18世纪中国清朝官苑珐琅彩瓷器的制作和烧造场所问题，似乎是一个没有争议的问题，其实不然。

20世纪80年代，耿宝昌先生在其名著《明清瓷器鉴定》中说过：

　　考诸文献，制作珐琅彩瓷在北平有三处：一为故宫内"启祥宫"的"如意馆"；另一为颐和园；再为怡亲王府。[①]

因为发现耿氏此说明显有误，我曾请一位朋友查对该书后来的版本是否在文字上有所修正，结果被告知：虽然有些地方有所调整，但这段文字并没有任何变动。

这个说法之不妥之处有三：

一是行文中用了"北平"一词，说明这段文字应是引用民国年间他人考证的旧资料（《古月轩瓷考》?）而忘记注明出处，其文风不似上世纪80年代（耿先生《明清瓷器鉴定》一书成于那个年代）的风格。

---

[①] 耿宝昌：《明清瓷器鉴定（清代部分）》，学苑文化事业出版社（台北）（未发现出版年月），第122页。

二是其中的"另一为颐和园","颐和园"当为"圆明园"之误植。因为在乾隆时代,"颐和园"之名尚不存在,即使旧园林存在,也不可能在那里设窑制作珐琅彩瓷器①。

三是,"考诸文献",宫廷制作珐琅彩的场所究竟是"启祥宫"的"如意馆"还是"养心殿造办处珐琅作"?或者能够证明二者是同一个地方么?

关于宫廷珐琅彩制作的场所问题,后来叶佩兰和蔡毅的文章则说:

> (珐琅彩瓷器:)清宫造办处、圆明园造办处及怡亲王府等三处都分别设窑烧制。②

这个说法可以看作纠正了耿氏之说的部分不妥,但仍然值得商榷。同时,说法之过于笼统,也容易引起误解。例如会误解为当时宫苑内烧造珐琅彩的场所同时有三处——除非能证明真的是同时有三处。

而台北故宫博物院的林莉娜则说:

> 雍正时珐琅御窑厂共有清宫造办处、圆明园造办处、怡(亲)王府三处,由怡亲王主持,海望及沈瑜、唐英等人负责,参与画珐琅制作的有金昆、戴恒、汤振基、邹文玉等画院画家。③

林莉娜氏将时间限定于"雍正时",时限比较具体。但如果深究之,至少也有如下一些问题。例如:

雍正珐琅彩制作的全盛时期,出现在雍正六年(1728)以后。但雍正六年八月,唐英已经离开宫廷造办处而去了景德镇。

而雍正极品珐琅彩的制作时间,根据史料记载,实是从雍正八年(1730)开始,而该年五月,怡亲王已经病故。原怡亲王府改为贤良寺。

圆明园造办处立窑制作珐琅彩瓷器始于雍正九年(1731)四月,其时怡亲王已经去世近一年之久,而唐英离开造办处已近三年。

---

① 现在的颐和园园址,在金代贞元元年(1153)时被金海陵王完颜亮作为行宫。清乾隆十五年(1750)改建后名清漪园。咸丰十年(1860)同圆明园一起毁于英法联军。光绪十四年(1888)慈禧挪用海军经费重建,始改名颐和园。

② 见《故宫博物院藏文物珍品大系》之《珐琅彩·粉彩》卷,叶佩兰主编,上海科技出版社 商务印书馆(香港)1999年第1版,第19页。文章的题目为《导言:珐琅彩粉彩概论》,作者为叶佩兰、蔡毅。

③ 林莉娜:《清朝皇帝与西洋传教士》,载《故宫文物月刊》,第20卷第8期(2002年11月号),第64页。

该文列举了一些对宫苑珐琅彩有贡献的历史人物，但没有提到对清宫珐琅（包括瓷胎画珐琅）贡献最大的西洋人郎世宁。

本文作者认为，清宫制作珐琅彩瓷的场所问题，需要重新加以考证、论说和厘清，现在学术界流行的诸种说法应该用史料重新检验。

其实，关于清朝宫苑珐琅彩，并不仅仅只有制作场所需要再加考论，实际上各种问题仍然很多。

笔者重新研究清朝宫苑珐琅彩问题，得到许多新的进展。下面逐一考论和叙述之。

## 二 雍正前期是不是珐琅彩瓷制作的低潮期？为什么？

雍正前期，指雍正继位的康熙六十一年至雍正六年（1722—1728）。雍正时期清朝宫苑珐琅彩瓷器的制作虽处于顶峰时期，但雍正前期却无疑处于低潮期。

得出这个结论的理由如下：

（一）珐琅彩瓷的品种少/规格小/进度慢/质量差

此时珐琅彩虽然也在制作，但品种不多，限于鼻烟壶、翎管、酒杯、茶杯等小件产品。也有一些碗盘，但珐琅彩瓷胎琢器，如瓶罐类，则极为罕有。而产品数量少、进度慢、质量也差。

《清宫养心殿造办处各作成造活计清档》（以下略称"清档"）记载：

> （雍正二年）二月初四日：怡亲王交填白酒杯五件、内二件有暗龙。奉旨此杯烧珐琅，钦此。
> 于二月二十三日烧破二件，总管太监启知怡亲王，奉王谕：其余三件尔等小心烧造。遵此。
> 于五月十八日做得白瓷珐琅酒杯三件，怡亲王呈进。[①]

这些记载可以充分反映出当时的宫廷造办处制作瓷胎画珐琅的技术水平、生产规模和工作进度都处于极低的状态。

这是雍正皇帝亲自下旨，怡亲王亲自交办的事情：让珐琅作将5只填白酒杯（可能是明代永乐白瓷）烧成珐琅彩。经过19天，两只被烧坏。又过了3个多

---

[①] 《清宫造办处各作成造活计清档》《珐琅作》，雍正二年二月四日、二月二十三日、五月二十三日。此处据萱草园主人《怡亲王允祥及年表》转录。该文载 www.xuancaoyuan.com/images/1_lan003.gif。

月，才将其余的 3 只小心烧成。

这种情况说明当时的造办处珐琅作烧制珐琅彩瓷，还在试验摸索之中。

雍正皇帝本人也曾多次切责当时制作的珐琅彩产品之低劣和粗俗。例如：

> （雍正四年）八月十九日：郎中海望奉旨：此时烧珐琅设计粗糙，花纹亦俗，嗣后而（尔）等务精细成造。钦此。①

雍正皇帝此处的"烧珐琅"应非专指瓷胎画珐琅。但事实上，此时的瓷胎画珐琅的制作比其他珐琅的制作处于更低的状况。在此期间，雍正皇帝对珐琅制品的批评还有多次见于记载，其内容可以概括为：材料不佳，做工粗糙，花样粗俗。

（二）珐琅彩瓷几乎全为涩胎和色地

雍正前期所造珐琅彩瓷器，在工艺上仍然延续着康熙时代的做法而未有创新。使用的白瓷，绝大多数仍为"涩胎"（半成品瓷的外表面因准备施珐琅彩绘，将白釉铊去，或者烧制时不施白釉，故称涩胎，文献称作"里有釉外无釉"）和"彩地"（地釉为各种彩色釉，故称彩地，也可称单色釉地。不过其中多数为红色，文献称为"抹红地"或"红地"）。

文献记载：

> （雍正四年）七月十六日：据圆明园来帖内称：太监杜寿交来珐琅花抹红地头等酒圆二十四个（随紫檀木盘二个）、珐琅花抹红地二等酒圆二十四个。传旨：着配匣子。钦此。②

这些酒杯虽然都是珐琅彩绘，但都是"抹红地"，都属于"彩地"。

> （雍正五年）三月初五日：太监张玉柱交来青花白地梵书靶碗二件、霁红靶碗二件、红地蓝花珐琅碗十六件、红地黄花珐琅碗八件。传旨：着配匣盛装。③

---

① 《清宫造办处各作成造活计清档》《记事录》，雍正四年八月十九日。此处转录自王建华《鼎盛时期的雍正珐琅彩瓷》一文，载《艺术市场》2006 年第 7 期。
② 《清宫造办处各作成造活计清档》《木作》，雍正三年九月十三日档记载。此处依据萱草园主人《康熙、雍正、乾隆朝瓷胎画珐琅历史档案资料》一文，www.xuancaoyuan.com/images/l_lan003.gif。
③ 《清宫造办处各作成造活计清档》《木作》，雍正五年三月五日档记载。此处依据萱草园主人《康熙、雍正、乾隆朝瓷胎画珐琅历史档案资料》一文，www.xuancaoyuan.com/images/l_lan003.gif。

这些珐琅碗也是"彩地",而且都是"红地"。

"彩地"是在景德镇特地烧造的"里有釉外无釉"的瓷器上,用一道类似油漆般的工序完成的。直到雍正六年秋天,自炼珐琅料已经成功之后,仍然是这样:

　　(雍正六年)八月二十三日:据圆明园来帖内称:本月二十一日首领太监董自贵交来里有釉外无釉磁碗大小一百二十九件。说太监刘希文、王太平传:着漆作。记此。①

这也就是说,到雍正六年时,宫廷制作珐琅彩仍用"涩胎"。把这些瓷器送到"漆作"去,是为了完成"彩地"的工序？因为这道工作简单,像油漆一样,故此令"漆作"去完成？

直到雍正七年,才使用"有釉水"瓷器制作珐琅彩:

　　(雍正七年)二月十九日:怡亲王交有釉水磁器四百六十件,系年希尧烧造。郎中海望奉王谕:着收起。遵此。
　　于本日将磁器四百六十件交柏唐阿、宋七格讫。②

这一点变化,即从用涩胎到改用瓷胎的变化,看起来似乎并不起眼;但实际上却直接关系着后代声誉显赫的雍正珐琅彩和包括"古月轩彩"在内的乾隆珐琅彩的命运。

中国陶瓷史的专家们早已注意到并且论证了雍正六年七月宫廷自炼成功珐琅彩料这一事件的重要意义,但却没有特别注意到半年后的这项工艺变化促使中国18世纪宫苑珐琅彩臻至完善的历史意义。现在,可以确定地说,今天所谓的雍正珐琅彩和后来的乾隆珐琅彩的赫赫风格,是在雍正七年——即雍正王朝已经过了一半的时候——才开始形成和出现的。

(三)宫廷瓷器匠人曾经全部被遣返

雍正三年(1725)八月,因为某种现在还不完全清楚的原因,宫廷瓷器匠人更被全部(注意下引原文中用的"俱"字)遣返江西。"清档"记载:

---

①《清宫造办处各作成造活计清档》《漆作》,雍正六年八月二十三日档记载。此处依据萱草园主人《康熙、雍正、乾隆朝瓷胎画珐琅历史档案资料》。

②《清宫造办处各作成造活计清档》《珐琅作》,雍正七年二月十九日档记载。此处依据萱草园主人《康熙、雍正、乾隆朝瓷胎画珐琅历史档案资料》。

（雍正三年）九月十三日：员外郎海望启怡亲王：八月内做磁器匠人俱（被）送回江西，惟画磁器人宋三吉，情愿在里边効力当差，我等着（其）在珐琅处画珐琅活计，试手艺甚好……①

　　既然"八月内做磁器匠人俱（被）送回江西"去了，剩下一个宋三吉也被安排到"珐琅处"去画（金属胎）珐琅了。那就是说，宫中连"做磁器匠人"都没有一个了，瓷胎画珐琅的生产显然就更加不景气了。

　　而新工匠的招募、选拔和输送，则直到雍正七年（1729）还在成批地进行着。这证明在那之前，宫廷"做磁器匠人"有一个相当时段的空白期。

　　与此相对应，瓷胎画珐琅的制作自然也存在一个低潮期，甚至断层期。

（四）不知道制作珐琅彩要使用油料调色

　　雍正六年（1728）七月以前，造办处制作珐琅彩瓷器时，没有——也不知道——使用油料作为重要的介质去调和珐琅釉彩。

　　"清档"曾经记载说：

　　（雍正六年）七月十二日：郎中海望奉怡亲王谕：……闻得西洋人说，珐琅调色用多尔门油，尔着人到武英殿露房去查。如有，俟画"上用"小珐琅片时用此油。②

　　这就是说，即使是主管宫廷造办处的怡亲王本人，也是到了此时，才听西洋人（怡亲王所说的"西洋人"是不是指郎世宁？很可能）说画珐琅釉彩要用油料调色，并令人去查有无油料存货。这点证明雍正时期此前制作的珐琅彩均没有——也不可能——是使用"油料"调色的。

　　而用油调料配色，是使珐琅彩的画面达成西方油画效果的关键工艺之一，也是珐琅彩区别于五彩或粉彩的根本工艺环节之一③。

　　记载中的"武英殿露房"，是康熙末年曾经制作珐琅彩的地方，后来珐琅作改属养心殿。

　　这个记载同时也说明，康熙皇帝死后雍正皇帝继位，但瓷胎画珐琅的工作可

---

① 《清宫造办处各作成造活计清档》《珐琅作》，雍正三年九月十三日。此处依据萱草园主人《怡亲王允祥及年表》一文转录。该文载 www. xuancaoyuan. com/images/l_ lan003. gif。

② 《清宫造办处各作成造活计清档》，雍正六年七月十二日。此处依据萱草园主人《怡亲王允祥及年表》一文转录。

③ 参见冯先铭《中国陶瓷》一书，上海古籍出版社 1994 年 11 月第 1 版，第 558 页。

能没有很好地办理手续交接和工艺传承①。或许是康熙时期的宫廷还未真正成功地制作过瓷胎画珐琅。

"清档"在两天以后,又记载了奉怡亲王命清查油料存货的结果,以及随后启知怡亲王,怡亲王下达的指示:

> (雍正六年,1728年)于七月十四日查得武英殿露房旧存收贮多尔门油十六斤十两二钱。西洋国来使麦德罗进的多尔门油四半瓶,连瓶净重十二斤四两。从蒋家房抄来的多尔门油一瓶,连瓶净重一斤四两。共三十斤二两二钱。
>
> 于七月十七日写折启知怡亲王。奉王谕:着拿一小瓶试看。遵此。②

因为查到了尚有现成的油料存货,怡亲王才让"拿一小瓶试看(试试看)"。综合以上言之,在雍正前期,在这个相当长的时段里,既然瓷器匠人都被遣返回江西,调配釉彩也不知道使用油料调色这一关键工艺,而产品数量少、质量低、品种乏、规格小、进度慢,那么,我们把雍正前期至少6年(实际长达7年整)的时间定为清宫珐琅彩瓷器制作的低潮期,应该是恰当的,没有任何疑问的。

## 三 雍正珐琅彩的制作何时进入高峰期?

从雍正六年(1728)夏天开始,出现以下因素:

\* 陆续进口和炼成了一批新的珐琅釉彩料;

\* 从外地选拔和输送的一批批技艺高超的新工匠陆续进入宫廷;

\* 开始研究和使用油料调色,即以油料为介质调配珐琅釉彩,使瓷器绘画更能达到西方油画的效果;

\* 雍正皇帝和怡亲王本人都亲自过问具体设计和制作的过程;

\* 唐英被派去主持景德镇御窑厂的工作,供应宫廷制作珐琅彩的白瓷半成品的质量提高,数量增多。

---

① 这点确实让今人很难理解。既然仓库中油料还有现成的存货在,说明康熙时画珐琅可能是使用油料调色的。在康熙时曾专门画过珐琅的郎世宁等传教士和一直在造办处任职的唐英等人,都不可能不知道画珐琅是应该使用油料调色的。而雍正六年的"清档"中两次记载怡亲王的这段话,说明宫廷造办处在雍正前期制作珐琅彩不知道使用油料调色又是确定无疑的历史事实。详见本书《附录1:注释中文字较长且属论述性的条目汇编》中《雍正六年前宫廷竟然不知制作珐琅彩须以油料作调色介质!》。

② 《清宫造办处各作成造活计清档》,雍正六年七月十四日、七月十七日。此处依据萱草园主人《怡亲王允祥及年表》一文转录。该文载 www.xuancaoyuan.com/images/l_lan003.gif。

由于这些原因和成就之综合，才推进和开拓了雍正珐琅彩瓷器的新生面，并迅速达到珐琅彩瓷器制作历史的高峰期。

但即使这样，在雍正七年年底以前，仍然没有靓丽、傲人的珐琅瓷器批量烧成。以下资料可资证明：

> （雍正七年，1729年）闰七月初九日：据圆明园来帖内称：本月初八日怡亲王交年希尧送来画珐琅人周岳、吴大琦二名。吹釉炼珐琅人胡大有一名（并二人籍贯小折一件），细竹画笔二百枝，土黄料三斤十二两，雪白料三斤四两，大绿一斤，白（自）炼樊红一斤，白（自）炼黑钧料八两（随小折一件）。郎中海望奉王谕：着将珐琅料收着，有用处用。其周岳等三人着在珐琅处行走。遵此。
>
> 于本月初十日，将年希尧送来画珐琅人三名所食工银一事，郎中海望启怡亲王。奉王谕：暂且着年希尧家养着，俟试准时再定。遵此。①

这就是说，即使到了雍正七年的闰七月十日（公历1729年9月2日），由年希尧从江西选送来的这批画珐琅和炼珐琅工匠，也还不能被测试和派上用场，他们的生活费和工银也没有解决，怡亲王还令他们在年希尧家里养闲置散。同时，年希尧送来的珐琅料和画珐琅的工具也只是"收着，有用处用"。这些都说明宫廷画珐琅的生产还没有完全就绪和迅速发展。

同时也证明年希尧已能向宫廷进贡画珐琅人才（工匠）和画珐琅釉料。这点对于回答景德镇能否——和是否——烧造过珐琅彩的问题，具有极为重要的意义。

再看下一条记载：

> （雍正七年，1729年）十月初三日②：怡亲王府总管太监张瑞、交来年希尧处送来匠人折一件，内开画画人③汤振基、戴恒、余秀、焦国俞等四名……④

---

① 《清宫造办处各作成做活计清档》《珐琅作》，雍正七年闰七月九日、七月十日。此处依据萱草园主人《怡亲王允祥及年表》一文转录。该文载 www.xuancaoyuan.com/images/l_lan003.gif。

② 此日为公历1729年11月23日。

③ 按："画画人"，根据上文"年希尧送来"和"匠人折"的两项说法判断，他们属于工匠，同"画珐琅人"处于同等地位，并且后来也确实成为"画珐琅人"。一般说，年希尧较少为宫廷输送宫廷画家（当时也称为"画画人"）而是多输送工匠。而且，画画人中不少属于知识分子"官僚"阶层，而不属于"匠人"之列。

④ 《清宫造办处各作成做活计清档》《记事录》，雍正七年十月三日。此处依据萱草园主人《怡亲王允祥及年表》一文转录。

因此，从宫廷用画珐琅人员的征集、输送和安排，"有釉水"的半成品瓷胎取代涩胎和使用油料作为介质调配珐琅釉料这三个方面的记载来看，清朝宫苑珐琅彩瓷器的生产，最早也是从雍正七年年底或雍正八年年初开始，才进入繁荣阶段的。

这个关于清宫珐琅彩生产的历史，在雍正初年，具有"七年低潮期"[①] 的结论，也涉及到对雍正珐琅彩瓷器的确切断代问题。

可以说：今天所有存世的、高雅名贵的、享誉世界的雍正珐琅彩瓷器，绝大部分都是在雍正八年（1730）开始和八年以后制作成功的。

## 四 所谓怡亲王府的珐琅窑场是否真的存在过？

第一代和硕怡亲王胤祥（1686—1729；在雍正元年至八年期间，为避讳改为"允祥"），雍正元年获封，并掌管朝中大政和庶务，还负责"守卫圆明园八旗禁兵之督领，养心殿用物制作，雍邸事务，诸皇子事务，雍正陵寝"[②] 等等。其实际权力远远大于宰相或总理。

按照上引诸家关于宫苑珐琅彩制作场所的说法，怡亲王府邸中也建有窑场制作珐琅彩瓷器。

但本书作者却颇为怀疑，觉得此说很可能不是历史事实。

退一步说，即使曾经设立过，也为时非常短暂，最多只会从雍正六年（1728）七月下旬以后，到雍正八年（1730）五月四日怡亲王去世后府邸被改为祭奠怡亲王寺庙这段时间。历时不过 1 年 9 个月而已。

但在本书作者看来，事实上，连这种可能性也是应该排除的。

理由如下：

（1）康熙时期，怡亲王胤祥只是康熙皇帝数十个皇子之一，并无特殊的政治地位。如果没有康熙皇帝的特别旨意，他不可能——恐怕也不敢——在自己的府邸特别设窑制作珐琅彩瓷器。

（2）雍正继位后，其地位虽窜升到一人之下、万人之上，并掌管军国大政和皇家庶务，但如上所说，整个雍正前期（1722—1729 年）是清宫珐琅彩瓷器历史的低潮期，甚至是断层期（断层期是指雍正三年八月"做磁器匠人俱送回江西"之后的一段时间）。故此，他也应该不大有可能在自己的府邸专门设立作

---

① "七年低潮期"的提法是一个"现在的、最低限度的"说法，因为它的潜台词中包含着"前面有个高潮期"的背景内容。但这个"高潮期"究竟是否是历史的真实存在，需要再研究。惜乎不能纳入本文内容。

② 《爱新觉罗家族全书》。此处依据萱草园主人《怡亲王允祥及年表》一文转录。该文载 www.xuancaoyuan.com/images/l_lan003.gif。

坊并能成功地制作出珐琅彩瓷器。

（3）退一步，即使怡亲王府曾经真的设厂立窑制作过珐琅彩，其技术水准和产品质量最多也只能同清宫造办处的技术和产品处在同一水平线上，也就是同样低下和粗俗——这两项缺点，都是雍正皇帝当时批评宫廷珐琅作产品质量低下的内容——其至相形更等而下之。

（4）雍正六年（1728）七月开始，约历时一年半，宫廷造办处珐琅彩的生产在技术人员、釉料烧制和技术工艺诸方面，均获得突飞猛进的提高和发展。在这段时期，在这种情况下，怡亲王本人应该更无必要再在自家府邸里专门设置作坊和窑厂制作瓷胎画珐琅了。

（5）雍正八年五月四日（1730年6月18日），怡亲王45岁时英年早逝。雍正皇帝悲痛伤感特甚，命令将怡亲王府邸改为贤良寺以祭奠、超度之。而第二代怡亲王府则奉命异地新建。这样，其旧、新府邸都不可能再有什么制作珐琅彩瓷器的场所。

（6）更重要的是，"清档"中没有发现可以确认怡亲王府邸曾经设立过作坊和窑场成功制作过珐琅彩瓷器的记载。雍正前期的史料记载中有几批显然非宫廷制作的珐琅瓷器，其来路和出处均交待不明，但却由怡亲王直接交到宫廷造办处，交呈御览，或交到圆明园造办处——圆明园当时还未立窑，显然也无制作能力——再转交到宫廷作坊。怡亲王官邸制作珐琅彩或因此类记载误会而出。

怡亲王府中有一个负责后勤供应的部门，并制作许多王府所需的物品，这是没有问题的。但能否——和是否——制作珐琅彩瓷器则是另外一回事。

"清档"记载：

（雍正元年）正月初九日：怡亲王交红玻璃烧珐琅油篓式鼻烟壶一件。①

（雍正元年）二月二十三日：郎中保德交珐琅红磁盅大小十六件，奉怡亲王谕：着暂且放着。尊此。②

（雍正二年）十二月初五日：怡亲王交磁胎烧金珐琅有把盖碗六件……③

怡亲王在雍正即位后不久交到宫廷造办处的一件"红玻璃烧珐琅油篓式鼻

---

① 《清宫造办处各作成造活计清档》，雍正元年一月九日。此处依据萱草园主人《怡亲王允祥及年表》一文转录。该文载 www.xuancaoyuan.com/images/1_lan003.gif。

② 《清宫造办处各作成造活计清档》《珐琅作》，雍正元年二月二十三日档记载。此处依据萱草园主人《怡亲王允祥及年表》一文转录。

③ 《清宫造办处各作成造活计清档》《木作》，雍正二年十二月五日记载。此处依据萱草园主人《怡亲王允祥及年表》一文转录。

烟壶"和六件"磁胎烧金珐琅有把盖碗",以及郎中保德交到造办处的十六件"珐琅红磁盅"等等物品,显然不是当时的宫廷造办处制作的,但也不会是怡亲王府的"造办处"(怡亲王府一定有一个类似"造办处"的机构,姑借其名以名之)制作的。

因为雍正元年的一月和二月,先皇帝(康熙)刚刚谢世,新皇帝刚刚即位,正在全力巩固权力。怡亲王刚刚获得新封号,府邸恐怕还没有动工扩建或修建,哪里会设立作坊和窑场生产珐琅彩瓷器呢。

交到造办处的这少量珐琅彩制品,应该是从各处搜集来给造办处作样品用的。它们很可能是康熙年间制作的。也可能是在始建于康熙三十五年(1697)的玻璃厂①烧制的少量产品,但也有可能是在另外还不知道的甚么地方制作的。

下面一段记载却值得注意:

> (雍正六年)七月二十四日:据圆明园来帖内称柏唐阿、邓八格来说怡亲王谕:将造办处收贮的里外素白釉或茶圆或酒圆选薄些的拿四、五件来。遵此。
>
> 于二十五日,将珐琅处收贮填白暗寿字茶圆五十一件内选得六件,填白暗龙酒圆四十一件内选得六件,柏唐阿、赵老格持赴怡亲王花园,交柏唐阿、宋七格收讫。②

记载中这十二只奉怡亲王命,从宫廷造办处珐琅作库房中精心挑选出来的填白暗"寿"字茶杯和填白暗龙纹酒杯,显然是要制作珐琅彩的。怡亲王原来只要四、五件,说明只是准备试制而已。

其中有一个人非常值得注意:柏唐阿。因为为怡亲王向圆明园造办处传达指示的有他,持"圆明园来帖"去宫廷珐琅作传达"王谕"和挑选茶杯和酒杯的应该也有他,把挑选出来的东西从宫廷造办处送到怡亲王府花园的也有他,而且他也是最后的收货人。在每一个环节他都居于第一位。

此人当时负责玻璃厂和烧炼珐琅料的事,后来又主持造办处珐琅作的工作。

此事发生在雍正六年(1728)七月下旬的二十四日和二十五日。而此时珐琅料已经自炼成功(七月十二日),调配珐琅彩料的多尔门油也已找到(七月十四日),怡亲王已经指示试验一下。

---

① 见《大清会典事例》,卷一一七三。此处依据萱草园主人《康熙、雍正、乾隆朝瓷胎画珐琅历史档案资料》一文,www.xuancaoyuan.com/images/l_lan003.gif。

② 《清宫造办处各作成造活计清档》《珐琅作》,雍正六年七月二十四、二十五日。此处依据萱草园主人《怡亲王允祥及年表》一文转录。该文载 www.xuancaoyuan.com/images/l_lan003.gif。

但是否制成，未见下文。或许烧成了吧。

关键是：在哪里试烧？不会在宫廷珐琅作，不会在圆明园造办处，这是没有疑问的。但是否就是在怡亲王府内，则无法确认。笔者认为，鉴于柏唐阿当时具备领导玻璃厂和负责烧炼珐琅料的双重身份，故很可能是在他的玻璃厂进行试烧，而他的玻璃厂当时在哪里？现在虽无法确认，但以在琉璃厂一带的可能性最大。

而接下来，雍正七年，即1729年，新疆准噶尔部叛乱，朝廷决定对西北大举用兵，怡亲王兼任首席军机大臣（相当于现在的总理兼任国防部长和总司令的职务）。因为此战关系到雍正皇帝和怡亲王的政治命运，也关系到大清王朝的兴衰，焉能不集中精力，运筹帷幄？这样，恐怕就更无暇顾及珐琅彩的烧制了。证之以"清档"在此期间少见记载有怡亲王关心珐琅彩瓷器的事，也应确实如此。

再接着，雍正八年五月四日（公元1730年8月18日），怡亲王溘然长逝。府邸奉诏改为祭奠和超度他的贤良寺，怡亲王府易地重建，则原来府中即使有什么作坊，也都得搬迁和拆除。

要之，当时，即雍正六年（1728）七月前后，怡亲王府中有一个小型烧玻璃作坊的可能性，现在似乎难以完全排除，但——和通常的说法不同——那里有一个制作珐琅彩瓷器的作坊和窑场并且为宫廷批量制作珐琅彩瓷器的可能性，显然是可以排除、也必须排除的。

## 五 把珐琅彩高度神秘化是否符合历史真实？

这个问题分以下三步回答：
（1）早期研究者的神秘化已经背离史实；
（2）随后的七十年间仍然继续被神秘化；
（3）景德镇也制作珐琅彩何以常被忽略？
下面逐一考论之。

（一）早期研究者的神秘化已经背离史实

把珐琅彩瓷器说得高贵无比而又神秘莫测者，或始于杨啸谷氏和郭葆昌氏。杨啸谷氏说：

　　瓷胎画珐琅为御制器，从不示人，亦不赏人，同时绝无仿者。[1]

---

[1] 杨啸谷：《古月轩瓷考》上卷。

而郭葆昌氏则说：

缘珐琅彩瓷器皆出特办之物，专供御用，早岁外间莫获见之。①

这些说法都涉嫌过分夸大，而不合历史事实。因为：

① 清代康熙、雍正、乾隆三朝皇帝有时以珐琅彩赏赠功臣、外国使者、蒙古王公、西藏喇嘛等等，并非罕见之事。例如康熙皇帝就曾经把珐琅碗赠给西洋使者嘉乐②。宫廷制作的珐琅彩瓷器，寻常百姓固然难得一见，但不少特殊的"外人"还是可以见到的。只不过他们一般不会是文物学者、瓷器专家和古董商人罢了。

② 瓷胎画珐琅的制作，并不仅仅限于宫苑的造办处。景德镇御窑场也烧制过——自然是指珐琅彩的成品而言，更不必说作为半成品的白瓷都是来自于景德镇御窑厂了。

而根据今天所掌握的可靠史料，除了宫苑之外，甚至连《红楼梦》作者曹雪芹的祖父曹寅③、父亲曹頫④等人，早在康熙末期，也曾负责烧造过瓷胎画珐琅⑤。可参阅本书《"余园珍藏"等瓷款和曹雪芹父祖操办宫廷瓷器》一文。

③ 如果珐琅彩瓷器真的"绝无仿者"的话，那么大量的光绪和民国年间的珐琅彩瓷器又是哪里来的？难道都是1933年以后才仿制出来的么？（杨啸谷氏的《古月轩瓷考》印行于1933年）耿宝昌先生曾经介绍过康熙、雍正和乾隆珐琅

---

① 郭葆昌：《瓷器概论·珐琅彩瓷》。

② 康熙皇帝赠与大臣和使节珐琅制品屡见于记载。此处依据萱草园主人整理的《康熙、雍正、乾隆朝瓷胎画珐琅档案资料》：康熙五十九年（1721）十二月五日，康熙皇帝曾将两个珐琅碗赠给西洋使者嘉乐。

③ 曹寅（1658—1712），字子清，号荔轩，又号楝亭。清康熙时任江南织造并主持盐政，负责采办和供应清宫需要。曹寅本人也是文学家和诗人。

④ 曹頫，曹寅之妻李氏在丧夫、丧子（曹颙）之后奉康熙皇帝旨意所收养的继子，时曹寅已去世两年。曹頫是曹雪芹的生父。

⑤ 曹雪芹的祖父曹寅在康熙时期任江南织造（掌管江南织造局，该局相当于清宫在江南的造办处），同时又是康熙皇帝派在江南地区的御用秘密情报官。他经常单独秘密向皇帝奏事。有一次康熙皇帝朱批谕知曹家："近来你家差事甚多，如珐琅磁之类，先还有旨意、件数，到京之后送至御前览完才烧。今不知骗了多少磁器，朕总不知……"这说明，曹家早在康熙时期就烧造过珐琅彩瓷器。对此，虽然文献简略而可信度却很高。这件事情发生在康熙五十九年二月二日，时曹寅已死，其子曹頫继之。此处资料转引自(1) 朱家溍：《铜掐丝珐琅和铜胎画珐琅》一文，刊于《文物》1960年第1期。(2) 朱家溍：《清代画珐琅器制造考》，载于《故宫文物月刊》1982年第3期。(3) 萱草园主人整理的《康熙、雍正、乾隆朝瓷胎画珐琅档案资料》，www.xuancaoyuan.com/GuanYao/Qing/FaLangCa... 111K 2006-4-27。三处引文，仅朱氏1960年的文章注名引文是引自"故宫旧藏档案"。

彩瓷器的许多民国赝品①。

(二) 随后的七十年间仍然继续被神秘化

从那时以后，在 60 多年过去的 20 世纪 90 年代末，叶佩兰和蔡毅的文章则继续前人的这一说法：

  珐琅彩是清宫造办处珐琅作利用珐琅料在皇宫内制成的一种极为名贵的宫廷御用瓷器，制品不多，均秘藏宫苑。②

直到现在，此说仍然被重复。如王健华氏说：

  珐琅彩自产生以来一直是皇帝御前独享的"御用珍玩"，秘不示人，相关的技术不许外传……③

以上诸家说法，多数带有一些定义的形式，但又都不是定义。在他们看来，珐琅彩瓷器当时是"宫制"、"御赏"、"秘藏"，"庶人弗得一窥也"④ 的绝密珍宝。

但叶、蔡二氏在同一篇文章中随后又说：

  （乾隆皇帝）又命督陶官唐英在景德镇亲自烧制珐琅彩瓷器，造型、花纹、款式均以旨而行。⑤ [郑按：从该文的上文读下来，作者似乎是系此事于"乾隆六年"（1741）]

两位作者好像没有觉察到，其同一篇文章中的先、后这两种说法互相矛盾，不能并存。既然景德镇也奉命公然烧造，那就显然就不都是"在皇宫内制成的"，更不会是绝对"均秘藏宫苑"的，某些庶人应也可得一窥也。

---

① 参见耿宝昌：《明清瓷器鉴定·明代部分》，中华书局（香港）有限公司 1984 年 9 月初版，1992 年 2 月重印本，第 180—181 页、181 页和 182 页。
② 叶佩兰、蔡毅：《珐琅彩粉彩概论》，此文收入《故宫博物院藏文物珍品大系》《珐琅彩·粉彩》卷作为《导言》。上海科技出版社、商务印书馆（香港）有限公司，1999 年 9 月联合出版本，第 17 页。
③ 王健华：《清代宫廷珐琅彩瓷之五》，载《艺术市场》2006 年第 9 期。又载 www.cangnet.com/html/200609/2006090615482...11K 2006—9—6。
④ 叶佩兰氏较早时发表的一篇论述珐琅彩文章的引语。见叶氏《珐琅彩和古月轩》一文，载《收藏家》1995 年第 12 期，第 44 页。
⑤ 叶佩兰、蔡毅：《珐琅彩粉彩概论》，收入《故宫博物院藏文物珍品大系》《珐琅彩·粉彩》卷。上海科技出版社、商务印书馆（香港）有限公司，1999 年 9 月联合出版本，第 21 页。

叶、蔡二氏的后一说是讲述了一个历史事实，而其前一说只是因袭前人似乎已经积非成是的说法而已。

其实，最迟，在四分之一世纪之前，朱家溍先生已经发现并披露了一份清朝皇帝以珐琅彩"陆续赏给蒙古王公、达赖、班禅及各属国国王"的"清档"记录[①]。而"清档"中早就有皇帝赏赐珐琅彩的类似记载，如雍正皇帝曾多次将珐琅彩制品赏赐大将军年羹尧等人，使他们感激涕零（资料征引，此处从略）。

比叶、蔡文章早许多年，冯先铭先生曾经提出过珐琅彩瓷器是否"属于景德镇窑的制品"问题：

（珐琅彩）其瓷胎或白瓷器在景德镇御厂烧成，绘彩和彩烧的工艺在北京内务府造办处珐琅作进行，因此严格讲不属于景德镇窑的制品。[②]

冯先生的看法是否定的。不过他说的只是珐琅彩生产的一个重要事实，甚至是主要事实，但远非全部事实。

再者，冯先铭氏说宫廷制作珐琅彩的处所是"内务府造办处珐琅作"，这同耿宝昌氏关于"'启祥宫'的'如意馆'"的说法有所不同。依据文献记载，当以冯说为是。

而比叶、蔡的文章更晚发表的王健华氏的文章（2006年9月）则以自己的语言继续重复着同样的传统观点，连珐琅料和珐琅彩也一同神秘起来。他说：

真正的珐琅彩应当是清代康熙、雍正、乾隆三朝使用珍贵的西洋进口或宫中自行炼制的珐琅料画彩烧制的御用瓷器，彩料中不能掺和珐琅质以外的任何其他成分。器物表面花纹由于珐琅质釉料的浓稠不同而呈现凸凹不平的现象。在此时期，非宫廷画彩烧制的珐琅彩是根本不存在的。乾隆以后出现的所谓珐琅彩瓷实际上是粉彩料与局部珐琅料的混合彩。[③]

对于上述说法，可以提出以下两个问题：

①在康、雍、乾时代，说"在此时期，非宫廷画彩烧制的珐琅彩是根本不存在的"，这是真实的历史么？（"宫廷画彩烧制的珐琅彩"，提法欠妥。）

② 珐琅"彩料中不能掺和珐琅质以外的任何其他成分"？这是珐琅彩的实际

---

① 朱家溍：《清代画珐琅器制造考》，载于《故宫博物院院刊》1982年第3期。此处引文依据《名家谈鉴定》一书所收录的该文，紫禁城出版社1995年7月第1版，第376页。
② 冯先铭：《文物教材·中国陶瓷》，上海古籍出版社1994年11月版，第572页。
③ 王健华：《清代宫廷珐琅彩瓷之五》，载《艺术市场》2006年第9期。

情况么？

对于问题①，本文的考论和叶佩兰、蔡毅的文章，实际上已经回答了：非宫廷制作的珐琅彩是确实存在的，而且是毫不含糊的，有文献记载可征的。

对于问题②，我们不知作者的意思究竟是指珐琅彩料本身呢，还是指珐琅彩瓷器上的彩料呢？

倘若是指珐琅彩料本身，那么调色必须使用的介质油，或水、或胶，它们究竟是珐琅呢？还是"珐琅质以外的任何其他成分"呢？

倘若是指珐琅彩瓷器上的彩料，则珐琅彩瓷器上常有非珐琅的彩料，尤其是早期的珐琅彩制品。

（三）景德镇也制作珐琅彩何以常被忽略

乾隆三年江西烧造瓷器处有如下官方记载：

（乾隆三年，1738 年）六月二十五日……再：五彩珐琅五寸碟一件、五彩珐琅暗八仙瓷碗一件、收小些，照样亦烧造……钦此。①

对此，朱家溍先生说："很显然，上述五彩珐琅磁碟、瓷碗是在江西完成珐琅这一道工序的。"②

萱草园主人则更加强调说："注意：景德镇烧造珐琅彩瓷。"③

这是景德镇御窑场奉乾隆皇帝谕旨，开始烧造珐琅彩瓷器的正式记录之一。而且把珐琅彩瓷器又正式叫做"五彩珐琅"。其被称为"瓷胎画珐琅"，或许是在此以后的事情，或者两个名字曾经并用过一段时间④，后来才被统一定名为"瓷胎画珐琅"。

既然如此，我们总不能说，宫苑制作的珐琅彩才叫做珐琅彩，而奉命在景德镇御窑厂制作的珐琅彩就不叫珐琅彩吧？

---

① 《清宫造办处各作成造活计清档》，乾隆三年六月二十五日《漆作》档记载。此处依据萱草园主人《康熙、雍正、乾隆朝瓷胎画珐琅历史档案资料》一文 www.xuancaoyuan.com/images/l_lan003.gif。

② 朱家溍：《清代画珐琅器制造考》，载于《故宫博物院院刊》1982 年第 3 期。此处引文依据《名家谈鉴定》一书所收录的该文，紫禁城出版社 1995 年 7 月第 1 版，第 375 页。

③ 此处转录自萱草园主人之《唐英年表及其时官窑制作历史档案资料》一文。www.xuancaoyuan.com/GuanYao/Qing/TangYing/index2.html。

另：吕成龙氏的《绝世瑰宝珐琅彩瓷》》也引用了这段记载："……再五彩珐琅五寸磁碟一件，五彩珐琅暗八（仙）磁碗一件，收小些，（照样）亦烧造。钦此。"注明引自"清档"。吕文原载《文物天地》2005 年第 12 期。此处依据 www.jdzmc.com/jdztc/Article/.../5095.html 29K 2006—3—22 网页本。

④ "瓷胎画珐琅"这一称呼显然脱胎于"金属胎画珐琅"（铜胎画珐琅，金胎画珐琅等）和"玻璃胎画珐琅"，而"五彩珐琅"的称呼则显然是珐琅和五彩的结合。

而更早一些，即在乾隆二年时，"清档"中还有如下一段记载：

（乾隆二年，1737年）十月二十二日……再：嗣后烧造此八样填白釉瓶时，着唐英令窑上人随意画各样画样烧造些，随填白瓶一同送来。钦此。《江西烧造磁器处》①

乾隆皇帝这里谕旨唐英：再烧造、供宫中制作珐琅彩所用的八种半成品填白釉瓷瓶——其图样均为宫中设计——时，也"令窑上人随意画各样画样烧造些"，一并送京。这应该是乾隆皇帝令在景德镇烧造珐琅彩瓷器②的最早的档案记录③。

看来，需要把一向统一称呼的珐琅彩区分为两个部分：一是"宫苑制瓷胎画珐琅"，这是珐琅彩的主体；一是"非宫苑制作的瓷胎画珐琅"，这是常被论者否定或忽略的部分。

从上述绵延70年间不同时代各大家的说法来看，不作如此区分，似乎很难厘清珐琅彩问题的历史面貌。

## 六　宫廷自制珐琅彩料是怎样烧炼成功的？

造办处能够自己烧炼出多品种的珐琅彩料，这在中国瓷胎画珐琅的历史上应该是一件划时代的大事。

现在让我们根据史料记载，来研究一下它们是如何烧炼成功的。

雍正六年（1728）正月开始，宫廷造办处扩大规模，增加工匠数目。

二月，怡亲王指示烧炼珐琅（釉料），并且拨出专款，指定专人负责。"清

---

①　萱草园主人之《康熙、雍正、乾隆朝瓷胎画珐琅历史档案资料》，载萱草园官窑瓷器网站 www.xuancaoyuan.com/GuanYao/Qing/FaLangCa... 111K 2006—4—27。

②　本文作者认为唐英奉乾隆皇帝之命制作的这批瓷器是珐琅彩，其理由如下：

（1）这些瓷器的白瓷是按照同一设计图样，在景德镇御窑厂同时制作和烧造，都是只做珐琅彩的半成品。然后它们被分作两部分：一部分准备送到宫廷造办处制作珐琅彩；另一部分则即刻在御窑厂彩绘烧成彩瓷。乾隆皇帝的本意，显有测试御窑厂制作珐琅彩的能力。在唐英方面，焉能不知皇帝谕旨本意，而不刻意尽其所能，直追宫廷珐琅彩的水准？

（2）半年之后，乾隆皇帝下旨让景德镇御窑厂烧造珐琅彩瓷器，应该是皇帝见到了前一批（即这里所说的一批八件）御窑厂制作的珐琅彩瓷器，比较满意，故才令其继续烧造的。

（3）景德镇御窑厂早就具备烧造珐琅彩瓷器的物质条件和技术条件。

（4）唐英本人从康熙三十六年（1697）即开始在宫廷供职，后又管理造办处，故参与和熟悉宫廷珐琅彩制作的全部过程和工艺。

③　萱草园主人首先注意并强调了这个历史事实。可参见其所著《乾隆珐琅彩瓷的断代和鉴定》（下），载《艺术市场》2005年第3期。

档"中曾经记载：

> （雍正六年，1728年）二月二十二日：柏唐阿、宋七格等奉怡亲王谕：着烧炼珐琅，遵此。
> 于本日，员外郎沈瑜、唐英说：此系怡亲王着试烧珐琅料所用钱粮物料。另记一档，以待试炼完时再行启明入档。本日送交柏唐阿、宋七格。[①]

柏唐阿、宋七格当时是玻璃厂的负责人。是故，珐琅料应该是在玻璃厂并由他们负责试炼成功的。

当然，试炼珐琅料并能迅速获得成功，绝非瞎子摸象般的胡乱操作便可以达成目标的。开工伊始，总得有所依据，或者有内行人指导。

其依据和指导，最有可能来自西方传教士，如陈忠信、郎世宁等人；或者来自广东的珐琅匠人，如林朝楷等人。而林朝楷又是郎世宁的徒弟。郎世宁此时受雍正皇帝重用，并且同怡亲王关系良好。宫廷在雍正六年试炼珐琅料能够在短期内获得巨大的成功，同郎世宁等有密切关系这一点，应该可以确认。

"清档"在四个半月后记载了试烧炼珐琅釉料的结果：

> （雍正六年，1728年）七月十二日：据圆明园来帖内称，本月初十日怡亲王交：
> 西洋珐琅料：月白色、白色、黄色、绿色、深亮绿色、浅蓝色、松黄色、浅亮绿色、黑色，以上共九样；
> 旧西洋珐琅料：月白色、黄色、绿色、深亮蓝色、浅蓝色、松黄色、深亮绿色、黑色以上共八样；
> 新炼珐琅料：月白色、白色、黄色、浅绿色、亮青色、蓝色、松绿色、亮绿色、黑色，共九样；
> 新增珐琅料：软白色、香色、淡松黄色、藕荷色、浅绿色、酱色、深葡萄色、青铜色、松草色，以上共九样。[②]

此时雍正皇帝事实上长居圆明园，在圆明园举行朝会听政，处理国事和其他庶务，接见外国使节等。"六部"也跟着皇帝移就圆明园办公。皇城里的清宫反

---

[①]《养心殿造办处各作成造活计清档》《珐琅作》，雍正六年二月二十二日。此处引文依据萱草园主人之《康熙、雍正、乾隆朝瓷胎画珐琅历史档案资料》，该文刊载于萱草园官窑瓷器网站之www.xuancaoyuan.com/GuanYao/Qing/FaLangCa... 111K 2006-4-27

[②]《清宫造办处各作成造活计清档》，雍正六年七月十二日。此处依据萱草园主人《怡亲王允祥及年表》一文转录。该文载www.xuancaoyuan.com/images/l_lan003.gif。

倒有点儿成了空宫的味道。

怡亲王当然也得去圆明园上班,所以珐琅料就送到了圆明园,交给了怡亲王,怡亲王又交给了圆明园造办处。由于造办处的主要机构仍然在宫廷,因而才有两天后圆明园造办处将这批珐琅料加上一张"圆明园来帖"送到宫廷造办处的事发生,并详细记录在案。

记载中将珐琅彩料的种类作四分法,一定经过了技术上和来源上的仔细分析研究并且反映了实在情况:

其中的九种"西洋珐琅料"显然是当时选择进行试炼的样本种类。只要将九种"新炼珐琅料"同它们比照以下便可以发现二者的联系(其中的月白色、白色、黄色、黑色四种完全相同。三种绿色相近。多了一种蓝色,而仅仅少了松黄色)。

其中八种"旧西洋珐琅料",应当是先前存货。

而其九种"新增珐琅料",应该是新从某种途径和来源得到的。

但任何一种中都没有最重要的一种红料——即金红料——可能是当时尚未试炼成功。而进口料中的金红或大都已消耗殆尽。

当日还记载了由郎中海望传达的"怡亲王谕"三条。其中一条说:

(雍正六年,1728年)七月十二日:郎中海望奉怡亲王谕:
　　将此料收在造办处做样,俟烧玻璃时照此样着宋七格到玻璃厂每样烧三百斤用,再烧珐琅片时背后俱落记号。①

这个记载说明:

(1)由怡亲王交到圆明园造办处,再由圆明园造办处交到宫廷造办处的这些珐琅料是给宫廷造办处"做样"用的,特别是其中的九种"新炼珐琅料"。它们显然既不是在圆明园造办处试炼成功的,更不是在宫廷造办处炼成的。

(2)既然怡亲王谕中有"俟烧玻璃时照此样着宋七格到玻璃厂每样烧三百斤用"一条,则证明它们应是在柏唐阿、宋七格领导的玻璃厂中烧炼成功的。并且同烧炼玻璃的技术有共同之处。

(3)连宋七格都显然已经成了可以独立主导烧炼珐琅彩料的技术专家了,柏唐阿当然更会是一个总工程师之类的角色。其他应该还有一批具体操作的技术工匠,他们自然也在这个玻璃厂工作。

---

① 《清宫造办处各作成造活计清档》,雍正六年七月十二日。此处引文依据萱草园主人之《康熙、雍正、乾隆朝瓷胎画珐琅历史档案资料》,该文刊载于萱草园官窑瓷器网站 www.xuancaoyuan.com/Guan-Yao/Qing/FaLangCa... 111K 2006—4—27。

这个玻璃厂（手工作坊）的所在地，有可能就设在琉璃厂一带。琉璃厂在明清两代是为宫廷建筑烧造琉璃砖瓦的地方①，应该规模很大。而玻璃和琉璃种异则类同，故原料和工艺当有相通之处。虽然现在还无法完全排除怡亲王府内也有一个小琉璃厂作坊能够试烧珐琅料的可能性，琉璃厂后来也开始出现书肆、书画、古玩等店铺②。

（4）参加试炼的人员除怡亲王本人作为总督导之外，柏唐阿、宋七格是两个具体负责人，唐英也参与了企划和供料，这些都应该是可以确认的。

西洋人郎世宁、陈忠信，广东画珐琅人林朝楷（郎世宁的徒弟）等人，这些使用珐琅料的大师级人物都应该为试炼珐琅料贡献了心力、知识或技术。

至少，珐琅料的炼制是否成功，必须最后由这些使用大师来定夺。其中尤其是郎世宁的作用应该是可以确认的。没有郎世宁等西洋人和众画珐琅匠人的参与这两个条件，则宫廷珐琅彩料在短期内能够试炼成功，是无法想象的。

正如长春园的西洋楼建筑群没有郎世宁等西洋人的设计而能建成是不可想象的一样——尽管至今没有发现可靠的宫廷文献记载能够确证它。

（5）这也证明，至少在雍正六年（1728）七月时，圆明园造办处还没有任何开始制作瓷胎画珐琅的迹象。否则的话，怡亲王不可能不让圆明园造办处也留下一些珐琅彩料"做样"，而要将其全部送到宫廷造办处。事实上，下文将会论及，圆明园造办处是从雍正九年（1731）才开始制作瓷胎画珐琅的。

## 七　景德镇何时具备条件并开始烧造珐琅彩？

陶瓷界对景德镇和珐琅彩的相关讨论一直集中在景德镇御窑厂是否曾经制作过珐琅彩瓷器的问题上，而在本书作者看来，"是否烧造过"早已不是问题。问题应该深入到景德镇何时具备了烧制珐琅彩的条件并开始烧造的层次上来。

兹将这个复杂的问题分为如下三步来论述：

（1）最迟雍正六年已有珐琅料和珐琅内行领导人；

（2）雍正七年输送宫廷画/炼珐琅人才和珐琅料；

（3）乾隆二至三年皇帝令景德镇制作珐琅彩见于记载。

下面逐一考论。

### （一）最迟雍正六年已有珐琅料和珐琅内行领导人

根据本书作者研究，景德镇御窑厂最迟在雍正六年（1728）时就已经具备

---

① 参见《清会典事例》八七五卷《工部·物财·琉璃厂》。
② 参见清人李文藻撰之《南涧文集（上）·琉璃厂书肆记》。

了制作珐琅彩瓷器的物质（即珐琅彩料）和技术（即画珐琅人才）两项条件。

景德镇御窑厂在雍正六年从宫廷得到珐琅料，同年通晓烧炼珐琅料和绘画的唐英也被派到景德镇主持御窑厂工作。

怡亲王下令从雍正六年（1728）二月在玻璃厂试炼珐琅料，并拨了专用款。经过四个半月努力，果然做出了历史性的成果。在该年的七月十日，怡亲王命将包括"新炼珐琅料"在内的四类共35种珐琅彩料交到圆明园造办处，再由圆明园造办处于七月十二日送到宫廷造办处收存并记录在案。

在郎中海望传达的"怡亲王谕"中有一条如下：

> 郎中海望奉怡亲王谕……造办处收贮的料内月白色、松花色有多少数目？尔等查明回我知道，给年希尧烧瓷用。遵此。①

怡亲王指令宫廷造办处将现存两种彩料"给年希尧烧瓷用"是在七月十二日。即在宫廷自炼珐琅料（除了红料）成功之后两日。

记载中虽未明说这两种彩料是珐琅料，但本书作者认为应该"是"。理由如下：

①就宫廷造办处只制作珐琅彩瓷而不生产其他彩瓷如"五彩"瓷"粉彩"瓷等来判断，这两种彩料应是珐琅料。现在宫廷既然能够自炼珐琅料，储存多余的旧珐琅料已无意义，故"给年希尧烧瓷用"是正确指示。

② 制作珐琅彩也使用一些"五彩料"，如果这两种彩料是属于宫廷制作珐琅彩瓷器必需的"五彩料"，而宫廷又正准备大规模制作珐琅彩，怡亲王不会下令把它们送给年希尧，因为宫廷并不烧炼非珐琅釉料。

③ "硬彩"中一般没有怡亲王口谕中所说的"月白色"和"松花色"彩料。而景德镇御窑厂也不可能需要宫中给予非珐琅彩料。他们显然能自炼各种彩料，必会应有尽有。

当然景德镇不可能只使用怡亲王给予的这两种珐琅彩料制作珐琅瓷器，由于年希尧的努力，此前必定已有相当基础。如果不是这样，则怡亲王的这一指令除了解释为无的放矢之外，便无从理解。

此时，年希尧正在淮安关任上。他春秋两季到景德镇检查和指导烧造事宜。而唐英此时则一直供职宫中，负责造办处，他对于烧炼釉料和绘画等等，参与和熟悉整个过程。不久后唐英即奉命去景德镇专管御窑厂，于十月抵达景德镇②。

---

① 《清宫造办处各作成造活计清档》，雍正六年七月十二日。此处依据萱草园主人《怡亲王允祥及年表》一文转录。该文载 www.xuancaoyuan.com/images/l_lan003.gif。

② "清档"雍正六年（1728）记载："秋八月，怡亲王传圣命：唐英着内务府员外郎衔，驻景德镇御窑厂，佐理陶务，充驻厂协理官。"十月抵景德镇。此处转录自萱草园主人《唐英年表及其时官窑制作档案资料》，载萱草园网页 www.xuancaoyuan.com/images/l_lan003.gif。

这就是说，景德镇御窑厂最迟从雍正六年（1728）十月便开始有珐琅料，也有了通晓烧炼珐琅料和能够绘画的唐英——只是唐英性格拘谨保守，不会画西洋画——具备了烧制珐琅彩瓷的基本条件。

（二）雍正七年输送宫廷画/炼珐琅人才和珐琅料

景德镇在雍正七年时开始向宫廷批量输送珐琅彩料和画珐琅及烧炼珐琅的工匠，说明景德镇完全具备了烧制珐琅彩的物力和人力条件。

其实，景德镇御窑厂此时要得到珐琅料还有一个途径，那就是从广州买一些进口料或广东料。景德镇距离广州不甚远，要做到这点并不难。如果我们联想到早在康熙末年，曹寅父子（曹雪芹的祖、父）都能烧造珐琅瓷器，其珐琅料乃采购于广东殆无疑义的话，则这点就容易理解了。

再研究一下雍正七年（1729）的记载，问题即会完全明朗化：

（雍正七年）闰七月初九日：据圆明园来帖内称：本月初八日怡亲王交年希尧送来画珐琅人周岳、吴大琦二名，吹釉炼珐琅人胡大有一名（并二人籍贯小折一件），细竹画笔二百枝，土黄料三斤十二两，雪白料三斤四两，大绿一斤，白（自）炼樊红一斤，白（自）炼黑钧料八两（随小折一件）。

郎中海望奉王谕：着将珐琅料收着有用处用，其周岳等三人着在珐琅处行走。遵此。

于本月初十日将年希尧送来画珐琅人三名所食工银一事，郎中海望启怡亲王，奉王谕：暂且着年希尧家养着，俟试准时再定。遵此。①

（雍正七年）十月初三日：怡亲王府总管太监张瑞，交来年希尧处送来匠人折一件、内开画画人汤振基、戴恒、余秀、焦国俞等四名……②

既然一年之后，年希尧作为景德镇御窑厂的总领导者，已经能够为宫廷造办处陆续输送画珐琅人才和烧炼珐琅料的熟练工匠，还送去了多品种的珐琅彩料，那就说明：

①景德镇御窑厂，已经能够自炼珐琅料，还能够部分地供应宫廷。只是其中的珐琅料没有使用"自炼"的说明语，故有可能是进口料或广州料。但既然能输送"吹釉炼珐琅人胡大有"，则景德镇御窑厂在当时已经炼成珐琅料，应当是

---

① 《清宫造办处各作成造活计清档》《珐琅作》，雍正七年闰七月九日、十日。此处依据萱草园主人《怡亲王允祥及年表》一文转录。该文载 www.xuancaoyuan.com/images/l_lan003.gif。

② "清档"《记事录》，雍正七年十月三日。此处依据萱草园主人《怡亲王允祥及年表》一文转录。

没有太多疑问的。

② 这些所谓"画珐琅人"和"画画人",是专门技术人才,他们的技能决非朝夕之间可以仓促成就得了,而需要相当长时间的培训和磨炼。年希尧和唐英(唐英此时已在景德镇上任9个月)才敢于将他们向宫廷输送。他们应该是在景德镇御窑厂由唐英等人直接招募、选拔、培养和训练的——虽然不能排除也有从广州招募来的可能性——入宫前已是熟练的画珐琅工匠。

要言之,景德镇御窑厂至迟从雍正六年(1728),特别是从唐英直接管理御窑厂开始,就实际具备了烧制珐琅彩瓷器的物质和技术条件,并且肯定也开始试生产和不断发展。

因为此前如不进行珐琅彩料的实际试烧试炼,和进行画珐琅瓷器的实际制作过程,那现在又怎么会有烧炼珐琅和作为"画珐琅人"的多工种熟练工匠以及珐琅彩料送往宫廷呢!

(三)乾隆二至三年皇帝令景德镇制作珐琅彩见于记载

关于这点,上文已经征引过乾隆皇帝谕旨的原文,此处不再重复引用。详情可以回头翻阅本文第5节第(3)小节。

如果不是乾隆二年和三年皇帝明令景德镇御窑厂制作珐琅瓷器的文献资料被有幸保存下来,我们也还是仍然可以确认景德镇烧造过珐琅彩。因为,如上所述:

＊景德镇御窑厂至少从雍正六年开始已经具备了烧制珐琅彩瓷器的物力条件和人力条件;

＊而至少在雍正七年又能够向宫廷批量地输送烧炼珐琅和绘画珐琅的人才。

所有这些都是景德镇能够烧造,并实际也烧造了珐琅彩瓷器的有力证据。

如果没有乾隆二年和三年的两条皇帝谕旨,可能有些人对此仍难以完全信服。

尤其是乾隆三年的谕旨文献更为直接、明确和有力地证明景德镇御窑厂奉命制作了珐琅彩瓷器。朱家溍先生和萱草园主人依据这条记载,都认定景德镇从乾隆三年起烧制过珐琅彩。这比那些历来认定珐琅彩瓷只是宫廷作坊的产物的传统见解,大大前进了一步。

但他们认定的这个时间点,比较本书作者考论之后所得到的真实的历史时间点,还是晚了八年之久。

至此,关于景德镇御窑厂生产珐琅彩瓷的问题还剩下一个,即——

## 八 有无景德镇制作的珐琅瓷存世?能否识别出来?

景德镇御窑厂的主要任务是为宫廷烧制大量的日常用瓷,而不是烧造宫廷陈设用瓷和收藏用瓷。因此它不可能、也不会在没有宫廷指令的情况下大量制作珐琅瓷。因为珐琅彩瓷原料成本高，人工费时多，绘画要求精，品种极特殊，而且皇帝已经让宫廷造办处珐琅作专心制作，景德镇自然不会再列为中心或重点。它的烧制彩料和培训人才并输送宫廷，都是为了配合和帮助宫廷制作珐琅彩瓷的工作。但它制作珐琅彩瓷的工作一直持续着则是毫无问题的。因为它要时刻准备着皇帝不时之需，也要根据珐琅彩原料和技艺去发展新技术并大量烧制其他彩瓷，如粉彩——当时称为"洋彩"等。

唐英自己曾说：

> 迄雍正十三年，计费帑金数万两①，制、进（制造和进献）圆、琢等器，不下三、四十万件。其间幸免糜帑误公之咎者，上沐圣明之宽恤，下矢驽骀之心耳。②

唐英每年花费 8000 多两白银，从雍正六年底到雍正十三年底的 7 年间，用银总共不到 6 万两，而烧制和输送官窑瓷器近 40 万件。平均每两白银烧造成品瓷器约 6 件以上。

其所制作的少量珐琅彩瓷器，或因上无旨意而不敢造次，或因质量较差而未能大量入宫，或因为数量太少而未能存世到今天，或虽然存世而无法从宫苑珐琅彩中辨认出来。

有的学者（萱草园主人？）认为，从底款的用料和形式可以判断一件珐琅彩瓷是宫苑制作还是景德镇御窑厂制作。

这意思是说：凡六字青花款者即属于景德镇御窑厂制作，凡四字堆料款和其他彩款者则属于宫苑制作。

这种区分相当有道理。原因是：

\* 从康熙中期开始，景德镇御窑厂烧制瓷器都落青花款识，几乎少有例外。例外的是雕刻款等，多见于单色釉。

\* 景德镇官窑瓷款相当规范，多由朝廷决定款字和款式。除少数纪年款和皇帝所居堂名款外，都是六字年号款。少有例外。

\* 景德镇专门烧造的、送往宫苑供制作珐琅彩瓷的白瓷半成品，奉命不在烧制白瓷时落款，而由宫苑彩绘时落款，多为四字楷书。

---

① 根据唐英后来向朝廷的账目结算，他每年花费不到 1 万两白银，一般为 8000 多两。如此，从雍正六年底到雍正十三年，7 年中间总共花费约 6 万两。这个时期官窑瓷器的成本大约平均每花费 1 两白银可以生产 6 件。

② 唐英《瓷务事宜示谕稿序》。此处转录自萱草园主人之《唐英年表及其时官窑制作历史档案资料》一文。

\* 景德镇御窑厂虽然具备书写堆料款和其他彩款的成熟条件，但无法确认曾经使用过。落四字堆料楷书款者应该没有景德镇的成品。

\* 现有存世品中落六字青花款的珐琅彩瓷器绘画中，没有见到有使用西洋画风或西洋题材者。

## 九 圆明园造办处何时开始烧造珐琅彩瓷器？

关于当时京城烧造珐琅彩瓷器的具体场所，上面征引的陶瓷界三家（耿宝昌氏、叶佩兰和蔡毅氏、林莉娜氏）说法中，认为有清廷养心殿造办处、圆明园（或颐和园）、怡亲王府三处。

本文已经指出，其中所谓颐和园一处，实系误说，不是——也不可能是——历史事实；而怡亲王府一处在缺乏更有力、更直接的证据之前，一般说，这处场所也应该排除——除非发现更加有力的证据。

那么圆明园究竟是什么时候开始烧造珐琅彩瓷的呢？

萱草园主人认为：开始的时间难以考证，但似应从雍正四年算起，因为"清档"当年七月十六日记载："据圆明园来帖内称：太监杜寿交来珐琅花抹红地头等酒圆二十四个（随紫檀木盘二个）、珐琅花抹红地二等酒圆二十四个。"[①] 太监杜寿交到圆明园造办处再转宫廷木作配匣子的48只珐琅彩抹红地酒杯，虽然尚无法确认是在何处烧造，但绝非圆明园烧造则是肯定的。

因为这个时候，瓷器工匠全被遣返回江西，剩下一个叫宋三吉的也调换了工作岗位。宫廷根本没有制作珐琅彩瓷的工匠，而圆明园还根本没有立窑。

事实上，直到雍正九年（1731）四月，皇帝才口谕着令在圆明园造办处设窑制作珐琅彩瓷器。关于此事，"清档"中在该年四月二十七日有两条记载：

（雍正九年）四月二十七日：柏唐阿、邓八格来说，内务府总管海望

---

① 萱草园主人说："圆明园珐琅作"具体创建时间暂无法考证，现在所知最早的圆明园珐琅作涉及瓷胎画珐琅制作为："雍正四年七月十六日：据圆明园来帖内称：太监杜寿交来珐琅花抹红地头等酒圆二十四个（随紫檀木盘二个）、珐琅花抹红地二等酒圆二十四个。传旨：着配匣子。钦此。《木作》"该处在雍正六年又进一步扩大规模："雍正六年三月十九日：据圆明园来帖内称，郎中海望奉怡亲王谕：着传催总刘三九、领催白老格带好手艺铜匠各带小式家伙，珐琅处太监张廷贵、画珐琅人谭荣，好手艺家内大器匠一名，带铜叶珐琅材料赴圆明园来。遵此。《杂录》"。据《乾隆珐琅彩瓷的断代及鉴定（上篇）》，载《艺术市场》2005年第2期，第68—69页。其定稿本改名为《乾隆前期珐琅彩瓷及其相关若干问题》，载萱草园官窑瓷器网站 www.xuancaoyuan.com/images/l_lan002.gif。此处文字依据其定稿本。

本文作者则认为：萱草园主人这里所依据的两段记载不能成为圆明园造办处已经开始生产瓷胎画珐琅的证据。故本文不取"雍正四年说"。

传：着在圆明园造办处做备用磁（瓷）器上烧珐琅各色器皿等件。记此。①

（雍正九年）四月二十七日：据圆明园来帖内称：二十五日柏唐阿、马维祺为烧珐琅活计立窑……记此。②

圆明园造办处的机构虽然成立颇早，但其主要职责应该是修建和扩建圆明园并负责圆明园的物资供应，并没有制作珐琅彩瓷器。

圆明园造办处烧造珐琅彩瓷器的历史，显然应该从这以后——即从雍正九年（1731）四月底正式立窑的时间——算起，而不可能更早。

## 十　官苑珐琅彩瓷器究竟在何时停止烧造？

有些文章提到珐琅彩瓷器在乾隆末年停止烧造。这是非常笼统的回答。实际上，不同的处所和地点，其珐琅彩烧造的起、止时间是不一样的。

下面分别叙述之。

（一）清宫养心殿造办处珐琅作何时停止制作珐琅彩

这个作坊开始属于武英殿，后来归属于养心殿。从康熙后期开始制作宫、苑陈设品的金属胎各种珐琅，后来又开始制作画珐琅，最后才制作瓷胎画珐琅。

它经历了雍正前期的低潮期，甚至断层期，而在雍正后期进入其黄金时代，到乾隆初期仍然一直繁荣不衰。但到乾隆二十年年初，该处奉命停止烧造。

"清档"记载：

（乾隆二十年，1755年）正月十一日：员外郎达子，白世秀来说，太监胡世杰传旨：京内造办处各作，着搬挪圆明园去。钦此。③

既然皇帝圣旨"京内造办处各作着搬挪圆明园去"，当然无疑也包括珐琅作在内。是故，清宫造办处珐琅作在乾隆十九年年底已经停止了瓷胎画珐琅的制

---

① 《清宫造办处各作成造活计清档》，雍正九年四月二十七日"珐琅作"记载。此处转录自萱草园主人《康熙、雍正、乾隆朝瓷胎画珐琅历史档案资料》，载萱草园官窑瓷器网站 www.xuancaoyuan.com/GuanYao/Qing/FaLangCa... 111K 2006-4-27。

② "清档"，雍正九年四月二十七日《记事录》记载。此处转录自萱草园主人《康熙、雍正、乾隆朝瓷胎画珐琅历史档案资料》。

③ 《清宫造办处各作成造活计清档》，乾隆二十年一月十一日《记事录》记载。此处转录自萱草园主人《康熙、雍正、乾隆朝瓷胎画珐琅历史档案资料》，载萱草园官窑瓷器网站 www.xuancaoyuan.com/GuanYao/Qing/FaLangCa... 111K 2006-4-27。

作。过了年，到正月十一日，乃全部停工。

这里制作瓷胎画珐琅的时间，总共应该不超过 40 年。

如果从康熙五十五年（1716）算起[1]，到乾隆十九年（1754）搬挪去圆明园为止，总共是 38 年。这是宫廷珐琅作存在的时间。如果减去雍正前期至少 3 年的停工，则宫廷造办处珐琅作制作瓷胎画珐琅的时间最多不超过 35 年。

宫廷内的珐琅作停烧的历史背景是：

①瓷胎画珐琅不属于日常用瓷，一般也不用于祭祀或节庆，而仅仅属于观赏瓷（供陈设、鉴赏、贮存和赏赐用），故损毁率甚低，需求数量自有限制，而制作成本又高昂。经过了近 40 年，成品已经大体满足了宫廷的需要。

② 乾隆皇帝同雍正皇帝一样，也是常驻圆明园。在那里饮食起居，批阅奏章，举行朝会，接见群臣，决策军政，会见使节，接见蒙古王公和西藏高僧等等。并在那里消闲娱乐，督造园林，还常常具体指导造办处的工作。甚至细致到瓷器、珐琅、佛供等具体物品的图样设计、审核挑选、批准制造和成品鉴赏等等。

③ 圆明园成就了著名的"四十景"，圆明园中长春园的主体建筑群已经建成，而长春园中的西洋楼区建筑群也已接近完成，所有这些建筑全都需要大量的陈设品和装饰品，包括大量的家具、绘画和各种金属胎珐琅制品，尤其是瓷胎画珐琅，更成了高贵而独特的品种。

"清档"中多次记录的从景德镇运送到京城的大量瓷器，皇帝指示直接运送到圆明园交接，就颇能反映这种变化。这是宫廷之所以停烧珐琅彩和将珐琅作连同其他各作迁往圆明园之背景的一个旁证。

（二）圆明园造办处制作珐琅彩的历史有多久

关于这个问题，王健华关于珐琅彩衰亡的时间有一段叙述如下：

> 清代珐琅彩的具体衰亡时间，目前学术界存在着争议，一种是认为乾隆三十年（1765）以前。另一种认为乾隆六十年（1795）以前。两种看法都共同认定珐琅彩终止于乾隆朝，只是时间早晚有别。实际上珐琅彩生产具体截止到哪一年，文献中并没有明确记载。笔者比较倾向于前者，认为珐琅彩烧制截止于乾隆中期，笔者查阅乾隆朝《养心殿造办处各作成造活计清档——珐琅作》的档案……[2]

---

[1] 遗憾的是，从历史事实和科学考证的角度，这个时间并不能确认。
[2] 王健华《清代宫廷珐琅彩瓷之五》，载《艺术市场》2006 年第 9 期。又载：www.cangnet.com/html/200609/2006090615482... 11K 2006—9—6。

王健华氏认为珐琅彩具体衰亡的时间存在争议,并说学术界分成两种意见,又说文献中没有记载珐琅彩具体中止(停止烧造)的时间等等。

其实,"清档"中有如下一条记载就足以平息所谓争议而解决珐琅彩何时停烧的问题:

> (乾隆五十四年,1789年)十月十三日:因珐琅处现无活计,分别将官员、匠役等人俱归并造办处,画珐琅人归如意馆,首领太监归乾清宫等处当差。①

这就是说,乾隆五十四年十月十三日(1789年11月29日),乾隆皇帝的一道圣旨,最后终结了清朝宫苑瓷胎画珐琅制作的历史。宫苑瓷胎画珐琅经过了一般认为一个世纪的过程——实际只有大约3/4个世纪——终于最后走到了自己历史的尽头。作坊和工匠到了无活计可做的时候,只能裁撤、解散和全体人员转行。

顺便再说一下,记载中之"画珐琅人归如意馆"一句,明确显示出"画珐琅人"以前是不属于"如意馆"的,而是一直属于"造办处"的"珐琅作"。因此,宫苑中制作珐琅彩瓷器的人员是"画珐琅人",而不是一般的"画画人",其制作的场所,是造办处的珐琅作,而不是什么启祥宫如意馆——这同耿宝昌氏等所认为的是不同的②。

此时的历史背景是:

①乾隆皇帝已经作了半个多世纪的皇帝,年龄已经79岁,所谓"十全"皇帝的事业自认为已经毕竟其功,逐渐产生了倦勤心态。准备在传位后住到长春园中颐养天年。

②圆明园和长春园以及长春园的西洋楼建筑群都已全部完成,12生肖喷泉、西洋装饰绘画、各种家具和器物陈列,甚至连风景绘画和版画制作都已全部完成。瓷胎画珐琅的数量已经完全可以满足该园陈设、观赏和皇帝赏赐以及贮备的需要。

③各园、各殿、各宫、各轩室,按照乾隆皇帝的爱好、兴趣和要求,都已应有尽有,于是,珐琅处只好处闲置散,包括不再需要增添和制作新的珐琅彩瓷器作为陈设品和贮藏品。皇帝的兴趣和注意力转移,又确实没有活计让他们继续

---

① 《清宫造办处各作成造活计清档》,乾隆五十四年十月十三日记载。此处依据萱草园网站《康熙、雍正、乾隆朝瓷胎画珐琅历史档案资料》之网页,www.xuancaoyuan.com/images/l_lan003.gif。

② 参见耿宝昌《明清瓷器鉴定(清代部分)》,学苑文化事业出版社(台北)(未发现出版年月),第122页。

做下去，也就只好将其作为一个机构裁撤和解散了。

当然，宫苑珐琅彩没落的时期要比这个停烧的时间点更早，大约从乾隆中期的一个时段（乾隆二十四年到乾隆三十一年，即公元1759—1766年）开始。其背景是：

① 长春园的中、西式建筑群主体工程和主要工程已经完成，对珐琅彩作为陈设品的需要锐减。这同从康熙到乾隆中期的近50年间的情况刚好形成鲜明的对照。那时，珐琅彩作为一种新发明和新事物具有强烈的吸引力，作为陈设品、储藏品和馈赠品都大量需要。

② 郎世宁在乾隆三十一年（1766）去世。郎世宁长期参与珐琅彩的绘画、设计、制料和试料以及培训画珐琅人才的工作，对中国18世纪宫苑珐琅彩有杰出的贡献。详情请参阅本书《郎世宁和宫苑珐琅彩》一文。他的去世是促使圆明园珐琅彩瓷制作衰落的重要原因之一。

③ 乾隆皇帝本人对珐琅彩也已失去了昔日的热情。他的个人兴趣，从登基初期的鉴赏绘画和珐琅彩转移到长春园的兴建，再转移到为自己不断地树碑立传和歌功颂德。对他来说，珐琅彩已是明日黄花。

（三）怡亲王府的珐琅彩制作情形怎样

上文已经论述过：

① 怡亲王府邸应该没有设立过瓷胎画珐琅的专门作坊和窑场去制作珐琅彩瓷。是故，此说应是属于误传。

② 如果将来发现可靠的文献证明怡亲王府邸确曾设立过作坊和窑场制造珐琅彩瓷，那也必定在雍正八年五月四日第一代怡亲王去世后，其府邸被改为贤良寺，第二代怡亲王府改址另建时彻底结束。

## 十一　粤海关奉命为宫廷制作的珐琅究竟是哪些品种？

这个问题分以下三步阐述：

（1）勇于追求真理和随时修正谬误，堪为真学者；
（2）乾隆皇帝令粤海关烧造的珐琅是"广珐琅"；
（3）广珐琅和景德镇仿造广珐琅制作的瓷器。

下面逐一论述之。

（一）勇于追求真理和随时修正谬误为真学者

萱草园主人在其论述珐琅彩瓷器的产地时曾说过：

粤海关即广州海关，（广州是）清初唯一对外开放口岸，当时设粤海关总署。由于过往海外客商汇集于此，粤海关许多西洋工艺也相对它处更加发展。该处制作的珐琅彩瓷主要是乾隆后期制品，最大特征是落款使用蓝料篆字款（下期讲座详细介绍）。①

但他在下篇（"下期讲座"）中却完全否定了上述"粤海关珐琅彩瓷"说。原文稍长，但颇为有趣而难得，故全引如下：

> 这里笔者（郑按：萱草园主人自称）需要订正上篇文章一处错误：
> 乾隆珐琅器使用篆字款的历史记录曾见粤海关相关资料：
> 乾隆二十一年十二月十二日：于本月十二日郎中白世秀、员外郎金辉将写得"大清乾隆年制"篆字长方并横款纸样一张持进，太监胡世杰呈览。奉旨：照样准做发往。钦此。于十二月十五日发往粤海关行文知会。讫。
> 乾隆二十二年八月……二十八日：郎中白世秀、员外郎金辉来说太监胡世杰传旨：着画瓶、罐等纸样呈览，准发往粤海关烧造，西洋珐琅的要乾隆年款。钦此。
> 于二十三年二月初七日，郎中白世秀、员外郎金辉将画得瓶、罐纸样大小四十张持进，交太监胡世杰呈览。奉旨：准得瓶、罐纸样二十九张，着粤海关按样自配花纹。做西洋珐琅的要"乾隆年制"款。随贡陆续呈进，俟有传旨不必烧造时，再行停止烧造。钦此。（《行文》）
> 由于上文资料中的珐琅器落款涉及到"大清乾隆年制"篆字长方形横款，同时，联系现有传世珐琅彩瓷中存在的上述实物，笔者此前一度误认为以上落款珐琅彩瓷均为粤海关所制，因此才在上篇文章中出现粤海关珐琅彩瓷一说。
> 后来重新考查，发现粤海关并没有瓷胎画珐琅制作记录，联系景德镇御厂制瓷资料，为御厂洋彩制品的推断更符合实际情况。因此上篇的粤海关观点牵强有误，此处特作更正，希望读者原谅。②

这位萱草园主人，是一位能够潜心搜集整理和抄录陈旧而毫无趣味的档案资

---

① 萱草园主人：《乾隆珐琅彩瓷的断代及鉴定（上）》，此处引用时文字略有更动。该文载《艺术市场》2005 年第 2 期。
② 萱草园主人：《乾隆珐琅彩瓷的断代及鉴定（下）》，此处引用时文字略有更动。该文载《艺术市场》2005 年第 3 期。

料,从而对社会和他人从事研究给予最大方便的人。本书作者的研究曾经借助了他的许多资料。否则,以笔者之久居海外而又长期卧病,要亲自去北京皇史宬查阅像"清档"这样的历史资料几乎是不可能的。史料辑录,厥功甚伟!

同时,他也是一位敢于随时面对真理而随时能够修正错误的学者。敢于作出自己的结论,而一旦发现有误便立即公开纠正者,算是真"学者"。"学者"的本义便是"学习者"。当"学者"成为知识占有者以后,难道就不再是"学习者"了么?

(二) 乾隆皇帝令粤海关烧造的珐琅是"广珐琅"

粤海关曾经奉命为北京宫廷制造了大量的"珐琅"器物,这是没有问题的,但那究竟是什么品种的珐琅呢?

其实,乾隆皇帝当时着令粤海关烧造的珐琅,既不是"珐琅彩瓷",也不是"御厂洋彩制品"。它们虽是珐琅器,却并不是瓷器。根据文献记载,它们实际被称为"广珐琅"。"广珐琅"是使用各种材料(主要是金属材料,最大宗的是铜,其次是银或金,但也有玻璃质料的小件制品)制造各种珐琅(画珐琅、掐丝珐琅、錾胎珐琅——填珐琅等)器物。

关于粤海关奉命为宫廷烧造珐琅事,其文献记载除了萱草园主人的上述引文外,"清档"中还有较早和较晚的两条相关记载可资认定:

> (乾隆十一年,1746 年)四月:……再:广珐琅活计,嗣后不必多烧造,寻觅西洋珐琅器皿呈进。钦此。《粤海关》①
> 
> (乾隆四十三年,1778 年)七月:……初八日:将粤海关送到广珐琅盖碗一对,广珐琅金胎鼻烟壶十二个,广珐琅仿磁胎鼻烟壶十件……《记事录》②

这两条记载,前一条比萱草园主人的上述引文早了 10 年,后一条则晚了 20 年。

前一条的背景是:乾隆十一年时,圆明园的长春园,其中国传统式建筑群已经完成,装潢、陈设也都已基本结束;而西洋楼区建筑群才刚刚开始建造,还谈不上装潢和陈设。是故,乾隆皇帝令"广珐琅活计,嗣后不必多烧造",而要"寻觅西洋珐琅器皿呈进"。目的是西洋楼要配西洋器物。

---

① 此处引文转引自萱草园主人《康熙、雍正、乾隆朝瓷胎画珐琅历史档案资料》,载萱草园官窑瓷器网站 www.xuancaoyuan.com/GuanYao/Qing/FaLangCa...111K 2006—4—27。

② 转引自萱草园主人《康熙、雍正、乾隆朝瓷胎画珐琅历史档案资料》。

萱草园主人所引三条资料的背景是：乾隆二十一年、二十二年、二十三年时，长春园的西洋楼区建筑群刚刚完成和接近完成，正在装潢，需要大量的陈设品，包括广珐琅和所谓西洋珐琅。是故，乾隆皇帝令粤海关"随贡陆续呈进，俟有传旨不必烧造时，再行停止烧造"。即：令其大量烧造，以供西洋楼区建筑群陈设之需。

而上述最后一条引文的背景则是：乾隆四十三年时，长春园的所有建筑、装潢、陈设都早已完成[1]，不再大量需要广珐琅。是故，粤海关只是进贡"广珐琅盖碗一对，广珐琅金胎鼻烟壶十二个，广珐琅仿磁胎鼻烟壶十件"等等小件物品，以供皇帝使用和把玩而已。

注意其中的"广珐琅仿磁胎鼻烟壶十件"，显然它们也并不是瓷胎，而是金属胎。只是仿造得像瓷胎画珐琅鼻烟壶而已。

要之，乾隆皇帝让粤海关按瓶、罐纸样制造的只是"广珐琅"，即各种金属胎的珐琅制品，其中的绝大多数应该是铜胎珐琅，而不是瓷胎画珐琅和瓷胎洋彩（即粉彩）。

（三）广珐琅和景德镇仿造广珐琅制作的瓷器

不仅是广珐琅仿造瓷器，有时广珐琅的产品也成为景德镇烧造瓷器时仿造的对象。文献记载：

> （乾隆十四年，1749年）十二月二十六日：员外郎白世秀，司库达子来说，太监胡世杰传旨：所进珐琅瓶、罐俱无名款，嗣后再作瓶、罐送来，必要刻款。钦此。《粤海关》[2]

其中所说的珐琅瓶、罐，当然都是广珐琅。而要求刻上款识，则更能表现出皇家气派。

> （乾隆二十四年，1759年）闰六月……十七日：郎中白世秀、员外郎金辉来说太监胡世杰传旨：着画五供，六供，七供，八供，并七珍，八宝样呈进，发往粤海关做珐琅的。钦此。《行文》[3]

---

[1] 此时，长春园中的中式建筑和西洋楼区建筑群几乎全部完成。西洋楼区建筑群中只有中轴线后面的远瀛观还没有兴建。远瀛观建造于乾隆四十八年（1783）。此处依据《圆明园欧式庭院》，圆明园管理处编印，1998年9月，第1页。其书名中的"庭院"一词，似当作"廷苑"。

[2] 转引自萱草园主人《康熙、雍正、乾隆朝瓷胎画珐琅历史档案资料》，载萱草园官窑瓷器网站www.xuancaoyuan.com/GuanYao/Qing/FaLangCa... 111K 2006-4-27。

[3] 转引自萱草园主人《康熙、雍正、乾隆朝瓷胎画珐琅历史档案资料》。

这里，乾隆皇帝谕旨由宫廷设计、发往粤海关制造的各种佛教供器的设计图样，当然也是要制作广珐琅和西洋珐琅制品。它们显然是为了佛堂陈设的需要。

而次日，十八日，乾隆皇帝便根据一套现成的铜掐丝珐琅五供，着令画样，并同其他供器设计图样呈览，做木样。准备让江西照样烧造大批瓷质供器。

记载说：

（乾隆二十四年）闰六月十八日：郎中白世秀、员外郎金辉来说，太监胡世杰交铜掐丝珐琅五供一份……传旨：着照交出供器俱各画样，再将五供养、七供、七珍、八宝，亦画样呈览。准时俱交舒善做木样，带往江西烧造磁塔、磁宝瓶、磁奔巴壶、磁甘露、磁轮，各一对；余者供器照样各烧造一份。其五供照样烧造一份，放大烧造一份，收小烧造一份，瓶内俱随磁花。再令舒善传与尤拔士，亦照各样，烧造珐琅的。成对的一、二对，成分的一、二份。其五供亦照样烧造一份，放大做一份，收小做一份。瓶内俱随珐琅花。陆续进。嗣后，从前烧造珐琅瓶、罐不必呈进。钦此。《行文》[①]

这些依照发往粤海关制造广珐琅品种的宫廷图样，次日便同样发往江西景德镇大量制作瓷质供器。其中自不乏珐琅彩和洋彩（粉彩）瓷器。

## 十二　广州能不能和有没有制作过瓷胎画珐琅？

虽然当时粤海关奉乾隆皇帝之命，按宫中设计的图样烧造的各色珐琅器物，既不是瓷胎画珐琅，也不是御窑洋彩（粉彩），而是各种金属胎珐琅器物。将其中部分图样发往景德镇御窑厂烧制的才是包括珐琅彩和粉彩在内的瓷器。

但这不是说广州当时没有制作瓷胎画珐琅的能力。理由是：

＊广东早就有一些画珐琅人才作为工匠，被选送到宫廷造办处，如郎世宁的徒弟林朝楷等人。这还是雍正六年的事[②]。说明广东早就有画珐琅的人才和技术。

＊粤海关能够不断地为宫廷大量地制造各种珐琅器物，说明广东有充足的制

---

[①] 萱草园主人：《康熙、雍正、乾隆朝瓷胎画珐琅历史档案资料》，载萱草园官窑瓷器网站 www.xuancaoyuan.com/GuanYao/Qing/FaLangCa... 111K 2006－4－27。

[②] 参见《养心殿造办处各作承做活计清档》雍正六年七月十一日和八月二十日关于郎世宁的画珐琅弟子林朝楷的两条记载。此处依据《怡亲王允祥及年表》一文，载 www.xuancaoyuan.com/images/l_lan003.gif 。

作珐琅的各种材料。很可能是舶来的和自炼的材料均有。

＊广州早就成批地用景德镇的白瓷制作广彩瓷器，供出口外销。而广彩瓷器就是一种特殊的、另类的珐琅彩或粉彩瓷器。

＊现在存世的所谓外贸瓷——英文一般称为"中国出口瓷 Chinese Export Porcelain"——中，有一些就是珐琅彩。

这两类瓷器——广彩和传统外贸瓷——中，使用的红彩有迥异于传统铁红（即矾红）和铜红的红彩，并以油料作为调色介质，而这两点，根据冯先铭先生的界定，都是珐琅彩的基本特征和构成要件。

因此，说粤海关没有制作过珐琅彩瓷器，应该是确实的。但只是说它当时没有为宫苑制造过类似宫苑制产品风格的那种瓷胎画珐琅——因为完全没有必要；但并不是说广州（或广东）没有制作过所谓珐琅彩瓷器，更不意味着它没有能力制作珐琅彩瓷器。

## 十三　中国 18 世纪烧造珐琅彩的地方究竟有几处？

现在对中国在 18 世纪制作珐琅彩瓷器的处所作一个概括性说明和确认。根据现有资料，当时烧造和制作这种彩瓷的地方，至少有四处：

第一个制作地就是清朝宫苑造办处的珐琅作。

这当然没有问题。但由于珐琅彩瓷长期被神秘化，故一般认为，18 世纪中国珐琅彩的制作地只有宫苑的造办处珐琅作这一处，那就不正确了。

第二个珐琅彩瓷制作地是景德镇的御窑厂。

本文对此已经在上文详加考证和论述。现有的史料虽然零星分散，但综合起来，完全可以证明景德镇制作过珐琅彩瓷一事是没有疑问的，是可以确认的。

第三个珐琅彩瓷制作地是江南"曹家"。

这个"曹家"，就是那个《红楼梦》的作者曹雪芹的父亲、伯父和祖父。判定他们曾经为当时的宫廷制作珐琅彩瓷器，有一条铁证性的史料，还有几条辅助性的史料。本书在第三编第二篇考论中对此将有较为详细的考论。

第四个珐琅彩瓷制作地是广州。

广州是"广珐琅"的发源地和长期供货基地，但"广珐琅"是指金属胎的掐丝珐琅、画珐琅等，并不包括瓷胎画珐琅。

但广州当时具备制作瓷胎珐琅的条件和能力是无可否认的，而且也确实制作过瓷胎珐琅。至少，现在一般称呼的所谓"广彩"——又叫"织金彩瓷"——其中有一些就是珐琅彩。

为什么这样说呢？

按照冯先铭先生的见解，瓷胎珐琅有两个条件：一是使用中国本来所没有而后来从西方进口才开始有的"金红"料①；二是以油料作为调色介质，使绘画具有西方油画的效果②。而当时和后来的"广彩"中很多绘画都具备这样两个条件，当然它们就是珐琅彩。只不过广彩是出口瓷，并不向北京输送和供御而已。

当然，如果人们先加以限定："珐琅彩是清宫廷御用器。"③ 或者："珐琅彩瓷器是一种极名贵的宫廷御用瓷。"④ 则广彩中的珐琅彩瓷器当然就被排除在珐琅彩的范围之外了。或者限定更有甚之："'珐琅彩'是清代康熙晚期利用进口珐琅料，在皇宫内试制成功的一种极为名贵的宫廷御用瓷器。"⑤ 如此，则非但广彩中的珐琅彩不算珐琅彩，景德镇制珐琅彩和"曹家"制珐琅彩都不算珐琅彩了。

人们应该在全面调查和深刻研究的基础上，给珐琅彩下一个科学的定义，并阐明它的外延（范围），否则是永远说不清楚的。以上诸种限制性说法都不是定义，但却起了并不正确的外延限制。

## 十四 本文的结论和能否给珐琅彩下一个定义？

本文考论了有关清代康、雍、乾三朝珐琅彩瓷器生产和制作的 12 个历史问题，而且探讨的多是历史事实且并非细微末节。它们多是前辈学者和当代学人甚少专门涉足仔细研究过，甚至是被完全忽略的问题，或者虽然有人道及却仍然模糊不清的问题。

但也正因为关于珐琅彩有太多的历史事实没有厘清，那些先前的和当代的许多似是而非的说法才会到处流行而长期未能获得修正，而珐琅彩瓷器的全貌，和珐琅彩生产的历史全貌，就永远只能被以偏概全地重复叙述而模糊不清地呈现于大众之前。

更为重要的缺失是，至今学术界还没有给珐琅彩一个科学的定义，内涵和外延（包括的范围和对象）更不清楚。从而还导致珐琅彩的构成要件和对珐琅彩的鉴定、研究等方面都出现难以解决的困惑。

以上这些恰好是本文写作的出发点和考论的归宿。现在剩下的是珐琅彩的定

---

① 金红，又称玫瑰红或胭脂红。据说发色剂是其中所含的微量黄金，故而称"金红"，而中国传统的红色是铁红或铜红。
② 冯先铭主编：《中国陶瓷》，上海古籍出版社 1994 年 11 月第 1 版，第 558 页。
③ 《中国古陶瓷图典》，文物出版社 1998 年 1 月第 1 版，第 226 页。
④ 冯先铭主编：《中国陶瓷》，上海古籍出版社 1994 年 11 月第 1 版，第 558 页。
⑤ 叶佩兰：《珐琅彩与古月轩》，载《收藏家》1995 年第 4 期，第 42 页。

义、内涵和外延问题。

先说定义。

定义当然有其相对性、时间性和层次性，但它毕竟界定了某一事物而使它得以区别于其他任何事物。

珐琅彩瓷器，简称珐琅彩，即文献中所称的"瓷胎画珐琅"，亦称"五彩珐琅"、"磁器法瑯"等。从清朝末年（20世纪初年）开始，也被称为"古月轩彩"或"古月轩"。

珐琅彩是中国18世纪，多由康、雍、乾三朝皇帝督导和参与审定图样，主要使用西方发明的珐琅彩料，在景德镇或宜兴烧造的素瓷上精心绘制具备油画效果的各种图案，经二次入窑低温复烧而成的一种釉上彩瓷器[①]。这种瓷器高雅名贵，一般仅供宫苑陈设、鉴赏、收藏和赏赐。

这个定义将珐琅彩实际分为"宫苑制珐琅彩"和"非宫苑制珐琅彩"两种，而以前者为主体，还能包容像广彩中的那种珐琅彩。

可不可以把珐琅彩简单地定义为"珐琅彩就是使用珐琅彩釉料绘制图案的彩瓷"呢？正确的答案是：不能。因为：

用通俗的话说，这种解释只是望文生义，不能作为定义。

用逻辑的话说，这种解释只是同义反复，不能构成定义。

严格科学的定义，要揭露事物的本质属性，也就是要具有本质性；要能明确认定是具体的此一事物而不是任何别一事物，也就是要具有特定性。

有一个时期，中国的社会风气曾经强调，研究事物要从实际出发，要从实际存在的具体事物出发，而不是从抽象的定义出发。

当时人们不甚了解，这种把抽象的定义和实际存在的事物相互对立起来的观点，也是一种机械论形而上学。

笔者阅读了许多关于珐琅彩的著作和文章，竟然没有发现任何一个严格科学意义上的关于珐琅彩的定义，不知是否同这股时代的思潮的影响有关联。

其实，真正科学的定义是必须在全面而深刻地研究了实际存在的事物，真正把握了事物的本质属性之后，才有可能抽象出来的。因此任何正确的定义都是全面而深刻地研究实际存在的历史和条件、实际存在的具体事物的逻辑结果。而当科学的定义形成以后，它又会帮助人们，尤其是后来的人们，能够比较容易地去认识和研究被定义了的事物，使之能够少走弯路而能更快地去把握住其本质。

例如珐琅彩的定义就应该能够帮助人们去认识珐琅彩——使人们不要把珐琅

---

① 鉴于汉语的词序非常严格、不使用关系代词、定语一般都必须置于被说明词的前面这三项限制，碰到一个定义很长时，阅读和理解都会感到不便。

彩混同于任何类似的其他事物，例如粉彩；但也不要导致排斥任何符合定义的珐琅彩——以便于进一步去鉴赏珐琅彩，鉴定珐琅彩，确定珐琅彩的美学和艺术价值。

2006 年 9 月 19 日初稿<br>
2007 年 9 月 20 日二稿<br>
2009 年 4 月 22 日定稿

# 第二编
# 关于"古月轩之谜"

第三篇　"古月轩之谜"考论和破解（上篇）

第四篇　"古月轩之谜"考论和破解（下篇）

# 第三篇

# "古月轩之谜"考论和破解(上篇)

提　　要

\* 对于中国的陶瓷学界、博物馆学界和文物古董收藏界来说，"古月轩之谜"，无疑是天字第一号的历史悬案，是一个几代人未解、而且似乎永远难解的历史之谜，近几十年来，甚至连考证和研究都感到无从着手。

\* 同存在于陶瓷界和文物界的关于"'古月轩'并不存在"的数十年的主流看法相反，圆明园学者早就确认了圆明园的长春园中曾经存在过一座早已灰飞烟灭的"古月轩"。但陶瓷学界却长期未予应有的注意。

\* 作为正式的建筑物，圆明园中的那座"古月轩"实际是建成于郎世宁去世之后。然而它同郎世宁本人、同中国18世纪的宫苑珐琅彩却有着真正而直接的联系。"古月轩之谜"的真正要害正是隐藏在那里。

\* 历经十数年的过程，本人依据现存历史文献资料中的相关而分散的零星记载，对"古月轩之谜"的缘起、真相、关系和演化，进行了慎密的资料搜集，以严格的逻辑进行历史的论述，并最终达成谜底之破解。

## 一　所谓"古月轩之谜"的具体内涵：<br>五个次级悬案

"古月轩"问题是中国陶瓷学史上一个非常著名的历史悬案和未解之谜，困惑了几代中国人，尤其是陶瓷学术界和收藏界的人士，至今依然如故。

"古月轩之谜"形成的时间并不算长久，实际上至今也不过百年而已[①]。但其作为一个历史之谜的声名之显赫和影响之广泛，却极为罕见。而其谜底之难于破解的程度，丝毫也不亚于那些历时久远的所谓千古之谜。

---

① 关于"古月轩之谜"究竟在何时形成的问题，学术界有各种说法，而不同说法之间，年代相差甚远。本书作者在《"古月轩之谜"学术史》中对此予以考证和论述。这里不足百年的说法，是本书作者在考论"古月轩之谜"和写作《"古月轩之谜"学术史》中所得到的诸多学术结论之一。

但其中作为建筑物名号之来源的"古月轩"，和作为中国 18 世纪宫苑珐琅彩瓷器代称之起源的"古月轩"，以及"古月轩之谜"形成的具体时间和过程，等等，事实上是完全不同的问题。也就是说，"古月轩之谜"实际上是由相互联系而性质却不相同的几个问题所组成，即"古月轩之谜"的大悬案中包含着几个次级的更具体的悬案。

经过严格而具体地分析，这个"古月轩之谜"的大谜团中，实际包含了如下互相关联但实质不同也不相互包容的五个内涵：

（一）关于"古月轩"自身的真相和历史问题

"古月轩"，它究竟是历史上真实存在过的一座建筑物的名号——"轩"，还是仅以这个轩名为别号的某一个人？或者既是"轩"，又是人？

如果是"轩"，那么真实的"轩"存在于何时、何处？建筑物的情况和存在的历史又如何？

如果是人，那么人是何人？生年、卒年、简历，可有史料记载？或可否通过考论而揭露其真实信息？

如果既是"轩"名又是人的名号的话，那么"轩"之主人究是谁人？其人之"轩"又是若何？

（二）关于"古月轩"同宫苑珐琅彩的关系问题

"古月轩"，其直接作为一所简单建筑物的名号，或者是某个人物的名号，又何以会同著名于世的中国 18 世纪的宫苑珐琅彩瓷器密切联系在一起，并且还成为后者的专名和代称？

"古月轩"之代表瓷器，最早似乎只是指一种瓷彩和款识，所以有所谓"古月轩彩"和"古月轩款"[①]的说法。但其所指瓷器的范围，朦胧中而又相当明确，仅仅是指乾隆珐琅彩中所谓诗、书、画三结合的那些个品种[②]。而后来范围不断扩大，现代则涵盖清代康熙、雍正、乾隆三朝全部的珐琅彩瓷器。

"古月轩"同珐琅彩瓷器的关系问题，显然是后人——包括今人——心目中所谓"古月轩之谜"的实质、核心和要害部分。

（三）关于"古月轩瓷器"的意指和范围问题

究竟什么是真正的"古月轩瓷器"？也就是说，所谓"古月轩瓷器"之准确的"内涵"（即这种瓷器的实质性特征）究竟应该是甚么？其"外延"（即这个

---

① 见寂园叟《匋雅》卷上。
② 见叶佩兰《珐琅彩和古月轩》一文，载《收藏家》1995 年第 4 期。

概念术语所涵盖的实物的界限）究竟应该包括什么？

"古月轩"，它究竟是应该像现代人所认为的那样泛指康熙、雍正和乾隆时期全部的珐琅彩瓷器呢，还是应该像过去的陶瓷商人和随后的陶瓷学者所认为的那样仅仅是指乾隆一朝的珐琅彩瓷器而并不包括雍正和康熙时期的呢？或者是应该更有其特别的意指呢？

（四）关于"古月轩款识"的诡异和背反问题

何以世人所谓之真正的"古月轩瓷器"都没有"古月轩"款识，而带有"古月轩"款识的又都不是真正的"古月轩瓷器"？

问题何以如此地诡异和背反？

带有"古月轩"款识的器物，究竟有没有同"古月轩"瓷器之时代一致的、早期的器物真品存世？

带有"古月轩"款识的器物，究竟是宫廷作坊的器物，还是民间作坊的产品？

如果说它们大多是民窑器物的话，那么有清一代究竟有没有官窑制作的"古月轩"款器物？

（五）关于"古月轩之谜"究竟何时形成和如何发展的问题

这个著名的历史之谜，连其作为历史之谜之形成的年代也成了学术问题。那么，"古月轩"之作为一个真正的历史之谜，究竟形成于何时呢？

它到底是形成于清代后期（1840—1911年）、清代末期（1900—1911年）或民国初期[①]（1912—1924年[②]）呢，还是如学术界现在流行的一种说法，一直延迟到20世纪的30年代（1930—1939年）才由古董商人附会形成的呢？

在"古月轩之谜"形成之后，它又是如何一步步发展到今天这样广为人知和令人如此关心和着迷的程度呢？

因为这五个问题，相互之间内容密切关联，是故，我们仍可以将它们合称之为"古月轩之谜"。

---

[①] "民国初期"，也称"民国初年"，或简称"民初"（英文作 Early Republic of China，或 Early Period of the Republic of China），是文物学界，尤其是鉴定学界，近几十来广泛使用的一个术语。在外国也已相当流行。但它究竟是指多长的时段，中国和外国也同样没人说得清楚。史学界也没有明确界定。文物古董界又常将这段时期同"清代末年"直接联系起来，合称"清末民初"。

[②] "民国"纪元始于1912年1月1日，是不应有异议的。但在鉴定界和收藏界被广泛使用的所谓"民初"究竟止于何年，却没有界定。为使问题明晰一些，本书将"民国初期"姑且界定为1912—1924年。理由颇多。详见《附录1：注释中文字较长且属论述性的条目汇编》中《"民初"——即民国初期——的具体时限应当如何界定？》。

但因为它们又各有其不同的内涵和外延，各自具有明显的相对独立性，故实际上又是五个不同的问题：

第（一）（二）（三）点是"古月轩之谜"的基础和要点，而尤以第（二）个问题为核心和要害。

第（四）点虽然是附加的，但也是一个学术问题，并且特别为很多收藏家和鉴定家所关心。

第（五）点追溯"古月轩之谜"的源头和流布，属于"古月轩之谜学术史"的范畴。换言之，破解"古月轩之谜"，不仅要尽可能无所遗漏地搜集关于它的全部重要资料，列举其代表性的诸种观点和见解，而且还要把它们一一放在这一学术的历史之河流中加以公平的、客观的评价。

把一个大问题变成五个次级问题，不是使问题复杂化，而是为了使问题更加清晰，更加便于研究和论证。因为对一个大问题中事实上存在的性质不同而范围有别的各个次级问题，如果没有具体的解析和严格的界定，便很难考据和论述清楚。

下面分别探讨之。

## 二 似乎杂乱无章的一堆术语概念和前置的本文结论

写作本文，作者决定换个次序进行论述。

同一般学术论文的论述次序和方式有别，此处，让我们先从一堆似乎杂乱无章的概念和术语开始说起，从而直接导入结论，然后再研究结论之有无足够的合理性，即能否回答关于"古月轩之谜"的上述核心问题和系列性其它实质性问题。

如果结论的合理性是足够的——即被前置的结论能够解答谜案的实质部分，甚至能够完全而圆满地回答几个重要的问题——则再行考据和列举相关的史料加以证明，并对其中那些缺失的环节和带有某种猜想成分的判断进行史料考证和逻辑论述。

在考论"古月轩之谜"和研究中国18世纪清朝宫苑珐琅彩的过程中，不可避免地会碰到下列一大堆概念和术语。例如：

> 胡、古月、胡僧、天之骄子、郎世宁、西洋楼、清宫造办处、珐琅作、圆明园造办处、长春园、鉴园、古月轩、珐琅彩、瓷胎画珐琅、五彩珐琅、磁器法朗，等等。

对于一般读者来说，其中有些概念或许已经比较熟悉，有些则还不太熟悉，或者是似曾相识却难以准确解释和定义的。

但有一点可以确定，即迄今为止，并没有任何人能够透彻地了解它们全体——尤其是作为概念全体的内在之实质性联系；至于其中其他诸词语同珐琅彩瓷器的内在联系——特别是作为问题核心的"古月轩"同宫苑珐琅彩之内在实质的联系，就更是无人知晓了。否则，"古月轩之谜"当早已揭开，谜底早已破解，写作本文也就成为完全不必要的了。

概述本文的结论不能脱离相关的历史事实和逻辑原理，是故，只能将它们混和起来，暂时简要地分环节概述如下：

（阅读时不妨先加注意：其中哪些是已经公认的和被考证了的史实，哪些是逻辑的严密结论，哪些是历史缺失了的环节和甚至只是本文作者的猜测。为阅读方便起见，相关说明将随文放在页末的注释中。阅读时也可暂时先不看相关的注释说明，待有了初步判断后再同相关的注释相比较。）

（1）18世纪中期，中国的乾隆皇帝在圆明园之长春园中的"中式园林建筑群"基本完成的基础上，决定兴建"西洋式园林建筑群"，即后来的西洋楼区庞大的建筑群，简称为"西洋楼"①。

（2）皇帝将这项工程交给当时西洋赴华的几位传教士负责绘图、设计和指导施工建造。受雍正和乾隆两代皇帝器重的郎世宁，实际上则是这项工程的总设计师和总工程师。郎世宁在这里的工作是长期的、繁重的和复杂的②。

（3）于是郎世宁摆脱了原在清宫如意馆和造办处珐琅作负责的具体工作，搬到了圆明园中办公或兼居住。这不但是为了建筑设计和指导施工的方便，也是为了随时接受早已常住园中的乾隆皇帝的关切、咨询和圣谕③。

（4）郎世宁的办公处（或办公处兼住处，很可能同圆明园造办处的珐琅作相邻）在西洋楼区附近，具体地说就在"圆明三园"中长春园东路建筑群中后来"鉴园"的"古月轩"所在的位置。包括"古月轩"在内的"鉴园"是兴建长春园的工程监督处（指挥部和督办处），开始只是临时性建筑，后来才有永久性建筑。④

---

① 本段中叙述的内容，早已经是学术界公认的事实。
② 本段中的内容也已是学术界公认的史实。尽管史实被公认，但其相关史料的考据，迄今却并不能完全证实之。它被公认，首先是因为西洋楼区建筑群的遗址客观存在，当年建筑的全景图也存在。而当时的清廷又不可能有任何其他人才能够胜任这一工作。因此这个事实的被公认是建立在实物铁证、零星的史料考据和逻辑推理之上的。结论首先是由日本学者石田干之助先生在20世纪30年代作出的。从那时以来，郎世宁设计和督造西洋楼的史实被公认。
③ 本处叙述的内容是本书本文已经考证清楚、将会在下面叙述的历史事实。
④ 本处的叙述内容看似本书作者的一种推测或猜想，但实际上高于推论和所谓猜想，而是具有逻辑结论性质的内容。

（5）在此期间，郎世宁仍然参与和负责清朝宫苑珐琅彩瓷器的设计、指导、监督和制作——珐琅彩瓷，当时称作"瓷胎画珐琅"或"磁器法琅"（康熙皇帝用语），也称作"五彩珐琅"。圆明园造办处珐琅作是清朝宫苑珐琅彩制作的重要场所之一，后来又长期成为宫苑中唯一的制作场所。①

（6）郎世宁是艺术史上的天之骄子，也是一位"胡人"和"胡僧"。他的办公处所开始可能被称为"郎世宁大人画画房"、"郎世宁大人处"或"郎大人处"等等。后来因为中国有将"胡人""胡僧"之"胡"字，拆作"古月"但仍公然确指"胡人"的悠久的历史传统，而他的办公处所又是一所临时的或老旧的建筑，尚未被正式命名，于是后来便从其身边部分人士或其他某位人士开始，被简称、被暗称、或昵称、或谐称、或雅称为"古月轩"②。

（7）珐琅彩瓷器在第二次入窑烘烧前，常常需要在那座尚未被正式命名的临时性或老旧性建筑物"古月轩"中进行图案设计和在珐琅作进行珐琅彩绘，然后要送到郎世宁办公处所"古月轩"进行品质检查；烧成之后要再经过郎世宁的办公处进行成品品质的最后检验；检验合格后再呈送皇帝御览，和奉命收藏于某殿，或分送各处陈设。因为半成品和成品的两次检验都在那里进行，故那里自然也成为珐琅彩瓷器的中转站和暂存处③。

（8）既然"郎大人处"被称作"古月轩"，则原来类似"将这些瓷胎画珐琅送交郎大人处查验"这样的繁琐说法，便可以被简化为"送古月轩查验"；时间既久，最后也可以直接说成"送古月轩"，或"古月轩"。说者和听者同样都能心领神会而不会误解。这样，"古月轩"在原指的那座临时的或老旧的建筑（处所）之外，也逐渐地衍化成那些瓷器——即许多乾隆"珐琅彩"——的简称和代称④。

（9）包括"古月轩"在内的"鉴园"，是长春园中最后完成的一批永久性建筑之一。此时郎世宁刚刚去世约一年，乾隆皇帝为缅怀郎世宁其人和他辛勤工作半个多世纪的巨大贡献，遂将鉴园中的这处永久性建筑，沿袭多少年来仅在园内流行的、非正式的、不成文的那个名称，正式命名或定名为"古月轩"。因为它是在郎世宁生前曾经长期工作过和生活过的那片旧建筑物的原址

---

① 本段中叙述的事实，也都已经考证清楚，并将在下文中简略叙述之。也可参阅本书《关于珐琅彩十二个历史问题的考论》和《郎世宁和宫苑珐琅彩关系之真相考论》两文。

② 本段内容之前半部分属于公认的、考证了的事实和可以接受的判断。其中"郎世宁处"被其身边人士或他人暗称、昵称、或谑称为"古月轩"，现在没发现、似乎未来也不可能有史料证明，但这部分应属可信的逻辑判断。

③ 此段叙述的内容，应该是历史上确实屡屡发生过的一个完整的生产流程中的几个必要环节，但需要进行考证。暂时还只能算是作者的推测。

④ 本段叙述的内容属于逻辑推论，但含有猜测的成分。

上建成的①。

（10）"古月轩"正式建成之时，郎世宁已经故去，珐琅彩瓷器的制作已经大不景气；后来更被停止烧造。连"珐琅作"这个机构也被撤销，人员则被遣散，而那座正式的建筑"古月轩"，在不为外人所知的情况下，又存世了93年。1860年，攻入北京的英法联军大肆抢劫并纵火焚毁了"圆明三园"。随着这场浩劫，那座"古月轩"也从人间永远地消失；圆明园造办处各作（包括珐琅作）那些原始的文字记录档案也全部化为灰烬。

几代皇帝、官员、太监和工人，来了又去了。

但这些瓷器，在圆明园中则一直为人们口耳相传，世代相沿，后前相袭，被称作"古月轩"或"古月轩彩"②。

（11）圆明园中被劫掠和劫后余存的一些珐琅彩瓷器，此后部分流入社会和市场，也流出国外，受到收藏界的特别青睐，而作为正式建筑的那座"古月轩"，和更早作为郎世宁工作场所和珐琅彩瓷设计、检验和暂存处所的那座不曾被正式命名的临时或老旧建筑"古月轩"，都被历史无情地湮灭而不为后人所知晓。但沿袭了圆明园中持续了几代人的那个老称呼，珐琅彩的老代号，这些流出宫苑的珐琅彩瓷器，仍旧被人称作"古月轩"，或"古月轩彩"③。

重复言之：阅读了上述文字的读者，如果尚未及参阅页末相关的注释，你能分得出其中哪些是学术界已经公认的史实，哪些是考证清楚了的事实，哪些是本文将要考证的事实，哪些是逻辑的严密结论，哪些是缺失的环节，或甚至只是本书作者的一种猜测么？

---

① 本段叙述，前部分的内容属于史实，后部分内容则属于猜测，但应是历史上确实发生过的。
乾隆皇帝少年时代作为"宝亲王"同郎世宁即有来往，登基后同郎世宁有31年的君臣关系；
郎世宁生前的职务为三品奉宸苑卿，可以自由出入宫禁和圆明园；
在绘画、建造西洋楼、制作珐琅彩三方面，郎世宁功勋卓著，深受乾隆皇帝器重；
在西洋楼建造期间，乾隆皇帝经常在退朝后到建筑现场给予关注和指导——有人说每天下午都去，或不免夸大。但在那里显然会经常同作为西洋楼总设计师和总工程师的郎世宁见面，并不断指导和发出圣谕；
郎世宁去世后不久，"古月轩"即被建成并被正式命名，这必定是乾隆皇帝本人的旨意——此事不可能作第二人想；
不是因为郎世宁曾经长期工作或兼住那里和皇帝为了怀念郎世宁的缘故，乾隆皇帝不可能将那座建筑命名（至少是定名）为"古月轩"。因为那等于承认自己是"胡人"。这在有清一代都是极具政治敏感性的，因此也是难以想象的。详见下文。
② 本段叙述的内容大体都是历史史实，仅最后一句话属于本文作者的逻辑结论。
③ 本段中的几个判断，应该说，都属于历史事实。

## 三 结论居然能回答"古月轩之谜"的核心问题和系列性实质问题！

在正式考论上述还需考论的相关事项之前，我们先来考查一下，上述"结论"能不能揭开"古月轩之谜"的谜底，在"古月轩之谜"的五项内涵中，这个"结论"究竟能解决几项？

因为本文的论证除了公认的史实、考证、论述和严密的逻辑结论之外，在历史失落的一些环节中，还包含了部分的推测和猜想。因此上述结论中包含有某些"假说"的成分。

所谓"假说"是人类进行科学探索的一种思维方式，也是探索过程中出现的必要环节。只要科学研究和探讨存在，"假说"就会存在。只是一般的学术论文只显示考证、论说的过程和结论，并不将求证过程中之假说的环节显示给读者。

当然，"假说"还不是科学，但可能是科学。依据一个假说之能够解答实际问题的程度，它们可以分属于潜科学、前科学、准科学、科学和伪科学的不同层次。假说之能否成为科学有以下四种情况：

一是在发展过程中被完全实证和被严格论证，最后成为严格意义上的科学；二是以其解决实际问题的能力和程度判定其属于科学，可以归入准科学[①]；三是经验的逻辑之证明正确，但无法达到实证科学的领域，属于经验科学；四是在发展中被实证科学所推翻，退出假说的领域，原假说属于猜测性谬误。

下面考查上述结论所能解答的"古月轩之谜"的系列性实质问题。

（一）为什么"古月轩之谜"经过几代人的努力都无法揭开谜底？甚至连研究都感到无从着手？

按照上述被前置的结论，同珐琅彩瓷器相关的那座"古月轩"，最早只是位于长春园工程监督和造办机构（指挥部）中、作为郎世宁办公（或兼居住）的一座临时的或老旧的建筑，而且只是其少数工作人员在漫长的工作过程中所形成的暗称、昵称、谐称、谑称或雅称等。知道的人原本不会太多；但因珐琅彩瓷器在"圆明三园"中广被陈设和收藏，是故，"古月轩"当时作为新制作的乾隆珐琅彩瓷器的代称，则在园中上下应广为人知。

而作为正式园林建筑的"鉴园"和其中的"古月轩"建成之时，作为"古

---

[①] 科学中有所谓"公理"者，被定义为"不须证明的"。其实它们也是难以证明的。不需要证明，当然也永远提不出反证的"公理"，实际上也属于一种经验科学，同时也是一种逻辑真理。

月轩"原始名称之起源和作为"古月轩"真正主人的郎世宁本人,已经辞世,而此时宫苑珐琅彩的制作也已凋零,随后又被完全废止。乾隆皇帝缅怀郎世宁其人及其卓越功绩,沿袭旧时的谐谑或雅谑,正式将其命名或定名为"古月轩"。但按照当时的宫禁制度,知者应不会太多,外界则更无从知晓。而"古月轩"之被作为乾隆时期圆明园造办处珐琅作生产的珐琅彩瓷器的简称或代称,则在园中继续被使用和广泛流传,并且一代又一代地自然传承。只要园中的人们见到和提到各处陈列的这种珐琅彩瓷器,便会沿袭习惯,称之为"古月轩"或"古月轩彩"。

作为要害的一点则是,1860年的那场浩劫,"古月轩"连同整个圆明园一起被毁,而"古月轩"在"圆明三园"的万千建筑中,本属一座小型建筑。它偏立于"鉴园"之一寓,而"鉴园"又是偏立于长春园东路之一寓。当时不被特别重视,又不见于幸存史料之记载。因此,在它灰飞烟灭,完全消失之后又过了几代人,哪里还会有人知道它曾经在历史上存在过?更不必说它的复杂的历史真相了!但"古月轩"之作为乾隆时期部分珐琅彩瓷器的代称,却因为珐琅彩实物在宫苑内之广为陈设而有幸流传下来并流传开来,而终于造成"古月轩"的起源之谜。

陶瓷学界和文物学界的长期探索,始终未能在清王朝的宫苑中发现这座"古月轩"的真实历史存在,而圆明园学者至迟在20世纪70年代虽然证实了这座"古月轩"的历史存在,但并未引起陶瓷学界和文物学界的注意。而近年虽有极少数注意到这座"古月轩"的人,也因为它太不起眼儿,甚至没有人涉及它的建成时间和历史,便从而否定了它和宫苑珐琅彩有任何内在关联的可能性。

当初,尽管本文作者已经:

*  首先考证和论述了郎世宁同18世纪清朝宫苑珐琅彩瓷器的密切关系[①];

*  也猜想到当时的那座"古月轩"之命名只可能同郎世宁等这样的几位历史上有名的"胡人"和"胡僧"有关联——也就是那种公认的、名实一致的、自己也可以承认的、同时又可以区隔和掩盖统治者是满人这种"胡人"身份的"胡人";

*  历史上的、皇家圆明园中的"古月轩"不可能同一个胡姓的汉族人(不管他是大臣或著名工匠)有关联;

*  更不可能同当时的皇帝和其他任何的满族贵族有关联;

*  甚至也推测到这座"古月轩"同郎世宁设计和指导建造长春园的西洋楼区建筑群期间的办公处所或兼住处有关联;

但是,仍然被这座"古月轩"正式建成于郎世宁死后这一点而长期困惑不

---

① 参阅本书第一编的《郎世宁和清朝宫苑珐琅彩关系之真相考论》一文。

已……直到有一天豁然开朗……

看来，本文上面的结论完全能够回答为什么"古月轩之谜"之如此费解，甚至长期让陶瓷学界和文物学界陷于连考证和研究都无从着手的困境这样一个问题。

简言之，尽管关于"古月轩"的老旧传说中也有关于"古月轩"是乾隆皇帝或清朝诸帝存放珐琅彩瓷器之所的说法，但"古月轩之谜"之难解，是因为有以下四个关口无法通过：

一是随着圆明园早已被毁，使人们始终无法在清朝的皇宫和皇家园林中发现有任何叫做"古月轩"的建筑（约历时60年）；

二是圆明园学者虽然发现了"古月轩"曾经在历史上存在过，但在陶瓷学界和文物学界，却长期没有引起注意（约历时30年）；

三是近年虽然有人注意到"古月轩"的历史存在，却又因它在圆明园中不够起眼而否定了它同珐琅彩发生关联的任何可能性（近年开始）；

四是"古月轩"正式建成和命名于郎世宁死后，这点尤其使人无法把"古月轩"——郎世宁——珐琅彩联系起来加以探讨，并能引出正确的结论。

尊敬的朋友，如果您也是对"古月轩之谜"极有兴趣者中之一员，那么，上述四个关口，您曾经闯过了几关呢？

这——关于"古月轩之谜"的第一个实质问题，目前的结论回答是圆满的。

（二）"古月轩"为什么会同中国18世纪的宫苑珐琅彩瓷器联系在一起，并成为乾隆珐琅彩的代称

对此，上面关于结论的叙述中应该已经讲得非常清楚，这里应无须再加重复。但值得注意的是："古月轩"当时作为郎世宁办公处所或兼居所的称呼，是在圆明园中小范围内的人们，或因为长期的工作关系和频繁的接触而产生的谐谑称呼，或昵称，或雅称，或兼而有之，等等。或者是某个权威者在某一天突然一语惊人地道破。但其过程应是一个自然发生的过程。

18世纪的清朝宫苑珐琅彩是郎世宁毕生三大贡献——绘画、建筑和珐琅彩瓷——之一。而他在搬进圆明园办公或兼居住之后，依然负责和处理珐琅彩的设计和制作以及人才培训等，这些实际上也是以前郎世宁在皇宫工作之范围和过程的继续，只是场所随着皇帝的长居圆明园而有所变更而已。

"古月轩"在其名称产生之后，逐渐变为乾隆时期部分珐琅彩瓷器（即圆明园所制作的珐琅彩瓷器）的代称，遂后再成为乾隆时期全部珐琅彩的代称，那是漫长过程中的另一个自然发生的历史过程，丝毫没有人为强制操作的因素。至于它成为18世纪全部清朝宫苑珐琅彩的代称，则是过了一个多世纪后的文物界人士开始产生的误解（1924年完成）。

"古月轩"作为建筑物，其从临时或老旧建筑到正式建筑的更替，以及最后

之完全消失，是历史对后人、对陶瓷学界和文物学界开的一个玩笑；而"古月轩"作为乾隆珐琅彩瓷器之代称的功能，虽然经过沧桑变化，却随着珐琅彩实物的保存、传世和扩散，及其被世人所珍爱而被保留了下来并传扬开来。这是又一个自然发生的历史过程。

这就是说，"古月轩"发展可分为四阶段：

* "古月轩"被作为郎世宁当初办公或兼居所的一座临时或老旧建筑物的名称；
* 到成为由郎世宁参与主持的圆明园所制作的乾隆时期珐琅彩瓷器的代称；
* 再扩展到乾隆时期制作的全部珐琅彩瓷器的代称；
* 到最后成为整个康、雍、乾三朝珐琅彩瓷器的代称。

这全部四个阶段，都是自然发生的历史过程，而且其每一变化和演进的脉络清楚，既不是任何人刻意为之，也不是某个人或某些人的附会，更不是人们的讹传或误解。至于某个工匠的姓氏或名号，某权贵使令造办处造一个（或几个）私家款"古月轩"鼻烟壶——退一万步说，即使它们在历史上曾经真有其事的话——就更不可能导致全部珐琅彩改变称呼了。还有，古汉语中的所谓"轩"，作为中国古代特殊形式的建筑物，是不适宜作储藏室长期使用的[①]。

而"古月轩"之所以成为"古月轩之谜"和历史悬案，并且长期难以破解，便是因为其产生和演化的前两个历史的自然过程，早已被历史完全湮灭而不为后人所知的缘故。仅此而已！

这——关于"古月轩之谜"的第二个实质性问题，目前的结论是极为合理而可信的。

（三）"古月轩"的传统含义（其外延、范围）为什么仅指乾隆珐琅彩而不包括雍正朝和康熙朝的珐琅彩

按照本文上述结论，"古月轩"瓷器，严格地说，仅仅是指乾隆年间的一个特殊时期，由圆明园造办处"珐琅作"使用景德镇制作的白瓷再加工的，其绘画的半成品和烘烧的成品经过"古月轩"主人郎世宁等进行过指导、设计或品质检验的，并因而其半成品和成品在"古月轩"多次暂时存放过的，随后又主要从那里被分送到圆明园的各处殿堂、景点长期陈列或装盒储存的那些珐琅彩瓷器，才是名、实相符的、真正的、严格意义上的"古月轩"器物。

但是，乾隆时期的"古月轩"珐琅彩瓷，同乾隆时期的"非古月轩"珐

---

① 古人对"轩"的解释有很多种，此处暂不作考证性列举，但各种解释却有一个不容忽视的共同特征，那就是：所有的"轩"，都不是密闭的。因此，任何"轩"都不宜作贵重物品的储藏室而长期使用，但却适于作展室、读书或娱乐用。

琅彩瓷（如乾隆元年到乾隆二十年，即1736—1755年在紫禁城内的皇宫造办处珐琅作所制作的珐琅彩，同"古月轩"就毫无关联），在形态上实际是无法区分的——不但后代人无法区别，即使在当时，即使对古月轩主人和珐琅作的负责人而言，只要时日迁延，失去准确记忆的话，如果离开了相关的文字标签和档案纪录，也是同样无法区别的。因为这两部分珐琅彩瓷器，事实上也是没有区别的。因为，不但使用的半成品白瓷没有区别，珐琅彩料相同，从事设计、绘图和烧制工作的也可能是同一批人员，至少有一部分人员在相当长的时间内参与两个珐琅作的工作。

这就是说，"古月轩"后来之成为整个乾隆珐琅彩的代称，正像后来实际发生的情况那样，不但是自然的，也是必然的。

那么，本文对"古月轩"瓷器的这个严格界定，究竟对不对呢？下面看看前人和今人是如何界定"古月轩"的。

先看清末成书的《匋（陶）雅》的说法：

"康熙御制"款小饭碗。款系红紫天青湖水各色。四字堆料，笔法整饬——"古月轩"款所由仿也。①

这说明，"康熙御制"款被"古月轩款"所仿造，说明在寂园叟和当时收藏界的意识中，"古月轩款"晚于"康熙御制"款，"古月轩"器物晚于康熙款器物，因此，"古月轩"瓷器不包括康熙珐琅彩。

他又说：

"乾隆年制"四字，书法工整。与雍正精绘之杏林春燕碗款字，正复相似——所谓"古月轩"料款者也。②

很显然："古月轩"款指的就是"乾隆年制"堆料款。虽然同雍正的款字和款式非常相似，但"古月轩"款并不包括雍正款。因此，寂园叟和当时的收藏界并不认为"古月轩"珐琅彩应该包括雍正珐琅彩。

寂园叟还说：

在乾隆曰"古月轩料彩"。③

---

① 寂园叟：《匋（陶）雅》卷上，第21则。
② 同上书，第22则。
③ 同上书，第26则。

这说明，在《匋雅》作者等当时人士的认识中，"古月轩料彩"仅仅是指乾隆时期的珐琅彩制品；康熙时期的和雍正时期的珐琅彩瓷，都不在"古月轩料彩"的涵盖范围之内。

这同本文上述的结论，仅有极其微小的差异。本文的结论是：只有那些乾隆时期在圆明园造办处珐琅作制作的，其半成品和成品经过"古月轩"主人郎世宁等指导、设计或检验过，并因而曾经在"古月轩"暂时存放过、随后又从"古月轩"再分送圆明园各处陈列或装盒长期收藏的珐琅彩瓷器，才是名实相符的、真正意义上的"古月轩"。

但因乾隆"古月轩"珐琅彩和乾隆非"古月轩"珐琅彩实际上是无法区别的，故《匋雅》的观点，在实践上和理论上不仅是完全可以接受的，而且也是完全合理的和必然的。

《匋雅》一书完成于清光绪丙午年（1906）二月到宣统辛亥年（1911）的一月。说明从乾隆十年左右以后，直到清朝末年，"古月轩"这个术语基本保持了它的原意的稳定性。同时也说明，在民国（1912年）之前，所谓"古月轩"还没有成为什么问题，"古月轩之谜"还根本没有形成。

今人叶佩兰氏在论证珐琅彩和"古月轩"时，也特别强调指出：

> 按照传统的老说法，是将乾隆时那种胎体轻薄、釉质洁白、彩绘精细入微，并兼书诗句的珐琅彩瓷器才俗称"古月轩"。当然，这也只是当时古玩行的一种说法，其实它并不正确……①

今天看来，叶佩兰氏所谓的这种"传统的老说法"，反倒是正确无误的。虽然其关于"古月轩"瓷器的六项要素——乾隆时期、胎体轻薄、釉质洁白、绘画精美、兼书诗句、珐琅彩瓷——的说法，同本文现在的结论差异甚大，但并不构成矛盾。

"六项要素说"主要是描述"古月轩"瓷器的工艺特征和艺术特征，而本文之主旨则是通过史料考据、逻辑论证和缺失环节的推测补充，来为"古月轩之谜"揭底，并给"古月轩"瓷器一个准确而严格的定义。

本文原本没有设定要探讨和论述"古月轩"瓷器工艺、艺术特征和美学价值的计划。

关于"古月轩之谜"的这第四个实质问题，目前的结论回答得非常圆满，从根本上解决了为什么"古月轩"瓷的对象，如过去几代行家所认为的那样，是专指乾隆珐琅彩，而不包括康熙和雍正的珐琅彩。

---

① 叶佩兰：《珐琅彩和古月轩》，载《收藏家》1995 年第 4 期。

78　珍宝论——若干历史和文物之谜考论和破解

（四）为什么迄今为止都没有发现乾隆时期制作的、带"古月轩"款识的、官窑产品传世

带有"古月轩"款的器物，最早究竟起于何时？早期"古月轩"款的器物中，到底有没有官窑产品？

这也是关于"古月轩之谜"的重要问题，但迄今为止，说法多样。而几位故宫学者则有大体类似的说法。

耿宝昌氏说："'古月轩'款多见于料质烟壶上，瓷器上少有。凡署此类款的，均为嘉庆、道光及以后民国时期所作。"①

叶佩兰氏也说："就我们目前所知的'古月轩'款器物，瓷品中时代最早的是清道光粉彩'古月轩'款鼻烟壶，为民窑产品；料器中有晚清或民国'古月轩'款料彩鼻烟壶。就是没有发现乾隆时'古月轩'款画彩的鼻烟壶。"②

夏更起氏则说："'古月轩'款器应为民间作坊所造，其始造时间应是嘉庆朝或再晚一些……"③

他们三位都是现代研究北京故宫博物院藏品的"大家"和权威，虽然他们的说法之具体内容有所不同，说的又都是鼻烟壶，但都认为没有乾隆时代的、带"古月轩"款的鼻烟壶和任何其他器物。

而根据本文上述的结论，乾隆时代没有出现带"古月轩"款的任何"官"作坊的器物，也不可能有这种款识的器物。因为：

①当所谓"古月轩"器物的珐琅彩在圆明园大量制作时期，并没有正式的名叫"古月轩"的建筑物存在，故"古月轩"之名不可能成为器物的款识；而在正式的"古月轩"建成之后，以"古月轩"为其代号的珐琅彩瓷器的生产已经凋零，随后又裁撤机构，被全部废止。只是仅就这两点而言，"古月轩"也没有能够成为当时宫苑器物之款识用名的可能性。

②再者，乾隆宫苑作坊制作的器物的款识，大都经过奉旨设计、呈上御览、皇帝批准和下达旨意使用等几个步骤，非常慎重、正规、严肃。而"古月轩"，在其作为建筑物正式出现之前，不可能无端地用"古月轩"作款识。而在"古月轩"正式出现之后，也只是圆明园中一处园林中的一座规模不大的建筑物，如果没有极为特别的原因，也不会以其名字作为官作坊器物的款识。

③更为重要的是，"古月"还是"胡"。"胡"字，或拆作"古月"，二者

---

① 耿宝昌：《明清瓷器鉴定·清代部分》，台北学苑文化事业出版社，第 122 页。
② 叶佩兰：《珐琅彩和古月轩》，载《收藏家》1995 年第 4 期。
③ 见马继东《故宫专家夏更起谈鼻烟壶的历史与价值》一文，2004 年 2 月 24 日。刊载于《艺术市场》2004 年第 5 期。此文在网路上转帖甚多。此处的文字依据 blog.artron.net/？action/viewspace/itemid/7812-32k 和 yssczz.com/0405.htm-34k。

在中国，历来都是指"胡人"，指化外民族，化外之人，多具贬义。乾隆皇帝和他的臣下，都熟知文史，尤其是不可能没读过诗仙李白用"古月"代指"胡人"的那几首著名的诗篇，不可能不了解中国的这个悠久而敏感的政治和文化传统。

乾隆作为皇帝，或许可以用"古月轩"命名已经故去的、非常亲近而又劳苦功高的"胡人""胡僧"郎世宁的办公室或兼居处，以表皇帝缅怀贡献卓著的功臣和数十年关系密切的近臣之意；但作为满人和最高统治者，他绝不会允许把宫苑官作坊的产品落上"古月轩"字样的款识。否则就等于自认和公然宣称：本皇帝是"胡人"，"我大清王朝"是"胡人"政权。

④ 同样基于第③点的理由，乾隆之后的嘉庆、道光、咸丰三朝，虽然那座"古月轩"一直存在于原处，直到1860年秋天被毁，但仍然不可能把它用作皇家作坊之器物的款识。而更后的同治、光绪、宣统三朝，"古月轩"早已经灰飞烟灭，就更加没有可能使用它来作皇家器物的款识了。

因此，"古月轩"不是——也不可能是——乾隆时代，甚至有清一代任何宫苑作坊所产任何器物的款识。所有的"古月轩"款器物都应是民间作坊的产物，应不可能有任何例外，甚至也没有任何例外之可能性。

关于"古月轩之谜"的这第四个实质性问题，目前的结论回答得更加圆满而准确，而且在鉴定学上还具有特别的指导意义：真正的"古月轩"器物都没有、也不可能有"古月轩"款，有"古月轩"款者，都不是真品"古月轩"器物。

本文写到这里，事实上还没有开始进行真正意义上的考据和论证，而只是：

* 厘清"古月轩之谜"的具体内容；
* 给出一堆似乎杂乱无章的概念和术语；
* 提前介绍了本文"结论"的内容；
* 和这个"结论"所能回答的关于"古月轩之谜"的系列实质性问题。

然而，就其能够回答关于"古月轩之谜"之上述四个实质问题之准确、圆满而深刻的程度来评判，尽管还没有进行考论，这个暂时带有引号的"结论"——或称假说——事实上已经完全脱离了猜测、推想和纯粹假说的等级，而达到了"准科学"（比照科学）和"经验科学"的级别。

也就是说，即使文章仅仅做到这里，"古月轩之谜"也应该算是破解了，谜底已经揭穿了。就其回答"古月轩之谜"实质问题之准确、圆满而深刻的程度来说，已经是难以动摇的了。

难道不是么？！

但是，它距离严格意义上的科学，还差着最后一个重要的台阶。因为还没经过史料的严肃考据和逻辑的严密论证，只算是知其"然"而还没有解决其"所以然"，还没有真正道出其中的奥秘和来龙去脉。

下面要在"准科学"和"经验科学"的基础上进行相关的考据和论述，首先还是回到上述那群概念和术语的意义之追索上来。

## 四　各术语之概念的确切意义及其相互关系之新考、新解和新论

姑且把上文涉及的这群貌似杂乱无章的术语和概念，按照其表面意义之相互关联的程度，暂时分作五组，分别加以考证和解释。

其中大多数内容为本文作者的新考、新解和新论。

这种分组式的术语和概念考论，可以厘清它们在其"组内"的各自意义和相互关系。虽然还不是其全部实质关系之充分地揭露，也没有达到揭示"古月轩之谜"的谜底，但却是探讨它们的坚实基础和必要条件。

（一）胡、古月、胡僧、天之骄子——汉、胡各族常讳用"古月"

在本组术语之概念意义中，有以下几个要点：

①"天之骄子"是"胡"字被汉文字学忽略的一个本义

——胡（谁）是天之骄子？

——"胡"是"天之骄子"！

——这是两千多年前的一个匈奴大单于给大汉皇帝的书信中所说的[①]。

是故，"天之骄子"应是"胡"字的本意之一。

不过，中国历来的所有治"小学"者和所有的辞书，都没有涉及"天之骄子"这个"胡"字的本义问题[②]。

在中国古代历史上，当中原民族的历代政权（夏、商、周、秦）陆续统一了原来所称的"四夷"（东夷、北狄、西戎、南蛮）之后，便把更北方的游牧部落的少数民族，沿袭他们的自称，叫做"胡"。从秦汉时代开始，"胡"的范围扩大，把从东北、北方、西北、西方到西南的一切"方外之国"和"化外民族"[③]都称作"胡"。以后又把西域人、印度人、中亚人、西亚人和欧洲人都算

---

[①] 在"胡"字的本义中，有一个被汉族人所编写的所有字书和辞书都忽略的意义，那就是"天之骄子"。详见本书《附录1：注释中文字较长且属论述性的条目汇编》中的《被汉族所有辞书一直忽略的"胡"字的一个本义新考》。

[②] "胡"字具有"天之骄子"这个本义，其发音应是从古代北方匈奴语直接音译过来。在汉族统一原来的"四夷"之后，"胡"字乃成为中国对北方和西方所有外族人的代称。多数情况下，有轻侮之意。但是中国古今所有的字书，从东汉的《说文解字》，清代的《康熙字典》、《经籍籑诂》，到现代的各种大中型字典、词典，如《辞源》、《辞海》、《中华大字典》等，似乎无一例外地均没有收入"胡"字的这一本义。

[③] 方外之国，指境外未开化之国，文明后进之国。语出《史记》卷十《孝文本纪》："朕既不明，不能远德（使德化远播），是以使方外之国或不宁息。夫四荒之外不安其生，封畿之内勤劳不处，二者之咎，皆自于朕之德薄而不能远达也。"因此，中国古代凡言"胡"者，大都含有落后、野蛮、未接受中原之道德风化影响的意味。

作"胡"("胡族"、"胡人"等)。

②"胡"字多用于贬义,尤其是用来指人身和民族之时

由于秦、汉以来,汉民族政权和北方"胡族"政权的长期敌对和连绵的战争,"胡"字在汉语中逐渐带有贬义。而后来随着佛教的传入和发展,随着中西贸易和对外交流的扩大,"胡人"、"胡僧"、"胡商"、"胡姬"、"胡物"①的大量进入或传入中国并为汉人所接受以后,"胡"字也常作中性词使用。例如当人们说达摩祖师为"碧眼胡僧"时,已不含贬义。但在汉民族的意识中,"胡"字之始终含有轻侮之义,则是其两千余年历史和文化传承的主流意识。

明代后期(1582年开始),基督教第三次传入中国②。

早期的传教士借鉴佛教在中国传播的经验,把自己打扮成"胡僧"(原意为印度和西域僧人)模样,故也被称作"胡僧";又因是漂洋过海而来,故也被称作"洋和尚"。其中的一些教士是近代科学和西方艺术的杰出代表,也可以说是其专业领域的"天之骄子"。

郎世宁便是他们中间居住中国时间最长而又成就最大者。他是艺术史上的天之骄子之一。

③"胡"字拆作"古月"是中国一个悠久而政治敏感的传统

将"胡"字拆作"古月",是中国人寓谐谑于典雅、变明言为暗指的一种拆字游戏和别有隐衷的避讳说法,而且中国历来就有以"古月"替代"胡"字的传统。

从晋代的"古月之末乱中州"③,唐代大诗人李白的"狂风吹古月,窃弄章华台"④,"长风挂席势难回,海动山倾古月摧"⑤,到明清之际的"还逢古月照皇图"⑥等等,都是将"胡"字故意拆作"古月",但"古月"仍然明确指"胡"并且贬"胡"的典型例子。

---

① 汉语中似乎没有"胡物"一词,或属本文新用。但事实上,"胡琴"、"胡椒"、"胡萝卜"、"胡笳"、"胡麻"(芝麻)、"胡天"、"胡旋舞"等等,都是"胡物"。
② 基督教第一次传入中国中原地区在唐代初年(当时称"景教",属涅斯托利派 Nestorians),第二次在元代(当时称"也里可温"教或"十字教",属天主教的方济各会 Franciscan Order 和涅斯托利派),第三次在明代后期(1582年开始,属天主教耶稣会,Societas Iesu,略写为 S. J. 或 S. I.)。但这三次,都没有得到广泛传播。直到鸦片战争(1840年)以后,基督教在中国才开始传播开来。故基督教在中国传播的历史可谓漫长、曲折、奇异,而为基督教传播史上所罕见。
③ 见唐房玄龄《晋书·苻坚载记下》(《载记》第十四):"古月之末乱中州,洪水大起健西流,惟有雄子定八州。"《苻坚载记》,《中华大字典》(1963年版)误为《苻健载记》(见第6册第36页)。
④ 李白《司马将军歌(代陇上健儿陈安)》。收入《全唐诗》卷二十九《杂歌谣辞》。历来注释此诗者,皆以"古月"暗指"胡"人(唐时称"突厥")。
⑤ 《全唐诗》卷一六七李白《永王东巡歌十一首》。原诗为:"长风挂席势难回,海动山倾古月摧。君看帝子浮江日,何似龙骧出峡来。"
⑥ 清陆圻撰《谶言》上篇。

而中国近年来在网络上（是日为 2006 年 12 月 12 日也）热炒的所谓诸葛亮的《马前课》及其注解，也还是把"胡"字拆作"古月"，但"古月"仍作"胡"字解的①。

足见"'胡'字拆'古月'，'古月'还是'胡'"，是中国悠久历史传统中的一种文化现象，根深蒂固，世人皆知，敏感异常。

了解这点，对破解"古月轩之谜"有极为特殊的意义。因为无论是汉民族，还是各少数民族中的胡人，都会极力避讳使用"古月"一词（下文详述），故对理解和考论"古月轩"的缘起和归属大有帮助。

不过，严格说，将"胡"字拆作"古月"，是不符合中国的传统造字法的。按造字法而言，"胡"字不是由"古""月"二字合成："月"，实当作"肉"②，秦时开始，才将"胡"字在字形上写作"古月"。后世仍之，一直延续到现代。

当然，"古月"也有当作"古时的月亮"来使用的。

如晋葛洪《抱朴子》"今月不及古月之朗"③。

而同一个不止一次地将"胡"字拆作"古月"而指"胡人"的唐李白，在《把酒问月》中又曰："今人曾见古时月，今月何曾照古人。"④ 李白这里的诗句，其"古时月"同"胡"字是不发生任何关联的。

## （二）郎世宁、西洋楼——诞生"古月轩"的大背景

这两个名词，看起来似乎简单、明了，无深考深论之必要。其实大谬不然。正是它们二者，构成了"古月轩"产生的真正基础和历史背景，因此也是破解"古月轩之谜"的要素。

郎世宁绘画、设计和指导建造了圆明园的西洋楼区庞大的建筑群。

这在现代中国的学术界，应该已经不再成为问题。尽管中国现存的史料对此记载并不清晰，中国的史学界和建筑界过去也不真正了解其间的关系。

---

① 《马前课》第九课："水月有主，古月为君。十传绝统，相敬如宾。""解曰：'水月有主'，'清'也。'古月'，'胡也'。胡人为君，殆亦天数，不可强斁！老僧生于嘉庆十年，今年八十有六，过此以后，不敢妄议。"末有"八六老僧白鹤山守元志"。"嘉庆十年"为 1805 年，八十六年后为 1891 年（清光绪十七年）。

所谓诸葛亮的《马前课》，全文现刻于福建省厦门市集美镇"鳌园"（陈嘉庚墓园），据说《马前课》为其早年所得。而注解者为清朝后期的僧人守元。本书作者对《马前课》的成书年代曾予考论。详见本书《附录 1：注释中文字较长且属论述性的条目汇编》中的《托名诸葛亮的"马前课"一书之成书年代考证》。

② 东汉许慎《说文解字》："胡……从肉，古声。"

③ 葛洪《抱朴子·外篇》卷三十二《尚博》。原文为："俗士多云：今山不及古山之高，今海不及古海之广，今日不及古日之热，今月不及古月之朗。何肯许今之才士，不减古之枯骨。重所闻，轻所见，非一世之所患矣。"

④ 《全唐诗》第一七九卷第 21 首，李白《七古·把酒问月》。

郎世宁是清宫著名画师，并教习西洋画，这是人们早就知道的。但中国人对其绘画的贡献和地位，评价远不到位，尤其是完全不曾把他放在世界艺术史上和东、西方艺术的交流、融会和发展史上进行客观的评价。而西方人则几乎完全不了解他和他的画作。

郎世宁在中国建筑史上的巨大贡献，过去并不为人所知，中国现存的清代档案对此也语焉不详，当时发生的太多事情都被后来的无情历史所湮灭。

直到20世纪30年代日本史学家石田干之助的《郎世宁传考略》[①] 发表，人们才得以了解郎世宁对圆明园中长春园的西洋楼区建筑群的贡献。

石田氏主要根据西洋人的记载和当时传教士寄回欧洲书信中的零星资料以及西洋楼的遗迹，考证和综述了郎世宁生平中的这一重要活动和事迹。确认了郎世宁设计和指导建造了西洋楼建筑群而几乎被湮灭了的史实。但现在，此事已被公认，成为信史。

了解郎世宁是西洋楼区建筑群的总设计师和总工程师这一点，对破解"古月轩之谜"，竟然也具有特别的意义。

其实，郎世宁的历史功绩中还有一项，就是他同清宫珐琅制品，特别是同瓷胎画珐琅的密切关系及其所作出的贡献。这是过去一直未被学术界足够重视、完全了解、认真考证和论述过的部分。

本书《郎世宁同清朝宫苑珐琅彩关系真相之考论》一文，只能算是考论郎世宁生平此一贡献的尝试。在史料严重匮乏且支离破碎，而又没有前人的研究可资借鉴的条件下，是很难一步就考论到位的。

但是，倘能通过抛出该文之砖而引来它山、它水之美玉[②]，则不仅为作者之幸，亦当视为已经故去近两个半世纪（郎世宁1866年辞世）的历史人物郎世宁之幸和工艺美术史之幸也。

把郎世宁以上三方面的贡献，如实地放在世界艺术史和中国艺术史上去评价，则郎世宁无疑是一位艺术史上的天之骄子。

（三）清宫造办处、圆明园造办处、珐琅作——对圆明园造办处需进一步考论

这三个机构名称，咋一看，似乎也容易理解，但关于"圆明园造办处"，迄今人们所知仍然极为有限。

---

[①] 石田干之助（いしだ みきのすけ，1891—1974），日本著名史学家，其《郎世宁传考略》最早的中译本为贺昌群氏所翻译，发表于《国立北平图书馆馆刊》第7卷，第3、4号合刊。

[②] 中国成语中有"它山之石，可以攻玉"者。笔者则相信"它山之石，蕴藏美玉；它水之浆，滋润美玉"。学术和科学是在研究、交流和论战、吸收中而完成自己的进程的。

圆明园造办处同宫廷造办处是什么关系？它在"古月轩"——珐琅彩——郎世宁系列中又居于怎样的地位？它的具体情形又是怎样？

现在可以确认：圆明园造办处，在相当长的一段时期内，其作用几乎取代了——至少是压倒了——宫廷造办处。而这一点，对于现在破解"古月轩之谜"则相当重要，不过以前却鲜少被人涉及。

现存的《造办处各作承造活计清档》中有很多关于"圆明园来帖"的记载，其名称和内容都证明：它们应该是"圆明园造办处"的官员知会或通知"清宫造办处"官员需要了解、协调和处理的事项。

按说，清宫应该只有一个造办处，隶属于皇宫大内的内务府、"养心殿"，造办处下面设置和管理很多作坊或曰手工工场，而圆明园造办处充其量只是它的一个分支机构。但是：

① 清五代皇帝常驻圆明园改变了造办处的历史

从雍正年间开始，雍正皇帝和后来的乾隆皇帝等，都特别喜欢和习惯于常驻圆明园，把那里作为自己的主要生活基地，并经常在园里举行朝会，召见大臣，处理政治、军事、外交等重大事务和一般事务；事实上皇帝每年居住圆明园的时日，常常比居住紫禁城内的时日要多得多。这构成从雍正初年（1723年是雍正元年）开始，直到1860年圆明园被毁的近140年间，清朝五代皇帝之生平和朝政的一个重要特点[1]。

为了因应皇帝居住、办公、生活这一变化了的新情况，在圆明园设置了军机处和"六部"等各种官衙机构[2]。而作为皇帝御用采办物资和工场作坊的"清宫造办处"，更必要立即设立圆明园分部，以准备随时听候帝、后命令，并及时执行处理，以满足园中"大内"的需要。时间一久，同其他官衙一样，自然也就形成了一个相当规模的常设机构，并且也有了分作坊。

---

[1] 这种情况，事实上，早从康熙中期已经逐渐开始。但康熙居住的是畅春园，畅春园虽包括在西北郊的三山五园之内，但不在圆明园的范围。而且这段历史同本文的中心论点没有重大关系。

[2] 黑龙江工程学院离休干部张立华氏曾简要描述圆明园当时的建筑、部门和兴旺景象，说明圆明园是当时的政治中枢。而这点，则是研究"古月轩"的人们过去很少注意到的。今录之以飨读者：

宫廷区……门前东西朝房分立两侧，各有五间。东西朝房后面，各有27间。东边有宗人府、内阁、吏部、礼部、兵部、督察院、理藩院、翰林院、詹事府、国子监、銮仪卫、东四旗各值房；西边有户部、刑部、钦天监、内务府、光禄寺、通政司、大理寺、鸿胪寺、太常寺、太仆寺、御书处、上驷院、武备院、西四旗各值房。此处西南还有茶膳房、药房等。再过出入贤良门为正大光明殿，即正殿，殿名为雍正所题，面阔七间，单簷歇山顶，此为皇帝朝会听政的地方，相当于故宫的太和殿和乾清宫。正大光明殿东面有勤政亲贤殿，简称勤政殿，与故宫的养心殿相似。乾隆经常在这里批阅奏章，召见群臣。东侧有芳碧丛，竹木掩映，天热时皇帝就移此办公。（《圆明园的兴废》，此处引文系依据 blog.phoenixtv.com/user1/happyguoguo/arch。）

现在可以确认的，早期（雍正时期，1723—1735）至少有如意馆①、珐琅作、外国人住处等等。而从乾隆二十年（1755）开始，宫廷造办处各作奉命搬挪到圆明园以后，宫廷造办处在皇宫内很可能已没有作坊。这种情况一直持续到圆明园被毁的 1860 年时。

换言之，在 1755—1860 年的一个多世纪中，圆明园造办处是清宫整个造办处的核心之所在，而原来的宫廷造办处反倒成了几近空壳的单位，既没有了作坊和工匠，主要负责人也不在那里。

在这个时期，如果圆明园不断增加的需要都仍旧由紫禁城的造办处来办理，则几乎是难以想象的。因为在地处北京西北郊的圆明园和位于城中的紫禁城的清宫之间打一个来回，不管是传达命令和取送物品，在几乎全靠步行的那个时代，总要数个小时。这显然很不方便，更不及时。大量的物品，也不可能只靠快马运输。造办处是直接而及时保证"大内"（此时的"大内"之主体在圆明园）日常需要的。围绕在皇帝周围，及时听命、立即执行，就近生产、尽快供应，是造办处的专司职能。

② 圆明园造办处后来成了造办处的主体和唯一

那时，圆明三园是刚刚开始建设不久和正在继续大规模扩建的园林，规模极其宏伟。同紫禁城的皇宫相比较，圆明园众多的园林、殿、堂、楼、馆，更需要添置各种家具、摆设、绘画和其他装饰艺术品，因而也就更加需要各类艺术人才和技术工匠长期在那里工作，并需要直接建立各种作坊的分作坊就近生产。

乾隆皇帝命令皇宫内造办处下设的"各作搬挪圆明园"，就是在这种背景下的必要措施。

这就是说，圆明园内从建园开始，就有一个"造办处"。早期只是皇宫造办处的分支机构；但后来，它的规模越来越大，不仅超过紫禁城内造办处的规模，而且至少从乾隆二十年（1755）开始，更几乎取代了它。

按照雍正皇帝登基后所完善的制度，显然，这个圆明园造办处，也一定有它自己独立的工作档案纪录，像现存的清宫造办处档案那样的档案。

从严格考据学的角度讲，现有的"清档"和其他清代史料，似乎还不能直接而完全地证明上述这些说法——正如它们也不能直接证明郎世宁真的领导设计和指导建造了长春园的西洋楼区庞大的建筑群一样。

---

① 如意馆，是一个类似宫廷画院兼文史馆的机构。流行说法是乾隆时始建，但很可能早在康熙年间已经建立（依据《清史稿》卷五○二，列传二八九《艺术一》等书的记载）。皇宫内的如意馆当属于启祥宫（所谓"启祥宫的如意馆"），再上面属于内务府。故如意馆应该不属于造办处，因为造办处属于养心殿，虽然上面也属于内务府。

雍正皇帝常驻圆明园以后，圆明园也专门建立了如意馆。两个如意馆的领导和成员可能大部分相同或重叠，但毕竟是两处机构。至迟从乾隆二十年（1755）开始，如意馆的重心应该也转移到了圆明园。

不过，现存"清档"的相关记载和零星史料却间接地证明了——而我们也逻辑地论定了——这些说法的正确性，就像人们现在已经公认郎世宁设计和指导建造了西洋楼一样。

如果圆明园没有被彻底毁坏，则这个"圆明园造办处"应该会有许多遗迹保存到后世，尤其是它的档案就可能像清宫造办处的档案那样被完整地保存到现在。如果是那样，郎世宁、西洋楼、古月轩、圆明园珐琅作等等也许不会形成谜团，有关这些内容也根本不需要我们现在考证和饶舌了。

在这一组所列的三个术语中，我们事实上仅仅论证和解释了所谓的"圆明园造办处"，但这——对于"古月轩之谜考论"来说，应该已经足够了。

（四）长春园、鉴园、古月轩——重点和难点只在"古月轩"

近百年来，中国陶瓷学界和文物学界对"古月轩"的探讨，总是伴随着困惑、挑战，但也饶有趣味。例如：

① 70年前的研究结论变成后来各家和涉题文章的窠臼

杨啸谷氏在20世纪30年代初，写作和出版了《古月轩瓷考》一书。他说查遍故宫、北京西北郊三山五园和热河行宫的资料，并没有发现清宫和任何皇家园林中有叫做"古月轩"的建筑。

杨啸谷氏那时未能发现"古月轩"，当然是受他那个时代的条件限制，而未必要算作杨氏本人之失。因为那时有关圆明园的资料很少，当时（乾隆时期）制作的铜版画和风景图尚未被发现。后来有关圆明园的版画和图景有幸被找到，于是便确认了圆明园中有一座"古月轩"。

奇怪的是，在杨氏之后，70多年来，涉及古月轩和珐琅彩瓷器的所有文章，几乎都一无例外地继续一遍又一遍地重复着杨啸谷氏的那个结论，千篇一律地、不厌其烦地重复着同一个说法：清宫内皇家园林内没有"古月轩"。

直到近期（甚至到了21世纪），各家——包括各位名家在内，依然未脱杨氏结论之窠臼。

只是到了最近，陶瓷学界才有人注意到这座历史上曾经长期存在过的"古月轩"，但却又未经考证地、想当然地否定了它同声名煊赫的"古月轩"珐琅彩瓷器发生任何关联的可能性。

但是，发现了圆明园中有一座古月轩，并不等于就解决了"古月轩之谜"。因为其间还有太多缺失的环节和空白有待于通过考证来发现和充实。只有找到"古月轩"和珐琅彩的内在联系，并能回答"古月轩之谜"的相关问题，才算真正揭开了这个历史之谜的谜底。

② 历史上曾经存在过的"古月轩"：一次浏览奇遇

同陶瓷学术界历来否定清宫和皇家园林中曾有"古月轩"存在的看法相反，

对"古月轩"是否曾经存在过的答案，到头来——到了现代，到了最后——应该是肯定的！

清宫园林建筑中确实存在过一座"古月轩"！

历史有时候会和人们开玩笑，甚至会让人们啼笑皆非。近百年来，当那么多人踏破铁鞋，苦心求索"古月轩"时，它的历史实体竟然始终藏而不露。而在你并非专心寻找它时，并非准备决心考证有关它的问题时，它却一下子跳到了你的面前。

很多年前，当本书作者在一家美国书店的书架前翻阅一本关于北京园林的著作时，偶然看到早在1860年就被入侵中国的英、法联军抢劫一空和彻底焚毁的北京西北郊的圆明园中，曾经有一座"古月轩"。其具体的位置就在圆明三园的长春园之东大门内的南边、一处叫做"鉴园"的建筑群中。

因为早就知道过去关于"古月轩"的说法之长期众说纷纭和莫衷一是的混乱情形，故当时即为这个不经意的发现感到一点兴奋和某种不解。

兴奋：众里寻它千百度，蓦然旁顾，轩魂还在灰飞烟灭处。

不解：万般忌讳"胡"字的清朝皇家的园林中怎么会有"古月轩"呢？

因为它毕竟推倒了多少年来、多少陶瓷学者、无数次重复之后还要继续重复的说法。但那时笔者并未准备研究和考论"古月轩之谜"和写作相关的文章。只是同少数文物收藏界的朋友讨论过这个书中奇遇。

直到多年后一个收藏界的朋友 Mr. Chen 拿着一本他划了许多记号的书告诉我："人家也发现了圆明园中有一座古月轩喽唉。"[①] 才使我开始产生了研究所谓"古月轩之谜"，并写作现在的几篇考论文章的兴趣。

只是——因为长期侨居国外，且经常卧病，相关资料很难搜罗齐备，并且又有它事缠身，故进展极为缓慢。历时十几年，始得完成。

略言之，乾隆时代的确有一座皇家园林建筑名叫"古月轩"，位置就在圆明园的长春园东路建筑群的"鉴园"之中北部临湖的地方！

"古月轩"，这个让中国好几代陶瓷学者们苦苦寻它而不得的"幽灵"小房子，到头来还是发现了一个早已实体毁坏而踪迹全无但却确实可靠的"空名字"。

其实，中国的建筑学者和圆明园学者，至迟在上世纪70年代，已经确认了圆明园中有这样一座"古月轩"。

而且该轩在建成之后，直到毁灭，实际存在了近一个世纪之久——准确地说，是93年，1767—1860年。

---

① 这本书即为霍华所著之《陶瓷述古》，书中有"据有关专家考证，在北京圆明园中……有古月轩"等语。见上海文化出版社1995年1月版，第158页。

但不知中国的陶瓷学界为什么在这座"古月轩"被确认为清室建筑数十年后，仍然继续在其不着边际的周边一次又一次地兜圈子，却视而不见它的历史的、真实的存在。

③ 西洋楼、古月轩——影响圆明园珐琅彩制作的两大要素

"古月轩"位于长春园的大东门南边不远处的"鉴园"内，距离西洋楼区建筑群只有500米，在二者之间行道来往极为方便。

郎世宁在设计、特别是在指导建造兴建西洋楼区庞大建筑群的至少十几年过程中（可能长达21年，直到终老），不可能每日往返数十里回到城中的住处——如果他真的像许多人所说的那样，一直住在皇宫东华门外的天主教东堂的话。

外国人在圆明园工作的主要场所是如意馆，而圆明园的如意馆则位于圆明园南大门——大宫门内东边的"洞天深处"后边。从如意馆到达西洋楼区的直线距离是1200—2100米以上，但其间的单向路程却要走1800米—3000米。

是故，在西洋楼这块巨大的建筑工地的旁边和附近，应该有他们——郎世宁、蒋友仁等指导建造西洋楼工程的传教士们——临时的办公处、休息处，甚至住处。

而只要研究一下圆明三园的平面图，就会发现：在圆明园已经建成，而长春园的中式建筑群也基本建成的情况下，"古月轩"所在之处，即后来命名或定名的"鉴园"，恰好就是西洋楼工程指挥部最合适的选点之一。而且很可能就是正式的工程指挥部之所在。

本文认为，至少在从乾隆十年到乾隆二十四年（1745—1759）的12年中间，那里——即后来正式的"古月轩"所在之处——应该就是郎世宁的办公室、指挥部，甚至还兼住处。不过实际时段可能更长，甚至直到去世之前。

理由是：

＊ 那里非常靠近西洋楼建筑群的工地，交通方便，连接工地的通道笔直；

＊ 更重要的是，它后来的正式名字叫做"古月轩"，而"古月轩"在当时又只能属于公认的"胡人"郎世宁等等一些西洋传教士；

＊ 再者，这座"古月轩"又正好位于"鉴园"之中。

④ "鉴园"之名所透露的信息——推测及其与史实的距离

"鉴园"，原作"鑑园"。但"鑑"、"鉴"、"监"等字，不仅读音完全相同，其意义在古代也是相通的。"鑑"字本身就有"照看"、"视察"、"检查"的意思①。

---

① 参见清阮元主编的《经籍籑诂》卷八十九"三十陷"之"鑑"字条。上海古籍出版社1989年10月版第834页。本文不再详考或征引。

当这片园林最后建成之时，乾隆皇帝将其命名——或定名——为"鉴园"，很可能透漏这样一个信息：即它曾经是建造长春园或西洋楼建筑群工程指挥部所在的地方。至于当时这个工程指挥部的名字，则很可能带有"监"、"监管"、"监守"、"监督"（这是清代常常设立的官府和官名）等等字样。

取"监"字之音及其实际含义，而将一片最后正式建成的园林建筑定名为"鑑园"，是化世俗和权力为典雅和高洁的一种文字戏法。而我们进行考论，则应注意其可能涵盖、透露或被掩饰了的信息[①]。

推测"鉴园"地区，在长春园建造的早期和中期，尤其是建造西洋楼庞大建筑群的时期，即从乾隆十二年（1747）到乾隆三十二年（1767）期间，为长春园工程指挥部的所在地——此时，包括"古月轩"在内的整个"鉴园"的建筑还都是临时的或者古旧的——依据远远不仅是它的名字，而是很多很多。

例如它的特殊地理位置，它最后建成的日期，"古月轩"恰好在其区域之内，而郎世宁必定是西洋楼工程指挥部的成员等等。这些，可证这个推测应该距离史实不远。虽然姑且仍然归入"推测"之中。

（五）珐琅彩、瓷胎画珐琅、五彩珐琅、磁器法瑯——概念和信息

这四个术语，就其均是指称一种特殊的瓷器而言，其意义，其内涵和外延，是完全相同的。

区别仅仅在于，珐琅彩（或称"珐琅彩瓷"、"珐琅彩瓷器"）是后代人从1924年才开始使用的称呼，而"瓷胎画珐琅"和"五彩珐琅"则是18世纪当时人的称呼。"磁器法瑯"则是康熙皇帝的用语。

这是许多人都了解的；值得注意的是它们所携带的相关信息。

"瓷胎画珐琅"和"瓷器法瑯"是同金属胎画珐琅相比较而产生的一个称呼。它表明，这种器物是从"画珐琅"（金属胎）发展而来，或横向延伸而来。同时也说明是先有金属胎画珐琅，而后才产生瓷胎画珐琅。

附带的一个信息是，"瓷胎画珐琅"的术语很可能是在宫廷中首先产生……

而"五彩珐琅"显然是同五彩瓷器相比较而产生的一个称呼。与以前和现存（指当时）的五彩瓷器不同，它们是五彩瓷器改以珐琅彩料绘制图案而制作的，是五彩瓷器纵向发展的一个结果。

同时也说明，"五彩珐琅"这个术语，很可能是在宫廷以外的地方——比如

---

① 中国后来出现的几个"鉴园"（如北京的宋庆龄故居原属恭王府的一部分，据说曾名鉴园；另外苏州也有一座鉴园等）同圆明园中的这座鉴园，在名称上有无继承和别的关联，已难以考证。而乾隆皇帝当时（约在1767年）命名这座"鉴园"时有无别的来源或触媒，当然一时也无从考证。但即使另有来源和触媒（催化剂，或解作启示、灵感、触发因素等等），也仍然无法否定此处的假说或推定。

在景德镇——产生……

此外还有一个"磁器法脓"的称呼，见于康熙皇帝对曹雪芹的父亲曹頫的一封奏折的御批①。"法脓"即"珐琅"，该御批中一共使用了两次。"脓"是"朗"的古异体字。"磁器法脓"这个称呼，说明当时（康熙五十九年，1721年）对"珐琅"的翻译和对"珐琅彩"的称呼，还很不规范。后来在宫廷中才统一称为"瓷胎画珐琅"。但"磁器法脓"这个术语，显然在这封御批前早已产生和使用。是早期的通俗说法。康熙皇帝只是使用现成说法，但这一称谓最早很可能也不是在宫廷诞生。

至此，本文完成了五组术语的考论，但对本文的中心论点而言，它们仅仅是完成了每组术语内部各个术语间的关系之了解，但更重要的却是各组（术语）之间的内在联系之揭露——这才是本文考论的难点和要害。

当然，正如上面的考论一样，我们没有必要采用数学组合法去平均用力，对其两两之间的内在关联一一都去加以考论，而只要揭露出几个重要的、尤其是此前鲜为人知的关键问题，或许就可以了。希望借此能避免文字的繁琐、平庸和老生常谈，而能增加点儿新奇、趣味和可读性。

这样的问题，作者选择了三个，它们分别是：

＊"古月轩"必定源于郎世宁的办公处所或兼居所；

＊郎世宁的办公处所/兼居所是破解"古月轩之谜"的关键；

＊郎世宁在圆明园的办公处所/兼居所是一处临时或老旧建筑。

下面逐一进行考证和论述。

## 五　为什么说"古月轩"必定源于郎世宁的办公处所或兼居所？

说"古月轩"一定是郎世宁的办公处所或兼居所，并不仅仅是本文作者的一种猜想，或假说——尽管猜想和假说在任何反证均不能成立的情况下，或者在被充分证明以后也会变成真理——而是一个历史的和逻辑的考论结果。

其理由，综合起来，有以下六项：

（1）皇宫和皇家园林中非有极为特殊的情况不会出现"古月轩"；

（2）其他满大人也不会命名自己的官邸和楼堂馆所为"古月轩"；

（3）汉人官僚和文人也不会将自己的宅第堂所命名为"古月轩"；

（4）胡姓人士或工匠同"古月轩"珐琅彩相关的诸说均属无稽；

---

① 参见本书《余园珍藏等瓷款和曹雪芹父祖操办宫廷瓷器》一文的配图《康熙皇帝对曹雪芹之父曹頫一封奏折的朱批》，编号为03—06—01。

（5）同"古月轩"和珐琅彩可能有关联的另几位洋人也可以排除；
（6）惟有贡献卓著的郎世宁才会同"古月轩"建筑和名号相关联。
现在逐项论述。

（一）皇宫和皇家园林中非有极为特殊的情况不会出现"古月轩"

众所周知，大清王朝是由原来居住于中国东北地区的一个少数民族——满民族——所建立的全国性统治政权。虽然江山一统，但在居于绝对多数的汉族人的眼中，满族是"胡族"、"胡人"，"非我族类"。在民族矛盾尖锐的清代初年和末年，情形就尤其是这样。康熙、雍正、乾隆祖孙三代皇帝统治中国134年，一直处在皇朝的全盛时代，民族矛盾处于低潮。但文字狱也兴盛。统治者们仍然避讳"胡"或"胡人统治"这样的文字和用语。这是绝对没有疑义的。

因此，大清王朝的统治者，决不会承认自己是"胡族"和"胡人"，他们自己认为——并且标榜——是华夏悠久的历史和文化传统的"天命"[①]继承者和正统继承者。在当时的高压统治下，任何汉人指斥，甚至提到"胡人"和"胡族"的言论或文字，都可能惹下杀身之祸，甚至祸及三族或九族。

而将"胡"字拆作"古月"，如果不涉当时政治，以现代人的想法，或许是化卑俗为典雅的一种谐谑，但按照传统，则是暗指和隐喻，同时也仍然还是确指"胡"和"胡人"的。这个历史的和文化的传统到了18世纪中、后期的乾隆时代，已持续了一千五百年之久。包括乾隆皇帝在内的大清王朝的诸帝及其臣下，熟知历代文史，是绝对不可能不了解这个"以古月代胡"的传统的。

因此，在清代的皇宫、皇家园林和行宫中，在一切与皇帝有关的建筑中，除非出现极为特殊的情况，是不会——也不可能——用"古月"一词去命名任何建筑物的。比如命名为"古月轩"，依然等于说是"胡轩"或"胡人轩"。也就等于皇帝公开承认——或公开承认皇帝——仍然是"胡人""胡族"。

20世纪30年代初期，杨啸谷教授为破解"古月轩"之谜，曾经查遍当时他所能够得到的有关清故宫、北京西北郊的圆明三园等"三山五园"、承德避暑山庄（热河行宫）等皇家建筑的相关资料，均未能发现其中有名叫"古月轩"的任何建筑物[②]。其根源之首要者盖在于此也。否则的话，天下可能会有好多古

---

[①] "天命"，上天的命令和指示。此处作动词用，意为上天所任命。大清王朝的第一个皇帝努尔哈赤建立自己的统治政权时（明万历四十四年，西元1561年。当时自称"金"，史称"后金"，后其子皇太极将国号改为"清"）所使用的新年号就是"天命"。意味他的政权是"受天之命"而建立的，是"天"所支持的。而"天命"观念便是中国最迟在殷商时期（公元前16世纪——前11世纪）已经产生的一种政治观念。努尔哈赤的"天命"是这一观念的延续，或曰，努尔哈赤当时以满族领袖继承了中国历史上这一传统观念。

[②] 参见杨啸谷氏《古月轩瓷考》。

月轩。

在当时的具体条件下,这位学者未能发现圆明园长春园中的鉴园里面曾经隐藏了一座早已踪迹全无的"古月轩"。但他的研究结论可以证明本文本节的观点:即大清王朝的历代皇帝们,不会轻易和随便使用"古月"这样表面上貌似典雅而在传统上意义却早已确切无误的字眼,去命名任何皇家建筑物而自犯忌讳和自取其辱——除非是出现了极为特殊的历史条件,使他们认为可以这样做而无损于他们自己真正的胡人身份,甚至还能冲淡和掩盖这种身份。

(二) 其他满大人也不会命名自己的官邸别墅和厅堂建筑为"古月轩"

基于上述同样的理由,其他的满人、满族,特别是那些权力和地位显赫的王公贵族和皇亲国戚以及达官显贵的"满大人"① 们,也不可能把自己官邸或别墅中的任何建筑物命名为"古月轩"之类。自己是汉人心目中不折不扣的胡人,但和皇帝们一样,他们也绝对不会自己承认是"胡人",这是有清一代中国居于统治地位的满民族的不成文的政治铁律和世俗铁律。他们中没有人会冒这种天下之大不韪。没有人会如此贬低自己和侮辱自己。

这是我们不仅在皇家建筑中,即使在清代不计其数的堂名和室名中也很难发现一个"古月轩"的真正原因。更不必说有人会使用"古月轩"作为显示家族地位的贵重器物的款识了。在当时的社会条件下,任何满人这样做,则必定是附庸风雅未成,反倒变成一种自贬身价、贻笑方家的无知和愚蠢的行为。

在大清王朝统治下,蒙古王公贵族和藏族权贵,数量很大,其政治、经济和宗教地位都很高,但他们多数不解汉语,故不会有什么"古月轩"。即使其中有较高汉文化素养者,也会同满清皇帝和贵族们一样,避讳使用"古月"这样政治敏感性极其强烈的术语粘上自己而受玷污。

(三) "汉大人"也不会将自己的宅第堂所和建筑物命名为"古月轩"

汉族中的高官权贵、官宦人家和一切有识者——让我们仿照"满大人"的称呼不妨称他们为"汉大人"——也不会使用带有"古月"的字样,如"古月轩"等,作为自己宅第和别墅中楼、堂、馆、室的名字的原因,当然也是政治性的。

在清王朝建立的初期和这个王朝衰亡的末期,汉、满之间的民族矛盾极为尖锐。汉民族反抗外族的斗争如火如荼,意识上蔑视和敌视胡人政权。汉族中的任何有识者,焉能不知自己民族的"'胡'字拆作'古月'还是'胡'"的悠久传

---

① "满大人"一词传到西方,音译时英文拼作"Mandarin"(开首字母大写),等于"Mandarin language"意指"中国官方语言",普通话。

统！故都不会在自己的宅第中使用"古月"这样的貌似典雅而实则政治敏感的字眼。否则至少也会被视为自贬身价，甘为"胡人"，为他人所不齿。

而在大清王朝的中期，政权完全巩固，社会繁荣兴旺，虽然民族矛盾的表现转为隐蔽形态，但"文字狱"却屡屡兴起。"汉大人"们若敢于使用"古月轩"这样的名号，除了仍有自贬的意味之外，也会被政治告密者控以"嘲讽和侮辱我大清皇权"的嫌疑而自招灾殃。

所以在清王朝统治的267年（1644—1911年）中，在汉族权贵、官宦和有识者的宅第中，在堂、室、轩、庵等的名号中，迄今为止，也极少见到有使用"古月"字样者[①]。

（四）胡姓人士或工匠同"古月轩"珐琅彩相关的诸说均属无稽

那么有没有这样一种可能，即像某些"古月轩"问题的研究者所猜测的那样，"古月轩"是乾隆时期某一位胡姓工匠的轩名或名号呢？

本文作者认为，这种可能性也应该完全排除，兹将理由和情形分述如下：

① 现存的"清档"中确实记载了宫苑作坊中有过胡姓工匠。但他们属于工奴身份，地位低下，报酬甚少[②]，不足以有自己的轩、室、宅第和响亮的名号。更不会有所谓的"古月轩"或"古月轩主人"等名号。

② 如果其中有人后来离开了宫苑，在外面发了大财，有了自己的宅第、轩、室，并且把自己的作坊或轩、室命名为"古月轩"呢？

——这种情形，首先是很难出现；退一步说，即使存在过，那他的"古月轩"，同圆明园中的那座"古月轩"，同作为乾隆珐琅彩代称的"古月轩"，也必定不会发生任何关联。

③ 如《饮流斋说瓷》所推测的一种情形："或谓：'古月轩'乃胡姓人，精画料器。所画多烟壶、水盛等物。画工之精细，一时无两。其曾否画瓷器，未可

---

① 据说在安徽省南部的泾县，清代人朱仲林著作中有《古月轩诗文存》7卷和《古月轩试帖偶存》一卷。见《泾县古代著述一览表》，载 xc88.ik8.com/wszl/jx_zhuzuo.htm – 39k – Supplemental Result。对于朱仲林及其"古月轩"诗，本文作者尚无所知。但在清代，这无疑是非常罕见的。详情有待了解。

又清时浙江钱塘人胡珏，是个著名的医生，他晚年曾自号"古月老人"。这是清代"胡"姓人士自名"古月"的一个少见的例子。此处参考池秀云编撰之《历代名人室名别号词典》，山西古籍出版社，1998年1月版，第208页。

另：民国初年的浙江杭州人徐柯（字仲可）编有一部著名的笔记《清稗类钞》，其中曾引孙隆尾咏明末名女"柳如是"所用唐镜长歌，内有"摩挲宝镜发三叹，恍疑古月生光辉"句。见《清稗类钞·鉴赏二·曹君直藏唐镜》。这也是清人使用"古月"一词的罕见例子之一。不过其中的"古月"系指唐代的一面铜镜。

② 一般而言，宫廷工匠的工银报酬，包括饭食费，每人每月只有2两白银，个别特殊者也只有3—5两，最高者为12两。养家活口之外，很难具有自己的宅第。

臆断。而'乾隆御制',乃取其料器精细之画而仿制入瓷耳。"①

"乾隆御制"的器物,公然仿制民间作坊的款识,这种情形实在令人难以置信。也没有任何先例、后例或旁例可循。

即使也退一步说,果有此事,"古月轩"的名号也不可能进入宫苑之中,并且成为乾隆珐琅彩的代称。

④ 或者如《词源续编》所说:"清乾隆时人胡学周,在苏自设一小窑,制瓷瓶、烟壶等,甚精美。自号'古月轩主人'。乾隆南巡见而好之,因携之至京,使管御窑。仍用'古月轩'之名。尤以鼻烟壶著称,今每具值数千金。"②

皇帝本人亲自挑选一个外地工匠入宫,史料记载中未见有类似情形。更未见有关于乾隆皇帝选胡学周入宫的任何记载。

不管胡学周是满人还是汉人(如确有此人,则以汉人的可能性最大),如上所述,在当时那个时代,甚至在有清整整一个朝代,都不大可能公然使用"古月轩主人"这样的名号。

即使这位胡学周真的有入宫管理"御窑"(正确说法应是"珐琅作")之事,则除非:

他是名副其实的、表里一致的、大家公认而自己也愿承认的"胡人";

而且同乾隆皇帝关系密切,其功劳又能媲美郎世宁等也者;

再者,还得经由乾隆皇帝亲自命名,至少是亲自批准。

否则的话:

便没有可能将他的"古月轩"之名号带进宫苑之中,

不会以他的"古月轩"命名宫苑中的任何建筑,

不会出现以"古月轩"为款识的官作坊器物,

更不会发生以这个"古月轩"之号代称乾隆珐琅彩的情形。

是故,胡学周——古月轩——珐琅彩之说,纯属猜测性的无稽之谈。

(五)同"古月轩"和珐琅彩可能有关联的另几位洋人也可以排除

根据乾隆时期的上述历史、政治和社会条件,当时清廷中只有像郎世宁这样的洋人传教士——"胡人"和"胡僧"——才具有同圆明园中那座"古月轩",同乾隆珐琅彩瓷器发生关联的可能性。因为他们的"胡人"和"胡僧"的身份是大家所公认的,也是他们自己承认的,至少是不否认的。

而鉴于圆明园中的洋人传教士的地位、声誉和贡献,以及他们的地位和同乾

---

① 《饮流斋说瓷·说款识第六》(37)。此处引文依据景德镇陶瓷研究所 联合陶瓷研究中心网站贴录本,www.csio2.net/book/ylztalkcer/ylztalkcer050.htm。

② 《辞源续编》,商务印书馆1931年版之"古月轩"词条下。

隆皇帝的关系，当时只有郎世宁、蒋有仁、王致诚、陈忠信等人，才有可能同那座"古月轩"相联系。

法国传教士蒋友仁（法文原名 Michael Benoist）[①]，精于数学和天文历法，郎世宁推荐他设计和指导建造长春园西洋楼区建筑群中的喷泉（当时称"水法"，"水法"应是西文 water fountain 喷泉的音义合译）。其间，他应该同郎世宁一样，也是常在圆明园办公或兼居住。是故，蒋友仁同长春园中的那座"古月轩"的名字也完全可能发生某种关联。

但蒋友仁是物理学家，勉为其难，他应郎世宁推荐和奉乾隆皇帝之命，主导设计和指导建造了长春园中的大水法（大喷泉）。但他同乾隆珐琅彩瓷器没有任何可能的联系。因此蒋友仁不可能同作为乾隆珐琅彩瓷器代称的"古月轩"发生关联。

而且，在郎世宁去世（1766年）之后，蒋友仁又继续生存了8年之久，他于1774年病故北京。鉴园中的那座"古月轩"在乾隆三十一年（1766）已经正式建成。此时蒋友仁虽然健在，只是，他显然不会同这座皇家园林中江南风格的建筑物再有所关联。

而法国耶稣会士王致诚（法文原名 Jean Denis Attiret）[②]，虽也深受乾隆皇帝恩宠，但他是专门的画家，精画水彩和油画，是乾隆时期著名的宫廷画家之一。他也在圆明园中工作或兼居住，这应该没有问题。

他是一个有心人，当时虽不能执行其传教的使命，而是作了乾隆皇帝御用的宫廷画家，但他在工作之余，却写了不少向欧洲人介绍圆明园的文章。

如果他也曾同郎世宁共事，那他当然也可能同"古月轩"这个名号有所关联。

王致诚比郎世宁晚两年（1768年）去世。故他生前应该已经见到那座正式的"古月轩"的落成。

而由于他进入宫廷的时间、机缘和个人兴趣，他同珐琅彩瓷器没有可能发生密切关系。因此也就不会同作为珐琅彩瓷器代称的"古月轩"名号有直接关联。

这样，鉴于"古月轩"同珐琅彩的特殊联系，当时在宫苑的西洋"胡人"中，只有郎世宁、陈忠信两人才有可能同"古月轩"相联系，其他的洋人则不能不全部排除。

---

[①] 蒋友仁（1715—1774），原名 Michael Benoist。中文有号"德翊"。法国人，耶稣会士。1745年（乾隆十年）到中国，1774年（乾隆三十九年）卒于北京。著作有《坤舆全图》、《新制浑天仪》等。

[②] 王致诚（1702—1768），原名 Jean Denis Attiret。法国派往中国的耶稣会士。精于水彩画和油画。乾隆3年（1738年）到中国。1747年（乾隆十二年）巴黎出版了他的《中国御苑特写》一书，记述和描写圆明园情况和景致甚为详尽，在欧洲当时颇有影响。

法国人陈忠信①，同其他洋人是耶稣会士和画家、科学家等有别，他是一位画珐琅专家。不过不知其是否具有传教士和"胡僧"的身份（不过，猜测是）；

其次，他的事迹只在康熙末年的档案中提到过，在过了近30年之后的建筑西洋楼时期，也无法确认其是否还在世、在中国、在宫中；

即使他仍在清宫中服务，当时的清宫珐琅作仍在大量制作珐琅彩，故无法确认他是否曾经奉命移往圆明园办公或兼居住。

他的技术单纯，职务较低，声誉不彰。

宫廷造办处珐琅作开办到乾隆20年，而后迁入圆明园。故在此之前，他当是一直在宫廷工作。如果宫廷珐琅作迁入圆明园时他仍在世，也已66岁。

是故，陈忠信作为画珐琅专家，虽然很可能同珐琅彩瓷器相联系，但同圆明园中的那座"古月轩"应无发生关联的可能性。

（六）惟有贡献卓著的郎世宁才会同"古月轩"建筑和名号相关联

至于郎世宁的情况，则同王致诚、蒋友仁、陈忠信等所有其他的"洋大人"们很不相同，其主要事迹是完全可以确认的。尤其是，他同圆明园中那座"古月轩"的关系，和同珐琅彩的关系，都非常密切，并且是通过考论可以加以确认的。

① 郎世宁是名副其实和表里一致的、人们公认而自己也认同的、名气响亮又地位崇高的（请注意这三组六个说明语）"胡人"和"胡僧"，他显然足以"配享"② 圆明园中的那座"古月轩"。

他不像当时的任何"满大人"——他们虽是汉人心目中的"胡人"，但自家却绝不会承认，而汉人又不会、也不敢指其为"胡"者。故他们即使是王爷显贵、皇亲国戚，也不足以"配享"那座"古月轩"。

郎世宁也不像当时的一切"汉大人"——他们不是"胡人"。但是他们平时要百般谨慎小心，避免碰触"胡"或"古月"这样政治上高度敏感的词语。不管地位多高，声誉多隆，势力多大，他们都不足以"配享"圆明园中的那座"古月轩"。

② 当时在中国，郎世宁是一个非常特殊的外国人：

\* 他生前官至奉宸苑卿，佩三品顶戴，是官居三品③的朝廷大员；

\* 由于工作需要和皇帝恩准，他可以自由地出入宫苑的门禁；

---

① 陈忠信，法国人。原名及生卒年不详。仅知是"会烧画珐琅艺人"。康熙五十八年（1719年）到达北京，时年28岁。

② "配享"，原意为祭祀时在主神位之两侧陪伴主神位享受祭祀的其他神位，这里的意思是"有资格享用'古月轩'名号"的意思。

③ 据《清史稿》卷一一八，《职官志五》："奉宸苑……卿二人，正三品"。

\* 他长期在宫苑中"行走",且受皇帝喜爱和重用;

\* 并因其从事特殊工作的关系可以经常地见到皇上;

\* 死后又特别被赠予"侍郎"衔,相当于现在的副部长级[①]。

③ 乾隆元年,郎世宁曾冒险向皇帝请求缓解基督教信仰的禁令,侥幸获得恩准[②];后来因在京郊私自购买土地,郎世宁触犯大清律条,但其罪被乾隆皇帝特别赦免[③];他奉命设计和督建长春园中西洋楼区建筑群,其职务相当于现在所说的总设计师和总工程师;他在圆明园工作和生活的时间,至少超过 20 年。

④ 更为重要的是,郎世宁不但同当时的宫廷绘画,同圆明园中的西洋楼区建筑群有密切的关系,成就卓著于历史。而且他还同中国 18 世纪的宫苑珐琅彩瓷器的制作也有着极为密切的关系。

本书另有《郎世宁和宫苑珐琅彩关系之真相考论——郎世宁生平中未经考论的贡献》一文,已详细考证和论述了这方面的内容,有兴趣者可参阅之。

该文是首次而全面地考论郎世宁在绘画和建筑两项历史成就之外的第三项历史成就,即他在中国 18 世纪宫苑珐琅彩中的历史贡献。没有那篇文章的结论,

---

① 据说,郎世宁的墓碑上刻有乾隆皇帝的谕旨。"京报网"《历史上的郎世宁》一文,描述如下:郎世宁的墓碑上刻着皇帝旨谕:"乾隆三十一年六月初十日奉旨:西洋人郎世宁自康熙年间入值内廷,颇著勤慎,曾赏给三品顶戴。今患病溘逝,念其行走年久,齿近八旬,着照戴进贤之例,加恩给予侍郎衔,并赏给内务府银三百两料理丧事,以示优恤。钦此。"墓碑的正中下方为汉字:"耶稣会士郎公之墓",左边为拉丁文的墓志。

(此处引文依据 www.bj.xinhuanet.com/bjpd_sdwm/2006-11/30/content_8662597.htm)

② 关于此事,鞠德源《郎世宁年谱》据史料整理,记载如下:5 月 3 日,郎世宁在御前面请缓和教禁。据乾隆元年(郑按:1736 年)阳历 12 月 22 日(郑按:中国历为十一月二十一日)巴多明自北京致杜赫德书,谓 5 月 3 日(郑按:阴历为三月二十三日)郎世宁在作画之时,乘乾隆帝来如意馆观赏绘画之机,跪帝前面奏,哀求缓和教禁。帝谕曰:"朕未尝阻难卿等之宗教,朕唯禁旗人信奉。"十日后,又由某亲王召教士入宫,代宣帝旨:"唯禁旗人信教,他皆不问,教士亦得自由信奉。"嗣后,官吏对信教者即持宽大态度,迫害之事几已绝迹。(鞠德源《郎世宁年谱》,载北京《故宫博物院院刊》纪念郎世宁诞生三百周年特辑,即 1988 年 2 月号。此处依据鞠德源网站之 www.jdyhome.com/yieshu/yieshu.asp。)郎世宁的这个大胆请求及其后果,是基督教在中国传播史上的一件大事。

③ 鞠德源氏《郎世宁年谱》依据史料整理记载此事,全文如下:(乾隆十五年,1750 年)十二月初十日奉旨:民人私典旗地,定例綦严,屡经饬禁。但念郎世宁等系西洋远人,内地禁例原未经通饬遵行,且伊等寄寓京师,亦借此以资生计,所有定例后价典旗地,着加恩免其撤回。如原典之人自行用价收赎,仍听其赎回。此系朕加恩远人,恩施格外。今禁例既经申明,嗣后西洋人于此项地亩之外,再有私行典买旗地者,与受之人(卖者与买者)定行照例治罪,并将此次恩免撤回之处从重治。郎世宁等既经宽免,所有典出之蔡永福等,并失察之该管官,均从宽免其治罪议处。至河淤地亩,亦系郎世宁等价典之地,俱免圈撤。但蔡永福于认买公产之外,所有多得河淤地亩典价,并非伊分内应得之项,着该部照例查办,钦此。(按此项上谕,被在京西洋人立石刻碑,俗称"价典旗地许可碑",1911 年 9 月发现于北京长辛店附近天主堂旧址,文仅 109 字。)

鞠德源《郎世宁年谱》,载北京《故宫博物院院刊》纪念郎世宁诞生三百周年特辑,即 1988 年 2 月号。此处依据鞠德源网站之 www.jdyhome.com/yieshu/yieshu.asp。这样,郎世宁此时已经变成了一个官僚大地主。

便很难有"古月轩之谜"的破解，故其是构成"破解"结论的基础性考论篇章之一。

  鉴于这些理由，可以让我们论定：圆明园中的那座正式建筑"古月轩"和作为乾隆时期宫苑珐琅彩瓷器代称的"古月轩"之号，只可能同清宫的特殊"胡人"和"胡僧"郎世宁发生关联，"古月轩"应该是仅仅属于郎世宁在圆明园中办公（或兼居住）的"轩"。

# 第四篇

## "古月轩之谜"考论和破解（下篇）

### 提　　要

＊随着圆明园的被彻底焚毁和那里的历史资料的灰飞烟灭，不仅使"古月轩"之真实的历史存在成为近百年来难以追索的问题，更使"古月轩"同郎世宁的关系，"古月轩"同珐琅彩的关系成为似乎永远无法解开的历史之谜。

＊本文搜罗了一切可见的零星资料，从当时真实历史环境出发，综合观察和考虑，并从不同的侧面、角度和层次深入研究和多方论述，终于破解了围绕着"古月轩"的关键问题，使结论成为在史料和逻辑上都能成立而可信的答案。

＊在结论中，在本文考论的基础上，将关于"古月轩之谜"的谜底简要地归结为五条。同时也对迄今为止陶瓷学界几代学者关于"古月轩"的11种不同的说法予以简要的介绍和评述。可惜竟无一种是有科学依据和经得起推敲的。

## 六　郎世宁办公处和住处之考论关系着"古月轩之谜"能否破解

郎世宁究竟在何处办公和居住这个问题，看似简单，实际上却非常复杂，且因史料的缺乏——实际上是当时相关的可能记载被历史毁灭殆尽——现在已相当难以考论。而它偏偏又直接关系着"古月轩之谜"之能否破解这个中心论题。

对此，本文考论拟分三步进行：

一是关于郎世宁办公处所和居所的现有成说难以成立，需要再研究；
二是宫廷造办处各作奉命迁往圆明园是一个有特殊意义的历史事件；
三是郎世宁究竟于何时从皇宫迁往圆明园办公，甚至也住在圆明园？

（一）关于郎世宁办公处所和居所的现有成说需要再研究

迄今，关于郎世宁到达中国以后的办公处所和居所问题，学术界一般的说法均认为：位于北京皇宫东华门外的天主教"东堂"①，是郎世宁到达北京后的始终住处。而其办公处所则在清朝皇宫之中的如意馆。

聂崇正氏说：

> 史料记载，郎世宁住在现王府井东堂，即王府井天主堂，每天穿过东华门上班。②

但聂氏未指出"史料"的名称，故无从查考。不过本书作者不相信会有这样的"史料"。

《法制日报》的文章说："郎世宁到北京后，一直住在王府井大街的天主教东堂，这里距他进宫要走的东华门很近。""他供职于宫廷画院如意馆，居住在王府井大街天主教东堂，主持过圆明园西洋楼的工程设计……"③

这里涉及的并不仅仅是"东堂"和"皇宫如意馆"的问题，但本文此处却仅能讨论郎世宁到达中国以后是否"一直住在……东堂"和始终供职于宫廷画院如意馆这两个焦点问题，而无暇涉及其他。因为它们同作者设定的中心论题关系重大。不认真考论，求得真情，而仅仅相信成说，则"古月轩之谜"便无从破解矣。

郎世宁住在"东堂"，尽管长期以来都如此说，但本文作者认为：这个问题还应该再商榷、再研究、再考证、再确认。理由是：

① 郎世宁不可能偏居于"东堂"之一隅而长达51年之久；
② 郎世宁身为御用的三品奉宸苑卿不会远离常驻圆明园的皇帝；
③ 郎世宁设计和指导建造西洋楼区建筑群期间应在工地附近办公，甚至居住；
④ 作为建筑物的名号和珐琅彩代称的圆明园中的"古月轩"只应属于郎世宁。

---

① 所谓"天主教东堂"，位于皇宫东华门外，王府井北口。始建于清顺治十二年（1655）。康熙五十九年（1720）毁于地震。次年重修。当时住在东堂的郎世宁应该参与了这次修建工作。主持绘制圣母像和堂内装饰。故东堂后来收藏和展示有郎世宁的数幅绘画。嘉庆十二年（1807）该处发生火灾，但教堂建筑幸存。后不久，被政府没收，教堂被拆除。光绪十年（1884）再次重建。光绪二十六年（1900）6月13日，在义和团运动中再一次被毁，4年后（1904年）又获重建。存在至今。但郎世宁的绘画当然早已荡然无存。

② 聂崇正氏此处的说法系转引自新华网孙玉洁《"宫廷画师郎世宁"引发争议》的文章，这里依据 www.artcns.com/html/200606/3236.html。

③ 引自《法制日报》"本报编辑"（一作"徐莉"）之《宫廷画师郎世宁是老北京》一文，该文又转载于《法制网》，被辗转相贴，流传甚广，此处引文见 www.fawan.com/articleview/2006-6-20/article_view_20966.htm。

下面逐条论述。

①郎世宁不可能偏居于东堂之一隅而长达51年之久

郎世宁在中国生活和工作，长达51年。如果说他刚到北京之后的数年，甚至在以后的多年中，一直住在北京的天主教"东堂"，那还是可信的。但很难说——除非确有可靠的史料作证，但可惜还没有发现——他在漫长的半个多世纪中都一直偏居于这个"东堂"之一隅，甚至每天都穿过东华门到宫廷的如意馆去上班。

不过，郎世宁也算是朝廷重臣，御用亲信，皇帝信赖，才华出众，地位显赫。当时在中国的西方传教士中，其位阶列于最前茅。如果说他常去"东堂"礼拜，或者"东堂"为他保留了一个永久的住处，那显然是可能的。

但若由此认为他在半个多世纪里一直都住在"东堂"，并且每天经过皇宫的东华门到如意馆上班，那不仅没有任何证据，也实在太拘泥、太没有可能性了。故此说只能算是一种没有史料依据的臆测或猜想而已。

鞠德源氏在《郎世宁年谱》中曾引用王致诚的信件"详述（他）与郎世宁在如意馆"的生活：

> （1743年，即乾隆八年）是年阳历11月1日（郑按：中国历为九月十六日），王致诚致函欧洲，详述与郎世宁在如意馆之绘画生活："吾人所居乃一平房，冬寒夏热。视为属民，皇上恩遇之隆，过于其他传教士。但终日供奉内廷，无异囚禁，主日瞻礼，亦几无祈祷暇晷。作画时频受掣肘，不能随意发挥。"①

林莉娜氏也引用过王致诚的这封信，也认为描述的是他们在如意馆的绘画生活②。不过两人也都没有指出是哪一个"如意馆"。两人的不同之处是：林氏没有说"吾人"是否包括郎世宁，而鞠氏则明确认为包括郎世宁在内。

但观王致诚说"吾人所居乃一平房，冬寒夏热。视为属民，皇上恩遇之隆，过于其他传教士"等语，则"吾人"似应包括郎世宁等在内。

更重要的是，如果这段文字本身的记述和翻译文字无误的话，则应该说明他们当时（乾隆八年九月十六日）不再住在教堂之内，而是已经另有住所。

但不管怎样，在长达51年的漫长岁月里，郎世宁一直在"东堂"居住，每

---

① 鞠德源：《郎世宁年谱》，载北京《故宫博物院院刊》纪念郎世宁诞生三百周年特辑，即1988年2月号。此处依据鞠德源网站之网页 www.jdyhome.com/yieshu/yieshu.asp。

② 林莉娜：《清朝皇帝和西洋传教士》，载台北《故宫文物月刊》2002年第236期，第58页。

日穿过东华门到宫廷的如意馆供职的成说，是必须打破的。因为这种说法距离习惯，距离史实，距离史料，距离逻辑，都太遥远了。

②郎世宁身为御用三品奉宸苑卿不会远离常驻圆明园的皇帝

郎世宁生前是三品奉宸苑卿，虽位高权少，但职务繁重，且常同皇帝见面。按照清朝制度，他显然可以有自己的官邸，甚至也可以有自己的管事和仆从。如果他真的始终孤身一人，栖居一隅，那他确实是宗教信仰虔诚、道德和情操高尚、极为难能的。但终生栖身东堂这点绝对不是史实。

郎世宁有时奉派出差，有时须陪伴皇帝。特别是雍正皇帝和乾隆皇帝都常驻圆明园，尽享园林风景之美。皇帝们（也包括后来的嘉庆、道光和咸丰）在圆明园里问政办公：举行朝会，批阅奏章，接见大臣、王公和外宾等等。

清朝的几代皇帝常驻圆明园而不再常驻紫禁城，这对清宫的内务府造办处，对如意馆，对宫苑珐琅彩瓷器的制作，对郎世宁的工作和生活，实在是影响太大了。惜乎中国的陶瓷学界没有特别注意到这个重要的变化和史实。再加郎世宁长期负责圆明园整个西洋楼区庞大建筑群的设计和兴建，那他的工作和生活就更加被影响和改变了。而这些，在史料中，都是很少被记载的，即使记载，也是很难被保存下来的。

是故，像郎世宁这样的职官、工作性质和特殊地位，他不会——显然也不允许——离开皇帝太远和太久。因为他要准备就近接受皇帝的旨令和侍奉皇上。他在皇宫内有一个特别的自用画室。他在圆明园内也应该有一个更大的办公处所（画室，设计室，或兼住处）。

圆明园距离皇宫大约15—20千米，步行来回一趟需数个小时。尤其是在兴建西洋楼区建筑群时期，和到了老年之后，郎世宁很难每天来回"东堂"和圆明园之间——即使是坐轿或骑马。当然，这是假定他真的51年中一直住在天主教东堂之一隅的话。所以他在圆明园除了应有一个办公处所之外，还应有一个住处，而且可能同办公处所一体或就近。

③郎世宁设计指导建造西洋楼区建筑群期间应在工地附近办公甚至居住

圆明园的西洋楼区建筑群全部完成，断续经历了近40年。但其主要建筑，一般认为是兴建于乾隆十二年（1747）至乾隆二十四年（1459）之间。但远瀛观则完成于乾隆四十八年（1783）。① 乾隆二十四年后应该继续设计和完成西洋楼区之东区的建筑群。东区的建筑比西区相对要简单得多。

因此，郎世宁充当圆明园西洋楼区建筑群的总设计师、总工程师和总指导建造师的时间，可能持续长达20余年之久，但最少也有12年。总设计师是需要创

---

① 此处依据圆明园管理处编印之《圆明园系列丛书·圆明园欧式建筑》一书中的《远瀛观大水法》一节的说法。

造性思维的细致工作，而总工程师和总指导建造师则是需要花费大量时间呆在建筑现场的工作。其中尤其是监督具体施工的事，他必须坚守在工地，指导和督察，才有可能避免出错而使工作顺利进行。

有一种说法：在西洋楼建筑期间，常驻圆明园的乾隆皇帝就近每天都到建筑工地视察，并常提问和给予改进意见①。倘然如此，则郎世宁等每天都会碰到皇帝来视察，那他焉能不长期坚守岗位，每日都忙在圆明园的办公处所和建筑工地——尤其是施工现场——兢兢业业，如履薄冰呢！

在这些漫长的、需要谨小慎微和忙碌不止的岁月里，郎世宁在圆明园必定有一个像样的、靠近西洋楼区建筑群的办公处所也兼作画房，甚至有一个长期的非正式的住处。其他高阶的外国人也应是这样。而几乎不可能仍旧住在"东堂"或城内的其他教堂，让他们在城内的教堂和圆明园之间每天都长途往返，耗费大量时间。

④ 作为建筑物的名号和珐琅彩代称的"古月轩"只应属于郎世宁

这个问题——或曰结论——上面已经作过相当充分的论述了。此处宜稍加说明和补充。

一般认为，当时在圆明园中工作的西洋人，是住在"如意馆"。圆明园的如意馆是坐落于圆明园南大门内东南角一座名叫"洞天深处"的园林后方（北墙外）的几栋建筑。如意馆距离西洋楼工地最近约三里（1500米）以上。是故，当时有一些在圆明园中工作的传教士和其他洋人，其中特别是从事画画和绘图的洋人，曾经工作和居住在"如意馆"当然是完全可信的。

但这不能代表郎世宁当时也一定——并且一直——都在这座如意馆中办公和居住。详见下文。

郎世宁是否曾在圆明园的如意馆办公和居住？如果回答是肯定的，则时间又是多久？现今都难以判定。

而位于长春园之"鉴园"中的、那座在郎世宁去世第二年完成的、正式建筑物"古月轩"之所在的位置，距离西洋楼区建筑群工地只有500米。在修建长春园的当时，上文说过，"鉴园"很可能是"监"、"监督"、"监察"、或"监造"等等机构，即现代所谓的工程指挥部之所在。研究过圆明三园的平面图便会发现，"鉴园"和"古月轩"，应该是当时指挥部的最佳选址之一——其实能让选择的地址非常有限——并且很可能就是当时的实际选址之所在。

作为工程指挥部的重要成员，作为西洋楼区建筑群的总设计师和总工程师，作为乾隆皇帝最崇信、最欣赏的宫廷大员之一，郎世宁在这个后来被叫做"古月轩"的、位于工程指挥部内靠北面的临时的或老旧的建筑物里办公，甚至把

---

① 参见林莉娜氏《清朝皇帝和西洋传教士》一文，载于台北《故宫文物月刊》2002年第236期，第58页。不过本文作者认为，这种说法或稍嫌夸大。

它兼作临时住处，应该是完全可能的，非常合理的，没有不妥的①。

（二）造办处各作迁往圆明园，是一个有特殊意义的历史事件

圆明园造办处从雍正九年四月二十七日开始立窑，也就是说，从那时以后，圆明园才开始制作和烧造瓷胎画珐琅。在这个日期之前，只是城内的皇宫"造办处珐琅作"在制作珐琅彩；在这个日期之后，则是宫廷造办处和圆明园造办处，两处同时都制作珐琅彩。请看以下两条记载：

> （雍正九年，1731年）四月二十七日（郑按：阳历6月1日）：柏唐阿邓八格来说：内务府总管海望传，着在圆明园造办处做备用磁器上烧珐琅各色器皿等件。记此。②

> （雍正九年）四月二十七日：据圆明园来帖内称：二十五日柏唐阿、马维祺，为烧珐琅活计立窑……记此。③

但是，从乾隆二十年（1755）的年初开始，"京内造办处各作"——当然包括珐琅作在内——都奉命"搬挪（到）圆明园去"：

> （乾隆二十年，1755年）正月十一日（郑按：阳历2月22日）：员外郎达子、白世秀来说，太监胡世杰传旨：京内造办处各作，着搬挪圆明园去。钦此。④

这就是说：

从1731年4月底到1755年年初的24年时间，是宫廷造办处和圆明园造办

---

① 这里还没有涉及西洋楼庞大工程施工期间的大量土工、石工、木工、运料工等等及其管理人员（总人数应成千上万）的吃饭和居住问题。这是一个大问题。它们当时的吃喝和住宿是如何安排的？又是具体安排在哪里？是集中管理还是分散管理？我们现在都不清楚。但有几点能够确认：他们的吃住（午饭也许就在工地）不会被安排在工地西面早已建成的圆明园皇家园林景区内，也不会被安排在南面长春园已经建成的中式皇家园林景区内。浩浩荡荡的运料和运粮大军也不会准许通过圆明园之作为正门南大门——大宫门。最有可能是建筑大军被安排在北面和东面的空地上。但颇有可能是被集中安排在长春园的"大东门"南北的万泉河两岸，即后来名叫"鉴园"的地方及其周围的广大区域。

② 《清宫造办处各作成造活计清档》，雍正九年四月二十七日《珐琅作清档》记载。此处依据萱草园主人《康熙、雍正、乾隆朝瓷胎画珐琅历史档案资料》一文。载萱草园网站之网页：www.xuancaoyuan.com/images/1_lan003.gif。

③ 《清宫造办处各作成造活计清档》，雍正九年四月二十七日《记事录》记载。此处依据萱草园主人《康熙、雍正、乾隆朝瓷胎画珐琅历史档案资料》一文。

④ 《清宫造办处各作成造活计清档》，乾隆二十年一月十一日《记事录》记载。此处依据萱草园主人《康熙、雍正、乾隆朝瓷胎画珐琅历史档案资料》一文。

处同时都制作珐琅彩瓷的时段。

从1755年年初以后,则只有圆明园继续烧造,而皇宫内的珐琅作已被搬迁,当然也不可能再制作什么珐琅彩瓷。搬迁到圆明园的珐琅作一定会同原在圆明园的珐琅作合并,人员和工作统一领导和安排。

而到了1789年11月中,连圆明园也奉命停止了珐琅彩的制作:

> (乾隆五十四年,1789年)十月十三日(郑按:阳历11月29日):因珐琅处现无活计,分别将官员、匠役等人俱归并造办处,画珐琅人归如意馆①,首领太监归乾清宫等处当差。②

圆明园制作和烧造珐琅彩瓷器的时段总长度是58年6个月(1731年6月至1789年11月);

圆明园单独承担制作珐琅彩瓷器的时间长度是34年10个月(1755年2月至1789年11月)。

这两个时段,对于探讨郎世宁——古月轩——珐琅彩的关系相当重要。

在皇帝入住圆明园并经常在那里问政和办公之后,在军机处和六部衙门也不得不搬往圆明园经常办公之后,在所谓"如意馆"也在圆明园中另开新馆,而原在皇宫的造办处各作——包括珐琅作都迁到圆明园投入生产之后,在圆明园西洋楼区建筑群设计和开工兴建之后,我们怎么还能想象郎世宁——这个专门侍奉皇帝的三品高官奉宸苑卿,如意馆的教师爷和首席御用画家,西洋楼区建筑群的总设计师和总工程师、总指导建造师,设计、指导宫苑珐琅彩和培训画珐琅人才的大师傅和总教习——还依然会住在王府井的天主教东堂,每天穿过东华门到皇宫去上班呢?!

然而这些,还不是我们论定郎世宁后来迁往圆明园长期办公和居住的最有力的证据,当然更不是全部论据。

(三)郎世宁何时迁往圆明园办公或兼居住在圆明园中

这个问题对探讨郎世宁——古月轩——珐琅彩的关系问题更加重要。

早从雍正皇帝居住圆明园并在那里问政办公之时开始,郎世宁就经常奉命去圆明园画画。

---

① 注意:这里"分别将官员、匠役等人俱归并造办处,画珐琅人归如意馆"的说法,明确地显示出:珐琅作和如意馆并非是一家,而是两家没有隶属关系的机构。珐琅作属于造办处,如意馆原属启祥宫,在圆明园或许直接隶属内务府。
② 《清宫造办处各作成造活计清档》,乾隆五十四年十月十三日记载。此处的文字系依据萱草园主人《康熙、雍正、乾隆朝瓷胎画珐琅历史档案资料》。

乾隆皇帝入住圆明园以后，郎世宁到圆明园工作的次数和时间更加增多了。

而在西洋楼开始策划、设计和开工建造之后，因为皇帝常在那里，郎世宁又是负责图纸绘画和设计以及工程指导建造，除非另有特殊任务，就不能不经常地待在那里，忙在那里，吃在那里，甚至也住在那里。

郎世宁从皇宫迁往圆明园办公的具体时间，当在 1746 年（乾隆十年）前后。甚至更早一些。所据理由如下。

① 郎世宁负责设计"西洋楼"显示了他迁入圆明园的大体时间

据圆明园学者研究，西洋楼区建筑群中的首座建筑"谐奇趣"于乾隆十二年（1747）开始兴建①。

如果这个说法符合历史真实，"谐奇趣"确在乾隆十二年始建的话，则郎世宁开始接受任务、勘察地形地貌和着手绘画和设计这座建筑物的时间点必定在此之前，即在 1747 年之前。因为郎世宁不是建筑专业出身，根据他从事绘画之认真的态度和需要较多的时间完成一件画作这种一贯的作风来判断，则他设计"谐奇趣"图纸的时间，应该比画一幅油画所需的时间更要长许多。

何况，绘画和设计图有时需要完善和修改，而这位乾隆皇帝又会不断提出新的改进意见（也是命令）呢。

如果仅就这点就必须作出判断的话，则郎世宁迁往圆明园办公，甚至也居住在圆明园的开始时间，很可能就在 1745 年（乾隆十年），或在这年的前后不久。

② 郎世宁奉旨移交和摆脱宫廷事务显示了其迁居的具体时间

其实，关于郎世宁离开皇宫迁往圆明园工作和居住的事实以及迁移的时间，还有一条资料可资证明，而且更加具体和有力。"清档"中记载：

> （乾隆十年，1745 年）十一月初八日（郑按：阳历 11 月 30 日），太监胡世杰传旨：将京城图样着海望管理，令郎世宁将如何画法指示沈源，着沈源转教外边画图人画。②

这是能够帮助考证郎世宁生平和工作情况的一条非常重要而迄今仍鲜少为人所注意的历史记载。

乾隆皇帝此时下达谕旨，明确地指令郎世宁移交和摆脱他此前在京城皇宫内所负责的日常工作：一是将图样档案的管理工作交给海望，二是将设计画样和培

---

① 参见圆明园管理处编印之《圆明园系列丛书·圆明园欧式建筑》一书之序言《圆明园西洋楼简介》，1989 年版，第 1 页。但对此有不同说法。

② 《清档》乾隆十年记载。此处转引自鞠德源《郎世宁年谱》，载北京《故宫博物院院刊》纪念郎世宁诞生三百周年特辑，即 1988 年 2 月号。此处依据鞠德源网站之网页：www.jdyhome.com/yieshu/yieshu.asp。

训画画人的工作交给沈源——虽然沈源还要继续接受郎世宁的技术指导。

根据这条记载和相关记载,我们可以确认,郎世宁此前在宫廷中所担负的绘画方面的具体工作内容,至少有三项:

一是主要按照皇帝的旨意,设计和创作新画。这点是他的终生职责,无论在清宫还是在圆明园,都是一样。这一项当然不在这次工作移交之列。

二是培训"画画人",为宫廷增加新的绘画人才;其中应该也包括培训画珐琅人才[1]。原来是郎世宁直接教授,现在则改由沈源教授。

三是,他还负责管理图样档案的工作——这第三条任务,是学术界过去不曾注意和提到过的。其管理的所谓"图样",种类和题材繁多,自然也包括珐琅彩瓷器的图样档案[2]。

本书《郎世宁和清代宫苑珐琅彩关系之真相考论——郎世宁未经考论过的一项艺术贡献》一文已经考证和论述了郎世宁在宫廷造办处珐琅作也负责绘画和设计图样以及培训画珐琅人才的工作。此时应该同时也办理移交。

郎世宁奉乾隆皇帝之命,移交了原在宫廷内繁琐的具体工作,显然是因为他在圆明园内的工作太过繁重,需要太多的时间待在圆明园内而无法离开,没有时间和精力再顾及宫廷内他一直负责的那些具体事务。

这样,可以更准确地认定:郎世宁正式迁入圆明园办公的时间,最迟是在乾隆十年(1746)十一月八日前后。但很有可能更早一些。

这个结论距离史实应该不远,因为这条史料是一个铁一般的证据。

同时,这个日期,或许也是更接近西洋楼区的"谐奇趣"开始策划和准备建造的日期。

值得注意的是,这个依据历史记载所确认的郎世宁迁入圆明园的时间点,同我们上面仅仅根据西洋楼区的第一栋建筑"谐奇趣"建造的时间所推出的时段,竟不谋而合。证明应该是符合史实而可信的。

## 七  为什么说郎世宁在圆明园的办公处所或兼居所是非正式建筑?

此时,郎世宁的年龄,已将满57岁4个半月[3],按中国传统的年龄计算法,

---

[1]  参见本书《郎世宁和清代宫苑珐琅彩关系之真相考论》一文第5节《郎世宁像培训宫廷画家一样地培训了一批画珐琅徒弟》。

[2]  见本书《郎世宁和清代宫苑珐琅彩关系之真相考论》一文第7节《郎世宁也设计珐琅器物的图样》。

[3]  郎世宁出生于1688年7月19日,中国历法则为清圣祖康熙二十七年(丙寅)六月二十二日。到奉命移交宫廷工作的乾隆十年十一月八日(1745年11月30日),郎世宁的年龄是57岁4个月11天。

他即将满59岁。

在此后的将近21年的岁月中①，郎世宁生命的大部分时日，应该是在圆明园中的一所非正式的或老旧的建筑物，后来被谑称、或谐称、或雅称为"古月轩"的地方和距离那里500米外的西洋楼建筑群的工地上（也许还加上圆明园的如意馆）度过的。除了设计和建筑西洋楼之外，他仍旧奉命有时作其他绘画和设计，并兼顾过问圆明园造办处珐琅作的瓷胎画珐琅制作之事。

但是，郎世宁的办公处所（或兼住所），即后来被称为"古月轩"的建筑物，直到郎世宁去世之时，实际上只是一座临时建筑物或老旧建筑物，而非正式的永久建筑物。正式的永久性建筑物，即由乾隆皇帝定名为"古月轩"的建筑物，是在郎世宁去世的次年完成的。

所依据的判断理由是：

(一)"鉴园"和"古月轩"正式建成于郎世宁死后

长春园的东路建筑群，包括"古月轩"在内的"鉴园"等，建成的年代较晚。圆明园史家说：

> 该园东部诸景（映清斋、如园、鉴园、狮子林），是乾隆三十一年至三十七年大规模增建的。②

又说：

> 本年（郑按：乾隆三十二年，1767年），长春园新建成鉴园，并大东门改建楼座、朝房。③

而郎世宁逝世于1766年。这即是说，"正式的古月轩"是在郎世宁逝世后的第二年才建造完成的。因此，郎世宁生前在圆明园的办公处所（或兼居所。也许那里还包括其他一些洋人）——早期的"古月轩"——一定是一所临时性的建筑物或老旧的建筑物，而不会是长春园中的正式的永久性的建筑物。

一般说，工程指挥部总是在工程开工之前建立和进驻工地附近，而在全部工程

---

① 郎世宁逝世于1766年7月16日，中国历法则为清高宗乾隆三十一年（丙戌）六月十日。这一日距离他的78岁生日仅差3天。

② 见《圆明园史介绍》，此文为"圆明园遗址公园"的网站文章：www.yuanmingyuanpark.com/zy/ymysjs.htm

③ 见《圆明园大事年表》，此文亦"圆明园遗址公园"的网站文章：www.yuanmingyuanpark.com.cn/zy/dashiji-0.htm。

完工之后才撤销。至于以后的事，则在原址另建其他正式建筑物亦属常理性做法。而那座所谓"鉴园"以及其中的"古月轩"，则正应是这样。

（二）郎世宁办公的"非正式建筑'古月轩'"是破解谜底的关键之一

既然长春园之"鉴园"中由乾隆皇帝命名或定名的那座正式建筑"古月轩"是建成于郎世宁去世之后，那么，便可以确认如下一点：

早期的"古月轩"，即郎世宁生前办公或兼居所的"那座"建筑或者"那片"建筑，必定是临时建筑物或老旧建筑物，而非长春园中的正式永久性建筑物。

这一点，绝对不会是偶然的巧合，或者仅仅是本书作者的一种猜测。因为：

惟其"非正式"，才可能有"古月轩"这个历史名号的产生。

惟其"非正式"，才可能有"古月轩"作为正式建筑物的产生。

惟其"非正式"，才可能有"古月轩"成为乾隆珐琅彩的代称。

现在逐一论述之。

① 惟其如此，才可能有"古月轩"这个历史名号的产生。

因为，如果郎世宁移入圆明园后的办公处所是某一处正式建筑物的话，譬如"如意馆"等，则这座建筑一定早已被皇帝正式命名或定名——圆明园中所有景点及其建筑物的名称都是康、雍、乾三朝皇帝亲自决定的；而长春园中所有景点及其建筑物的名称都是乾隆皇帝亲自决定的。如果不是他亲自命名的，至少也是他依据臣下的提议而亲自定名的。

既然，该建筑物已经有皇帝钦定的正式名称，譬如"如意馆"等，则除非皇帝自己改定名称，一般是不可能再产生另外一个名称的。

首先是，宫苑内没有人敢于更改皇帝钦定的任何名称；

其次是，即使有某个勇敢而对皇帝不敬者，其私下所提议的名称也不会被其他人承认；

于是，更不会成为所谓公认的名称，像后来的"古月轩"那样。

而上文已经指出，在清代，除非是公认的名副其实的胡人、名望之高和成就之大到相当程度，而同时又为当朝皇帝所宠爱者，皇帝们是根本不可能想到或同意使用"古月"这个历史早已定性的而政治上又极其敏感的词语来命名宫苑内的一座建筑物的。如此，则"古月轩"这个名号，也就永远不会出现于圆明园中了。

② 惟其"非正式"，才可能有"古月轩"作为正式建筑物的产生。

正因为郎世宁所据以办公或兼居住者还只是一处临时建筑物或老旧建筑物，所以还没有正式的名称，也就不便称呼。郎世宁搬进去办公后，其他人可能称其为"郎大人的画画房"①或"郎世宁大人处"②等等。至于乾隆皇帝本人,对郎世宁应是同对其他大臣一样,只呼其名"郎世宁",或有时亲切地称呼他"世宁"③。

如果他在圆明园的办公处所,是正式建筑,则名称已经被皇帝所钦命或钦定;如果郎世宁只是一个孤独工作的画家,没有负责处理和管理那么大的工程和那么多的事务,就没有那么多的人际关系;如果郎世宁不是太有名望和受到特别恩宠,并且是公认的"胡人"和"胡僧",则事情大概就会到此为止了。

但郎世宁毕竟是郎世宁:他的办公处所尚未定名,他地位高、责任重,他因为工作有太多的属下、学生、徒弟、随从和太多的人际关系,他是公认的"胡人"和"胡僧",也许再加上他易于相处,时间既久,对他的办公处所的称呼,可能或自然会被简化、被谐称、被雅谑,等等。

由于诸多因素的汇合,于是有一天,或者出于善意的调侃,或者仅仅是一种谐谑,或者是化俗为雅,或者是为了方便,郎世宁的办公处所被某人灵机一动,简称为"古月轩"。这里的"某人",并不排除风雅的乾隆皇帝本人。

因为新称呼比旧称呼,实在优越很多,故很快、甚至立即,被众人所接受,最后也被乾隆皇帝认可——如果他不是"古月轩"之名的滥觞者的话。当然,也不排除这样一种可能:即郎世宁的"古月轩"原本就是来自乾隆皇帝本人的灵感、雅兴、调侃、谐谑和昵称,甚至还兼有某种政治的考虑也是可能的。

郎世宁死后次年,鉴园建成,"古月轩"当然也正式建成。尽管郎世宁本人同那座正式的"古月轩"已经没有任何直接关联。但或许正是因为乾隆皇帝怀念服务皇廷半个多世纪而又劳苦功高的洋人近臣郎世宁,才将这座正式建筑沿袭郎世宁生前的习惯称呼正式定名为"古月轩"的。

更重要的是,即情况不是这样,那就不可能发生"古月轩"成为乾隆珐琅彩代称这样重大的事情了——如下一段所要论述的。

---

① 根据"清档"记载,郎世宁在皇宫中的办公室被称为"画画房"。郎世宁搬进圆明园以后,继续且大量画画,故其办公处所,沿袭历来惯称,仍被称为"画画房"也是可能的。

② 在那个时代,把某官吏的办公处所,称作"某大人处",是非常普遍而流行的。这同他们的住所被称为"某大人的官邸"或"某大人的公馆"或"某府"等是有区别的。

③ 这当然只是中国人的习惯,倘若按西洋姓氏,这种称呼显然是不伦不类的。

故宫博物院藏有一幅郎世宁所绘绢本设色"平安春信图",画乾隆皇帝年轻时同雍正皇帝游园赏花情景。虽然当时未题名款,但上面却有乾隆皇帝晚年某次观赏此画时的题诗。诗曰:"写真世宁擅,绘我少年时。入室幡然者,不知此是谁。壬寅暮春御题。"虽是写诗,应反映某种真实情况:即乾隆皇帝至少有时称呼他"世宁"。其中"壬寅",为乾隆四十七年(1782),时乾隆皇帝72岁,郎世宁已去世达16年矣。虽是作诗,但在郎世宁去世16年后,乾隆皇帝依然亲切地称呼他"世宁",亦可见其生前同这位皇帝的非同一般的关系。这样,联系到郎世宁去世一年后乾隆皇帝要为鉴园的建筑物定名,将那座同郎世宁关系密切的"轩"定作"古月轩"以资缅怀,便是完全可以理解的了。

③惟其"非正式"("古月轩"作为一所无名的临时或老旧建筑,并且存在了很多年)"古月轩"才可能成为乾隆珐琅彩的代称。

从一所无名的临时的或老旧的建筑物,转化为以"古月轩"作为人们口头称号的处所和建筑物,再转化为宫苑珐琅彩瓷器代称的"古月轩",必定会经历一个相当长的过程,短期内是不可能完成的。而转化的过程则应是自然发生的历史过程。

依据现存"清档"中的一些相关的零星记载,郎世宁有时会奉命负责设计"瓷胎画珐琅"(或称"磁器法胭"、"五彩珐琅"等)的图样,然后呈送乾隆皇帝御览,"准画"后再着专人实际绘制。而完成珐琅彩绘图的半成品瓷器一定要进行品质检验,看是否合格。推测这道工序也是在郎世宁办公或兼居所的"非正式建筑古月轩"或其相邻处所完成的。因等待检验和等待入窑烘烧,故要在那里暂时存放。而烧成的瓷器还要最后进行品质检验、挑选、呈览、奉命分送各处陈设或收藏。推测这最后的工序也是在"非正式建筑古月轩"或其相邻处所进行的。是故,那些瓷器还要在"古月轩"中再次地暂时存放。

如此,圆明园内每一批珐琅彩瓷器制作完成,可能要六次以上经过原本无名的那座"非正式建筑'古月轩'":奉命"起样"(在古月轩),"准画"批回(古月轩),彩绘后送(古月轩)检验,(从古月轩)搬送入窑烘烧,成品送(古月轩)检查,(从古月轩)分送各处陈列或收藏,等等,等等。于是圆明园造办处珐琅作的一批人,便会经常而频繁地出入那座"古月轩"。日久天长,语言简化,"去古月轩"、"送古月轩"、"取古月轩"等等简略说法,便会成为他们的常用语,口头语,甚至口头禅。自自然然,约定俗成,渐成习惯,意指转换。原址建筑物和场所的"古月轩"后来也兼指频繁进出那里的珐琅彩瓷了。

这样,或许先在珐琅作的负责人和工人中间,后扩大到圆明园内其他许多人员中,"古月轩"便会自然成为那些珐琅彩瓷器的代称了。

如果郎世宁搬入圆明园后的办公处所是一所早已被命名的正式建筑,比如"如意馆",那就无可能发生以"古月轩"代称乾隆珐琅彩瓷器的事了。显然,后来也就不会进一步产生那座正式建筑物被皇帝命名或定名为"古月轩",更不会产生更后来的"古月轩之谜"了。

本文至此,关于"古月轩之谜"的谜底,涉及的概念和术语,以及破解这个历史之谜的考论过程,已经大体完成,似乎可以进入同结论相关的结尾部分了。

但是,对于郎世宁生前长期工作或兼居住的那座被称作"古月轩"的临时或老旧的非正式建筑物的历史存在的真实性之论定,也许还需要分出几个更具体的问题,从不同的方面和不同的层次,进行专门的、集中的和逻辑的论述。这样的问题，兹拟出如下三个：

如何确认"非正式建筑'古月轩'"是历史的真实存在？

为什么设想定名"古月轩"的所有可能性中只有一种可信？

如何确认洋教士不是一直住在如意馆而是住在非正式的"古月轩"？

这样的论述，作为学术论文，有时似乎会让阅读者觉得好像是在重复，其实是因为史料的极端缺乏和考论的极端困难不得已而为之。

这正如一个半球体，你从正面看，它像是一个球体或者是一个圆面；从反面看，它依然像一个圆面或者是一个球体。从侧面360度的某一个角度看，它都像一个有不同缺陷的半球体，但同时也像一个有不同缺陷的半圆面。要确定它的半球体形状之真相，则需要从好多角度观察和综合论证。

确认一个半球体在实践理论上尚且如此复杂，更何况是"古月轩之谜"呢！

重复么？似乎是，但其实完全不是！

兹逐一论述之。

## 八　如何确认"非正式建筑'古月轩'"是历史的真实存在？

现在以集中考论的方式来确认"非正式建筑'古月轩'"的历史真实性。

这是破解"古月轩之谜"所要考论的一个非常具体的问题，是迄今所知的史料中既无证据可以直接肯定、也无证据可以否定的问题，是历史真正缺失的环节。

但是，今天，依据无可争辩的历史事实和一些史料记载，以及破解"古月轩之谜"的现有结论之整体的合理性，对这个问题还是可以基本论定，使这个完全缺失的历史环节得到某种程度的显现、补缀或复原的。

作为郎世宁在圆明园中长期办公或兼居所的上述那座"非正式建筑'古月轩'"之历史存在的真实性，在现存史料中似乎没有留下任何记载，恐怕未来也难以指望会发现新的铁证性史料可让人们据以定夺之。因为在1860年秋天的那场毁灭圆明园的历史大灾难中，保存在圆明园中相关的记载也被毁灭了，而且很可能是全部毁灭。因为同被破坏和被焚毁的园林的其它部分相较，一切记载文字资料的纸质类东西，实在是其中最为脆弱不堪的部分。

如果说，那座被皇帝命名的圆明园的正式建筑物在真实地存在了93年（1767—1860）之后才被焚毁了的"古月轩"，还让近、现代的人们寻找了近百年而还确定不了其踪迹的话，那么考论那个非正式的临时或老旧的建筑物"古月轩"，当然就更加不易了。

今天，如果不能通过考论确认那座临时或老旧建筑，即"非正式建筑'古月轩'"的真实历史存在的话，那么"古月轩之谜"的考论和破解过程就存在着一个缺陷——虽然并不影响本文结论之整体的可靠性——仿佛破解过程中的这一环节是仅仅依靠本书作者的推测和猜想来填补的。

本文考论过程中事实上已经多次涉及和论述过那座"非正式建筑'古月轩'"的历史真实性，只是作为一个论点，还不够集中和突出。现在把分散在各处的零星考证和论述集中起来，并加以补充和逻辑化。因为相关的史料在上文中大都已经征引，故本节重复使用时一般不再注名出处。

确认那座"临时建筑'古月轩'"之具备历史真实性的理由是：

（一）从"谐奇趣"的建造判断郎世宁搬进圆明园办公和居住

西洋楼区建筑群的第一座西洋式建筑"谐奇趣"之始建于乾隆十二年（1747）一事，是圆明园学者已经大体确认了的，而郎世宁之奉命绘画和设计了"谐奇趣"的工程图，现在也已是没有疑问的。

如此，则本文判断郎世宁之奉命、构思、测量、设计和绘制"谐奇趣"图纸的开始时间，当在乾隆十年（1745）上下就应该也是可靠的。因为对郎世宁来说，这是一件光荣、生疏而又繁重的新任务，郎世宁要花费大量的时间从事阅读、研究、思考、实地观察测绘和计算等等，自然也是没有问题的。

但郎世宁的这些繁重的工作，是不可能在皇宫中他的"画画房"或一般所说的"如意馆"——即使是圆明园中的如意馆——的某个角落来完成的，也不可能是他一个人独立完成的。因为他要"相地"、勘查、测量，并根据地形和实测的各种数据资料才能进行思考、绘画和设计，故他的日常生活的绝大部分时间，从奉诏开始，都必须在圆明园中的长春园之西洋楼区及其附近地区度过。人们无法想象他是在京城皇宫中的办公室完成设计和指导建造的，甚至也不可能是在圆明园中的如意馆完成的。

换言之，仅仅据此一点亦可判断，他大约应在此时前后（具体时间或者更早更前，但不会太迟后）便会奉命搬进圆明园内办公或兼居住。是故，这——郎世宁从乾隆十年左右开始即常在圆明园，而非紫禁城的皇宫——是一个大体可以确认的事实。

（二）史料记载了郎世宁交接原在宫廷的事务于他人的日期

上文考论中，恰巧征引了一条史料，说乾隆皇帝在乾隆十年十一月八日（阳历1745年11月30日）诏命郎世宁将原在紫禁城宫廷内负责的具体事务工作办理移交：原来管理图样的工作令他交给海望，教导绘画的工作令他交给沈源——郎世宁仍任总教习[①]。

---

① 参见上文第6节之（3）《② 郎世宁奉旨移交和摆脱宫廷工作显示了其迁居的具体时间》。

这条记载说明，他当时已没有时间继续负责和处理原在宫廷里承担的事务工作，因此，从这时起直到去世，他也不会再常去宫中和常在宫中。

而这个移交工作的时间点正好就落在本文上段文字所判断的那个时间段之内。这显然也不是偶然的巧合，而是必然的。

因为大约从此时开始，郎世宁在圆明园内的工作量实在是太大、太多、太繁重了：要临时奉命绘画；要负责西洋楼区各大型建筑的设计、测量、计算、绘图和指导建造；要负责圆明园珐琅作中珐琅彩制作的指导、设计、检验等等。他必须全力以赴地待在圆明园里工作不停，无休无止。

因此，郎世宁的搬进圆明园办公和居住这段历史，也是今天完全可以确认的。

（三）郎世宁搬进圆明园以后也不可能一直住在如意馆

在可以确认郎世宁搬进圆明园之后，还无法判定他开始时住在园中的什么地方。一般认为，他们传教士是在如意馆办公或兼居住的。这颇有可能。但即使郎世宁曾经在圆明园的如意馆呆过，也不会一直住到21年后去世的时候。因为这个问题非常重要，下文还要进行集中而专门的论述，这里仅略述如下理由：

① 郎世宁的工作性质使他不可能单独埋头于办公室。郎世宁负责西洋楼区建筑群的设计、测绘、施工、指导建造和指导珐琅彩制作中的图样设计、绘制、检验等等。他一定有很多副手、助手、"学生"、随从和其他工作人员。至少分成建筑和珐琅彩两大部分，因此也需要相当大的工作场所。这都不是原来比照宫中的如意馆所建造的圆明园如意馆所能容纳得了的。

② 圆明园如意馆的位置距离西洋楼建筑工地也嫌太远。从圆明园的平面图可以看出，郎世宁的办公处如果长期设在如意馆，比较设在后来的"鉴园"和其中"古月轩"的位置来说，难以同日而语。前者建造于雍正年间，太小，距离西洋楼区较远，而后者则是西洋楼区建筑群工程指挥部的一个最佳选点，距离工地很近，工作区也可以根据需要而扩大。

③ 鉴园很可能是长春园西洋楼的建筑工地指挥部。"古月轩"所在的位置就在"鉴园"区域，而且是鉴园的一部分。

从"鉴园"这个名字，鉴园的位置之所在，以及它是长春园中最后建成的景点之一来判断，鉴园应该就是长春园——尤其是西洋楼区建筑群主体工程在十几年施工过程中的工程指挥部所在地。

而郎世宁作为总设计师和总工程师、总指导建造师，必定是工程指挥部的重要成员之一，他的办公处所或兼居所，当然应该就在鉴园区域之中。而那座后来正式建成定名的"古月轩"，又偏偏就在"鉴园"的最北部距离工地最近的地方。

郎世宁最迟在乾隆十年十月正式搬进圆明园办公/兼居住这点虽然可以基本得到确认，但这还不等于确认了那座"非正式建筑'古月轩'"的历史存在。不过——无疑是这种确认的一个必要前提。

（四）宫苑中一座新建筑被皇帝定名为"古月轩"决非小事

如果圆明园学者没有确认"古月轩"的真实历史存在，那么，关于郎世宁的办公或兼居所问题，考论到这里，应该就是终点。

但历史的真实却偏偏是：

＊ 圆明园中有一座"古月轩"在历史上确确实实地存在了93年之久；

＊ 而这座"古月轩"又是建成于郎世宁1766年去世之后的第2年；

＊ 这座"古月轩"又是位于"鉴园"之内距离西洋楼区建筑群最近的地方。

这些史实，使关于郎世宁搬进圆明园后的具体办公处所或兼居所的考论，可以大大前进一步，并使"古月轩之谜"的完全破解成为可能。

上文已经考论过：

① 没有极为特殊和顺理成章的情况，乾隆皇帝不会、也不可能将一座新的宫苑建筑命名或定名为"古月轩"，因为这等于承认自己是"胡人"，"我大清"政权是"胡人"政权。这是自贬、自侮、自蹈政治忌讳，自揭自家政权一直竭力掩盖的先天性秃疮。

② 圆明园中的"古月轩"建筑和同珐琅彩瓷器相联系的"古月轩"这种名号，只能同从西洋到中国的"胡人"、"胡僧"郎世宁的办公处所或兼居所发生关系，而排除了同任何其他人——包括其他的洋人——有关联的可能性。

那么，有没有这样一种可能：即根本就没有什么临时或老旧的非正式建筑物被人称为"古月轩"的事，郎世宁当年同其他几位在圆明园工作的传教士一样，如许多学者所说，都住在圆明园的如意馆内，而只是在"鉴园"建成之后，乾隆皇帝为思念和缅怀去世不久的郎世宁，才灵机一动，直接将其中的一座建筑物命名为"古月轩"呢？

逻辑的回答是：绝无可能！理由是：

没有上述的时间既久、调侃谐谑、方便适用、化俗为雅等等这些综合因素和漫长的过程，即使乾隆皇帝在对去世不久的郎世宁怀念，还伴有某种苦涩和忧伤，也还是不可能灵机一动，"偏让古月伴今皇"，骤然将一座同郎世宁全然无关的皇家苑囿中的新建筑命名为"古月轩"的。

因为这太犯文化传统的忌讳，尤其是清王朝的政治忌讳了。尽管皇帝有至高无上的权力，也应不会冒这种天下之大不韪的。但如果定名郎世宁生前的办公处所和居所位置上的建筑，使用的又是过去多少年间的习称，则除了雅与谑之外，

还有掩盖皇帝也是"胡人"身份的政治作用。（详下文）

（五）作为正式建筑的"古月轩"不可能同珐琅彩瓷有关联

圆明园中那座被命名为"古月轩"的正式建筑物同乾隆珐琅彩瓷器不可能发生任何关联。因为：

① 圆明园中历史上存在的"古月轩"，其被正式建成和被正式命名，都发生在郎世宁去世之后。因此郎世宁经手的乾隆珐琅彩瓷，不可能同这座正式的"古月轩"发生任何牵连。

② 在这个时期（"古月轩"被正式建成和命名）之前，乾隆珐琅彩瓷器的制作，已经开始没落。虽有断续制作，已早非珐琅彩瓷繁荣昌盛的昔日，直到最后撤销"珐琅作"这个机构，遣散所有人员。

③ 古代用"轩"这个名字所指的任何建筑物，虽形制可能不一，但有一点是共同的，就是：都不会是密闭而不透光的。是故，适宜于展示，① 但却不适合作为储藏室使用，更不会用来收藏和保管皇家精品珍宝，尤其不适宜用来收藏和保管珐琅彩瓷器。

④ 著名历史学家汪荣祖认为，长春园中的"鉴园"中有大型"藏书楼称为'万源阁'"，而"古月轩"及其周围的"益寿轩"、"自省斋"等建筑"都具有江南园林色彩"，"乾隆因而很喜欢到这里来阅读、思考和冥想，更希望退位后能多在这里盘桓"②。所以，正式的"古月轩"不可能是珐琅彩瓷器的收藏处所。

（六）只有"非正式建筑古月轩"才会同乾隆珐琅彩相关联

既然正式的长春园中的建筑"古月轩"同乾隆珐琅彩不可能有任何关

---

① 汪荣祖先生对"轩"的建筑，曾经说过："轩，参照中国古代马车的样式，看来宽广高挑，所以被称做'车轩'，它们盖在既高且阔的空地上来取得最好的视野。最非凡独特的轩要算是长春园里的淳化轩，那里是乾隆皇帝用来展示他珍藏的著名《钦定重刻淳化阁帖》石刻的地方。"（《追寻失落的圆明园·导言》。汪荣祖此书原著为英文版，《A Paradise Lost: The Imperial Garden Yuanming Yuan》，夏威夷大学出版社，University of Hawaii Press，2001年出版。《追寻失落的圆明园》的中文版译者为钟志恒先生。简体字版为江苏教育出版社出版。中文译文经过原作者通读和修订。）

② 汪荣祖先生的原话是："鉴园是一座被水环绕而自成一角的小型园林，位于如园北边经精心设计而成的紧凑区域，包含了许多大型人工建筑。有二十四间厢房的大殿往两侧延伸出许多回廊。两层楼高的藏书楼称为万源阁，是珍贵书刊、绘画和书法的收藏室。三楹宽的桐荫书屋有围着汉白玉栏杆的鱼池，在这鱼池北边的回廊可通往一个复合的建筑群，包括益寿轩、古月轩和自省斋，都具有江南园林的色彩。部分楼阁的倒影可以在长河上看到，乾隆因而很喜欢到这里来阅读、思考和冥想，更希望退位后能多在这里盘桓。"见《追寻失落的圆明园》第1部《建筑》第3章《长春园的扩充·长春园的兴建（2）》。汪荣祖氏这里说"乾隆因而很喜欢到这里来阅读、思考和冥想，更希望退位后能多在这里盘桓"，不知有无更多历史依据，如无，则此说只应作文学描述看。圆明园类似这里的建筑和景点可能多达数百处以上，乾隆皇帝何以会独独如此地钟情此处呢？

联，则又只有带假设性质的"非正式建筑'古月轩'"之长期的历史的真实的存在才能帮助解决问题，那么——这一点也可以作为其自身历史存在的一个佐证。

逻辑上，人们不能以任何直接的猜测性结论去反证导致此一猜测性结论的那个前提的合理性，亦即在理论上，不能以猜测性结果去"反推"导致其产生的那个原因的存在。因为那只是同义反复的一种诡辩而已。

但是，倘若考论过程中得出的结论已经能够非常合理而又十分圆满地回答那个历史悬案（或曰历史之谜）的核心问题和其他系列性实质问题，而且全部考证和论述的总体合理性已经基本解决，那么，在这种情况下，以已有逻辑和理论结果的合理性反过去说明、补充、佐证、甚至反证早已被历史湮灭的某个史实，在逻辑上和理论上都是允许的。

## 九　为什么设想定名"古月轩"的所有可能性中只有一种可信？

为了使情况更加明晰，论述更加清楚，现在专门探讨一下乾隆皇帝当时定名或命名长春园中这座新落成的建筑物为"古月轩"的所有可能性。人们完全可以发挥想象力，尽情去设想各种可能的情形。譬如：

（1）命名皇家园林新建筑为"古月轩"同郎世宁无关？
（2）皇帝为纪念郎世宁而命名新落成的建筑为"古月轩"？
（3）因郎世宁曾长期工作和居住该处而命名"古月轩"？
（4）"古月轩"是皇帝怀念郎世宁并沿袭长期的旧称而定名！

把想象和猜测性的东西变相地煞有介事地冒充为结论，是学术研究的一大禁忌。但这不是说学术研究中不需要想象力，或不能发挥想象力。想象力的贫乏会导致学术研究的平庸和无力；当然，仅仅凭借想象力的驰骋则会导致研究的荒诞和儿戏。如果把想象当作研究的一种工具，比如研究历史，在历史大环境之真实性的基础上，发挥高度的想象力，设想某一具体事件发生的各种或全部可能性；然后再一一加以认真的考查和严格地论述，最后发现某种情景的可靠性和可信性，同样是学术研究的一种方式。并不逾越雷池和违背规范。

下面逐一考查上列设想，试看结果如何。

（一）命名皇家园林新建筑为"古月轩"而同郎世宁无关？

依据现在所知史料，在清代，在乾隆以前，没有发生过可以将一座宫苑建筑物命名或定名带有"古月"字样的任何因由，更没有任何事实可以佐证。而现在（指为"鉴园"和"古月轩"命名之时）要使用"古月轩"这个名称为之命名，则除了乾隆皇帝一人之外，又有谁人会建议——和敢于建议——使用这个犯忌讳的名号呢？

当然，如果遐想的话，则以中国皇帝至高无上、一言九鼎的地位而言，乾隆皇帝本人似乎也可以提名和命名"古月轩"；不过，有一点绝不可忽视，即：他为什么会考虑使用这样一个名字？

难道乾隆皇帝会不知道：

* 中国文化中拆为"古月"还是"胡"的这个岁月悠久的历史？
* 不知道称"胡"或"古月"带有对北方各少数民族的强烈贬义？
* 不记得朱元璋的一句"驱逐胡虏，恢复中华"的口号曾经具有怎样强烈的民族号召力？——当然他不可能知道一百多年后孙中山等革命党人仍然骂"胡"骂"古月"。
* 不知道他自己就属于"胡人"（满人）却又特别忌讳承认是"胡人"的政治传统和敏感性？
* 不知道这样作会导致自贬和自侮？

退一步说，即使乾隆皇帝一时神经短路，曾经考虑和提议使用这个名字，那也定会遭到强力的谏诤。皇帝若没有充足理由，又岂能平息谏诤而定下这个"古月轩"的正式名号！

这就是说，那所新建筑物如果同郎世宁的生平毫无关联，是不会突兀地被命名或定名为"古月轩"的——即使是乾隆皇帝本人也很难。

（二）皇帝为纪念郎世宁而命名新建筑为"古月轩"？

当然，人们也可以设想，乾隆皇帝在郎世宁去世之后非常思念他而可以在长春园新建筑物的命名上有所表示，从而会命名某一座新建筑物来表示对他的纪念和表彰。但如果要命名那座新落成的建筑物为"古月轩"，也仍然只有乾隆皇帝一人才有作此提议的可能性和作出最后决定的权力。

但既然那座新建筑物原同郎世宁生平毫无关联，而此前又无关于"古月轩"之名的任何影子或痕迹可供追踪和参考（注意，这两点只是本段假设的前提），那么便很难把郎世宁本人、他的生平和贡献，同宫苑中无数新建筑物中的那座特定的建筑物联系起来，也不便在悼念命名中包含调侃、谐谑或雅谑的明显成分，如"古月轩"之名所具有的特殊含义和情感色彩那样。

如果真有类似情况，乾隆皇帝要以命名建筑物来纪念或表彰郎世宁，则"世宁轩"、"朗月轩"等等，都是极好的名字，使用它们中的一个，岂不是更佳的选择？又何必非"古月"不可而徒惹是非呢？

因此，这种可能性，同前一种虽然有别却属类似，同样是难以成立的。

（三）因郎世宁曾长期工作和居住该处而命名"古月轩"？

如果郎世宁生前曾经长期在这个区域工作和居住，则乾隆皇帝当然有可能将一座起造于原地的新的小型建筑物给予一个特殊的名字以表达对郎世宁的怀念和表彰，同时也寄托自己的某种哀思。

不过假如郎世宁生前的工作场所和居处从来不曾被称呼过"古月轩"，或者说"古月轩"这个名字从来没有围绕着郎世宁等出现和使用过，那这时也不会使用"古月轩"作为新建筑物的名号。理由为：

一是人们很难想起或使用这个传统上几乎均属贬义而对当代皇帝和皇权又极具政治敏感性的词语来作为新建筑物的名号；

同时，任何调侃和谐谑的名号，在这个寄托悲思和怀念逝者的当口，都是不适当的，无论那名号是雅谑、俗谑，还是恶谑——自然，恶谑在这时是不可能的。

所以，设想这样的可能性还是难以经得住推敲而能成立的。

（四）"古月轩"是皇帝怀念郎世宁并沿袭长期的旧称而定名！

作这个设想的相关条件是：

过世不久的郎世宁生前的确曾经长期——20年甚至20年以上——在这里的老房子里工作/兼居住；

郎世宁作为三朝老臣，一直工作勤奋，成就巨大，皇帝欢心。其绘画、设计和督建的西洋楼区规模宏大而风格特殊的建筑群就坐落和耸立在旁边。

而当时这里因为并不是长春园的正式建筑，是故还没有被皇帝正式命名，从而也不便于人们称呼；

但却因着某人（包括乾隆皇帝在内）的一个偶然的调侃和谐谑，或者是简化与昵称，从而逐渐被包括乾隆皇帝在内的众人长期在口头上称作"古月轩"；

而现在要为在原地起造的这座新的小型建筑物命名，乾隆皇帝也为了纪念和表彰去世不久的郎世宁……

在这些条件下，以"古月轩"作为名号，就变成了对那座新建筑物的一个最佳的而且是自然的选择，也是有清一代历史上一件非常特殊但却又顺理成章的事情。何况，以"古月轩"命名这座新建筑，除了可以表示怀念西洋胡人艺术家和建筑家而同时又可以掩饰或削弱皇帝和皇权本身所具有的本地"胡人"的气息呢！

要之，我们能够想象的以上四种情形，第（1）种情形绝无可能，第（2）第（3）两种没有任何可能，只有第（4）种情形，不仅完全可能，而且还非常自然、非常合乎情理。

除了以上四种情形，还能设想出别样的一定要将这座新建筑物特别命名为"古月轩"的情形么？！

历史，当然不允许人们随意设想和假定，但是，"古月轩"：

作为圆明园中一处曾经真实存在过的小型建筑物，

在郎世宁逝世（1766年）之后不久正式落成，

并由乾隆皇帝亲自命名或定名称作"古月轩"——

这三点却是不容争辩的历史事实，同时也是"一个"非常奇特和罕见的历史事实。

既然如此，那么在可供考证的史料之非常有限、而且预计未来也很难发现铁证性的任何历史资料的基础上，对这个历史事实形成和出现的一切可能性，尽情地发挥想象力，罗列设想的所有结果；然后，再把它们放在当时具体的历史环境中逐一考查，比较各种设想情形之历史可能性的大小，从而作出较为合理的判断，是论述所允许的。这——

是破解悬案中论述的一种特殊方式，

是探讨者在迷雾环绕中的一种摸索，

是学术在无奈和绝处中的一种奔突，

是历史在灭绝后希望复原的一种曙光。

——幸而，结果是令人非常欣慰的！

## 十　洋教士不是住在如意馆而是住在非正式建筑的"古月轩"？

首先，本文从没有否认过在乾隆时代，在圆明园中，包括郎世宁在内的西洋传教士曾经，甚至一直工作或兼居住在圆明园的那座如意馆中。

本文只是说，在乾隆十年至三十一年（1745—1766）期间的大部分时间，特别是在大规模兴建西洋楼建筑群时期（1747—1760年），郎世宁、蒋友仁等几位参与绘图、设计和督建的传教士，至少在后来修建"古月轩"的区域，有他们的办公处所，或也兼居所。当时还是临时建筑或老旧建筑的那处非正式建筑物，曾经被人们谐称或雅称为"古月轩"。

如何确认以郎世宁为首的几位参与兴建（设计和指导建造）西洋楼区建筑群的传教士当时是在非正式建筑"古月轩"中办公或兼居住而不是住在圆明园中的如意馆呢？有以下四点理由：

（1）郎世宁必在其中的长春园工程指挥部不可能设在如意馆；

（2）雍正早已定名的如意馆中不可能再出现谐谑的"古月轩"；

（3）如意馆这种小规模传统式建筑物难以承受"轩"的称号；

(4) 清宫苑建筑中被钦定为"古月轩"的历史史实无法解释。

兹逐条阐述之。

(一) 郎世宁必在其中的长春园工程指挥部不可能设在如意馆

这个"如意馆"当然是指圆明园中的那个如意馆,皇宫中的那个如意馆早已从我们的论述主题中淡化和搁置了。

长时期地、大规模地兴建长春园(各中式建筑和西洋楼),一定有一个工程指挥部。这个工程指挥部是否属于造办处、内务府,或者竟然是一个独立机构,虽然有待进一步考证和确认,但它的历史存在则是毋庸置疑的。

本书作者认为,这个工程指挥部很可能就在后来被定名"鉴园"的区域或附近地方。但不管怎样,绝对不会设在已经建成的圆明园中的某处园林景点,也不会是在长春园中已经建成的中式建筑的某处园林景点,更不会是在圆明园"洞天深处"后面那个小小的"如意馆"中。其中道理非常简单:

* 那个"如意馆"所在的地点对督建大工程很不方便;
* 它又是位于早已全部完成建筑工程的圆明园中之一隅;
* "如意馆"的建筑物及其所在地区都太过狭小;
* 而现在工程指挥部所管理的工程浩大,时间延续很长;
* 其所辖工程人员和民工的总数必定会成千上万;
* 皇帝不会准许他们的建筑大军使用圆明园南大门即大宫门和御道出入;
* 特别是他们的运料队伍很可能浩浩荡荡,日夜不停。

而郎世宁作为西洋楼区建筑群的总绘图设计师、总工程师和总指导建造师,即使他原本在如意馆中有一个画画房并且继续保有着,但现在也必须带领一批助理和随从人员以及工程指挥部的其他首领人员长时间地呆在一起,待在工地现场和工程指挥部中,而不再有可能和被允许继续待在那个小小如意馆中的某个角落单独工作,从而脱离工程指挥部和工程现场的工作。

(二) 雍正早已定名的如意馆中不可能再出现谐谑的"古月轩"

圆明园中的"如意馆"早在雍正时期已经建成,并被正式定名。后来不可能有任何其他人——哪怕是乾隆皇帝本人——会去更改这个名字或去添加一个别名、浑号等等。

即使有一些洋教士们在如意馆中办公或兼居住,那里也不可能被给予"古月轩"("胡人轩")这样的新称号而放弃雍正皇帝早就钦定的称号。

圆明园中的如意馆位于南大门(大宫门)内东侧"洞天深处"(皇家学校,皇子们向学之处)的后面。作为圆明园中的建筑群,它是一处小地方——虽然可能还是皇家画院和文史修撰之处,当然也是文人荟萃之所。

少数在圆明园中工作的西方传教士被安置在如意馆中办公（或兼居住），完全可能。但因如意馆规模甚小，早被定名，建筑类型又同"轩"沾不上边儿，并且有"如意馆"这个名称已经足够使用，是故，尽管郎世宁等洋人曾经在其中办公或兼居住，也难以再被另外谐称或雅称为"古月轩"。

退一步说，即使如意馆中郎世宁等洋人栖息的某个角落，或某几间平房，曾被谐称或雅称为"古月轩"，那这个如意馆中的"古月轩"，也难以想象它同后来郎世宁去世之后在长春园中新建的被乾隆皇帝亲自正式命名的那座"古月轩"会发生任何关联。

而问题的症结之一恰恰是：如果历史上圆明园中曾经有两个"古月轩"出现，则前一个"古月轩"同后一个"古月轩"，临时的"古月轩"同正式的"古月轩"，位于圆明园中如意馆的某个角落的那个非正式的"古月轩"同长春园中"鉴园"中的永久建筑"古月轩"，必定有继承关系，而不会毫不相干。在圆明三园中，"古月轩"一名不可能被先后两次，或在两处建筑中重复使用。

（三）如意馆这种小规模传统式建筑物难以承受"轩"的称号

如意馆是宫苑内最一般性的平房建筑，不适宜用"轩"这个名字来称呼。

历史上被称作"轩"的建筑，不论规模大小、具体形式如何不同，但应该都不是只有一面开窗，采光不良的建筑物。而是两面、三面甚至四面开窗，室内光线明亮的建筑物。而当时如意馆中的平房建筑不符合、不具备被称为"轩"的条件。

迄今所知，中国历史上规模最宏伟、装饰最豪华的"轩"，应该是乾隆初期在长春园中的湖中心建成的主体建筑之一的"淳化轩"。后来建成的"古月轩"在湖的东岸，距离"淳化轩"直线距离仅约400米水面。"淳化轩"是乾隆皇帝陈列北宋法帖"淳化阁帖"及其重刻版块之所。这说明，在当时，把"轩"这种形式的建筑，作为珍宝或其他物品的陈列和展览之所，应该是选择了最佳的建筑形式。

是故，所谓"轩"，同"如意馆"这种宫苑最普通的传统建筑，大异其趣。也绝非欣赏"月"的良好处所。如果硬要给予郎世宁等在如意馆的办公处所或兼居处一个带有"古月"的谐称或雅称，则"古月室"、"古月堂"、"古月馆"或"古月画房"等等都比"古月轩"要来得贴切。

位于长春园之大片湖水东岸的"古月轩"，"轩"前（或轩右）面临的是大面积湖水，无论是临时建筑或老旧建筑，还是后来的正式建筑，除了"古月"还是"胡"这种中国特有的文化传统之外，也的确是赏"月"的一处好地方。

中国人赏月，实际上赏的大都是上弦月和满月——尤其是上弦月。每当上弦月出现的时候，这里不仅有天上月，还有水中月，景色相映成趣。一月普印一湖水,天上人间两依依;那月,既是今时月,也是古时月,令人浮想联翩。古人不见今时月,古月依旧照今人。

然而,这种景致不可能同那座如意馆有任何关联。如意馆可以供皇帝们御用的一般人和奴才们工作和居住,也可储物,但绝无水和月的优美精致可以欣赏。

(四)清宫苑建筑中被钦定为"古月轩"的历史史实无法解释

最重要的是,在郎世宁去世第二年正式建成的鉴园中的那一片仿江南园林,其中的一座被乾隆皇帝命名或定名为"古月轩"这一历史事实,便无从着落,无法解释。

如果仅仅是一个无从着落、无法解释的一般建筑物名号,倒也罢了。

要害的症结是,乾隆皇帝命名或定名宫苑的一座小型建筑为"古月轩",如果没有极为特殊而又顺理成章的情况出现和存在的话,便是触犯了"我大清"入关建立全国统治政权 123 年(1644—1767)以来的政治大禁忌和社会大禁忌。这在当时是不会发生,也是不可能发生的。

这里所指之极为特殊而又顺理成章的情况,就是:

"我大清"有郎世宁这样一位西洋来的近臣和侍臣服务于宫廷 50 年,他是这样地贡献心力才智,这样地勋业卓著,并且成果就在眼前、附近和身边,他值得"我大清"皇帝怀念和纪念;

他在现在这座建筑物所在的地区之旧建筑中长期工作或兼居住过,并且那座旧建筑已经长时期地被周围的人们谐称或雅称为"古月轩",而且郎氏本人也不反对,甚至乐于接受这一称呼;

如果沿袭这一长期的旧称将这座新落成的建筑物定名为"古月轩",既表彰了"胡人"郎世宁的功勋,显示"我大清"继承了汉唐盛世各族一体的传统,也掩饰和淡化了本皇帝自身和本民族的胡人背景。

以上四点理由,虽然没有历史记载作为直接铁证——这种历史记载永远都不可能指望会被发现——但对于否认圆明园中的如意馆曾经有一处郎世宁等西洋传教士居住的角落或房间曾被称作"古月轩"这一点来说,应该还是足够的。

## 十一　关于本文结论及其相关的问题

在开始考论之前,作者已将本文的结论详细叙述了一遍。共有 11 个环节。

经过考论以后,现在可以将整个结论简化为五个要点,兹简略叙述如下:

(一)本文的结论

"古月轩"是清朝乾隆年间圆明园中的部分人士对 18 世纪著名的艺术家和

建筑家、耶稣会派到中国的传教士郎世宁在圆明园中的办公处所之临时建筑物的谐谑或典雅称呼，其实质意义仍是公然地指其为"胡人"和"胡僧"之轩。但对当事人而言这一称呼只是一个雅谑。

18世纪中期，郎世宁在圆明园中长期从事绘画、建筑并指导珐琅彩瓷器的制作。由于每一批珐琅彩瓷器在设计绘画和入窑烧制前后，都要多次被送到郎世宁办公的所谓"古月轩"检验，并在那里暂时存放，久而久之，语言简化，"古月轩"遂成为当时制作的珐琅彩瓷器的代称。

1766年郎世宁去世，次年，原临时建筑"古月轩"所在区域建成为一座正式园林"鉴园"。其中"临时建筑古月轩"原处落成的一座临湖新建筑，被乾隆皇帝沿袭旧称，钦定为"古月轩"。1789年，珐琅彩停烧。1860年，圆明园被劫掠和焚毁。其中的历史档案亦随之灰飞烟灭。"古月轩"遂不为后人所知。

陶瓷界近百年中未能确认"古月轩"的历史存在，但"古月轩"作为珐琅彩的代称，却因清朝宫苑珐琅彩瓷器的流出和为世人所珍爱，从而代代口传被保留下来。数代人更替之后，"古月轩"的缘起终因无从查考而再也不为后世人所知，继而猜测诸说纷起而形成所谓"古月轩之谜"。

本文的这个结论之可以圆满地解答"古月轩之谜"的问题，是其从假说成为真理的重要条件之一；而这个结论所牵涉的诸多史实和环节，均已经过史料的严格考证和逻辑的严密检验；但因圆明园当初的档案完全毁灭，个别环节仍属猜测和假说，故仍有待来者。但这一结论在整体上的正确性已经是难以动摇的。

（二）历来关于"古月轩"的所有说法均属臆测

"古月轩"之作为人名，或作为该轩的主人，历来的说法，实际上至少达11种之多。

第一种是说"古月轩"为乾隆皇帝之轩。乾隆时期制作的珐琅彩收藏于该轩之中。是故，乾隆珐琅彩遂被称为"古月轩彩"或"古月轩瓷"。此说在诸说中出现最早，清末被记载，故起源当更早。虽属传说，但现在看来，还是曲折地反映了某种历史的真实。

第二种是说"古月轩"为清朝康熙、雍正、乾隆诸皇帝之轩，并非专属乾隆一朝。珐琅彩瓷器储存在此轩之中。是故，"古月轩彩"或"古月轩瓷"是指全部康、雍、乾三朝的珐琅彩。

这两种说法，是关于"古月轩之谜"之最早的两种说法。后来，虽然"古月轩"作为"乾隆之轩"或作为"清帝之轩"，在上世纪30年代都被否定，但"古月轩"作为乾隆珐琅彩瓷器的代称，或者作为全部清代珐琅彩瓷器的代称，却二者并存地被保存了下来。

但这两种说法实际上并不相容。虽然现在将"古月轩"作为全部珐琅代称的观点,在行内更为普遍,而其实并无甚么可信的依据使其成立。

第三种是从20世纪30年代的杨啸谷《古月轩瓷考》和郭葆昌《瓷器概说》延续到现在,并且一直居于统治地位的说法。即:清朝皇宫和皇家园林中根本没有叫做"古月轩"的建筑物。当然更不会有什么"古月轩"储存瓷胎画珐琅的故事。所谓"古月轩"只是误传或谣传而已①。

这种说法虽然经过当时学者考证,但限于那时的条件,导致结论失误。数十年前事实上已被圆明园学者的发现所完全否定,可惜长期未能引起陶瓷学界和博物学界的足够注意。故直到现在(2007年8月9日)这一说法仍被错误地、无数次地重复着。

第四种是《辞源续编》和《古玩指南》的说法,"古月轩"为清乾隆南巡时从苏州带到京师(北京)的工匠胡学周私人之名号,此人善"制瓷瓶、烟壶等,甚精美,自号古月轩主人"②。

第五说是指"清档"中曾有记载的胡大有。此人是制珐琅彩料的著名工匠,善吹釉③。

第六说是因"鼻烟壶画师姓胡,所以定名为古月轩"④。

第七说是特指扬州的某胡姓作烟壶人⑤。

以上四说四人,均从"胡"姓工匠或"胡"姓人士着眼。不过,根据18世纪中国的历史条件,胡学周、胡大有、胡姓烟壶师傅或胡姓扬州人,不管他们是满人或汉人,都不可能有什么"古月轩";也许,他们可以有自己的所谓"轩";甚至退一万步说,敢冒天下之大不韪,也叫作"古月轩",但却绝对不会同圆明园的长春园中的那座"古月轩"发生任何关联;更不可能成为18世纪中国宫苑珐琅彩瓷器的代称。

是故,这些关于"胡"姓工匠或"胡"姓人士的所有猜测,已经沿袭数代,但在研究和探讨方向上,则注定是一条死胡同。

第八说起于郭葆昌氏,终于孙瀛洲氏。而叶佩兰氏曾聆听、记录和公开引用孙瀛洲氏的此一说法。

此说认为:乾隆时期的某一位王公或显贵,令宫廷造办处造了一个珐琅彩料胎鼻烟壶,并署了私家的"古月轩"款。此鼻烟壶后来流出宫苑、流落社会。

---

① 持此种见解者,在杨啸谷氏和郭葆昌氏之后,近、现代坚持此说者还有汪庆正氏、冯先铭氏、耿宝昌氏等等。详情集中在《"古月轩之谜"学术史》中论述。
② 赵汝珍:《古玩指南全编》,北京出版社,1992年11月版第60页、第666页。
③ 参见耿宝昌《明清瓷器鉴定·清代部分》,台湾学苑文化事业出版社,第122页。
④ 见《鼻烟壶》一文,未署作者姓名,注明来源为CCTV(中央电视台)。此文网上流传甚广。此据载于新华网的版本:news.xinhuanet.com/collection/ 2003 - 05/19/content_ 875127. htm。
⑤ 参见耿宝昌《明清瓷器鉴定·清代部分》,台湾学苑文化事业出版社,第122页。

因其同珐琅彩瓷器上的彩料相同，故流出宫外的珐琅彩瓷器，遂被附会，称作"古月轩"。

这种说法虽然为两大名家所持，但我们有多项强有力的证据——此处因无暇列举而略去——可以证明其所说故事情节，是完全不可能发生的。故只能算是众多猜测中的一种猜测而已。

第九说则几乎鲜为人知。其实这种说法肇始于杨啸谷，成型于郭良蕙，再到现在的易善秾。但三者之间有无承继关系，则无法确认。按照此说，"古月轩"是指郎世宁，或郎世宁同他的弟子们。郎世宁历仕康、雍、乾三朝，是著名的首席宫廷画家，天主教耶稣会教士。

顺便说一下，郎世宁当时在宫廷中虽然弟子众多，但大都是满人和汉人，因此也都是当时不能被称为"胡"人的人。因此，郎世宁所有的中国弟子都不可能同"古月轩"有直接关联。

只有郎世宁本人同他的极少数西洋人弟子是一个特有的例外。

因为中国古代把北方和西方的民族、地域和国家，乃至一切西方外国，统称为"胡"，故有"胡人"①、"胡天"②、"胡僧"③、"胡服"、"胡姬"、"胡琴"、"胡桃"、"胡椒"、"胡罗卜"等等称呼。郎世宁来自西方，是天主教耶稣会派到东方的传教士，一个名副其实的"胡僧"、"洋和尚"，故和"胡"字遂结下不解之缘。

因而，只有他，郎世宁，才和"古月轩"的缘起可能相关，同时也和圆明园中的那座后来的正式建筑"古月轩"可能相关，又同珐琅彩瓷器可能相关。

因此，这一说法虽历经近 80 年的过程，而未能进行科学的考证和论述，故

---

① 按"胡"，本北方少数民族的一种自称，后被中原人（即后来的秦人或汉人）称谓匈奴人。《史记·秦始皇本纪》："……却匈奴七百余里，胡人不敢南下而牧马……"汉代以后又泛指一切外国人。干宝《搜神记》："晋永嘉中，有天竺胡人，来渡江南。""天竺胡人"，系指印度人。可见"胡人"的范围已无限扩大。

② 按"胡天"，也作"胡天神"，古代中国人对波斯琐罗亚斯德教——即"拜火教"——的最高神阿胡拉·玛兹达的称呼。因为它不是中国人的"天"，而是胡人的"天"的缘故，故称"胡天"。另"胡天"，也指塞外天地。唐岑参《白雪歌送武判官归京》有"北风卷地白草折，胡天八月即飞雪"句。

③ 原指西域和印度僧人。笔者曾拟对"胡僧"一词的起源和流传稍加考证，但却非常轻易地发现了数百个例证，时间从古代到近代（现代更多），领域遍及经（佛教经典）、史、子、集。既然如此普遍，也就用不着罗列取证了。

值得注意的是，当后来的天主教耶稣会士们到达中国时，为了传教的方便，他们初时也把自己扮成僧人模样。例如明代万历年间到达中国的利玛窦等，开始时就乐于以僧人自居，甚至把自己打扮成"髡首袒肩"的标准僧人的模样。依据张尔岐《蒿庵闲话》记载："（利）玛窦初至广，下泊，髡首袒肩，人以为西僧，引至佛寺，摇首不肯拜，译言：我儒也。遂就馆延师读儒书，未一二年，四书五经皆通大义。"此段引文系转引自顾保鹄《从利玛窦开始传入我国的西方科学》一文，可见 archive.hsscol.org.hk/Archive/periodical/ct/CT055a.doc - Supplemental Result。

而至今仍然停留在猜测的阶段，实则却颇具天才性。

第十种是刘良佑氏的独家见解。认为"古月轩"是指兼具诗、书、画三绝的雍正珐琅彩瓷器。但"古月轩"之名号则起源于清咸丰时期扬州的一家珐琅彩鼻烟壶同名作坊的名字。因被赵之谦"大力吹捧"而联系在一起[1]。

此说不明其依据，逻辑上也不能自圆其说，故完全不能成立。

第十一种说法属于叶佩兰氏的考论。在"古月轩"名号的起源上，叶佩兰采信《辞源续编》关于苏州工匠胡学周进京的说法，但却认为"古月轩之谜"是20世纪30年代"一些古玩界人士出于商业原因，牵强附会地把'古月轩'作为珐琅彩的代称"的结果[2]。

前者，即关于胡学周的说法没有原始出处，也不可信。而后者，即所谓"古月轩"为珐琅彩之说源于20世纪30年代古董商人之附会，则晚于"古月轩之谜"形成的实际年代很多年。故叶说虽经其考证和论述，却依然完全不能成立。

而现在，我们经过了认真的研究，从现有史料中找到了许多根据可以证明：郎世宁这位"洋和尚"、"胡僧"，不仅同圆明园中那座"古月轩"有联系，同珐琅彩瓷器也有着密切的关系。而且正是他和他的办公处所或兼居所，把"古月轩"同珐琅彩瓷直接地联系在一起，并使"古月轩"成为乾隆珐琅彩瓷的代称。他是圆明园中的"古月轩"和珐琅彩瓷过渡的中间环节和决定因素。但后来，却因为特殊的历史原因，这种联系被历史所无情地掩盖和毁灭，故而长期不再为世人所知。从此不但形成了"古月轩之谜"，而且还造成了这个历史之谜之长期无法破解。

圆明园失去的那些史料，还在人间么？人们还有机会发现它们的踪迹么？我们当然这样真诚地希望，但冷静地想一下，却深知那实在是绝对不能期待的。

2006年5月23日初稿
2007年8月9日三稿
2009年4月24日修订

---

[1] 见刘良佑《中国历代陶瓷鉴赏（精华版）》下卷之《清代陶瓷·雍正官窑的各式名瓷》，尚亚美术出版社，1993（？）年版，第294页。

[2] 见叶佩兰《珐琅彩和古月轩》一文。载《收藏家》1995年第4期，第44页。

# 第三编

## "余园珍藏"款、曹雪芹父祖操办宫廷瓷器和珐琅彩的产生

第五篇　康熙五彩花卉图对盆鉴定手段和鉴赏美学

第六篇　"余园珍藏"款和曹雪芹父祖操办宫廷瓷器考论

# 第五篇

## 康熙五彩花卉图对盆鉴定手段和鉴赏美学

### 提　要

　　这对花盆的全名应该定为"'余园珍藏'款/康熙五彩/锦地开光/四季花卉图/巨型/成对花盆"——携带六个定语——而且是放置盆花所用的装饰性外套大盆。

　　对它们的鉴定虽早已完成，但对其美学鉴赏却发觉涉及诸多问题，而对它们的来源的考察竟历时许多年之久，至于考证出其所蕴含的信息就更加复杂了。

　　本文叙述其间使用的有鉴定学意义的简单/实用/可靠的鉴定手段及美学鉴赏，至于它们蕴含的丰富的历史信息，则须到下篇考论中解决。

　　文物领域不打假而任人复制和伪造的传统继续着，在大量资本/人力/高新科技投入仿造行业的新形势下，传统鉴定所说的眼力，还有几分科学可资信赖么？

### 一　对"余园珍藏"款巨型成对花盆初见惊奇

　　康熙五彩瓷器是五彩瓷器的高峰，历来为人们所推崇和珍爱。

　　那个时代的花盆品种一般多为青花，五彩则较少。而五彩花盆中其口径达到60厘米者，似乎只有北京故宫博物院和南京博物院各有一件藏品，其他则未见有记载者。北京故宫博物院所藏的那只[1]，耿宝昌先生评价为"冬青釉五彩花鸟花盆……是各类花盆中的精细绝伦之作"[2]。南京博物院所藏的那只[3]也极为精美。两只花盆在口沿下均有"大清康熙年制"六字一行楷书款，说明它们是康熙时期的官窑产品。

　　后在美国见有一对康熙五彩锦地开光四季花卉图成对巨型花盆，颇令本书作

---

[1] 见《故宫博物院藏文物珍品大系》之《五彩·斗彩》卷（王莉英主编），上海科技出版社，商务印书馆（香港）有限公司，1999年9月版第163页，第149号。
[2] 耿宝昌著：《明清瓷器鉴定·清代部分》，学苑文化事业出版社，未发现出版年月，第30页。
[3] 见《南京博物院珍藏系列·清宫瓷器》（徐湖平主编），上海古籍出版社，1998年12月版第6页，第6号。

者初见惊奇：它们是甚么年月的？会是仿品么？①

因为该对花盆的规格硕大，造型古朴，胎体规整，图案细致，绘画精美，而且成对——所谓成对，不仅是指两只花盆的造型、规格和图案文饰完全一样，而且两只花盆的图案纹饰左右对称。

见彩图03—05—01和03—05—02。

巨型瓷器，从前烧造之不易，屡屡见于文献记载。巨型瓷器成对地烧造成功，在清代初期，仍然很不容易。而它们能够历经数百年岁月还能有幸成对而完好地保存到现在，确实是极为罕见的。

花盆的口沿下的一块开光中带有墨釉（更准确的说法应是"墨彩"）楷书的四个大字："余园珍藏"款识。这里所说的"墨釉"，是指康熙时代所发明的那种真正的黑釉和黑彩。这对花盆的款识，对于探讨它们的来源和因为它们而体现的某种特殊的人际关系，对于"康熙墨地"之制作工艺的密码（可惜迄今尚未完全破解）的研究，颇有助益。只是"余园珍藏"，作为瓷器款识，迄今尚未见于现有的文字记载。

不过本书作者依稀觉得在这个"珍藏"款之后，应该隐藏着我们不知道的某些重要秘密。理由是：

* 本人不知道任何古代陶瓷器的款识中，曾经出现过"珍藏"的字样。
* 明代数百年间，瓷器款识多种多样，但也没有出现过"珍藏"款。
* 很可能到清朝前期才出现第一个瓷器"珍藏"款："御赐纯一堂珍藏"。
* "珍藏"二字出现于瓷器上，颇觉吊诡。比如，张三、李四各自烧瓷，无论自用、收藏或出售，都不会落上"珍藏"款。张三烧瓷，赠送李四，张三不会落上"李四珍藏"的字样——因为不合礼仪；李四喜爱张三所赠，想落"珍藏"以表珍爱时，则已无能为力——因为瓷款必须在烧制前完成。皇帝有时会赏赐瓷器给臣下或使者，但也没有，似乎也不可能有甚么"珍藏"字样。"余园珍藏"的秘密究竟是甚么呢？

## 二 鉴定学中究竟有没有"一招致胜"的绝技？

本书作者在初见"惊奇"之余，乃产生探讨其源流和究竟、鉴赏其艺术和价值的浓厚兴趣。但深知：首先必须确认其真伪和给予准确的断代，然后才可以

---

① 2003年2月28日下午，中国著名鉴定家孙学海先生一行在访美时鉴定了这对花盆（其中一只），他的结论是："康熙五彩，没有问题。"后来聊起来，他还说：那么大个家伙，第一印象觉得别是仿品，经大家翻转观察，仔细研究，乃确认是真品无疑。对孙学海氏等而言，也有某种初见惊奇，是不唯本书作者也。

溯及其他。对于极为罕见和未曾相识的重要文物古董，不经过一个无情怀疑和冷酷鉴定的阶段，什么惊奇和喜爱，什么艺术和美学，什么珍贵和价值，都只能是无的放矢的空话而已。

此对巨型花盆，本书作者初见时，即认为和鉴定为康熙时代的产品。断为康熙五彩，依据当然能够列举很多，而否定的和怀疑的说法又都能排除。这种鉴定方法人们称之为综合鉴定。综合鉴定当然是行之有效的一种鉴定法。但它的缺点也毋庸忽视：常常因为不同的人而出现不同的综合结果。尤其是当有相互矛盾的现象或因素同时呈现时，对一个人而言，则会无法结论；对于几个人而言，则可能意见不一。于是，对于一个集体，如一个鉴定小组；对于一个企业，如一家拍卖行，为了严谨和保险起见，又有所谓"一票否决制"。但这又出现新问题：理论上，鉴定真伪是一个寻求真理的问题，而真理有时是不能票决的，更不必说"一票否决"了。而在实践上，则肯定会出现不少东西被"误定终身"。

因此，本人便想寻求那种"一招致胜"——或称"一招致命"的招数，即确认一个现象便可判定真伪的那种鉴定招数。这两个术语是从民间和小说武术中借用来的。而在鉴定学中，无论是在实践方面或是在逻辑方面，"一招定真伪"的情形都是存在的。这种方法同所谓综合鉴定法是很不相同的。

关于综合鉴定，几乎所有的收藏者都在经常应用着，此处应不必特别举例。而"一招致胜"或"一招致命"的招数，非常简单、死板，一般人只要稍加努力便能掌握，因而非常实用，不过很多人不太相信有这种招数，而真正掌握了这种招数者则又常常视为独家秘器而不肯说破和外传。

下面举几个具体例证。

几年前先后创造了中国文物价格纪录的那两件元青花瓷器，都是首先在逻辑上被判定为真品的：因为那件海水云龙纹元青花扁壶是原收藏者在20世纪70年代初期收藏的，证据清楚[1]。

见本书彩图05—09—02。

而那件鬼谷子下山图元青花罐，是原收藏者在20世纪初期就收藏了的，这点据说也是证据可靠的[2]。

---

[1] 《F. Gordon Morrill Collection/Chinese & Chinese Export Porcelain》# 74, Sep 16 2003, Doyle, New York。2003年9月16日，纽约朵尔公司。该元青花扁壶1973年为莫瑞尔（F. Gordon Morrill）夫妇收藏。莫瑞尔夫妇二人分别是哈佛大学毕业的优秀建筑师和音乐家，长期旅居意大利，在佛罗伦斯创办了莫瑞尔音乐图书馆，现为哈佛大学意大利文艺复兴研究中心。

[2] 《Chinese Ceramics and Works of art, Including Export Art》, # 88, 12 July 2005, Christi's, London, King Street。（2005年7月12日，伦敦克瑞斯蒂。）据Christi's，此罐为荷兰20世纪初期驻北京武官Captain Baron Haro Van Hemert tot Dingshof（1879—1972）购藏。哈若·凡·海默尔男爵据说当时代表荷兰、德国和奥匈帝国的利益，在北京保卫他们的使节和飞地（使馆？）。

见彩图05—09—01。

又因为元青花在20世纪中期才被人们认识和承认，在20世纪70年代后期以前世界上没有任何元青花的仿品——不知道、不承认的东西，当然也就不会有仿品——是故，它们必定是真品[①]。

也就是说，一件元代青花瓷，只要有确实证据证明其在20世纪70年代中期以前已经存世，则不须别的技术鉴定，即可判定为元青花真品（仅仅涉及真伪判定而不涉及艺术水准和价值判定等等。但是这里的逻辑推理实际上是有瑕疵的，因此还需要别的手段辅助之）。这是逻辑判定的典型例子，也是一招定真伪的例子。

早年，老一代的陶瓷鉴定家，如孙瀛洲先生等，仅仅凭明成化瓷器款识的特有笔法、风格和神韵；或者是仅凭彩瓷上出现的那种无光干涩的"姹紫"，即可判定其是否为明成化瓷之真品。也就是说，只要瓷器的款识是他们认为的成化款，或者是瓷器上具有他们认为的成化姹紫色釉彩，二者只要有其一，其他便无须多说，即可论定其为成化瓷真品无疑（当然也是仅仅涉及真伪，而不涉及艺术水准和价值判定等等）。现代仿造技术越来越高超，这两条是否还能如此有效，则要另当别论。但毕竟它们作为一招致命的鉴定术，曾被几代鉴定家应用于实践。

以上四点均属那种一招定真伪的鉴定术。只是逻辑判断的招数应当具有长期的有效性，而非逻辑的招数则常常具有时段性。随着仿造技术和鉴定技术的不断发展，老的招数间或失灵——老的鉴定招数会因为仿造技术的发展而失灵，新的仿造技术也会因鉴定技术的提高而失灵。

也有一些鉴定秘招会因为被公开而为仿造者迅速攻破。例如耿宝昌先生20世纪80年代公开了一条分辨真假乾隆官窑款识的经验招数[②]，很快就被仿造者接受而大量仿造。一切都在变化和发展中，也许将来有一天，由于法律的完善和人们行为的规范化，诈欺性的仿造会变成合法而诚实的复制，从而使鉴定和仿造的战争降温，甚至消失。不过，那一天究竟是哪一天呢？

本文将会在对这对花盆进行鉴赏和审美的过程中介绍几种一招定真伪的技术并附图片予以说明。

---

[①] 也有专家认为此件元青花罐或为赝品，如福建泉州的著名鉴定专家裴光辉，即对此罐提出许多质疑。此处依据裴氏网站文章：《格古日记》2005年7月14日等，见www.pghwwjd.com/ge-gu-riji29.htm，2005年7月14日。

[②] 见耿宝昌《明清瓷器鉴定·清代部分》，学苑文化事业出版社，未发现出版年月，第183页关于判断乾隆官窑款识的介绍。

## 三　造型、规格和胎体所表现的盛世雄浑之美

此对花盆可谓是古代瓷器中的宏伟巨制。它们口径达61厘米，底径49.5厘米，在康熙花盆中属于最大型号。高度和底径相同，也是49.5厘米，在康熙花盆中也是迄今所知最高的。

见彩图03—05—01。

北京故宫博物院和南京博物院的那两只花盆的造型和规格略同，底径都是39厘米，比这对花盆小约10厘米；高度都是约33厘米，比这对花盆要矮约16厘米。可见这对花盆比一般的花盆都要深得多。其实际容积，则约增大一倍。

不过因为当初是手工操作，如要精确测量的话，则两只花盆的尺寸，实际上略有一点差异，约0.5厘米左右。这点差异在当时，在这样一对庞然大物身上，自然算是平常。

花盆的造型，总体上说，属于上部粗而下部略细的圆筒形。仅在口沿部位的下方，由下而上，外壁先稍稍向内收敛，再稍稍向外展延。而内壁在口沿下则急剧展宽（或曰内口沿内收），从而形成宽宽的口沿。这样可增强盆体的牢固程度，又使抓握时手感良好。

口沿上面整齐光平，宽度5.1厘米。外边沿略微高于内边沿。绘红地留白缠枝花朵二方连续图案。

盆壁近底部内收成弧状，下有宽圈足。圈足的宽度约2.8厘米。圈足上稍有胎体崩毁和粘沙现象。

花盆底部浑圆而且规整。中心有一圆孔，孔径8.25厘米。圆孔周围有轻微塌底现象。见彩图03—05—05。

这些地方的火石红色非常明显，但色彩的浓度深浅不完全一致，轻重略呈条带状和斑驳状。据说从明朝万历中期到清朝乾隆年间，景德镇的官窑使用东铺高岭土[①]。高岭土是一种优质瓷土，含铁量较高，故在成品的胎体表面常有很重的火石红痕。

在胎骨外露处，可以感到胎土精细、胎质坚硬。而整个盆体分量很重。

花盆内壁下部约10厘米高以下部分，也不施釉。同样见到镟纹和火石红痕。

花盆内、外壁及口沿施釉的部分，透过釉面，可窥见釉下镟纹。外壁镟纹只是隐约可见，而内壁因釉层较薄，釉下镟纹清晰。

底足和底面都有旋削修胎所留下的均匀的镟纹，不施釉。

花盆的壁，留有明显的接胎痕。痕在壁之中部。但外壁因为施了彩绘，肉眼

---

[①] 参见刘良佑《中国历代陶瓷鉴赏》（精华版）之22《清代早期的官窑》一章。

观之，常不易发现。不过，如以手轻轻抚摸之，接痕的感觉还是相当明显。接胎痕也是瓷器历史上的时代特征之一。

这些：鏃纹、火石红、精细的胎土、接胎痕、底足等等，是康熙一朝景德镇瓷器胎骨方面的几个特征，故也是鉴定的几项重要依据。当然，作为现代鉴定的标准，它们充其量只是必要条件，而远非充分条件。因为后仿的瓷器，特别是现代的仿品，应该也能做出这些特征来。

## 四　图案纹饰显示特定时代之特定的艺术特征

除了造型和规格令人初见惊奇之外，其图案更加具有同样功能。

大面积的二方和四方连续图案同大面积开光的四幅春夏秋冬花卉图，是这对花盆装饰图案的典型特征，也是其艺术和美学之特有的时代特征。

首先，康熙时期喜欢使用各种锦地开光图案作为五彩瓷器的装饰。

其次，锦地多使用各种二方连续图案和四方连续图案。

三是在锦地图案中，常把四方连续图案当作二方连续图案使用。

康熙锦地图案大都把四方连续图案当作二方连续图案使用。这种情形在康熙以后逐渐减少。这似乎是奇怪的。因为把四方连续图案当作二方连续图案使用，并不符合现代装饰的理论和科学。但在康熙时期，一般的设计者和画师，不可能在主观意识上和理论上将二方连续图案和四方连续图案，理解得像现代这样清楚。而这，正好形成了康熙瓷器装饰图案的一种特殊风格。也构成一种鉴定依据。

最后，锦地开光中的绘画四季花卉图和风景图，构成瓷器整体装饰的主体。

四季花卉图是指每只花盆外壁锦地图案带中四块大开光里所绘的图画，风景图是指口沿下的图案带中三块（一块大的写款识）小开光里所绘的图画。

现在先介绍四季花卉图。

四季花卉图是这对花盆上的主体纹饰。不仅位居要津，而且幅面宏伟。同时画面的设计精美，绘画的技巧高超，五彩的使用鲜艳，图画的内容华丽。

每个花盆的四块大开光中分别绘制春、夏、秋、冬四季花卉图一幅，花卉图的内容相同，只是左右相反，以使对称。

见彩图03—05—02。

春季花卉图画的是牡丹、芍药、玉兰，并点缀有兰草和园石等。两朵盛开的牡丹以矾红彩绘制，鲜艳夺目。而牡丹花带有双犄则是它们的突出特征，人们习惯上把这个时代的这种牡丹称为"双犄牡丹"。芍药的枝干和叶片同牡丹的枝叶没有区别，但芍药的花朵则是先以墨彩绘好，再涂以黄彩和紫彩。芍药花朵对牡丹起陪衬和烘托的作用。玉兰则显示出虬枝老干。一只飞翔的蝴蝶正在奔向花丛。整个画面生意昂然，富贵高雅。

夏季花卉图是一幅荷塘莲花图。荷莲之外，并点缀有荻花、水草和石头等。红色的莲花，有的花朵盛开，有的含苞待放。而荷叶则多姿多态。它们或浮于水面之上，或摇曳于微风之中。有的显得老残，被食叶虫咬得孔孔洞洞，有的则是新出水面，小荷才露尖尖角。整个画面，红花绿叶相映，对比鲜艳，但却给人一种静谧之感。画面的上部中间，本来还各有一穗荻花，以墨彩绘出，颇为写实。惜乎因为岁月侵蚀，有一穗已经脱落殆尽。

秋季花卉图是一片菊花世界。花丛中间，斜置着一块硕大的洞石。围绕着这块洞石，栽植有多种秋日花草，而以各种美丽的菊花居于名副其实的"艳压群芳"地位。五朵红菊和四朵其他颜色的菊花，分成三组，配置在三个不同的区域，使画面既有平衡感，却又不显得呆板。各种菊花的花朵，颇具写实的风格，却也具有图案化的倾向。这只要把口沿下那条图案带里的红色菊花图案，同这幅秋菊图中的菊花比较一下就会明白。同夏日图有一点类似，画面上方显要的地方，也各配置了一穗荻花，既别致，又典雅。另有几只秋日的蜜蜂，在花间飞舞，正在奔忙。

冬季花卉图是梅花图。一树老梅，树瘤龙钟，虬干蟠曲。两株新梅，长在就近为伴。不管老梅新梅，都花朵怒放。且红梅和白梅相间相映。当然，因为背景为白色，所谓白梅，实际上是灰蓝色。同一棵梅树上开两种颜色的梅花，在当时显然代表着人们的一种愿望和理想。

为了防止单调，作画者在梅树周围点缀了兰、竹和阔叶草，使画面增加了诸多绿色。他甚至还画了一只飞虫在花间飞翔，以使气氛活泼。这自然也同季节的实情不符。但即使如此，笔者依然觉得这幅冬梅图显得有些单调和呆板。这大概是因为冬日固有的单调和肃杀委实难以避免吧。

至于两两对称的六幅风景图，因其所处的特殊位置，画幅自然很小，但却甚为雅致。

## 五　四季花卉图绘画的工笔风格和壮观画面

这对"余园珍藏"款大花盆上的绘画，可以说是时代风格的一种代表。

下面举例简略论述如下。

首先是牡丹。康熙时期牡丹花卉纹的画法虽然多种多样，但其中以所谓"双犄牡丹"最为典型，也最具时代特征。这种"双犄牡丹"，从顺治时期到乾隆时期颇为常见，而以康熙时期应用最多，也最为突出。乾隆后直至清末虽还能见到，却很稀少[①]。

---

[①] 参见《故宫博物院文物珍品大系》之王莉英主编《五彩·斗彩》卷第66页、137页、265页，叶佩兰主编《珐琅彩·粉彩》卷第76页等，上海科技出版社和商务印书馆（香港）1999年9月第1版。

顺治时期的"双犄牡丹",以它色勾勒轮廓,而后填以红彩;很少留白;花形自然,近于盛开的牡丹花。

康熙时期的"双犄牡丹",同顺治时期的颇不相同。"花头层次繁多,排列整齐,状如蝴蝶"。"勾线细腻,花尖圆润,所留白边有规矩"。"色泽变化自然,层次清晰"①。不过本书作者总觉得,康熙时期的"双犄牡丹",其"双犄",常常夸张得过分,远离自然真实,虽然别致,却不免生硬。

雍正时期的"双犄牡丹",虽承继康熙时期的风格,却自然得多。"花形绝对不是康熙朝的如蝴蝶状,而是较为写实……""勾描的线条细若游丝","双犄""丝毫不显得生硬,极为自然"②。花瓣有的不留白,有的虽留白,也在留白处染以淡红色。

至于乾隆时期的"双犄牡丹",继承了雍正时期的风韵,花瓣的层次颇多,但往往不够精细。

当然,以上区分,只是一般而言,不宜作机械性或绝对化的理解。因为绘画风格的演变和发展,多属渐进过程;而子承父位,新皇帝代替老皇帝,则多属突发事件。艺术风格不会紧跟在政治变化的后面,紧跟紧随,亦步亦趋。何况康熙和乾隆在位时间都很长,其在不同的时期有一些不同的变化,也是自然而然的现象。

将此对大花盆上的"双犄牡丹"同以上四种(四代帝王)"双犄牡丹"相比较,则不难判断,它们显然属于康熙时期的产物。

其次是关于荷花。康熙时期的荷花也具有时代特色。

仔细研究可以看出,康熙、雍正、乾隆三个时期瓷器上的荷花风格,均宗法清朝初年大画家恽南田的画法;但随着时间的推延又有所变化。

再次是关于菊花③。

康熙瓷器上的菊花纹饰,花瓣的层次较多。花瓣排列非常整齐,一圈一圈成环状。这种菊花花朵,实际上已经高度复杂化和图案化。故也常常出现在康熙瓷器图案的锦地之中。

雍正和乾隆瓷器上的菊花纹饰,花瓣层次一般较少,每层花瓣的排列也不是那么整齐。绘画的写实程度较高,而图案化的程度则较低。

至于"余园珍藏"花盆上的菊花,则显然也属于康熙风格。

多年以来,有不少收藏界朋友鉴赏过这对"余园珍藏"花盆,没有任何人

---

① 铁源主编《明清瓷器文饰鉴定——荷莲牡丹卷》,华龄出版社2002年4月版,第179页。
② 同上注。
③ 康熙、雍正、乾隆时期瓷器上菊花纹饰举例可参见《故宫博物院藏文物大系》之耿宝昌主编《青花釉里红》下卷,第184页。《故宫博物院藏文物大系》之王莉英主编《五彩·斗彩》卷,第151、232、276页。上海科技出版社,商务印书馆(香港)联合出版,1999年9月。

怀疑它们是后仿品。但关于制作年代，主要有康熙和乾隆两种见解。尽管断为乾隆产品并不减其价值；但鉴定和断代是一门科学，科学要追求真理，断代要力求准确。本文对花盆图案和文饰的举例和论证，目的并非要证明它们不是仿品，而是要证明他们确是真正的康熙五彩，而非乾隆五彩。另外，乾隆时期虽也生产五彩瓷器，但数量已经不多。质量和艺术，几已乏善可陈。乾隆瓷器的代表者是珐琅彩和粉彩，而非五彩。因此，这样一对巨型五彩精品花盆，绝非乾隆产品。

## 六　清初被宗法数代的恽南田画风和没骨花卉

恽南田（1633—1690）为中国 17 世纪著名的花卉和山水画家。他是"清初六大家"之一，即"四王吴恽"中的"恽"①。恽氏之诗、书、画均佳，画则尤精于山水和花卉。其中，他特别"以没骨花卉②称誉画坛……他的没骨写生花卉画，融没骨写意为一炉，丰富发展了花鸟、花卉画技法，影响深远"③。中国艺术史大家俞建华先生曾综合各家看法予以如下评语："……学花、竹、禽、虫，斟酌古今，以徐崇嗣④没骨为归，一洗时习，独开生面，海内宗之。"⑤

恽南田在中国花卉画史上的"独开生面"，"一洗时习"，能令"海内宗之"的深远影响，似乎十分抽象，兹以下面三项事实说明之。

（1）恽氏生于明崇祯六年，青年时代正赶上朱明亡国，清军南下的时期。他也和那时江南的许多知识分子一样，怀着满腔热血参加抗清复明运动。为此战败被俘，侥幸存活。但父离子散，家破人亡。乃不得不出家保命。他一生不曾为官，生活清贫，寿命也不长，活了 58 岁，于康熙二十九年去世。但是，对于这样的一位画家，以皇室历代收藏为基础的北京故宫博物院竟然收藏有真真假假 346 幅他的画作。这实在是令人吃惊的事。若非影响巨大，焉得如此！

（2）在北京故宫博物院收藏的这 346 幅恽氏画作中，经过专家鉴定，其中 236 件为恽氏真迹，110 件为赝品。人们知道，入藏清宫的藏品，一般都是要经

---

① "清初六大家"和"四王吴恽"为中国画史界术语，意蕴完全相同，都是指清代初年的六位著名画家：王时敏，王鉴，王翚，王原祁，吴历，恽寿平（恽氏字寿平，号南田，字、号并行）。
② "没骨画法"，中国绘画技法术语。这种画法在画花卉时不用线条勾勒轮廓，只用丹粉颜料"垒色渍染"，好像没有骨头支撑，故称为"没骨画法"。
③ 潘深亮：《郓寿平书画及其鉴识》，载《收藏家》2003 年第 3 期，第 18—23 页。
④ 徐崇嗣，北宋初年著名画家。据说享誉画史的"没骨画法"是他发明的。他是五代时南唐大画家徐熙之孙（一说是徐熙之子）。
⑤ 俞建华编《中国美术家辞典》修订本，上海人民美术出版社，1992 年第五次印刷本，第 1072 页。

过行家里手严格把关，而后才能入藏的。即使这样，依然有超过 30% 的仿品[①]。其在社会上的仿品之多，亦由此可一斑窥豹矣。若非恽氏真的能令"海内宗之"，是不会产生这样的情形的！

（3）恽氏的没骨花卉还广泛影响到当时瓷器上的绘画。

康熙时瓷器上荷花的画法，最像恽氏的风格。不用线条勾勒，荷花花瓣宽大，只以红色"垒染"花瓣的上部。

雍正时依然保持恽氏风格，但已略有变化。荷花花瓣变得较为窄长，花瓣的下部不再留白，而是以淡红色加以涂染。

到了乾隆时期，虽仍旧继续恽氏的基本风格，却又发生了一些新变化。荷花花瓣变得较为匀称统一，花瓣下部不仅染成淡红色，还竖着画上一些线条。同时又使用墨色勾勒花瓣的边线和荷叶的叶脉。

当然，这些区分只是最一般的区分，实际的情形远不像这种一般的区分如此整齐划一。

回头再看"余园珍藏"花盆上的荷花，其恽南田风格竟是如此地典型。其绘画的水平，显然不出于窑厂工匠，而出于当时的文人画家之手。

## 七 绿釉色阶／"土咬"痕迹／细微开片和一招致胜

此对大花盆上所用的低温彩釉包括绿、红、黑、黄、蓝、紫、灰诸种。

现予粗略介绍。

彩釉中以绿彩最为丰富，可分出深绿（墨绿）、水绿、淡绿。翠绿又分深浅。绿彩中以水绿最为亮丽。分别用于绘画四季花草之色泽深浅不同的叶子、玉兰花朵、园中堆石的阴阳面，以及图案、圈线等等。是纹饰图案中使用得最多的彩料。

但深绿色釉彩（墨绿）有被"土咬"的痕迹。行话"土咬"是指釉面受侵蚀而形成的一种特殊状态的损伤。这种损伤，多从釉彩边缘开始，形状不规则，成微小的片状，颇像被虫子咬食而成。过去认为，入土的文物常会出现这样的痕迹，故被古玩界称为"土咬"。其实，瓷器的釉彩，特别是低温釉彩，或者是铜器的表面，被任何酸、碱溶液腐蚀到一定程度，都可以造成这种损伤，非必长期入土而后成之也。只是，人工酸碱腐蚀的痕迹极易辨认，稍加观察研究，便能一眼识破。

---

[①] 据潘深亮《恽寿平书画及其鉴识》一文的统计，潘文载《收藏家》2003 年第 3 期，第 18—23 页。

如果用放大镜仔细观察这对花盆的彩釉，则这样的"土咬"痕迹，在其他的彩釉上也可以见到。只是不像在深绿釉上那样严重而已。这可能说明，康熙五彩瓷器上深绿色釉的坚牢度比其他釉彩较差。

各种绿釉实际上都有细小的开片，即冰裂纹，只是肉眼不易察觉，要在放大镜下细心观察才能看到。这种冰裂纹不像哥窑瓷器上的"百圾碎"①。哥窑的"百圾碎"完全是人工刻意为之，是装饰，而非瑕疵；而这种冰裂纹则是随着岁月的流逝，低温彩釉老化到一定程度时自然形成的现象。哥窑"百圾碎"在高温釉的釉层下；而这种冰裂纹则在低温釉的釉层表面。前者的裂缝中加入颜料，形成金丝铁线；后者的裂缝过于细小，灰尘也难进入。前者一般不再发展（或有后开片），对瓷器本身也不构成危险；而后者则会继续发展，故需要用现代科技加以保护。否则就会变得日趋严重，危及珍贵文物的存在和美学价值。

瓷器釉彩之上述"土咬"痕迹和釉面上细微冰裂纹开片这两种现象，均是瓷釉自然老化的结果，它们也是岁月古老所引起的极为可靠的征象。过去以崇古为目的的仿造者，如唐英等，是不会去仿造这种岁月留下的瑕疵的。即使是近代以欺世牟利为目的的仿造和作旧，也只能是心有余而力不足。至于今天的仿造者，使用最新的科技手段，刻意作旧，能否达到这种程度，则需要看他们要花费多大的代价（财力、人力、物力、技术和时间等）和实践仿造的结果。

不过迄今为止，实践上仍罕见刻意仿造者，更未见仿造成功者。理论上，这两种痕迹轻重有别，过渡自然，色泽不一，分布有致，是悠久岁月中自然因素而引起的缓慢老化，引起的"土咬"痕迹和细微开片，不管是快速地以酸碱腐蚀，还是慢速的水浸土埋，由于当时之各种釉彩也绝非今日之各种釉彩所能取代，是故极难仿造成功。虽曾见以酸碱腐蚀者，实不堪一睹。其间差别肉眼即可立辨之。

如果一件瓷器，尤其是明清瓷器釉彩表面出现了上述"这两种现象的结合"，仍可立即排除其为赝品（当然也只涉及真伪，而不涉及艺术水准和价值判断等）。重复言之：

岁月悠久造成的开片的特点，一是分布普遍，二是极其细微，三是异常洁净。

---

① "百圾碎"一词最早见于明代陆深著《春风堂随笔》："哥窑浅白断纹，号曰百圾碎。"对照存世哥窑瓷器，其意义当然是指其繁密的开片裂纹。但何以叫做"百圾碎"，查遍诸书均不得要领。许多"陶瓷词典"解释是由于那些裂纹"交错重叠似百圾"或"见之犹如百条裂痕而得名"，都不确切。"百圾"究竟是什么？详见本书《附录1：注释中文字较长且属论述性的条目汇编》中《究竟什么是"百圾碎"？》。

而自然形成的"虫咬"老化痕迹的特点是：损伤面的层次过渡自然而分布有致，釉的色彩不一而呈现轻重有别。

这两者都是仿造的瓶颈而在技术上难以攻克的；或者是仿造者为自身利益算计而不愿为之的。而这两者的结合，即"这两种现象的结合"可以继续成为鉴定手段中之一招定真品的手段的基础。

这种老化现象有无其审美价值呢？我想，审美虽然是可以公婆各说理，鸡鸭不同调的事，但应无伤其审美价值之存在。老化现象对任何事物而言，都是无可避免的铁律，无论是对浩瀚的宇宙和太阳系，对任何文物古董和艺术品，对任何人包括你和我，都是一样。但从某种意义上说，老化的确也是一种美，正如著名的罗丹艺术中的"丑美"也是一种美一样①。审美的感觉印象同审美的艺术感受或心理感受常常是不等同的。《庄子》一书中的圣人、至人、完人也多是心灵至美而外形丑陋的形象。这对花盆的上述老化现象曾引起本人在研究和写作过程中，对哲学、对人生的深刻思索和无限感慨……

## 八　高温白釉上的黑疵/鬃眼/彩光同判定依据

此对花盆的白色釉面，其色调有些白中泛青。釉面略有一些不平。

白色釉面上还可以看到点点的小黑疵。这种小黑疵是从前用木柴和炭火烧窑所难以避免的遗留物。它们是没有完全燃烧的细小的黑色炭粒落于熔融釉面而凝结形成的。现代的瓷窑可以保持得非常清洁，而又使用煤气或电热加温，故除非为了刻意仿古，这些黑疵是可以完全避免的。

釉面上也可以见到那种深达胎骨的小鬃眼。透过这种鬃眼，可以看到釉下的胎体，胎体呈现火石红。而围绕着鬃眼的一圈白釉，也呈现出火石红。

这种鬃眼是在高温状态下由于胎体内部形成的气体冲破釉层而逸出，但在釉层冷却凝结的过程中又未能将孔眼完全封闭而形成的。如果釉层能够将这种孔眼完全封闭，这种鬃眼便无法形成，而只会留下一个个凹点。前者是康熙时代瓷器上鬃眼的特征，后者则不是。

花盆内壁的白釉，由于施釉较薄，釉面上留下的这种鬃眼就更多。

在迎光侧视，观察釉面的反光状况时，还能发现有些白色釉面也能反射出五颜六色的彩光——这种白釉上的彩光通常也被称作"蛤蜊光"——来。白釉釉面蛤蜊光大多成斑状和条状分布，非常美丽，是凭眼力鉴定的一种依据，而且相当可靠。

---

① 奥古斯蒂·罗丹（Auguesute Rodin，1840—1917），法国近代雕塑家。作品以深刻反映历史和生活的真实而著名。他的作品中有的形象丑陋，但却给人一种心灵的震撼，从而收到巨大的审美效果。

顺便说一下，关于红彩的特点和使用。

红彩用于绘画牡丹、荷莲、秋菊和冬梅的花朵，以及二方连续图案的勾云纹，四方连续图案地锦纹中的花瓣等。

红彩是这对大花盆上使用得次多的釉彩，仅少于绿釉。这样，花盆整体的文饰和图案便主要是由大红和大绿两种色彩组成，从而造成红绿搭配，对比鲜明，画面亮丽的东方传统"喜色"的效果。

红彩的色泽纯正、鲜艳，并且呈色十分稳定，不像绿釉那样，有明显的岁月流逝的痕迹："土咬"和冰裂纹。

以手轻轻触摸红釉，釉面并没有明显突起的感觉，只是略觉有些粗糙涩手。而各种绿釉则不同，釉面光滑但略感突起。

这种红彩习惯上被称为铁红或矾红彩，附着力很强而老化速度很慢。一般也不产生各种蛤蜊光。

## 九 "蛤蜊光"的分类及其在鉴定学和美学上的意义

瓷器上有时可以见到的一种五颜六色的反射光泽，类似贝壳反射出的彩光，故被称作"蛤蜊光"。"蛤蜊光"历来是中国传统瓷器鉴定学的重要依据之一。不过，随着现代瓷器仿造技术的提高，"蛤蜊光"在鉴定学上的意义需要重新加以检讨和认识。

人们通常所说的"蛤蜊光"，实际上可以分为很多种。而在彩瓷上，基本上有三种。它们在鉴定学上各有不同的意义，故不应混同之。

最常见的一种是各种彩釉釉面——不包括矾红彩和金彩——上的蛤蜊光。彩色釉面自然产生的蛤蜊光原本就是时光流逝的一种烙印，自然老化的一种痕迹。

据传说现在已经能够仿造彩釉釉面蛤蜊光。而据本书作者所知、观察和研究，仿造这种彩光者虽不罕见，但并没有能够真正仿造成功者。

这种蛤蜊光，本书将在第五编第9篇中会更多具体论及。

第二种是高温白釉釉面上的蛤蜊光，多成条状和斑状分布。这种蛤蜊光，也是很难仿造的，在鉴定学上，具有相当可靠的参考价值。

第三种也是白釉釉面上的蛤蜊光，但仅限于围绕在彩釉釉面周围弯曲的条带区域。这种蛤蜊光，看起来像彩虹般的美丽，而且神奇和灵动。为了同形形色色的其他各种蛤蜊光相区别，本书特别将这一种彩光称之为"彩虹光"。给予一个专门的名称，或可看作是标新立异，但更重要的是表示人们对一种现象认识的概念化。而概念化则是经验认识的概括和深刻认识的起点。

很久以来，彩虹光就是彩瓷鉴定学上可以据以定为真品的特殊现象。冯先铭先生曾指出这点，但很简单①。耿宝昌先生也曾指出这点，说得略详：

> （康熙）五彩与其他彩器……侧视彩器釉面，可见历经岁月而产生的五光十色的蛤蜊光与自然磨损的擦痕。五彩、斗彩、粉彩等彩器的纹饰边缘，除个别例外，多数亦常环以这种特殊的反射光晕，它是彩釉古老的标志。②

作为一招致胜，一招定真品的招数，本来似乎是没有问题的。但现在的问题和本书作者的问题是：

又是一代人的时光流逝过去，随着仿造技术的现代化、资本化、集体化和高科技化，这种彩虹光是否真的已被成功仿制出来？

尤其是网络一些文章说蛤蜊光已能仿造之后，过去曾长期作为可靠的鉴定依据的这种现象，现在究竟还可靠不可靠？

网络上所说的蛤蜊光已能仿造，而蛤蜊光具体分类又有很多种，"能仿造"的包不包括彩虹光？

耿宝昌氏将这种美丽的光泽从一般蛤蜊光中区别出来，并指出以其作为鉴定手段的可靠性，是耿氏的贡献。不过他没有给它们单独命名，也没有更深入地指出其本质和外延。就是说，还没有达到从概念和理论上加以区分并予以论述的高度。这不是任何个人的过错，而是因为人们的认识总是需要一个过程才能达到一个新阶段，创造一个新概念。

对于彩虹光，现在我们可以这样表述：

彩虹光现象是众多蛤蜊光中的一种，是瓷釉老化到一定阶段时出现的、随着时间的继续而能继续强化的一种特殊的光学现象。它们是光在棱镜或球面效应中被折射、被分解和被反射的一种结果。彩虹光的出现需要几个特殊的条件（略）。

根据本书作者研究，一般说，彩虹光的出现，哪怕只是一点点，也需要彩釉经过130年以上的老化过程。换言之，如果某件彩瓷上有一点点彩虹光呈现，那它至少也应是光绪初年的产品。

这就是说，彩虹光现象并不限于康熙彩瓷，明清彩瓷都可能出现这种现象。冯先铭、耿宝昌说康熙彩瓷上有这种现象而未涉及其他时代的彩瓷，应是他们的经验之可贵的描述，只是还远不全面和完善。

这段引文中，耿宝昌氏提到康熙斗彩上也有彩虹光现象，应当有误。因为斗

---

① 参见冯先铭主编之《中国陶瓷》。他说："器物画面的彩料周围有一圈闪亮的蛤蜊光，尤以蓝彩的周围为甚。"上海古籍出版社1994年第1版，第556页。
② 耿宝昌著之《明清瓷器鉴定·清代部分》，学苑文化事业出版社，未见出版年月，第63页。

彩都有釉下高温烧成的青花作为彩釉轮廓的边线——这是所谓斗彩的前提——而这种釉下青花轮廓边线妨碍彩虹光的形成机制和呈现条件。是故，在斗彩上是很难观察到彩虹光现象的。

据本人所知，直到目前为止，彩虹光尚未见到、或证实能够被成功仿造者，故它们仍然是瓷器鉴定学上极为可靠的鉴定依据。特别是在鉴定康熙五彩瓷器时，尤其是这样。

这一对"余园珍藏"款大花盆，三种蛤蜊光均有。仅就其多种彩釉釉面周围白釉上布满宽阔而美丽的彩虹光这一点而言，将其完全从后仿品中排除而断为康熙时期的产品，已殆无可疑，更何况上述其他可靠证据很多，而不见任何破绽乎！

见彩图03—05—03和05—09—11。

这种光不易观察，例如在日光下肯定观察不到。在强光下，在多光源下，在反射光太亮的情况下，也都很难观察到。

这种光更不易拍照，胶卷相机肯定拍不出，数码相机也难以呈现，本书作者试验上千次甚至达几千次之多，只是偶尔碰巧拍出，而效果又都不理想。本书中两幅图片，虽尚能显示之，但也比实际观察到的现象差远了。其美丽、神奇和可爱的程度，应该远不及观察到的1/3吧。希望本书在彩印中能够加强而不要淡化这种现象，尤其是千万不要消失。

彩虹光的确是美丽的，灵动的，奇异的。这种美丽诱使人们去欣赏它们和研究它们，因此是具有很高的美学鉴赏价值的。如果你有一件这样的彩瓷（不管其经济价值高低），能够让你从中看到许多道彩虹光的出现、变化、闪动、跳跃，总会获得某种审美的满足。本书作者儿时对天空中偶尔出现的彩虹感觉神奇，并因而驰骋无数次的幻想。少年时会用喷水雾法自己制造三秒钟的彩虹，感到无限欢乐。成年后还用自来水喷雾制造较长时间的彩虹，自娱，也娱人。老年时从中国的彩瓷上欣赏到彩虹光，感到愉悦。并进而研究、摄影、思考其形成机制、探讨其密码破解，则更是某种享受。

瓷器上的这种奇异现象，中国的仿造大军能否最终突破，理论上当然是肯定的。但实践上能否突破，何时突破，则是另一个问题。这正如我们承认人的认识是无限的，但实际上任何时候都存在着大量没有被认识的事物一样。仿造者之能否仿造它们，要看未来他们愿意和能够投入多大资本，调动多少人力智慧，运用多少高新科技，还要看鉴定水准发展和提高的程度。

## 十　关于所谓康熙五彩瓷器之代表者的再认识

由于鉴赏这对"余园珍藏"款大花盆，也引起另外一个学术问题。那就是：

久享盛誉的康熙五彩瓷器的代表者究竟是民窑还是官窑的一个老问题。

一般说,民窑瓷器重视实用价值,而且制作者的工本、技术和材料均有限,不能像官窑那样,可以不计成本、人力、工时,可以集中全国最好的人才和技术力量,使用当时最佳的原料和其他材料,一切惟美是归,能够造出一个时代最具工艺水准和美学价值的产品。因此,代表一个时代工艺水准和美学价值的产品,大都是官窑,而不大可能是民窑。

中国已故的陶瓷学家冯先铭先生认为:"康熙朝官窑注重的是颜色釉,因此代表五彩瓷制作水准的,是民窑而不是官窑。"[1]

冯先生得出康熙五彩的代表者是民窑而不是官窑这一结论的依据,可以概括为如下三条:

(1) 除了"康熙朝官窑注重的是颜色釉","青花、五彩和斗彩等各种彩瓷,并不是官窑的重点"[2] 之外,还有

(2) 清人所著《景德镇陶录》[3] 一书所举"臧窑"瓷器的出色品种中没有包括五彩彩瓷;

(3) 官窑似乎缺乏大件器。"……相反,康熙时期的民窑,却有非常突出的青花和五彩的大件器"[4]。

硕果累累的冯先生已经作古多年。对于他的个别结论和论据,随着时间的推移,可能需要重新加以认识和探讨。

(1) "清宫旧藏"中有大量制作精美的康熙青花、五彩、斗彩和珐琅彩瓷器,绝大多数都是康熙官窑产品,并且多有官窑款识。且不说其中珐琅彩是崭新的品种,民窑可能没有,就是青花、五彩、斗彩等瓷器的精美程度,也是民窑所难以企及的。即使说康熙时期的官窑注重颜色釉——即单色釉——是一个事实,却很难说"青花、五彩和斗彩等各种彩瓷,并不是官窑的重点"。二者没有必然的因果关系。

(2) 《景德镇陶录》所说关于"臧窑"的情况纵然属实,也仅能代表"臧窑"时期的情况。而所谓"臧窑"只存在于康熙二十至二十七年(1720—1727)之间,不能代表整个康熙王朝61年的情形。而康熙前期忙于巩固政权,对内对

---

[1] 冯先铭主编:《中国陶瓷 Chinese Ceramics》,上海古籍出版社,1995年6月版第555页。
[2] 同上注,第545页。
[3] 《景德镇陶录》,清乾隆时人蓝浦所撰,是中国陶瓷史上的一部重要专著,共10卷。但其中第一、第十两卷为郑廷桂在嘉庆时期所补辑而成。
[4] 冯先铭主编之《中国陶瓷 Chinese Ceramics》,上海古籍出版社1995年版,第545页。

外战争频繁[①]，康熙后期，国家统一，社会安定，经济发展，文化繁荣，财力雄厚，中外关系密切，贸易发达。景德镇瓷业始得更加发展和兴盛。

（3）一个时代，一个国家的包括瓷器在内的工艺美术品，其优劣的区分决定于其制造工艺的高下和艺术精美的程度，一般并不能单以体积大小论是非。何况康熙官窑五彩事实上并非没有"大件器"呢！这对巨型五彩花盆虽尚不能确认为官窑产品，但定其为"准官窑"是绝无问题的。

可见，康熙官窑五彩瓷器的代表者是民窑而不是官窑的说法并不符合历史史实。实际上人们可以找到很多官窑五彩远远超过民窑五彩的例证，而民窑五彩中的精品虽不难见到，但超过官窑水准的那种民窑五彩瓷器的精品，却不易发现。

## 十一　何处追寻未见于任何记载的"余园珍藏"款

"余园珍藏"作为瓷器款识，不见于已知的文献和其他记载。这说明带有"余园珍藏"款识的瓷器，当时烧造的一定不多，而能留存到今天的就更少。

至于"余园"，则考虑有三种可能的归宿：

一为某座皇家园林，或园林中一处景点的名字。

二为某个皇族王爷，达官勋贵，富商巨贾，一方豪富的私家园林。

三为某达官勋贵，富商巨贾或闻人雅士的名号。

关于第一点，已知它不在北京西北郊的三山五园中，至于会不会在其他地方的皇家园林中，长期难以确定。不过估计可能性不大，因为清代官窑，很少有为某处园林专门烧造瓷器并署园林之名作款的情形。

关于第二点，"余园"是不是某个皇亲国戚，达官勋贵，富商巨贾，一方豪富的私家园林？颇有可能。例如，雍正时的戚贵弘晈就订烧过"东园"款的瓷器。但"余园"是否为这种园林之一，同样不能确认。

关于第三点，"余园"是不是某个皇亲国戚，达官勋贵，富商巨贾，或文人（闻人）雅士的字号？有可能。那个时期，名人字号叫"×园"的相当多，如"东园"、"南园"、"西园"、"莘园"、"灌园"等等。并且也确实至少有一个号"余园"的。此人姓缪，名沆，号余园。江苏泰州人。康熙十一年（1672）生，雍正七年（1729）卒。得年58岁。同这对"余园珍藏"款的大花盆，年代倒是相合。但他显然不会是此对花盆最早的主人。

---

① 按：康熙八年逮捕危及王权的大臣敖拜。继而下令"削藩"，经过8年，至康熙二十年始平定"三藩"之乱。随后统一台湾。康熙二十四年中俄黑龙江之战，驱逐沙俄侵略军。康熙二十七年起，三次出兵镇压勾结沙俄的噶尔丹叛乱。

还有一个可能是，"余园"，既是人名，又是园林的名字。不过这也有待发现史料的证据。

虽然长期无法确定"余园"的归属，当然也无法确认这对花盆之最早的主人，但这并不影响"余园珍藏"花盆的鉴赏和断代。其硕大的形体，恢弘的气魄，精美的纹饰，典型的康熙五彩风格，大幅面开光中的四季花卉绘画，常令见者欣然而赞美之。即使它们不属于所谓官窑（＝御窑）的产品，也断不会是一般民窑的产品，将其定为"准官窑"，即比照官窑的产品，应无谬误。

其实，此对花盆款识之最值得注意的还有一个地方，就是它们乌黑的墨釉或墨彩及其形成的工艺流程。

"余园珍藏"，两只花盆共八个大字。书写者的功力甚高，甚至可以说达到所谓书法家的水准。但想来一定是因为它们曾经长期被置放于室外露天的环境下，年复一年地承受各种恶劣而不断变化的自然条件的摧残和折磨的缘故，以致款字笔划上的釉彩，损坏和脱落的现象颇为严重。

见彩图03—05—05。

不过，惟其如此，反倒更能使我们了解康熙墨釉或墨彩的工艺流程和密码。

这在今天，在诸书关于康熙墨釉工艺流程的说法纷纭、混乱和矛盾的情况下，就尤其显得重要。

就墨釉的成品和肉眼所见釉层的色泽而言，就花盆款字现存的状况而论，款字至少应该经过三道施釉手续：一是先用灰白色的粉白釉书写一遍[①]，然后再用墨釉沿着粉白釉书写的笔划小心地描一遍，最后再使用绿釉盖写一遍，使绿釉只盖在墨釉描过的笔划之上，使烧成后的墨釉色泽乌黑光亮。

作出这些判断的依据是：在黑釉和绿釉损坏而完全脱落的笔划上，粉白釉的痕迹依然完整而清晰地存在着；而流溢出笔划界限之外的少许绿釉依然为绿釉，同图案文饰上所施的绿釉并无区别，并且保存到今天；那些没有损伤的黑釉笔划依然漆黑光亮。

这是中国历代黑釉瓷器中真正的黑釉[②]。

这和康熙墨地素三彩瓷器上的墨釉，操作的方法应该大体是一致的。

由于康熙时期的墨釉，极其具有特色，而且后世的仿造均未见成功，故仍然是鉴定康熙瓷器的依据之一。

---

[①] 不少陶瓷书上说五彩不使用所谓粉白釉，误。从故宫博物院的康熙五彩藏品中，可以发现一些使用粉白釉的例证。不过本文不能详述和一一举例。

[②] 中国古代的黑釉实际上都是棕褐色调。参见张福康著《中国古陶瓷的科学》，上海人民美术出版社，2000年9月版，第84、85、140诸页。

（作者按：此文初稿完成于 2003 年。此处关于"余园珍藏"款字属于康熙墨釉的说法应该欠妥。严格说，本书作者曾经长期未能确认它们究竟是康熙墨釉还是康熙墨彩。多年后经重新观察和研究，认为应属墨彩。请参阅本书第五编第 9 篇《康熙墨地三彩　辉煌一个时代——兼论墨地、墨彩之工艺和美学问题》论文。此次定稿保留它们而未予删除，因其能显示研究所经历的过程曲折，以及学术研究之艰难。2009 年 4 月 16 日附注。）

## 十二　结论：为一般收藏者堵塞金钱的无底黑洞

此文初稿完成于 2003 年 6 月 10 日。从那时以后，虽觉完成了对此罕见的巨型成对康熙五彩花盆的技术鉴定和对其造型、图案，尤其是绘画艺术的历史审美，但却一直苦于"余园珍藏"款的没有着落，因而心中总觉得遗憾难消，甚至还觉得有些微的遗恨难平。多少年过去，幸而最后解决了这个当初认为或许此生都难以破解的谜团。而且还考论了曹雪芹父、祖长期操办宫廷瓷器这个前辈学者涉及而没有解决的悬疑[①]。

对于文物古董，鉴定真伪——美学鉴赏——历史信息（包括历史、社会、人文和科学、技术等等方面）的发掘——价值判定，是收藏和研究之路上相对独立而又相互联系的几个环节。对于社会上不能聘雇几位鉴定专家为自己的收藏保镖，也不能在一流拍卖行高价购买艺术品的绝大多数一般收藏者来说，真伪鉴定是起步的第一个台阶，虽只是入门功，却也是最大的金钱黑洞。在入门时跌倒者无计其数，为之倾家荡产者亦不罕见。

文物古董的鉴定，无论古今中外，甚至未来，主要还是要靠所谓眼力。现代科技虽不断发明和不断被引入鉴定行业，却毕竟有其太多的局限性。无论是碳－14 年代测定，热释光年代测定，微量元素分析，能谱仪元素测定，脱玻化程度测定等等，都存在着适用范围、收费不菲和可靠程度的局限性。比如对于 200 年以内，尤其是近现代的书画、瓷器或铜器等的真伪，科技一般都还无奈。更不必说广大的收藏者还很难同这种科技结缘了。当然鉴定向高科技发展是一个方向。

那么，在现代大资本投入、跨行业结合和引入高新科技使现代仿造技术日新月异、突飞猛进的情况下，眼力——究竟还有多少"势力范围"或"视力范围"，还有多大可靠程度呢？鉴定专家所使用的综合鉴定和全面考虑，不但一般收藏者难以短期掌握，而且常常人言人殊。倒是本书（尤其本文）涉及和介绍

---

[①] 据笔者所知，北京故宫博物院的已故著名学者朱家溍先生早在上世纪 60 年代初和 80 年代初，曾两次著文论及此事。或因当时条件所限制，未能深入作出肯定的结论。

的几种现代仿造者还没有突破的，或者虽了解而难以成功仿造的"真品现象"，道出了几种简简单单，死死板板，一般收藏者都能迅速掌握的鉴定手段，更能为其堵塞吸金的黑洞。不知诸君然否？

2003年6月10日完成初稿<br>
2009年4月21日完成修订

# 第六篇

# "余园珍藏"款和曹雪芹父祖操办宫廷瓷器考论

提　　要

1. 考论康熙五彩巨型花盆上的"余园珍藏"款和郎廷极"御赐纯一堂珍藏"款的内涵、背景、吊诡和奥秘。

2. 考证和论定曹雪芹的父亲曹頫、祖父曹寅和曾祖父曹玺等曾长期操办过官廷御用瓷器，甚至还烧制过珐琅彩。

3. 曹雪芹家族后来的获罪和败落是自取其咎，不应因曹雪芹的无辜、穷困潦倒和创作了巨著《红楼梦》而爱屋及乌予以同情。

4. 唐英在主持景德镇官窑工作时留下一些私家款，本文还剖析了唐英的"私家款"官窑瓷器之自藏和馈赠的若干情形。

## 一　"余园珍藏"和"余园余熙"

（一）"余园珍藏"款瓷器和"仪征余园"

这一对康熙五彩巨型花盆[1]上的"余园珍藏"款，以前不见于任何记载，本文作者虽留心很多年，但一直被其原初的归属问题所困扰。

查所谓"余园"者，历史上曾有好多处，如北京在历史上就有两座所谓"余园"[2]，上海浦东高桥镇也有一座"余园"[3]，湖南益阳也有一座"余园"[4]，

---

[1]　请参见本书上一篇《康熙五彩花卉图巨型对盆鉴定手段和鉴赏美学》一文。

[2]　其中一座在今北京市王府井北口附近，是1900年义和团之乱和八国联军入侵北京后才有的名称，取"劫后余生"之意。见《华夏之旅——北京之最》，载www.ccnt.con.cn。另一座在北京西城，同清代后期的大臣、仪征人阮元（1764—1849）有关。阮元的所谓"余园"名"蝶梦园"，见孙学峰《阮元和"京邸小园杂诗册页"》，载blog.sina.com.cn/sunxuefeng。然其所谓"余园"者，实系"我的园"或"吾园"之意。

[3]　上海浦东"余园"，位于高桥镇，建造于康熙末到雍正初，园主姓陆氏。园名同样应是"餘园"之简化写法。其年代和原意应同"余园珍藏"的"余园"无关。见沈润章《古桂飘香满余园》，载www.pudongmedia.cn。

[4]　湖南益阳"余园"也是"餘园"。见原乡山人著《民国时期益阳城区一座特别风格的老建筑——余园》，载bbs.rednet.cn。

安徽休宁也有一座"余园"①,明末江苏仪真附近瓜州渡曾有一座著名的"于园"② 等等。本文作者追踪了好多"余园",其实原名绝大多数都是叫"餘园"。另江苏泰州在康熙后期有一位名人缪沅,号"余园"③。笔者对其一一考证,发现都不可能同这对康熙五彩巨型花盆当初之所归属的那个"余园"发生任何关联。

但考证的过程和最终的结果,令本文作者也感惊奇,因为当初完全没有想到,这对长期困扰本文作者的"余园珍藏"巨型花盆之原初的归属问题,不但终于得到解决,而且竟然还是《红楼梦》的作者曹雪芹的祖父曹寅所经手操办和借花献佛、馈赠他的一个密友"仪征④余熙"的特种礼物。

考证的过程曲折而有趣。容详述之。

敝人依稀记得胡适先生《红楼梦考证》中,似乎提到过一个"余园"。后经查找,果然。原文系引自《扬州画舫录》:

> 曹寅,字子清,号楝亭,满洲人。官两淮盐院,工诗词,善书,著有《楝亭诗集》。刊秘书十二种,为:《梅苑》、《声画集》、《法书考》、《琴史》、《墨经》、《砚笺》、刘后山⑤《千家诗》、《禁扁》、《钓矶立谈》、《都城纪胜》、《糖霜谱》、《录鬼簿》。
> 今之仪征余园门榜"江天传舍"四字,是所书也。⑥

查《扬州画舫录》原书,在紧接"曹寅"条之下,又有"余园余熙,以字

---

① 见《清末余园今犹在——汪家花园》,载汪氏宗亲网 www.iwangs.com。
② 见明清之际的张岱(1597—1679)所著之《陶庵梦忆·于园》一文。这个"于园",很有名,主人为"于五",专门结交名人豪富。张岱说:"于园在瓜洲步五里铺,富人于所园也。非显者刺,则门钥不得出。"这个于五可能是个暴发户。于五于园距离本文考证的仪真(仪征)"余熙余园"不远。"于园"早于"余园",二者有无关联,暂不知。
③ 缪沅(1672—1729),字澧南,又字湘芷,号"余园",江苏泰州人。康熙十一年生,雍正七年卒。康熙四十八年探花出身。清代同缪沅同时而稍晚的汪景祺著《西征随笔》,卷四曾记缪沅故事,缪沅著有《余园诗抄》、《余园诗精选》等。他家在泰州城北有一座园林名叫"清响园"。其名号和著作中的"余园",实为"餘园",同"余园"不可能有关。
④ 仪征,原名"仪真",直到雍正元年。是故,在曹玺和曹寅父子两代任江宁织造局织造官的康熙时代,"仪征"仍名"仪真",留存到现在的曹寅书法真迹,就是将"仪征"写作"仪真"的。"仪真"改"仪征",避雍正皇帝名讳。
⑤ "刘后山",胡适在《红楼梦考证》中注:"当作刘后村。"按:"后村"为南宋词人刘克庄之号。
⑥ 引文见清李斗《扬州画舫录》卷二。李斗(1749—1817),江苏仪征人,字北有,号艾塘。《扬州画舫录》为其名著(该书写于 1764—1795 年)。胡适在《红楼梦考证》中引用此段文字,首次获得曹雪芹祖父曹寅的资料。但李斗书中说曹寅"官两淮盐院",并不全面。事实上曹寅更重要的职务是江宁织造局织造官和康熙皇帝派在江南、江北的情报长官。当然,李斗不可能知道曹寅是秘密情报官,但不应漏掉"江宁织造"一职。

传"一条记载。"以字传",是以书法扬名的意思。说明这个"仪征余园"的主人余熙,也是个书法家。

曹雪芹的祖父——按其血缘关系是雪芹之伯祖父——曹寅,同这个"仪征余园"的主人余熙,看来关系相当密切;而且余熙的社会地位也必定相当高!

不然的话,当时名满江南、地位崇高、势力丰厚的江宁织造兼两淮盐政的曹寅,怎会为其"仪征余园"的门榜题写"江天传舍"的匾额呢。

到《扬州画舫录》成书的乾隆末年,曹寅题写的这个匾额显然仍然还悬在那里。而《扬州画舫录》的作者李斗本人也是仪征人,对余园一定非常熟悉。

那么,曹寅为"仪征余园"所题写的门榜"江天传舍"是什么意思呢?

"江天"显然是说"余园"位于长江之滨,水天一色,辽阔无垠。故这里的"江天"就是"天下"的意思。

"传舍",在古时即"客舍"、驿站,今之旅馆、饭店之意①。

曹寅为余熙题写的"江天传舍",字面意义就是"临江天下旅馆"。

于是,按照今天的观念和字面意义,"仪征余园"似乎是仪征一家临江的花园旅馆,而余园的主人余熙似乎就是这家旅馆的老板了。

至于是不是这样,下文再论。

然而,仅仅这样两条记载,实在是太过简略,仍然难以据之考证作出什么像样的学术结论。

(二) 关于"余园余熙"的几条历史资料

幸而后来在《扬州画舫录》对扬州"梅岭春深"这一景致的记述中,又发现关于余熙的如下资料:

> "梅岭春深"②,即长春岭,在保障湖中,由蜀冈中峰出脉者也。丁丑(郑按:1697年,康熙三十六年)间,程氏加葺虚土,竖木三匝,上建关帝庙。庙前叠石马头,左建玉板桥,右构岭上草堂。堂后开路上岭。中建观音殿。岭上多梅树,上构六方亭。岭西复构小屋三楹,名曰"钓渚"。程氏名志铨,字元恒,午桥之兄。筑是岭三年不成,费工二十万,夜梦关帝示以度地之法,旬日而竣。后归余氏。余熙字次修,工诗善书,岭西垣门"梅岭春深"石额,其自书也。山僧平川,淮安人,性朴实,居此三十年。

---

① 《战国策·魏策四》:"令'鼻之'(人名)入秦之传舍。"《史记》卷九十一《黥布列传》:"楚使者在,方急责英布发兵,舍传舍。"卷九十七《郦生列传》:"沛公至高阳传舍,使人召郦生。"《汉书》卷四十三《郦食其列传》:"沛公至高阳传舍,使人召食其。"唐颜师古注:"传舍者,人所止息,前人已去,后人复来,转相传也。"所以,"传舍",就是古代的客舍、旅馆。

② 扬州二十四景之一,今俗名"小金山"。

熙弟照，字冠五，亦工于诗。①

《扬州画坊录》中关于"后归余氏余熙"的这座"梅岭春深"之著名扬州景观，记述很多。但却未再直接提及它的这位新主人余熙。

这样，关于余熙的资料，实际就有了四条。

那么我们怎能确认这两组（每组两条）资料中所说的"仪征余熙"和"扬州余熙"，是同一个余熙，而不是同名同姓的两个余熙呢？

仪征和扬州可说近在咫尺之间，同一时间有两个大富豪兼诗人书法家的余熙，可能性微不足道。《扬州画坊录》的作者没有指出是同一个余熙，说明作者李斗认为根本不需要特别指出这点，因为不是两个余熙。如非同一个余熙，在同一本书中倒是需要郑重指出的。

再者，这两组资料中的余熙，有着太多的共同点：

都是巨富豪门之家，

都以书法著称于当世，

都热爱和拥有著名园林，

都在同一个扬州地区（仪征也在扬州地区），并且都活跃于康熙中后期。

这些都说明，两组资料中的余熙必定是同一个余熙，而不会是同名同姓的两个余熙。

于是，关于余熙，现在我们知道：

① 余熙，字次修，康熙年间人，活跃于康熙中后期，大约和曹寅同时。工于诗词和书法，并且以诗词、书法闻名于世。余熙还有个弟弟叫余照，字冠五，也工于诗词。

② 余熙在仪征有一所著名的园林，被时人（包括曹寅，详下文）和后人（例如《扬州画舫录》的作者李斗）叫做"余园"。也被称作"仪征余园"。而余熙也因这所园林而著名，故余熙也随之被称为"余园余熙"。

③ 后来，余熙在扬州，从程志铨手中买下著名的扬州景观"梅岭春深"，并自书"梅岭春深"，勒于石，作为"岭西垣门"的石额。所以他在扬州也是名人，拥有一处更为著名的园林。

④ 这个余熙，他同曹雪芹的祖父曹寅，交谊颇厚。曹寅曾为余熙的"仪征余园"题写了"江天传舍"的匾额，悬于余园的门榜。

⑤ 余熙常在自己的"余园"举行官员和文人聚会。曹寅，作为两江地区皇帝钦命的大员和最有实际权势的高官，以及文学家和文化人的领袖，也参加余园的这种上流社会的 Party，并同其他文人一道观赏园林、交际社会、唱和诗词、

---

① 李斗：《扬州画舫录》卷十三。

"舞文弄墨"。(详下文)

⑥ 以上这五条可以说明，曹寅为"余园"题写"江天传舍"，显然其真意不是说"余园"是个临江花园旅馆，余熙是这个旅馆的老板。而是赞美作为文人，又是豪门巨子的余熙之豪爽侠义，其为人极为热情好客，爱广交天下英杰。"余园"就像天下英杰的旅途之家，成为文人和仁人的聚会之所。

因此，曹寅的"江天传舍"的题额是对"余园"主人余熙之富有、慷慨和好客的一种特别赞美。

⑦ 在清代早期的科举中榜和官员名单中，经初步查考，仪征和扬州籍的，都没有发现余熙两兄弟的名字。故余熙应该没有功名，也没有做过大官。他应该是富商巨贾，豪门文人。很可能是盐业巨商，因为当时"仪真"和扬州的豪门，绝大多数都是官吏和盐商。

⑧ 仪征在1771年的一场江面盐船大火后，走向衰落。

根据清汪中①《哀盐船文》："乾隆三十五年十二月乙卯②，仪征盐船火，坏船百有三十，焚及溺死者千有四百。"后来可能更因战火，余园早已颓毁，无踪迹可寻③。

有了关于"仪征余园"、"余园余熙"、曹寅题匾这些史料，终于使多年困扰笔者的"余园珍藏"这一对康熙时期"准官窑"巨型花盆的原始归属，变为可以考证和论述了。

中国的文物，即使是珍宝级或国宝级的，大多数都只能给予一个粗略的断代，而无法依据可靠的文字资料去考证和论述。能够弄清楚来龙去脉的，只是其中的一小部分幸运者而已。

（三）仪征余园余熙和曹雪芹的祖父曹寅

仪征、余园、余熙和曹寅的事迹，以及其相互间的关系，是本文需要考查的重点内容之一。所考余熙事迹已如上述。而曹寅，由于过去八九十年来的《红楼梦》研究，即所谓《红学》的再度兴盛，曹雪芹的祖父曹寅事略已大体清楚。

---

① 汪中（1745—1794），字容甫。江苏江都（扬州）人。清代思想家、文学家、史学家。能诗，工骈文。因作《哀盐船文》，文名大显。他推崇墨子和荀子，抑孟子，故曾被卫道者目为"名教之罪人"。主要著作有《广陵通典》、《述学》内、外篇和《容甫先生遗诗》等。

② 关于这个日期之是否正确，汪中之记载是否有误，数十年后的扬州和仪征的方志修撰者已经弄不清楚。本书作者已略予考论，因内容较长，已移入本书《附录1：注释中文字较长且属论述性的条目》之第6篇中《仪征盐船大火发生年月日略考——汪中错还是方志错？》

③ 周喻《以书法名世的曹寅》说："笔者（郑按：作者周喻自称）曾写信给仪征学界友人，询问余园情况。其复信中云，经历数百年人世沧桑，余园早已荡然不存，更莫说曹寅的墨宝了。"（郑按：曹寅的其他墨宝不算罕见，详下文）（周喻该文，原载香港《文汇报》，2006年8月4日。此处引文依据该报之网页：paper.wenweipo.com/2006/08/04/OT0608040007.htm）。

先说一下仪征。

仪征位于长江和大运河的交汇口①，扼水运交通之要冲。其在清代盛世时期的地位，是"以一线水为国家转运咽喉"②，东西南北之"津要"③。是一座"转运半天下"，"仪征绾其口"，"列樯蔽空，束江而立"④ 的大商港，历来是两淮食盐集散港口，商业繁华之地，人才荟萃之乡。

而余园、寤园、汪园等则是仪征著名的园林。

曹寅时任江宁织造兼管两淮盐政。两淮盐政司官署之总部设在扬州，但在仪征设有唯一的一个分部。故曹寅在20多年中，要不断地往来于南京和扬州，但也要经常在位于两地中间的仪征（当时仍称仪真）盐政衙门停留，因为那里的工作也是他工作职责的一部分⑤。

江宁织造曹寅，是宫廷派往江宁的丝绸织造官，但他也是宫廷众多其它用品的制造官和买办官，盐政督查官和盐税征收官。他是包衣出身，虽然没有科举功名也非封疆大吏——他自称是"江宁织造通政使司通政使臣曹寅"⑥——却有远远超越一般封疆大吏的权势。

此外，他还是康熙皇帝秘密派到江、淮、苏、扬地区的钦差情报官和对汉族文人知识分子进行团结工作的统战部长。

康熙皇帝六次南巡，五次驻跸于江宁织造局的曹家。其中康熙四十四年（1705）皇帝第五次南巡时，曹寅既在南京接驾，又以"巡盐御史"的资格赶到扬州接驾⑦。

曹寅本人能赋诗填词，水平可比白居易和苏轼。也善书法，能题写匾额。还喜爱藏书和印书（出版）。著名的钦颁《全唐诗》和《佩文韵府》也是他负责在扬州刊印的。

曹寅传世的诗作中有一首诗题名为《集余园看梅同人限字赋诗追忆昔游有

---

① 据说，大运河南下，在扬州城南分为两支，一支从瓜州渡入江，一支从仪征入江。
② 原文载康熙七年（1668）胡崇伦等修《仪征县志·盐漕志》。此处引文依据 www.ourjg.com/bbs/dispbbs.asp? boardID = 22&ID。但其说"以一线水为国家转运咽喉"，实当作：依靠长江和大运河"以两线水为国家转运咽喉"。
③ 原文载道光时王心检、刘文淇等所修《仪征县志·河渠志》。此处引文依据 www.ourjg.com/bbs/dispbbs.asp? boardID = 22&ID。但其说仪征为"南北津要"，并不十分恰切，其实仪征是"东、西，南、北之津要"。
④ 引自清代汪中的《哀盐船文》。编入《四部丛刊》本《述学·补遗》。此处依据 www.iwangs.com/bbs/read.php? tid。
⑤ 如曹寅在"奏报熊赐履病故折"（康熙四十八年九月）中报告康熙皇帝说："九月初二日，探得大学士臣熊赐履于八月二十八日未时病故。臣寅身在仪真掣盐。"说明仪真也是他的工作据点。
⑥ 见于曹寅上奏康熙皇帝的许多密折。
⑦ 原载于《振绮堂丛书》所收之《圣驾五幸江南恭录》。顾颉刚先生告知胡适先生，胡适写入《红楼梦考证》中。此处依据胡适《红楼梦考证》（改订稿）二。

感而作》①。这个"余园"必定就是仪真余熙的余园,我们很难想象还有别一个非余熙为主人的余园。

但这次文人官僚在"余园"的集会是谁提议、准备、主持举行的?显然必是余熙或曹寅。因为余熙是园主,故余熙包办这次集会的一切开支、事务,借此广交官僚、名流的原动力更足。而曹寅是钦差的秘密统战部长,其在这次集会中的推动和领袖作用,亦无他人可以代替。

这首诗的题目即道出了曹寅同余园和余园主人余熙的关系。"集余园赋诗"这种官僚和文人的聚会、交谈、吟诗,而由余熙在自己的"余园"内招待、作东、宴请,应是曹寅和余熙同其他文人的一个例行活动之一。

曹寅同余园的主人余熙,显然关系亲密而特殊。

曹寅为余熙余园题写"江天传舍"门榜,说余园像一个宾馆,广交天下英杰,由此看来,并非虚言也。

更值得注意的是,正文内的两句诗所道出的内容:

鸠车竹马曾经处,鲐背庞眉识此生。

"鸠车竹马"本指儿童玩具,这里指他的童年时代。而"鲐背庞眉"则是指他的老年时代。

"鸠车竹马曾经处",是"追忆昔游"余园的童年故事,说明曹寅在童年时代就曾游览过这个余园②。

"鲐背庞眉识此生",是说到了老年他对"此生"便更加了解得深刻了。而这个"此生"是否包含了他对老友余熙以及这座余园的深厚情感呢?——应该是!

这两句诗分明是说,曹寅从童年到老年,一直常常造访和游览余园,两家或是世交。曹寅同余熙之亲密关系非他人可比。

当时,曹寅事实上还是江宁、扬州、仪征广大地区的文人首领,同官僚、富

---

① 这首诗的标题应断为:《集余园看梅/同人限字赋诗/追忆昔游/有感而作》。这实际是这首诗的序言,意思是说:在一个梅花盛开的早春,我参加了主人余熙在其余园中举行的赏梅聚会,参加者根据限定的字韵作诗。追忆昔日游览此园的情形,乃有感而赋此诗……

② 曹寅少年时代访问和游览仪真余园,应该是同其父曹玺一起。
关于曹寅的父亲曹玺的简历,胡适在其"《红楼梦考证》(改订稿)二"中曾说:
曹玺,字完璧,是曹寅的父亲。(顾)颉刚引《上元江宁两县志》道:"织局繁剧,玺至,积弊一清。陛见,陈江南吏治极详,赐蟒服,加一品,御书'敬慎'匾额。卒于位。子寅。"
曹玺是朝廷一品大员,从康熙二年(1663)至康熙二十三年(1684)任江宁织造。共22年。其子曹寅从康熙三十一年(1692)至五十一年(1712)任江宁织造,长达21年。如此,则曹寅幼年时访问、游览,甚至居住过"仪真余园"。曹寅的诗可以确证这点。

商、文人，都有良好的关系，也备受尊重。

《四库全书》之《总目提要》中有一条记载：

> 《楝亭诗钞》五卷，附《词钞》一卷。（江苏巡抚采进本）
> 国朝曹寅撰。寅有《居常饮馔录》，已著录。其诗一刻于扬州，计盈千首；再刻于仪征，则寅自汰其旧刻，而吴尚中开雕于东园者。此本即仪征刻也。其诗出入于白居易、苏轼之间。①

这条记载告诉我们：曹寅的诗集《楝亭诗抄》初刻于扬州，再刻于仪征（仪真）。被江苏巡抚交到朝廷的就是其中的"仪征刻本"。这说明曹寅同仪征和扬州的关系极其密切。

对于曹寅任职江宁织造局 21 年的官场生涯②来说，位于江宁和扬州中间的仪征，不但是他经常往返江宁和扬州之间的最好的停留站，那里也有他的一处正式官衙，同时还有他的一个文化俱乐部。

这个仪征余园余熙，同曹寅之间，具有：

盐业转运局长官和大盐商的关系——如果余熙确为盐商世家的话；

也有文人聚会，诗词唱和及书法赠答的关系；

还有统战部长和一个重要统战对象的关系；

曹寅本人精于烹调研究，并有专著，而余熙则以好客著名，故他们自然还有酒友、"菜友"、"饭友"和玩伴的关系；

曹寅还有应余熙之邀而游览和鉴赏余熙的两座著名园林的关系；

还很可能是"世交"，至少从少年时代就相识，一直有走访和往还关系。

所有这些都说明他们之间的关系之多样化而且非比寻常。他们有政治的和商业的利害关系，也有朋友关系：玩友、饭友、酒友、文友、书友、笔友、从小玩伴到老玩伴……

但在曹家如此多样的工作和职责中，有一项却是过去从来没有被学术界特别注意和考证清楚的。

那就是：曹家，曹雪芹的三代祖宗，共四任江宁织造官，还一直操办宫廷御用瓷器。

---

① 见《四库全书》之《总目提要·别集类·存目》。此处引文系转引自胡适《红楼梦考证》（修订版）二。

② 曹寅任职江宁织造的时间，长达 21 年，从康熙三十一年—康熙五十一年（1692—1712）。中间还兼任过苏州织造两年。但其兼管两淮盐政的时段暂时不详，待考。

## 二　曹雪芹父祖操办宫廷用瓷

（一）曹雪芹之父、祖均奉旨为宫中经办瓷器

曹雪芹的父亲曹頫、伯父曹颙、祖父曹寅和曾祖父曹玺，实际所司职责、任务，非常广泛而复杂，内容已如上述。而他们名义上为江宁织造局织造官①，顾名思义，他们当然要经办织造宫廷用绫罗绸缎，其他还负责购买和输送各种江南土、特产品、海外进口的舶来品和搜集奇物异珍宝玩。同时还要经常写密折将各种重要的事情即时奏闻皇帝，并由皇帝亲自阅批。他们也曾负责疏浚河道、修筑海塘②，还曾负责修葺明太祖朱元璋的陵墓③，甚至还得报告每月天气情况，当然更要报告农业收成和社会民情等等。这些，如果不是历史档案披露出来，单从"织造"和"两淮盐政"的名字是很难想象出来的。

曹家也经办，并向宫廷输送瓷器这一点，也可以从史料中得到肯定的证明。康熙皇帝1720年（康熙五十九年）2月2日曾对曹頫（曹雪芹生父）的一封奏折，夹条御笔朱批。

见彩图03—06—01。

批语全文如下：

近来你家差事甚多，但仍需将诸事即时报朕知晓。

如磁器法瑯（珐琅）之类，先还有旨意：件数到京之后送至御前览完才烧法瑯（珐琅）。而近来竟不奏报了。今不知骗了多少磁器，朕总不知。

已（以）后非上传旨意，尔即当密折内声名〔明〕奏闻；倘瞒着不奏，后来事发，恐尔当不起。一体得罪，悔之莫及矣。

即有别样差使，亦是如此。

① 这段文字依照康熙皇帝原批文的图片整理，并参考了周汝昌、朱家溍两先生共三次的引文和断句，以及台北故宫博物院的标点断句。但此处引文，其中的分段、标点、纠错和文意补充等等，均为本文作者所为。

康熙皇帝当时随手阅批奏折，并不特别讲究文句，故其中有一些明显的别字，尤其是存在思维跳跃之处，读起来文意不甚通畅连贯。对这种情况当然完全可以理

---

① 康熙谕旨中称呼曹寅为"织造郎中曹寅"（曹寅是内务府郎中）和"织造曹寅"。
② 大约因为曹寅还长期兼管"两淮盐运"之故，但其继子曹頫似乎并不兼任此职。
③ 此处参考周汝昌《红楼梦新证》第7章《史事稽年》《一六九九年，康熙三十八年，己卯》的红学网站网页 www.hongxue.org/book/chapter.asp?btypeid=69&id=。曹寅参与修葺明太祖洪武皇帝陵墓，是康熙皇帝的临时指示。

解。笔者反复细玩文意，除放于括号内的正误文字之外，并作两处简单的文意修补——即其中下加横线部分——仅供读者和研究者参考。

为使有兴趣深入研究者容易参阅和比较各种资料，现除将原件收入作为本文插图外，并将诸家引文的标点断句以及他们的一些看法，分别列于注释中。

这些资料包括：

* 周汝昌先生对这段文字的标点引文；①
* 朱家溍先生 1960 年对部分文字的标点引文和当时的看法；②
* 朱家溍氏在 1982 年的标点引文和当时的看法；③
* 台北故宫博物院标点本；④
* 康熙皇帝的朱批原文。

② 康熙皇帝批文中的"磁器法朗"，不应断作"磁器、珐琅"，即不应理解为两类东西，而应理解为"瓷胎珐琅"；否则，下文中的"送至御前览完才烧法朗"和"今不知骗了多少磁器，朕总不知"两语，便根本无从着落了。如果康熙皇帝原意是指"磁器、法朗之类"，则下文当以"今不知骗了多少磁器、金、铜，朕总不知"等相呼应。

批文中"件数到京之后送至御前览完才烧法朗"，显然是皇帝先前关于制造"磁器法朗"之"旨意"的内容。而所谓"件数"，应包含图样设计，否则只是一个数字，只要报批即可，是不需要"送至御前览完"的。

③ 这件御批里所说的"磁器"，只能是指景德镇官窑窑厂烧制、用于再制作瓷胎珐琅的半成品白瓷器。对于江南织造局和曹𫖯来说，它们应是打着皇帝的旗号，通过调拨无偿得来的。

如果不是，则应是曹𫖯另外烧制的，或者是在景德镇以"官搭民烧"的方式定制督烧的。但——倘若确是这样的话，则下文就不应有"今不知骗了多少磁器，朕总不知"的话了。因为曹𫖯经手太多的事项，操办太多的东西，便无所谓言其"骗"得瓷器的问题。只有曹𫖯无偿得来、本应属于皇家所有、而非曹家经手办理、且又不奏报皇帝知晓的瓷器，康熙皇帝才会指责他"骗了"瓷器。

④ 康熙皇帝的这个御批是对曹𫖯的一个严重警告。（十年前康熙皇帝也告诫过曹

---

① 周汝昌先生引文标点和说明，已移入本书《附录 1：注释中文字较长且属论述性的条目》之第 5 篇《诸家关于康熙皇帝对曹𫖯奏折一个朱批的标注和诠释》中。

② 朱家溍先生 1960 年论文的引之标点和意见，已移入本书《附录 1：注释中文字较长且属论述性的条目》之第 5 篇《诸家关于康熙皇帝对曹𫖯奏折一个朱批的标注和诠释》中。

③ 朱家溍先生 1982 年论文的引之标点和意见，也已移入本书《附录 1：注释中文字较长且属论述性的条目》之第 5 篇《诸家关于康熙皇帝对曹𫖯奏折一个朱批的标注和诠释》中。

④ 台北故宫博物院关于此件的标点和按语，见本书《附录 1：注释中文字较长且属论述性的条目》之第 5 篇《诸家关于康熙皇帝对曹𫖯奏折一个朱批的标注和诠释》。

寅:"千万小心，小心，小心，小心!"①）此时曹頫新任织造官不过五年。"织造"的所有职责本来只对皇帝个人负责，而康熙皇帝此时已发现曹頫不守官箴臣规，甚至胡作非为，暗受他人指示，私烧珐琅瓷器，借以交换利益，送礼行贿，大拉关系。

八年之后，曹家首因巨额亏空而被弹劾查办，雍正皇帝命交怡亲王处理。曹家仍然到处使钱财、通关系、走门子。因而受到雍正皇帝严厉叱责，并告诉他怡亲王对他不错，让他老老实实听候怡亲王发落。

曹家的垮台显然不是偶然的，也无法认定他家遭遇不幸就是政治斗争的牺牲品，曹頫也不是个好官，其下场并不值得同情。不能因为其子是曹雪芹，写了《红楼梦》，就应该改变历史史实和这个基本认识。不过论述这些已不是本文的任务。

本文的一个重点是要通过考证、论述和确认曹家，包括曹雪芹的父亲曹頫、祖父曹寅等人都曾操办过宫廷瓷器这一此前无人确认过的历史事实②。

而本节的重点则只是通过引述和研究康熙皇帝的一个朱批，来论述曹家至少在康熙末年曹頫任"江宁织造"时期，就曾经制作过一批又一批"磁器珐琅"（康熙皇帝语），即"瓷胎画珐琅器"（朱家溍先生语）。康熙皇帝的这个朱批，至少使这点无法撼动。同时也使我们进一步对曹雪芹的祖辈曹寅等人经办宫廷瓷器这点可以论定。

（二）织造局为宫廷操办瓷器的其他一些佐证

曹家经手操办、制作宫廷用瓷器和御用瓷器，上一节事实上已经可以论定而难以动摇。下面再举出其他一些佐证。

① 故宫博物院原来藏有一小批"宜兴紫砂陶胎珐琅彩器"③。清代的原始标签上的称呼是"宜兴胎画珐琅……"因带有"康熙年制"或"康熙御制"款，故可以确认为康熙朝的产品。而在康熙以后的雍正和乾隆时期，据说，均没有发现这一品种④。

---

① 见康熙皇帝在康熙四十九年九月二日"曹寅奏进晴雨录折"上的朱批。
② 周汝昌先生应是最早注意到这条资料者，但因他的目的是研究曹雪芹家世，没有注意到这条朱批同著名的中国18世纪珐琅彩的关系。朱家溍先生在1960年和1982年两次引用这个朱批（部分），但因其重点在研究清代的掐丝珐琅和一般意义上的画珐琅，故没有能够特别确认曹家同珐琅彩瓷的关系。朱家溍氏一方面从朱批的文字认为"这道朱谕说明曹家经手办理过烧造珐琅"，但惜乎没有确认是瓷胎画珐琅，而且是一批又一批。结论又因"在磁器档案中从惯例来看都是直接命江西烧磁器处办理，而没有必要由曹家经手办理"，于是退到"从这道朱谕来看很可能曹家从曹寅到曹頫都曾经手造办过磁胎画珐琅器"。对于曹雪芹之父、祖同宫苑瓷器的关系，朱家溍氏之"很可能"的结论，仍然是我们今天研究的先驱观点。惜乎从那时以来，又是四分之一世纪过去，朱先生也已经辞世，而学术界对这个问题的研究却没有再前进一步。
③ 总共不到20件，现藏台北故宫博物院。
④ 参见朱家溍：《清代画珐琅器制造考》一文，原载《故宫博物院院刊》1982年第3期。后收入紫禁城出版社《名家谈鉴定》文集，1995年7月第1版，第379页。

这些制品的紫砂陶胎是江苏宜兴窑所产,当无问题,但其珐琅彩是在哪里完成的呢?迄今,仍然没有人能够肯定地予以答复。

人们可以猜想是在宫廷完成的,但并没有什么依据。

本文作者认为,宜兴位于太湖西岸,距离苏州很近,距离南京也不远。宜兴陶器是那里的传统土特产之一。是故,它们的珐琅彩工序颇有可能是在苏州织造局或江宁织造局完成的。

但不管最后的珐琅工序是苏州织造局或江南织造局完成的,即使是在宫廷完成的,也都是曹家——作为织造局——为宫廷经手操办陶瓷器的一个佐证。①

② 在《养心殿造办处各作成造活计清档》中,记载怡亲王或雍正皇帝交下一些瓷器,但其来路却不明。如:

> (雍正元年)二月二十三日:郎中保德交珐琅红磁盅大小十六件,奉怡亲王谕:着暂且放着。尊此。②
>
> (雍正二年)四月初二日:太监刘玉交珐琅霁青盅二件、珐琅霁红盅四件(撇口二件,磬口二件)、珐琅霁红有圆光团花盅二件、珐琅霁红碗二件。传旨:配匣,钦此。③
>
> (雍正二年)十二月初五日:怡亲王交磁胎烧金珐琅有靶盖碗六件。④

这些都是珐琅瓷器,它们显然不是宫廷造办处珐琅作制作的(不然的话,怡亲王不会着珐琅作"暂且放着"),也不可能是怡亲王府烧制的(即使第一代怡亲王府,如通常所说,确曾烧制过珐琅,也是后来的事;但本书作者怀疑,甚至不相信怡亲王府曾经制作过瓷胎画珐琅)。更不可能是圆明园烧制的(圆明园当时还没有烧制珐琅彩瓷器的条件)。

那么它们究竟是哪里制作的呢?

在产地能够得以确认之前,笔者愿意暂时假定它们是出于当时江南的织造局——江宁织造局、苏州织造局或杭州织造局。因为织造局也经办进口货物,大可以得珐琅制法于风气之先;织造局的"奴才们"也有愿望、有权力、有财力、

---

① 陶瓷学界关于珐琅彩和粉彩的主流见解也有问题。迄今,陶瓷学界最流行的一种说法是:珐琅彩是在康熙末年的宫廷中首先制作成功的,而粉彩则是在珐琅彩的基础上在景德镇产生的。但保留到今天的实物却铁一般地证明:所谓"粉彩"最迟在康熙三十五年(丙子年,即 1696 年)时已经出现。在这点上,陶瓷学界的主流见解不能自圆其说。但这——也不是本文的任务。详见本书《附录 1:注释中文字较长且属论述性的条目》之第 5 篇中《陶瓷学界关于珐琅彩和粉彩始烧年代和相互关系的学说难以自圆其说》。
② "清档"雍正元年二月二十三日"珐琅作"记载。
③ "清档"雍正二年十二月二日"画作"记载。
④ "清档"雍正二年四月五日"木作"记载。

有技术去追求新款器物，以博得"主子"欢心。但这里的织造局主要是指曹家，尤其是曹寅时代的江宁织造局和苏州织造局。

值得注意的还有一点是，文献中准确记载的这些珐琅彩瓷器，虽然都制作于雍正初年，但根据上引记载，绝大多数都是康熙珐琅彩的风格。即色地珐琅，尤其是红地珐琅。而康熙宜兴胎珐琅彩陶器，颇类红地珐琅。那么红地珐琅是否起源于宜兴陶胎珐琅，便值得进一步研究。当然这也已溢出本文范围之外。

③ 康熙末期刊印的《在园杂志》在记载"郎窑"仿造古瓷的高超技艺时，曾记载曹雪芹的祖父曹寅在景德镇以极高的价格购买"成化白瓷"而被人欺骗的事件。《在园杂志》一书的作者刘廷玑说：

> 曹织部子清始买得脱胎极薄白碗三只，甚为赏鉴。费价百二十金，后有人送四只，云是郎窑，与真"成"毫发不爽，诚可谓巧夺天工矣。①

其文中的"曹织部子清"，就是曹雪芹的祖父曹寅。曹寅，字子清。"织部"显是指织造局——仿"六部"称呼之例特称"织造局"为"织部"。当时不可能有另一个"曹织部子清"。是故，此人为曹雪芹祖父曹寅，可以确认。

三只所谓成化白瓷碗，以曹寅出资120金（白银120两）成交。参照后来唐英在雍正后期掌管景德镇官窑时期的瓷器成本是每两纹银平均可烧造五、六件以上，则曹寅这次显然被人欺骗。他花了高于市价200多倍的"天价"买了三件"现代"仿成化白瓷碗，不折不扣地作了当时景德镇"郎窑仿造品"的冤大头。

而事情发生的地点，依据刘廷玑记载的上、下文判断，应是景德镇地区。时间当然在曹寅在世之时（1712年，即康熙五十一年六月之前）。如果此判断无大谬误，则曹寅生前应不止一次为操办宫廷御用瓷器事宜到过景德镇。

其中"脱胎极薄白碗"，显然是指成化窑白瓷或暗花白瓷②。

而问题则在于，曹寅以高于官窑成本价200倍的"天价"购买这些白瓷碗的目的是什么？古董收藏？厅堂装饰？日常使用？礼品馈赠？贩卖牟利？献给皇上？——对于曹寅来说，都觉文不对题。

那么，除了这些用途之外，曹寅还可能会有什么用途、什么目的呢？今天的我们实在难以想象得出来。不过，如果联系到"清档"中有如下的记载，即雍正

---

① 引自刘廷玑著《在园杂志》卷四。根据该书序言，此书刊行于1715年（乙未年，亦即康熙五十四年）。这年他说自己"年逾周甲"，当为60岁。反向推算其生年，应为顺治十一年（甲午年，即1654年）。

② 清程哲著《窑器说》亦曰："成窑之草虫可口子母鸡缸杯，人物莲子酒盏，草虫小盏，青花小盏，其质细薄如纸。"

皇帝曾下诏让珐琅作使用当时宫廷库藏的明代白瓷制作珐琅彩一事[①]，可能就会有恍然悟之感：曹寅天价购买这种白瓷很可能是为了制作画珐琅，献给康熙皇帝。

要使这点成为可靠的学术结论，仅凭这两条记载前后相差十年以上的事件，还是不足的。但它证明曹家为宫廷经办瓷器则是可靠的。

④ 其实，早从曹雪芹的曾祖父，即曹寅的父亲曹玺任江宁织造局织造官的时代，江宁织造局就开始为皇帝经办瓷器事宜了。

萱草园主人从康熙二年的江宁织造局进物单中发现了下面一条史料：

康熙二年（1663）：曹玺（曹寅之父）任江宁理事官，进呈单内："……宋磁菱花瓶一座，窑变葫芦瓶一座，哥窑花插一座，定窑水注一个，窑变水注一个。"[②]

这条史料可以证明，早在曹雪芹的曾祖父曹玺时代，康熙初年之时，作为江宁织造局的织造官，就已经为宫廷经办瓷器了——至少是为宫廷搜集珍贵的古瓷。

如果联系到这个时期，景德镇还没有正式恢复"官窑"（即"御窑"）的瓷器生产，那么，江南的织造局为宫廷操办瓷器，就应该是早期因为宫廷的需要而受命为之，而后变成一种习惯任务和传统职责。

⑤ 本文重点涉及的这对"余园珍藏"款四季花卉图制作于康熙时期的五彩大花盆，经过考证和论述，认为也是曹家操办宫廷瓷器和御用瓷器的一个证据。

具体内容详见下文。

关于曹家经办宫中瓷器的历史记载，以后应该还会有新的发现。

但仅仅综合以上这些史料——哪怕剔出可疑的部分而单单依据那些无可怀疑的部分——也能说明：曹雪芹的那个曹家，从雪芹的曾祖父曹玺、经祖父曹寅，伯父曹顒，到父亲曹頫，三代四任的江宁织造（曹寅还担任过苏州织造），都为皇家操办瓷器。同时也说明江宁、苏州、杭州等处的所谓织造局衙门，是皇帝和皇宫所需物资的采办、生产和供应部门。瓷器也是这些衙门采办和制作的项目之一。

## 三 瓷器"珍藏"款中包藏着某种诡秘

上面第一节中我们考证了曹雪芹的祖父同仪征余园及余园的主人余熙之间的

---

[①] "清档"之《珐琅作》雍正二年记载："二月初四日：怡亲王交填白酒杯五件，内二件有暗龙。奉旨此杯烧珐琅。钦此。于二月二十三日烧破二件，总管太监启知怡亲王。奉王谕：其余三件尔等小心烧造。遵此。于五月十八日做得白瓷珐琅酒杯三件、怡亲王呈进。"

[②] 原载《江宁织造进物单》，此段文字引自萱草园网站：www.xuancaoyuan.com/GuanYao/Qing/Tang-Ying... 50K 2006-9-3。

密切关系，在第二节中则考证了曹雪芹的父祖辈都为宫廷操办过瓷器，甚至还一次又一次地烧制过珐琅彩瓷。现在考论瓷器"珍藏"款中隐藏的背景和秘密。

（一）瓷器"珍藏"款中存在着的诡秘和玄奥

中国古代的瓷器大都无款。有款的只能算是偶然现象。到了明、清时代，瓷器的款识才逐渐多起来。尤其是清代，官窑、"准官窑"和民窑，款识更加普遍化起来。

清代瓷器的款识多种多样，其中极少数带有"××珍藏"字样。

"余园珍藏"花盆便是其中一例。"御赐纯一堂珍藏"是另一例。

但"珍藏"款，在瓷器上，有时是非常诡秘的，或者包含着某种秘密。故值得研究。

在古代汉语中，"珍藏"一词，即"藏中珍物"①之意，也就是"所藏之珍宝"的意思。如说"陆海珍藏，蓝田美玉"②，又有"坞中珍藏……积如丘山"③，等等。

"珍藏"一词使用在瓷器上，很可能开始于清代康熙时期。如"御赐纯一堂珍藏"、"若深珍藏"④、"春育言人珍藏"、"余园珍藏"（该款此前不见于记载）等等，不过也只发现很少几种。康熙以后，瓷器上的"珍藏"款则多起来，甚至泛滥起来。但其中究竟哪一个"珍藏"才是"珍藏"款识的历史之滥觞者，今日已很难考证和确认。本文只能试考之。

"珍藏"在古代意指"珍藏之物"，是一个名词，"陆海珍藏""坞中珍藏"都是这种用法。现代人一般理解"珍藏"一词，同古意有别。常用作动词，指珍藏的行为或状态。实际是"某物被某人或某处珍爱（/珍惜/珍贵）地收藏着"之意。

值得注意的是：在当时，这是一个现在进行式的句子；而到了后世，则是一个表示过去进行式的句子。如"张三珍藏"，按古代的解释是："张三的珍藏"即"此物是张三收藏的珍宝"；按现在通常的理解就是："此物现在/或曾经被张

---

① 《后汉书》卷七十二《董卓列传》："及何后葬，开文陵，卓悉取藏中珍物。""文陵"为汉灵帝的陵墓。董卓曾职司守卫历代汉皇陵墓，"开文陵"时他已是汉相国，并兼任太尉。后"又使吕布发诸帝陵及公卿已下冢墓，收其珍宝。"故董卓作为名副其实的国家总理兼三军总司令，他应是中国历史上职位最高的掘墓盗宝者。详见本书《附录1：注释中文字较长且属论述性的条目》之第5篇中《究竟谁是中国历史上最大的盗墓者?》

② "珍藏"，语出东汉班固《西都赋》（收入南朝梁昭明太子萧统编辑的《文选》）："其阳则崇山隐天，幽林穹谷，陆海珍藏，蓝田美玉。"其中"珍藏"一词，就是"所藏之珍宝"的意思。这应是"珍藏"一词的起源。

③ 《后汉书》卷七十二《董卓列传》。原文是："坞中珍藏，有金二三万斤，银八九万斤，锦绮缯縠纨素奇玩，积如丘山。""坞中珍藏"，均为董卓所掠夺和积储。"坞"指"郿坞"。

④ 此外，康熙时期尚有"西朱若深珍藏"和"庆溪若深珍藏"，其中的"若深"当是同一人。

三珍爱地收藏着。"

　　早期瓷器上没有发现"珍藏"款,最重要的理由当是因为:早期烧造瓷器,只是准备烧成后作为日常用具,或作为商品,或作为供品、贡品而已;即使是"官家"(古汉语专指"皇家",不指一般的"官府")所制,事前也只是准备供御用和宫廷使用,并没有在烧造前先就已经决定未来把它们作为珍贵的藏品之打算。而瓷器的款识,又多是烧制以前就刻、印或写上去的。故迄今还没有发现早期的陶瓷器上有什么"珍藏"款。但有"供御"款,这表示烧制前就已经决定它们未来是"供御"品。

　　明代的瓷器有"制"、"造"、"用"、"家藏"、"喜舍"等款。它们也只是表明了制造的年代、主人和未来的用途而已。但似乎还没有使用"珍藏"款。

　　也就是说,即使迟至明代,也还没有人在烧造瓷器前,就预先决定制造它们的目的是为了未来由甚么人当作珍宝收藏的。

　　大约在康熙时期,瓷器上出现了最早的"珍藏"款。

　　但瓷器"珍藏"款中有时存在着奥秘和吊诡。

　　下面先以"御赐纯一堂珍藏"款为例考论之。

(二) 郎廷极"御赐纯一堂珍藏"款的一些问题

　　据近年学者考证成果[①],"纯一堂"是康熙皇帝"御赐"给1703年(康熙四十二年)时任浙江布政使[②]郎廷极的堂号[③]。康熙四十四年(1705)时,郎廷

---

① 关于这次考证,吕成龙记述情况如下:近些年,上海博物馆的陆明华先生和香港中文大学中国文物馆的林业强馆长考证出"纯一堂"系康熙皇帝赐给郎廷极的私家堂号,该堂号不仅见于郎氏的绘画作品或郎氏在元代绘画作品的题跋上,而且在《江西通志》中有明确记载。该书卷十九曰:"……四十六年四月御书赐巡抚郎廷极'布泽西江(?)'匾额及对联:'政敷匡岫春风满,会洽鄱湖澍雨多'。廷极并将四十二年为浙藩时御赐'纯一堂'及'清慎'二字皆钩摹悬诸厅事。"由此可知,"纯一堂"系康熙四十二年御赐给郎廷极的堂号。这一考证,使有关郎窑的研究出现转机。见吕成龙《竹月堂珍藏鉴赏——元明清颜色釉瓷器》,载《收藏家》2005年第7期。

② 郎廷极任"浙江布政使"一职,不见于《清史稿》"郎廷极传"。

③ 康熙四十二年时皇帝有一次南巡——康熙皇帝第4次南巡,"二月……庚寅,上驻杭州阅射。"见《清史稿·圣祖本纪三》。这次在杭州大约停留了十来天——康熙皇帝很可能是在这次南巡途中驻跸杭州期间,御赐郎廷极"纯一堂"并为其御笔墨书匾额的。康熙四十六年时又曾御笔书写"布泽江西"的匾额和诗句颁赐郎廷极,而这年康熙皇帝恰好也有一次南巡——康熙皇帝第6次南巡。"三月己未,上驻江宁。乙巳,上驻苏州。夏四月甲申,上驻杭州。""五月壬子朔,上次山阳(郑按:今淮安)"见《清史稿·圣祖本纪三》。这次在江、浙地区停留的时间很长,其间,作为江西巡抚兼管官窑烧造事宜的郎廷极,应须见驾——因此,皇帝两次御赐郎廷极墨宝,极有可能都是发生在康熙皇帝南巡期间。因为,如果不是这样,则康熙皇帝居于京城,每天日理万机,又有那么多国家政事要处理,还有皇亲贵胄,百官朝臣,各国使节,蒙古王公,后宫妃嫔等要应付。若无极为特殊的情形,恐怕是很难想到远在南方做官的郎廷极并赏赐他墨宝、堂室、匾额、联句的。如此,则所谓"御赐纯一堂",显然只是康熙皇帝书写的"纯一堂"墨迹作为堂号,以表彰郎廷极的为官品格。

极由浙江布政使升任江西巡抚,并兼管景德镇窑务。康熙五十一年(1712)升两江总督,驻江宁①。郎廷极兼管窑务的时间至少7年(1705—1712年)。

"御赐纯一堂珍藏"之款式②实际有两种:一种是单纯的"御赐纯一堂"款;另一种是"御赐纯一堂珍藏"合并"大清康熙年制"官窑款。前者为单件,后者可能成对。因为这种双款的款式是:中间均为双圈六字"大清康熙年制"普通康熙官窑款。而竖排一行的"御赐纯一堂珍藏"款字,则或置于双圈款的左边③,或置于双圈款的右边④。既然分左右两边,说明设计者的原初意图,可能是让这样的瓷品成双成对。

"御赐纯一堂珍藏"这则款识的真正含义应该是:"此物为'纯一堂'所珍藏,该堂堂名系御赐";而不能理解为:"此物是御赐给'纯一堂'珍藏的"。另有"御赐纯一堂"瓷款亦可说明这一点:御赐的只是"纯一堂"堂名,而无涉瓷器。换句话说,这种款识本身不能证明:带有这种款识的瓷器本身是康熙皇帝御赐给郎廷极的"纯一堂""珍藏"的。

康熙皇帝御书和御赐"纯一堂"给郎廷极的时间,是在康熙四十二年(1703),并且具体地点极有可能是在杭州;如确在杭州,则时间可认定是在当

---

① 吕成龙撰写的郎廷极小传如下:郎氏19岁即授江宁同知,后渐升云南顺宁知府,并先后为官福建、江苏、山东、浙江等省,康熙四十四年(1705)四月由浙江布正史(布政使)升江西巡抚,驻南昌。康熙五十一年(1712)二月兼任两江总督,调驻江宁(南京)。同年十月,郎氏出任漕运总督,驻江苏淮安,三年后(五十四年,1715年)卒于任内。康熙四十四年至五十一年郎廷极任江西巡抚期间,曾兼理景德镇御窑厂务,人们习惯将这一时期的景德镇窑称作"郎窑"。(吕成龙:《竹月堂珍藏鉴赏——元明清颜色釉瓷器》,载《收藏家》2005年第7期。)

② 吕成龙在《竹月堂珍藏鉴赏——元明清颜色釉瓷器》中关于郎廷极管理景德镇官窑时限和"御赐纯一堂珍藏"款式的说法如下:目前已发现的"纯一堂"款共有两种,一种是在康熙斗彩过枝竹凤纹碗的外底以青花料书写的楷书体"御赐纯一堂"款,其中"御赐"二字自右向左横写,"纯一堂"三字自上而下竖写。另一种就是"竹月堂"所藏康熙霁蓝釉凸弦纹碗内底所署"御赐纯一堂珍藏"、"大清康熙年制"双款。应该说后一种款的发现意义更大,因为这种款中包含"大清康熙年制"六字官窑年款,而郎廷极任官江西仅八年(康熙四十四年至五十一年,1705至1712年),故凡署有此种风格年款的康熙瓷器,必定制作于这八年期间或前后离这八年不远。在传世品中可以找出一批署有这种年款风格的康熙霁红釉、霁蓝釉、青花、釉里红、五彩、白地绿彩、白地红彩瓷器等,显然它们应属于郎窑制品或离郎窑时期前后不远的作品。

③ 见耿宝昌著《明清瓷器鉴定·清代部分》,学院文化事业出版社本(未署出版年月),第187页的图片。

④ 见吕成龙《竹月堂珍藏鉴赏——元明清颜色釉瓷器》的描述,原载《收藏家》2005年第7期。吕氏关于"御赐纯一堂"款式的说法如下:在展出的霁蓝釉瓷器中,有一件霁蓝釉合碗(缺盖),堪称是一件具有重要历史价值的孤品。碗高7.2、口径16.8、足径9.5厘米。撇口,深腹,折底,圈足。碗内及圈足以内均施白釉,外壁施霁蓝釉,下腹部凸起两道弦纹。内底中心青花双线圈内署青花楷书体"大清康熙年制"六字双行款,双圈紧缩六个字。该款的右侧又署青花楷书体"御赐纯一堂珍藏"七字一行款。郑按:所谓孤品,有层次和级别之分,所指应该具体。因为在绝对意义上,每一件器物都可以算是孤品,同时又不可以算是孤品。此件器物如果在含两款/霁蓝釉/合碗/失盖的条件下,算是孤品。

年二月。

此时郎廷极还在浙江任职，同江西，同景德镇，同瓷器都还毫无关联。他是在此两年后才升任江西巡抚，兼管景德镇官窑的。

康熙皇帝其时正在南巡途中，不可能有现成瓷器赏赐给地方臣工。

对郎廷极来说，康熙皇帝不可能同时既赏赐两墨宝，又赏赐瓷器。

退一步，即使赏赐瓷器，也只能是一般官窑款瓷器，当时绝对不可能存在带有什么"御赐纯一堂珍藏"款的瓷器。但最大的可能，则是此事发生在康熙四十四年（1705），郎廷极荣升江西巡抚，兼管景德镇官窑，驻节南昌之后。

这时，他把康熙皇帝御赐的"纯一堂"和"清慎"题字，各以双钩描摹了一份，挂在巡抚大堂或所居堂室上。

于是，或者是出于景德镇官窑具体管理官员之为新任巡抚和顶头上司锦上添花，或者竟是出于郎廷极本人的意愿、提议和要求，景德镇官窑厂在一定数量的待烧官窑瓷器上，分别在双圈官款的两边，又添加上"御赐纯一堂珍藏"的特别款字；烧成后送郎廷极的总督府挂着"纯一堂"牌匾的大厅"珍藏"。

不过此事也有可能发生在七年后郎廷极荣升两江总督告别江西之时。甚至两种情况都曾发生，或七年间时有发生，都有可能性。但同前一种推断——即其下属官员为新任巡抚锦上添花再加拍马逢迎——相比较，仍以前者的可能性最大。不过，无论那种情形，严格说来，都是违反制度规定的，都算是假公济私的行为。好在当时官窑瓷器成本甚低，一两银子可以烧造五、六件以上①。

郎廷极的"御赐纯一堂珍藏"款，有可能是中国历史上出现的最早的瓷器"珍藏"款。本文作者迄今尚无法确认存在着在此之前的任何瓷器"珍藏"款。因为"珍藏"款产生的条件非常特殊，或曰苛刻，故极难产生。例如"御赐纯一堂珍藏"款，其产生的条件就是：

\* 瓷器烧制前已确定郎廷极要"珍藏"，因是御窑瓷器故值得任何臣下珍藏。

\* 烧制之前就必须书写上"珍藏"字样。

\* 利用了皇帝御赐的"纯一堂"墨宝，扩大影响。

\* 官场的锦上添花混合着拍马逢迎。

（三）了解"珍藏"款的授受关系是一个关键

一般而言，"珍藏"款所表达的意涵是：某人得到了一件或一些珍贵之物，

---

① 这个成本价是根据后来在乾隆初年时，景德镇督窑官唐英向乾隆皇帝所上的一个折子的内容计算出来的。

具有特别纪念意义，或非常喜爱和珍惜，准备永久收藏，于是便可在其上题/刻上"××珍藏"字样。

若其间包含有馈赠和授受（包括某种实际上的买卖或半买卖半馈赠）关系，则情况要分别对待：

要是艺术品或器物属于馈赠者自己的创作物或制作物，在馈赠某人时，则可题/刻××"雅正"/"指教"/"斧正"/"一哂"等等字样，而被馈赠者则可题/刻"××珍藏"款。

如果该艺术品或器物只是属于自己所有而不是自己的创作，在馈赠某人时，可题/刻"××惠存"之类，而被馈赠者则可题/刻"××珍藏"款。

但馈赠者一方，即以物授人者，则绝对不会题/刻什么请对方"××珍藏"的款识。

若其间不包含馈赠和授受关系，而只是自己制作、生产、督造、监制、购买或订造一批器物用品，物主虽可在其上做特殊记号，或以文字记其事，或仅仅表示所有权，一般都不会落上"珍藏"字样。

但如果某物或某些物件特别珍贵，或具有特殊纪念意义，或得来不易，或珍爱异常，当然主人也可题/刻"珍藏"字样于其上而特别保存之。

那末，古今中外有没有一种画家、雕塑家和其它艺术家、工艺师自己制作、创造了作品，但不是为了出售、转让，而只是为了自己自我欣赏和永久收藏，并最后题/刻自己名款于其上再加"珍藏"字样呢？

坦白说，本文作者没见过、不记得、似乎也没听说过这种情形。但世上事无奇不有，有的艺术家也会作出越轨的，甚至疯狂的举动，难以常人常事去规范，故或许有例外而为笔者孤陋寡闻所不知。但即使存在，依不足为训。

但无论属于那种情况，总要先有作为成品的艺术品或器物存在，然后才会被珍爱者加上"××珍藏"的款识。而不会在创作和制造之初就先决定要题/刻上"珍藏"款。即使已决定作为馈赠礼品，也不会由馈赠者一方加上让对方"珍藏"的字样。这是中国古代文明礼貌的常识。

## 四 康熙时两"珍藏"款的奥秘

### （一）瓷器款识尤其是"珍藏"款的特殊性

同上面所说的一般艺术品和器物不同，瓷器上的款识却颇为例外。因为瓷器成品之满釉和器面坚硬、光滑的特性，无法在其上再轻易地添加款识。因此，瓷器的款识如果是原始的，则都是在最后入窑烧制前已经完成的。

例如明成化时有这样一个款识："江桓壁因过景德镇买回　成化二十二年七

月吉日。"据说该器物为"青花团花木桶炉"①。这个记事款识附带记日期。如果款为青花，则一定是这位江先生先买定了半成品，再写上符合己意的款识，然后才入窑烧制，出窑后再办理交接货手续。

瓷器的原始款识，最迟也必须在入烧前的半成品上完成，严格地说，这时的瓷器还不是真正意义上的瓷器。瓷器不能像其他艺术品或器物那样，在成品上再题/刻后加款。这点，同其他艺术品是很不相同的。这是瓷器原始款识的特殊性之一。而如果瓷器上出现原始的"珍藏"字样的款识，那就更加特殊了。因为早在制作伊始，它们就已被决定未来让某人去"珍藏"了。这是颇不寻常的事情。

下面以唐英款的瓷器略作说明。

(二) 唐英款之官窑瓷器馈赠和收藏情形剖析

人们似乎没有注意到，中国18世纪时大名鼎鼎的督窑官唐英，可谓一生廉洁奉公，忠于职守，刻苦努力，成就优异，文才出众，但也常表白穷困的这个唐英，曾有擅自在督造的官窑瓷器上署款，将官窑瓷器作为馈赠礼品和将官窑瓷器署款私藏的情形。

这些，乍说起来，可能令人有些吃惊，不过却也有趣，如果研究清楚，倒也不失为一桩历史"清案"。

历经清代康、雍、乾三朝的唐英，后来奉命掌管景德镇御窑场。他一生监管、督造瓷器无数，自己也亲自动手制作。存世有唐英款的瓷器不在少数。其中有一些款识显然属于唐英的私家款，如"唐英"、"沈阳唐英"、"蜗寄唐英制"、"榷陶使者唐英制"、"陶成居士陶成堂印"、"陶成堂制"等等。这些都属于在官窑产品上落私款。应是违规的，但在当时应属平常。

而另有一些明显是唐英馈赠他人，或准备烧成后馈赠他人的礼物。如"雍正甲寅年沈阳唐英敬制 普陀山元通殿"款的"淡绿釉描金高足盘"，"乾隆甲辰俊公赠品"款的"红釉粉彩三果盘"等。这是在烧制前唐英已经决定至少同意将它们作为馈赠礼物的瓷器。

"乾隆甲辰俊公赠品"是受赠者的题款，或是应受赠者的要求而特别题写的款。唐英本人不可能主动地在瓷器上题写"俊公赠品"的款识。

唐英本人也不会自称"俊公"，"俊公"只能是他人对唐英的尊称。

也有一些明显是别人在制作时已决定馈赠唐英的礼物。如"唐英隽公"款的"墨彩花草人物（唐英像）瓷挂瓶"和"俊公"款的"白釉墨彩四题书笔

---

① 参见耿宝昌《明清瓷器鉴定》附录《明清瓷器堂名（年号干支）款一览表》和余继明、杨寅宗《中国古代瓷器鉴赏辞典》，新华出版社1992年3月版第204页。

筒"等。题有这些款识的瓷器,都是其他司窑同事在烧制前已决定要馈赠给唐英的礼品。

还有一些应是唐英自制为了自己将来使用、赏玩和收藏的瓷器,如"蜗寄居士清赏"款的"黄釉青花山水镂边盘"、"蜗寄老人"款的"青花字对联"和"蜗寄居士古柏堂"款的"仿官釉墨彩行书诗句笔筒"。此外还有"甄陶雅玩"、"陶成宝玩"自藏款识等。

另有一件署"陶成居士制古泉堂"款的"仿官釉墨彩行书笔筒",如果将其同上面的"蜗寄居士古柏堂"款的"仿官釉墨彩行书诗句笔筒"相比较,两件瓷器当属同时制造。

所有这些瓷器,当然都是唐英经管的景德镇官窑产品,但一般均被归属为"堂名款"瓷器,本文作者特归为"准官窑"。

没人能够证明它们是唐英个人出资另行烧造的瓷器而同他掌管的官窑无涉。唐英自认是官员中的"贫困户",逻辑上判断,他也不会自己出资烧造瓷器。

按照雍正初年时形成的宫廷作坊的制度和规定,唐英等人私自署款于官窑瓷器之上,并作为礼物互赠,或者在官办作坊中烧制私用、玩赏、自藏的器物,都是不合规制的。但在当时的景德镇官窑,应属常事。在宫中造办处,恐不行。

而对本文考论的中心内容而言,值得注意的是:在所有唐英款瓷器中,都没有发现真正带有"珍藏"字样的款识。这是很能说明问题的:瓷器上的原始"珍藏"款,至少具有双重特殊性,不是可以任意为之或轻易成就的。

而唐英款中的"乾隆甲辰俊公赠品"则是最值得注意的一则款识。这一款识的成就过程,必是唐英先已决定将其馈赠某官、某友、某人,或某人在唐英制作过程中向唐英索要,而该人受惠而生感激,遂意欲题字以示纪念,然后才会题上此款;或请他人,甚至请求唐英题写该款也绝非没有可能。然后再入窑烧制。如果这位受馈赠者当时题写,或请求题写上"俊公赠品××珍藏",当然也是极好的款识。

因为瓷器的原始款识,最迟也必须在入窑烧制前题/刻完成,也因为限于从前的文明礼仪之"珍藏"款不能随意滥用,故瓷器上的原始"珍藏"款是很少的;并且出现得也很晚,清康熙时期似乎才首见于瓷器,其前应该没有出现过。而郎廷极的"御赐纯一堂珍藏"可能是最早的瓷器"珍藏"款。而这个"珍藏"款明显是在拉大旗作虎皮,装潢自己,夸耀于人;而且有误导和弄虚作假的成分。康熙皇帝不就是赐了个"纯一堂"的墨宝给他么,哪里有什么"御赐纯一堂珍藏"的瓷器呢?不过,"御赐纯一堂珍藏"和"余园珍藏"都是瓷器上的原始"珍藏"款。

概言之,瓷器上真正的而不是儿戏的"珍藏"款,一定会体现着:
* 这种瓷器必定先天地具备着某种公开的或秘密的珍贵性或来源的不同

寻常；

  ＊或者体现着某种名副其实的，或实质的礼尚馈赠关系，且馈赠者的地位、荣誉崇高，极受被馈赠者尊敬。

  ＊馈赠关系复杂，并且在瓷器入窑烧制前就必须决定这种馈赠，还要在瓷器上完成"珍藏"款字的刻/写。

  但后来，"珍藏"款则被"东施效颦"，一些附庸风雅的人也滥用起来。仿佛自己花钱烧制一批瓷器自用、自藏、自玩、自赏，或者是准备馈赠他人，也可以落上"××珍藏"的款识似的。

  其实这是荒唐的。只要看一看这种瓷器的时代工艺之远非精致和其款字之书法水平的低下拙劣，就可了然判定了。也就是说，这种瓷器"珍藏"款可能只是一个玩笑、自慰或儿戏而已。

  唐英款瓷器存世数量尚有不少，但没有发现其中有带"珍藏"字样的款识。

  这说明，在唐英款瓷器及其授受关系中，很少有充分具备上述条件者。也就是说，没有具备像"御赐纯一堂珍藏"和"余园珍藏"那样的背景条件。

  （三）"御赐纯一堂珍藏"和"余园珍藏"的奥秘

  上面叙述了关于"御赐纯一堂珍藏"款的近年学术研究成果和本书作者对其进一步的考论。

  这个款识的奥秘则在于：

  郎廷极和他的属下景德镇御窑场官员，利用康熙皇帝曾御赐郎廷极"纯一堂"墨宝的这个荣誉，将御窑场的一些产品添加上"御赐纯一堂珍藏"的款识，最后入窑烧成后，送到郎廷极的巡抚衙门的"纯一堂"和郎廷极宅邸的"纯一堂"收藏，造成一种更加荣耀的"双璧增辉"的局面。而实际上却是一种不折不扣的作伪。

  这个款识的字面意义是："这件瓷器是御赐的，由我郎廷极的'纯一堂'珍藏。"但其真正的含义则只能是："'纯一堂'堂号是皇上书写御赐的，这瓷器是此堂珍藏的。"

  款识文字是一种模糊和误导，而这恐怕恰是郎廷极所乐于接受的，甚至是刻意为之的。"珍藏"款诞生（如果它是第一个的话）的背景原来竟是这样的。

  兹简略重复、综合和列举作此判断的理由：

  ① 郎廷极在康熙四十二年于浙江藩司任上，康熙皇帝御书"纯一堂"字赐他。而两年后的康熙四十四年，他升任江西巡抚兼管景德镇御窑，驻节南昌。在这之前，他同官窑瓷器应该还没有甚么缘分。

  ② 郎廷极在巡抚任上，将皇帝御书赐他的"纯一堂"等墨宝，以双鉤描摹，悬挂于他的巡抚衙门，为官位和官衙增光。可以想见，康熙的墨宝原件则可能收

藏或悬挂于他的私家宅邸，为门楣、家宅和家属增光。

③ 康熙皇帝应是在两次南巡途中接见郎廷极和御赐他墨宝的。在颁赐墨宝时不可能同时御赐他官窑瓷器。即使御赐瓷器，瓷器上也不可能有原始的"御赐"款，更不会带有"珍藏"的字样。

④ 如果那些瓷器真的是康熙皇帝御赐他或他的"纯一堂"的，则郎廷极和他的属下、幕宾等，一定会千方百计将这又一份荣耀设法在瓷器款识上表达出来，而不会湮灭这另一份光荣，或有意无意地将它模糊和淡化。

⑤ 康熙时制度不像雍正时那样规定细密和严酷，且官窑瓷器成本低廉到一两纹银可造五、六件以上。以郎廷极的地位，收藏一些官窑瓷器并加上自己的御赐堂号，应不是问题。证之以后来清廉、勤俭而常常自叹穷困的唐英，也有官窑瓷器供自己"清赏"和馈赠他人，便可管窥一斑。

官窑制造的标准官款瓷器，在极为特殊的背景下，在最后烧制之前，被附加上私家款，烧成后再被私家收藏。但由于"纯一堂"是御赐的，故整个过程可以不算非法。这就是"御赐纯一堂珍藏"款的奥秘。

而"余园珍藏"的奥秘则在于：

曾经被仪真余熙余园"珍藏"过的这对康熙五彩巨型花盆，应是《红楼梦》的作者曹雪芹的祖父曹寅在经办制作宫廷瓷器的过程中，特别为其好友余熙的"余园"制作的，故在最后入窑烧制前，已在显要部位先期写上了醒目的"余园珍藏"款。题写这种款识应是余熙受此厚赠，心生感激所产生的愿望、要求和行为。

见彩图03—05—05。

注意图片上的字迹是以康熙墨彩①写成，笔画周围从特殊视角还可以看见反射出来的彩虹光②。

作出这一判断的理由也简要综合列举如下：

① 这对花盆的设计之巧妙，造型之规整，规格之硕大，绘画之精美，图案之细致，均达到了当时康熙官窑最大型花盆的标准，故属于"准官窑"瓷器。而其款字更因出自书法家之手，故其书法水平远超过当时大多数康熙官窑的款字。这就是说，没有类似官窑的生产条件——物质条件和技术条件——是造不出这样高质量的产品的。而当时具备这种条件的，一是御窑场，一是曹家监督经办的窑场。曹家经办的窑厂实质上也是御窑厂。不过可能是官搭民烧。

---

① 康熙墨地三彩上的墨釉，是中国瓷器史上首次出现的真正黑釉。而康熙墨彩也是真正的黑彩。其釉色和彩色的特征是釉面光亮漆黑，釉层较厚。了解这些，在鉴定学上有重要意义。

② 彩虹光，本书用来专指瓷之彩釉周围的白釉釉面上围绕着彩釉而出现的一种特殊光泽，虽也属于蛤蜊光，但因形状如彩虹，本书特以彩虹光名之。陶瓷界和鉴定界习惯上仍然称其为蛤蜊光。将蛤蜊光进行分类研究，在瓷器鉴定学上有特殊意义。参见上一篇关于彩虹光的论述。

关于这点，只要将"余园珍藏"款花盆，同康熙时代的民窑产品和官窑产品以及其他"准官窑"产品，比较一下，便会一目了然的。

② 曹寅任职江宁织造凡21年，并兼管两淮盐政，其间还兼任过苏州织造。康熙皇帝南巡，他家四次接驾。郎廷极在浙江藩司任上应该也有两次接驾——但不一定能像曹寅那样是在自己的官邸。因此一般只算"见驾"。

曹寅和郎廷极熟识。①

曹寅操办皇家消费之各种物品，包括瓷器。而且还经办制作珐琅彩瓷器。

另方面，曹雪芹的父亲曹頫，因为官行为不规、不法，曾被康熙皇帝通过御批严厉申斥过。后又因巨额亏空终被雍正皇帝罢官拿办、抄没家产。但同本文论证内容相关而值得特别注意的一点是：曹雪芹的祖父曹寅在世、在任时，就有过巨额亏空，并受到参劾。因受康熙皇帝保护而未被追究。

可见，曹家在操办宫廷供应和物品买办中，以其中少部分物品作为馈赠，以结交关系、笼络士人，是行之有素的。

③ 曹寅和余园的主人余熙，关系极为密切。

曹寅是高官、豪门、巨富；余熙也是豪门、巨富。故算门当户对。

曹寅是诗人和书法家，余熙也是诗人和书法家。而余熙好客，广交天下英杰，曹寅则是钦命统战部长。他们文友相聚，会有切磋、唱和、赠答、饮酒、吃饭等等。

曹寅爱好和拥有豪华园林，余熙也爱好和拥有豪华园林。应会互相访问、游览和鉴赏对方的园林，互相吸收，取长补短。

曹寅常在扬州盘桓，而余熙在扬州还拥有著名园林景观"梅岭春深"。是故，扬州，"梅岭春深"，也会成为他们聚会的地方。

曹寅常常过仪征（当时还叫仪真）并在那里停留，在那里"掣盐"督导办公，也曾在那里印制自己的著作，而余熙的基地就在仪征，还拥有著名的园林"余园"。

曹寅兼任两淮盐运史，余熙则很可能是大盐商。他们很可能有直接利害关系。

---

① 曹寅任江宁织造兼管两淮盐政时，郎廷极任职于浙江藩司，在康熙皇帝多次南巡时，他们在接驾、见驾、护驾和送驾中，应有很多机会见面。后来郎廷极任两江总督驻江宁时，曹寅仍在世和在任江宁织造，他们不可能不在江宁会见。而郎廷极的"御赐纯一堂"，自己又只怕不够张扬。而他的"御赐纯一堂珍藏"官窑瓷器事，曹寅——具有作为康熙皇帝的御用大谍报官、织造官并经办瓷器官的身份——也不可能不知晓。甚至可能见过一些所谓"御赐纯一堂珍藏"款的实物。本文作者的意思是，现在完全有理由推测，"余园珍藏"款同"御赐纯一堂珍藏"款可能有某种内在联系，甚至"余园珍藏"竟是"御赐纯一堂珍藏"款的追随或另一种翻版。如果这种猜测合理，则可推定"余园珍藏"花盆应是制造于康熙四十四年至五十一年（1705—1712）之间。康熙四十四年是产生"御赐纯一堂珍藏"款之时间的上限。康熙五十一年曹寅病故。

曹寅为余熙题写"江天传舍",余熙则将其制匾悬作"余园"门榜。

曹寅幼年即访问和游览过余园,且记忆深刻。他同余熙可能是世交和童年时代的玩伴。

因此,双方关系密切,礼尚往来,有馈赠往还。如此,则曹寅为余熙"余园"制作、"赠送"一对自己经办的"准官窑"——就非官窑款识言属"准官窑",就制造过程和成品质量言则属"官窑"——花盆,不仅可能,而且完全正常。

④ 余熙当然有财力、有能力自己花钱从景德镇订购一批包括巨型花盆在内的高档瓷器,供自家使用、储藏和园林摆设。但若非特别原因,或具有特别纪念意义,他自己是不可能在瓷器最后烧制前就郑重其事、煞有介事地落上"余园珍藏"款的。我们举不出类似的先例、旁例,甚至也举不出后例。反过来,这说明瓷器不是余熙自己操办和订烧所得,而是接受的馈赠。

这里所谓特别原因、特别纪念意义,就包括曹寅这样的政、商和文化界的特殊人物之特殊操办制造和特殊馈赠这样的内涵:

余熙事先可以表示希望,甚至要求曹寅在这样的瓷器上题写"余园珍藏"款。

但如果瓷器是曹寅以个人的器物馈赠,他也绝不会题写"余园珍藏"于其上,因为不合礼仪。

而瓷器如果是包括在成批的宫廷瓷器中烧制的,其中包含着皇家荣耀,曹寅当然就可欣然同意在最后烧制前为余熙落上"余园珍藏"款。

非常巧合的是,在这点上,"余园珍藏"颇有点类似"御赐纯一堂珍藏"的情况。这也同后来唐英的"乾隆甲辰俊公赠品"款瓷器的背景有点相似。

⑤ 花盆是日用品,不是真正意义上的珍藏品。如果说这还只是道理,那么在实践上,"余园珍藏"款五彩花盆,既为余园主人之"珍藏",理应得到妥善保护。但事实上现在从彩釉釉面的老化程度看,说明它们诞生后是被长期置放在室外露天环境中不断经受过风吹、日晒、雨林、霜冻等的摧折的。

这说明,当初"余园珍藏"花盆的装饰意义和炫耀意义,远远超过其作为宝物"珍藏"的价值,间接说明其中包含着一份外来的荣耀和光彩。

当初若真的将花盆"珍藏"于密室之中,对余熙来说,则犹如衣锦夜行。而摆放于园门之内,或厅堂台阶,则客人来访即可观赏,这可壮其声势,抬其身价,增其豪华,表其感激。加之曹寅也时而造访、逗留和观览"余园",故余熙何乐而不如是为耶?

是故,其"余园珍藏"的实际意蕴,是装饰于园,炫耀于人,让其服务于现实的人际关系和利益关系,而非真正意义上的"珍藏"。

这也曲折地揭示了"余园珍藏"花盆的身世之奥秘:仪征余熙的"余园珍

藏"款花盆是来自他人，来自曹寅，蕴涵着皇家的荣耀。

⑥ "余园珍藏"款字是出自于何人的手笔？

这里涉及一下这个问题：不属于同一底本的两个"余园珍藏"共八个大字，究竟是出自谁人的手笔？现在虽然还难以准确判定，但理应出自曹寅和余熙这两个书法家中间的一个。

按"余园珍藏"的意义和礼尚，理应出自余熙的手笔；但这对花盆虽为曹寅经办而馈赠余熙的"余园"，名义上和法律上，却并非曹寅私家馈赠物品，其中包含着皇家的那份荣耀和珍贵；而"余园"又是曹寅经常逗留之地。

是故，该瓷款也很有可能是应余熙的要求而出自曹寅的手笔。但余熙的书法不可细究，而曹寅的书法却是可以研究的。

彩图03—06—02是曹寅的一幅书法手迹的照片。

本书作者不是笔迹鉴定专家，难作定论。而且"余园珍藏"款字经过双钩描摹、白釉书写、黑釉再描，最后盖上绿釉，必然引起笔迹的一些改变。

但就书法风格而论，"余园珍藏"的款字倒非常可能是出自曹寅的手笔。

本人也看过曹寅的内兄/弟、时任"苏州织造"官的李煦的书法，则风格迥然不类。还比较过当时一些苏、扬、江南江北名士、高官的书法，除了曹寅之外，没有发现其他笔迹有更像"余园珍藏"款字者。

## 五 结论：几个为什么的问题及其答案归纳

现将本文考论的主要内容以几个问题及其答案的形式归纳如下：

第1个问题：为什么瓷器"珍藏"款出现得这样晚，又这样少？

自从班固使用"珍藏"一词以来，已经1900多年，但"珍藏"字样的款识出现在瓷器上，却只不过300余年；其后，瓷器"珍藏"款虽然多起来，但同其他款识相比较，仍然很少。在清初康熙时期，总共也只有几家。

这主要是因为：

① 原始的"珍藏"只是一个名词，意指"珍宝"。而"××珍藏"的"珍藏"则成了一个动词，作谓语，指行为。一个名词要转化为一个动词，在古代，需要漫长的时日，绝不像现代这样容易。

② 在古代，瓷器只是用品，还不是藏品。既然烧制的目的不是为了收藏，自然便很难出现"珍藏"款。明代开始，有些瓷器虽然成了珍贵的藏品，但一般均指前代瓷器。而在前代瓷器上是不可能出现原始的"珍藏"字样的款识的，而不管它们是如何地罕有、珍贵和值得珍藏。

③ 原始的瓷器"珍藏"款都必须在瓷器烧制前完成，绝不能在其成为成品之后。而在烧制瓷器之前，先决定吉语款、纪年款、堂名款、记事款以及"制"、"造"、"用"、"上用"、"记"等款识，可谓顺理成章，极其容易。而决定"藏"、"家藏"、"清赏"、"清玩"、"玩器"、"珍玩"等款识，便必须在使用之外预作别种打算，不过这些也容易理解和完成。但瓷器"珍藏"款，却必须出现极为特殊的情况和原因，才有可能在烧制前即被决定馈赠和完成款识。

④ 原始瓷器"珍藏"款的出现必需如下条件：

事前，即烧制之前，就预先决定未来的瓷器具备极高的收藏价值和珍贵程度，或者具有极为特殊的纪念意义；

而且还要包含着一种名义的或实质的，完全的或不完全的馈赠关系，同时馈赠的对象已经明确，而这个受馈赠者又是一个"雅人"；

在馈赠关系中，"珍藏"字样的款识，要由被馈赠者提出要求和希望，而不能由馈赠者主动加款让人家"珍藏"于未来。双方事前需经过协商达成一致。

郎廷极的"御赐纯一堂珍藏"和余熙的"余园珍藏"，唐英的"俊公赠品"等，都符合或基本符合这些条件。

第2个问题：与唐英有关的瓷器款识很多，为什么没有看见"珍藏"字样？

唐英款瓷器虽存世尚多而未见到带有"珍藏"字样的款识，应该因为：

① 同唐英有关的瓷器款识中，或者原本就不存在"珍藏"款，因此传世品中就不可能发现。或当初曾有特殊"珍藏"款者，但后来被历史所湮灭。但无论哪种情形，都说明瓷器"珍藏"款具备双重特殊性，并不是可以随意使用的。

② 唐英没有类似郎廷极那样的特殊情况，即拥有一个"御赐"的堂号可以引为荣耀，并可以擅自收藏一些官窑款瓷器，同时又可以落上类似"御赐纯一堂珍藏"那样的款识；或接受官窑厂之下属官员所落同样款识或类似款识的馈赠。

③ 唐英应该也没有遇到过类似曹寅和余熙那样特殊的人际关系。

没有人向他请求，或者敢于提出，可否"珍藏"几件他所监制的官窑瓷器；或虽有人有类似请求，以唐英的清廉自守、谨小慎微和迂腐保守，也不敢应允。即使应允也不敢题写"××珍藏"的字样。

④ 唐英一生虽掌控景德镇御窑厂超过四分之一世纪的制作和生产，但他本人既没有被御赐过什么堂和斋，也没有被御赐过瓷器，他只有自己明志和明心而命名的"古泉堂"、"蜗寄居"、"陶成堂"……因此也只有自己准备"清赏"、"宝玩"、"雅玩"的少量瓷器而已，似乎并没有准备永远"珍藏"。

第3个问题：为什么判定"余园珍藏"款五彩巨型花盆就是"仪征余熙余园"的珍藏品？

这是因为：

① "余园珍藏"五彩花盆被确认为康熙时期的五彩瓷器；而康熙时期的"余园"，迄今所知只有一个"仪征余熙余园"。其他各个"余园"，绝大多数都是"餘园"，同"余园"所最可能显示的"余姓园林"毫不相干。而且也同康熙时代扯不上任何关系。仅就这点，已可基本确认："余园珍藏"，就是康熙中后期的仪征余熙的"余园"所"珍藏"。

② 这种精工制作的康熙时期的巨型五彩成对花盆，达到了当时康熙官窑的规格和精美度，故必定是上到宫廷皇室，下至高门巨富，豪门宅邸的用品或"藏品"；而余熙是当时仪征和扬州两地的高门巨富之一，拥有豪门宅邸和园囿林山。他既然在仪征和扬州拥有大片园林，当然也有可能在江宁等地置产和营造园林。故他完全有资格是"余园珍藏"瓷器的主人。

③ "余园珍藏"花盆具有的八个款字（两幅"余园珍藏"不是同一范本的复制，而是分别写就）具备很高的书法水平，是康熙时期瓷器款识——包括当时的官窑款识——中书法水平最高者之一种。而余熙本人和曹寅的书法水平都很高，达到当时江宁、扬州地区书法大家的标准。

④ "仪征余熙余园"位于江宁（南京）和扬州之间，距离南京和扬州都不过几十里，且是长江和运河的口岸巨港。仪征距离当时的瓷都景德镇也不远，而且是景德镇官窑瓷器运往北京的必经之路①。这样的大型瓷器从瓷都到仪征，实有非常的地利和运输之便。

⑤ 余熙同曹寅交好，同是文人和地区书法大家。曹寅题写"江山传舍"，是余园大门的门榜。曹寅在江宁、扬州、苏州地区，社会地位崇高。而其所执掌的江南织造局，现在可以确认，又经办宫廷御用瓷器（曹寅诗词作品的修订本在仪征印行，并被江苏巡抚送到宫内，编入《四库全书目录提要》）。曹寅经常往返江宁、扬州，中经仪征，因职务关系必须常在那里停留，故也会常至余熙余园。因此余熙完全有条件、有资格获得曹寅的瓷器馈赠品。

所有这些，对判定"余园珍藏"五彩花盆本是"仪征余熙余园"的藏品，在严格的逻辑意义上讲，也许还未能达到逻辑上的必然性，也就是数学上所说的百分之百的可靠性，但似乎已经足够了②。

最后一个问题：为什么判定"余园珍藏"款五彩花盆应是曹雪芹的祖父曹寅馈赠"仪征余熙余园"的礼物？

① 曹寅有条件经办这样的瓷器，也可能以这类器物作为馈赠品赠送余熙。

---

① 当时景德镇官窑瓷器运往首都北京的路线是从水路：沿昌江顺流而下，经九江关，江宁、仪征、扬州北转进入大运河，再经淮安关一路北上。

② 逻辑上的必然性判断，同数学上的百分之百是等同的。但"足够的"，是说虽达不到逻辑上的必然性和数学上的百分之百，但也已相当可靠。例如使用现代的DNA检测技术判断血亲关系和侦缉犯罪份子，尽管也达不到百分之百，但已在世界司法系统中被广泛采用。

曹寅任江宁织造局的织造官长达 21 年，他的后台老板显赫，自家身世显赫，再加其官位显赫，权势显赫，财力显赫，文名显赫，社会关系广泛，更职司特别任务。尤其重要的是，他家也经办皇家御用瓷器——其成品当然也应称为康熙官窑瓷器。是故，曹寅当时应有资格、有能力制作出同当时的康熙官窑同等精美、同等规格的瓷器。也有资格和能力将极少量的这种瓷器作为礼品馈赠他人，包括馈赠他的好友余熙。当然，这种瓷器不能直接题写官窑款识——在这点上，同郎廷极拥有御赐"纯一堂"的特殊性无法相比——而"余园珍藏"巨型花盆则恰好符合这些情形。

② 余熙或有能力自造这类瓷器，但不会落原始"余园珍藏"款，也不会题上"珍藏"而实际却长期陈设于室外。仪征余园的主人余熙，至少在仪征和扬州两地，都拥有壮观的园林，是豪富之家。曹寅同他少年时代即有交往，又为至交好友，也是文友和书法之友。仪征余园又位于江宁和扬州之间，是曹寅经常往返江宁和扬州之间两天路程的中间站和歇脚点。仪征又有他的官衙分部。余熙有资格接受曹寅的贵重礼物，也有财富拜托曹寅代为其烧制这样的瓷器以光耀门廷。

余熙也许有财富和能力通过自力，而不通过曹寅，获得这样规格和这样精美的五彩瓷器，但倘若那样，而他又乐意在瓷器上题刻款识，则可以有诸如"家用"、"督造"、"佳器"、"雅制"、"玩器"① 等等之类的款识，但不会有原始的"余园珍藏"这样的款识。何况所谓"珍藏"实际上却又并未珍藏，而是置于花园，置于室外，让它们长期经受"一年三百六十日，风刀霜剑严相逼"② 的自然环境的摧残，造成釉面的过早老化。

③ "余园珍藏"五彩花盆在理论上应为"准官窑"器，但类同而有别。这对花盆的口径规格，恰好同康熙官窑中规格最大的花盆之口径完全相同，都是约 61 厘米③。这应该不是完全出于巧合。这个尺寸可能是景德镇当时所能烧造的最大规格的瓷器种类之一。

"余园珍藏"花盆的底径是 46 厘米，高度是 49 厘米，都大于"大清康熙年

---

① 这些都是从明后期到清初期被人使用过的瓷款。但迄今没有发现自造瓷器而带有原始"珍藏"款者。而从古汉语的词义和中国人的文明礼节，应该也不会如此滥用"珍藏"一词。

② 原为"林黛玉《葬花词》"中的句子，见曹雪芹《红楼梦》第 27 回《滴翠亭杨妃戏彩蝶 埋香塚飞燕泣残红》。

③ 北京故宫博物院和南京博物院各藏有一只康熙官窑款五彩花鸟图大花盆，但均非一对。其规格都是口径约 61 厘米，而底径则约 39 厘米，高约 33 厘米。分别见《五彩·斗彩》，王莉英主编，《故宫博物院藏文物珍品大系》之一，上海科技出版社 商务印书馆（香港）有限公司，1999 年 9 月版，第 163 页。《南京博物院珍藏系列·清宫瓷器》，徐湖平主编，上海古籍出版社，1998 年 12 月版，第 6 页。康熙瓷器存世之最大规格者很可能是一只青花渔家乐图大缸，口径 68 厘米，高 54 厘米。见《清顺治康熙朝青花瓷》，陈润民主编，紫禁城出版社 2005 年 1 月版。见第 394、395 页。

制"款最大五彩花盆的尺寸。而且设计的式样也同官窑花盆有明显区别。因为若非皇帝赏赐，私家所有一般不得同皇帝御用的同类物品完全相同，也不得有官款。

而"余园珍藏"花盆的精致和精美程度是"官窑"等级。迄今罕见康熙民窑瓷器中有如此规格和如此精美者。

这些，都很难用"偶然""巧合"去解释，而应用模仿官窑而不得不变通来说明。而这，当时只有曹寅这样的角色才会考虑周详和实际成就之。

④ "余园珍藏"款识的书法风格，同曹寅的书法风格颇为相似。是故，该款字很可能是应余熙的请求而由曹寅书写之。

曹寅在康熙五十一年（1712）七月于扬州逝世，然后是他的独生儿子曹颙于次年年初继任父职。而在曹寅病逝两年后的1714年1月，曹颙又突然病逝北京。曹寅的侄子曹頫，即曹雪芹的父亲，奉诏过继给曹寅之妻李氏为子，并继任江宁织造。直到雍正五年（1727）年底被雍正皇帝下令查办，再被免官、服刑和被抄家。是故，这对花盆之进入"仪征余熙余园"的时间，应没有可能发生在曹寅之后的岁月（1712—1727）①。

以上考论了时代约略同时或相距不远的三位著名的清代督窑官——郎廷极、曹寅和唐英——所涉及的瓷器款识问题。

尤其是，他们都涉及了瓷器上的原始"珍藏款"和"类似珍藏款"——虽然曹寅没有督窑官的名义，曹氏家族为皇家操办瓷器一事过去也少为世人所知。

所有这些究竟是纯粹的巧合，还是带有某种时代的必然性？

## 六 附录：一个玩笑的所谓"愚蠢"问题

本文完稿之后，有一位朋友开玩笑说：

"我问一个愚蠢的问题：曹雪芹有没有可能也见过这对花盆？"

本文作者认为：对这个问题的回答不管是肯定的，还是否定的，并无特别意义。虽然玩笑和学术断然不同，但对玩笑问题并非不可作出学术性地回答。

曹雪芹，据新的考证，出生于康熙五十五年五月。此时其祖父曹寅已经去世四年，伯父曹颙去世一年。生父曹頫继任江宁织造一年。

曹雪芹的祖上，曹家，同仪征（仪真）余园主人余熙的余家，应是世交。

---

① 曹寅于康熙五十一年（1712）夏逝于扬州。其独子曹颙次年二月继任，未两年曹颙又病故。康熙皇帝悯曹寅之妻李氏接连丧夫殇子，诏曹寅之弟曹荃之子曹頫过继曹寅，并继任江宁织造职务。此时曹寅尚未安葬。也就是说，在曹寅病故之后，曹颙一直服丧。后继的曹頫同"余园余熙"不一定熟稔到曹寅同余熙的程度，而且年龄也相差甚远。故这时应不会发生"余园珍藏"花盆进入"仪征余熙余园"之事。

从曹寅的一首诗，可以推断其在少年时代，就曾经造访过余园，成年后也应常常造访这座园林。

现代"红学"又有人认为，曹雪芹有江南情结①，扬州情结②，还跟仪征旁边的瓜州渡有瓜葛。

这样，则曹雪芹幼年和少年时代同其父曹𬱃，曾经造访过仪征余熙余园，也是非常可能的。

倘如此，则因当时此对花盆被园主置放于来访者必能轻易看到之处以炫耀，故说曹雪芹曾经见过这对花盆，并非绝对没有可能。

2007 年 8 月 9 日定稿
2009 年 4 月 24 日修订

---

① 参见于平《明清小说外围论》之六《作家论》第 13《论〈红楼梦〉的江南情结》。这一节网上流传甚广。本文作者直接阅读的是《国学网站》网页：www.guoxue.com/study/mingqing/content/mqStoryw-wl—6—1.htm。
② 参见潘宝明《〈红楼梦〉中扬州情节作用析》，原载《扬州大学学报（人文社会科学版）》2005 年第 4 期。可见 www.wanfangdata.com.cn。

# 第四编

## 一件明代牙雕佛像和开封浩劫的肇祸者

第七篇　刘一燥款牙雕金佛和明末那段暗无天日的历史

第八篇　谁是崇祯十五年决河灌城造成开封大劫难的肇祸者

# 第七篇

## 刘一燝款牙雕金佛和明末那段暗无天日的历史

提　要

刘一燝是明后期的一位当国首辅（总理），出身于一门四进士之家，经历和参与了当时发生的"梃击案""红丸案""移宫案"三大政治事件。其为人为官都堪为时代的楷模，他经历了历史上政治最黑暗的一段时期而未能避免灭顶。

刘一燝款牙雕鎏金佛像，是宋元明时代侥幸留存的牙雕佛像之一。其设计之工、开相之美、工艺之精、雕刻之巧，均代表了元/明时期的雕刻水准和时代风格。其所涉及的那段历史的风云变幻和政治的暗无天日，常使后人不平和叹息。

### 一　考证一尊牙雕鎏金佛像和解决一个历史悬案

刘一燝何许人也？

他为什么要将"牙雕金佛"捐助"河南相国寺"？

熟悉明史和喜读历史演义之类的人，大都知道刘一燝是明代后期的一位"当国""首辅"，其职位和作用相当于首相或总理。

而牙雕金佛，则是一尊在象牙雕刻的佛像上再加鎏金，从而使之更加金光灿烂的明代佛像。此像多年前发现于美国。

根据底足的铭文，这尊大型牙雕佛像是刘一燝在明万历二十三年（1595）"敬助""河南相国寺"的，迄今已历414年。

刘一燝在居官期间，经历了明代后期著名的三大政治案件[①]，并且是三案之

---

[①] 明代后期宫廷政治三大案，系指万历时期的梃击案、泰昌时期的红丸案和天启皇帝登基时的移宫案。

明万历四十三年（1615）五月四日傍晚，有一位叫做张差的河北蓟州武士，手持木梃闯进皇宫东华门，一路打杀，并且居然进入太子（朱常洛，即后来的明光宗）居住的慈庆宫，伤守门太监。后终被制服、逮捕。审理官员认定张差语无伦次，应按疯癫结案，以防牵连内宫。但刑部主事王之通过会审，张差供认是受内宫太监庞保、刘成指使，而庞、刘则为万历皇帝的宠妃郑贵妃内侍。神宗和太子均不愿深究，

中"移宫案"的主角。他还在稍前的"红丸案"发生之后，在明王朝接连死了两个皇帝的政治危急时刻，振臂一呼，拥立了一位新皇帝，即时安定了政治局面。

那么，刘一燝的其他政绩若何？有多少值得向历史和今天的人们道及的？

刘一燝是在北京做高官，他同开封大相国寺又怎么会发生捐助佛像的关系？

按照铭文，捐助牙雕金像一事发生于明万历二十三年，但在48年后的明崇祯十五年（1642），河南黄河决堤，洪水灌城，淹没开封，数十万人死于非命，相国寺也因之完全被毁。而这尊佛像何以竟得在全城、全寺的毁灭性灾难中全身，最后又流落异国？

如此等等，似乎颇能激发人们的好奇心，故本文特加以考证和探讨之。

在上述各项考证完毕以后，却无可避免地涉及了一个延续了数百年的历史悬案，即：究竟是谁，才应该承担崇祯十五年河南开封决河灌城、造成惨绝人寰的历史大灾难的真正责任？

按照历来对于这个问题的答案的不同，可以分为四种：

\* 明、清两朝的官方，都认为是李自成和他的农民军"决河灌城"[①]；

\* 近、现代开始，有一些学者认为是明朝守卫开封的官兵"决河灌贼"[②]；

\* 也有人认为，明朝守城的官军和李自成的农民军，双方都掘了黄河大堤，故责任应该双方平分[③]；

\* 而据说现代的开封人，则认为此事已经无法说清楚[④]，将是永久的历史悬案。

---

（接上页）只下令将张差凌迟，庞、刘于内宫秘密处决。此即为朝野震惊的"梃击案"。

五年之后的万历四十八年七月，神宗薨，太子朱常洛即帝位，但其起居无节，溺于女色，致不久即生重病，卧床不起。内医崔文升下泻药，使病情加重。而此时鸿胪寺丞李可灼进献丸药，号为仙丹。因为红色，故称"红丸"。泰昌皇帝二次服用后，次日即死。朝臣疑是郑贵妃幕后指使。后乃将崔文升遣南京，李可灼充军。史称"红丸案"。

泰昌皇帝在位时间短暂，时有两个李选侍得宠，其中"西李"颇有野心，欲乘机谋取后位。泰昌皇帝死后，她霸住乾清宫不肯迁出，企图结党宦官魏忠贤继续把持朝政。朝臣刘一燝、杨涟、左光斗等，力促其"移宫"。李选侍最后屈服于形势不得不从乾清宫移居仁寿殿，新皇帝始得回到乾清宫。是为"移宫案"。

①参见《明史》卷二十四《本纪·庄烈帝》二"崇祯十五年"，《明史》卷二六二《列传》第一五〇"孙传庭传"等。

②持此说者在近、现代较多。除学者外，以多卷本小说《李自成》影响较大，见该书第3卷第55章以后诸章。历史研究者对小说家者言，本不必当真，但《李自成》的作者姚雪垠对同李自成相关的史实，曾作过认真的研究，故不可轻忽视之。只是他没有进行学术论证，故仍为小说家言。

③"明崇祯十五年（1642）九月李自成围开封久，明宗臣决朱家寨河灌义军，义军决上游三十里之马家口，二股流入城，城内水几与城平，建筑物几乎摧毁无遗，溺死居民数十万。"（引自《历史灾害》一文第3节《黄河洪水灾害》，作者不详。载 www.hh—sbjc.com/hhgk/lszh.htm）类似观点也可见徐平《天灾还是人祸？》一文，载《南方周末》2002年12月12日。

④见《开封城墙——李自成三打开封》系列之三《黄河之水沉开封》一文。2004年9月2日。原作者不详，载于 www.zhengzhou.org.cn。

笔者主要根据正史中所记载的相关资料，把它们加以搜罗、汇集、比较、解析、研究，终于在众说纷纭中找出真正的肇祸者。这种结论应该能够经得起学术的考验，并终结这个历史的悬案。

只是因为这部分的内容，同刘一燝、鎏金牙雕佛像和河南相国寺等等，已经没有特别的内在联系，而且其分量和轻重足够成为一篇完整的学术论文，故不得不让它独立出来。详见下一篇。

## 二 一尊有款的明代牙雕金佛出现于美国拍卖行

好多年前在美国一家拍卖行，本书作者和朋友们偶然见到一尊风格明显为明代或明代以前的牙雕鎏金佛像并具有纪年款。

见彩图04—07—01。

像与座总高59厘米。其中牙雕佛像高52厘米，象牙材料重约3580克（七斤二两）。紫檀木底座呈束腰长六边形，雕刻仰覆莲瓣装饰，高7厘米。

有趣的是，在这家拍卖行的图录上，分别印上了这尊佛像及其足底铭文的照片。铭文显示出"大明万历乙未年……"字样，但说明资料中，却将其断为"18/19 century"（即18/19世纪）。这也难怪，老板和他的鉴定师仅凭他们对于一般牙雕艺术品的经验和印象断代，焉能件件准确无误？估价虽高，但如果考虑到佛像之典型的时代特征同目录上的断代和其实际年代相差半数之多，或曰真正年代比其目录上的断代早了一倍之多，再考虑到这尊佛像的工艺水准、美学艺术价值和历史研究价值，则估价显然远未达到应有价位[①]。作者以其审美和历史的研究价值均高，后乃得之。

这尊佛像引起本书作者的好奇和兴趣，其原因有如下几点：

（1）佛像的整体设计精美，佛的法相庄严、慈祥。雕刻的刀法洗练，衣纹流畅而深刻。

见彩图04—07—02。

这种艺术风格，一望而知，当属明代甚至明以前无疑。故其真正的制作年代，不会晚于铭文所表示的年代。

中国牙雕艺术的历史，根据考古的实物发现，应从史前时代算起[②]。可谓源

---

① 牙雕，包括牙雕文物和一般牙雕艺术品，甚至原牙，在美国各地，都经常可以见到在拍卖行里被拍卖。买卖象牙和牙雕制品，在美国，不会遇到法律问题。但因材质难得，价格越来越高。

② 1977年，在浙江余姚河姆渡村东北的河姆渡文化遗址第4期文化层，出土一些牙雕，其中有象牙质鸟形圆雕和浮雕饰件。现均藏浙江省博物馆。河姆渡文化之第3、4期文化层属于新石器时代。碳14测定距今已有4800年左右。比出土大量象牙的四川广汉三星堆遗址的青铜文化要早一千数百年。

远流长。但历代流传到今天的实物,比起文物的其他品种来说,却是少之又少。其原因,除了历史湮灭文物的速度远远超出人们的想象之外,恐怕还有其特殊原因。一是材料的来源受到限制①。二是象牙是名贵中药材,在古代医疗中用处广泛,且疗效向被医家所称道②。

(2) 明代,象牙不仅用于雕刻艺术品,其最重要的用处是用于雕制朝官的笏板和牙牌。《明史》中记载颇多,其用材总量必然十分巨大③。而当时象牙的来源主要是从东南亚诸国进口和藩属国的朝贡④。在非洲象牙于近代能够大宗进口中国以前,中国牙雕罕有大件。大件牙雕艺品,超过30厘米者,多需拼接。而此件牙雕佛像高达52厘米,主要是以两块30多厘米长的牙料,使用牙质铆钉和胶合物,巧妙地拼接而成。拼接,当然是因为材料的限制,今天理当被认为是一种缺陷。但如果放在古代特定的历史条件下去考虑,它的缺陷就显得微不足道了,而且它也是一种时代的特征。

(3) 据说,元代最注重牙雕器。其特点是"刀痕深入"⑤。但元代和元代以前的牙雕极为罕见,明代牙雕存世也不多。主要是文玩、画轴、俑人、仕女、棋子神像等。明代的小型牙雕观音像,时或见之。但牙雕佛像却极为罕见。而牙雕佛像之上又更加鎏金者,则罕之又罕。因为象牙和黄金,成本均极为昂贵,且象牙之本色,已被称为象牙白,或象牙黄,具备浅黄色调。

推测此像鎏金之故,可能有两个原因:一是根据佛经记载,佛陀的身体生而为纯金黄色⑥,故佛陀之身又称金身。后世制作佛像,也多以黄金为饰。牙雕佛

---

① 中国古代的牙雕艺术品的原料,主要应该为亚洲象的象牙。而亚洲象比起非洲象来,不仅体形较小,而且只有雄象才生有我们所谓的象牙。

② 中药《药性歌诀》有云:"象牙气平,杂物刺喉,能通小便,诸疮可瘥。"明代李时珍《本草纲目》卷五十一《兽部二·象》下记载:象牙"治铁及杂物入肉","治痫病","主风痫惊,一切邪魅精物,热疾骨蒸及诸疮","避邪""驱怪"。具体用于治疗"小便不通","小便过多","痘疹不收","诸兽骨鲠","骨刺入肉","针箭入肉"等。其中药功能可谓大矣。不过本人觉有夸大成分。

③ 如《明史·舆服志三》记载:"一品至五品,笏俱象牙。"《明史·舆服志四》记载:"嘉靖九年,皇后行亲蚕礼,文官四品以上、武官三品以上命妇及使人,俱于尚宝司领牙牌,有云花圈牌、鸟形长牌之异。凡文武朝参官、锦衣卫当驾官,亦领牙牌,以防奸伪,洪武十一年始也。其制,以象牙为之,刻官职于上。不佩则门者却之,私相借者论如律。牙牌字号,公、侯、伯以'勋'字,驸马都尉以'亲'字,文官以'文'字,武官以'武'字,教坊官以'乐'字,入内官以'官'字。"明代消耗象牙之多,恐难以计算。

④ 《明史·外国列传五·占城传》记载:"(洪武)十六年,贡象牙二百枝。"洪武十六年为公元1383年。占城,古国名,地当今越南中部一带。

⑤ 谢堃《金石琐碎》中有云:"元时尚牙器,今传流者,所刻图章,刀痕深入有及一米者……""一米",指一个米粒的深度。关于谢堃,现在诸多学者认为他是明代人,但也有一些学者认为谢是清代人。当以清人为是。查谢堃(1784—1844),字佩禾,甘泉人。著作有《春草堂集》等。

⑥ 《佛本行集经》卷九说佛陀生而具足"三十二大丈夫相"。其中第25大丈夫相即为"身体清静,纯黄金色"。

像再加鎏金，则更显灿烂辉煌。二是以鎏金可以在很大程度上掩饰拼接的痕迹。但此佛像，饱经沧桑，金层多已脱落。不过仍不失其豪华高贵的气派。

（4）本尊佛像的双手姿势也极具特色。其右臂下垂，手掌伸展，手指纤长，五指指地。手臂修长，超过膝盖。这点给人的印象特别深刻。其中的"手指纤长"和"双手过膝"分别为佛陀生而具有的三十二大丈夫相中的第三大丈夫相和第九大丈夫相。① 是故，这种造型是依据佛经的说法而设计的，并非怪异。

佛陀左手于胸前捧一塔。塔的形状，上下分为四节，外观呈八面形（或称八角形）。塔顶周边雕饰栏杆。这种塔式非常原始古老。塔顶正中置一朵莲花，莲花花瓣分两层，每层十瓣。花中置莲蓬。莲房内有莲子。莲子的直径只有0.3厘米，一共有七颗，莲子在莲房内居然可以转动。

见彩图04—07—03。

由此一端亦可见其设计之工巧，工艺之精细以及当时雕刻之难度。

自然界的莲花，当莲房膨胀，莲子成熟时，花朵已凋谢。而到了莲子成熟，可以在莲房内转动时，则不仅花朵早已凋谢，整个莲房也已干枯。而这种盛开的莲花和饱满的莲房以及成熟的可以转动的莲子三者同时并存的设计，体现了艺术的理想主义。

## 三 关于刘一爌款牙雕金佛的底款之鉴定要点

这尊佛像的款识是以所谓"蝇头小楷"刻于佛像的底足。

上面自右向左横书两行："河南/相国寺"。

下面竖排四行："大明万历/乙未年/刘一爌敬/助"。

字体工整，笔划纤细，每字平均高仅0.3厘米，宽0.4厘米。笔法和写法古朴，有些字的写法特殊，走笔和走刀力敌千钧，尤其是左撇，笔笔如剑如刀。但书法的整体水平却并不算高。

字体结体略呈扁方形，笔走偏锋。从元代倪瓒（1306—1374）到明后期高攀龙（1562—1626）均不乏类似风格。可说书体具有时代性。

笔划中日久渍有灰尘填充物，以前的收藏者中，有人曾试图以金属锐器清理之。或因不精于雕镂，仅留下一些虽尝试而没有成功的痕迹。而且对原来的笔划边缘还造成一些细微的划痕。

见彩图04—07—03。

佛像本身经过长期反复研究，也经过许多行家鉴赏和鉴定，确认为明后期或

---

① 《佛本行集经》卷九。

更早时期的作品，当无问题①。

但这个款识究竟是原写原刻，还是后加？

其中有一个疑点是：款识中"万歷"的"歷"字，其书体和笔法虽然古朴，"歷"字同"曆"字在中国两千年文字史上也是通用的，但"万暦"作为明神宗的年号，所见实物似乎都作"万曆"而非"万歷"。不知具体从甚么年月开始，"万曆"似乎又多被"万歷"所取代——这还不包括后来近六十年的简化字阶段。

具体说："萬曆"作为明神宗的年号，官方正式写法作"萬曆"（"曆"字由"厂、秝、日"合成），但通常多写作"萬暦"（"暦"字作"厂、林、日"）。书中多作"萬歷"（"歷"作"厂、秝、止"），但一般都写作"萬厯"（"厯"作"厂、林、止"），或"萬厤"（"厂、秝"），手写常作"萬厯"（"厯"字下部是"止"字的手写体）。中国大陆简化则作"万历"。

此尊牙雕佛像的底款作"萬歷"（"厂、林、止"）。在文字学上，这当然没有问题。那么，在万历年间，即在当时，在使用"萬曆"纪年的四十八年中，是否也将"萬曆"写作"萬歷"呢？答案是肯定的。本书作者就发现不少例证。

佛像款铭的鉴定应该包括技术（刻写和锈蚀等）鉴定，书法和书体鉴定，文字使用鉴定和铭文内容鉴定等诸方面。

明刘一燨款字布局和格式同北宋萧服款布局相同，是故，这类款铭应为时代风格，至少应有其所本。关于萧服款佛像，请见本文附录。

不能完全离开铭文本身的鉴定而把所有这类款识都定为后刻款而一概不予采信。

萧服款之不被西方一些研究者采信，并非因为款识本身真的被西方学者通过鉴定确认为后刻，而是因为中国人喜欢作伪，而且迄今没有发现北宋类似风格的牙雕佛像之被确认的真品可以为萧服款佛像作参照。故而北宋萧服款牙雕佛像不敢被认为是北宋时代而被后推到元初到明末的时代。虽然这未妨碍它依然高价成交，不过这种方法在理论上和实践上都是有严重缺陷的。

刘一燨款佛像从款识的内容看，本书作者对明后期的历史不算陌生，也特别研究了刘一燨的传记和其他相关历史记录，从尽可能挑剔的角度去衡量，尚不认为款识的内容有何不妥。反倒颇觉符合刘一燨的出身和他当时的身份。具体年份也同刘一燨的当年行状相符。这——当然也是对款铭的一种鉴定。

至于"万历"作为年号在万历当朝时期的写法，依据现有资料，虽正式作"萬曆"，但也常作"萬歷"，如传世之万历官窑瓷器上的款识等。而社会上则喜

---

① 同一风格的佛像，保守的断代是：定为元/明时代。参见本文附录。

用"萬歷",通常则作"萬歷",如上世纪 90 年代发现的《始祖膑公传影》①。等等。可见"萬歷"是当时常用的写法。

同时,又有鉴于:

\* 明后期历史的风云变幻,波谲云诡,荒唐离奇,高潮迭起,不让于戏剧情节,故能让后世人永远悲叹不已。是——仍值得今人深入研究;

\* 刘一燝本人的高贵出身和关键时刻扭转乾坤的英雄行为,以及其后来经历的显赫、曲折、无奈、悲剧、罢官和喂马,几已淡出历史。是——值得为之一书;

\* 崇祯十五年秋,黄河大堤决口,黄水从天而降,冲灌开封城,造成 30 万无辜冤魂,至今肇事者仍难以定案。是——值得考证和破案。

因此,暂且把对款字的问题搁置,而对历史本身进行考证和研究,破解历史的悬案。退一万步说,即使此像款字真被断为后刻——本书作者认为几乎没有这种可能性——本组文章的写作,也算对得起那段历史和传世数百年的这样一件珍贵文物。

## 四 对中国历代牙雕制品所进行的现代讯息搜寻

上面所谓的珍贵和罕见,是因为这种文物实在是太过稀少的缘故,以至于稀少到迄今为止,在从石器时代到清朝的中国数千年象牙雕刻史上,本书作者所知雕像和款识均能确认无疑者,仅数件而已。有三件为清代乾隆年间的作品。分别为乾隆戊午年(1739)的象牙笔筒和乾隆壬戌年(1742)的火镰套②,以及乾隆"癸未季春"(1763 年 5 月)的镂空牙雕小盒③。它们是当时宫廷牙雕名家黄振效和李爵禄的作品,现均藏北京故宫博物院④。而在明代和明代以前的牙雕存世品中,不仅实物极少,造像如此精致而华丽者更少,其中款识之已被确认者则尤少。

中国的文物,尤其是牙雕作品,绝大多数都只能笼统断代,即仅能断定时代,而无法准确断定年代。中国国家博物馆藏有一件文物价值极高的商代牙雕夔

---

① 《始祖膑公传影》,孙膑画像,20 世纪 90 年代初发现于山东省鄄城县孙膑故里。画题下有"大明万历年岁次己卯端月"字样。其中"万历"写作"万歷",虽为篆书体,但写法和刘一燝款佛像上款铭完全相同。即"万历"的"历"均写作"萬歷","歷"字由"厂、林、止"三部分组合而成。万历己卯为万历七年,公元 1579 年,比刘一燝牙雕金佛早 16 年。此画绘图水平极高。

② 见《中国美术全集》电子版之《工艺美术》部分的《竹木牙角器》卷的清代部分。

③ 见朱家溍、曹者祉主编《中国古代工艺珍品》,上海文化出版社 1997 年 11 月版,第 302 页。

④ 见 60 卷本《中国美术全集》电子版《工艺美术·竹木牙角器》卷的清代部分。

鋬杯，那是因为其出土于著名的商代武丁妇好墓而被准确断代的。北京故宫博物院所藏雍正五年（1727）制作的牙雕松鼠葡萄笔洗和三羊开泰图插屏是根据清代内务府档案的相关记载而断定年份的。但这种情形只是极为特殊而又罕有的侥幸而已。

有的牙雕虽有铭文，却也难以确定年份。例如，中国军事博物馆藏有一件"少见的"上面刻有"锦字八十八号"的象牙腰牌。应当是"锦衣卫当驾官"出入宫廷的信物凭证，但也只能断为明代，而无法确定具体的年份。因为明朝自洪武十一年（1378）起，即设有锦衣卫机构，迄于明末，绵延250年以上，如何准确判断是哪一时段的制品？当然，我们不能就此作出结论说：除了上述几件之外，其他再也没有能够准确断代的牙雕文物存世了。

历代的牙雕，作为中国文物的一个类别，同其他类别相比较，其存世数量实在是少之又少。这可以由以下的事实来证明。

《中国文物精华大辞典》[①] 是大部头的中国精华文物的汇编，收录了中国历代牙雕制品仅仅5件。其中新石器时代2件，商代1件，战国1件，唐代1件。没有收录唐代以后的作品，看来，应该是精华之中的精华了。

《中国文物定级图典·一级品》[②]，分上、下卷，也是一部大书。上编收录历代牙雕6件，其中新石器时代2件，商代1件，清代3件。下编收录5件，均为清代作品。

《中国古代工艺珍品》[③]一书收录牙雕7件，全为清代作品。

《中国竹木牙角图鉴》[④] 收录牙雕16件（套），其中明代1件，"明末清初"2件，清代12件，民国1件。全部为小件作品，更无文字附丽。故一般不具备特别的研究价值。

《竹木牙角器》一书是文物出版社1989年出版的，由朱家溍、王世襄先生主编的《中国美术全集·工艺美术编》之卷11，迄今仍为这方面的权威性著作。该书共收录中国历代牙雕作品44件（套），其中清代制品占了28件。其余为史前期4件，商代1件，西汉2件，西晋1件，元代1件，明代7件。

《中国美术全集》电子版，是新近出版的卷帙庞大的60卷本所谓"国家出版工程"之一。该书应是在上述《中国美术全集》的基础上，重新编录。收录中国历代牙雕作品31件。其中清代作品占了20件（套），明代作品7件，商代作品1件，新石器时代作品3件。

---

[①] 《中国文物精华大辞典》4卷本，国家文物局主编，上海辞书出版社、商务印书馆（香港）联合于1996年1月出版。

[②] 《中国文物定级图典·一级品》上、下卷本，马自树主编，上海辞书出版社1999年12月出版。

[③] 《中国古代工艺珍品》，由朱家溍、曹者祉主编，上海文化出版社1997年11月出版。

[④] 《中国竹木牙角图鉴》，余继明编著，浙江大学出版社2003年6月版。

这种状况究竟是因为明代和明代以前的牙雕文物存世量确实太少，还是因为它们作为文物的等级太低而达不到国家一级文物的标准而为上述诸书所甚少收录呢，抑或是二者兼而有之呢？

还有，诸书所收录的中国历代牙雕制品，重复收录者甚多。但其共同特点（恐怕也是缺点）却是：几乎全为小件；除了极少数几件清代产品外，都不带有任何铭文，今天都无法准确断定年代。

又报载安徽省博物馆藏有一只宋代"蹴鞠纹牙雕笔筒"。倘消息无误，则当十分珍贵。不过就所见图片和介绍文字初步作一逻辑判断的话，确定这只笔筒为宋代牙雕制品，恐仍需进一步论证[①]。

至于象牙雕刻的宗教神像，笔者查阅了相关各书，世界各大博物馆网站和其他网络资讯，亦所见甚少。就年代而分，其中多数为清代和近、现代的作品，明代和明代以前的遗物极少。就种类而分，道教神像似乎多于佛教神像——这应是因为明代信仰道教的皇帝较多之故——而佛教神像中又多为观音像，而佛陀像极少。至于牙雕佛像，则只见到区区数尊而已，且均为小型而无款。

当然，这也同样不可能是全部存世的中国历代牙雕制品的终极结论，但它们毕竟是根据现代讯息所进行的一次大规模调查的结果，反映了文物收藏界、出版界和电讯界现在对中国历代牙雕文物所掌控的资讯之一般状况。

近见书籍广告中有一本叫做《元代牙雕》[②]的，想来其中所收元代牙雕制品当有相当数量。只是本人颇感好奇，也颇为担心，如非有秘密新发现，如元代牙雕窖藏之类，作者从哪里搜寻到可以出一本专书的元代牙雕遗物呢？它们又是如何被鉴定和确认为元代产品的呢？其作为文物能够体现的历史价值又是如何呢？此三者，均尚未得知。自然，届时一阅，或可释怀。

## 五 一门四进士出身的刘一燝在明代历史上的地位

本文开头已经说过，刘一燝是明代末期朝廷的一位重臣。其在明史中的地位，可用下面的统计数字来说明。清朝雍正年间，由大臣张廷玉奉诏最后修成的《明史》，公认是中国历代官修二十四史中史料丰富、编纂最好的史书之一。经统计，在这部《明史》中，除本传之外，刘一燝的名字一共出现过至少51次。而后代家喻户晓的清官海瑞，其名字除本传以外，总共出现过17次。前者是后者的3倍。这种统计虽不免某种机械性，也难说全面，但却足以说明在真实的明

---

① 见刘秉果《蹴鞠纹牙雕笔筒》一文，载2004年4月30日上海《新民晚报》。
② 全名为《元代牙雕作品赏析》，浙江摄影出版社出版，属《古玩鉴赏百日通》丛书之一种。

代历史中，刘一燝的官位、涉及范围、政治作用，要远远超过大名鼎鼎的海瑞。

刘一燝，南昌人。"父曰材，嘉靖中进士，为陕西左布政使。"① 明代的布政使，为一省之最高行政长官，相当于现代的省长。所以刘一燝是地方豪门巨室出身。

其本人生年不详。但从其在万历十六年（1688）和其两个哥哥刘一焜、一煜同时乡试中举来看，若中举时年20岁左右，则当生于隆庆二年（1668）上下。刘一焜后于万历二十年（1592）先于两个弟弟考中进士。三年后刘一燝也同兄一煜同时中进士。这一年是在他们中举七年后的万历二十三年（1595），即"万历乙未年"。该年也正是上述铭文中所说的他将这尊牙雕鎏金佛像署款"敬助"给"河南相国寺"的那一年。所以刘一燝的家庭是"一门四进士"之家。

刘一燝在万历年间，做官四分之一世纪。他的官阶不算太高，并且经历了明末三大案中的"梃击案"和"红丸案"。但史书中并未载其突出事迹。他在万历末年，光宗即位后（此时尚未改元泰昌），始"擢礼部尚书兼东阁大学士，参与机务"，即参与讨论和决定军国大事。在光宗死后的关键时刻，他带头拥立了新皇帝，随后又主导"移宫案"，并成为"当国""首辅"，权重当时。

但因这位新皇帝（名朱由校，号天启，庙号熹宗）太过年轻，登基时只有15岁。他不会，更不愿处理政事，而仅仅热衷于做木工和漆匠。《明史》记载："帝性机巧，好亲斧锯髹漆之事，积岁不倦。"② 他肯定是个出色的木匠和油漆匠，但却是中国历史上最糟糕的皇帝之一。朝政大权很快落入宦官魏忠贤和乳母客氏这两个"对食"之手③。他们党结内外，遍植亲信，内虐后妃，外戮朝臣，扑灭异己，威福天下。或如《明史》所说，此时是"妇寺窃柄，滥赏淫刑，忠良惨祸，亿兆离心"④。终天启一朝总共八年，大明政权实际上便是控制在这一男一女两个文盲及其走卒手中。如果不是历史的真实面貌就是这样，则很难令人相信。

在这种政治环境下，刘一燝清醒地知道，大明江山已无可挽救，政事已经不可为。再加屡遭魏党弹劾，遂求辞官以全身。皇帝一再宽慰挽留，但在十二道上疏之后，终获批准。魏忠贤随后假传圣旨，削其官职，追夺诰命，勒令养马。直到天启皇帝死后，崇祯皇帝继位，魏党被诛灭，刘一燝才得以复官。他卒于崇祯

---

① 《明史》卷二四〇《列传》第一二八"刘一燝本传"。
② 《明史》卷三〇五《列传》第一九三"宦官二""魏忠贤传"。
③ 本义为二人用餐时面对面吃饭，可以边吃边聊。语当出晋阮籍咏怀诗："临觞拊膺。对食忘餐。世无萱草。令我哀叹。"明代中后期，宫廷中的太监和宫女，可以公开配对，成为所谓的"对食"。熹宗即位后，曾先赐乳母客氏和太监魏朝为对食。魏朝被逐后又赐客氏和目不识丁的"秉笔太监"魏忠贤为对食。"秉笔太监"而不识文字，也算历史上一桩奇闻。
④ 《明史》卷二十二《熹宗本纪》"赞曰"。

八年（1635）。刘一燝在位时，累加少傅、太子太傅、吏部尚书、中极殿大学士，直至当国首辅。卒后，赠少师。

刘一燝一生的政治作为，主要有以下数项。

（1）振臂一呼定乾坤

在泰昌皇帝死后，其宠妃李选侍盘踞乾清宫，拖延新皇帝继位的混乱而关键的时刻，刘一燝能够不顾个人安危，身先众臣，领头振臂一呼，并将太子从盘踞乾清宫的李选侍手中抢夺出来，拥立其作了新皇帝。对此，《明史》本传中有一段生动的描述：

……明日九月朔，帝崩。①

时李选侍居乾清宫，群臣入临，诸阉闭宫门不许入。（又记曰：阉人持梃不容入。②）刘一燝、杨涟力挝之，得哭临如礼。③

诸臣入临毕，一燝诘群阉："皇长子当柩前即位，今不在，何也？"群阉东西走，不对。

东宫伴读王安前曰："为李选侍所匿耳。"

一燝大声言："谁敢匿新天子者？"

安曰："徐之，公等慎勿退。"遂趋入白选侍。选侍颔之，复中悔，挽皇长子裾。安直前拥抱，疾趋出。

一燝见之，急趋前呼"万岁"，捧皇长子左手，英国公张惟贤捧右手，掖升辇。

及门，宫中厉声呼："哥儿却还！"使使追蹑者三辈。

（又记载说：内竖从寝阁出，大呼："拉少主何往？主年少畏人！"有揽衣欲夺还者。④）

一燝傍辇疾行，翼升文华殿，先即东宫位，群臣叩头呼"万岁"。

《明史》中直接记载这一事件的，以刘一燝本传最详，但仍需参考其他篇章方能把握当时事情的全貌。如果再联系到明朝曾经发生过后宫谋杀皇帝，甚至几乎把皇帝勒毙，妃嫔公然逼迫皇帝封后，以及确实把不止一个怀有龙种的妃嫔弄死之类的事，而此一时刻又是在不到两个月内接连死了两个皇帝之后，便不难理解当时形势的严峻了。故《明史》说刘一燝等当时"定宫府危疑"，可谓恰如

---

① 《明史》卷二四〇《列传》第一二八"刘一燝本传"。本段以下引文凡未另外注明出处者，皆引自"本传"。
② 《明史》卷二四四《列传》第一三二"杨涟传"。
③ 《明史》卷二一八《列传》第一〇六"方从哲传"。
④ 《明史》卷二四四《列传》第一三二"杨涟传"。

其分。

(2) 公正为官，调和鼎鼐

作为当国首辅，刘一燝在秉政期间，能够清廉做官，公正处事；调和鼎鼐，团结众官；不朋不比，安定朝政。《明史》中相关的记载颇多。如说："帝数称一燝为首辅，一燝不敢当。"① 这是说他谦虚，居高位而不骄傲。"一燝质直无他肠。"② 这是说他胸怀坦荡，不搞诡计。"一燝持大体，不徇言路意。"③ 这是说他敢于任事，识大体，不随波逐流。"本传"还记载他对皇帝的规谏：

> 一燝谓：天子新即位，辄疑臣下朋党，异时奸人乘间，士大夫必受其祸。乃具疏，开帝意，为继春解，而反复言朋党无实。继春得削籍去。御史张慎言、高弘图疏救继春，帝欲并罪，亦以一燝言而止。
>
> 候补御史刘重庆遂力诋一燝不可用。帝怒谪重庆。一燝再论救，不听。

刘一燝后来虽被魏忠贤及其党徒列为东林党党魁之一而进行迫害④，但他实际上并非东林党魁，更不朋比为奸。他甚至对直接攻击他的人，如刘重庆等，不但能够不计较，甚至还伸出援手解救。这些都可证明他的人品和"官品"之高。

(3) 保举熊廷弼

刘一燝为熊廷弼辩护，并重新起用熊廷弼戍守辽东。刘一燝和熊廷弼的关系（不是私交）可从《明史》以下各相关篇章的记载中厘清：

> 明年（1621 年），天启改元，沈阳失。廷臣多请复用熊廷弼。一燝亦言："廷弼守辽一载，残疆宴然，不知何故蓟除。及下廷议，又皆畏惧，不敢异同。嗣后军国大事，陛下当毅然主持，赖诸臣洗心涤虑，悉破雷同附和，其忧国奉公。"帝优旨褒答……寻有诏，尽谪前排廷弼者姚宗文等官。言路多怨一燝。⑤
>
> 沈阳既失，朝士多思熊廷弼，而给事中郭巩独论廷弼丧师误国，请并罪阁臣刘一燝。⑥
>
> 天启元年，沈阳破，应泰死，廷臣复思廷弼。给事中郭巩力诋之，并及阁臣刘一燝。及辽阳破，河西军民尽奔，自塔山至间阳二百余里，烟火断

---

① 《明史》卷二四〇《列传》第一二八"刘一燝本传"。
② 《明史》卷二四五《列传》第一三三"缪昌期传"。
③ 《明史》卷二四〇《列传》第一二八"刘一燝本传"。
④ 《明史》卷三〇五《列传》第一九三《宦官二》"魏忠贤传"。
⑤ 《明史》卷二四〇《列传》第一二八"刘一燝本传"。
⑥ 《明史》卷二四六《列传》第一三四"江秉谦传"。

绝，京师大震。一燝曰："使廷弼在辽，当不至此。"御史江秉谦追言廷弼保守危辽功，兼以排挤劳臣为巩罪。帝乃治前劾廷弼者……乃复诏起廷弼于家，而擢王化贞为巡抚。①

已而忠贤大炽，矫旨责一燝误用廷弼，削官，追夺诰命，勒令养马。②

这些散见于《明史》中的史料可以说明，刘一燝和熊廷弼并无私人交情和利害关系，但刘一燝却显然因保荐和起用熊廷弼重新经络辽东而招来怨恨，给事中郭巩并以此要求治刘一燝之罪。而在刘一燝被逼退隐多年后，魏忠贤还以"误用熊廷弼"为由，矫诏将刘一燝削除官籍③，追夺诰命，强迫养马。

(4) 同魏、客集团作斗争

刘一燝居官时，曾和魏忠贤及其"对食"客氏斗争。天启皇帝即位后，刘一燝曾首先要求客氏出宫，离开皇帝，但不果。魏忠贤曾有结伙盗窃宫中之物在乾清门被查获的前科。但竟能侥幸逃过惩罚④。客、魏势力坐大后，曾唆使和煽动党徒群起为其平反，亦为刘一燝所阻而使其翻案阴谋不能得逞。故对其怀恨在心，必欲除之而后快。

《明史》"刘一燝本传"中还记载：

> 定陵工成，忠贤欲以为功。一燝援故事，内臣非司礼掌印及提督陵工不得滥荫，止拟加恩三等。
> 
> 诸言官论客氏被谪者，一燝皆疏救，又请出客氏于外。

这样，刘一燝既阻止了魏忠贤因修筑定陵而邀功请求封赏的图谋，又把客氏弄出宫外（虽然不久又被召回），还把以前因参客氏而遭贬谪的官员都予以平反。魏、客这一对奸人焉能不视刘一燝为眼中钉、肉中刺？刘一燝居当国首辅之要津，而皇帝又懦弱年少，魏、客的命运当时可说完全控制在刘一燝手中。魏、客对此非常清楚。

他们利用皇帝的昏聩不问政事逐渐得势后，又利用朝官的党派之争和刘一燝的居高位而易获怨，乃群起把刘一燝作为东林党党魁去攻击：

---

① 《明史》卷二五九《列传》第一四七"熊廷弼本传"。
② 《明史》卷二四〇《列传》第一二八"刘一燝本传"。
③ 《明史·熹宗本纪》记载："天启五年夏四月己亥，削大学士刘一燝籍。"而刘一燝被削籍4个月之后的八月，"壬寅，熊廷弼弃市，传首九边"。
④ 《明史》"刘一燝传"记载有："初，选侍将移宫，其内竖李进忠、刘朝、田诏等盗内府秘藏，过乾清门仆，金宝堕地。帝怒……"此事显应记载于"魏忠贤传"中，而却记入"刘一燝传"。

（崔）呈秀乃造《天鉴》、《同志》诸录，王绍徽亦造《点将录》，皆以邹元标、顾宪成、叶向高、刘一燝等为魁，尽罗入不附忠贤者，号曰东林党人，献于忠贤。忠贤喜，于是群小益求媚忠贤，攘臂攻东林矣。①

刘一燝反魏、客奸党集团的斗争，不久即以刘一燝的致仕而告终。魏、客集团此后更有恃无恐、变本加厉矣。一般而言，除非形势特别有利，情况极为特殊，否则，君子总是无法战胜小人的。何况刘一燝当时"虽居端揆之地，而宵小比肩，权珰掣肘，纷挠杌陧，几不自全"。他能得以全身而退，既是他的幸运，也是他的聪明。

## 六 中国历史上一段政治最荒唐最暗无天日的时期

刘一燝被迫"致仕"（下台或退休）后的那段时期，魏忠贤和客氏集团势力更迅速坐大，中国政治开始了一段最荒唐最暗无天日的时期。

魏忠贤和客氏这样的一对文盲男女——魏忠贤，史书中多次强调他是文盲，史实当无可疑。客氏是否为文盲，未明确记载。但从她是以乳母身份进宫，连名字都没有，判断应也是文盲。即使识字，应也不多——居然能够专权天下，内戮妃嫔，外杀朝臣，人莫予毒，死人无数，祸害长达八年。使那段历史归属为中国历史上政治最荒谬、最残酷、最黑暗的时期。

下面对那时政治荒谬和黑暗的情况摘其要而简略述之。

（1）魏、客集团的这两个首领，男女品质都极坏。

《明史》记载："客氏淫而狠。忠贤不知书，颇强记，猜忍阴毒，好谀。"② 就是说，魏忠贤多疑而残忍，会拍马诌媚。客氏好淫乱而心地狠毒。

《明史》还记载："客氏之籍也，于其家得宫女八人，盖将效吕不韦所为，人尤疾之。"这是说，魏、客集团作恶八年后，崇祯皇帝继位，杀掉魏忠贤，在抄没客氏的家产时，在客氏家里发现有宫女八人，这是要让他们怀孕以后再送回宫中，将来孩子可以冒充皇子以继承皇位。这一招是学习传说中的战国吕不韦的伎俩。

（2）控制内宫，无恶不作。

《明史》记载："忠贤乃劝帝选武阉、炼火器为内操。""增置内操万人，衷甲出入，恣为威虐。矫诏赐光宗选侍赵氏死。裕妃张氏有娠，客氏潜杀之。又革成妃李氏封。皇后张氏娠，客氏以计堕其胎，帝由此乏嗣。他所害宫嫔冯贵人

---

① 《明史》卷三〇五《列传》第一九三《宦官二》"魏忠贤传"。
② 《明史》"魏忠贤本传"。本段中以下凡引自"本传"者，不再重复加注。

等,太监王国臣、刘克敬、马鉴等甚众。禁掖事秘,莫详也。"

这是说,魏忠贤居然还在皇宫大内练兵炼火器,组成一支万人武装队伍归自己指挥。他又掌控特务机构"东厂",故可以在宫内和朝廷擅作威福。他们在紫禁城内宫接连杀掉几位皇帝的"选侍"(妃嫔),有的还在怀孕期间。甚至连皇后也被迫堕胎,致使皇帝绝嗣。还有不服他们的太监们,被杀的也很多。因为宫禁之内事情极为秘密,其恶行连史家也不清楚。

(3) 杖死大臣,罢斥群臣。

《明史》记载:"未几,工部郎中万燝上疏刺忠贤,立杖死。又以御史林汝翥事辱(叶)向高,向高遂致仕去,汝翥亦予杖。廷臣俱大詟。一时罢斥者,吏部尚书赵南星、左都御史高攀龙、吏部侍郎陈于廷及杨涟、左光斗、魏大中等先后数十人,已又逐韩爌及兵部侍郎李邦华。正人去国……"

万燝是明末时期一位名臣和忠臣,因本参魏忠贤,被魏党立即乱棍杖死。另据《明史》"万燝本传"记载情节,万燝死状极惨。其他一大批大臣均遭到"罢斥"(罢官斥逐)。朝廷已经没有谁敢于说话了。

(4) 成批地诛杀和屠戮朝廷大臣。

《明史》记载:"逮(杨)涟及左光斗、魏大中、周朝瑞、袁化中、顾大章等六人,至牵入熊廷弼案中,掠治死于狱。又杀廷弼,而杖其姻御史吴裕中至死。又削逐尚书李宗延、张问达,侍郎公鼐等五十余人,朝署一空。""中书吴怀贤读杨涟疏,击节称叹。奴告之,毙怀贤,籍其家。武弁蒋应阳为廷弼讼冤,立诛死。民间偶语,或触忠贤,辄被擒僇,甚至剥皮、刲舌,所杀不可胜数,道路以目。"

这是说,魏忠贤集团竟公然杀了熊廷弼、杨涟、左光斗、魏大中等 50 余位当朝大臣。对被杀戮表达赞叹者,喊冤者,也立即被处死。民间偶尔对魏忠贤少有微词者,不但扑杀,还有被剥皮、断舌者。堂堂朝廷,成为大臣们的屠宰场。

(5) 对地方和"里居"的大臣也赶尽杀绝。

《明史》还记载:"(天启)六年二月……复使其党李永贞伪为浙江太监李实奏,逮治前应天巡抚周起元及江、浙里居诸臣高攀龙、周宗建、缪昌期、周顺昌、黄尊素、李应升等。攀龙赴水死,顺昌等六人死狱中。"

这是说,对已经被罢逐回到乡里的周起元、高攀龙、缪昌期、黄遵素等等大臣,还唆使爪牙冒名诬告他们,逼得他们不是自杀,便是被关押。这批大臣最后全都死于魏忠贤之手。

魏忠贤和客氏的罪恶当然不止这些,他大量安插亲信和党徒,徒子徒孙无所不在,满朝皆魏党,天下尽爪牙。他还挥霍公帑,为自己遍地建庙立祠等等。

但仅以上五条,已可说明魏、客这对狗男女当政之时祸害天下的程度,已是无以复加。是名副其实的"罄南山之竹，书罪未穷；决东海之波，流恶难尽"①。

那段历史并不是战争时期，而是天下太平的年代，但却的确属于是中国历史上政治最荒谬绝伦的岁月，最暗无天日的时光。

刘一燝身为宰辅，知事已不可为，故能急流勇退，但也仅以身全。若继续忠臣和重臣之行，则下场必踵熊廷弼、杨涟等之后死命而已。

## 七 当国首辅刘一燝和捐助佛像的刘一燝是同一人

现在有一个问题需要解决，这就是：明代后期官位煊赫的那个当国首辅刘一燝，和万历乙未年向河南相国寺捐助象牙鎏金佛像的刘一燝，是否肯定为同一个刘一燝？

中国人同名同姓者，古今均甚为常见，明代万历中期"乙未年"前后这段时间内，谁敢保证中国就没有两个刘一燝？

理论上这个质疑自然是可以成立的，但实际上并非如此。笔者认为，这两个刘一燝肯定为同一个刘一燝，其理由相当充分，不容置疑。

一是，这尊佛像，在中国古代的牙雕中，属于大件牙雕制品。并且全身鎏金，其材料和工艺的成本必定十分昂贵，所费不赀。作为捐助者的那个刘一燝，若非像当国首辅刘一燝这样一门四进士的豪门巨室之家出身者，在当时应无能力负担之。仅此一点就可把社会大众和一般佛教信徒排除出去，而使刘一燝的范围大大地缩小。

二是，如果再加上这尊佛像乃是属于精心设计、精心雕刻的高档宗教艺术品，那么，捐赠者刘一燝就必定属于那种文化知识和艺术鉴赏层次很高的人士。若非像刘一燝这样书香世家出身的知识分子，实无可能为之。这就连豪门贵胄中的大多数人也被排除在外，更遑论社会上因着某种机缘而一夕骤富的所谓暴发户了。这就使刘一燝的范围更加狭窄了。

三是，佛像铭文中所说的"大明万历乙未年"是公元1595年。这一年，刘一燝和他的二哥刘一煜在乡试中举七年后，一道进京赶考参加会试，同榜中了进士。此前他们家已经出了两位进士，现在更成了一门四进士之家。而"河南相国寺"所在地的开封，则恰好位于他们的家乡南昌和首都北京之间的连线上，同时，开封的位置又近于明王朝疆域的地理中心，自古就是南北、东

---

① 语出《旧唐书》卷五十七《列传》第三"李密传"。

西的交通要冲①。刘氏兄弟在这一年又正好往返经过开封。若非两个刘一燝不是同一人，焉能有如此的时间和地点之巧合。

四是，铭文中"敬助""河南相国寺"佛像的那个刘一燝，既没有像传统的造像发愿文那样，说自己是佛弟子，也没有说出自己的具体心愿，更没有在姓名前像惯常地做法那样署上自己的官衔。这是非常值得注意的三点现象。而后来成了当国首辅的那个刘一燝，偏偏在这一年，也还没有任何官衔。这年中进士之前，他只是个举人；中了进士之后，进士也只是个学衔。即使刘一燝在中进士以后，也是先从"庶吉士"做起，并且需一做三年。但庶吉士仍然不是官。庶吉士只是明代初年开始专门为进士们设立的官僚培训班的学员而已，三年后还要再考试。考试成绩优良者才能授官。对于刘一燝这样的人，即使他在捐助佛像时已经作了庶吉士，也丝毫不会觉得可以夸耀。如若两个刘一燝不是同一人，就更不会这样巧合了。

五是，刘一燝这个名字，其中的"燝"字是个非常冷僻的字。而不像他的父兄名字中使用的"材"、"焜"、"煜"等字，至少都是常见字。一般的字书和词典，都无法查到这个"燝"字。例如古代著名的字书《说文解字》和《玉篇》，后来的《康熙字典》、《佩文韵府》、《经籍纂诂》，近现代的大型辞书如三卷本的《辞海》和两卷本的《辞源》以及四十卷本的《中华大字典》等，都没有收入这个字。② 这看起来是非常奇怪的。

换言之，绝大多数人在既不认识此字，也难以从各种书籍中查到此字的情况下，是很难使用这个"燝"字为其孩子命名的。如果两个刘一燝不是同一个人，那就是说，在同一个时期，居然有两位人士，均为豪门士族，不但都认识此字，且都喜欢它，又都选中了它为孩子命名，并且又都是姓刘氏，孩子也都是"一"字排行。两家人家同时都满足这七个条件，恐怕也是难以想象的。

如果再把以上五点论述综合起来考虑的话，则可确认，捐助牙雕鎏金佛像给河南相国寺的那个刘一燝和明代末期的当国首辅刘一燝，必定是同一个刘一燝。

或曰，"河南"不是指河南省的么，四百多年前的刘一燝怎么会把"河南"一词加在"相国寺"之前呢？

其实，"河南"一词，作为地理概念，起源甚早。黄河古称"河"，故广义

---

① 如果联想到，甚至直到300多年后的清朝末年，慈禧太后在八国联军进犯北京避居西安后回京时，开封仍然是其回京的必经之地，就可知开封在古代中国的交通枢纽地位了。只是在近代京汉铁路和陇海铁路修成后，开封不得不将其交通枢纽的地位让给郑州。

② 现在发现，"燝"字的读音和字义都成了问题。辽代字书《龙龛手镜》曾收录此字，读如"煮"。但未明出处，也无释义。今人多因之。不过今人也有读如"景"者。本书作者确认："燝"字当读 jing（景），第三声。该字字义为"光明"、"明亮"。详见本书附录1《注释中文字较长且属论述性条目汇编》之第7篇中《关于"刘一燝"的"燝"字之意义和读音》。

地说，大凡黄河以南地区，都可称作"河南"。但从春秋战国到南北朝时代，具体范围至少曾有三指。一指黄河中下游的河道以南地区，即今之河南省黄河故道以南地区。二指黄河中游的河套地区，三指黄河上游的黄河以南地区。从隋代开始，多只局限于第一义，并成为行政区划的一个单位。隋代称河南郡，唐代称河南府，元代称河南路，明代又改称河南府。清及近、现代始称河南省。中间只有宋代因国都在开封，设置了京东路、京西路，而没有以"河南"命名的行政单位。

同时，长期以来，在对相国寺的称呼上，还有一个不成文的习惯搭配问题。一般说，在河南地区范围以外，称相国寺多为"河南相国寺"，在河南范围以内，尤其是在开封周围地区，称相国寺多为"开封大相国寺"。按照这种习惯，刘一燝为南昌人氏，牙雕鎏金佛像又是在北京制作，称"河南相国寺"，不亦宜乎！

## 八 刘一燝何以会将牙雕鎏金佛像捐助河南相国寺

那么，刘一燝是在什么情况下向河南相国寺捐助这尊牙雕鎏金佛像的呢？

这个问题今天显然已经无法找到直接的史料记载来证明，但可以依据现有的资料进行推则和判断。这种判断性推测只要是严格地根据史料而又符合历史的逻辑，应该距离事件的真相不会太远。

"万历乙未年"即万历二十三（1595）年。这年春天，年轻的刘一燝和他的二哥刘一煜从家乡南昌出发，千里迢迢，赶赴北京参加会试。他们一路风尘仆仆，途经河南开封这座历史名城时，乃稍事休息。其间游览了位于开封南城著名的大相国寺。此时，他们怀抱着金榜一举题名的抱负和期望，但同时思想上的压力也颇感沉重。因为他们的父亲刘材是嘉靖年进士出身，早已官居封疆大吏。七年前同时中举的三兄弟中的大哥刘一焜，已经在三年前的万历二十年（1592）中了进士。在相国寺中面对慈祥、庄严的佛祖时，刘一燝感到希望和压力俱增而此刻又毕竟是前途未卜，遂默默许下心愿：若佛祖佑我兄弟此次金榜题名，则事后必当为我佛塑造金身。

而会试之后，兄弟俩果然双双高中进士，实现了令其长期忐忑不安的夙愿。

在高兴、欢乐和接受祝贺、进行庆祝以及拜师访友之余，丝毫也不敢忘记不久前自己在相国寺中佛祖面前所默默许下的佛愿：为佛塑造金身。

于是，遂遍访京城，终于寻得高手艺匠，不惜工本钱财，请其以贵重的象牙材料为其雕刻大规格佛像一尊，并外加鎏金，使佛陀金身更加灿烂辉煌。雕制佛像时，要务求精美，细节符合佛经记载（当然也不排除佛像原已雕成，刘一燝只是高价买下）。最后又在佛像足底，谦恭地以"蝇头小楷"刻上捐助的对象、时间和自己的姓名。因其实尚无任何官衔，故仅刻"刘一燝"姓名而已。他的省长之子、进士及第、庶吉士学员、南昌大族等等身份，他大概都不愿落在款铭上吧。在这点上，萧服款佛像与此则形成鲜明的对照，其铭文特地刻上萧服当时之"修内司少监"的官衔。详附录。

不久之后，他们要回到老家南昌，不免荣宗耀祖一番。然后又重新治装，携带书籍和生活用品，准备回到京城，参加翰林院庶吉士官僚培训班为期三年的学习，以便正式进入官场。刘一燝在回程再次经过河南相国寺时，乃将这尊珍贵的牙雕鎏金佛像郑重地捐助该寺，了却了来时所许之愿。

考中进士之后，刘一燝从庶吉士做起，尽管兢兢业业、尽忠尽职，而且襟怀坦荡、才能出众，但却升迁缓慢。直到1620年（即万历四十八年，该年后几个月应该称作泰昌元年），终于位极人臣，做了"当国""首辅"。

刘一燝捐助佛像于相国寺时，刘氏已经是一门四进士之家，且其父刘材任陕西左布政使这样的大员，更加这尊佛像极其精致昂贵，故必定引起相国寺住持和长老、僧人们的重视。

而过了25年之后，当刘一燝成了大明王朝的当国首辅之时，河南相国寺必定会因为刘一燝捐赠的这尊佛像而感到荣耀，或将其视作拱璧和镇寺之宝。故应会将其置于特殊之处，以供广大僧尼和一般信徒礼拜。

但好景不长，一年半之后，刘一燝辞官获准①。魏忠贤和客氏奸党集团，势力更炽。后来魏党又借口刘一燝重用熊廷弼，将刘一燝削籍，强迫养马。随后又将熊廷弼杀害。而此时魏党爪牙，遍布宫廷内外，全国上下。事实上，魏忠贤势力在天启后期已经倾覆朝廷、倾覆天下，并到处寻找异己分子作为迫害对象。

在这种政治环境中，河南的相国寺，显然不会再刻意宣扬刘一燝捐助的这尊佛像，而可能不得不将其悄悄隐匿起来，以避灾祸。至少是不会再公开地以刘一燝捐助的这尊佛像为荣耀，不会再希图此事广为人知。

当然，刘一燝的署款为蝇头小楷，且刻在佛像足底部。如无人特别告密，寺院和佛像应会平安无事地度过魏党的肆虐期。

崇祯元年，魏党覆灭，刘一燝虽复官，但已过气。他在六年后辞世，享年约77岁左右。

然而，崇祯十五年发生的一场大灾难，无论是繁华闹市开封府，还是佛门圣地少林寺，却都未能逃过那场浩劫。但相国寺中这尊已经保存了48年的牙雕鎏金佛像，却奇迹般地幸存了下来。

---

① 《明史》卷二十二《熹宗本纪》记载："三月丁酉朔，刘一燝致仕。"如此，则刘一燝辞官归隐是在天启二年（1621）3月1日。

以上几节对于明代末期的那段黑暗政治（有朋友蔑称之为"两个狗男女，八年祸中国"）和刘一燝的生平事迹以及那些惊心动魄的史实所作的考证和论述，并没有发现这个款识有何内容上的不妥，相反，它们应是刘一燝的原始刻款，除非在技术鉴定上或依据文献资料能够确认其为后刻，其真实性和原始性还是难以动摇的。

## 九　1642年开封惨绝人寰的灾难和佛像全身的奇迹

公元1642年，是明崇祯皇帝执政的第15年。这年他本人已经32岁。新年伊始，揖拜阁臣，再图振兴大明，但坏消息却接踵而来[①]：

当月，"山东贼陷张秋、东平。劫漕艘。"

二月，李自成大败明军于襄城，杀总督陕西都御史汪乔年。然后陷睢州，犯太康[②]。而关外清兵下松山，洪承畴被俘投降。

三月，李自成破陈州，而祖大寿以锦州降清。

四月，李自成复围开封[③]。"四月癸卯，雷震南京孝陵树，火从树出。"[④]

五月，张献忠陷庐州。

六月，山西总兵官许定国援开封，溃于沁水，而宁武兵溃于覃怀。

七月，左良玉、虎大威、杨德政、方国安四镇官兵溃于朱仙镇。而东宫皇贵妃田氏病故。"夏，星流如织。"[⑤]

八月，对清和谈机密泄露，杀兵部尚书陈新甲。而安庆发生兵变，杀都指挥徐良宪。

九月，"壬午，贼决河灌开封。癸未，城圮，士民溺死者数十万人。"

十月，陕西总督孙传庭败绩于郏县，走入关。

十一月，援汴总兵官刘超据河南永城反。而清军第5次入关，京师戒严。同月张献忠陷无为。

闰十一月，清军大举南下。李自成陷汝宁。皇帝第2次下罪己诏，求直言。

---

[①] 以下发生的事件，除另外特别注明出处外，皆依据《明史》卷二十四《庄烈帝本纪》二"崇祯十五年"部分。其中月份仍沿用旧历。

[②] 此点根据《明史》《列传》第一八一《忠义五》"张维世传"。

[③] 李自成军队第3次开始围困开封的时间，《本纪》此说可信。《明史》"高名衡传"也说："（李自成军）十五年四月复至开封，围而不攻，欲坐困之。"但现代一些文章和书籍，包括姚雪垠的长篇小说《李自成》，均说是五月开始第3次围困开封，可又并非是将阴历换算为阳历所致。故恐误。当然，此非大事。但正史记载如此确切肯定，当采信之为是。

[④] 此点见《明史·五行志一》。

[⑤] 此点见《明史·天文志三》。

十二月，清兵深入山东，俘获人口数十万，鲁王自杀。同月，李自成陷襄阳。

存在了274年的大明王朝，看来是气数已尽，无可挽救了。

以上事件中最惨绝人寰而又和本文主旨密切相关的，就是这年九月发生的"河灌开封"。据说，开封城曾被黄水淹过7次[①]。但要以这一次生命财产的损失最为惨重。原因是李自成的农民起义大军从这年四月起开始第3次围困开封。李自成第一次奇袭开封，不幸左目中箭[②]而撤军。第二次攻取开封而不克。第三次则采取围而不攻的策略。开封守军和农民军的斗争越来越残酷。守军是外无援军，内无粮草。城内陆续出现杀马食肉，人食马粪，人食人肉的现象。每日都有很多人饿死。再加连降大雨，黄河水位暴涨。开封城的陷落显然已是指日可待之事。但拖到九月十四日，农民军仍然未克。于是，黄河决口，黄水灌城的惨剧终于发生。

关于这次水灾的情形，历史文献不少，现代人的文章则更多，现征引一段以飨读者：

> 明崇祯十五年（1642）九月十四夜，"河伯震怒，水声远闻"，黄河决口，翌日黎明，水至开封城下，"西南贼俱远遁，东南贼溺死无算"。据史料所录，李自成围困开封城（的）农民军躲避不及，溺死一万。九月十六开封守军两营兵抱土塞门，"水从隙入，势不可拒"，"是日，南门先坏，北门冲开，至夜，曹门、东门相继沦没。一夜水声如数万钟齐鸣"。九月十七黎明，"满城俱成河汉"，只存钟、鼓两楼及周府紫金城屋脊、相国寺顶、延庆观、土街等高阜处。[③]

明宗室周王府豪华的紫金城和高大辉煌的相国寺，现在都只剩下了屋顶。故当时水深必有数丈。这次黄水灌城，究竟淹死了多少人，从来也没有准确的数

---

① 见邹逸麟《灾害与社会研究刍议》，载2000年第6期《复旦学报·社科版》。
② 关于箭射李自成而中其左目者，《明史》记载说是守城明将，总兵陈永福，也有说是陈永福之子陈德者。《明史》卷二七二《列传》第六〇说："陈永福者，守开封，射李自成，中目。及自成陷山西，令广恩谕之降。永福俱诛，意犹豫。自成折箭以示信，乃降，封为文水伯。后自成败还山西，永福为守太原，杀晋府宗室殆尽。"《明史》卷三一九《列传》第一九七也说："陈永福以先射中自成目，保山巅不敢下，自成折箭为誓，招之，亦降。"由此可知，李自成后来攻陷山西，不计前嫌，招降了陈永福。如此，则箭射自成中其左目的应该就是陈永福本人。
③ 引自《开封城墙——李自成三打开封》系列之三《黄河之水沉开封》，2004年9月2日。见www.zhengzhou.org.cn。作者不详。关于此事，诸书记载者颇多。最直接、最权威的当属参与守卫开封的李光壂于次年流寓南京时所口述、由其子李銮纪录而成的《守汴日志》和当事人白愚的《汴围湿襟录》。引文中引号之内的话，当是引自《守汴日志》。但笔者在国外，二书均未亲见。但又感到这两书，均为事后追忆，且有故意掩盖和歪曲事实之嫌。详见本书《崇祯十五年开封决河灌城造成惨绝人寰大灾难的责任者》考论。

字。《明史》说是"士民溺死者数十万人"①。其他尚有几种较具体的说法：一说"全城三十万八千余人，幸存者仅三万余人"②。或说"全城三十七万八千余人，被淹死者达三十四万人"。或说"34万居民死31万"。参加过开封保卫战的明人白愚说城内百万之众，后奉旨领赈者不足10万；而今天开封人说："城破后人还剩2.7万，明末开封最多30万人口。"③ 等等尽管说法不同，但毫无疑问，那是一场惨绝人寰的历史大灾难。至于财产损失，则更是无法计算的了。

　　至于刘一爝"敬助""河南相国寺"的这尊精致的牙雕鎏金佛像，何以能在这场浩劫中幸存下来，想来当为黄水灭顶之时，有人祈求神佛保佑，匆忙中怀抱佛像逃命，而最后竟然存活下来。这当然是一个奇迹。若非如此，则此像不被黄流冲走和毁坏，今日也会被深埋于5米黄沙之下矣。（由于历次黄河决口导致黄沙淤积，明代的开封府城，在今天开封市地面以下4—5米深处，而北宋时代的开封——汴京或汴梁——则更在距地面8—10米以下矣。④）

　　大水过后，开封一片荒凉凄惨景象。直到20多年后，清代开始重修相国寺时，拥有这尊佛像者，或者早已故世；或虽未故世，也不愿再让自己的这尊救命佛和自己分离。于是它从此便在寺外的民间长期传世。至于后来它又是如何流落异国他乡，进入拍卖行，则更加无从考证了。

　　据记载，清道光二十一年（1841），黄河在开封再次决口，淹掉整个城池。但这已与本文的内容无关，故不再涉及。

## 十　结论：牙雕金佛引起的历史
　　　情怀和无限遐思

　　中国古代牙雕制品，作为中国文物的一个特殊部分，具有其独特的内容、形式和魅力。

　　同其他文物类别相比较，它们的古老同中华民族的文明史一样地长久。由于其材料直接来源于自然界，故比青铜器的起源更早。因艺术早于文字，故比甲骨

---

① 《明史》卷二四《庄烈王本纪》二。《明史·五行志一》记载略同："十五年六月，汴水决。九月壬午，河决开封朱家寨。癸未，城圮，溺死士民数十万。"
② 邹逸麟《灾害与社会研究刍议》，载2000年第6期《复旦学报·社科版》。
③ 《开封城墙——李自成三打开封》系列之三《黄河之水沉开封》，2004年9月2日。见www.zhengzhou.org.cn，其中所说具体时间不准确，详见下篇考证。
④ 参见《开封城下七座古城"叠罗汉"》一文，2000年新华社北京7月3日晚报专电。其中说："……最让人称奇的是，开封市地底淹埋的这一系列古开封城，都是叠罗汉般垂直累加起来的。开封市文物管理处的李合群同志介绍说，现在已局部挖掘过明代周王府遗址，大约在今开封市地下4到5米处；宋代的东京开封也已局部挖掘过，大约在今开封市地下8到10米处。根据文物勘探，在11米到12米深处仍有人类活动的遗迹。"

文也早。因为比玉石的发现和雕凿容易,故它比玉器的出现恐怕也要早①。

古代的牙雕制品存世量相对极少,更少见大件,特别是明代和明代以前的制品更是如此。这和它们的材料来源受到限制,也同象牙作为传统中药的用途广泛密切相关。牙雕损坏了还可以入药。

由于古代牙雕制品的存世量少,难以进行系统的比照研究,故造成准确的断代更加困难。除非它们本身带有铭文可以确认,或有相关的文献记载可以判断,或有可供断代的其他伴随物可征。

而迄今所知,明和明以前之自身带有铭文的牙雕制品,只有数件存世。而且铭文的真实性几乎全被怀疑。这一尊当然也不例外。

这件牙雕佛像引起我们无限的历史遐思。

它带给我们的历史知识之丰富令我们非常惊奇。

它诞生之后的那半个世纪的政治黑暗,它的最初的主人所带给那个时代的黑暗政治的短暂清明和刘一燝本人的宦海浮沉,尤其是1642年崇祯十五年九月十四日河南黄河大堤人为决口所造成的水灌开封,死亡数十万人的惨绝人寰的大灾难,令我们每一个回顾这段历史和观赏这件文物的人,无不发出有声的或无声的叹息。感慨万千,岂虚言哉!

万历皇帝作为当时社会的最高统治者,可以长期不办朝会,不理朝政。他的儿子泰昌帝登基一个多月便死于非命。在政治危机的当口,刘一燝正气凛然地振臂一呼,拥立15岁的太子做了天启皇帝。刘一燝随后成了"当国""首辅"。居一人之下,万人之上。但这位新皇帝虽然聪明,但政治无能,也不愿管理朝政,终日沉湎于木匠油漆活儿之中,自觉乐趣无穷。朝纲败坏,乳母宦官专权内外,冤杀大臣熊廷弼等很多很多人。其后崇祯皇帝,虽然满腔抱负,登基不久,便诛灭了魏宗贤、客氏奸党,但随后却又表现出极端的刚愎自用,听信谗言,诛戮能干的忠臣袁崇焕等人,其他能臣也都不能有所作为。外有清兵虎视眈眈,内有高迎祥、李自成、张献忠起义,遍地烽火。明王朝终于迎来了末日。

刘一燝当政时期,是明代末期政治清明之光的一次微弱而罕有的闪烁。不久即湮灭于魏忠贤和客氏这对文盲男女奸党所编织的无边黑暗之中。魏、客之间的暧昧关系是古今中外的语言都没有创造出适当的概念和术语来恰当描述的一种暧昧关系,至于当时官方正式使用的"对食"一词,则完全不能表达这种关系的实质。这一集团在刘一燝被迫致仕后更加迅速地膨胀,他们可以虐杀后妃,屠戮

---

① 根据《鞍山日报》2004年7月31日徐贵权、朱玉龙《中国最早玉器出自岫岩》一文的报道,在内蒙古敖汉旗兴隆洼遗址发现了距今8000年的玉器,被定为中国最早的玉器。但不能因此得出结论,玉器一定比牙器出现早。因为就人类生产发展史来说,牙器可以和骨器同样地早。而骨器的历史肯定比玉器早。今天考古发现的骨器,也的确要比玉器早得多。

大臣。爪牙遍及全国。矛头所向，挡者死，逆者亡。

这件"大明万历乙未年""刘一燡敬助""河南相国寺"的鎏金牙雕佛像，在其诞生之后的半个世纪中，同它原初的主人一样，经历了极端的政治黑暗和闪烁的一点清明以及社会人情的冷暖。也同它原初的主人一样，在黑暗和灾难中竟然得以全身。这真的是神佛的保佑，还是命运的偶然？

重达七斤多的象牙材质，四百一十四年的历史沧桑，使当初的完美组合今日难免显出一点点变形。但作为一件古老而完美保存到现在的宗教艺术品，佛陀造像，其庄严、慈祥、宁静的法相，高贵、端庄、华丽的服饰，洞察一切的深邃目光和解脱苦难的巨大智慧，都引起人们的景仰、深思、欣慰和对美的追求的满足。

遗憾的是，本文涉及到的那个著名的历史悬案，即：究竟谁才是 1642 年开封黄河决口导致数十万人死亡的真正罪人的问题，按照预定的写作计划，实在无法包容在本文有限的范围之内，有兴趣者可以阅读本书《谁是崇祯十五年决河灌城造成开封大劫难的肇祸者》一文。

2004 年 11 月 26 日初稿
2009 年 4 月 28 日修订

## 十一　附录：关于北宋修内司少监萧服款牙雕金佛问题

2009 年 3 月 19 日纽约克瑞斯蒂（Christiês, New York）拍卖了一尊背部有刻款的鎏金牙雕佛像。款铭为：

汴梁　国恩寺　大宋大观元年修内司少监萧服敬献[1]

见彩图 04—07—04。

这尊佛像自从 1963 年在纽约的一次展览中开始被研究中国佛教雕刻的学者们注意以来，已经近半个世纪[2]。它的雕刻年代仍然没有确认。有人接受佛像背

---

[1] 《Fine Chinese Ceramics & Works of Art including Jades from the Fine Arts Museums of San Franciso》, No. 601, 19 March, 2009, New York（《中国陶瓷艺术精品：来自圣弗兰西叟的艺术精品博物馆》，601号，2009 年 3 月 19 日，纽约）。

[2] 《The Evolution of the Buddha Image》, Asia House, New York, and illustrated in the Catalogue, p. 99, No. 48.（《佛陀形象之演化》，亚洲之家，纽约，展览目录插图第 48 号，第 99 页。）

后铭文的说法,认为北宋大观元年(1107)的纪年是可信的[①]。有人认为应是是元代牙雕[②]。也有人认为,不会早于17世纪[③]。克瑞斯蒂的专家们,为保险起见,把它断为14至17世纪的产物,即元/明时代之400年中间的一件象牙精雕作品。

这尊佛像曾被做过放射性碳-14年代检测,结论是无法断定佛像雕刻的年代。但又说:科学分析确认这尊佛像是用化石长毛象的长牙雕刻的[④]。

本文作者概括诸家意见,认为可以断为元/明雕刻而款识为后加的理由至少有如下几桩:

＊迄今还没有发现宋代有此种造型或式样的佛像传世,而明代却有类似风格的佛像存世,尤其是牙雕佛像存世。这是西方断其为元/明作品的一个重要理由。

＊款铭刻于佛像之背部,是对神佛之大不敬。金申先生曾持此种看法,并作为否定辽代有铭文造像存在的理由之一。

＊迄今不知道北宋时代的京城开封是否有一座国恩寺。"汴梁国恩寺"很可能是伪款制造者臆想的产物。

＊金/元时代,开封始被称为"汴梁",宋代则称为"汴京"。此像铭文用"汴梁",显然是北宋以后的作品。

其中间两点是本文作者补充的。看来否定其为北宋之物,理由似乎是充分的。

但将其定为北宋作品也有理由:

＊如果仅仅根据我们今人没有发现宋代曾经出现过此种佛像造型,就判其为元/明之物,甚至时代更晚,理由不充分。明代有位王爷(周王)曾造小型佛像5000尊,但迄今存世者只发现三尊而已。也就是说,四百余年间,留存者竟

---

① 如本杰明·罗兰德(Benjamin Rowland),他是那次展览的组织者。见亚洲之家出版的《The Evolution of the Buddha Image》,p. 140.

② 如叟姆·杰宁和威廉姆·华特森(Soame Jenyn's and William Watson)。见其合著:《Chinese Art: The Minor Arts II》,New York,1965,pp. 180—1,No. 113(《中国艺术中的小型艺术》II,纽约,1965年版,第180—181页,第113号)。

③ 如斯提瓦和张清(J. Stuart and Chang Qing——译音),见其合著:《Chinese Buddhist Sculpture in a New Light at the Freer Gallery of Art》,Orientations,April 2002,p. 37(《佛瑞尔艺术馆藏透露中国佛教艺术之光》,东方出版社,2002年4月,第37页)。

④ "Scientific analysis has determined that this figure was carved from fossil mammoth ivory; consequently its Carbon—14 test cannot determine the date of carving. A Technical Examination and Radiocarbon Dating Report is available upon request." (The Catalogue of Christi's:《Fine Chinese Ceramics & Works of Artincluding Jades from the Fine Arts musuems of San Franciso》,19 March,2009,New York。意思是:科学分析确认这尊佛像是用长毛象牙的化石雕刻的;因而碳-14检验不能断定雕刻的年代。如果要求,该公司当时可以提供技术检验和放射性碳-14检测报告。他们当时可以提供碳-14检测报告的复印件。)

不及千分之一。况更早数百年之北宋文物耶？

\* 就款铭图片观察，其书法水准很高，不像后世刻款。假定此款为后世刻款，则既不会是雕造佛像当时的伪款，更不会是现代高科技、高知识的产物，最有可能的时代是清末民初，即伪刻款乃造于 20 世纪初期。但那时的伪造只是部分古董商和手工业者偷偷摸摸的行为，文字水准一般不高，应该造不出这种书法高水准的款铭。

\* 萧服的正确官衔称谓难以伪造。萧服并不算宋代名人，但元人所修《宋史》中有其短传。曾说皇帝将其"改亲贤宅教授，提举淮西常平，召为将作少监"①。若无其他更确切的史料而能根据《宋史》这种记载伪造出"大宋大观元年修内司少监萧服"之如此正确无误的款识的人，非宋史专家和特别研究者而难以办到。

\* 款识刻于佛像后背，在辽、宋、金、元、明期间，远非孤例。北宋开封在今开封地下 8—10 米处，详情无人知晓。即使不能确认当时开封有国恩寺，那也仍然不能说"无"。开封是否真从金元时才被称为"汴梁"，亦难确认。②

本文作者的看法是：

这是一件罕见而又极有研究价值的佛像。在佛教艺术史、中国美学史和雕刻史上都有重要的意义。其产生的确切年时代需要进一步研究和确认，尤其是由中国学者去研究。因为仅是西方学者，会有不少限制。譬如：款铭的书法风格之水准高低和流派所属，萧服的官衔之正确称谓之涉及宋代官僚制度等等，东方学者会有许多先天的优势。

另外，所谓此像材质是来自化石长毛象的"科学分析"，恐怕也不可靠。要确认这点，除了碳-14 放射性同位素检测之外，恐怕还需要古动物学家的参与，才能确认之。这一点还涉及如下一个历史问题：不管此像是雕刻于北宋、南宋、元代或者明代，中国人在 17 世纪之前究竟是否已经发现并使用化石长毛象牙进行宗教艺术雕刻？

2009 年 4 月 4 日附记

---

① 《宋史》卷三四八《列传》一〇七"沈畸传附萧服传"。
② 开封古称"梁州"，从北周起经隋、唐三百余年间称"汴州"。人们为了沟通方便，很可能会将其新名和旧名合起来，称为"汴梁"。而 907 年，后梁太祖朱温建都于此，国都称"汴"，国号称"梁"，开封的正式称呼则是"开封府"。但当时后梁以外的区域和诸多政权，很可能称这个"后梁"为"汴梁"。尤其是同"后梁"作战并灭掉"后梁"而建都"洛阳"的"后唐"，更可能称其为"汴梁"。因此，"汴梁"这一称呼可能起源很早，后来相沿成习。

# 第八篇

## 谁是崇祯十五年决河灌城造成开封大劫难的肇祸者

### 前　　言

此文写成于2004年，已经6年过去。付印前查阅了相关资料，发现人们对这个历史之谜的兴趣仍然浓厚，而分歧仍然严重，争论也仍旧激烈，资料在辩论中自然亦越来越多。惜本文不能重写，但本文所用明人资料依然可靠，而结论依然成立而难以动摇。谨以此文献给有兴趣的读者和相关学者。

### 提　　要

1642年10月8日（明崇祯十五年九月十五日），在李自成第3次围困开封不日可下而阴雨连绵河水暴涨的形势下，河南开封附近黄河大堤被掘，黄水从天直降，冲垮开封城池，致使30万人溺死于洪水之中，造成惨绝人寰的大灾难。

但掘开大堤的究竟是李自成一方还是明军一方，或者是两方都掘了河堤，已经变成一个历史未解之谜，长期争论不休。那么数百年过去，这个悬案还有望解开么？本文从史料的搜集、考证和解析入手，论述并破解了这个悬案。

### 一　历史大劫难的肇祸者成了一个著名的历史悬案

公元1642年，即明崇祯十五年，李自成的农民起义大军从4月份起，第3次围困了河南的首府开封[①]。这一次，农民军虽对开封势在必得，但在战术上却

---

[①] 关于李自成的农民起义军第3次围困开封城的起始时间，诸书和诸文说法不同。本书依据《明史》的诸多记载，特别是《明史》卷二十四《庄烈帝本纪》二中"夏四月癸亥，李自成复围开封"的记载，确认李自成三围开封始于崇祯十五年四月二十四日，即西历1642年5月22日。详见本书之附录1第8篇《李自成第3次围困开封的起始时间历史记载得非常精确》。

吸取了前两次硬攻城池而未能克服的血的教训，采取了围而不攻、打援断粮、坐待城破的策略。

这年六月，山西总兵官许定国率军援开封，被击溃于沁水，而宁武援兵则被击溃于覃怀。秋七月己巳，左良玉、虎大威、杨德政、方国安四镇兵马长途跋涉，汇集于开封西南不远的朱仙镇，准备援助开封，但旋被李自成大军击溃。而农民军的老对手，也是死对头的明兵部右侍郎、陕西总督孙传庭，虽然早在这年的五月己巳，已经率军从陕西入关，但并未直援开封。直到九月十四日开封朱家寨黄河大堤人为决口，十五日水灌开封城池，造成数十万人死难的环宇大劫难之后，孙传庭的部队也未抵达前线。6天以后的己丑日，孙传庭帅师奔赴河南。但此时的李自成大军已经撤离开封，西迎"秦军"，先败。后于冬十月辛酉，李自成大败孙传庭于郏县，孙军被迫"走入关"，退回陕西①。

在农民军这次围困开封的后期，因为黄河流域地区暴雨连旬，造成黄河水位暴涨，黄河堤坝岌岌可危。这种情况确实给予当时攻、守双方的决策者，产生和实施"决河灌贼"或"决河灌城"的策略，提供了极为现实的可能性。果然，九月十四日，黄河人为决口，朱家寨大堤溃决400余丈，奔腾咆哮的黄水直扑8里外首当其冲的开封城。次日，即九月十五日，水灌城池②，可怜开封城内数十万士民百姓，在忍受了长期的战争和饥饿之后，又在骤然间几乎全都丧命于滔滔洪水滚滚黄流之中。连平日巍峨的周王府③和壮观的大相国寺，也仅仅剩下殿宇的屋顶露出水面。

当洪流破城之时，大水横冲直撞。数十万人，无分男女老幼，不问富贵贫贱，全都一下子陷入惊恐、慌乱和绝望的境地，呼天天不应，喊地地不灵。苍天有眼，不辨罪与非罪；百姓无辜，同遭灭顶之灾。人们的嚎哭和叫喊在大水里声咽，苍生的奔跑和混乱在洪流中止息。经过短暂的垂死挣扎之后，又都归于静穆，唯有滔滔黄水继续奔腾，将开封城的一切都卷进它的漩涡和浪花之中。

---

① 本段所涉及的历史史实，除记载于《明史》卷二十四《庄烈王本纪》二之外，还可参见《明史》卷二六二《列传》第一五〇"孙传庭传"，卷二六七《列传》第一五五"高名衡传"，卷三〇九《列传》第一九七"李自成传"，卷二七三《列传》第一六一"左良玉传"等。

② 关于黄水灌城，开封毁灭的日子，也有不同的说法：具体有"十五日说"和"十六日说"的区别。《明史·本纪》卷二十四记载："九月壬午，贼决河灌开封。癸未，城圮，士民溺死者数十万人。"《明史·五行志》也明确地记载为："九月壬午，河决开封朱家寨。癸未，城圮，溺死士民数十万。"本文作者认为《本纪》和《五行志》的记载是可靠的。故取"十五日说"。今人多采"十六日说"（包括《李自成》的作者姚雪垠先生）。虽然"十六日说"在《明史》中也能找到模糊的依据，但实际并不可靠。原始的"十六日说"本是对史实的故意歪曲以达到误导世人的目的。后人未查，流弊乃生，以至于今。

③ 周王府，据《明史·地理志三》记载，始建于明洪武十一年（1378）。至崇祯十五年（1642）毁于这次洪水，共历264年。第一代周王为太祖第五子。周王府是明朝历时最长久、势力最巨大、规模最宏伟、财富最雄厚的宗室王府之一。

这是一场惨绝人寰的大灾难,但是,对于当初"决河灌城"或"决河灌贼"的决策者,对于实施其这一决策因而酿成这场大灾祸的真正肇祸者,虽然经历了362年之久,历史已经翻过了许多页,至今却仍然众说纷纭,莫衷一是。换言之,关于这一重大事件的责任归属问题,竟然变成了一个著名的历史悬案。

## 二 关于那次决河毁城的肇祸者现在存在四种说法

对这个悬案的回答,具体说来,存在着如下四种互不相同、也互不相容的说法:

第1种,"决河灌城说"。认为当时决开黄河大堤是李自成的农民起义军所为,目的在引黄河水以灌开封,消灭守城的明朝官军。这种说法以清代官修的《明史·本纪》、清康熙时所修的《开封府志》和一些碑记为代表。现代不少文章仍沿袭此说;

第2种,"决河灌贼说"。认为决堤是明朝守卫开封和援助开封的明朝官军所为。决河是为了灌贼以解开封之围。此说历来含糊,部分今人采此说,以姚雪垠先生的小说《李自成》为代表;

第3种,"双方决河说"。认为农民军和官军都曾决堤,双方各决一口,导致二口并流,毁掉开封城池。以《明史》"李自成传"和"高名衡传"为代表。今天亦有不少人士采此说,以史学家蔡美彪先生为代表。

第4种,"天灾说和无法判定说",明人已有此说,据说现代的开封人也持此种说法,部分学者亦有相同观点。

现在先说第1种,即"决河灌城说"。

《明史》一再说,当年决开黄河大堤,或特称"决河",是"流贼"——即李自成及其领导的农民军——所为。如《本纪》记载:

> 九月壬午,贼决河灌开封。癸未,城圮,士民溺死者数十万人。[1]

《列传》"孙传庭传"说:

> 大雨连旬,(李)自成决马家口河灌开封。开封已陷……[2]

《列传》"丁启睿传"说:

---

[1] 《明史》卷二四《庄烈帝本纪二》。
[2] 《明史》卷二六二《列传》第一五〇"孙传庭传"。

> 九月，贼决马家口河灌开封，开封遂陷……①

《明史》其他地方尚有"九月，贼决河灌城，城圮"②，"……时贼灌开封"③等等记载。而《河渠志》则说得较为具体：

> 十五年，流贼围开封久，守臣谋引黄河灌之。贼侦知，预为备。乘水涨，令其党决河灌城，民尽溺死。总河侍郎张国维方奉诏赴京，奏其状。④

这段引文认为，是明朝开封的"守臣"先有"决河灌贼"之谋，但此谋被李自成军侦查得知，先作了预防准备，然后下令"决河灌城"的。可以用"守臣先谋，自成实行"概括之。但守臣虽谋而未行，自成闻谋而立行，罪责当然仍属李自成。这段记载并且说，流贼决河灌城的这一情况，是当时正好奉诏赴京的总河侍郎张国维奏闻朝廷的。张国维是明末朝廷重臣之一。他任"工部右侍郎兼右佥都御史，总理河道"。此时他并代替已经下狱的"兵部尚书陈新甲"担任"兵部右侍郎兼督淮、徐、临、通四镇兵，护漕运"⑤。他的职所在山东，不在开封或河南。只是这段记载仅见于《明史·河渠志》而不见于《明史·张国维本传》，可见两文的资料来源不同，而修"传"者并未使用，甚至未注意到《河渠志》的这段资料。

开封市有一块立于清康熙二年（1663）的石碑，上面刻写一篇《重修清真寺碑记》，其中也说是李自成决堤灌城⑥。该碑记载了聚居于开封的一批犹太人的礼拜教堂，在明末崇祯十五年的那次水灾中，和相国寺同样完全被毁的遭遇。但将该碑称作"清真寺碑"，恐是误会，应不确切。

现在说第2种，即"决河灌贼说"。

严格说来，此说早在明末时已经产生，但不为官修《明史》所真正采纳。直到近、现代始有学者论证，那次决堤是明朝守卫和援助开封的"官军"所为。

---

① 《明史》卷二六〇《列传》第一四八"丁启睿传"。
② 《明史》卷一一六《列传》第四《诸王》"周王传"。
③ 《明史》卷二六七《列传》第一五五"王汉传"。
④ 《明史》卷八〇《志》第六〇《河渠二》。
⑤ 以上史实见《明史》卷二七六《列传》第一六四"张国维传"。
⑥ 参见佚名《河南开封犹太人的故事》，载《华夏文摘》www.archives.cnd.org/HXWK/author/YI-Ming/kd001226-3.gb.html 和邸永君《历史上的开封犹太聚落漫谈》一文，载中国民族学会网站，www.3miao.com/ces/article/dikaifengyoutai.htm。

守城官军的几个决策者为怕开封陷落而被朝廷追究责任，乃实行决河以灌贼。[①] 此说产生之后，逐渐为更多的人所接受。

但究竟具体是谁人下令决堤，却又有不同的说法。

明朝官军"决河灌贼说"并非肇始于姚雪垠先生，但姚氏肯定是此说中最有影响的一位。他研究了和李自成相关的史实，通过小说的情节，推翻了过去的成说而立了新说。就长篇小说《李自成》的情节来看，姚氏认为是当时守卫开封态度极为坚决的推官黄澍，派人送密函给驻扎在黄河北岸的巡按御史严云京，由严云京直接密商总兵卜从善，由卜氏秘密派兵渡河决开大堤的[②]。至于当时的河南巡抚高名衡（他是开封守城官军最高指挥官）、明宗室周王朱恭枵（他是开封府地位最崇高和最有势力者）和驻扎在黄河北岸封丘的援军最高统帅侯恂（此人当时是兵部侍郎，援军开封的统帅督师。即是孔尚任的著名戏剧《桃花扇》中的男主角"侯公子"侯方域的父亲）等人，在《李自成》的小说情节中都没有直接涉入这一事件。

不过有人坚决反对此说。最近读到一篇网路文章，强烈反对官军决堤说。该文是一篇时下政论，其中有一段涉及开封决堤者。他说：

> 1988 年，我在 T 县新华书店处理的旧书中发现了一本《明末农民战争史》，觉得好奇，便买回家研究。作者叫顾诚，不是那个自杀的诗人，是另一个御用"学家"顾诚。厚厚的一本，洋洋几十万字，给我的感觉是"满纸荒唐言"。在谈到李自成决黄河大堤淹开封城时，他不顾史籍记载，竟然认为是开封城里的明军决了开封黄河大堤，使得这一宋代故都埋于土下 20 余米[③]，可在前面的章节里说李自成军把开封城"围得铁桶一般"，这就奇了，既然如此，成了瓮中之鳖的明军会长了翅膀飞到黄河大堤上？或是坐了飞机？如果真是这样，那我们祖宗可有五大发明了。可作者就是不交代明军怎么跑到大堤上的。而且就是杀出一条血路也没时间挖开大堤，要知道 1938 年老蒋炸开花园口大堤，又是飞机、又是大炮忙了大半夜才完事[④]，纯粹靠锄头铁锹的明军如何完成的？只有一种解释，李自成三次围攻开封，可

---

① 可参见已故明史专家顾诚之《明末农民战争史》，中国社会科学出版社 1984 年 10 月出版。顾诚（1934—2002），北京师范大学历史系教授，著有《明末农民战争史》、《南明史》等。亦可参见徐平《天灾还是人祸？》一文，载《南方周末》2002 年 12 月 12 日。

② 见《李自成》第 3 卷，第 55 章至第 60 章。

③ 按：误！宋代故都开封，在地下平均距地面约 8—10 米处。请参见《开封城下七座古城"叠罗汉"》一文，2000 年新华社北京 7 月 3 日晚报专电。其中征引开封市文物管理处李合群的介绍内容说，宋代的东京开封也已局部挖掘过，大约在今开封市地下 8 和 10 米处。李说可靠。

④ 按：该文作者此处说法不确。关于这次黄河决堤事件之详情，可参见李茂清《花园口决堤内幕》一文。此文原始出处不详，但从今年（2004 年）10 月起，广泛地在网路上辗转相载，极易查到。

由于开封城垣坚固，久攻不下，又被明军射瞎一只眼睛，恼羞成怒才下令决堤的。可在毛的御用"学家"手中，却恰恰相反①。

如果我们冷静地剔除或者不计较该文作者偏激强烈的情绪，那么，他对"官军决河灌贼说"还是提出了一些合理的质疑和反驳。即：一，究竟是如何记载的，二，官军究竟有无可能决堤。这两点都值得学者注意，而要解决它们，则需进行学术考证和论述。

关于第3种，"双方决河说"。

此说的内容是，认为明朝官军谋划"决河以灌贼"；而李自成军则要"决河以灌城"。双方几乎同时决河，造成"二口并决"，大水毁掉整个开封。《明史》中有些篇章便已持此观点。如《明史》"李自成传"说：

> （高）名衡等议决朱家寨口河灌贼，贼亦决马家口河欲灌城。秋九月癸未，天大雨，二口并决。声如雷，溃北门入，穿东南门出，注涡水。城中百万户皆没，得脱者惟周王、妃、世子及抚、按以下不及二万人。贼亦漂没万余，乃拔营西南去。②

这段文字也算是早期的双方同时决河说的代表之一，当是沿自明人的说法。值得注意的是，这种说法在一部《明史》中，并不是孤例。但却未必经得起推敲和考证。

清人编修的《明史》，创立《流贼传》，将"李自成"归入此传。在这点上，他们同明朝统治者持相同立场。李自成起义早期力量弱小，不得不流徙各地，被迫作战。明朝统治者将其同其他起义军归在一起，笼统称之为"流贼"，不亦宜乎。但后来李自成从"流贼"中脱颖而出，提出明确的政治主张，严肃执行军纪，实行大兵团流动作战，并委任地方官治理所克之地。这些，早已非"流贼"一词所能概括矣。而且他后来率兵攻进北京，灭了具有近300年（实际276年）历史的大明王朝，建立了自己的大顺王朝，做了中国的皇帝。若非在东北已经秣马厉兵数十年始终苦于不得机会取而代之的新兴而强悍的满清王朝此时抓准时机乘隙而入，在鹬蚌双方长期激烈的相争后轻易地得到了渔人之利的话，则李自成极有可能成为中国历史上大顺王朝的"顺太祖"矣。如此，则中国后

---

① 引自《伪造历史是左棍们的惯用伎俩——读〈饿死3000万是不存在的〉有感》。作者署名：雅科夫·伊万诺维奇·布尔什维科夫。作者虽署俄文姓名的中文译音，但无疑是一位中国知识分子。该文载 www.boxun.com/freethinking/freetxt/wenge/wg049.txt。

② 《明史》卷三〇九《列传》第一九七"流贼"中之"李自成传"。

来300年的历史，可能不是我们所了解的情形。李自成和他领导的农民军，自开封毁城后一直投身于战争，直到最后覆灭，而没有人能够回顾这次人为决河所造成的惨绝人寰的大灾难而给后人留下一点可信的史料。以至于我们今天所能得到的材料几乎全都是明朝官方和守城一方的记载和看法——包括当时人在开封城内历经了那次大灾难而幸运存活下来的人士的追忆以及他们后代的传说。

大约受《明史》若干记载的影响，"双方决河说"现在颇为流行，如：

> 明崇祯十五年（1642）九月李自成围开封久，明宗臣决朱家寨河灌义军，义军决上游三十里之马家口，二股流入城，城内水几与城平，建筑物几乎摧毁无遗，溺死居民数十万。①

> 九月，受阻于黄河岸边的明朝援军见解围无望，便掘开朱家寨黄河大堤，试图水淹围城大军。农民军也在马家口掘开河堤，放水淹城。适逢黄河洪峰到来，开封数十万军民葬身鱼腹，李自成的部下也被洪水卷走万人以上。②

关于第4种，即天灾说和无法判定说。

天灾说当然是起因于那次决河前曾经大雨连旬，造成黄河水位暴涨；而历史上黄河又是决口不断的。当时在开封城内的两位当事人③的著作，都没有肯定是李自成决河。"白愚、李光壂说得也不很坚决，如白愚言：'黄河之水虽起寇祸，实值河水骤涨，是天也，非寇也。'"④ 可见天灾说当时已经存在。"是天也，非寇也"一语，既为明朝官军撇清了责任，也为李自成和他领导的农民军减轻了一些罪责。

现在又有文章说：

---

① 见《历史灾害》一文，作者不详，载于 www.hh-sbjc.com/hhgk/lszh.htm。
② 殷罡：《新见"守汴日志"具有很高的史料价值》，载1998年11月15日《北京青年报》。
③ 按：指李光壂和白愚。李光壂，开封著名绅士，为当时守城义勇领袖之一，先后任曹门左总社社长和义勇大社总巡，参与谋划守城事务。开封沦陷于洪水后，流落南京，著有《守汴日志》。李光壂之李氏一族，为流落中国的犹太人后裔。"据潘光旦在《中国境内犹太人的若干历史问题》中说：'开封教人中李氏的一族，即《守汴日志》作者李光壂的一族，是早在明代洪武初年（1368年后）便从北京移居开封的。'"（引自《犹太李姓》一文，载2004年10月30日 www.prc.net.cn 网页。）《守汴日志》有中州古籍出版社1987年3月出版本。但今发现有古本《守汴日志》，署名李熙亮，据说为明朝将领。见殷罡《新见"守汴日志"具有很高的史料价值》一文，载1998年11月15日《北京青年报》。白愚，开封人，著有《汴围湿襟录》。该书有民国年间铅印本。上海书店1982年亦有出版本。
④ 见《开封城墙》系列文章中之《李自成三打开封》的第3篇《黄河之水沉开封》，载《中国·郑州》（www.zhengzhou.org.cn）网页，2004年9月2日，作者未详。

（李自成）旋回师开封，挖墙填药爆破，并掘黄河堤灌城（一说明军掘堤灌农民军）。[1]

这种看法虽然也讲到双方决堤，但并不属于上面所讲的"双方决河说"，而是属于无法判定说。该文属于一般介绍性文章，而非学术论证，本可不必特别处理。但它代表了对此悬案的一种看法，而且该文很快被许多网站转载，并被它文征引，故也不宜忽略。

据说，现代的开封人也认为，那次河决的责任已经说不清楚，无法判断和厘清了[2]。现代开封人的看法，当然是源自他们祖先世代的传说。也就是说，源自那次灾难的幸存者。而那次灾难的幸存者，绝大多数是明朝官僚和城内的中上层人家。他们是抵抗农民军的中坚分子，畏惧和敌视起义军，并且其中有许多文化人。他们相信当时官方的说法，有些人还留下了对那次事件的记载文字。

不过本文作者认为，这个问题——或曰悬案——今天还是可以考证清楚的。

关于这次决河灌城事件的文献颇多，即使是《明史》中的相关记载，也不算太少，但不集中，散见于不同的篇章。而且，各处所记载的详略也不同。但更为重要的一点是，所记载的事实并不一致。如果不把它们全部集中起来，认真地进行比较，综合地进行研究，审慎地进行解析，而是根据某一记载便遽下结论，则难免不失之偏颇，误入歧途。

现在让我们看看文献究竟是如何记载这次事件的。

## 三 文献记载的决口和洪水毁城的日期竟然不一致

为了还原这次事件的真相，首先必须弄清楚这次决河破堤的地点和开封毁城的准确时间。说来不免令人惊奇：《明史》等文献对此的记载居然并不相同！即使是同一部《明史》，各处的记载也不相同。这是迄今为止，涉及这一事件的史学家和众多文章的作者所不曾注意到和论述过的问题。

这里首先应该注意的是《明史·本纪》中的记载：

---

[1] 见《李自成》一文，2001年10月22日，载 www.hebei.com.cn 网页，作者不详。此文一经发表，很快被至少15个网站转载。尤其是还被"中央电教馆资源中心教师进修资源（初中版）"转载，故一定会产生相当影响。

[2] 见《李自成三打开封》系列文章之第3篇《黄河之水沉开封》，载《中国·郑州网》网页 www.zhengzhou.org.cn，2004年9月2日，作者未详。

## 谁是崇祯十五年决河灌城造成开封大劫难的肇祸者  219

> 九月壬午,贼决河灌开封。癸未,城圮,士民溺死者数十万人。①

这里讲了决河和城毁的具体时间以及肇祸者,但未指出"决河"的具体地点。

其次是《明史·五行志》的记载:

> (崇祯十五年)六月,汴水决。九月壬午,河决开封朱家寨。癸未,城圮,溺死士民数十万。②

这里指出了具体时间和地点,但可能限于"志"书体例的原因,而未指出肇祸者。

这两处记载的河决和城毁的时间完全相同,但文字和词句不同,内容也略有区别。显因资料的原始来源不同。前者当是依据宫廷及时(或即时)记载的档案,而后者当是来自其他相关部门的记载档案。

这两处的记载都是:"壬午、决河"或"河决",和"癸未、城圮"③。"壬午"是1642年阴历九月十四日,"癸未"是次日,即九月十五日。也就是说,九月十四日,黄河大堤被掘开,九月十五日开封被毁。

但有些记载却比较含糊,甚至迟一日。例如《明史》"李自成传"记载:"秋九月癸未,天大雨,二口并决。"④《明史》"高名衡传"记载:"九月癸未,望,夜半,二口并决。"⑤ 两"传"除了一说九月十五日"天大雨",一说"望,夜半"——"望"除了表示当日是阴历九月十五日外,恐怕还表示当晚是晴天,原记载者可能看见了天空的圆月——都说"二口并流"而后城毁。"高名衡传"则更表示毁城是在十六日——因为十五日深夜才"二口并决"。两"传"都未明说是九月十四日已经破坝(决河),十五日已经毁城。

而李光壂的《守汴日志》也说是洪水十六日毁城。姚雪垠先生年轻时就读过《守汴日志》等书⑥,后来又研究了有关李自成的史料。所以他在长篇小说

---

① 《明史》卷二十四《庄烈帝本纪二》。
② 《明史》卷二十八《志》第四《五行一》。
③ 城圮。圮,音 pǐ,第3声。毁坏、坍塌之意也。《书·尧典》:"方命圮族。"孔传:"圮,毁;族,类也。"苏轼《东轩记》:"支其欹斜,补其圮缺。""城圮",即城市被洪水毁坏。
④ 《明史》卷三〇九《列传》第一九七"流贼"中之"李自成传"。
⑤ 《明史》卷二六七《列传》第一五五"高名衡传"。
⑥ 见新华论坛2004年3月26日"长河落日"之《姚雪垠》一文。其中说:"(在河南大学读书时)在开封市图书馆,姚雪垠偶然看到记载描述明末李自成起义的两本书——《守汴日志》和《大梁守城记》,这便触发了他创作长篇历史小说的念头。"

《李自成》中也采取了十六日洪水破城说①。李光壂、白愚等人,作为当时的开封人,又亲历了开封守城和毁城的全过程,难道他们的记载还会不可靠么?

十六日毁城说早已成了主流观点。

面对文献记载的洪水毁城时间的这一日到一日半之差,我们应该怎么办呢?我想:一是要问一个为什么,即何以会产生这种时间差异;二是要决定相信哪一种说法,哪一种说法才是真实的。

本文作者相信《本纪》和《五行志》的说法,即十四日破坝,十五日毁城;而不采信《明史》"李自成传"、"高名衡传"、《守汴日志》、小说《李自成》等等十六日(甚至十七日)毁城的主流说法。

这是为什么呢?

《明史》的形成过程,是从明朝官修的起居注、日历、宫廷和官府档案,到官修的《明实录》。然后到了清代,清人再根据《明实录》,参阅原始档案和其他相关记载,编纂资料,改变立场重新叙述,而最后成就《明史》。

就断代史的意义而言,《本纪》最为重要。它们虽然看起来像是国家和明王朝的日志和流水账,显得过于简略,但却是传统而典型的《春秋》笔法,常常是巨细靡遗,全面概括,观点明确,褒贬有差。更重要的是,它们所依据的原始档案,都是事件发生的当时——甚至当日、当刻(时刻)——的记载资料,故在关键的时间点上,非常及时、可靠而准确。这是《列传》等其他史料所难以比拟的。

是故,当发现同一部官修正史中,其他部分的记载同《本纪》记载的时间点不相符合时,应以《本纪》的记载为准。除非有更为可靠的旁证,则不应舍《本纪》而取它说。关于这点,是现在写作"崇祯十五年开封决河灌城酿出惨绝人寰的大灾难"文章的一些作者,包括长篇小说《李自成》的作者姚雪垠先生,所没有给予特别注意和认真研究的。

作者在这里强调这一点,是因为毁城的确切时间对破解这个历史之谜有相当关系。

文献不但对开封洪水毁城的具体时间说法不一致,甚至连关于毁城的那个黄河决口的具体地点的说法也不一致。

《明史》"孙传庭传"的说法是:

> 大雨连旬,自成决马家口河灌开封。开封已陷……②

---

① 见《李自成》第3卷第56章。该书实际上说的是十四日夜二口并决,经过整整两日两夜后,直到十六日深夜和十七日天明才毁城。

② 《明史》卷二六二《列传》第一五〇"孙传庭传"。

"丁启睿传"的说法与此略同：

> 九月，贼决马家口河灌开封，开封遂陷……①

按照这两"传"的说法，开封毁城，是因为李自成"决马家口河"。
而《五行志》的说法则是：

> 九月壬午，河决开封朱家寨。癸未，城圮。②

也就是说，开封"城圮"，是因为"河决开封朱家寨"导致城池沦陷于黄水。而《明史·本纪》，则如上所说，没有提到"决河"的具体地点。

那么，我们今人又应该相信哪一种说法呢？

本文作者认为，上述两"列传"中的记载明显地属于一种辗转相传的说法，而《五行志》的说法，则具体而肯定；何况它的原始资料应是来源于明朝专设部门的专职官员的当时或稍后的记载。就此而言，已是应该相信《志》的记载。如果再联系到《明史·高名衡传》关于决河的详细记载和《明史·河渠志》关于两个决口情况的记载，（此两项内容，均请详下文）则开封城毁，毫无疑问是因为河决朱家寨的涛涛洪水。

## 四 《明史》中关于决河和毁城的最具体最权威的记载

《明史》中关于1642年开封决河毁城的记载，虽然零星分散而不够详尽，但却保存了一段笔者认为最具体、最可靠、最权威的文献。这段文献隐藏在《列传》"高名衡传"中：

> 贼图开封者三，士马损伤多，积愤，誓必拔之。围半年，师老粮匮，欲决黄河灌之。以城中子女货宝，犹豫不决。闻秦师（按：指孙传庭的陕西援军）已东，恐诸镇兵夹击，欲变计。
>
> 会有献计于巡按御史严云京者，请决河以灌贼。云京语名衡、澍；名衡、澍以为然。周王恭枵募民筑羊马墙，坚厚如高岸。贼营直傅大堤，河决贼可尽，城中无虞。

---

① 《明史》卷二六〇《列传》第一四八"丁启睿传"
② 《明史》卷二八《志》第四《五行一》。

  我方凿朱家寨口，贼知，移营高阜，艨艟巨筏以待，而驱掠民夫数万反决马家口以灌城。

  九月癸未，望，夜半，二口并决。天大雨连旬，黄流骤涨，声闻百里。丁夫荷锸者，随堤漂没十数万，贼亦沉万人。

  河入自北门，贯东南门以出，流入于涡水。名衡、永福乘小舟至城头，周王率其宫眷及宁乡诸郡王避水栖城楼，坐雨绝食者七日。王燮以舟迎王，王从城上泛舟出，名衡等皆出。茂灼、士奇久饿不能起，并溺死。贼浮舰入城，遗民俱尽，拔营而西。①

  城初围时百万户，后饥疫死者十二三。汴梁佳丽甲中州，群盗心艳之，至是尽没于水。

  帝闻，痛悼。犹念诸臣拒守劳，命叙功。加名衡兵部右侍郎，名衡辞以疾。即擢王汉右佥都御史，代名衡巡抚河南。名衡归，未几，大清兵破沂州，名衡夫妇殉难。②

  这一段文字颇长，但对于了解真相却非常地重要，宜认真玩味和加以正确的解析，并和其他史料进行比较对照和综合评估，然后方能得出经得起考验的结论，平息分歧和争议。

  《明史》"高名衡传"中的这段记载，据笔者所知，的确是关于这次决堤事件的最为详尽、最为可信的记载之一。尤其是对于厘清那次决河、灌城、淹死数十万百姓的事件的肇祸者，帮助极大。这段文字过去也不乏学者引证，但均因引证原文不全，解析内容不深，尤其是没有对照其他的可信而权威的史料，点出其要害之处和铁一般的证据，故难以彻底解决分歧和破解悬案。

  以下是关于整个问题的几个焦点，或曰要害③：

  第1个焦点——谁才是这段记载的真正作者或叙述者？

  表面上看，既然这段记载出自《明史》"高名衡传"，又未注明是何人所说，

---

  ① 关于开封此次洪水灭城状况，各种史料其实语焉不详。"河入自北门，贯东南门以出，流入于涡水。"只能是黄水破城之初时的情况。如果仅是这样，则城内虽然漫水，则水面应上升缓慢，大部城区水流应该平静而不至于溺死30万人。但观"……小舟至城头……避水栖城楼，坐雨绝食者七日……王从城上泛舟出……贼浮舰入城，遗民俱尽……"等等，黄水后来一定漫过和淹没了大部分城墙，使人无处保命。所以后果才会那样惨重。若坚固宽阔的城墙大部分始终突出于水面之上，则活命者应可达十万八万人。

  ② 《明史》卷二六七《列传》第一五五"高名衡传"。

  ③ 焦点。理论上说，焦点似乎只应有一个。物理学上，一面单纯的透镜对光的聚散作用，也只有一个焦点。但社会事件则比较复杂，可分为不同的方面和多个层次，每一方面和每一层次都可以有自己的焦点。所谓要害者，也是这样，例如人体，大脑、心脏、脊柱、主动脉等等，都是人类生命的要害之处。任何一处重创或大故障，都会导致生命变调，危及生命，甚至死亡。

而《明史》是清代的一批史学家所纂修①，全书又是以第三人称叙述，当然这段话应该是史家文笔。

但其实并不尽然。

这段文字的原始作者，不仅对当时开封的地理环境、恶劣天气、严酷的政治和军事形势，非常熟悉，而且对守城官军上层之少数几个决策人士以及他们在极端危急时刻而又极端秘密的具体决策过程、对决堤破坝（特称决河）可能发生的后果之利弊分析、决堤实施前的相关准备、破坝的准确时刻，都一一知之甚详。特别是对封国于开封的显贵王爷——明宗室周王朱恭枵——在决堤前募人修筑坚固的羊马墙和洪水灌城后周王及其眷属所遭遇的困顿、狼狈的情形及其后来的逃亡经过②，对农民军在黄水灌城后又乘船入城巡视和随后的拔营西归，以及一些有名的官吏久因饥饿并最后溺死的情形等等，同样了知详情。若非作者或叙述者本人始终身居守城官军的决策高层，并且有条件、有能力和有胆识在那种危急的形势之中还能够四处巡查，焉能在纵、横两个方面都能把握决河灌城的全局情况?! 就此而言也可确定这段记载的原始文字当是出于明朝守城官方高层中的某位大员，而由《明史》的编纂者抄录于"高名衡传"之中。

更为特别的是，这段记载中出现有"我方凿朱家寨口……"的文句。而众所周知，《明史》是清代人以第三人称撰述的史书，撰述者是站在大清王朝的立场上说话的。诚如已故的中国著名鉴定家和学者朱家溍先生所说：

> 《明史》中"我大清"怎么怎么样，这是个立场、新朝的立场。③

而明王朝则是清王朝的对头，在清朝，替大明王朝说话是犯忌讳的。故按理，这里不该出现这种使用第一人称的、以明朝守城高官为本位的叙述文句。因为这种说法，完全是明朝守城高官叙述亲身经历的语气。因此，可以进一步认

---

① 今本《明史》为清雍正时著名阁臣张廷玉具名领衔，组织了当时一批官僚史学家撰修而成。从雍正元年（1723）开始，到雍正十三年（1735）始成。乾隆四年（1739）刊行。纪传体。共332卷。其实清代从顺治二年（1645）就开始撰修明史，未成而罢。康熙十八年再次开馆编纂。由王鸿绪等担任总纂，并请大史学家万斯同核稿。但仍未全部完成。张廷玉等实是在王鸿绪稿的基础上续修。故《明史》的编撰，前后历时达91年，经过3次修订。其史学价值和史料价值都很高（史料价值和史学价值，虽然密不可分，但毕竟不是一回事）。当然也有重要缺陷。

② 这段记载中说："名衡、永福乘小舟至城头，周王率其宫眷及宁乡诸郡王避水栖城楼，坐雨绝食者七日。王燮以舟迎王，王从城上泛舟出，名衡等亦出。"《明史·诸王传》说："九月，贼决河灌城，城圮，恭枵从后山登城楼，率宫妃及宁乡、安乡、永寿、仁和诸王露栖雨中数日。援军驻河北，以舟来迎，始获免。"两相比较，可知两"传"的记载不是来自同一种原始资料，但所记载的情形却极为相似。而其他的记载，包括当时开封人的记载，也包括小说《李自成》的描述，都逊于这两"传"的记载远甚。

③ 见朱家溍先生在《清史》编纂座谈会上的讲话。载《清史研究》2001年第3期。

定,这个"我"字是《明史》的纂修者直接抄录某位明朝开封守城高官的原始记载或叙述,而不经意留下来的明显痕迹之一[①]。

了解了这个背景之后,知道这段记载从何处而来,相当重要。

现在回头再读《明史》中的这段文字,对它的相关内容及其背景等等,便会觉得一目了然了。

第2个焦点——明朝守卫开封的4个决策者是如何为这次"决河灌贼"做出他们的决定的?

这个问题在上面这段文字中叙述得非常清楚。上引《流贼传》中的相关部分,同这段记载内容略同而文字较简。这里让我们再重读以下原文:"会有献计于巡按御史严云京者,请决河以灌贼。云京语名衡、澍;名衡、澍以为然。周王恭枵募民筑羊马墙,坚厚如高岸。贼营直傅大堤,河决贼可尽,城中无虞。我方凿朱家寨口,贼知,移营高阜,艨艟巨筏以待,而驱掠民夫数万反决马家口以灌城。九月癸未,望,夜半,二口并决。天大雨连旬,黄流骤涨,声闻百里。丁夫荷锸者,随堤漂没十数万,贼亦沉万人。河入自北门,贯东南门以出,流入于涡水。"

这是说,在危急时刻,有人向巡按御史严云京献"决河灌贼计",严云京将此计告诉明"右佥都御史"此时已经兼任河南巡抚的开封守城1号指挥官高名衡,和推事黄澍。严、高、黄3人都认为这个"决河灌贼计"可行。但这3人决策后,必定要向当时开封最有权势和实力者的明朝宗室王爷——周王朱恭枵——请示、商量和得到他的批准,否则这样重大的决策是不可能付诸实行的。所以,这个"决河灌贼"的决策至少是由他们4人研究、一致同意后,才最后付诸实施的。他们作出这个决策时对后果的估计是:周王募民修筑"羊马墙",坚厚得像黄河大堤一样,可以有效地挡住洪水。而李自成的农民军则是沿堤扎营,故认为"河决贼可尽"。至于开封城中,他们认为,则不会有灌水的危险。

但这些估计只是他们的一个如意算盘,缺乏客观上可靠的依据,完全不符合实际。他们低估了"天大雨连旬,黄流骤涨"的真正水位和破坝后水流的强大冲击力,而同时却高估了开封城墙和城门对这种水流冲击力的承受能力。决河的结果是,凶猛的浊流将朱家寨大堤冲垮400余丈,虽然"贼亦沉万人",但也冲破北门,"贯东南门以出",毁掉开封城及其所拥有的一切。连作为开封第一家的那位王爷的府第,也一并沉入汪洋浊流之中。"周王率其宫眷及宁乡诸郡王避水栖城楼,坐雨绝食者七日。"自己落得个凄凄惨惨,倒也罢了,却首先让数十万开封士民无辜赔上了生命财产。

---

① 这种情形在《明史》中虽然不是孤例,但很少。如"孙传庭传"中有"我师阵稍动……"和"自成空壁蹑我……"等说法,都属于抄录明人记载而留下的痕迹。

问题论述到这里，再联系到上面征引过的"总河侍郎"张国维的话，已经可以完全确定：是明朝守卫开封城的官军掘开了——至少是首先掘开了——黄河朱家寨大堤，引黄水灌贼，在淹死上万农民军的同时，也导致黄水灌城，毁掉了整个开封府。作出这个错误决策的主要人物，至少有上述的4位大头头，而直接下达这个决堤命令的，当然就应该是守城的1号指挥官高名衡。

但问题并不仅仅如此，还有更为有力的证据来证明这个结论。

第3个焦点——双方"决河灌贼"和"决河灌城"的具体地点究竟在哪里？明朝官军有无可能实施"决河灌贼"决策？

这段记载明确地说："我方凿朱家寨口，贼知，移营高阜，艨艟巨筏以待，而驱掠民夫数万反决马家口以灌城。"也即是说，按照这段文字的记载，是明朝守城官军先奉命凿朱家寨口，农民军知道后，做了"移营高阜，艨艟巨筏以待"的防范措施以后，才"反决马家口以灌城"的。

朱家寨口在开封附近黄河上游8里处，马家口则在朱家寨上游30里处。官军先决朱家寨，农民军后决马家口。

农民军这次围困开封城，从1642年四月二十四日开始，到九月十五日黄水灌城后拔营西归结束，前后几达半年之久。李自成接受前两次攻城而不克的经验教训，这次采取围而不打、困而不攻、打援断粮、待城自破的策略。是故，六月小麦成熟时，守城军民还可以到城外抢收庄稼。但当明朝各路援军远道而来，汇集城南距离开封不远的朱仙镇，准备援助城内守军之时，李自成则坚决将其击溃之。此战发生在七月。而六月，李自成军还击溃了另外两路开赴开封的明朝援军[①]。

《明史》还有如下一段记载：

> 诏山东总兵官刘泽清援开封。城中食尽，名衡、永福偕监司梁炳、苏壮、吴士讲，同知苏茂灼，通判彭士奇，推官黄澍等守益坚。泽清以兵来援，诸军并集河北朱家寨不敢进。泽清曰："朱家寨去开封八里。我以兵五千南渡，依河而营，引水环之。以次结八营，直达大堤。筑甬道输河北之粟，以饷城中。贼兵已老，可一战走也。"诸军皆曰："善。"乃以兵三千人先渡立营。贼攻之，战三昼夜，诸军无继者，甬道不就，泽清拔营归。日夜望传庭出关，不至。[②]

---

[①] 《明史·庄烈帝本纪》二记载："是月（六月），山西总兵官许定国援开封，溃于沁水，宁武兵溃于覃怀。"

[②] 《明史》卷二六七《列传》第一五五"高名衡传"。

这位刘总兵仅以三千兵士便从朱家寨的黄河北岸渡到南岸立营扎寨，他的目的是要"筑甬道输河北之粟，以饷城中"，故起义军与之大战3个昼夜，刘无援军，不得不拔营退回北岸。

这些情况说明，开封城虽然被农民军围困，官军抵达朱家寨实施决堤还是完全可能的。

第4个焦点——正史记载的黄河决口时间究竟为什么会相差24小时以上？

上面征引过的《明史·本纪》说："九月壬午，贼决河灌开封。癸未，城圮，士民溺死者数十万人。"《五行志》说："九月壬午，河决开封朱家寨。癸未城圮，溺死士民数十万。"如上所说，《明史》的这种关于时间的准确而具体的记载，必定是依据明王朝当时官方档案的及时——甚至即时——记载，因此，黄河决口的这个时间点和地点以及开封毁城的日子，即"九月壬午，河决开封朱家寨。癸未城圮"，是不可能出错的。也就是说，九月十四日官兵在朱家寨决口，十五日洪水灌城，开封城毁。

但《明史》"高名衡传"中的这段记载，却是"九月癸未，望，夜半，二口并决"，然后才有"河入自北门，贯东门以出，流入于涡水"的情形。这段文字的原始作者，对守城官军一方的高层决策过程，实施准备，后果估计，灾后情形，周王和其他郡王在洪水毁坏城池后的狼狈相以及一些名人因饥饿、溺水而死亡的情形等等，都知之甚详，言之凿凿，且心情沉重、凄切。而且，他又清楚地记得"二口并决"的时刻是"癸未"、"望"①、"夜半"这几项互相关联的因素，因此，这个记载也是不应有错的。

但要害中的要害在这里立即出现，因为"九月癸未"是九月十五日，"夜半"是九月十五日的最后时刻。也就是说，这个"二口并决"和开封毁城的时刻，比官方正式记载的决口和毁城的时刻，即"九月壬午，河决开封朱家寨。癸未城圮"，整整晚了至少24个小时以上。

这——究竟是怎么一回事呢？

其实，当时的真相，至此已经非常清楚，只有如下一种可能性而让任何人都别无它种选择和解释的余地，那就是：

开封守城官军的高层决策者在决定实施"决河灌贼计"后，调派军队成功地在朱家寨掘开了黄河大堤，这天是九月十四日，并且必定是在夜间。此计的实施，虽然借洪水的力量很快消灭了逃避不及的上万农民起义军，而黄水从朱家寨甚短时间内形成的400余丈宽的决口（详下文）咆哮奔腾直下，漫漶低下的平

---

① "望"是"满月"的意思，引申为阴历每月十五日的代称。这段文字的原始作者特别强调了"望"字，或许是因为他在这天晚上真的看到了天空的圆月。倘如此，则当夜应为晴天，至少是可以看见朦胧的月亮。是"天大雨连旬"中骤然放晴的时日或时刻。

原，且因开封城池正好首当其冲，故遂于次日——即九月十五日——便破北门而灌城池，让数十万开封士民作了上万农民军的陪葬品。——《明史》依据明朝的官方档案和明人的原始记录，如实而简要地记载了这些。

而农民军一方事前显然不知道官兵决河，而是直到黄流淹没营寨之时，才大梦初醒，匆忙地移营，准备船筏自保和减轻伤亡损失，但上万士兵已经死于洪流之中矣。然后才决定——如果李自成军上层真有这次决策的话——在朱家寨上游30里处的马家口①决河破坝。但直到十五日深夜才告成功，也就是说，直到此时和此时以后，才出现所谓"二口并流"的局面。——《明史》"高名衡传"上述文字的原作者，依据自己特殊的身份和亲身经历，准确地告诉了我们这些。

历史的真相是不允许人们信口开河的。

## 五　次年堵塞两个决口的文献
　　足以证实逻辑的结论

研究具体的事件和人物同研究通史有所区别。而正史中的《书》、《志》等则是研究专门史的依据，如《五行志》专门记载天象的特异变化和自然灾害的发生，是自然科学史和灾害史的基础资料，《河渠志》是水利史研究者的必修教材，等等。而《明史·河渠志》中保存着崇祯十六年（1643）堵塞开封朱家寨决口和马家决口的相当详细的资料，它们正好为我们今天研究崇祯十五年开封决河灌城造成数十万百姓无辜死亡事件的重要佐证。这段记载如下：

十六年二月，（周）堪赓上言："河之决口有二：一为朱家寨，宽二里许，居河下流，水面宽而水势缓；一为马家口，宽一里余，居河上流，水势猛，深不可测。两口相距三十里，至汴堤之外，合为一流，决一大口，直冲汴城以去，而河之故道则涸为平地。怒涛千顷，工力难施，必广浚旧渠，远数十里，分杀水势，然后畚锸可措。……

至四月，塞朱家寨决口，修堤四百余丈。马家口工未就，忽冲东岸，诸埽尽漂没。堪赓请停东岸而专事西岸。帝令急竣工。

六月，堪赓言："马家决口百二十丈，两岸皆筑四之一，中间七十余丈，水深流急，难以措手，请俟霜降后兴工。"已而言："五月伏水大涨，故道沙滩壅涸者刷深数丈，河之大势尽归于东，运道已通，陵园无恙。"疏

---

① 按：马家口这个地名，必定是在这里决口之后才出现的。决口之前应该只叫"马家"，或"马家寨"、"马家庄"之类。

甫上，决口再溃。①

崇祯十五年末，皇帝为保护位于江苏北部的"祖陵"不被黄水淹没，特命工部侍郎周堪赓督修汴河。而所谓"督修汴河"，首先就是要堵塞住开封附近黄河南岸的那两个决口，以防止黄河水继续从这两个决口流入汴水，沿汴水东南而下淹没下游的明"祖陵"。

这里有几点值得注意：

一是，在黄河连续决口朱家寨和马家口之后的次年枯水季节，河水已经完全不走河道，而是全由两个决口流出。"河之故道则涸为平地"。这说明当时黄河的河床已经高于堤外的地面。换言之，开封城及其周围的地面当时虽然比宋代的开封平均高出4—5米左右，但还是比当时黄河的河床要低许多。如果说国民党军队于1938年6月9日的枯水季节掘开黄河花园口，黄水尚且漫潆豫东皖北的大片土地，暂时阻止了日军的西进，那么，在1642年"大雨连旬"之后的九月十四日，黄河水位涨到堤满河平之时，朱家寨一旦决口，从决口奔腾而下的黄流当是如何地具有排山倒海之势了。

二是，两个决口的水势为什么一缓一猛，塞朱家寨口易而塞马家口难呢？因为此时黄河河床高于堤外的平地，马家口在朱家寨口上游30里，而朱家寨口以下的河床又完全淤塞断流，故自然而然的，马家口变成了黄河的主河道，而朱家寨口变成了支河道。再加朱家寨口的宽度是马家口宽度的至少3倍以上，以甚宽之决口容较少之水流，以甚窄之决口容较多之水流，当然就会造成朱家寨口"水势缓"而易塞，而马家口"水势猛"而难堵的情形。可这位工部侍郎督修时又让朱家寨口先完工。堵塞朱家寨口的工程完工后，只有120丈宽的马家口就成了黄河上游全部来水的唯一出泄口，使堵塞马家口工程变成了在不利的地形上筑一道拦河坝将整个黄河斩断的工程！这样，焉能不难上加难？所以总也堵不住。如果当时利用400余丈宽的朱家寨口分流的巨大功能，先堵住马家口，则应该不会造成后来的局面。

三是，两个决口宽度的巨大悬殊这个铁一般的事实，证实了上文所说——"二口并流"是到九月十五日"夜半"才出现的情形，而朱家寨口是早在九月十四日，即在出现"二口并流"的至少24小时之前已经被掘开，并导致九月十五日开封毁城——的逻辑结论。

工部侍郎周堪赓在开封毁城5个月后的1643年（崇祯十六年）二月的"上言"中，说朱家寨决口"宽二里许"而马家决口"宽一里余"，好像前者还不到后者的1倍。但这显然只是他估测的数字。后来施工时的实测数字，则是朱家寨

---

① 《明史》卷八〇《志》第六〇《河渠二》。

决口的宽度达 400 余丈，而马家决口的宽度只有 120 丈，前者是后者的大约 3.5 倍左右。毫无疑问，这第 2 组的决口宽度数字才是更符合两个决口的实际状况的数字。

如果当初两个决口真的是同时掘开，或者是在相差不多的时间内掘开的话，则因为黄河河床高于堤外的平地，又因为马家口在朱家寨口上游 30 里处，那么马家口决口的水流一定会比朱家寨决口的水流更大、更强、更猛，从而使马家口形成的宽度一定比朱家寨口的宽度大得多，而绝对不可能相反。但历史的实际情形既然是下游的朱家寨决口的宽度反倒是上游马家决口的 3 倍多，那就只有一种解释才是正确的，即：朱家寨决口时间在前，马家决口时间在后；并且是在朱家寨的 400 余丈决口形成之后才有马家决口的出现——因为在马家决口一旦出现之后，朱家寨决口的水流必定会急剧减弱，故那里的水流几乎没有可能继续将决口再加宽，至少是不可能再加宽很多。也就是说，历史的真实情况必定是：朱家寨决口在水流冲垮大堤达到大约 400 余丈的宽度之后，才可能有马家决口的出现！

这同上文依据《明史》"高名衡传"和其他的相关文献记载所得出的马家口决河的时间比朱家寨决河的时间至少晚 24 小时以上的结论是非常吻合的。并且更进一步证明了《明史·本纪》和《明史·五行志》所记载的"十四日河决开封朱家寨，十五日开封城毁"，是完全可信的。

## 六　对所谓双方决河及其后果应作出怎样的评估

对明朝官军和李自成农民军所谓双方"决河灌敌"的战术行动之实际后果应该进行正确的评估，也就是对两个决口的真正作用要进行科学的评估，从而方能更好地厘清历史的真相和实际的责任。这是还原那次惨绝人寰的大灾难的本来面目，解决这个悬案的一个不可或缺的有机组成部分。

朱家寨宽达 400 余丈的大决口，是在人为决口后，黄河的洪水沿决口奔腾下泄，在短时间内就可以冲刷形成的。千里之堤溃于蝼蚁之穴[①]，何况人为的掘堤破坝。400 丈决口形成之后，水流的深度和速度大体是两个定值。如果假设水流深度是 5 米，决口的水流速度是 5 米/秒，则水流量和总水量都是可以计算出来的。甚至连巨大的水流到达开封城的冲击力，也是可以计算出来的。

而马家口则在上游 30 里处，决口的宽度，只有朱家寨决口的 1/3 不到。但因为朱家寨决口导致黄河水位下降，马家口的人为决口会增加工程的难度。河中水位越高，人为决口越易。反之亦然。马家决口之所以比朱家寨晚了 24 小时以

---

[①] 按：此语当出于《韩非子·喻老篇》，原文作："千丈之隄以蝼蚁之穴溃。"《淮南子·人间训》则作："千丈之隄以蝼螘之穴漏。"今人通常多作："千里之堤溃于蝼蚁之穴。"

上，除了起步晚之外，难度相对增加也应是原因之一。1938年6月5日到9日，国民党部队决花园口希图借黄水阻止沿陇海线西进的日本军队，之所以费尽九牛二虎之力，就是因为适逢枯水季节，黄河水位很低的缘故①。马家决口后，因其在上游，黄河西来之水会夺马家口倾泻而出，从而使朱家寨的决口丧失泄流的大部分作用。

即使马家口大坝的决口同朱家寨决口的宽度和深度相当，决口的水流量和水流的冲击力也相当，并且开封市也是正当水流的要冲，但仅仅因为决口同开封城之间的距离要比朱家寨的决口远4倍左右，依据这种水流的冲击力的大小同距离的平方成反比来计算，其水流到达开封城的冲击力量，仅仅只能达到朱家寨水流冲击力量的1/16左右，不足以冲垮开封城。同时洪水在开封城形成的水位也要相对低一些。这就是说，如果没有明军在朱家寨决口，即便李自成军在马家口决堤，也未必就能导致洪水灌城，将开封全部毁灭的后果。

问题更在于：当马家口在十五日"夜半"决口时，朱家寨的大堤早在24小时之前的十四日夜已经溃决，并且水流随后不久就已灌城，数十万人中的绝大部分也已经在黄流灌城后的极短时间内死于非命。从马家口倾泻而下的洪流，对开封的"癸未，城圮"的大灾难，完全起不了什么作用，事实上也没有起作用。人们应当清楚这样一点：当朱家寨形成400余丈决口后，别说在上游只决一个马家口，就是再多决十个口子，甚至把几十里长的南岸黄河大堤可以借用神力全部搬掉的话，也不能使水患灾情扩大和严重多少。如果把这种情况用数学来表达，则非常有趣，因为1不但等于1，1也等于2，等于3，4，5……直到无限。

所以可以十分肯定：崇祯十五年（1642）黄河决口水灌开封城造成城内数十万人死亡的大灾难，朱家寨决口所起的真正作用应是100％，而马家口的作用则近乎为零。明军的遭遇可以说是因为几个决策者的决策错误而自食其果，只是可怜那几十万无辜的生灵却糊里糊涂地都为之殉了葬。如果农民军当时真的在马家口决了堤，其决策的原因和具体过程，虽然早已不为人知，但其实施这一决策的实际后果和效能，就只能是如此地微不足道，但他们却为明朝官军承担了开封毁城淹死数十万人的责任倒是事实。

这里有一点需要说明，无论是写作、或者是理解本节上述的文字，以及更前一节和下一节的文字，恐怕都需要一点关于洪水和防汛的知识，也需要一点点流体力学的知识。而本文的作者，碰巧经历过多次的洪水灾难，不止一次地在洪水围困中求生存。也见过洪水破坝和决口的险恶场景——虽然不可能像崇祯十五年的开封黄河决口那般可怕——并且在从决口内灌的激流中同其他人一起长时间地

---

① 欲知此次黄河决堤之详情，请见李茂清《花园口决堤内幕》一文。

奋斗过，堵塞了决口。对于这些经历，本人实在不知道该说是三生有幸呢，还是应该算作人生的不幸。不过它们对于作者现在所进行的考证、论述和为那次事件作出正确的、经得起考验的结论来，却实在是大有裨益的。

## 七 《明史·高名衡传》中存在着若干记载的模糊和错误

对于崇祯十五年开封黄河决口造成大灾难的事件，《明史》"高名衡传"中的记载确实是最好的资料之一，尤其是关于守城官军一方的内容，非常权威、真实、可信。但这段记载也有若干模糊和错误之处，在此不妨加以澄清之，以防继续误导他人和后人。

兹分如下几点论述之。

第1点，关于李自成是否早有"掘河灌城"的计划问题。

它记载说："贼图开封者三，士马损伤多，积愤，誓必拔之。围半年，师老粮匮，欲决黄河灌之。以城中子女货宝，犹豫不决。闻秦师已东，恐诸镇兵夹击，欲变计。"

说李自成军"图开封者三，士马损伤多，积愤，誓必拔之。围半年，师老粮匮"等语，都是史实或接近史实，只是太过笼统而不具体。但如果因此就得出李自成早有掘河灌城的计划，则是绝对不可信的。这可以举出如下史实来证明。

李自成有"夺得开封而都之"的战略计划。开封是中国五大古都之一，位置又当明朝疆域的地理中心，且距离咄咄逼人的满清势力较远。李自成想在那里建都，并不令人奇怪，而是完全可以理解的一种战略考虑。因为想在开封建都，开封当然势在必克，势在必得，故才会有残酷争夺者三。但也正因为如此，李自成不可能有决河灌城，将开封城全部毁灭的计划。

说李自成军队"以城中子女货宝，犹豫不决。闻秦师已东，恐诸镇兵夹击，欲变计"，又说"汴梁佳丽甲中州，群盗心艳之"。事实上，在此之前，农民军已经破洛阳，杀福王，开仓赈济。李自成有夺江山做皇帝的政治抱负，故军纪相当严明。《明史》虽然站在敌视农民起义军的立场撰写"李自成传"。但也承认"自成不好酒色，脱粟粗粝，与其下共甘苦"[①]。是故，"城中子女货宝""汴梁佳丽"，构不成李自成决策是否灌城的重要因素。同时，农民军在七月刚刚击溃在朱仙镇会师准备援助开封的明朝左良玉、虎大威、杨德政、方国安4路大军，

---

[①] 《明史》卷三〇九《列传》第一九七《流贼》。

而陕西孙传庭的援军,此时距离开封尚远,随后的"柿园之役"① 孙传庭被李自成击败的史实也很快证明,孙传庭这时已经不是李自成的对手。所以,这些都无法构成其是否实施决河灌城的理由。

说李自成"士马损伤多,积愤,誓必拔之"。"誓必拔之"是确实的,但绝非仅仅因为"积愤"。按旧时说法,李自成毕竟是一代英雄兼枭雄,按现代说法,他毕竟是当时的英雄豪杰兼政治家和军事家,这样的人是不会仅凭"积愤"就决策灌城的。最有力的证明还是史实。农民军第1次攻打开封时,李自成本人被明将陈永福一箭射中左目,焉能不"积愤"万分!但他后来即使是对陈永福这个射瞎他左眼的仇家本人,居然都能捐弃前嫌而招降重用之②,又怎么会对开封数十万人实施灭绝政策呢?

第2点,关于李自成"反决马家口以灌城"问题。

"高名衡传"说:"我方凿朱家寨口,贼知,移营高阜,艨艟巨筏以待,而驱掠民夫数万反决马家口以灌城。……丁夫荷锸者,随堤漂没十数万。贼亦沉万人。"

至少,这里有两个数字,都是荒谬的,绝对不可信的。

当时,已经暴雨连旬,情况必定是堤外黄流滔天,堤内水涝蔓延,李自成部将纵然人人都有三头六臂,一时之间又到哪里能够"驱掠民夫数万"呢——除非他早已计划停当,或有先见之明,已经准备了数万民夫就在就近等待着……

退一步说,就算驱掠到民夫数万,又如何能让他们都站到马家口的堤坝上?即使每个民夫仅仅徒手挺直站立,每个人最少需要多少面积和空间?数万人又总共需要多少地盘?而堤坝多宽?所需多长?我们须知,马家口的宽度总共也不过120丈而已。

可以说此人——这段文字的原始记载者——对于所有这些完全没有概念。

再退一步说,就算真有数万民夫站到了堤坝上,而每个人也都手持工具,人贴人密不透风,他们又如何能够挥动工具掘土开堤?数万人在那种条件下同时工作最少需要多大的工作面?

其实,在洪水堤满河平之时,人为的河堤决口并不是特别困难,只要决出一

---

① 《明史》卷二六二《列传》第一五〇"孙传庭传"记载有所谓"柿园之役"始末:"开封已陷,传庭趋洛阳,自成西行逆秦师。……贼溃东走,斩首千余。追三十里,及之郏县之冢头,贼弃甲仗军资于道,秦兵趋利。贼觇我军器,反兵乘之,左勷、萧慎鼎之师溃,诸军皆溃。……是役也,天大雨,粮不至,士卒采青柿以食,冻且馁,故大败。豫人所谓'柿园之役'也。"

② 《明史》卷二七二《列传》第一六〇附有简短的陈永福传:"有陈永福者,守开封,射李自成中目。及自成陷山西,令广恩谕之降。永福惧诛,意犹豫。自成折箭以示信,乃降,封为文水伯。后自成败还山西,永福为守太原,杀晋府宗室殆尽。"《明史·流贼传》亦记其事:"陈永福以先射中自成目,保山巅不敢下,自成折箭为誓,招之,亦降。"

道小口子，河水从决口直泄而下，便可以很快造成堤坝溃决。而明军在朱家寨决堤破坝之时，正是黄河水位达到堤满河平之时，在此情况下也许数人，十数人，最多数十人就可达到决口的目的。而随后农民军如果真的在马家口掘堤，因朱家寨破坝水位会大有降低，增加工程难度。但最多数百人也足矣。

1938年6月7日到9日，国民党军队奉命在花园口最后成功决堤开口时，因为枯水季节，水在河底，工程量当然大，工作面自然也大。但也仅能容200人同时工作而已。

如果农民军真的在马家口破坝，数万人从何而来？何为而来？何需而来？

即使我们再往后退一步，所有这些民夫在马家口堤坝溃决之时，他们随堤坝溃决而被洪水全部冲走，也就是总数的"数万"人。那么又怎能会发生"丁夫荷锸者，随堤漂没十数万"的情况？那另外的十万"荷锸"的"丁夫"，又是从何而来的呢？所以，显然可以确定，所有这些数字，都是虚幻的，完全不具备真实性的。

至于有上万农民军被淹死一事，上文已经说过，他们必定是明军决口朱家寨，大水突灌军营，人员逃避不及所致。而绝对不可能是因为马家决口所造成的。对整个灾情而言，马家决口不可能有多少实际效果。

第3点，关于"二口并决"问题。

这段记载中说："我方凿朱家寨口，贼知，反决马家口以灌城。九月癸未，望，夜半，二口并决。"其中的"我方凿朱家寨口，贼知……"因"方"字有副词和名词两解，故文意会略有不同。当"方"字作副词解时，意为"刚刚"。文句的意思则是：我们这一方刚刚凿朱家寨口，贼方已知之……若"方"字作名词解时，意为"方面"。文句的意思则是：我们这方面凿朱家寨口，贼方知道了……两种解释，于古文都通。细玩文意，前者应该更符合原意。但无论哪种解释，于事实都有问题。因为守城官方作出这一决策和实施这一决策，都必定是极端秘密的。一定千方百计严守机密不得泄露，否则，便不会达到"决河以灌贼"的军事目的。而后来的事实也证明必定是这样，否则，不可能有上万的农民军在破坝后被淹死。更不会有朱家寨口比马家口宽数倍的情况。这就是说，军事行为的这种常规和后来的实际结果，都说明李自成军不会，也没有可能迅即知道明军决口朱家寨并立即作出相应的反应。

既然农民军不会，也没有立即知晓明军在朱家寨决河，朱家寨决口后洪水在无际的平原上漫溢，从水位暴涨到大批生灵溺死，也需要一点时间过程。农民军的第一反应必定是尽快逃避洪水暴涨的灭顶灾难，然后才能作出"反决马家口以灌城"的决策并付诸实施，这也需要一个时间过程。所以直到24小时以后才有可能出现所谓"二口并决"的局面。"二口并决"，并不是二口同时被掘开，而是先后被掘开然后同时并存而已。

所以,"九月癸未,望,夜半"这个准确的时间记载,只是"二口并决"的时间,而不是明军决河朱家寨以灌贼的时间。事实上"二口并决"时,朱家寨早已决口400余丈,并且开封已经被灌,数十万生灵已经遇难。故"二口并决"的说法是一个混淆事实推卸责任的托词。

第4点,关于明代末年开封城的民户数量问题。

《明史》"高明衡传"又说:"城初围时百万户,后饥疫死者十二三。"当然,《明史》在他处也说过:

> 城中百万户皆没,得脱者惟周王、妃、世子及抚、按以下不及二万人。①

但迄今为止,没有谁相信过,明朝末年时开封城人口的总户数曾经达到过百万的数字。中国古代的家庭,规模比较大,但即使按每户只有4人计算,百万户也是400万人口。这距离历史的真实,恐怕是太远了。如果联想到即使到了今天,开封市的城市人口——不包括属县——也不过只达到一百多万,那么,对待古人的记载,哪怕是出于正史的记载,也是需要认真分析的。

文献中这个开封城中有"百万户"的说法,据笔者考证,实是将"开封府"所管辖的整个"河南"行中书省的户数误会成"开封府城"的户数的结果②。

可见,《明史》"高明衡传"中关于崇祯十五年开封河决毁城的记载,其中关于官军一方的内容,如非亲身经历和目睹,是无法记载得那样详细、具体、真切和可信的,并且具有某种揭露真相的性质。而关于农民军一方的记载,则失之于笼统和模糊,出于偏见的猜测和缺乏常识的臆说,代替了客观的记述和正确的判断。虽然后来被抄入正史的篇章之中,并被改为第三人称,但仍然保留了原著的笔法。故这段记载可谓瑕瑜互见。今天,认真地研究它的记述、客观地解析它的内容,正确地分清其中的是非,从中引出经得起考验的结论,正是我们的责任。

## 八 所谓农民军"反决马家口以灌城"的疑点和旁证

对于明末这次黄河决口,水灌开封,造成惨绝人寰的大灾难的真相和责任归

---

① 《明史》卷三〇九《列传》第一九七《流贼》。
② 《明史》记载了各省户籍的数字,河南的户口和人数是:"洪武二十六年编户三十一万五千六百一十七,口一百九十一万二千五百四十二。弘治四年,户五十七万五千二百四十九,口四百三十六万四百七十六。万历六年,户六十三万三千六十七,口五百一十九万三千六百二。"(《明史·地理志》三"河南")既然万历六年(1578)河南有633067户,5193602人,那么,在以后64年大体和平的年代中,人口从633067户,增加到百万户,即增加约1/3,则属正常现象。

属问题，上文的考证和论述，应该说已经厘清。除了因为一个偶然的原因而萌生的追求这个重大事件的真相，解决一个持续了数百年的悬案的欲望之外，笔者身居国外，且已经退休，并不感到有任何的外界压力或政治偏见可能影响这一目的的达成。就我个人而言，对当年守卫开封的那些英勇的誓死不降的明军将领和作出了无限牺牲的老百姓，充满着尊重和同情。对农民起义军以及他们的领袖李自成，也有着对秦末起义军及其领袖项羽和刘邦以及元末起义军及其领袖刘福通、朱元璋等人那种由衷的尊敬。自信对他们双方的任何一方，都无个人情感上的偏颇。

在既定的主要的课题考证和论述完成之后，却仍觉有一件事情令笔者感到疑雾重重，难以释怀，那就是关于所谓农民军"反决马家口以灌城"的问题。

上文已经论及，在明军决口朱家寨，大堤溃决400余丈，时间经过一天以后，如果农民军再去实施什么"反决马家口以灌城"，便不再具有真正的意义。也就是说，对洪水灌城、消灭守城的明军，甚至对于扩大洪水的灾害，都不具有甚么实质的意义。十处决口或移去几十里长堤，同只有一处400余丈的朱家寨决口，其实际效果并无太大的差别。

既然毫无实际意义，那么农民军为什么还要实施"反决马家口以灌城"呢？出于报复？愚昧无知？进行决河竞赛？替明军分担骂名？

其实，在军事上，"反决马家口"对李自成的农民军还有两大害处：

一是，反决马家口会使从朱家寨到马家口这30里长堤上的无数生灵更加被黄水困死。水灾严重，人们逃离家园暂时栖息于坝堤上本是无可奈何之事，朱家寨决口后，农民军也会大批转移到坝堤上以求保全自己。再说，此前不久，农民军在朱家寨南岸同山东总兵刘泽清援助开封的数千官军——他们从北岸渡到南岸立营扎寨是准备打通一条通道把河北的粮食运送到开封城里去救难——刚刚大战了三昼夜，才把他们赶回北岸。因此，在这段大堤上，不可能有大股明军存在。而且相反，在决河朱家寨以后，农民军自己则应是大批大批地爬上这段黄河大堤保命。因此"反决马家口"只能更使他们自己的这些军队进退维谷，即使拔营西去对他们也会立即变得困难重重。

二是，"反决马家口"使黄河水患在南岸的大平原上平均向西扩展多达30里，会导致自家军队更多淹水并且大大增加逃避洪水和拔营西撤的困难。前此不久，李自成军队先后击溃六路援助开封的官军，故这些地区不可能还有大股明军存在，而应该大都是农民军控制的范围。淹掉这些地方，等于是自己给自己制造立即的困难和后撤的障碍。

这究竟是为了什么呢？李自成等人怎么会作出这种对敌毫无用处而反倒加害自己一方的决策呢？实在令人费解。

但是，马家口决堤破坝，并非是历史的误记，而是确实的。

因此，或者存在着不为后人所知、也不为史书所记的另外一种可能性："决河以灌贼"的决策者们在实施决河朱家寨以后，发现因为自己的失算而造成社会和人民的弥天大灾难。自己的名节，政治的责任，必然的惩罚，社会的骂名，历史的评价等等，应会使他们胆战心惊。在这种情况下，他们秘密作出另一决策，在上游30里处的马家口再挖另一个决口，造成"二口并决"的局面。这样做对自己一方的好处是：灾难既已酿成，再次决河非但不会扩大多少灾情，反倒可以继续大举灌贼和困贼。特别是能轻易地将决河灌城和毁城的责任转嫁到农民军身上，至少也可以和"贼"平分责任而减轻自己的责任，从而逃避朝廷的惩罚和历史的骂名。

因此，决河马家口应该也是明朝官军所为，而不可能是农民军所为，除非李自成他们是一帮十足的笨蛋或真正的疯子。但事实上，他们既非一群笨蛋，也非一帮疯子，而是头脑极为清醒，决策相当高明，应变非常妥善的将帅集团。

这样，如果我们站在农民军的立场上，无论是从战略上还是从战术上，都无法理解农民军在河决朱家寨，洪水已经毁掉开封之后，再去反决马家口的决策和行为。而如果我们站在明朝官军一方的立场上，把这一行为理解为：他们在秘密实施决河朱家寨以灌贼却不意毁掉了整个开封之后，再秘密决策实施续决马家口以困贼和转移灌城和毁城之责任，那就成为顺理成章的战略和战术的决策和行为了。历史证明，他们这一招数，是基本成功的。

关于这个逻辑的结论，今天已经没有可能发现令人吃惊的文献资料去直接证明它（详下文），但却有若干资料可以作为它的旁证。

开封城沦陷于洪水之后，朝廷擢升高名衡为兵部右侍郎，但他以病为借口，不去赴任。甚至连巡抚也不干了，而是回到家乡山东沂州。清兵南下时，夫妇均死难。史书是这样记载的：

> 帝闻，痛悼。犹念诸臣拒守劳，命叙功。加名衡兵部右侍郎，名衡辞以疾。即擢王汉右佥都御史，代名衡巡抚河南。名衡归，未几，大清兵破沂州，名衡夫妇殉难。①

"未几，大清兵破沂州"，是指这年（1642年）十一月，清兵入关，十二月攻下整个山东，直到次年四月退兵之事中的"破沂州"②。高名衡夫妇死于清兵攻破沂州之时，故当在十二月。高名衡生年不详，仅知其为崇祯四年进士。按通常情形此时应正当壮年。"辞以疾"，以疾病为借口不接国防部副部长之职，但

---

① 《明史》卷二六七《列传》第一五五"高名衡传"。
② 事见《明史·庄烈帝本纪二》等。

却愿为大明王朝殉难,这很可能是因为他因决河灌贼大失策,虽续决马家口一时转移了责任于"贼"方,但总怕进京后东窗事发,心中有鬼的缘故。

收入《明史·高名衡传》中的那段关于决河情况的原始记载,上文已经论述过,必是出自守城一方知晓内情的一位高级人士,也有可能是出自包括高名衡本人在内的决策者之一。故能肯定官军先决河朱家寨,同时又咬定贼方反决河马家口,"二口并决"而后导致开封毁城。

但不在当时决策核心的李光壂和白愚,都未绝对肯定是李自成决河灌城。他们一定知道官军决河朱家寨的事,但未必尽知官军续决马家口的事。因为那是在十五日开封毁城之后决策核心的核心人物临时商讨定下的补救措施,是转移视线和混淆视听的秘密行动。他们不愿意昧着良心说假话,明明知道是官军决河导致灌城,却硬要反诬对方,但他们绝对不会——也不敢——承认是自己也参与其中的官军一方因决河灌贼而导致洪水灌城。他们作为河南人,作为开封人,又不在决策核心,未必真心赞成决河。因为决河之后,虽未必灌城,却必定会淹掉半个河南和自己的田产。但同时,他们又对农民军既恨且怕,既然决河可以灌贼,倒也可以乐观其成。他们即使内心反对,但既不在决策核心,反对也无力、无用。

是故,他们宁肯将这场灾难归于天灾。因为归于天灾,既开脱了自己一方的罪责,也避免了公然扯谎、反诬他人而遭天谴和报应。

以上三点,都不能构成明朝官军续决马家口以避责的直接史料证明,但却可以从中看到官军续决马家口以避责的极大可能性。真正能够证明官军不但决河朱家寨以灌贼,而且续决马家口为避责的,是马家口本身。这个决口的位置,它的宽度和决口时间,尤其是它在战略和战术上对双方的真正作用——对官军有两大利,而对农民军却有即刻的两大害。农民军没有反决马家口以灌城的动机和可能性,而官军却有续决马家口以避责的动机和真实性。所以,在解析各种相关史料的基础上,基于利益驱动战争,同时也就驱动双方的战略和战术决策和行动的原则,本书作者认为,决河朱家寨和决河马家口都是明朝官军的决策和行动。

## 九　问题的要害已不在发现史料而在正确解析史料

本文在初稿完成后,作者在修订过程中,于今天上午(2004 年 10 月 30 日)上网,偶尔在一个叫做《春秋战国》的网站[①]上,在姚雪垠《李自成为什么失败?》一文的留言板上,看到该文的许多读者为了究竟是谁决了黄河造成崇祯十五年开封洪水灌城大灾难的问题吵得不可开交,两派追求真相的热忱都相当强

---

[①] 全名叫《春秋战国全球中文网 www.cqzg.cn》。

烈，有的不但动了感情而且连粗话都抛出来了。这说明这个悬案仍然牵动着一些人，令不少人感兴趣，而非仅仅学术界少数人士而已。

但吵架和投票表决是不可能终结这个悬案的，甚至仅靠发掘多少条史料也不是就可以真正解决问题的。不然的话，这个悬案应该早就不存在了。学术研究中的史料问题，有时会变得非常复杂和令人困惑，对每一条史料需要注意其产生的可靠年代、原始依据、分量轻重、逻辑合理性等等。尤其是对那些观点不同和记述的史实不一致，甚至相互对立的史料，更要谨慎地进行解析。

现就同本文中心思想相关的史料作些说明和分析。

* 本文使用前人的资料而尽量不使用后人的资料，尤其是近人和今人的各种说法，不能成为解决这个悬案的佐证。尽管它们或汗牛充栋，或影响巨大，或来自权威，但大多数均不具备史料的价值。

* 在前人的资料中，使用明人的记载和资料而尽量不使用清人的资料。尽管清朝官方的说法同明朝官方的说法在这个问题上惊人的一致。

* 在明人的各种记载和资料中，在时间点和地点这样的问题上采信《本纪》和《志》的记载，而参考《列传》的说法。因为《本纪》和《志》中的资料虽然极为简略，但大多是由朝廷专设的官吏在事件发生的当时的记载，甚至是即时的记载。少有粉饰和刻意误导。而《列传》则都是后来的回忆和追记。可能存在有刻意的粉饰和误导。

* 在《列传》的记载中，区别清人的说法和引用的明人记载。在原始的明人记载中，区别作者参与其事的目睹和耳闻的真实可靠的部分，同那些来自道听途说的臆测和不真实的部分。

1642年开封决河毁城究竟是发生在九月十六日还是发生在九月十五日，是厘清这次大灾难的肇祸者的要害和焦点之一。尽管许许多多的文章都采用了十六日洪水毁城说，本文却独独采信十五日洪水毁城说。理由归纳如下：

* 《本纪》和《五行志》都明确地记载了十五日洪水毁掉开封，淹死城内数十万人的这个准确日期。这种记载让人无法怀疑。

* 以"高名衡传"的可靠记载同这些记载相对照，已经可以确定马家口破坝比朱家寨破坝至少晚了24小时以上。

* 《河渠志》记载的关于两个决口的位置、距离、宽度、河床高度等等铁一般的事实证明马家决口必定出现在朱家寨的400余丈决口完全形成之后。

* 马家决口的出现不但大大减少了朱家寨口的水势和水量，而且使黄流在平坦的原野上平均向西漫溢30里。这只能使威胁开封城池的水势降低和减弱。而如果此时开封城池尚未被毁的话，那就更少有可能被毁了。

是故，作为史料，在这点上，《列传》的一些记载和开封人的记载，并非是都可信赖的。绝对不是二口并决而后开封城毁，历史的真相一定是开封城毁之后才出现二口并决。并且，本文作者坚信，这个论断，在今天，是可以重复进行严格的试验的，因此是经得起考验的。

在文献中，明朝官军决河朱家寨以灌贼，而李自成军反决马家口以灌城，是对农民起义军最有利的记载。但这一记载仍然是不符合本来面目的。

农民军一方当时处在草创阶段，又是在长期流动作战中，故不可能设有各类专职人员即时记载发生的各种事件。少量的文献资料后来随着起义军的溃败也全部遭到毁坏。故后人看到的文献都是明朝官方和开封守城一方的记载，而没有任何农民军一方的资料。这种情况提醒我们，在使用激烈冲突后的单方面的资料去论述事件时必须特别小心。既不能从某种立场出发，以"污蔑"为辞而轻易而简单地否认文献的记载，也不能尽信单方面的说辞。

让人怀疑李自成反决马家口以灌城这个文献说法的还是这个马家决口自身。马家决口的出现不仅比朱家寨决口晚了24小时以上，而且其实际作用又只能是

* 为朱家寨决口分流，而假定开封尚未被毁的话，它甚至降低开封城的水势和洪水灌城的威胁；
* 使困在二口之间30里长堤上的农民军和民众困上加困；
* 使已攻无可攻，不能东进、北渡甚至正南直下的李自成大军之西撤难上加难。
* 可以为决策失误的明军官方高层遮掩罪过和逃避责任。

是故，文献记载的"贼军反决马家口以灌城"，实际上则应该是"官军续决马家口以避责"。迄今虽然没有发现可以为这个论断作出直接证明的文献——恐怕永远也不会再发现这类文献——但文献中确有若干事实为这个论断虽非直接但却在某种程度上作了旁证。中国儒家的一个传统观点是，文献不足征，最好付之阙如。而现代的观点是，可以，并且应该，依据现有的事实、资料或文献作出应该作出的推断，只要这种推断是依据事实的，是严格逻辑地进行的。君不见，严格的逻辑推断是近代和现代科学的先驱和强力手段么?！那么为探讨和解决某一历史悬案而严格地使用这个手段至少是无可厚非的。

## 十　本文结论及其同姚雪垠蔡美彪先生见解的异同

本文的主旨是要通过考证发现1642年九月开封决河导致黄流灌城造成死亡数十万人的这一惨绝人寰的大灾难的真正肇祸者，从学术上破解这个历史之谜。

本文的结论是：1642年九月开封决河毁城的大灾难的真实情况应该是，明朝的官军首先实施决朱家寨河堤以灌贼，但人谋不臧，反导致洪水灌城毁掉整个开封。在攸关自己未来命运和声誉的紧急关头，遂秘密决策续决马家口以避责。

结论中的这最后一点是依据明人记载的史料和当时的洪水和军事形势所作出的分析、判断和结论,历史证明,他们的这一招数是成功的。

这样,本文否定了纷纭众说中的李自成决河灌城说、双方决河说,也否定了天灾说和不可知论。

本文通过史料和论证,确认那次开封毁城,数十万人死于非命的大灾难是肇因于官军决河朱家寨,也推断是官军在决策失算酿成弥天大祸后,续决马家口以避责。这同小说《李自成》所描述的官军先后和连续决河两处的情节,形式上似乎雷同,但实际上有着本质的差异。

首先,《李自成》的故事情节只是小说家者言,不管作者背后阅读了多少资料,进行了多少关于史实的研究,任何严肃的学者都是不会把小说的情节当作历史史实去看待的。该小说虽然同一般小说有别,作者或许力求细节和背景符合历史的原貌,但仍然充满着想象和虚构,距离历史的真相依旧太远。再说,作者完全没有、也不可能、更没必要在小说中进行史实方面的论证。

而本文则是学术论文,是直接探求那次事件的真相的。学术是科学,它是严谨的,不容许任何程度上的信口开河。故首先需要搜集文献资料,研究文献中记载的史实,然后依据史实进行严谨的推理,最后才能做出科学论断。只要每一环节是逻辑地进行的,它的结论便是可靠的。

其次,姚雪垠先生在重大事件上,尤其是时间和地点,是力求符合历史的真实的。但他描述驻守北岸的官军于九月十四日夜渡河,先后连续决河朱家寨和马家口,造成二口并流。但却到十六日深夜洪水仍未灌城。他说:

> 马家寨地势比朱家寨高得多,所以马家寨的河堤(十四日夜——本书作者按,下同)被官军掘开之后,流势更猛,直向东南奔腾而下。在开封西北大约十里处,两股黄流汇合一起,主流继续向东南奔涌而去……
> 
> 这时已是(十五日)下午申时左右,惨淡的斜阳照着茫茫黄水,淹了郊区,渐渐地向城墙逼近……黄昏以后,大水涌到城边,西城和北城的羊马墙,有很多地方被水冲塌或泡塌……虽然如今城中灯油用尽,没有灯光和火把照亮,可是凭着阴历十六的月色,(按:这里突然变成了十六日)他们还是能看见月城内已经到处是水,虽然不深,却在不断地往上涨……
> 
> 可是天明以后(十七日),他们发现,虽然曹门和宋门泄去了一部分洪水,但是因为许多地方洪水漫过城墙,所以城内水势猛涨……①

这些,同本文考证的结果都是不相符合的。历史的真相应该是十四日晚官军

---

① 《李自成》第3卷,第56章。

决河朱家寨，目的是引水以灌贼，大坝溃决 400 余丈。但不意十五日洪水灌城，开封全毁，数十万人已经死亡。十五日深夜官军又续决马家口，目的是推卸责任。在此之后才出现所谓二口合流的局面。但同时也因为二口分流而朱家寨口宽达 400 丈之故，马家口最后只溃决了 120 丈。

最后，《李自成》将"决河以灌贼"的决策描绘成主要是开封府推官黄澍和巡按御史严云京两个人的密谋、策划、实施。其实，明朝所设的"推官"只是个掌勘问刑狱的司法官，其规定的职责是："推官，理刑名，察属吏。"① 从六品②或正七品③而已。而巡按御史则是朝廷临时派遣到地方巡视、考核的官员，虽有时也可能出现同"省的行政长官"分庭抗礼的局面，但非常罕见。当然，地方上也设有巡按御史，④ 其职务相当于检察官。巡按御史的官位品级甚低。何况严云京刚刚受到明末朝廷著名大臣，时任都察院左都御史的刘宗周⑤的弹劾，并被皇帝批准⑥。像决河这等大事，严云京岂能决断！再说，黄澍和严云京也无兵权和指挥权。故他们俩不可能是那次决河灌贼的主要决策人，充其量他们两人只是这一决策的同谋者、赞成者和参与者而已。

当时开封守城明军的最高指挥官是高名衡。他开始时曾任开封府巡按御史⑦，但李自成三围开封时，他已经升任河南巡抚，大权总揽。《明史》有如下记载：

> ……巡抚河南等处地方兼管河道提督军务一员……景泰元年，始专设河南巡抚。万历七年，兼管河道。八年，加提督军务。⑧

---

① 《明史》卷七十四《志》第五〇《职官三》。
② 《明史·职官三》又说："推官一人，从六品。"
③ 见《明史》卷七十五《志》第五十一《职官四》："府。知府一人，正四品同知，正五品通判无定员，正六品推官一人。正七品其属，经里司经历一人，正八品知事一人。正九品……"按：上面引自标点本的《明史》标点有误。正确读法如下："府：（设）知府一人，正四品；同知，正五品；通判，无定员，正六品；推官一人，正七品。其属：经历司经历一人，正八品；知事一人，正九品。"陈茂同著《历代职官沿革史》第 14 章《明朝》第 3 节《地方官制》也说："每府设知府一人，同知（正五品）、通判无定员（正六品），推官一人（洪武三年始设，正七品）。"
④ 《明史》《职官四》记载："按明初制，恐守令贪酷不法，故于直隶府州县设巡按御史。"
⑤ 刘宗周（1578—1645），万历二十九年（1601）进士。宦海浮沉 40 余年，实际居官时间仅有 4 年半。一生大部分时间在贬官、教书和著述中度过。人称蕺山先生。他是明末大儒，著名思想家。其学说多宗法王守仁，但主张"气"一元论。著作收入《刘子全书》和《刘子全书遗编》。
⑥ 《明史》卷二五五《列传》第一四三"刘宗周传"："明年（崇祯十五年，即 1642 年）八月，未至擢左都御史……俄劾御史喻上猷、严云京而荐袁恺、成勇，帝并从之。"
⑦ 《明史》卷二十四《庄烈帝本纪二》："李自成攻开封，周王恭枵、巡按御史高名衡拒却之。"
⑧ 《明史》卷七十二《职官二》。

也就是说，高名衡当时是集行政、军务和治河大权于一身的人物，当时任何重大的决策，只有他才能下令执行。

当然，像决河灌贼这样的大事，高名衡也不可能自己完全决断，他必须同周王商量，或向周王请示，至少必须得到周王的批准才能付诸实施。因为周王不仅财大势大，地位崇高，是坚决的抗敌派，而且决河直接关系到他的身家性命。即使决河后洪水不灌开封，也会淹掉其无数庄田，使他蒙受重大损失。

至于当时驻守在黄河北岸的援军最高首领，督师侯恂对这次决河灌贼行动是否知情，后世已经无从判断。但如果决河是由北岸的明军渡河实施的，则侯恂应该是知情的。

蔡美彪先生也认为高名衡和周王朱恭枵是这次大灾难的最大肇祸者。他说：

> 朱仙镇战后，农民军斗志旺盛，加强了对开封的围攻。城内明巡抚高名衡和周王朱恭枵等守敌突围不成，密约驻在河北的严云京、卜从善军挖开朱家寨黄河大堤，企图引水冲击农民军阵地。农民军也凿马家口大堤，打算灌城。适会大雨经旬不止，两口并决，一万多农民军战士和数十万居民被淹死，朱恭枵、高名衡等乘机溜走。[①]

但蔡美彪氏的观点属于"双方决河说"，而本文是否定了这一见解和说法的。令笔者颇感惊奇的是，由白寿彝先生主编，并广受赞扬的22卷本《中国通史》，似乎没有涉及这一事件。而仅说"明军严守开封，三次围攻均遭失败"而已[②]。

2004 年 09 月 28 日初稿<br>
2004 年 10 月 30 日二稿

---

[①] 蔡美彪《中国通史》第 9 册《明清封建时期》之第四节《农民战争与明朝的灭亡》。
[②] 见白寿彝主编《中国通史》第 9 卷上《乙编 综述》之第 5 章第 3 节《明末农民大起义》和第 9 卷下《丁编 传记》之第 54 章第 1 节《李自成》传。

# 第五编

## 鉴赏、鉴定和考论编

第九篇　康熙墨地三彩　辉煌一个时代
　　——兼论墨地墨彩之工艺美学等学术问题

第十篇　广彩：学术探讨和实物新证

# 第九篇

## 康熙墨地三彩　辉煌一个时代
### ——兼论墨地墨彩之工艺美学等学术问题

**提　要**

康熙瓷器中之墨地彩瓷在20世纪初叶曾经是历史上最辉煌、最昂贵的中国瓷器品种。这种瓷器早就被西方人搜罗殆尽，故而在中国本土罕见。

在中国停烧和失传近百年后，西方人约从1800年即试图复活这种瓷器，而中国人则从更一百年后的20世纪初期开始仿制，但又历经百年也未成功。

中国陶瓷学界关于这个"墨地"形成的工艺和材料之说长期纷纭杂陈，甚至互相抵触。对其官、民窑所属说法无据，对其美学价值探讨更一直阙如。

本文对康熙墨地彩瓷之系列学术问题予以考辨，并进行工艺和材料的密码破解，同时论述其官、民窑所属，以及其在东、西方所体现的美学价值。

## 一　中国文物市场史上最珍稀昂贵的瓷器品种是什么？

在阅读本节之前，读者不妨先猜测一下，自己先给出一个答案，看看对中国文物市场史上的这个问题是否了解；如果自认了解，则看看了解是否准确。

对此问题，可能有人毫不犹豫地回答：元青花。

确实，几年前一只"鬼谷子下山图元青花瓶"在伦敦不是以1570万英镑（当时折合2600万美元，2.4亿元人民币）成交了么[①]。见彩图05—09—01。

但元青花的历史存在之被确认只是近半个多世纪的事情，而且几乎一直没有进入过中国的文物古董市场。元青花进入世界文物市场并引起人们广泛的注意，是从2003年纽约一家叫做朵尔（Doyle, New York）的拍卖公司将一只有伤的元青花

---

[①]《Chinese Ceramics and Works of art, Including Export Art》# 88, 12 July 2005, Christi's, London, King Street。2005年7月12日，伦敦克瑞斯蒂，其准确的价格为15688000英镑，合27657944美元。

海水龙纹扁壶卖到近600万美元的创纪录价格才开始的①。见彩图05—09—02。

也许有人回答，最珍稀、昂贵的瓷器是："古月轩"，即珐琅彩瓷。

的确，"古月轩"的珍稀和名贵久负盛名。而且就在拍卖元青花的同年稍晚，有一只"乾隆款锦鸡图古月轩瓶"在香港以1.15亿元港币成交②。见彩图05—09—03。次年又一只"乾隆款杏林春燕图珐琅彩碗"卖得105亿港元③。也曾有20世纪30年代在西方一只古月轩瓶卖到5万美元的说法，但还无法证实。笔者不太相信这一说法。事实上直到20世纪20年代初期，在北京市场上，一只"古月轩"杯子不过500元，一只碗不过千元上下④。历来所谓的"古月轩"瓷器——这一称呼已经逐渐成为中国18世纪宫苑珐琅彩瓷器的统称——或许因为时机不巧，一直没有创造过中国瓷器高居第一的价格记录。

或者有人回答，历史上最珍稀、昂贵的应该是宋汝官窑瓷器。

不错，宋代汝官窑瓷器的罕见和珍贵，在收藏界是尽人皆知的。但在过去，汝窑有一个问题，"真伪究竟无法确定"，不过"即此不确定之汝……"⑤在20世纪初期，每件价格也在两三千元以上⑥。近几十年来，汝窑的身价大大提高，地位居于宋代各窑之首。可惜汝窑同样没有创造过中国瓷器市场的最高价格记录。

在过去，有行内谚语曰"黄金有价钧无价"，这是说，钧窑瓷器的价值高过黄金。在同一时期，每件钧瓷可值七八千元之谱，远高于汝窑。不过这种钧窑当是指所谓"宋代官钧"⑦，而且还需曾经清宫收藏，并刻有乾隆诗句的钧窑⑧。并

---

① 《F. Gordon Morrill Collection/Chinese & Chinese Export Porcelain》#74, Sep 16 2003, Doyle, New York。2003年9月16日，纽约朵尔拍卖公司。准确的成交价格为5831500美元。

② 《A Magnificent Guyuexuan Vase》，《Fine Chinese Ceramics and Works of Art》#188 23 October 2005, Sotheby's Hong Kong。(2005年10月23日，香港苏富比)。其准确的成交价格为115480000港币。

③ 《Imperial Chinese Ceramics From The Robert Chang Collection – Jade Shears And Shimmering Feathers》#1309, 28 November 2006, Christi's, Hong Kong。(2006年11月28日，香港佳士得)。其准确的成交价格是151230000港币。

④ 参考赵汝珍《古玩指南》之《瓷器的评价》一节。该书1942年9月初版，此处依据1992年11月北京出版社重印第1版，第82页。

⑤ 参考赵汝珍《古玩指南》之《瓷器的评价》一节。该书1942年9月初版，此处依据1992年11月北京出版社重印第1版，第82页。

⑥ 当时的货币实际通行"银本位制"，每元纸币同每元银币大体等值，可以互相兑换。

⑦ 2006年11月12—13日，深圳举行了"中国深圳官钧瓷器学术研讨会"，深圳考古学者任志录等提出学术研究新成果，认为这种过去所谓的"宋官钧"瓷器实际上并不是宋代的产品，而是明代官窑仿宋钧窑的产物。

⑧ 这里依据《古玩指南》之《瓷器的评价》一节的说法。北京出版社1992年11月重印本第1版，第82页。原文如下："宋均窑器，传世最少。清朝惟宫内有之，且均经乾隆御题，市场偶有得之者，索价亦极高，每瓶非七八千元不能购得。"不过亦有说钧瓷价格在20世纪初叶曾有达到万元者。刘子芬《竹园陶说》："近日商人则重紫，均窑紫一枚价万金。"黄濬《花随人圣庵摭忆》："以欧人最重此瓷，腾涨至万金以上。"(此两条引文转引自郑又嘉著《钧窑花器 历朝宝爱》一文，原载《典藏·古美术》，引文依据 magazine.jingp.com/historic/25689.html 网页。)

非一般的宋钧窑瓷。

当然，也有人会回答，中国历史上最辉煌、昂贵的瓷器应该是明成化官窑斗彩鸡缸杯。依据从明后期到清中期（16世纪早期至18世纪中期）成书中的许多记载，从明万历末年到清康熙时期，一对成化斗彩鸡缸杯的价值是铜钱十万，也就是纹银百两。

杨静荣曾作《鸡缸杯的真正价值》一文①，博引清初诸人著作，证明一对成化鸡缸杯在那段历史时期的价格是100两白银。这个结论是对的。

不过最早记述成化斗彩鸡缸杯价值百两白银的是沈德符。他是万历时人记述万历时事，而且是自己亲身在京师的经历。他明确记载："至于窑器，最贵成化，次则宣德。杯盏之属，初不过数金，余见时尚不知珍重。顷来京师，则成化酒杯每对至博银百金，予为吐舌不能下。"②

总之，至少在整个17世纪的明后期到清前期，中国瓷器的最高市场价格很可能就是成化鸡缸杯的每对白银100两，或曰铜钱10万。这是当时的记载。是否绝对可靠，则尚难确认。

但是有一种瓷器，却可以确认。在上个世纪前四分之一的时段里，在中国瓷器交易史上，曾经长期保持着最高价格纪录。那就是康熙墨地素三彩瓷器。而在后来的岁月里，它则长期绝迹于市场，甚至几乎绝迹于中国国内。不过它的辉煌和昂贵仅仅存在于中国人的记忆和著作中。下节具体举证。

## 二　康熙墨地彩瓷——20世纪初期最辉煌名贵的瓷器

在20世纪的100年之中，陶瓷学界的大家们，历来均认为：康熙墨地三彩瓷器是康熙素三彩中最为珍贵的瓷器。不过它们的价格实际上是因为西方人的搜购而扶摇直上的。

西方人对康熙墨地彩瓷的价值认定、珍重程度、高价收藏和博物展示，要比中国人自己至少早了百年之久。他们早就出版了相关的图书，甚至在更早的时期，还曾经仿制过。而在中国本土，博物界和收藏界则相对冷落，甚至直到现代。清末民初的仿制只是商人的谋利行为，同那时的鉴赏、美学和收藏，没有关系。

---

① 杨静荣《鸡缸杯的真实价值》一文，网上转贴广泛，此处依据中华博物网的网页（www.gg-art.com/talk/index.php? termid）。

② 沈德符（1578—1642）：《万历野获编》卷二十四《庙市日期》。沈氏这段被成化酒杯的价格吓得"吐舌不能下"的亲身经历，发生在万历前期。

248　珍宝论——若干历史和文物之谜考论和破解

　　中国人在相当长的时期内，只是惊奇地旁观西方人对康熙墨地彩瓷的狂热和高价搜集，并且一直表现出完全不理解。而当开始认识到它们的经济价值时，则几乎全部的实物真品已被西方人搜罗殆尽了。是故，从那时以后，本土罕见实物留存。

　　正是由于西方人的热衷搜求，从清代末年开始，康熙墨地彩瓷的声誉和价格，才一路雀跃而起。

　　清末时《匋雅》的作者陈浏，对此一现象，感到颇不理解。他说：

　　　　康熙黑釉大瓶，上画梅花，笔意麤（粗）恶。西人目为三彩。① 每一只动辄万余金。其硬绿凤尾大瓶，或棒槌开光……亦往往一瓶五、七千金。非必士夫之所嗜也，士夫亦尠（少）有此种物力者。②

　　陈浏氏所说情况和价格是清代末年，即 1911 年之前那段时期的情况。而他所说的"麤恶"（粗恶），就是粗糙丑陋的意思。当时中国的收藏家和研究者不欣赏也不看重。"动辄万余金"就是交易时常常达到一万多块银元的价格③。

　　而一万元在当时究竟是一个什么概念？现在已鲜少有人追究。

　　其实，在当时及其后相当长的一段历史时期内，在北京城内，一万元可以购买一座约二三十间房的多进大四合院，或者在京郊购买 300 多亩良田④。这就是一只康熙墨地三彩瓷器在 19 世纪末期到 20 世纪初期的价值。

　　成书于民国初年的《饮流斋说瓷》的作者许之衡，对瓷器市场的此种现象也有着类似的记载，但仍然同样表现出不理解。他说：

　　　　素三彩　茄、黄、绿三色绘成花纹者谓之素三彩。以黑地为最贵……西人嗜此。声价极高。一瓶之值辄及万金。以怪兽最为奇特，人物次之，若花鸟价亦不贱也。同一年代而素三彩之品视他彩乃腾踊百倍。且其瓷质较粗、

---

① 今天被普遍称呼的所谓"三彩"一语，确是搜购康熙墨地彩瓷的西方人开始使用的么？
② 陈浏著《匋雅》卷上第 24 节。该书写于清末光绪、宣统年间，完成于 1911 年。
③ 清代末年到民国初年，纸币的"元"同银币的"元"，价值相同。在西方也是这样。后来纸币贬值，而银元因属于贵金属而保值。在银元退出货币市场而成为收藏品之后，差价则越来越大。在美国，一块曾经市场流通的普通银元，现今（2008 年）价值 12—16 美元。同白银价格相捋。2010 年 12 月按：国际市场白银价格已涨至每盎司 30 美元上下。
④ 康熙墨地三彩瓷器，在 20 世纪初叶（清末民初），是中国瓷器中市场价格最高昂者，超过宋元各窑瓷器（包括汝窑和钧窑的）和明清任何其它种类的官窑瓷器，包括所谓"古月轩"，即清宫苑珐琅彩瓷器。这是一个很奇特的历史现象。关于那个时期各种瓷器的市场价格可参阅赵汝珍编著的《古玩指南》一书《瓷器之评价》一节。

底多沙眼而视同拱璧，殆有解人难索者矣。①

其中"解人难索"一语，说明了清末民初时期的中国瓷器鉴赏家和收藏家们以及学者们对此种现象的迷惘和难以理解。实际上这个问题至今（2008年）也没有解决，有待于现代的鉴赏家和美学家给予解释。

20年后，赵汝珍在1942年出版的《古玩指南》一书中讲到："墨彩视同常品，黑彩则价格极昂。素三彩而兼黑彩者，尤为殊绝。"② 赵氏这里所说的"黑彩"就是今天所说的"墨釉"，其所说之"素三彩而兼黑彩者"，指的就是康熙墨地素三彩瓷器。他继承前人说法，把这种瓷器列为中国瓷器中价格最为殊绝者；但该书虽然叙述了其前40余年间古玩市场各种瓷器的价格及其变化，却没有提到康熙墨地三彩瓷器的具体交易价格。《古玩指南》比《匋雅》晚30年，比《饮流斋说瓷》晚20年。《瓷器之评价》中之所以没有涉及康熙墨地三彩瓷器的价格，显见那时这种瓷器已早就绝迹于市场矣。

又过了10年之后，也就是距今半个多世纪之前，早已逝世的文化大家郑振铎先生在其主编的《伟大的艺术传统图录》一书中曾说：

墨地五彩的磁器，最为罕见，相传明季已有之。多流出国外。世上所见者皆是赝品。③

郑振铎氏所说的"墨地五彩"和墨地三彩均为康熙墨地彩瓷，其主要的区别在于图案纹饰是否使用了红彩。不过他在此处说"相传明季已有之"，则欠妥。因为真正的墨釉到康熙中期才开始出现。而郑氏所说"世上所见者皆是赝品"，当指那时中国国内的情况；而在国外，在西方，则未必尽然。见彩图05—09—04。

只是中国学者们的觉悟已经无助于康熙墨地彩瓷在中国国内的收藏和存留了。因为所有的康熙墨地素三彩瓷器——甚至包括清末民初的仿品——早已被西方人搜罗殆尽而运到西方去了。

---

① 许之衡著《饮流斋说瓷》，卷上《说彩色》第25节。
② 赵汝珍：《古玩指南》，北京出版社1992年第1版，第69页。
③ 郑振铎（1898—1958）为著名文学艺术史家。曾任中国文化部副部长、文物局局长等职。《伟大的艺术传统图录》系4开本布面精装，烫金字。分上、下卷。书脊有"中国古典艺术出版社"字样。但书中没有发现版权页，全书也没有编页码。彩图为一张张另外贴入。20世纪50年代初期，中国似乎不曾有专门的所谓"中国古典艺术出版社"，它其实是"人民文学出版社"的一个别称。一般图书馆中也很难查到此书。故此书应为当时的特殊出版物，印数不可能多。此处引文见该书第十二辑（清代下）说明之图版十二中的第十三图的说明。此书乃从拍卖行拍得。如是，则此书本身亦成为一种文物矣。

时光流逝，再过了1/4世纪，陶瓷学家冯先铭先生也说："康熙朝的墨地素三彩（瓷器）是极为名贵的品种。"①

当代中国陶瓷大家耿宝昌先生也认为："墨地三彩是康熙三彩中最为名贵的一种。"②

不过，他们都没有指出其"名贵"的或历史、或工艺、或艺术、或美学、或宗教的具体内容。另耿氏说墨地三彩是康熙三彩中最名贵者，其实不确；如上所述，康熙墨地彩瓷远远不仅是康熙瓷器中最名贵的一种，在20世纪的整个100年——至少在那个世纪初期的40年——中，它也是中国瓷器中最名贵的。而且很可能还是中国文物古董市场史上最名贵、高昂的品种。③

然而可惜的是，这种瓷器，制造工艺复杂，据说又属祭器，当初生产的数量可能就不多；而后经过历史长河的冲刷和破坏，致后世留存者甚少。到清末民初时，已很少见；而那些少量的存世品，又被当时的西方人——特别是法国人囊括而去。

现在，人们在西方的少数博物馆内，如法国的罗浮宫（Louvre Museum）等，可以见到康熙墨地三彩瓷器的展品，甚至是大器和成对的。而在中国国内的博物馆却难以见到。据目前所知，国内仅上海博物馆收藏有一只狮耳炉，底书"大明嘉靖年制"款，"黑色乌润，是难得的珍品。"④

## 三　康熙墨地的工艺和材料至今存在着诸多未解之谜

尽管这种瓷器曾经长期是中国瓷器史上最辉煌、最昂贵的瓷器，但可惜中国

---

①　冯先铭：《中国陶瓷》，上海古籍出版社1995年6月版，第557页。

②　耿宝昌：《明清瓷器鉴定（清代部分）》，台北学苑文化事业出版社，第55页。该书未著出版年月。估计当出版于上世纪90年代初。

③　1956年由中国著名收藏家张伯驹先生捐给北京故宫博物院的晋陆机书写的《平复帖》，为张氏1938年初从溥心畲手中以两万元购得——时溥氏丧母，经济拮据。（根据张伯驹本人之《陆士衡平复帖》一文，此处依tieba.baidu.com/f? kz=100343841本。有人说是4万元购得，应不确。）溥氏索价20万元，张氏曾经愿出价6万元。这或许是那个时代文物成交价之最高者。但20世纪30年代，世界货币价值动荡。1930年，中国海关实行"关金"制，每一元关金兑换美元仅0.4元（1942年初国民政府提高"关金"币值1元等值于1美元，但这个比率远离国内实际币值），说明此时中国货币对美元贬值60%。1935年，美国将美元兑换黄金的价格从20美元（包括银元）一盎司改订为35美元一盎司，等于美元和白银对黄金贬值75%。而该年随后中国则取消"银本位制"，实行所谓"法币"政策。如此，则张伯驹氏1938年初从溥心畲氏购得《平复帖》花费的两万元，即使按1930年实行的"关金"计算，只能折合8千美元。但在此贴转手成功的1938年年初，即在中日全面开战半年以后，半个中国已沦陷于日本，其实际币值当会更低。

④　冯先铭：《中国陶瓷》，上海古籍出版社1995年6月版，第558页。

的好几代陶瓷学家们对其所知都甚少,以至于今天依然存在着诸多未解之谜。本文作者归纳,其未解者主要有三。它们是:

(1) 陶瓷学界对康熙墨地彩瓷的工艺和材料为何一直众说纷纭?

中国很多著名的陶瓷学者和权威性陶瓷学著作都对康熙墨地瓷器的工艺流程和使用材料作过解说,但如果我们对他们的说法予以特别注意,并予以综观、排比和分析比较的话,不仅会发现众说纷纭杂陈,相互之间矛盾,甚至截然相反。对近三百年前的陶瓷工艺或材料问题,不能像社会意识形态那样,可以百花齐放,而是其解释是否符合历史真实的问题。

(2) 康熙墨地彩瓷究竟是历来认为的民窑器还是官窑器?

中国陶瓷学界历来认为这种瓷器是康熙时期景德镇的民窑产品,但这种一向流行的说法,究竟有什么可信的依据呢?难道就是因为它们如清末民初的某些陶瓷鉴赏家和研究者所说的"粗恶"么?鉴别"粗恶丑陋"的真正标准又是什么呢?为什么后来的学者们不再重复早期所谓"粗恶"的说法,而改说它们极其名贵或美不胜收了呢?早期的审美观点是如何向相反方向转化的呢?

(3) 东西方不同时期的社会权威们为什么都欣赏和喜爱这种瓷器?

这种瓷器当初的设计和工艺特殊,后来失传,再后来虽长期仿造而未能成功。这说明其制作工艺复杂,也说明它是受到当时中国的统治者——甚至是最高统治者的特别垂青的。

而在 200 年后的西方,特别是法兰西的社会权贵们——热衷收藏这种瓷器的至少都是社会中特别的权势者或有钱人——会不惜代价地搜购这种瓷器,当然也是因为他们特别欣赏和喜爱的缘故。

那么,这种瓷器在美学上所体现的、东西方都推崇的、真正的价值究竟又在哪里呢?

下面逐一进行考查和论述之。

## 四 陶瓷学界对康熙墨地的工艺和材料为何一直众说纷纭?

关于这种瓷器的制作工艺和彩料,尤其是墨地的工艺和彩料问题,注意到下面几个事实:

\* 康熙墨地素三彩至今仍然是这类瓷器(墨地彩瓷)发展史上的顶点;

\* 西方在 19 世纪初,即约二百年前曾试制过这种瓷器,不过黑釉无光;

\* 清末民初仿品的墨釉釉面也都达不到康熙产品那等漆黑明亮的程度;

\* 时至现在（本文初稿于 2002 年）依然"未见"[①] 成功的康熙墨釉仿品。

这些事实是否说明三百年来制作康熙墨釉的"密码"仍然没有破解，其工艺的真谛一直、甚至仍然没有被后来的陶瓷学者所认识，被仿造者所掌握呢？

康熙墨地的工艺和彩料（材料）的密码之未能破解，也可以从数十年来陶瓷学界的著名学者和权威著作对其说法的多种多样及其相互冲突的程度来证明。

中国陶瓷界关于"黑彩"、"黑釉"、"墨地"和"墨彩"的说法和解释，历来不一，在各种陶瓷词典和陶瓷著作中成为解释和说法最多样、最分歧、最混乱、最难理清的词条和术语之一。要理解他们的说法，已经需要花大工夫；而要统一诸说，则需要陶瓷界的共同努力。

本文下面考论仅涉及康熙墨地彩瓷之墨地、即黑釉的工艺流程和材料问题——至于一般的黑釉、黑彩等等之厘清，则尚待来日——主要集中在以下三项：

（1）康熙墨地三彩的"墨釉"、"墨地"、"黑釉"和"黑彩"等等，其工艺流程究竟是先施绿釉还是先施墨釉？陶瓷界权威们的说法为何针锋相对？

（2）珠明釉、"雪白釉"和"玻璃白"同"墨地"工艺的关系问题，陶瓷界权威们的说法何以如此混乱？

（3）关于康熙墨釉工艺流程的新证据、新样本和工艺以及材料的密码之破解。

为不使行文中段落的阶梯和层次太过复杂，下面的论述特将较低层次的段落编号也纳入全文大段落编号的顺序之中。

## 五 陶瓷界之混乱说法一：康熙墨地釉究竟是先施绿釉还是先施墨釉？

（一）孙瀛洲的钴涂地盖大绿最早尝试为康熙墨地解码

孙瀛洲先生是 20 世纪中期中国著名的陶瓷鉴定家和古瓷仿造家，对于制作

---

① 兹略述此处"未见"一词的含义和背景。笔者多次参观过景德镇陶瓷产品展销会，品种丰富，其中包括一些精致的仿古瓷，其形、釉、图、款，特别是仿造的历代官窑款式和款字，有时可以乱真。但却始终未见有仿康熙墨地三彩而成功者。《中国景德镇艺术陶瓷精品鉴赏》（人民日报出版社 1996 年 6 月第 1 版）是一部大书，收录当代景德镇陶瓷名家的陶瓷精品，印刷精美。其中品种甚多，但也未见有类康熙墨地三彩者。虽有若干黑釉瓷品，可惜均注明为"无光黑釉"，显然与康熙墨地三彩的黑釉迥异。清代末年和民国初年所仿康熙墨地三彩的"墨地"，其黑釉亮度都差，似乎均可归入无光黑釉一类。西方早期的仿制也存在同样的现象。倒是在美国曾经见过现代西方和日本烧制的黑釉瓷器，有的竟能漆黑明亮，颇类康熙黑釉，只是工艺不同。本人也曾询问过不少朋友和同好，其中有的不止一次地访问过景德镇，见过各种水平的仿古瓷，也说没有看见过像样的新仿康熙墨地三彩。但事情往往是"说有容易说无难"，故此处只以"未见"一词描述之。

康熙墨地的材料和工艺，他曾经说：

> 漆黑地为清代康熙时期的新发明。其方法是：先用钴涂地，上盖一层大绿，经摄氏700℃左右烘烧即成光亮如漆的黑地。①

这应该是孙瀛洲在40多年前为康熙墨地的材料和工艺进行解码的一次尝试。

不过在自然界，钴并不以单质形式存在，而是以氧化物存在于砷化物和硫化物之中，也有少量同二氧化锰共存。因此"先用钴涂地"是不可能的，也是说不通的。孙氏的原意可能是指"用钴土矿的粉末所制成的一种涂料"涂地，然后再盖一层大绿色的釉彩，即能低温烧出康熙墨地。

但青花料就是钴土矿所炼制而成。其中真正的青花显色剂可能是氧化钴中的钴离子。孙氏是在说：康熙墨地的材料和工艺是先涂施青花料，后涂施大绿釉彩就可以形成"光亮如漆"的墨地釉么？

作为古瓷仿造家的孙瀛洲是否实践过他的这个理论呢？

后来的汪庆正氏的说法，和再后来的叶佩兰氏的说法，同孙瀛洲氏的这一说法存在着继承关系么？

何以康熙墨地一直无法仿造成功呢？

（二）冯先铭、耿宝昌认为先施绿釉后罩墨釉

著名的已故陶瓷学者冯先铭在《中国陶瓷》一书中说：

> 康熙朝的墨地素三彩……系在以高温烧成的白瓷上再在器物外壁②先施一层绿釉，然后罩以黑釉……③

这应是针对上海博物馆所藏康熙墨地三彩狮耳炉而言，也是他关于康熙墨釉工艺流程的见解。这只狮耳炉是见于记载的中国国内唯一馆藏的墨地三彩瓷器。

耿宝昌在其《明清瓷器鉴定》中说：

---

① 孙瀛洲著《瓷器辨伪举例》，原载《文物天地》1963年第6期。此处依据《名家谈鉴定》一书收录本，紫禁城出版社1995年7月第1版，第185页。
② 郑按：此处文字有语病，或应作"……系在以高温烧成的白瓷器之外壁上……"。
③ 冯先铭：《中国陶瓷》，上海古籍出版社，1995年6月第1版第2次印刷本，第558页。

254　珍宝论——若干历史和文物之谜考论和破解

> 墨地素三彩……制作时，先在器上施以绿釉，复施墨釉，即为墨色地……"
>
> 墨彩……由于康熙墨彩着色浓重，彩釉配制纯净，又于彩上涂施一层透明釉（即"玻璃白"——耿氏原注），烧就的墨彩都有漆黑晶亮的特点……康熙墨彩中还有一种以绿彩打底托衬墨彩的，其墨彩显得更加浓郁晶亮。①

先施绿釉后施墨釉，同以绿彩打底托衬墨彩，两种说法意思完全相同。

冯、耿两先生除了用词稍有差异外，看法一致：康熙"墨地"制作的工艺流程是先施绿釉，后施墨釉，即绿釉在下层，墨釉在上层。他们的说法都没有同钴或青花珠明料发生关系。

（三）汪庆正、《古陶瓷图典》等说法则相反

而上海已故的陶瓷名家汪庆正则说：

> 黑彩　五彩以及素三彩的黑色，为我国传统的黑彩。黑色彩料即珠明料（云南产的一种钴土矿——汪氏原注），用其绘画后，以低温烧成黑色。或将熔剂（雪白——汪氏原注）涂其上，使成色黑而亮。也有用来作成地色，黑地也谓黑彩。清康熙黑彩多在其上罩一层绿色，更显得乌黑。②

汪庆正氏所谓的"黑彩"，包括了康熙的墨釉和墨彩。他明确指出，其制作的工艺流程都是：先施墨釉，后施绿釉。

这同上述冯、耿二氏的说法正好相反。

权威的《中国古陶瓷图典》一书，也采此说：

> 墨彩……除用于点缀绘画外，还常见用墨彩为地，在其细润光亮的釉上绘三彩、五彩的名贵品种③。
>
> 黑彩……也有用黑彩作地色的。康熙黑彩多在其上罩一层绿彩，更显

---

① 耿宝昌：《明清瓷器鉴定（清代部分）》，台湾学苑文化事业出版社（未详出版年月），第55页、56页。
② 汪庆正：《简明陶瓷词典》，上海辞书出版社，1992年4月第1版第4次印刷本，第239页。
③ 这显然是指康熙墨地彩瓷，"细润光亮"和"名贵品种"的说词也只有康熙墨地彩瓷可以挡之。但其说"在其细润光亮的釉上绘三彩、五彩"，远非如此。三彩、五彩的彩绘大多数都不是绘在细润光亮的墨地上，而是绘在"留白"处，实际施用的是玻璃白釉，即彩料绘画部分的瓷面，是大都不施黑釉的。

得乌黑。①

① 该书所说的"墨彩"或"黑彩",显然指的都是康熙墨地彩瓷的"墨地"和"墨彩"、"黑彩"。它明确地说:"墨地"工艺是黑彩之上罩一层绿彩。这是采纳了汪庆正氏的说法,而同冯先铭、耿宝昌二氏的说法刚好相反。

② 这里还明显地将"墨彩"同"用墨彩为地"的"墨地"或"墨釉",将"黑彩"同"用黑彩作地色"的"黑地"或"黑釉",混为一谈而难以区别。而这种混淆已经很久了,简直已经变成了一种传统。赵汝珍将"墨彩"和"黑彩"强行区别或肇其端。如他说"墨彩视同常品,黑彩则价格极昂。素三彩而兼黑彩者,尤为殊绝"② 等等。

③ "黑"同"墨",指义颜色时,在词义学上是无法区别的,是同义词。是故"墨彩"同"黑彩","墨釉"同"黑釉",是同义的,是无法区别也毋庸区别的。强行区别,如赵汝珍氏的书和《古陶瓷图典》,反致混乱。

④ 陶瓷界提出"陶瓷釉"与"陶瓷彩"的区别是正确的,但未能给出定义而明确界定。其实"釉"和"彩",既不是按材料的不同,不是按窑温的不同,也不是按窑的种类的不同而区别的,而是按用途而区别的。如黄色釉彩,用于彩绘时,称为"黄彩",是故可以说"三彩、五彩中有黄彩"等;而用于"地釉"或"满釉"时,就称为"黄釉",是故可以称为"黄釉碗、盘"等。其他颜色釉彩的区别类同。

⑤ 因此,陶瓷釉、彩之区别的定义是:用于彩绘之颜料者谓之"彩",用于地釉或作满釉使用者谓之"釉"。定义同窑温、窑种(如高温窑、低温窑等)和材料无关。这实际上是早就约定俗成的,只是陶瓷理论家没有予以总结而已。

(四)叶佩兰兼采两说而形成独特的第4说

叶佩兰首先继承了汪庆正的说法,她在其专论《康熙素三彩》中说:

> 康熙墨地三彩,又称黑地三彩。其黑色地釉漆黑光亮。与康熙五彩中黑彩的形成机里(郑按:当作"机理",最好用"机制")相同,用珠明料盖在绿色釉上面经低温火烧成。③

---

① 以上两段引文分别见冯先铭主编之《中国古陶瓷图典》,文物出版社,1998年1月版,第228、229页。
② 赵汝珍:《古玩指南》,北京出版社,1992年11月第1版,第69页。
③ 叶佩兰:《康熙素三彩》,载《收藏家》1994年第3期,第5页。

很显然，关于"康熙墨地"在使用珠明料作黑地这点上，叶氏的说法同孙瀛洲汪庆正的观点相同；而在先施绿釉、后施黑釉这点上，又同汪氏相反——而同冯、耿二氏的说法相同。换言之，她选择性地同时继承了汪、冯、耿三人之说而形成了自己的独特说法："用珠明料盖在绿色釉上面经低温火烧成。"即用云南青花料罩在绿釉上低温烧成康熙墨釉。

是——可称陶瓷学界第4说。

令人稍觉奇怪的是：《中国古陶瓷图典》成书，有一个专门的编辑委员会，冯先铭先生任主编，因他在该书出版四年多以前的1993年辞世，应未能审读全部书稿。耿宝昌先生是该书首席副主编，审读时当会注意到其中关于"康熙墨地"的说法同他本人和冯先铭氏的说法相反。叶佩兰氏也是该书编委之一，不知其中说法是否出自她的见解——抑或是直接根据孙瀛洲氏、汪庆正氏的观点和冯、耿二氏的说法杂糅而成。

作为陶瓷学界权威们集体编写的一部陶瓷学权威著作，要么统一诸说，定于一尊；若不能统一分歧，则应列举诸说。而陶瓷学又是一门考察和实验的学问，权威们对不同说法应通过再考察和讨论而向读者揭示真理，必要时甚至通过实验揭示出真理。像该书关于"墨地"的现存状况，实不足取也。

以上四种说法都是来自陶瓷界的大家或权威，但又各不相同，甚至相反。那么如何判定是非呢？一一评说，实在太复杂，但本书作者可以确认一点，就是：无论依据上述哪一种说法，都无法使康熙墨地复活。

## 六　混乱说法二：珠明料同"康熙墨地"究竟是什么关系？

关于"康熙墨地"形成的黑色彩料（原料），汪庆正、叶佩兰和《中国古陶瓷图典》都说是用云南产的"珠明料"以低温烧成，而冯先铭和耿宝昌仅说"黑釉"而未提及康熙黑釉的原料和珠明料的关系问题。

但诸家所谓的"珠明料"，均是指云南所产的一种青花料。

例如《中国古陶瓷图典》编委会说：

　　珠明料　青花料的一种。产于云南省。云南将其所产上等青花料称为"金片"或"珠密"，"珠明"即由"珠密"转音而来。清代景德镇窑和明、清时期云南一些瓷窑的青花器曾用此料。珠明料氧化钴含量较高，达4—11%。烧成后，青花色泽葱翠鲜艳。[①]

---

① 冯先铭主编：《中国古陶瓷图典》，文物出版社1998年1月版，第365页。

这是说，"康熙墨地"的工艺彩料——或曰材料、原料——后施的不是直接的黑釉，而是一种青花料。明、清时期的云南瓷窑曾用这种材料烧制青花瓷。

汪庆正也说：

> 珠明料　国产青料名。产云南宣威、惠泽、宜良等县，成分不一，以宣威所产较好，含钴量最高。外观呈灰黑色块状。经选洗、煅烧、然后粉碎，磨细，加水和匀，即制成青花料供绘瓷用。约清嘉庆年间开始使用①，而后逐渐成为主要青料。②

这都说明，"珠明料"是青花料，烧成后的颜色是青花瓷的青花（即蓝色），而不应是"康熙墨地"的纯黑色。

但叶佩兰说：

> 康熙墨地……用珠明料盖在绿色釉上面经低温火烧成。③

这些说法显然存在着下列疑问：

（1）珠明料究竟能否形成康熙墨地？它本是云南产青花料，是烧制高温釉下彩"色泽葱翠鲜艳"的青花瓷的颜料或曰原料。而在涉及"康熙墨地"彩瓷时，他们却又说"墨地"是用这种珠明料盖在绿釉上烧制的。这里问题的关键在于：

是否珠明料在被用作低温釉上彩料时便形成"康熙墨地"（或者被说成"墨釉"、"墨彩"、"黑釉"、"黑彩"等等）即如汪庆正所说"黑色彩料即珠明料"④，而当珠明料被用作高温釉下彩料时便形成青花色，即如《古陶瓷图典》所说之"葱翠鲜艳"的青花？

如果是，何以诸家都未直截了当地说出这点？如果不是，则"康熙墨地"究竟又是用的什么料？倒是张福康先生对此有所解释，只是未涉及烧成温度。⑤

---

① 也有认为是"约嘉靖年间为景德镇所使用，以后逐渐成为使用的主要青料之一"。见余继明、杨寅宗主编的《中国古代瓷器鉴赏辞典》，新华出版社1992年3月第1版，第115页。

② 汪庆正主编：《简明陶瓷词典》，上海辞书出版社1989年11月第1版1992年4月第4次印刷本，第179页。

③ 叶佩兰：《康熙素三彩》，载《收藏家》1994年第3期，第5页。

④ 汪庆正：《简明陶瓷词典》，上海辞书出版社1992年4月第1版第4次印刷本，第239页。

⑤ 张福康在《中国古陶瓷的科学》一书中说："青花如果不罩透明釉，烧成后会氧化成黑色的氧化钴。如果罩上透明釉，烧成时氧化钴溶于釉中。以离子形式将釉著成蓝色。"上海人民美术出版社2000年9月第1版，第123页。

而按上面征引的专家说法,高温青花(1250℃)同康熙墨地(700℃)的烧成温度可以相差450℃以上。

(2)景德镇使用云南珠明料制作青花瓷究竟始于何时?到底是始于明嘉靖(1522—1566)还是始于清嘉庆(1796—1820)?

如果说始于明嘉靖,那么依据究竟何在?①

如果说始于清嘉庆,那岂不是说,早在清嘉庆时将珠明料用作青花料之前一百年的康熙时期,景德镇已经把云南珠明料用作烧制"康熙墨地"的材料了么?那么,这项说法的依据又是什么?②

## 七 混乱说法三——"透明玻璃白" "雪白熔剂"同"康熙墨地"

"康熙墨地""漆黑光亮",其形成原因,陶瓷界亦有三说:

(1)如汪庆正所说:"将熔剂(雪白)涂其上,使成色黑而亮。"③ 按汪氏这种说法,康熙墨釉之所以又黑又亮,是因为表面涂了一层雪白的熔剂。

但汪氏却又明确指出:"熔剂"是"一种无色的低熔融温度的玻璃质"④。那么这里的熔剂为什么又是"雪白"的呢?而"雪白"的熔剂又怎会使黑釉的"成色黑而亮"呢?

(2)如耿宝昌所说:"于彩上涂施一层透明釉(即"玻璃白"),烧就的墨彩都有漆黑晶亮的特点。"⑤ 按耿氏此说,康熙墨釉之所以黑亮,是因为表面涂了一层玻璃白透明釉。

但玻璃白并不是透明釉,而是乳浊剂,并且是无光的。它应不会使"烧就的墨彩都有漆黑晶亮的特点"。如果康熙墨地上真的涂了一层透明釉,那么,这绝不会是一般所谓的"玻璃白"乳浊剂。

---

① 一般认为明嘉靖时景德镇窑使用的青花料是"回青",也称之为"青金蓝"、"佛头青"等。参见耿宝昌《明清瓷器鉴定·明代部分》,中华书局(香港)有限公司1984年9月第1版92年2月重印本,第106页。不过冯先铭依据《江西大志·陶书》考证,明嘉靖使用过三种青花料:"乐平的陂塘青、瑞州的石子青和西域的回青"。参见冯氏主编《中国陶瓷》,1994年11月第1版1995年6月第2次印刷本,第519页。这里陶瓷界又产生两点模糊甚至混乱:(1)说嘉靖时只用回青,恐是以偏概全,应非史实;(2)在说嘉靖青花时,没见谁提到使用云南的"珠明料",但介绍"珠明料"时却又说嘉靖时已开始使用。这究竟是否真实?

② 又:张福康在《中国古陶瓷的科学》一书中说:"元代时……云南玉溪地区的民窑利用当地所产的钴土矿开始小批量生产青花瓷。"又说:"据记载,珠明料在清乾嘉间已经采用。"但都没指出出处。

③ 汪庆正:《简明陶瓷词典》,上海辞书出版社,1992年4月第1版第4次印刷本,第239页。

④ 同上注,第257页。

⑤ 耿宝昌:《明清瓷器鉴定(清代部分)》,台湾学苑文化事业出版社(未详出版年月),第55页、56页。

康熙墨地三彩　辉煌一个时代　259

（3）既不涂雪白的助熔剂，也不涂玻璃白透明釉，只是一层黑釉——如冯先铭所说。或者只是一层青花珠明料——如叶佩兰所说①。

但是从19世纪的清后期到本世纪初的所有中国仿康熙墨彩或墨釉的瓷器，其墨釉或墨彩，其黑釉或黑彩，都是无光的。这说明康熙墨釉或墨彩表面的那层光泽不是从黑釉或珠明料——如果上述作为青花料的珠明釉低温烧成黑釉之说是正确的话——自然产生的。它还需要另外的材料或工艺。

本文作者不相信以上三说，理由是：

（1）关于陶瓷的物理学和化学告诉我们："玻璃白"的成品是一种"白色粉末"，其主要成分之一是白信石（$As_2O_3$，Arsenic Oxide，即氧化砷），白信石"是一种强力的乳浊剂"②，而乳浊就是不透明。玻璃白釉是一种乳浊的不透明釉。不透明之物以现代技术可以抛光，但不会晶莹光亮。

（2）汪庆正说"玻璃白由于含砷故呈失透状"③。叶佩兰也说"玻璃白内含砷，具有乳浊效果，含有玻璃白的材料因而不透明并给人以'粉'的感觉"④。失透的、乳浊的、不透明的、有"粉的感觉"的雪白熔剂，或者玻璃白，是不会使康熙墨地晶莹明亮的。

（3）而"康熙墨地"使用的黑釉或墨釉是不会自然就能漆黑晶亮的，否则，后世在长达一个多世纪中的近、现代，景德镇的黑釉、墨彩产品就不会都是无光的了——即使在上述三种解说产生之后好多年，情况仍然没有改变。这更说明他们的阐释是不符合康熙墨地工艺之实际的。

以上征引和评论的诸说都是出自陶瓷界的权威学者和权威著作。而关于康熙墨地，当然还有其它说法，但本文不能一一涉及⑤。

陶瓷界说法的多样、歧义、混乱、离奇和诸多疑问，以及二百年前的西方和

---

① 暂置叶氏观点于此。虽然叶佩兰曾说到"玻璃白"的用途之一是："在彩绘纹饰上另涂一层玻璃白，经700℃到750℃左右的温度烘烧后，色料熔化成玻璃状，与釉面密结，呈色晶莹，增加了器物的美感。"（《故宫博物院文物珍品大系·珐琅彩·粉彩·道言》，上海科技出版社、香港商务印书馆1999年9月第1版第22页。）但她在专门论述"康熙墨地"时却没有提及釉面上使用玻璃白一事。
② 张福康：《中国古陶瓷的科学》，上海人民美术出版社2000年9月第1版，第23页。
③ 汪庆正主编《简明陶瓷词典》，上海辞书出版社1992年4月第1版第4次印刷本，第143页。
④ 《故宫博物院文物珍品大系·珐琅彩·粉彩·导言》，上海科技出版社、香港商务印书馆1999年9月第1版，第22页。
⑤ 兹举一例。如近年网上出现一种流传颇广的新说法："墨地三彩创于康熙中期，晚期就停烧了，成品件极少。墨地三彩是先在坯胎上刻出图案纹饰再用青花、黑里红、豆青三种彩料渲染后敷釉烧成。我国历代陶窑鉴定家都认定'五彩以描金为贵，三彩以墨色质地为贵'。而今已极为少见。"见《瓷器的釉色》一文，文章的原作者和原发表何处，以及发表日期均不详。此处引文依据 www.artwork.com.cn/xrhy/shc/cq/004.asp 和 www.puertea8.com/html/421_2.html 6K 2007—10—2 等网页。说康熙墨地三彩是"用青花、黑里红（郑按是否是指"釉里红"？）、豆青三种彩料渲染后敷釉烧成"，恐怕距离事实更远了。（2005年9月11日补注。）

近、现代的中国长期复制和仿造之不能成功，都说明康熙墨地彩瓷问题尚待探讨、研究、解决，并应将结论建立在现代科学和实践的基础上。

中国科学院陶瓷研究所和上海硅酸盐研究所，在过去的半个世纪里，对中国古陶瓷进行了研究，做了大量的工作。他们研究了中国古陶瓷的众多种类，各色瓷釉原料的化学成分，制作工艺的流程，烧制过程中的物理和化学作用的原理和机制，等等。例如关于黑釉，他们研究了高温黑釉和低温黑釉，釉下黑釉和釉上黑釉。他们也研究了包括康熙素三彩在内的各种三彩瓷器。但就是尚没有看到他们关于康熙三彩中墨地黑釉的研究成果[①]。

这应该不是偶然的疏忽，很可能是因为缺乏样本的缘故。因为，世界上收藏清代瓷器之丰富堪称翘楚的几家博物馆，如北京故宫博物院，台北故宫博物院和南京博物院的藏品中都没有康熙墨地素三彩瓷器，上海博物馆也只有那一件瓷炉。国外也只有极少数大博物馆有些收藏。其存世数量，应该很少。很可能少于珐琅彩的数量。

## 八 康熙墨地的新样本及其材料和工艺解码新说

上面三节列举和质疑了陶瓷界关于康熙墨地之歧义纷呈和相互冲突的诸种说法，这一节我们应该可以确认以下三点：

（一）康熙墨地是墨釉覆盖绿釉

"康熙墨地"是特指康熙墨地三彩瓷器上作为背景釉的大块"墨地"部分。

我们能够观察到的样品都是先施绿釉，后施黑釉（即墨釉）。是把黑釉盖在绿釉之上。理由至少有三点：

① 在墨釉和绿釉的边缘，在二者的交界处，如果以手指轻轻地抚摸它们，会明显感到墨釉的釉面高于绿釉的釉面，而不是平坦如一，更不是相反。这是先施绿釉后施黑釉的一个强有力的证据。

② 在工匠涂施黑釉的过程中，其工艺并没有精细到纤毫不差的地步，是故留有极少量没有盖上黑釉的漏釉之处，这些漏釉之处呈现出底层原是绿釉。这也是先施绿釉后施黑釉的一个难以动摇的证据。

③ 在瓶的上口，即在黑釉和粉白釉的交界处；在瓶底的足边，即在黑釉和无釉的圈足胎体交界处，在黑釉的边缘，还可以发现些微的深绿釉的残余痕

---

[①] 张福康：《中国古陶瓷的科学》，上海人民美术出版社 2000 年 9 月版，第 82—85，126—128，132—134，136—137，140，143—145 页。

迹。它们是绿釉未被墨釉完全覆盖的"真情流露"——工艺流程之真实情况的显露。

这就是说，在制作康熙墨地的过程中，在墨釉、绿釉的使用次序上，冯先铭氏和耿宝昌氏的先施绿釉后施墨釉的说法是符合实际工艺流程的。

而汪庆正氏和《中国古陶瓷图典》的先施墨釉后施绿釉的说法是不符合实际工艺流程的。

至于叶佩兰氏的将珠明釉盖在绿色釉上的说法之是否正确，则不在次序先后，而在材料使用，即在作为标准青花料的"珠明料"是否在低温（750℃—850℃）下真能烧成黑色釉的问题上。即使珠明料烧成氧化钴的黑色，也不会晶亮闪光；再者，它也不会是当初烧制康熙墨地的原配方和原工艺。

（二）康熙墨彩是绿彩覆盖墨彩

"康熙墨彩"是指康熙三彩、五彩瓷器之绘画图案中的"墨彩"部分。

在这个问题上，我们能够观察到的样品都是先施黑釉（即墨釉），后施绿釉。是把绿釉盖在黑釉之上。在这点上同"康熙墨地"之制作的工艺流程相反。理由如下：

① 以手指轻轻抚摸墨彩和绿彩的交界处，会感到一种平滑的过渡，没有釉面突起程度的任何差异。比如"余园珍藏"款字之笔画的表面，是涂施了一层透明的浅绿色釉的（透明绿彩），在墨彩的笔画之上，不仔细观察不易发现这层浅绿色。但在烧制的过程中，造成这层浅绿色透明釉的流釉现象。当其流到白釉釉面上便显出其浅绿的本色来。

② 以放大镜观察康熙墨彩的表面，可以发现大都涂施了透明的绿彩（透明绿釉）。在墨彩和绿彩的交界处，都没有发现任何釉面差异。这说明墨彩存在于绿彩的下面，是低温釉下彩。故墨彩的釉面同绿彩（绿釉）一样，非常光亮。但在个别细微处可以发现有漏涂绿彩的墨彩，则此处的墨彩，其表面则是无光的。

汪庆正氏和《中国古陶瓷图典》所说之绿釉盖在黑釉上的工艺流程，虽不见于"康熙墨地"，但却普遍地存在于"康熙墨彩"上。因此汪氏的说法实在是以"康熙墨彩"的工艺流程去解说"康熙墨地"的工艺。因此是真理的一种误置，或曰误置的真理亦可，不过却的确道出了康熙墨彩的工艺真理。

（三）康熙墨地的新样本及其材料和工艺解码新说

经过多年观察和研究，本人认为康熙墨地三彩瓷器的工艺流程如下：

制作和烧制胎体。胎体旋削后在底部书写青花双圈款识，再施白釉。入窑，在高温下烧成素色胎体。

设计和绘制图案。以墨彩勾勒边线、花心、花草、树木、雀鸟等等，构成焦墨线条画。再在画面上涂施各色釉彩。这些釉彩多为透明釉。其墨彩，除用作轮廓线者外，均被各色透明釉所覆盖，故墨彩成了釉上彩中的釉下彩。是故，在这些地方，如果墨彩和绿彩同时存在，则均为绿彩覆盖墨彩。汪庆正氏和《中国古陶瓷图典》等之绿釉覆盖黑釉说的工艺流程，概源于此。

制作康熙墨地。在设计的大片背景处以大笔触涂施深绿釉（墨绿釉），干燥后再在其上涂施一层浓厚的墨釉（黑釉）[①]，墨釉之上最后涂施一层透明釉。然后入窑，在低温中烧成墨地彩瓷。

但有几点需要说明：

上述第一过程"制作和烧制胎体"，同制作青花瓷的工艺相同。因此今天完全可以以鉴定康熙青花瓷的标准和方法鉴定康熙墨地三彩。比如青花的色泽是否符合康熙青花的特征，圈足底面釉下是否可见旋纹，釉面的棕眼是否深达胎骨，圈足的胎体是否常见崩毁，釉面是否有黑色点状瑕疵等等。

上述第二过程"设计和绘制图案"，同制作其他彩瓷的工艺大略相同。因此今天大体也可以以鉴定康熙彩瓷的标准和方法去鉴定康熙墨地彩瓷。比如彩釉釉面有无自然形成的蛤蜊光，各种彩釉的釉面有无自然开片，用于绘画的墨彩笔画是否干涩，其画笔的走势是否流畅等等。

上述第三过程即"制作康熙墨地"的工艺，则比较特殊。这种墨地，釉层颇厚。可能是釉层较多的结果。因为它至少有深绿釉、厚厚的墨釉和透明釉三层，如果再加上打底的粉白釉，则有四层。因此，康熙墨地三彩的墨地釉面高于绘画图案的釉面，故其彩绘画面都是凹进去的。

但这四层釉面依次叠加，一层覆盖一层，是否入窑烘烤，能够一次烧成，却无法确认。不过这是一个实践问题，很难单纯依靠观察和研究成品来解决。笔者个人猜想，可能至少需要三至四次入炉烘烧才可达成。

康熙墨地彩瓷，也有在墨地上直接进行彩绘的品种。这当然是先将瓷器外壁制成墨地，然后再在墨地釉面上彩绘图案。这样比较省工，而艺术效果则不同。

## 九　康熙墨地彩瓷究竟是历来认为的民窑器还是官窑器？

陶瓷界认为，康熙墨地素三彩瓷器是康熙时期的民窑产品。并认为是祭器，

---

[①] 康熙时代，这种墨釉（黑釉）很可能是类似当时烧制乌金釉瓷器的一种黑色釉，应不会是云南的青花珠明料。

当时生产不多。清末民初时期多流出国外。

笔者初时也曾相信这种归属民窑器的说法，并且还另外补充了几条理由：

＊因为是民窑器，又是祭器，只会置于民间家庙或其他祭祀之所，后来在传世过程中毁损机会则相对甚多，数量大减，故早已罕见。

＊清初盛世时代，不断大兴文字狱，一般官窑器上应该不会署有明代官窑款识。那时认为似乎只有民窑器上才有这种可能性。

＊北京和台北的"清宫旧藏"中没有康熙墨地彩瓷，或许说明它们因属民窑器原不曾进入宫廷，故旧藏中才没留下它们的痕迹。

这三条理由，不都是它们属于是民窑器的理由么？

但经后来长期研究，越来越发现问题远非如此简单。迄今已发掘出它们原本就属于官窑器的诸多理由，已经达到可以否认其属于民窑器的旧说法了。

（一）康熙官窑器的一个显著特点是气度恢宏和技艺精湛

乍一听，这点似乎颇难理解和把握。不过就清代康熙、雍正、乾隆三朝瓷器的鉴赏美学而言，我们可以明显感受到康熙瓷器的豪放、敦厚，甚至朴拙之美。但从雍正和乾隆瓷器中却很难得到这类美感，至少也是不突出、不显著、不居于主导地位。然而，从雍正瓷器中却能明显地感到精细、隽秀、典雅之美，从乾隆瓷器中感到豪华、工巧、繁饰之美。

康熙墨地三彩中，如本文附录中所介绍的花鸟图蒜头瓶，造型如此恢宏、气魄；修胎如此细致、规整；文饰图案如此精美、瑰丽；绘画技法如此高超、熟练；墨地如此乌润、光亮；款识如此标准、规范。而所有这些又都是民窑器物所难以企及的。设计、制作和工艺水平的高低与精粗，历来是陶瓷鉴定界区分官窑器和民窑器的不易标准。就康熙墨地彩瓷之整体的气度和精致程度而言，他们应属官窑器。

（二）康熙墨地彩瓷发现有具标准康熙官窑款识者说明其为官窑产品

这个证据足以推翻这种彩瓷都属民窑器的传统说法。例如中国台湾慎德堂珍藏的一只墨地素三彩花鸟图碗，底书"大清康熙年制"楷书款。[1] 台湾收藏界鉴定其为康熙官窑产品。这种情形——墨地彩瓷而具有康熙官窑款识者——虽极为罕见，却能证明康熙时代的墨地素三彩瓷器中确有官窑产品，而非都属民窑器物。显然，这只碗应该仅是冰山之一角。官窑既然生产过这个品种，就不会只生产一件、两件，至少也是一批、两批。只是这类瓷器少有存留至今者，或虽有存留而未见之于报道。

---

[1] 见《典藏》2002年第9期，第90页。

（三）"故宫旧藏"中署明朝官窑款识的康熙瓷器显属康熙官窑器，墨地彩瓷中具类似款识者自然也是。

"故宫旧藏"保存着好多具有康熙官窑款式的康熙瓷器，而款字内容却是明代的年号。例子很多，不胜枚举。品种遍及青花、五彩、斗彩等各个种类。而款识内容则有"大明宣德年制"、"大明成化年制"、"大明嘉靖年制"等。它们属于"清宫旧藏"，说明它们中的绝大多数是在生产制作后便直接被送进了宫廷。这些瓷器本身的制作水平和精致程度，同其它的官窑瓷器没有区别。这说明：至少在康熙、雍正时期，官窑瓷器中有相当一批是使用明代官窑款识的。

传世的康熙墨地彩瓷不少都带有同康熙官窑款识——包括款的式样、款的内容和字的书体——相类似的明代年号官窑款识，尤以"大明成化年制"款为多。事实上现为国外博物馆和私家收藏的康熙墨地素三彩瓷器，大部分工艺都很精致，基本上符合上文所说的气度和精美度的情形。而观诸大量的康熙民窑器的款式、款识和书体，则没有发现有类似者，或者是能达到同等水准者。

见彩图05—09—07。

这些理由应已证明：存世康熙墨地彩瓷中的大多数，尤其是带有康熙官窑款式的成化纪年款字者，均属于康熙时代的官窑产品。

（四）故宫旧藏中没有康熙墨地三彩瓷器不能否定其官窑器性质。

既然上面说到墨地三彩瓷器大都精美，且不少具有寄托性的明朝官窑款识，有的甚至就是康熙官窑款识，是故它们都应隶属康熙官窑产品；那么，何以"清宫旧藏"中没有遗存"康熙墨地"瓷的藏品呢？这个问题原是笔者为"民窑说"补充的理由，理应本人予以解决。

如果泛泛回答这个问题则可以是：原本生产就少；在长期传世过程中毁损；在清代末年和民国初年因为西方人高价搜罗而被盗出宫、卖出国，等等。

不过，这些理由可以回答康熙墨地三彩瓷器何以存世如此之少和国内何以难得一见这样的问题。对于回答"清宫旧藏"中何以一件也没有这样极端的问题，却依然显得苍白无力和不够充分。

这个问题现在可以这样解答：因为墨地彩瓷属于祭器，虽然官窑器是为宫廷制作，但毕竟是一种神圣而场合特殊的实用器物。按照中国的文化传统和心态，日常多有忌讳并敬而远之。故这种器物不用于宫廷陈设和收藏赏鉴，也不用于赏赐和馈赠，而是仅仅摆放于祖庙之中和神坛之上。被保护、爱惜、观赏的程度无法同宫廷陈设品或收藏品相比拟。加之当时生产时间不长，制作数量不多，后世再经历史的长期消熔，尤其是多次战乱，致使能够留存下来的极少。而故宫旧藏中没有也就容易理解和认同了。不仅康熙墨地器物，就连后来唐英制造并清楚记载过的官窑品种，也有故宫今日不知为何物者。如单色釉中的蛇皮绿（又叫龟裙绿）等少数品种，命运就是如此。

## 十　东西方不同时期都珍赏这种瓷器的美学理论探秘

这个标题所涉及的内容不仅是一般的文物观赏问题，更是一个艺术鉴赏和美学理论问题；虽不能说可以任人乱说一通，但毕竟可以人言人殊、各说各话，甚至南辕北辙。

下面是本文作者对康熙墨地彩瓷——尤其是关于墨地三彩——的审美见解。

（1）在其端庄、厚重、平稳、自然的造型中表现出东方大国盛世特征所具备的一种豪放、庄严与宁静之美。我们可以简称之为特殊的盛世之美。

这种美当然并不是康熙墨地彩瓷所独有，而是多数康熙瓷器所具备的重要特征和美感之一。美的客观性、共同性、永恒性，同美的主观性、特殊性和短暂性是普遍存在的，甚至是同时存在的。前者即在后者之中，并通过后者而或明或暗地、或直接或曲折地、或有意识或潜意识地表现出来。人们可能在理论上并不了解这些，但却在鉴赏和审美中不断地实践着它们。这正如多数人不了解运动科学或营养科学，但却在生活中不断地实践着它们一样。

中国17世纪后期和18世纪初期康熙王朝时代的某些统治者们——很可能是最高统治者——欣赏和喜爱这样一种黑色瓷器所体现的那种特殊的盛世之美，应该是不难理解的。只是他们希望感受和乐于享受的那种美，其子孙却不再欣赏，于是不久就停烧了，再后连工艺也失传了。而从19世纪初叶到末叶，再到20世纪初期，忙于航海和贸易，征服和瓜分世界，并且尽情享受财富之乐与艺术之美的西方社会的某些权贵们，也会欣赏和喜爱这种体现东方古老盛世之美的瓷器，应该也是完全可能的。而实际上，这种欣赏和喜爱早就在西方世界存在着。

（2）在其端庄、凝重、肃穆和莫测底蕴的黑色背景中所显露出来的一种明快、光鲜、亮丽和生机勃勃的画图之美。可以简称其为色调和绘画之美。

色调和绘画本来就是人类美学范畴中的重中之重。康熙墨地彩瓷之黑色背景的端凝和神韵（深刻而莫知其所以的蕴藏——简称为"深蕴"行么？）同画面的亮丽和生动，形成鲜明的对比之美。

这种对比，自然是两种境界的对比，也可以是两种人两种性格的对比，但更可能是同一个人之复杂性格的两个方面的对比。反过来，人的内心世界的两个方面，黑暗与光明、阴沉与亮丽、深邃与明快、平静与生动，都可以在对这种艺术的鉴赏和观想中得到某种共鸣和某种满足，从而产生某种特殊的美感和喜爱。康熙时代的东方统治者可能是这样，后来的西方社会的权贵们也可能是这样。他们的感受可能是自觉的，也可能只是一种说不清道不明的感受。但它们产生的共同结果都是对这种艺术的欣赏、喜爱、追求和收藏。

（3）在先是西方人而后东方人都试图复制而长期未能成功，在无从着手破解的康熙墨釉工艺中催生出一种西方人表现得更为强烈的探求欲，从而对探求的对象可能产生一种特殊向往的美感。可以简称之为神秘之美，创新和独特之美；或称之为梦幻之美。

一般说，西方人的传统心态喜欢探索、"格物"①、冒险和破解奥秘。而中国历史上的主流文化传统则反是②。西方人的探索和发现的成果常被社会所接受并被不断地发扬光大，而中国人的发明和创造则多会自生自灭。试看中国人发明的印刷术和火药传到西方之后引发了怎样的社会革命，便会理解这种传统的区别。

在古代中国，黑色代表北方玄武和五行中的水，而在西方，黑色则可以是权力和庄严、神秘和宁静、美丽和完善的象征，当然它也可以是邪恶、死亡和犯罪的象征。所以西方的法官、学位获得者、基督教的牧师、修士、修女、死神、鬼怪等等穿黑衣，至少是常常穿黑衣。在一切庄严、隆重和神秘的场合，都体现出以黑色为上的习俗和心态。

中国瓷器的真正黑色釉是康熙墨釉。西方人喜爱和追求这种庄重和神秘之美。西方人对中国瓷器的喜爱、追求和收藏是从17世纪初的"克拉克"瓷③开始而一发不能停止的。在喜爱、追求和占有中国瓷器之美的西方历史潮流中，中国康熙墨地彩瓷之美受到西方人的特别青睐而以高价索求之，就是完全可以理解的了。

如果说以上三点还只是本文作者对曾经辉煌一个时代（至少40多年）的康熙墨地彩瓷所进行的美学理论探讨——而单纯的理论总是因为抽象而枯燥和较难理解的——则这里有一个实际的例证，或可在很大程度上予以说明之。

在整个17世纪，从明后期到清前期，随着青花瓷的大量出口，中国的彩瓷应该也有少量出口。康熙时期的墨地彩瓷是否也有少量实物随着贸易或者通过其它途径曾经在那个时期到达西方，今天已无从以实物证明。不过笔者认为肯定

---

① 这里的"格物"，是借用中国传统"格物致知"的说法，语出《礼记·大学》，字面上可以解释为"推究物理"。故清代末年，曾将西方的自然科学译成"格致学"。但中国人"格物致知"的最终目的是"明心见性"，同"探索和发现"外物之理的西方"格物"，实际上很不相同。

② 如《论语·述而》"子不语怪、力、乱、神"，《论语·先进》"敬鬼、神而远之……"提倡对神秘不可知的事物采取不接触、不讨论的态度。这代表了中国传统主流文化的一个方面。

③ KRAAK，泛指明代后期出口到欧洲的青花瓷。

有。本人在上世纪90年代曾在美国拍卖行中买到一只英国维吉伍德公司①生产的墨地三彩高足碗。造型是标准西方式的，釉色和图案却是标准中国式的。笔者当时将其断为18、19世纪的产品，但不会晚于19世纪中期。后来几年的研究则可以将其更准确地断为1810年前后的产品②。见彩图05—09—10。

这就是说，当康熙墨地彩瓷在中国本土停烧、并且连工艺也失传近百年之后，西方人却已经在认真地试图复活这种瓷器了。其产品工艺虽然非常精致，但可惜墨釉无光，是故，在这点上并不算成功。而在那之后又过了百年，当中国的收藏家和学者们傻愣愣地看着西方人将中国真正的康熙墨地彩瓷以百倍的高价全都搜罗殆尽以后而商人开始试图仿制牟取暴利时，却经历了百年仍然没有成功。

这个事实，对印证上述的三点论述，是否有所帮助呢？

## 十一　结论：瓷器中国和人类共享，文物回归和弘扬文化

过去80多年来，在中国，康熙墨地瓷器是消失殆尽的一种瓷器，不仅实物难得一见，书本中也只偶有一鳞半爪的提及。中国的收藏界没有太多的注意，中国的学术界没有给予认真的研究，它的曾经辉煌灿烂一代的历史没有在信息泛滥的现代再广为人知，它的起源、设计、背景、工艺、停烧、失传的真实情况几乎完全不被后人了解，它在不同的历史时代能够被东、西方的社会权威者所喜爱的真正原因，它的美学艺术的真正价值，没有人作过探讨，尤其是东、西方审美情趣和艺术鉴赏的差异和共同之处的研究，似乎还没有深入到这种领域，更没有到达这个角落——尽管它显示了黑白分明、死生同体、美恶共崇的神奇魅力。中国人现代从"数典忘祖"改变到"数典祭祖"和"数典记祖"，可谓声势浩大，但也还没有数到康熙墨地彩瓷的光荣历史。

中国人的历史常常需要外国人去写，中国人的发明创造常常需要西方人去发扬光大，中国的一些东西有时需要外国人去肯定。西方人说的氧气的发现和万虎的火箭实验，中国的古籍一直无法证实，这些且不去说它们。火药和印刷术传到西方如何掀起了社会的进步和巨大的革命，也不必再说。即便瓷器而言，也是这样。例如：元青花是西方人根据中国人不认可的一对青花象耳瓶开始研究而进一步揭开真相的。元青花的第一次和第二次的价格记录也是西方人接连创造的。"古月轩"瓷

---

① WEDGWOOD, ENGLAND，英国历史悠久而著名于世的陶瓷公司，1759年由后来被称为英国"陶瓷之父"（The Father of English Potters）的维吉伍德一世Josiah Wedgwood（1730—1795）建立。这家陶瓷公司历史悠久，产品丰富精美，在西方市场价格高昂。它在历史上曾生产不少品种的中国风格产品。2008年，仿照其公司200年前的传统图案，曾特为北京举行奥运制作一种"中国舞狮"（Chinese Lions，或称Foo Dogs）图瓷盘，售价约40美元。

② 详细的断代依据请见本文附录。

器之谜是中国人百思不得其解而不得不冷落下来之后近年才由外国一家拍卖行而再度炒热的。康熙墨地素三彩瓷器也是西方人首先发现它们的特殊价值而以百倍于普通瓷的价格而搜购殆尽的。热释光、碳—14、能谱仪这些先进科技也是外国人首先用来帮助求证中国瓷器的真伪的。连一张普通的瓷器鉴定证书也是外国人的信用远比中国人的信用更可靠。"他山之石，可以攻玉"；"外来的和尚会念经"。这两句格言和俗谚在意义上应该是相同的——尽管语言不同。而这——很可能是人类文化史上的普遍现象，甚至规律。当然，中国人正在急起直追；但路程尚远，差距尚多。不过，现代中国人在文物这个行业中，投入于商业牟利和作伪仿制的太多而投入于历史研究和美学探讨的太少。中国人现在热衷于重要的文物回归，理论上并无错误，甚至值得赞赏。但本人认为，重要的文物，归根结底，应该是属于全人类的，应该是全人类共有的文化财富。如果中国人在研究藏于世界各地的重要中国文物中，首先将它们此前不为人知的、丰富而引人入胜的历史价值和美学价值揭示出来，让世界共享它们，或许更有意义。不知读者诸君，意下如何。

现代中国的商业大潮是中国社会历史的巨大进步，这毋庸置疑。但每一巨大进步都犹如江河倾泻，泥沙俱下。每每大进一步，都可能倒退一步，甚至倒退两步——注意："走一步退两步"是一句经典名言。在文物界，属于商业行为的仿造，本来还只是少数人的、小规模的、偷偷摸摸和鬼鬼祟祟的行为。而现代却早已变成大规模行业性的、有国内外大资本投入的、利用高精尖科学技术的、甚至是由商人或不法者结合博物馆和各类专家共同合作的行为。美其名曰弘扬文化，结果是骗人无数，上当无数。弘扬古代文化的文物复制行为是许可的，或许是有益的；但应该是数量上非常有限的、严格而有法律规范的、合乎社会道德要求的行为。复制和仿制都不应该变成肆无忌惮的社会性诈欺行为。西方虽也存在着文物古董的诈欺，而同现代中国的文物古董诈欺，恐怕得甘拜下风喽。对于康熙墨地彩瓷，西方人早从19世纪初就试图复活而没有成功，百年后中国开始的商业诈欺性墨地三彩仿制，又过了百年也没有成功。后来西方造出了高档黑釉瓷器，但不是康熙墨地彩瓷的复活。本文涉及许多康熙墨地彩瓷的奥秘，可以适用于鉴定和鉴赏，审美和收藏，自然也可以用于仿制之借鉴。作者不希望它对商业性文物诈欺起任何推波助澜的作用，最好一点也不要有。

兹以上三点聊作本文的结论。

## 十二　附录：康熙墨地和墨彩样本、西方和东方的仿制

（一）关于一对康熙墨地素三彩花鸟图对瓶
①缘起略叙

十年前，在美国的一次拍卖会上出现了两只康熙墨地素三彩花鸟图大蒜头瓶，高61厘米。近底部绘树石花草，而以一株老干虬枝、花朵盛开的梅树花枝铺满瓶面。鸟儿休息、嬉戏和翻飞其间。两只瓶的图案对称，故显系成对大瓶。两瓶底部书有"大明成化年制"寄托款，两行六字，青花双圈。拍卖场上经过反复竞价以后，最终被华人收藏者获得。见彩图05—09—05和05—09—06。

②真伪判定

本人有幸鉴赏和研究这对大瓶。笔者初见时即不怀疑其为康熙墨地素三彩真品。多年间，在众多鉴赏过这对大瓶的人中，不曾有任何人怀疑过它们可能是现代仿品。事实上大家也还没有在市场上见过确定为现代仿造的康熙墨地三彩瓷器。2003年2月28日下午，中国著名的鉴定家孙学海先生等一行曾经在美国观赏和鉴定过这对康熙墨地瓷瓶。他反复观察，仔细研究。开始曾说："说不准。没见过；以前只见过小件。"又说："若说是仿品，应该说出为什么是仿品，又是什么时代仿的……这瓶不是清末仿的，更不是现代仿的。清末仿的差，达不到这个样子……"他的最后结论是："八成是康熙！"

同鉴定此对大瓶相关联，下面介绍两种"一招定真品"的鉴定技术。

③"一招致命"的鉴定招数——所谓蛤蜊光现代仍具鉴定学意义？

蛤蜊光，这是人们已经说烂了的瓷器鉴赏和鉴定中常见的现象。一般认为现代的仿造者已经可以仿造蛤蜊光蒙骗世人。

但真正的自然形成的蛤蜊光的一个最大特点是：它是由极小的、互不相同的、五颜六色的、片状的色斑合成的彩光区域。变幻灵动，人莫能测。这种色斑之每一个都是不规则的、呈多角形状或类多角形状的、相邻的两片是有界限的、色泽也多是不相同的。

它们类似于电脑屏幕上图片被高倍放大状态下所显示出来的彩色点阵。只是电脑的点阵是大小和色泽一致的、排列整齐划一的、非变幻灵动的，而瓷器上的蛤蜊光的这种光斑则是大小不一的、排列不规则的、而且非常灵动的。"灵动"一词是指光源或瓷器的位置稍稍发生一点点变动，整个蛤蜊光的形态就立即也随之变动。它们形成的原理此处暂不涉及，以待来日。

如果一件瓷器上有一种彩釉——正确的称呼是瓷器的釉彩——釉面上出现这样的彩光，便可认定其为非仿品而属真品。如果有一种以上的彩釉釉面上出现这样的彩光，则其为真品殆无疑义矣。

这种蛤蜊光同制作年代的关系是：大约五六十年，或可在绿釉釉面上见到淡淡的一点。一到一个半世纪可见到较重一些的彩光。二到三世纪才可见到那种浓重的、变幻莫测的、神奇可爱的典型蛤蜊光。见彩图05—09—08、05—09—09和05—09—13。

如果低温釉彩的瓷器是摆放在室外，由于大自然持续进行的风吹、日晒、雨淋、霜冻、冰雪、振动等作用，老化的过程会大大加速。

这种瓷釉或釉彩老化所形成的奇异现象，迄今并未真正仿制成功。至于未来能否成功，以国人仿造之前仆后继、前赴后继，不达目的绝不罢休的精神，答案应是肯定的。若问何时成功，则无人能够回答。这决定于两点：一是其形成机制是否已经理清，原理是否已经阐明；二是仿造者愿意和能够投入多少财力、人力、资源、高科技以及那时的鉴定手段臻于何种程度等等。但即使有一天仿造成功，在其后相当长的一段时间内，产品也不会充斥市场。这种鉴定手段继续行之有效一长段时间也是没有问题的。

需要特别注意的是，这仅仅解决一件瓷器是否为真品的问题，并不涉及其历史和美学的价值判断，具体年代的判断以及官、民窑所属的判断，更不涉及市场价值的判断。但这一步，却是基础之基础，没有这个基础，即不能确认为真品，则其他一切都无须论及。

④ "一招致命"的鉴定招数——锈斑中间的银色光泽

中国瓷器的制作，早期或因胎土淘洗不精，含杂质较多；或因青花料的含铁量过高，如使用中东进口之所谓"苏麻离青"；或因釉层较薄，使瑕疵更容易形成，从而使烧成后的瓷器表面——多数在青花釉的表面，有些也在白釉的釉面——上出现人们常说的铁锈斑。这种铁锈斑本是瓷器生产中的瑕疵，但在过去的长时间里（至少在20世纪前半期）是人们鉴定明永乐和宣德青花瓷器和其它某些特定时期瓷器的可靠法宝。这在陶瓷界和收藏界中是人所共知的。

随着仿造技术的提高和现代化，大约从上世纪70年代开始，这种铁锈斑的仿造已经相当成功，从而使其作为可靠鉴定手段的作用不再。不过在30年后，仍然有入门者按图索骥，依据铁锈斑鉴定特种瓷器，从而或导致上当受骗者，亦大有人在。不过今天应该无人再因此而上当了吧。鉴定的可靠手段总是落后于仿造的发展。

但是：如果你在这种铁锈斑中，在这种棕色的不规则麻皮样斑痕块的中间部分之表面，在迎光侧视时的某种角度，能够发现一层闪亮的银灰色物质；并且，如果以手指轻轻抚摸和感触它们，能够感到这部分比整个铁锈斑更低洼一些的话，那么，即使在今天，这种现象依然是鉴定早期瓷器或青花瓷器的可靠手段。只要发现了它们，那么该瓷器就是相当早期的产品。注意这样三个要点：一是普通常见的大大小小的铁锈斑，二是铁锈斑的中心部分出现不规则的银灰色光泽，三是这些银灰色光泽部分比其周围更加凹陷一些。至于其原理，本人不是不说，而是尚不清楚。但这并不影响其作为可靠鉴定手段而被使用。

这也是一种入门者都容易学会和掌握，并能广泛应用于收藏的鉴定标准。不过其一旦揭破，仿造者自然也会跟随而仿造之。可是，仿造自然形成的这种特征，是很难、很费工的。花去九牛二虎之力，亦未必能够达到诈欺世人的地步。

所以，在现在及今后相当长的时段中，它们仍是鉴定真品的可靠手段。

这里同样需要注意：这仅仅解决一件瓷器其是否为真品的问题，而完全不涉及上述其他判断。见彩图 05—09—13。

(二) 关于英国早期复活康熙墨地瓷器的产品

①缘起略叙

20 世纪 90 年代，本人在美国一家拍卖行买到一只英国"英格兰·维吉伍德"("Wedgwood, England")公司制作的广口束腰高足碗。碗高 13.9 厘米，上口直径 22 厘米，底足直径 12.2 厘米，是一只容量达到 1600 毫升以上的大碗。

这是典型的西方造型。

但它的图案风格却是完全中国式的。碗内壁是非常光洁的白釉面，釉面上散落地绘画了十只中国绿色舞狮①，其中两只舞绣球和绿色彩带，并以金彩绘狮子背部的鬃毛。以黑白相间的正方形组成的圆环装饰碗口和碗底。碗外壁为无光黑色釉，散绘了八只舞狮。其中两只舞绣球彩带。见彩图 05—09—10。

当时认为此器可能在中外陶瓷史上有某种研究意义，值得收藏，于是以不太高的价格拍到手。但一拖十数年，并未悉心探讨。

②真伪判定

此碗拍卖之前，根据它的宽阔而美丽的彩虹光，我已经断其为西方古董瓷器。但究竟"古"多久，则心中无底。当时的判断是 18 或 19 世纪，但绝对不会晚于 1850 年以后。上限则划到 18 世纪后期的乾隆时期。但又认为它很可能的是嘉庆至道光早期之物。

这个结论的缺点：一是给出的时间段太宽，长达一个多世纪。对于这样近的瓷器，除了确认它不是新瓷之外，年代确认得如此宽泛，基本上没有意义。二是断代依据的是关于中国瓷器的鉴定标准，这个标准对西方瓷器来说，灵不灵？

见彩图 05—09—11

③年代考定

多少年过去，兴趣重新回到这只碗上来：西方的英国到底是在什么时间制作了这只中国风格十足的高足碗呢？

根据 Wedgwood 博物馆藏品的资料大体能确认其制作年代。

在历史上，该公司曾制作过黑釉三足中国式熏炉，不过其三足是海豚式。时间是 1807 年。

该公司随后还生产过中国舞狮图案的茶壶，时间是 1812 年。

---

① 中国舞狮，形象来自中国卫狮（Chinese Guardian Lions），通称狮狗（Lion Dogs）。但现在多称 Foo Dogs 或 Fu Dogs（福狗）。

2008年该公司还利用迎接北京奥运的商机用复古中国传统图案舞狮图生产瓷盘，每件售价约40美元。

他们制作的中国舞狮图，颇像中国康熙年间所制作的仿生蓝釉狮子。

以上四件请见彩图05—09—12。

这样就可以基本确定：中国舞狮图案的无光黑釉高足碗应是制作于1810年前后。那时正是中国的嘉庆纪年（1796—1820）的中期。恰在原先根据彩虹光所粗略估计的范围内。

④瓷史意义

这只碗说明极其少量的康熙墨地素三彩瓷器可能在18世纪已经通过贸易或别的途径到达了欧洲，并受到西方上层人士的喜爱，于是才有西方陶瓷公司复活中国墨地素三彩及类似瓷器的举动，但因墨地无光，复制不算成功。而这——会增强对这种瓷器的神秘感和喜爱的程度。

清代末期到民国初期，西方人带着一百年欲求无门的愿望，终于可以到中国收集这种国人可能有些避忌和不懂其美学价值的康熙墨地素三彩瓷器。他们可以出资百倍于其他瓷器的价格——百倍，本文正文中已论证，一点都没有夸大——去收购这样一件清瓷。当时的中国人则完全不能理解这种现象。

当中国商人发觉仿造会有暴利可图时，当然投入了仿制，可惜同百年前西方的仿制一样，也不成功，因为黑釉还是无光。从那时历史又走过了一百年，中国康熙墨地素三彩的仿制，依然没有成功。

现代的西方、日本早已造出有光黑釉，中国在本世纪初也见到较好的仿制品，但同康熙墨釉并不相同。它们不是康熙墨釉的复活。

2002年12月13日初稿<br>
2005年9月11日二稿<br>
2009年4月30日修订

# 第十篇

# 广彩：学术探讨和实物新证

提　　要

广彩瓷器，在东方收藏界、博物馆界和学术界，历来是瓷器大家庭中不被重视的一个品种。但在西方却颇受欢迎。这种瓷器，是处在特殊历史时期、特殊地理位置的广州人在对外贸易中的一项艺术创造。

一百年来，陶瓷界对广彩创烧的时间不断推前。不过历史形势的论述和实物新证可以把广彩始烧的时间追溯到清代早期。广彩是在中国明代嘉靖万历五彩和进口西方珐琅彩料相互结合的基础上创烧成功的。

## 一　广彩的概念和关于广彩的几个学术问题

"广彩"，原本是指清代在广州彩绘烘烧专供外销的瓷器，后世则有"广州织金彩瓷"之美称。它是最后制成于广州、织金填彩、美艳华贵、面向海外，尤其是向西方出口的一种瓷器。

正因为广彩是在中国南方滨海的外贸港口完成最后的彩绘和烧制工序，并且是专为出口而生产，故在中国内地传世不多，知者和记述者甚少；而且，它也不受重视。更因其彩釉和绘画的风格特殊，甚至被认为俗艳。一般收藏者和博物馆都少有藏品。

但在中国以外，特别是在西方世界，广彩不但相当常见，而且还颇受欢迎。它们被归类于外贸瓷（Chinese Export Porcelain）或装饰艺术（Decorative Art）之一种，在古董店和拍卖行的价格也不低。

中国国内的陶瓷学界和收藏界，过去对广彩不太注意。但从两年多之前（按指2001年12月）广东省博物馆举行过一次广彩瓷器展览[①]之后，乃逐渐引

---

[①]　见报道《"广彩瓷器精品展"今日开幕》一文，作者未详，时间是2001—12—29。文载www.gdtzzs.gov.cn/front/displayGdTodayDetail.jsp? id = 2273&titlecon = 1 网页。

起重视。随后有冯素阁之《广彩瓷器》的专著①问世。最近又有广彩工艺美术大师许恩曾伤感广彩后继乏人,广彩就要失传的报道②。广彩乃逐渐引起瓷学界的重视和研究。

瓷学界对广彩的研究,总体说,一是起步甚晚,二是深度和广度不够。这主要表现在:

* 烧制广彩瓷器的起始年代,迄今尚不确定。一百年来陶瓷界说法众多——而真相却只能有一种。

* "广彩"是按后期加工和出口地点,最多再加上彩绘风格而命名的。如果按照中国传统的釉彩分类法,广彩究竟是什么彩——"古彩"③?粉彩?珐琅彩?

* 其中广彩同明代五彩,尤其是"嘉万五彩"和进口珐琅彩的关系则不仅未被学者们认真地探讨过,甚至鲜少被注意过。

广彩之最突出的艺术特点是大红大绿,织金彩绘,靓丽鲜明,风格独特。中国人在传统上是比较喜爱由大红、大绿和金彩组成的鲜艳色调的,但对广彩,却并不投以青睐。而西方人则反是。习惯上和传统上,西方人并不特别喜爱大红大绿,而大红大绿的广彩却颇受西方一般人欢迎。

这是非常有趣的一种鉴赏和美学现象。

关于广彩,存在着不少学术问题值得注意和探讨。但对广彩作全面介绍和研究不是本文的任务,而只考论以下几个问题:

* 一个是广彩究竟创烧于何时的历史问题,
* 一个是广彩同举世闻名的珐琅彩的关系问题,
* 一个是广彩同明代后期五彩的关系问题。

第一个问题已经是众说纷纭,而后两者学术界则鲜少论及之。

## 二 陶瓷界对广彩始烧年代的众多说法和趋势变化

中国的陶瓷学著作,专门涉及"广彩"而写在民国之前的,尚没有见到。

成书于嘉庆年间的陶瓷学名著《景德镇陶录》,曾极其简单地提到"广彩""绚彩华丽"的特点,但又将其误为"广窑"陶器。其实二者断然不同。其认为

---

① 冯素阁:《广彩瓷器》,文物出版社2004年版。
② 《广彩瓷器面临失传危机》,新华网广东网站,2004年3月1日。
③ 各书和相关的文章对于"古彩"之一般的说法均为:"古彩"即"硬彩",亦即"五彩"。相关的书目和文章目录不胜枚举,此处从略。

"景德镇唐窑曾仿之"①。但参照该书上文,唐英仿造的其实不是"广彩"器,而是"广窑"器②。

成书于1911年的《匋雅》一书,虽然很多次涉及"广窑",但却并非是指"广彩"③。其中真正涉及"广彩"的,只有"嘉道间"广州十三行鸦片烟馆使用的茶碗。似乎"广彩"是嘉道间才出现的,并且是景德镇的产品。

这当然不正确。

真正对"广彩"加以介绍和准确描述的,是成书于民国初年的《竹园陶说》,作者刘子芬是广州人。他说:

> 海通之初,西商之来中国者先至澳门,后则径趋广州。清代中叶海舶云集,商务繁盛。欧土重华瓷,我国商人投其所好,乃于景德镇烧造白器,运至粤垣,另雇工匠仿照西洋画法加以彩绘,于珠江南岸之河南开炉烘染,制成彩瓷,然后售之西商……
>
> 《陶雅》则称或谓嘉道间广窑瓷地白色略似景德镇所制,审其所言,实即粤人所称"河南彩"或曰"广彩"者。盖其器购自景德镇,彩绘则粤之河南厂所加工者也,故有"河南彩"及"广彩"的名称。此种瓷品始发于乾隆盛于嘉道。④

把"广彩"这一概念记载下来并给予其内容以正确阐述的,刘子芬应是历史第一人。

文中"河南彩"显然是广州人的称呼,即刘子芬所说"粤人所称"。而"广彩"则显然是广州以外——例如景德镇瓷业——的称呼。现代广东行内多称为"织金彩"。

但他说广彩"始发于乾隆",则已被后来人所纠正。

现代陶瓷学界多认为广彩创烧于雍正年间。

耿宝昌先生说:"由传世品证实,其制作始于雍正,乾隆、嘉庆时大量生产,是当时外销瓷的主要品种。素胎由景德镇烧制后运往广州彩绘纹饰,制成后直接销往海外,故称'广彩'。"⑤

耿氏从其所见到的实物鉴定出发,认为广彩生产"始于雍正"。

---

① 蓝浦:《古窑考·广窑》,《景德镇陶录》卷七。
② 蓝浦:《仿古各釉色·广窑釉》,《景德镇陶录》卷三。
③ 见寂园叟陈浏著《匋雅》卷下。
④ 刘子芬:《竹园陶说》《广窑(附广彩)第六》。
⑤ 耿宝昌:《明清瓷器鉴定·清代部分》,台北学苑文化事业出版社(未见出版年月),第92—93页。

由余继明、杨寅宗主编之《中国古代瓷器鉴赏词典》说:"广彩,雍正、乾隆、嘉庆时期生产的一种外销瓷。"①

这里,其字面的意思应是说,广彩始于雍正,中经乾隆终于嘉庆。显然欠妥。

而上海的汪庆正先生则说:"清初,欧洲贾舶与我国通商已频繁,惟限于清廷之规定,仅在广州互市。欧人重华瓷,我国商人乃于景德镇烧造白瓷,运至广州,另雇工匠,仿照西洋画法加以彩绘,于珠江南岸之河南②开炉烘染,制成彩瓷,故曰'广彩'。"③

汪氏书中只说"清初",但未确切指出究竟是什么年代。不过,我们需要了解,在陶瓷界,所谓"清初"的"初"字是一个极为特殊的时间概念,同描述历朝历代所使用的那些个"初"字概念的意义迥不相同。

这是一个十分奇怪而又十分有趣的现象。陶瓷界的所谓"清初",竟然包括了至少从顺治元年清军入关的1644年直到乾隆六十年传位于嘉庆的1795年,共151年④。而整个清代的历史,从清军入关建立全国政权到1911年辛亥革命推翻清朝统治,总共才267年。也就是说,所谓"清初"这个时期,竟然包括了有清一代近60%的历史时期。

由汪庆正先生作序而又影响颇大的《清代瓷器赏鉴》一书中的"清初"时期,就正是这样划分的⑤。

蔡国声先生曾著文论及广彩问题。⑥ 文中有"广彩瓷器大宗出口……时间仅在清康熙以后"的说法,但紧接着却又有"康熙始海禁开放⑦……广彩的销售相当兴旺"和"康熙时期以红绿彩为主"等语。蔡文未明确指出广彩究竟始于何时,而其前后说法又颇难相容。不过他似乎是认为广彩始于海禁开放以后的康熙中期。

更加权威的《中国古陶瓷图典》一书,也没有说广彩创烧于何时。仅说"盛行于清代雍正、乾隆时期"。它在下文又说:"(广彩)是清朝规定欧洲商船

---

① 余继明、杨寅宗主编:《中国古代瓷器鉴赏词典》,新华出版社,1992年3月版第105页。
② "珠江南岸之河南",有语病,"之河南"三字,衍,应删。此话原出刘子芬,见上引文。
③ 汪庆正:《简明陶瓷词典》,上海辞书出版社,1992年4月第一版第4次印刷本第13页。
④ 见钱振宗主编之《清代瓷器赏鉴》(香港中华书局和上海科技出版社1994年香港出版本第5页、第12—21页)等书。
⑤ 这种划分法的不合理性是显而易见的,但并非仅关陶瓷学界,亦与清史学界和通史学界紧密相关,拟以后专文详说之。
⑥ 蔡国声:《中国瓷器迷老外,清代初期的出口瓷》,见 big5.xinhuanet.com,2003—6/25。稿件来源注明《新民晚报》。
⑦ 不知是否指康熙二十三年(1684)?

与我国通商只能在广州互市的条例限制的产物。"①

这能引出广彩创烧于康熙时期的结论么？

近年又有：

（广彩始于）"康熙中晚期至雍正早期，至今三百多年历史"② 之说；而"（广彩）始创于康、雍年间"③ 的说法，似亦可归入此类。

其他还有：

> 广州彩瓷始于明代的广州三彩，到清代发展为五彩，并在乾隆年间逐步形成独特的艺术风格，至今已有三百多年的历史。④

此说在网络上流传颇广。但：

"广州彩瓷"是"广彩"么？什么是"广州三彩"呢？

广州三彩始于明代，明代历史长达276年，具体又是始于什么时候呢？有什么证据存在么？

而"广彩"究竟又是创烧于何时呢？……

广东博物馆的陶瓷学者冯素阁女士则认为广彩始于康熙时期。她说：

> "广彩"始于清代康熙晚期……
> 康熙中晚期，至雍正早期，是广彩的初创阶段。⑤

究竟是"康熙晚期"还是"康熙中晚期"？行文不能两说。

冯素阁氏把广彩始烧的时间明确地提前到康熙时期。这是关于广彩学术研究的一项发展。

综观诸家和诸书之说，有两点值得注意：

  \* 广彩始烧的年代不仅尚未能够被确认，而且距离真相被彻底揭开的时间，似乎还颇为遥远。本文不拟对各种说法一一评论，但有一点可以确定：说法的众

---

① 《中国古陶瓷图典》，由冯先铭先生任主编的《中国古陶瓷图典》编辑委员会编，文物出版社1998年出版。上述引文见该书第67页。

② 见《"广彩瓷器精品展"今日开幕》一文，2001年12月29日报道，作者未详。这个观点可能是依据冯素阁女士的见解。该文见 www.gdtzzs.gov.cn/front/displayGdTodayDetail.jsp? id = 2273&titlecon = 1 等。

③ 《明清瓷器》，载 www.tourernet.com，作者未详。

④ 《广州彩瓷面临失传危机》，见 www.gd.xinhuanet.com 2004—03/01 和《广瓷简介》见 www.863ok.com。

⑤ 冯素阁：《浅说广彩瓷器》，2005年8月26日。此处据 www.gg-art.com/hundred/viewNews.php? newsi。

多说明研究的欠缺，但也说明研究之开始发展和繁荣。

＊关于广彩创烧年代的见解，从《匋雅》模糊的"嘉道"时期，到《竹园陶说》明确为"始发于乾隆"，经耿宝昌的"始于雍正"，和蔡国声模糊的康熙时期，最后到冯素阁明确的康熙"晚期"或"中晚期"。"广彩"创烧时间之逐渐提前的趋势在百年间明显而且稳定。

## 三 广彩始烧年代可以追溯到康熙早期或顺治年间

其实，广彩始烧的年代定然早于雍正，甚至可以推到顺治年间，至少不会晚于康熙初年。这可以从历史资料和传世实物两方面来论证。

现在先看历史资料。

（一）欧洲在长期追求青花瓷之后应开始转向彩瓷

在西方人关于中国瓷器的概念中，有一个十分响亮的名字，叫做"克拉克瓷"（Kraak porcelain）。欧洲人对克拉克瓷的特点有很多详细的文字描述，而对中国人而言，只要知道它主要是指明朝后期——尤其是万历时期——的出口青花瓷，青花图案的形式多为叶状形辐射开光（Foliated radial panels）便能很好地理解是怎么回事了。

欧洲人一般相信"克拉克瓷"这个称呼源于此前长期从事海上运输和贸易的葡萄牙"商船"（Kraak 或 Carracks）[①]。1602 年和 1604 年，新崛起的海上霸主荷兰（Dutch Republic）捕获了两艘葡萄牙的（Portuguese）——曾经长期居于海上两大霸主之一的葡萄牙此时已经没落——装满这种瓷器的货船 San Yago 和 Santa Catarina，并且立即将瓷器拍卖。从此，在欧洲，国王、贵胄和富人都以收藏和展示中国瓷器为荣。据说到了 1609 年，欧洲人已能破解中国青花瓷制作的秘密，开始自己仿造。

这里有一个重要问题：此时的西方世界，是否已经进口、究竟有没有见过、喜欢不喜欢中国的五彩瓷呢？这——无论是从明代烧制五彩瓷的工艺之成熟和规模之巨大来说，或者是从五彩瓷美丽和华贵的程度来说，抑或是从美学和艺术鉴赏的角度来说，答案都应是肯定的。也就是说，西方人不仅追求和收藏中国的青

---

[①] Kraak，也拼作 Carrack，或 Carague，或 Carraack，当是欧洲不同语言的音译拼写所造成的差异。据说该词可能是阿拉伯语"商船"在葡萄牙语中的派生词。这种船在欧洲用于海上运输和贸易，当然也用于运送中国向西方出口的青花瓷器。从而派生出"Kraak porcelain"（克拉克瓷）一语。但也有人认为 Kraak 源自丹麦语中的动词"kraken（碎裂）"。还有人认为该词源自荷兰人用来放置青花瓷的一种带搁板的橱柜。本书作者猜测：后两种涵义应该是第一种涵义的派生。

花瓷，更会开始追求和收藏中国的五彩瓷。关于西方贸易史的相关统计数字也反映了这种事实（详下文）。

西方人从中国进口青花瓷，也进口彩瓷。但在17世纪前半期，即从明后期到清初期，青花瓷是中国向西方出口瓷器中的最大宗。这从当时流行欧洲的"克拉克瓷"一语主要是指中国的青花瓷而不是指彩瓷即可说明。

经过半个世纪两三代人的过程，随着日本瓷的大量出口和波斯以及西方的仿制，欧洲人对东方瓷器的兴趣从青花瓷向彩瓷转移，也是自然的。

(二) 南方长期内战和海禁是创烧广彩的历史机缘

但在1644年前后，中国发生了西方人所谓的"内战"（"Civic War"[①]）。

这次内战所持续的时间过程很长，对中国南方的江西、广东和东南沿海地区就更长了。

比如广州，顺治三年（1646）时曾被清军（李成栋[②]军）攻陷，不久又随李成栋叛归南明桂王。1650年广州被尚可喜帅清军再度攻陷，并遭屠城。20多年后的1676年，尚可喜之子尚之信参与三藩之乱，1680年失败。此时已经是康熙二十年矣。

在此期间，江西也有着同广州大体类似的情况。

频繁的内战会造成景德镇瓷器生产的萎缩，也会造成中国瓷器向西方出口的严重萎缩，甚至中断。例如，清军二次攻陷广州之前，广州军民奋勇抵抗了10个多月，城破后，清军屠城，被杀者达10万人以上。广州的对外贸易显然会因此而中断相当一段时间。

在这个时期，先是景德镇陶瓷对整个中国北方地区的销售，包括宫廷用瓷，必定会大量减少。随后对东南沿海的销售，对中南地区和西南地区的销售，也必定大量萎缩。

在这场内战期间，在清顺治十三年的1656年，朝廷宣布实行海禁。只允许广州一地为全国对外贸易的唯一口岸。

这当然会造成中国的瓷器出口贸易锐减，但同时也会造成广州对外贸易的急剧繁荣。

西方人大量需要的中国瓷器，除了从广州进口和在欧洲就地生产之外，也开始从日本大量进口。一时之间，日本取代了中国向西方出口瓷器的地位。

---

① 按：西方人所说的中国这次"内战"，是指明末的农民战争，明王朝的灭亡，清王朝的建立和统一以及平叛和收复台湾这段持续了半个多世纪的历史过程。

② 李成栋（？—1649），其本人从农民起义军出身，先降明、后降清、再叛清拥戴南明政权，从广东攻入江西。1649年战败溺水死亡。见《清史稿》卷二四六《列传》第三十三"谭泰传"等。

这次内战时期，陶瓷界特别称之为"过渡期"。

景德镇瓷业生产的萎缩和广州出口贸易的繁荣是促进广州人急迫地创烧广彩瓷器以适应出口需要的历史条件。

长期经受了国际贸易陶冶的广州人，很快便创造出从景德镇订购素胎白瓷，运到广州，然后按照西方人的喜好，采用西洋油画的技法，甚至使用西方的颜料，在广州就地加工炮制，随即出口来赚钱的新贸易方式。这当然就是所谓"广彩"瓷器之滥觞了。这种产品因为很受西方人的欢迎而迅速发展和进步，直到直接按西方人的订单和画样制作和大批生产，在康熙后期、雍正、乾隆和嘉庆时期繁荣昌盛。

这就是说，广彩瓷器的生产应在严格意义上的"清初"时期就已经开始并走向成熟，而不会迟至雍正时期才开始。我们的严格意义上的"清初"是指从顺治年间到康熙初年。更具体一点则是指海禁时期，即从顺治十三年到康熙二十二年之间（1656—1683）广州之作为中国唯一对外贸易口岸而促使那里的进出口迅速繁荣昌盛的时期。

（三）西方统计若可靠便成为广彩创烧时间的铁证

"据国外有关档案的统计，从荷兰东印度公司建立到康熙三十四年（1602—1695）贩运到欧洲的中国瓷器约 2000 万件，包括明清时期的青花、五彩及广彩瓷器。"这段话是从冯先铭先生的著作里引来的[①]。

倘若这个统计资料来源无误的话，则说明广彩瓷器至少在康熙三十四年（1695）以前已经大批生产并出口到欧洲。如此，则广彩始烧的时间自然会追溯到康熙早期和顺治时期。

也就是说，这个统计所列种类中关于广彩的资料如果确实可靠的话，便可成为广彩创烧时间的无可动摇的一项铁证。因为既然康熙三十四年以前，广彩瓷器已经大量的出口到欧洲，则其始烧的时间不可能晚于康熙早期甚至顺治时期，其成熟——即形成自己独特的风格——的时间也不会晚于康熙早期。

当时的社会变化是慢节奏，技术的发展也是慢节奏，交通更是不方便，既然广彩瓷器在康熙三十四年以前已经大批生产并被运送到欧洲，那么其开始生产的时间，一定会比这个下限更早许多年。

如果再考虑到清朝政府征服南明几个政权的战争（顺治元年—康熙二年，即西元 1644—1663 年）和平定三藩之乱的战争（康熙十二年—二十年，即西元 1673—1681 年）以及收复台湾的战争（1661—1683 年）等诸因素，那么，广彩

---

[①] 冯先铭：《荷兰东印度公司与中国明清瓷器》，收入《古陶瓷鉴真》一书，北京燕山出版社 1998 年版，第 360 页。

从发明，开始生产，趋于成熟，再到大批量生产，再运到欧洲的整个过程，显然不会太短。30—40 年的过程应该是需要的。

这个时间段同我们上述从历史角度所作的推断极有可能是完全一致的，但最低也应是基本吻合的。

另外，笔者曾就广彩开始生产的时间同孙学海先生交谈过[①]。他说，就他所见到的广彩实物而言，最早的是康熙时代的产品。孙先生的说法同我们"严格意义上的'清初'"的论断也是一致的。

## 四 一件广彩大盘为我们提供了什么新的信息

现在来研究一件传世实物——广彩六扇形开光绘花鸟树蝶和贵族庭院人物图大盘——看看它会为我们提供什么新的信息。

此盘盘口直径 40 厘米。圈足直径 23 厘米。盘壁净高 6.5 厘米。

见彩图 05—10—01。

笔者认为，此大盘应为顺治到康熙早期的产品。其依据如下：

（一）特殊的胎质和釉面特征说明它是清初的产品

① 造型规整而不够十全十美，显得朴拙。盘面硕大，而盘口稍有一点走形。

透过任何地方的釉层都看不到旋纹，即胎体未曾经过旋削。这点同康熙时代成熟产品有所区别。即同康熙中期以后的产品之胎体多经旋削而带有镟纹有所区别。

胎体坚硬、致密。上手明显有厚重之感。

圈足无釉处呈橘红色。圈足内、外之胎与釉相接处，形成橘红色泽更深的不规则圈线。这是清代早期景德镇所烧瓷器的火石红之自然色彩。没有人工作伪的痕迹。时间越早，火石红的色泽可能愈深。

② 胎体经过认真的修削，但如上所说，没有发现那种在康熙瓷器上通常都会见到的因为修胎而留下的整齐而细密的镟纹。

圈足经过从内、外两边进行修削，刀痕的棱角相当明显，整个圈足的形状略成尖圆形。但同康熙后期开始的那种所谓的"泥鳅背"圈足，尚有很大的距离。而且圈足的修削是在上了白釉以后才进行的。

③ 大盘内、外的釉下，均有类似开片纹那样的裂纹。裂纹细且长。在盘的外壁呈环状分布。

但内壁的几条，则呈放射状分布。因为这些裂纹并不互相交织，故没有形成

---

① 2004 年 3 月 5 日于美国洛杉矶。

类似哥窑或官窑瓷器上的那种裂纹互相交织的开片。

但是，沿着这些釉下的裂纹，火石红物质从胎体向外渗出的痕迹非常明显，形成许多不规则的棕红色线条。这是这只广彩大盘极为特殊的地方，也是一种罕见的特点。这样的从釉下透出火石红痕的长纹，显然是在入窑烧制的过程中形成的。这些特征应该在清代极早期的瓷器上，才有可能出现。

④ 该盘白釉的釉面上，分布着许多大大小小的黑疵。这也是顺治到康熙时代景德镇瓷器的一种特点。釉面——尤其是盘的外底部的釉面——可以见到很多细小而深度直达胎骨的棕眼。

在这些棕眼的周围，有更多的火石红物质渗出，在釉下形成片状分布。这更是那个特定时代的瓷釉的特点。后代的仿品，包括现代的仿品，虽刻意追求之，但似乎均无法达到这种效果。这也是时代的重要特征。

见彩图 05—10—02。

（二）彩虹光的宽度说明其为康熙中早期的彩绘

① 此盘外壁不施彩绘。内壁的彩绘则相当复杂。整体设计为花形辐射六开光。这同欧洲人所熟悉的、明后期出口到西方的、青花"克拉克瓷"的样式类同。

大盘的中心则在小块圆形开光内绘花鸟图。

周围以金彩绘宽圈线，外围绘六只美丽的蝴蝶图案。

然后将整个盘壁以红花绿叶和勾云纹作六等分隔成为辐射状扇形开光。分别间隔着绘三幅花鸟树蝶图和三幅贵族庭院人物图。

三幅花鸟树蝶图，布局和彩绘大体雷同，但差异甚多。三幅贵族庭院人物图也是这样。虽每幅均为六人，但人物的位置和姿态并不相同。

整体上彩绘（花树、鸟雀、蝴蝶、庭院、门窗栏杆和人物的衣饰等）属于工笔画。只是人物的面部五官显得稍微粗率一些。

人物均着明装，每幅有六人，一男戴明式官帽。是故应属于明代的官宦之家。

② 彩绘所施用的釉彩甚多，计有金红、铁红、黄彩、绿彩、蓝彩、黑彩、白彩、金彩等品种。每种釉彩又分出不同的色阶。其中的蓝彩和金彩用得较少。而整个彩绘可谓色彩丰富，大红大绿，对比强烈，画面鲜艳。

整体绘画属于中西结合，虽可视为东方题材，但油画的效果极为强烈，尤其是花鸟树蝶图，更像西方油画。

见彩图 05—10—01。

往下考察，这种色彩和图案的同类瓷盘，后来成为广彩的传统样式。在 18 世纪、19 世纪、20 世纪的产品上都能见到。

只是后来者，无论是规格、釉彩和画工，实在是等而下之太多，无法与此盘之精致的绘画相比拟。

后世盘的规格逐渐趋小；六开光有时减为四开光；贵族庭院人物图，从六人减为五人，甚至四人；庭院也越来越不像贵族之家。

而往上追溯，则六扇形开光的图案设计，在明代的"克拉克"青花瓷器中，早就相当常见。

因此，这只广彩大盘，其图案设计，具有承上启下的意义。

③ 迎光而视时，彩色釉面上反射出美丽的彩光，即所谓"蛤蜊光"。

白色釉面上也可以看到这种彩色光泽，呈条斑状。

更为奇异的是，在彩釉周围围绕着彩釉的白釉上还有彩虹一般的美丽光晕。本书特称之为"彩虹光"。此盘的彩虹光幅度很宽，从 0.5—1.5 厘米者均有。

自然形成的蛤蜊光，无论哪一种，都是瓷器年龄的象征。但随着中国文物古董造假的风起云涌，彩釉釉面蛤蜊光已被仿造，只是仿造得不好。

而白釉上的条斑状蛤蜊光按道理应可仿造，而实际则尚未见到成功者。

彩虹光则更未见到有能够成功仿造者。

康熙彩瓷的彩虹光带有典型性，并且几乎带有普遍性。康熙以后的彩瓷，如雍正时期，嘉庆时期，甚至同治时期和光绪早期的某些彩瓷，有时也可以见到彩虹光现象。但那些彩虹光的光带之宽度，比顺治、康熙时期的，可要差远了。

就本盘彩虹光之彩虹带的宽度而言，它至少应是康熙早期的产物，而且应该不会晚于康熙中期。

见彩图 05—10—02。

如果把此盘定作康熙早期产品的这个结论没有错误的话，那么既然康熙早期已经有这样成熟而精致的广彩产品问世，其始烧的时期岂不更早些。这同上述广彩始于顺治时期，最晚不会迟于康熙早期的论断，同样也是吻合的，甚至可能是完全一致的。

## 五 广彩瓷器同其他几种彩瓷的关系需要再研究

"广彩"，作为一个概念和名词，它的命名原理十分特殊。同中国其他的彩瓷，如五彩、斗彩（此处含青花五彩[①]）、粉彩、珐琅彩等等的命名原理，可以

---

① 按照今天陶瓷学界的划分标准，斗彩和青花五彩是有严格界限的，主要是根据它们使用青花彩料之方式不同的缘故。斗彩只把青花作为图案的轮廓线使用，而后者则是把青花作为一种蓝色彩料使用。但如果我们只把焦点定在釉下彩和釉上彩相结合这个层次，则二者就没有区别了。

说完全不同。五彩、斗彩、粉彩、珐琅彩等①的命名原理，均是根据它们的釉彩种类和施彩方法来命名的。惟独广彩不是，广彩是根据其最后的加工地点和出口港来命名的，后来则更以其特别的装饰图案和风格而著名于世。

因为广彩瓷器是在景德镇先烧制素胎白瓷，再运到广州彩绘和烘烤。因此广彩中没有，也不可能有斗彩和青花五彩应该是可以想见的。

如果我们现在也从釉彩的种类和施彩的方法来探讨广彩，那么它应该是什么彩呢？"古彩"？粉彩？珐琅彩？还是三者都不是，抑或是三者兼而有之？

根据本文作者所知，就釉彩的种类和施彩的方法而言，广彩瓷器上明显可以发现古彩，如铁红，也可以发现珐琅彩，如洋红（胭脂红、金红）等，当然也能发现粉彩。这就是说，广彩是古彩、粉彩、珐琅彩兼而有之。

其中最值得注意和最值得探讨的，是关于广彩瓷器上所使用的珐琅彩同一般所说的清宫珐琅彩瓷器之间的关系问题。

本文原本打算单辟一节将这个问题说清楚，但却突然发现这个计划难以实现，也就是说，决非短短的一节文字所能胜任，其理由是：

\* 关于珐琅彩的书籍和文章，虽然可以说已经汗牛充栋，而多年以来，笔者也确实读过相当多这方面的资料，其中包括各大名家的论述，但却仍觉不够清晰和明确，故需要再花一番功夫，再作进一步的探讨。然后才能论说清楚。

\* 原还以为，这种情况的出现，或是因为本人悟性不高的缘故，但有一位和中国瓷器打了30年交道，做古董生意并热爱读书研究相关问题的人，对究竟什么是珐琅彩这个问题，也是不甚了了。还有两位朋友，自己都以为对珐琅彩颇为了解，甚至也能把一些珐琅彩从五彩和粉彩中区分出来，但深聊起来，觉得距离问题的解决依然很远。

\* 作者长居海外，对中国国内情形不够熟悉，曾以为珐琅彩的问题应该已经解决，但现在读到署名"萱草园主人"的一篇网路文章说："……不少网站和网友仍然对珐琅彩瓷器的介绍和认识不清，有的甚至是错误观点。"②

鉴于这些，只好决定另文专论珐琅彩的问题。

不过如果我们注意到下列事实，便会很自然地得出一个结论。这些事实是：

\* 陶瓷学界一般认为，所谓珐琅彩瓷烧成于康熙后期，甚至末期③，但广彩瓷器，上面已经论述，却是开始生产于顺治时期，至迟不会晚于康熙早期。二者相差30年到40年的时间。

---

① 中国彩瓷，严格地说，还应该包括釉下双彩和釉下三彩。釉下双彩即青花、釉里红，釉下三彩即青花、釉里红再加豆青釉。但它们和我们这里论说的广彩均无关系。

② 萱草园主人：《乾隆官窑中的罗汉图》，载于 XUANCAOYUAN.COM 网站 2003 年 6 月 27 日的网页。

③ 本书作者同意珐琅彩烧成于康熙中期的说法，但不是"宫苑珐琅彩"，而是非宫苑珐琅彩。

那么，广彩上使用珐琅彩，至少如金红，广彩又以油料作为调色介质，广彩算不算珐琅彩？

＊陶瓷学界一般又认为，康熙珐琅彩瓷器的颜料，如所谓"金红"等，都是进口[①]，主要是从法国进口。而此时的陆上丝绸之路因为奥斯曼帝国的阻隔，早已断绝，进口西方货物都是从海路，即漂洋过海而来。并且都是经过广州入关。因此，广州的广彩瓷器的设计者和生产者是西洋进口珐琅彩料的先知先觉者，先得先用者。

那么，广州在制作广彩时，应不应该比北京的宫廷更早地使用珐琅彩料呢？

＊从明代开始，西洋人——包括商人、殖民者、耶稣会士和其他传教士、科学家和艺术家——都是从海路东来的。而到了清代，则更是从广州登岸，然后才进入内地的。同珐琅彩瓷器的生产密切相关的郎世宁等人，也是先到澳门、广州，后到北京的。

那么，珐琅彩瓷器上使用的西洋彩料及其调制方法、绘画技法和欧洲风格，广彩已经应用之，其设计者和生产者应不应该是先知先觉者，先得先用者和先期成功者？

## 六　本文结论

长期以来，对广彩的研究，一直是中国陶瓷学界的一个弱项。原因是广彩一直是单纯面向海外出口，本土很少，存世更少。士大夫认为俗艳而不太欣赏，故难登大雅之堂。

但广彩作为中国瓷器大家庭中一个特殊的成员而远销世界。它是广州人的一项艺术创造，且历时久远，是需要瓷学界研究的一个重要项目。

近百年来，陶瓷学界对广彩创烧的时间，从嘉道时期，陆续提前到乾隆时期、雍正时期，再推到康熙晚期（或中晚期）。但均系根据对某些实物的鉴定和判断，而缺乏科学的全面论证。

本文则依据17世纪中期的中国历史状况，即依据长期进行的明末农民战争和清初统一战争所导致的景德镇瓷业的萎缩和清政府实行海禁使广州成为唯一的对外贸易港口，以及西方追求中国瓷器已经进展到一个新阶段的历史形势，推定广彩应该是海禁时期的新产品。而西方的统计资料如果可靠的话，便会成为这一论断的铁证。

同时依据在西方发现的一只广彩大盘的胎质和釉色，以及其特殊的宽阔而美丽的彩虹光现象，判定其应为清代早期的产品。而且是广彩趋于成熟时期的

---

① 从雍正六年时起，清宫造办处才开始自制珐琅彩料。

产品。

　　这两个方面共五项——三项历史资料和两项实物现象所构成的——证据，都把广彩创烧的具体时间大体指向同一个时段，即从顺治后期开始持续到康熙前期的禁海时期。而且有可能是从禁海初期已经开始。

　　由此也得到另一个自然而然的结论：广彩瓷器上的珐琅彩和粉彩，实际上使广彩瓷器成为稍后宫廷珐琅彩瓷器以及约略同时烧制成功的粉彩瓷器的试验品、试制品、先驱者和被借鉴者。

　　现在存世的带有明确年款的粉彩实物，证明粉彩最迟在康熙三十五年时已经创烧成功，因此粉彩不可能是在宫廷珐琅彩的基础上发展起来的。但康熙三十五年创烧成功的粉彩却完全可能并且应该是在广彩的基础上创烧成功的。

2004 年 3 月 8 日初稿<br>
2009 年 5 月 6 日定稿

## 七　附录

　　附录1：对李广琪先生"说广彩"一文的简单评论

　　2004 年 3 月 6 日晚承蒙北京古玩商会董事长兼总经理宋建文先生相邀，参加了他的招待会，其间并得到他所赠送的几本《中华古玩》杂志。后来在翻阅中发现《广琪说瓷》专栏中有李广琪先生的《广彩》[①]一文。此时本文初稿已经基本完成。读完李文之后，未觉拙文需要修正。李文属于广彩知识介绍，而拙文属于学术考论。二者的题材和体裁都不相同。

　　但李文是专门论及广彩的文章，其有些说法同本文的论点有所关联，特摘录如下，并简单评论。

　　（1）李文说："从清康熙二十三年（1684）康熙大帝废除海禁之后，以广州为中心的对外贸易便蓬勃地发展起来。"下文又说："由于清政府对外互市有令，只限广州，所以当时的广彩瓷器销量十分看好。"李文同时又说："在外国，绝大多数人对纯正的中国清代宫廷用瓷了解得不是太多，而认为那些产于16世纪、17世纪、18世纪甚至是19世纪的广绘彩瓷才是传统的中国清代文化。"该文还说："广绘彩瓷在中国有着近300年的历史……"

　　李氏此文中的说法问题颇多，例如：

　　他为广彩的始烧年代提出了两两之间互相矛盾的三种说法：

　　\* 如取康熙三十四年即"1684年"之说，则早已超过300年矣，而不是近

---

[①] 李广琪：《广彩》，载《中华古玩》2003 年第 4 期，第 25 页。

300 年；

＊ 如取"16 世纪"之说，则更达 400 年—500 余年矣。因为所谓 16 世纪是西元 1500—1599 年，或者 1501 年—1600 年；

＊ 如取"近 300 年"之说，则最早也不到 1704 年（康熙四十三年）——即使如此，所谓广彩瓷器仍然早于学术界主流意见的雍正之说。

不知李文何以会出现此种行文之忌讳！

另外，其所谓"传统的中国清代文化"，并不涉及 16 世纪，而是从 17 世纪中期才开始的。

（2）但李广琪氏又说："（广彩）第一阶段是以进口彩料为主，开创了中国粉彩瓷业的历史先河，这个时期的广彩加工业主要以从法兰西进口的珐琅原料为主……"

这些说法同拙文的某些论点已经相当接近，可以说只差一纸之隔而已。

只是，李文没有进行论证。是故，他的说法中之合理的部分只能看作是诸多矛盾说法中的一种"闪光和推测"而已。

他又说："广彩除了吸收中国的古彩、三彩、五彩、粉彩等精湛的技法外，还大量吸收了珐琅彩及西方绘画技法……"

传统上"古彩"就是"三彩"和"五彩"。

既说广彩"开创了中国粉彩瓷业的历史先河"——本书作者特别欣赏李广琪氏此一说法——又说"广彩""吸收了""粉彩""精湛的技法"。它们相互间也是有矛盾的。因为依照前半句，粉彩还没有出现。哪来"精湛的技法"可以供广彩"吸收"？不过如果说粉彩一经成熟和昌盛之后，广彩又吸收了粉彩的技法，则是可以成立的。开创和反过来吸收，只能是先后两个历史阶段的事，而绝不会同时发生和共存。

（3）李广琪氏说："从清康熙二十三年（1684）康熙大帝废除海禁之后，以广州为中心的对外贸易便蓬勃地发展起来。"

在这点上，我的看法刚好相反，广州是在这之前，在顺治十三年实行海禁之后，广州作为唯一的对外口岸，外贸迅速而猛烈地发展起来，而广彩则很可能在这个时期顺势而起，甚至更早。

2004 年 3 月 13 日

附录 2：不是广州学北京，而是北京学广州

广彩起源的时间不可能晚到雍正年间，有以下三点理由：

（1）存世的广彩实物，至少产生于康熙时期。本文介绍的这只大盘是一个铁的证明。证明广彩瓷器的起源早于雍正，有此一只大盘的存世就足够了。何况

孙学海先生告诉我，他鉴定过的最早的广彩瓷器也是康熙年间的产品呢。

那么有没有可能这些广彩器的瓷胎是在康熙年间烧成，而彩绘和二次入窑再烧是在雍正时期呢？逻辑上当然存在着这种可能性，但就本文介绍的这只大盘来说却不是。因为它的彩绘和二次烘烧，也是在康熙时代早就完成的。

（2）既然广州是唯一开放对外贸易的口岸，当时又是西方人进入中国的门户，也是西方人到达中国最近又最方便的城市，对于珐琅器物和珐琅彩来说，广州必然得风气之先。北京宫廷的珐琅工匠早期多是广东总督奉命从广东选拔派送进京的。如雍正六年（1728）因病被送返广东的林朝楷等。林朝楷是官府和宫廷包养的画珐琅工匠，技术高超。当时执政的职权相当于总理的怡亲王，曾令人行文知会广东总督，说林朝楷是"有用之人"，回广东老家养好病再送来北京[1]。

唐英向怡亲王启奏林朝楷罹患痨病需回广东养病一事时，说林朝楷是郎世宁的徒弟[2]。说明郎世宁当时在珐琅作的工作，可能类似于画珐琅的艺术教习，且像在如意馆教授一批中国学生学习西洋绘画一样，在珐琅作也教有一批中国徒弟学习画珐琅。林朝楷便是其中之一。但林朝楷的画珐琅技艺显然在被广东总督选送北京之前，已经相当精湛，不然的话便不可能中选。林朝楷在珐琅作作为郎世宁的徒弟，应该主要是向郎氏学习西洋油画等的绘画技巧。

林朝楷何时进京不清楚，有鉴于后来选进珐琅作的许多工匠都有档案记载而不见林朝楷的名字，推测他进宫的时间应该更早些，早在康熙末年，当然也有可能更早些。

既然他在进京之前已经技艺高超，而他当然又有自己技艺高明的师傅。这说明广州的珐琅和画珐琅产生的时间肯定比北京早得多。

（3）京师制造画珐琅瓷器是将景德镇烧成的白瓷运到北京绘画加工，二次入窑再烧制为成品，即所谓"瓷胎画珐琅"。

而广彩瓷器则是将景德镇烧成的白瓷运到广州彩绘加工，二次入窑再烧制为成品出口到西方诸国。

二者的彩绘烧制过程如此雷同，那么它们是各自孤立发展起来的，还是应该谁借鉴谁呢？如果有先后和借鉴的话，可以说不是广州学北京，而是北京学广州。

北京运来景德镇上好白瓷制作珐琅彩瓷是在皇家宫苑之内进行的，外人不得而知，不得而窥，想学也无从学起。而广州制作广彩应该是公开的，一般人都可

---

[1] 参见《养心殿造办处各作承做活计清档》雍正六年七月十一日记载。引文转引自鞠德源《郎世宁年谱》，载 www.jdyhome.com/yieshu/yieshu.asp。

[2] 参见《养心殿造办处各作承做活计清档》雍正六年八月二十日记载。引文转引自鞠德源《郎世宁年谱》，载 www.jdyhome.com/yieshu/yieshu.asp。

得而见之，可得而学之。

在那个历史时期，广州人对西洋的新鲜事物，一切都能得风气之先，并能迅速学习之和利用之来谋取商业利益。北京的宫廷屡次要广东选送画珐琅人才，宫廷的许多珐琅设计要到广东订制，都充分说明这一点。

要之，在清代初年时期，广州因为具备特别优越的历史、地理、政策、贸易诸条件，金属胎珐琅器的生产在广州最早形成规模，水准也一直最高。

广彩瓷器的生产至少早在顺治到康熙早期已经开始。并且已经趋于成熟和形成独特的风格。

广彩瓷器上出现了最早的画珐琅釉彩和西洋画技，因此，在某种意义上，或者毋宁在一般意义上说，广彩瓷器是中国最早的一个品种特殊的珐琅彩瓷器。珐琅彩料的进口同调色油料的进口、彩绘技术的进口如果不同步，则中国工匠按传统工艺，可能会用水或胶作为调色介质，这就产生后来所谓的粉彩。

写于 2006 年 6 月 9 日—6 月 12 日

**附录 3：潘淳在康熙末年并不能制造桃红珐琅彩料**
《广州市志·工艺美术工业志·第四章 织金彩瓷业》：

> （广彩）17 世纪中后期，大部分使用五彩的红（干大红）、麻（红黑配成的深赭石色）、黑、金和珐琅彩的月白、黄、粉绿等 9 种色料。后潘淳研制出桃红（金红），丰富了珐琅彩的颜色。[①]

其中所说发明了桃红（金红）的潘淳，是康熙中后期人。广东巡抚杨琳在康熙五十五年九月二十八日的奏折中曾特别介绍此人：

> 广东人潘淳能烧法蓝物件，奴才业经具折奏明，今又查有能烧法蓝杨士奇一名，验其伎艺，较之潘淳次等，亦可相帮潘淳制造。奴才并捐给安家盘费，于九月二十六日，……法蓝匠二名、徒弟二名，俱随乌林大、李秉忠起程赴京讫。再、奴才见有法蓝表、金刚石戒指、法蓝铜片画、仪器、洋法蓝料、并潘淳所制法桃红颜色的金子搀红铜料等件，交李秉忠代进。尚有已打成底子未画、未烧金钮杯，亦交李秉忠收带，预备到日便于试验。[②]

---

[①] 转引自《康熙珐琅彩瓷》一文，见 jiyvonnemaomao.spaces.live.com/ - 322k，原作者不详。
[②] 此处转引自萱草园主人网站文章《康熙、雍正、乾隆朝瓷胎画珐琅历史档案资料》一文，见 www.xuancaoyuan.com/GuanYao/Qing/FaLangCai/ZiLiao/NianBiao.html。

杨琳奏折写在康熙五十五年九月二十八日。

但是，如果《广州市志》的关于"潘淳研制出桃红（金红）"的说法仅仅是依据杨琳奏折而没有别的史料，恐怕是误解了杨琳奏折的原意。因为杨琳奏明皇帝的是"潘淳所制法桃红颜色的金子搀红铜料等件"，是金属珐琅的成品，而不是潘淳已经会烧炼和制造金红珐琅彩料。

潘淳进京后的情况亦可说明这一点：

* 这个潘淳，在进京后，并没有帮助宫苑炼成瓷胎画珐琅用的任何彩料，更不必说金红料了。"清档"中没有关于潘淳曾经从事此类事情的蛛丝马迹。
* 事实上，根据"清档"的正式记载，宫苑炼成画珐琅彩料是迟到雍正六年六月。
* 而炼成金红料的时间可能更在这个6月之后。

所以，《广州市志》如果仅仅根据杨琳奏章说潘淳能够制造桃红（金红）珐琅料这点是不可靠的。

但本文所介绍的这只广彩大盘中有桃红（金红）彩料，说明在广州，在广彩中，金红彩料出现的时间早于潘淳的年代。最早的金红釉彩料是从西方直接引入的。

记于 2008 年 2 月 8 日

附录4：珐琅彩、粉彩、广彩、宜兴胎珐琅彩出现的顺序

广义的珐琅彩瓷器实际上包括宫苑制瓷胎画珐琅，宜兴胎画珐琅，粉彩和广彩。迄今，陶瓷学界探讨过珐琅彩和粉彩的关系，但几乎没有涉及广彩也是一种珐琅彩和粉彩的问题，也没有涉及宜兴胎画珐琅的产地和时间问题。

关于宫苑珐琅彩和粉彩的关系，陶瓷学界的普遍看法是：粉彩是因珐琅彩而发展起来的。

冯先铭说："事实上，康熙晚期在珐琅彩瓷制作的基础上已开始出现了景德镇窑烧制的粉彩瓷。"[①]

耿宝昌说："粉彩——它深受珐琅彩的影响，于康熙中期出现。"[②]

汪庆正说："（粉彩是）受珐琅彩直接影响创制的釉上彩新品种。"[③]

叶佩兰、蔡毅说："粉彩是……借鉴珐琅彩的制作方法，在景德镇创制成功

---

[①] 冯先铭：《中国陶瓷》，上海古籍出版社1995年版，第559页。
[②] 耿宝昌：《明清瓷器鉴定·清代部分》，台北学苑文化事业出版社，第52页。
[③] 汪庆正：《简明陶瓷词典》，上海辞书出版社1992年4月印刷本，第182页。

的……"①

但是，由集体编写的属于"九五"国家重点图书的《中国古陶瓷图典》没有明确地沿用上述看法，而说粉彩"是五彩进一步发展和升华的结果"②。

以上各家（除《中国古陶瓷图典》外）具体看法虽不完全一致，但在如下一点上却都是一致的："粉彩是在珐琅彩的基础上发展起来的"，即：先有珐琅彩，后有粉彩。

但是，耿宝昌先生的书中举有如下一个历史事实：

> 一些粉彩八仙人物塑像（雍正时最为流行）署丙子年款的，为康熙三十五年器，其胎、釉、彩绘等具有康熙中、晚期的风格。③

于是，问题就大了：

既然有康熙三十五年（1696）的粉彩器存世，那就成为粉彩创烧成功最迟年份的一项无可动摇的铁证。

而迄今为止，没有任何人能证明有康熙三十五年以前的珐琅彩（瓷胎画珐琅）存在。也没有任何人能举出史料记载中有珐琅彩在康熙三十五年以前确已创烧成功的资料；而是人们几乎都说珐琅彩是在康熙末年在宫廷创烧成功的。

那又凭甚么硬说粉彩是在珐琅彩的基础上创烧成功的呢？

在这点上，陶瓷界又怎能自圆其说呢？

不过李广琪说过，广彩的第一阶段，使用的是进口珐琅材料，开创了中国粉彩瓷业的历史先河④（见本文《附录1：对李广琪先生"说广彩"一文的简单评论》）。

但是，他本人没有论证。

问题还在于：

首先，陶瓷界的主流和"大家"们，并不认为"广彩"是珐琅彩。

其次，还必须证明"广彩"在康熙中期，在康熙三十五年前就已经创烧成功：在广州彩绘，而且是用进口珐琅料。

不过，迄今为止，陶瓷界的主流和"大家"们，大都认为"广彩"始烧于雍正，近年才有始于康熙的说法。

记于 2009 年 5 月 6 日

---

① 叶佩兰、蔡毅：《珐琅彩粉彩概论》，《故宫博物院文物大系》之《珐琅彩·粉彩》卷《导言》，上海科技出版社、商务印书馆 1999 年版，第 22 页。
② 《中国古陶瓷图典》，文物出版社 1998 年版，第 227—228 页。
③ 耿宝昌：《明清瓷器鉴定·清代部分》，台北学苑文化事业出版社，第 52 页。
④ 李广琪：《广彩》，载《中华古玩》2003 年第 4 期，第 25 页。

# 第六编
## 驳 论 编

第十一篇　否定辽太平二年款观音造像的理由不能成立

第十二篇　辽王朝的历史排序和辽代造像风格驳议

# 第十一篇

## 否定辽太平二年款观音造像的
## 理由不能成立

### 提　　要

　　这是一尊本不起眼的非常小型的金铜造像，半个多世纪以来一直被收藏于北京故宫博物院的库房之中，似乎从未有幸获得公开露面的机会。数十年后，终于有两位研究者——李静杰和胡国强——著文提出对该像的研究结果，但其观点不久即遭到另一位学者——金申——的驳论和否定。

　　因为双方的歧异涉及一些重大的历史史实和鉴定标准问题，而这些，并不因该像规格不大而失去其重要意义。故本文特通过考论，证明否定该像的理由之完全不能成立。并兼论现代流行的所谓"宋辽风格"和"仏"字标准在研究和鉴定辽代佛教造像中的极端片面性。

### 一　一尊小型辽款金铜造像如何引起了学术争议

　　北京故宫博物院收藏有一尊辽太平二年款观音坐像，是该院 1957 年收购入藏的。该像高仅 15 厘米，属金铜造像中的袖珍小像。黄铜质，鎏金，金的成色足，鎏金层保存状况亦甚佳。当初或有底座，但已散失。观音作男像，浓眉大眼，有胡须。双手施禅定印。头戴极为简单的单圈形冠，仅有宝冠前面所饰的化佛方显示出其为观音造像。

　　见彩图 06—11—01。

　　在此像入藏故宫以后的近 40 年间，一直被认为是辽像的赝品而备受冷落。名副其实地长期被"打入冷宫"而无人理睬。直到 1996 年，李静杰、胡国强两位先生重新对其加以研究，认为该像并非辽像赝品，随后并著文为其翻案[①]。

---

[①]　李静杰、胡国强：《辽太平二年观世音金铜像》，载《收藏家》1996 年第 4 期（总第 18 期）。下文涉及此文时略称其为"李、胡文章"。李、胡二人似皆在北京故宫博物院工作，有接触库房旮旯处这种藏品的方便条件。

李、胡文章的主要内容和贡献是：

＊首次披露了深藏宫院却长期被忽略的这尊小型造像的图片和铭文，并公布了他们初步的研究结论；否则，该像永远不被展出，外人又焉能如之何耶！

＊二人一反过去内部对此尊造像之不成文的赝品[①]认定，经过研究，该文定其为辽代佛教造像之真品，并且是一尊质量上乘的辽代金铜造像。

＊提出了其关于辽代历史和佛教造像的一些研究结论——特别是其认为该像应为大辽王朝当时在位皇帝辽圣宗的佛装造像，而正是这点后来受到反对者的严厉批评。

但该文的发表并没有说服反对派。金申先生随后在1997年发表文章，全面反驳李胡文章的论据和结论，仍旧定该像为辽像赝品[②]。

否定辽太平二年款观音造像为辽像真品的观点可以金申先生的文章为代表，其主要理由有三点：

＊风格不类辽像。该像与已知的由作者确认的其他辽代造像，风格迥异，故金氏断定它不是辽代造像，而"是典型的明代造像"。

＊铭文刻于像背。这——"首先就是对造像的不恭"；其次，因为刻款时该像的台座已失，故刻款者将铭文"只好刻在像背上"——故铭文是后刻的。

＊以"仏"代"佛"。该像铭文中将"佛"字刻成了"仏"字。金文认为："'仏'字透露出日本气息"，"这种'仏'字只有日本人才这样写"[③]。

该文关于这尊造像的结论是：辽太平二年款观音鎏金造像不是辽代造像，但也不是近代仿品。它是明代造像，或者是日本造像后来流入中国，再被20世纪初期的中国或日本的古董商人加刻上辽款。

金氏本人对这个结论的后半部分加了两个问号，说明只是怀疑、推测而并不能完全确认。

金氏这篇文章的内容和贡献在于：

＊在学术界较早地注意到并且初步论述了辽代佛教造像的风格问题。而这却正是以前的学者们鲜少着墨的，尤其是对存世极少的几尊带有辽代款铭的金铜造像，则更少有学术著作涉及之。

＊提出了"宋辽造像"、"宋辽风格"、"宋辽（的）造型"这样的在后来

---

① 此处所说的"赝品"，源于李胡文章，但同今人的一般用法，涵义有别。它不是指现在到处泛滥成灾的那种以欺世牟利为目的的文物古董仿造品。是说它不是真正的辽代时期的造像，而是后代的制品——虽然这"后代"对于今人来说也已经成为"古代"。或者说它的铭文不是原刻，即不是造像时所刻，而是后来人出于某种目的的添加补刻。

② 金申：《几尊可疑的辽代款佛像》，载《收藏家》1997年第2期（总第22期）。以下涉及此文时简称其为"金文"。

③ 以上引文均见"金文"。载《收藏家》总第22期，第55页、54页。

得到传播的概念。这些提法和概念的中心含义应该是说：辽代造像宗法宋代造像，故辽像的造型、风格，同宋代的造型、风格必定相同、相类和相似。

＊认为当时中国学术界所仅知的 3 尊（铺、组）带有辽代款铭的金铜造像都非真正的辽像，而是明代造像或日本造像再被后来的商人刻上伪款。——不过后来金氏修订了这一结论，认为它们是当时（辽代）的朝鲜王氏高丽造像而署上了辽款①。

当然，鉴于预定的任务，本文不能就"辽像风格"或"宋辽风格"这样整体性的大问题予以充分论述，而只能在此考论和完成"否定辽太平二年款观音造像的理由不能成立"这个任务。

## 二 辽代造像风格是学术上一个远未解决的问题

当今一些学者，似乎觉得辽代佛教造像的风格——尤其是辽代金铜造像的风格——问题已经解决，因而著文阐述辽像的造型和风格怎样怎样，其实，即使时至今日，学术研究也还远远没有达到这样的水准。

要论证这点，乍看之下好像很复杂，其实并不困难。现在以学术界长期流行的一些见解，如：认为历史上真的存在着统一的所谓"宋辽风格"、"宋辽造像"或"宋辽造型"② 以及认为辽文化"部分地被宋文化所同化，尤其是佛像艺术"，辽像"是在宋式的基础上发展而来"，辽模仿了宋的形式和艺术，辽像是"宋辽风格的完美结合"③ 等等——为例，兹略列理由如下：

（1）大辽王朝比北宋王朝早出现 53 年（907—960）。在这半个多世纪中，大辽王朝的所有事情同大宋王朝的任何影响，包括文化和宗教的影响，绝对不可能有任何关联。显而易见，在这半个多世纪中，大辽王朝的大量佛教造像上或任何佛教造像上绝不会出现任何大宋王朝造像风格的影子。

（2）北宋王朝建立后的 45 年中（960—1005），辽、宋两国长期敌对，双方互相攻伐，战争频仍不断。在这种战争状态下，经济交流虽难以禁绝，但规模甚小，且多属非法走私行为。而政治和文化交流则处于完全停滞状态。即使在战争中辽军俘获了大宋的百姓、工匠，其中或杂有少数懂佛像艺术和制作者，也不会为辽王朝造出典型宋式风格的佛像来。

（3）在这个阶段，历史上真的会有什么独特的"宋式风格"的佛教造像么？

---

① 见金申《散见于朝鲜的中国年款佛教遗物》一文，载《收藏家》2000 年第 10 期，第 36—39 页。
② 这些提法和概念的使用，可以金申的文章为代表。
③ 季崇建：《千年佛教史》，艺术图书公司 1997 年版，第 307—313 页。

答案应是否定的。因为一种可以同前代社会和周围世界相区别的特殊文化形态、一种艺术风格、一种宗教造像法式的自然形成——如果不是文化入侵、强制灌输或直接引进的话——则需要较长的时间。贯穿这个阶段的始终，那所谓"宋式风格"，恐怕还没有足够的时间形成，至少是还没有成熟。在这种情况下，谈什么佛教造像之统一的"宋辽风格"和宋文化对辽文化的同化，应该距离梦话呓语不远吧。

（4）当时的大辽王朝由于军事强盛，疆土辽阔，统治稳固，心理上非常轻视北宋王朝，包括政治、军事、文化等等。辽王朝的统治者自认继承了中华文化的传统，特别是大唐王朝的文化。例如在制定法律时，他们有意识地继承、借鉴和吸收唐律，而不是宋律——尽管宋律也是继承了唐律，体系也很完整。辽太祖耶律阿保机称帝时，自称"天皇帝"，皇后称"地皇后"。这应是从"三皇五帝"和唐高宗、武则天称"天皇"、"天后"的传统中脱胎演化而来。如果当时佛教造像真有什么"宋式风格"、"宋式造型"等存在的话，谁会相信大辽王朝统治者会对其尊崇备至、奉若圭臬呢？

（5）影响辽代造像风格的其他因素：

当大辽王朝统治区的佛教不断发展和趋于繁荣昌盛的时候，中原的佛教——包括大宋王朝统治区的佛教，早已趋于衰落。一种艺术处在上升期和没落期，也会有所区别。

辽、宋对峙时期，辽国的疆域非常广大，远比当时北宋的疆域要辽阔得多，例如今朝鲜半岛北部三分之一的土地当时也属于辽朝，难道那里的辽代造像也会雷同于"宋式风格"么？

契丹民族有自己的信仰传统、习俗和特点，同当时中原地区的汉族有所不同。这些在佛教艺术和造像风格上也会有所体现。

辽代佛教造像风格问题，需要搜罗更多的证据和历史资料，进行更专门的研究、更全面的总结和更准确的概括。这非本节文字所能胜任；但即此，亦可充分了解，辽像风格问题在学术上是远未完成的课题。以现在流行的但却是一知半解的结论反过来作为原则、标准和工具去鉴定和月旦辽像的是非，是危险的。

本节的结论是：

整个辽代的佛教造像，前99年（907年1月—1006年1月）中间，或者因为宋王朝还远未建立而同"宋式风格"、"宋式造型"毫无关联，或者是在随后数十年中虽有逐渐产生的某种关联但也肯定微不足道。否则，不是关公战秦琼，便是诸葛亮智破司马昭。

在后来的119年中间（1006—1125年），即在辽、宋两国罢战之后，辽代的佛教造像才有可能因为吸收和融合当时的中原风格而出现和形成所谓的"宋辽风格"（随后又延续87年历史的西辽时代的情况暂未考虑在内）。

日本学者在研究辽代款铭的金铜造像时，经过同一些博物馆所藏许多实物的比较，认为其风格类同于日本的飞鸟时代，朝鲜的三国、新罗时代和中国的北齐、隋、唐时代的造像。结论是：辽代的佛教造像具备保守性（"辽代造像的守旧性"）[①]。

由此亦可见辽代造像风格的复杂性、趣味性和未完成性。这将吸引学术界和一切有兴趣者继续研究以求竟其功。

## 三 以所谓风格为文物断代和鉴定真伪可能是危险的

以风格、式样、造型为依据，去鉴定文物的真伪和确定它们的年代，有其特殊的意义，但并不是绝对的。有时还会变成一种危险，甚至陷阱，让你陷落其中而难以跳出。即便主观努力和学术成果如金申氏或季崇建氏这样的学者，也未必能够完全避免。

辽太平二年款观音造像，的确同某些学者所了解的辽代佛教造像的那种典型风格，尤其是所谓"宋辽风格"不一致。但笔者认为，不能因此就断其为明代造像。

明代类似这种姿势的佛教造像是比较常见的，但所见多是佛像，而这种姿势的观音像，即双手结禅定印的观音造像，却并不多。至于男像观音，并且蓄有胡须而又作禅定姿态的，在整个有明一代则是极为罕见的。

确认这尊造像是观音造像的唯一依据，只是"冠"上带有的那个小化佛。而那所谓"冠"——严格说来，也只是一个简单的发箍，并非可以真正称为"宝冠"或"花冠"的东西，称为"冠"是颇嫌勉强的。如果再加上末端上卷的两撇八字胡和下巴上的一撮短须，那就更为奇特了。不知还有没有被确认的另外一尊这样的明代观音造像存世？作者留心十数年，尚未发现。

因此，仅仅单凭造型和风格，是很难将这尊造像定为辽像赝品和断为明代造像20世纪初年后加款的。

其实，佛教造像作禅定姿态，是佛像的一种最基本的姿态。因为禅定功夫是佛家修行的最基本的功夫。在某种意义上，我们可以说没有禅定就没有所谓佛陀和佛像。这种佛像给人以神圣、庄严、宁静、慈祥之感。因此，禅定姿态的造像，是佛教造像的传统造型。历朝历代均有，只不过所占比例有大小之差而已。

一般地说，在中国佛教造像史上，前期和后期，禅定型造像居于主导地位。

---

① 这一小节的内容和引文，请参见青柳正规和西野嘉章合编：《东亚的形态世界（东アジアの形态世界）》之《佛像雕刻》中的第20节《观音像》。东京大学总和资料馆（The University Museum, the University of Tokyo），1996年版。

而中国佛教在其最为辉煌的时代,即隋唐时代,佛教造像除了有其神圣性之外,还具有理想性、多样性、写实性和世俗性的特点。隋唐佛教影响深远,例如,宋代造像就尤其继承和发展了隋唐造像写实性和世俗性的特点。

辽太平二年款观音造像,就佛教造像法式而言,应属于头陀①像或罗汉②像一类的造像。他们的外貌虽有时被塑造得有些怪异,但属正常者也不少。他们仍然是人,仍然生活在人类社会中。这种姿态的造像,即使在存世的辽代造像中也不是孤例。大英博物馆(The British Museum, England)藏有一尊完整的辽代三彩陶质罗汉像,高 117 厘米③。试将两像作比较,其姿态、衣饰、手印等几乎相同。而且,太平二年款观音像的面貌、眉眼、胡须等更像北方少数民族。只是多了一个观音菩萨的特有标志而已。

此像的发箍式菩萨冠——如果姑且仍称为"冠"的话,实际是唐式。蔡志忠先生认为:"唐时代菩萨的天冠形式最简化",仅"正面一小片化佛(郑按:指观音)或饰物(按:指一般菩萨)"而已。因蔡氏是漫画家,他还画了插图④。但此尊观音是男像,而且具有辽人髡发的特征,故飘逸的缯带和高高的发髻也就省去了。注意:辽太平二年款观音造像的所谓天冠正是蔡志忠所指出的"正面一小片化佛"而已。本文作者认为,辽像应是直接继承了隋唐时代佛教造像的风格,此亦为小小的例证之一。

本节的标题是:"仅以'风格'断代和判定真伪可能是危险的"。这可以举出很多例证,同样的事情也发生在金申先生本人身上。

金申氏曾依据其所谓的"宋辽风格"或"宋辽造型"论定另外两尊(铺,或组)辽款造像"是日本系统的造像",而两像"本身时代也不会太早,很可能十五六世纪出自日本人之手,不知何种机缘流入中国",在 20 世纪初年被北京的中国或日本古董商人加上辽款,再而后,一尊(铺,或组)重新流回日本⑤,

---

① 头陀,梵文 Dhuta 的音译,是"抖擞"以去掉自身尘埃烦恼的修行者。
② 罗汉,或译阿罗汉,梵文 Arhat 之音译,是小乘佛教个人修行的最高果位,已脱离人间烦恼和生死轮回。
③ HAI-WAI YI-CHEN(海外遗珍,CHINESE ART IN OVERSEAS COLLECTIONS),BUDDHIST SCULPTURE, Published by the National Palace Museum, Taipei, September, 1886, p. 162.
④ 蔡志忠:《中国金铜佛像》,台北艺术家出版社 1997 年版,第 106、108 页。
⑤ 此像可称为"辽统和二十八年款一铺三尊观音造像",仅主尊像有款,款中尚有"圣居山天圣寺"字样。因为此像现藏"日本东京大学文学部考古学研究室列品部(陈列室)",故也可称为"东大藏辽款观音"。又因为其为日本企业家福井武次郎约在 1920 年代得于朝鲜平壤,故也可称"福井武次郎旧藏观音"。

若金文对此像的论断和推测成立,则此一铺三尊观音铜像于 15、16 世纪在日本某地被铸造之后,后来因着某种机缘流入中国。再于 20 世纪初年在北京被中国或者日本的古董商人刻上辽款。随后不久又不知怎的流落到了朝鲜的平壤地区。再被日本企业家福井武次郎发现收藏,带回日本,重返故乡,归宿于东京大学。这实在是构成了一部传奇!但不知可信性有多少。

另一尊则流入北京故宫①。

但在数年之后，他就不得不依据其他资料和新了解的证据改变自己的上述观点，不再认为这两尊（铺，或组）辽款造像是什么四五百年前的日本造像和90年前之北京古董商人的后加款，而认为它们确实是1000年前的真正的辽代造像和辽代款铭，只不过他又把它们归入朝鲜王氏高丽在辽代时使用辽王朝纪年的佛教造像而已。但不管怎么说，它们毕竟还是从辽代的伪像伪款（后铸像后加款）变成了辽代的真像真款②。我赞赏金申氏等这种追求真理和勇于修正自己的认真态度——虽然其关于辽款造像和辽像风格以及宋辽风格的问题仍然没有完全解决。

至于辽太平二年款观音造像是否也是如此呢，未见金文再提及，显然，同李胡文章认为该像是辽像真品的看法相反，他应是依然认其为明代造像、民国刻款。

## 四 "仏"字是中国古代的一个标准字和常用字

在金申先生否定辽太平二年款观音造像为辽代造像的三个依据中，该像铭文中将"佛"字刻作了"仏"字，是其要害依据之一。他说：

> 太平二年像是明代造像属（"属"当作"署"——郑按）伪款，但"仏"字透露出日本气息。
>
> 这种"仏"字只有日本人才这样写，中国的造像上恕笔者（按金申自称）寡见尚没有见过此例。③

金申氏并推测其所谓伪款是在20世纪初期（清代末年或民国初年）由北京的古董商人后刻上去的。它们或者是中国商人"为迎合日本人的写法"而添加，或者竟是"日本商人的恶作剧"④。

古代佛像铭文——包括发愿文和纪年、记地款识等——中出现错字和别字并非罕见现象，一般属司空见惯，并不足为奇。称为错别字似不如称作当时的异体

---

① 此像可称为"辽统和二十六年款观音造像"。现藏于北京故宫博物院。此像系1981年在河北围场县为农民李春发挖掘宅基时出土，遂捐给博物院。围场县一带是辽代契丹人的发祥地。
若金文对此像的论断和推测成立，则此尊观音铜像于15、16世纪在日本被铸造后，也因着某种机缘后来流入中国。再于20世纪初年在北京被中国或日本的古董商人在背部刻上辽款。后来又被人埋到河北围场县的某个村庄。最后由农民碰巧掘出，随即捐献。这又构成了另一部传奇，但同样不知其可信度几许。
② 见金申《散见于朝鲜的中国年款佛教造像》一文，载《收藏家》2000年第10期，第36页。
③ 金申：《几尊可疑的辽代款造像》，载《收藏家》1997年第2期，第55页、54页。
④ 同中国欺世牟利的文物造假全社会泛滥不同，日本人伪造文物的现象要轻微得多。句中引文见金申《几尊可疑的辽代款造像》，《收藏家》1997年第2期，第55页。

字、假借字或俗体字更为恰当。

在一般人意识中，这个"仏"字似乎一直是日文专用字中的常用字；但在历史上它其实并非日文专属字，而反倒是中国古代的一个常用字。后来被日本人创制日文时所吸收。

而现在我们不大认识它，乃是因为中国人自己在后代不再使用它了的缘故。

这可以从字书、辞典、文献和文物实例诸方面来考据和证明之。

现在先看古代字书和现代辞典的解释。

（1）《康熙字典》至少两次收录了这个字：

①《康熙字典·人部》"佛"字下注："古文㒒，仏。"这里还举出了另外一种写法，但电脑无法打出①。这就是说，"佛"字在古代有三种写法，"仏"字是其中之一。

②《康熙字典·人部》专门列有"仏"字条，下引《正字通》②谓："古文佛字。宋张子贤言：京口甘露寺铁镬有文：'梁天监造仏殿前。'"

京口即今之江苏省镇江市。甘露寺初建于三国时吴国甘露元年（265），后屡毁屡建，直至现在。此寺传为刘备招亲之处。镬是无足的鼎，铁镬就是那时的大铁锅。梁天监是南朝梁武帝的年号（502—519年）。这个镬上铸（或刻）有铭文，其中就有这个"仏"字。

（2）徐中舒先生主编的《远东·汉语大辞典》③也认为："仏，同佛。"并且还增补收录了如下两条资料：

③《改并四声篇海·人部》引《川篇》："仏，西域圣人，有六通也。"这里的两部古代字书所说的西域圣人，当然指的就是释迦牟尼佛。按：六通是梵文Sadabhijna的汉译，即六神通：神足通、天眼通、天耳通、他心通、宿命通和漏尽通。大乘佛教认为，菩萨可得前五通，只有佛才能得六通。

④《太子成道变文》："出家定证仏身，救拔四生之重苦。"变文，又称敦煌变文，属唐代的一种说唱文学作品，是上世纪初在敦煌石室中发现的一种唐代佛教文献。该篇讲净饭王子（即后来的释迦牟尼佛）得道成佛的故事。

说"仏"字原是中国古代的一个标准字和常用字，列举以上古今字书辞典中的四条资料，证据应该是足够和充分的了。

---

① 因无法打出，兹描述一下这个字：它有点儿像"佈"字，但右上不是一撇"丿"，而是"侯"字右上部一横一竖的一个拐角，或者是"承"字的字头。

② 《正字通》为中国古代的一部字典，明末张自烈撰，一题廖文英撰。共12卷，收字33000多。少于《康熙字典》的47035字。

③ 徐中舒主编：《远东·汉语大辞典》，美国国际出版公司，New York，1991年9月版，第110页。按：徐中舒先生为中国现代著名历史学家和古文字学家，精于金文和甲骨文。主编有《汉语大字典》、《甲骨文字典》等。

但证据尚不止此。

⑤ 唐代一篇《斋琬文》中有好多个"仏"字。

我们还在佛教历史文献中发现了新的证据：20世纪初年被伯希和劫往法国的敦煌石室文献中，有一篇唐代的手写本《斋琬文》。① 其中的"佛"字都写成了"仏"字，有很多个。在此，我们仅选取这篇文献的局部图片，并将其中使用的四个"仏"字特别标示出来，以飨读者。

见彩图06—11—02。

一篇文献中使用了十几次，这个"仏"字，它还不算是当时的常用字么！

"敦煌学"产生虽然已经半个多世纪，但实际还处在初级阶段。迄今连搜集、整理、分类、编目和汇编的工作都还没有完成——因为难度实在太大——至于其内容的研究，则更是长期的工作。相信敦煌文献中应该还有关于这个"仏"字更多例证。

⑥ 留存至今的文物佛像上的实例。

由于中国古代的佛教造像和其他法物能够遗存到今天的比例实在太少，而其中有铭文的所占比例就更少，故要找到几个铭文上刻有某个特殊字的实例并不容易。

不过还是发现了一例。台湾的徐政夫先生收藏有众多的石雕佛像，其中有一尊北齐武平六年（575）款、高36厘米的汉白玉双菩萨立像。其台座背面和两侧的发愿文中，就有这样一个"仏"字②。

见彩图06—11—03。

发愿文全文如下：

> 武平六年二月廿日，杜零曜为祖父母敬造双观世阴（音）一区（躯），为四生有刑（形）一时向仏。

其中有三个所谓错别字和这个罕见字。

这尊造像今人称作双菩萨立像，可能因为双像上没有雕上所谓化佛的缘故。而造像者的原意却是要造两尊观世音像的。1400年前，观音菩萨和其他菩萨的特征性界限可能不像后世这样严格。

以上这些文献资料说明，至少在南北朝到隋唐的数百年间，从庄严的青铜器的

---

① 此篇《斋琬文》现藏法国国家图书馆，统一编号为P.2940。定名为"斋琬文一卷并序"。
② 徐政夫编著：《佛教美术全集八·观想佛像》，艺术家出版社1998年10月版，第72、73页。该像曾在1993年台北观想文物佛像精品展和1997年台北历史博物馆展出。许政夫氏之书中的这条资料由孙建华氏首先注意到，因为她知道我正在写这样的一篇文章，便即时告知了我。

铭文，神圣的佛教造像的发愿文，到民间的说唱俗文学，"仏"字确是中国社会中的一个流行字。然后才被日本文字的创造者借去作为日本的一个常用字——如太过冷僻的话，当初创造日本文字的专家应不会借用它。

但是，既然连宋代人都要引用青铜器的铭文来证明这个字，说明到宋代时这个字已经不再流行了，甚至连一般知识分子也不再认识它了。

这里还有一点似乎也不能忽视：契丹民族曾经参照汉字创制了自己的文字。

因此这个"仏"字也有可能是契丹文中一个正式用字①。

如果契丹文真的也像日本文一样，吸收了这个中国古"仏"字作为正式用字，那么，它出现在辽代佛教造像上，就更是天经地义的了。

如果契丹文没有像日本文那样吸收这个古"仏"字作为正式用字，那么，因为契丹文化是直接继承隋唐文化的，它出现在辽代佛教造像上，也是极为正常的②。

只是笔者不曾研究过契丹文字，此处的推测，只是提出问题，以待识者。

## 五　辽太平二年款观音是不是辽圣宗的佛装造像？

这个问题涉及到历史上佛教造像和人间帝王（有的被称为"法王"）之间的关系之内在实质和表现形式，也是中国古代佛教造像史研究中的一个重要问题。整体状况可以用"问题早就存在，歧义由来已久，从未真正解决"来概括之。

但本文仅能涉及这一具体问题而考论之。

李静杰和胡国强氏认为，辽太平二年款男像观音造像应是以当时的辽国皇帝辽圣宗耶律隆绪为原形和模特而铸造的③。

而金申氏不同意此说。他认为："……如果真想为辽圣宗造像，首先应是巨型大像，此像是写实性的蓄须，那辽人是髡头辫发，而此像是垂发作何解释。"④

---

① 契丹文有大字和小字两种。辽太祖神册五年（920），契丹大字创制成功。后来又创制了契丹小字。金灭辽后，金王朝继续沿袭使用契丹文字。直到金昌宗明昌二年（1191），才停止使用。

这就是说，这种既像汉字又非汉字——在这点上，颇像日本文——的契丹文字，在大辽王朝统治的广大地域里，曾经作为官方文字，通行了 206 年。在金王朝统治的领土内，又继续通行了 66 年。合计共通行了至少 272 年。至于西辽王朝是否曾经继续使用契丹文字，今无考。但推测，应是继续使用。倘如此，则契丹文字通行的时间当更长。

② 契丹文字当时使用和流行的情形，今日已不清楚。例如，官方文书是否一定使用契丹文，历朝帝纪是契丹文还是汉字，民间使用什么文字等等问题，都待研究。但从辽代官方铸币不曾使用契丹文来看，其使用范围可能较窄，并且不是强制使用。

③ 李静杰、胡国强：《辽太平二年观世音金铜像》，《收藏家》总第十八期，第 11 页。

④ 金申先生关于这一问题的原则性论述尚多，惜乎此处不能全面涉及。引文引自其《几尊可疑的辽代款佛像》，载《收藏家》1997 年第 2 期，第 54 页。

金文实际上提出了两个很好的问题：

\* 为当今皇上造像应该是巨型大像或是袖珍小像问题，以及

\* 契丹人的髡发式样和此尊观音造像的发式问题。

这里让我们先治简、后治繁，首先略谈一下契丹人的髡发问题。

契丹人男性的髡发至少分为三式：

第1式是除了两鬓，其余部分的头发全部剃光，成现代的大耳机形。

第2式是将头顶部和前额部剃光，其余部分留下，成前开口的马蹄铁形。

第3式是只将头顶部剃光，周围部分留下，成圆环形。①

现在再来仔细端详辽太平二年款像的发式和装扮，我们几乎可以清楚地确认，此像的发式属于上述第三式，即中空圆环式再加后梳型的发式。而简单的发箍正好是装扮这种发式的必不可少的固定环。

至于契丹人为皇帝造像问题，则比较复杂。但据历史记载，契丹人有为帝、后造像的传统。有两几点特别值得注意：

（1）辽王朝建有祖庙和特别的"御容殿"。契丹王朝的统治者有为历代统治者绘影图形，雕、塑、铸像的传统。不但建有祖庙供奉它们，而且各京城都设有专门供奉它们的殿堂，即所谓"御容殿"。《辽史》记载：

（开泰元年）十二月丙寅，奉迁南京诸帝石像于中京观德殿，景宗及宣献皇后于上京五鸾殿。②

契丹人也将它们供奉于佛教寺院。例如，1062年，即辽道宗"清宁八年，建华严寺，奉安诸帝铜像、石像"③。这就是著名的山西省大同市的上华严寺。虽不免有契丹皇室祖庙的性质，但毕竟是佛教寺院。这也正说明，契丹人是常把最高统治者视作佛教神明或法王的。在这个意义上，人被神化，同时神也被人化，人和神的界限并不是绝对明确的。

何况辽圣宗又是大辽王朝（此时的正式国名是"大契丹国"）的一代英主，在位时间长达半个世纪。圣宗时代王朝的疆域辽阔，国力强大，社会基本安定，生产力发展，百姓安居乐业；佛教兴隆昌盛，寺庙佛塔广建，信徒众多。

而为皇帝用金属铸像，巨型大像当然有之，但限于当时的条件，不可能很多，更不会普遍，因为缺金少铜，故更多的应该还是袖珍小像。

---

① 赵芳志主编：《中国地域文化大系·草原文化·游牧民族的广阔生活》，商务印书馆（香港）有限公司，1996年3月版，第170页。

② 《辽史》卷十五《圣宗本纪六》。

③ 《辽史》卷四十一《地理志五》。

（2）契丹民族有一个节日，叫"羴节"。而"羴节"的形成有特殊的过程，庆祝"羴节"则有特定的仪式。

辽代时，契丹民族的社会是农奴制社会。每当一批新的农奴（其来源是战俘、进献人口和犯罪者家属）到来，当今皇帝要为他们指定地方居住，设立州县，即为他们安排居住并进行管理，使他们能够生活并从事生产、纳税和服役。皇帝死后，这里的人户、府库等，要在大帐篷里设置一种"小毡帐"，"帝及后妃皆铸金像纳焉"①，里面特别放置皇帝和后妃的金像。②让人们逢初一、十五和节辰忌日时在帐篷前祭拜③。

这种设置在大帐篷里的小毡帐，显然只是一种神龛而已，神龛里列置的金像，显然也只能是小型造像，而绝非大像。毫无疑问，它们就是大行皇帝和后妃的遗像和肖像。

辽太平二年款像是观音造像，形式上看，此像或不属于此类。但历史记载说明，辽代铸造的许多小型金像确实就是皇帝们和后妃们的遗像和肖像。

为帝、后们铸造金像，当然是要极尽美化的。而当时对他们的最好的美化，显然就是给他们穿上佛装，使他们位列神佛菩萨。

（3）铸造此像的手法写实性很强。金申的论文还描述此像为"蓄须"、"垂发"、呈"老者颜"④。这些应该都是艺术的写实手法。

按辽太平二年，即北宋真宗乾兴元年，为公元1022年。此时辽圣宗耶律隆绪已经当了40年皇帝，他12岁登基，该年52岁。此后他又做了9年皇帝，活到61岁⑤。不管此像是"老者颜"，还是中年人的容颜，此观音容貌所显示的年龄同圣宗皇帝当年的年龄，应该是符合的。

---

① "帝及后妃皆铸金像纳焉"，此句从字面上可有两种理解和翻译：
* 解作"帝及后妃都铸造（佛菩萨）金像纳于小毡帐中"；
* 解作"皆铸帝及后妃之金像纳于小毡帐中"。

余以为前解不妥，故取后解。也就是说，此话必定是说：帝崩后为帝及后妃铸造金像纳于小毡帐之中以供民众祭拜。作出此解的理由是：
* 如果是铸造佛菩萨金像，则皇帝一个旨意，官吏作坊为之即可，不会关涉后妃什么事。
* 前面是说"帝崩"后才铸造这种像，帝既已崩，则不可能再成为此事的主体和此句的主语。

② 金像，佛经记载，佛全身金光，后来的佛造像多为金色，故被称作"金像"。所谓"金像"，罕有纯金制造者，凡鎏金、涂金、漆金、泥金等一切表面呈金色之像者，皆称"金像"。后来金像范围扩大，为法王、帝后、祖先或其他非佛教神祇造像，亦可造金像。

③ 《辽史》卷四十九《礼志一》。原文为："羴节仪：皇帝即位，凡征伐叛国俘掠人民，或臣下进献人口，或犯罪没官户，皇帝亲览闲田，建州县以居之，设官治其事。及帝崩，所置人户、府库、钱粟，穹庐中置小毡帐，帝及后妃皆铸金像纳焉。节辰、忌日、朔望，皆致祭于穹庐之前。又筑土为台，高丈余，置大盘于上，祭酒食撒于其中，焚之。国俗谓之'羴节'。"

④ 金申：《几尊可疑的辽代款造像》，《收藏家》总第22期，第52、53页。

⑤ 《辽史》卷十七《圣宗本纪八》。

（4）辽太平二年款观音造像必定属于官造。

辽时，金银奇缺，尤其是黄金：

辽圣宗本人曾下诏寻找金矿和开采金矿①。

统和十年圣宗颁布过一道圣旨，禁止私藏金银②。

开泰七年（1018）下令"禁服明金、缕金、贴金"③。

太平五年（1025）再下令"禁天下服用明金及金线绮；国亲当服者，奏而后用"④。

既然连皇亲国戚要佩带黄金饰物都需要奏请皇帝批准，民间应无可能造作金铜佛像。因为既无此种财力，又违背其皇帝禁令。故在一定意义上，我们可以肯定地说，任何辽代金铜造像都是"官"铸之物。

辽王朝更设有大僧官管理佛教事务，第一个僧官是沙门昭敏，辽道宗任命他"为三京诸道僧尼都总管，加兼侍中"⑤。

因此，辽太平二年像如确是辽代造像，就不是民间所能制作的，而是皇室、皇家寺院、国戚，达官贵胄的专属物。

这很可能就是该像规格虽然不大，但造型特殊，精美异常的原因。

铭文中说此像是陶善为母所造，则陶善必为此一阶层中人无疑。但这并不表示，此像当时只造一尊。最大的可能是一次设计成造许多尊，由这些贵族信徒认捐、供养、顶礼膜拜，并分别刻写铭文以记其事。只是今日只发现这样一尊存世而已。

鉴于以上这些理由，李胡文章认为，创作此像的原型是辽圣宗耶律隆绪，我以为不仅是可以成立的，而且该像很可能就是辽圣宗的小型观音形式的肖像造像⑥。

（5）神像是人像的升华，神像的原型是人像。

即使此像不是辽圣宗皇帝的肖像，也不能排除其体现圣宗本人的容貌。

---

① 《辽史》卷十七《圣宗本纪八》。
② 《辽史》卷十三《圣宗本纪四》。
③ 《辽史》卷十六《圣宗本纪七》。
④ 《辽史》卷十七《圣宗本纪八》。
⑤ 《辽史》卷十三《景宗本纪六》。
⑥ 这里还有一点也值得注意。据《辽史》卷十六《圣宗本纪七》记载，圣宗早在开泰九年（1020）就决定并下诏要在第2年年底举行一次"大册礼"（策封尊号）。果然，第2年，即开泰十年十一月癸未日，"文武百僚奉册上尊号曰'睿文英武遵道至德崇仁广孝功成治定昭圣神赞天辅皇帝'，大赦，改元太平"。然后，十二月，又是他的50周岁生日。辽圣宗出生于西元971年末（辽景宗保宁三年十二月己丑日）（《景宗本纪》上），至1021年（太平元年）年末，圣宗正好满50周岁，登基也已超过39周年。而太平二年像的刻款日子为二月十九日。这个日子上距"大册礼"和他的50周岁生日只有一个多月，下距圣宗登基40周年尚有7个月。故太平二年男性观音造像应与大册礼和"圣诞"日或有直接关系。这个大册礼筹划了一年，同时又改元，自然是大辽王朝的国家大典。造像庆祝，让臣民礼拜，属题中应有之事。古时造像，常是设计一种式样，批量制造，而后供信徒捐"造"，供奉保平安，并刻写发愿文或其他铭文以记之。

因为，一般地说，艺术家在创作人像时，会存在，或寻找一个原型、一个模特儿。原型和模特儿一般是现实中的人物。这是艺术创作的普遍现象。

而中国佛教造像史上又有佛教造像以现实中的最高统治者为原型和模特儿的悠久传统。著名的山西大同云冈石窟中的昙耀六窟的北魏佛像，就是按照"令如帝身"的指令雕凿的①。

当然，佛教造像大都是神像，造作神像必须遵守一定的传统和规范。后代称为"法式"，故佛教造像一般不会是现实社会中的统治者的标准肖像。不过这并不妨碍各种造像和它（们）的原型之间的那种特殊关系。

## 六 佛像脊背刻铭不能成为判定佛像真伪的依据

辽太平二年款观音造像和辽统和二十六年款观音造像的款铭，或称发愿文，都是刻写在像背。佛像脊背刻有铭文能不能成为判定佛像真、伪的依据呢？

答案应是否定的。因为人们至少见到：

在佛像后背打洞和书写文字的例子；

在佛像后脑部位和后心部位直接做销榫或者开榫眼以安装背光的例子；

在大型木雕泥塑的佛像背后开洞，然后将胸腹内部掏空以储存珍贵物品的例子；

更有极端者，在佛教禅宗内部，僧人将泥像推倒，将木像劈柴烧火也不被认为是对神灵的亵渎。

因此，背部刻有铭文这一点不能构成辽太平二年款造像被否定的理由。

具体的例证和图片可谓不胜枚举。在金申氏自己编写的书中就收有一尊在观音木雕造像背后挖洞和书写款铭的②。

不过，鉴于金申先生将北京故宫博物院藏辽统和二十六年款在像背刻款的观音造像，已经从原断为15、16世纪日本造像和民国刻款，改断为辽代时的朝鲜王氏高丽使用辽王朝纪年的造像，或许他不再认为像背刻款是判定真伪的严重问题了吧。

## 七 本文结论

（1）综上所述，本文的标题，即：学术界关于辽太平二年款观音造像的否

---

① 《魏书》卷一一四《释老志》。
② 参见金申编著之《中国历代纪年佛像图典》，文物出版社1995年2月第1版第2次印刷本，第399、400、544页。等等。

定理由不能成立，便是本文最简明的结论之一。但本文所论述的内容之广泛性和重要性远远超过这个判断的字面意义，故本文的结论并不仅仅限于这个命题所表达的内容。

（2）在唐代末期、五代十国和两宋时期，汉族地域的佛教已经趋于衰落，而其间大辽王朝统治地区的佛教兴盛和繁荣则是当时的一个异数。不过学术界关于辽代佛教艺术和造像风格的研究还远未完成。流行的一些观点并不符合历史史实。

（3）把艺术风格绝对化，以所谓风格去规范佛教造像，判定真赝和断代，有时是危险的。以流行的所谓"宋辽风格"、"宋辽造型"为标准去规范、鉴定和断代就更加危险。连金申先生都未能避免。

（4）"佛"字在古代汉语有三种写法，"仏"字是其中之一。汉地至少在唐代后期还经常使用这个字，它是古汉语中一个标准字和常用字。把古代佛教造像铭文中的"仏"字作为日本造像和迎合日本习惯之由古董商人后加款的重要依据，只能是臆测而已。

（5）但这还不是说，太平二年款像就是绝对没有问题的了——因为上述理由的不能证伪，并不等于就一定能够证真。因为要确定其为辽代造像的绝对可靠性，还应该通过一些必要的技术鉴定。不过那已经不是本文既定的任务。

但记得李静杰、胡国强二氏是在北京故宫博物院工作的，并且就是研究佛教艺术的，因此，他们具有其他人所不具备的有利条件。猜想他们在其论文发表前，那些必要的技术鉴定应该早就作过了。

倘然如此，则李、胡文章六年前[①]对这尊造像所作的那个肯定的结论，或许就是学术界可以接受的了。

2002 年—2003 年初稿
2008 年 11 月 6 日定稿

---

① 按：本文初稿写于 2002 年，上距北京故宫博物院收藏这尊佛像并怀疑其为辽像赝品的 1958 年，长达 44 年；距李、胡二氏重新研究并发表翻案文章的 1996 年 2 月，已经 6 年余；距金申氏驳论文章发表的 1997 年 4 月，达 5 年余。从那时迄今，又是 6 年有余逝去矣，但问题依然止于原地。可见，一个关于文物和历史的学术问题的解决，半个世纪，或许不算太久。

# 第十二篇

# 辽王朝的历史排序和辽代造像风格驳议

## 提　要

传统中国通史关于辽代的历史排序是不符合历史史实的，而文物鉴定界关于辽代造像风格的流行观点同样也不符合历史史实。二者当有后果前因之关系。是故，对辽代在通史中的定位需要重新认识，而对辽代的佛教造像风格和影响当时辽代造像风格的历史诸因素应重新研究和作出符合史实的科学结论。

本文对这两项学术问题进行了初步考辨，并予简要结论。辽代的历史排序在通史中应提前两个时代共七个朝代，而长期以来流行于文物鉴定界针对辽代造像的所谓"宋辽风格"和"宋辽造型"之作为辽像标准所能适用的范围则至少缩小到原来的1/2以下。换言之，其真理性不及倡导者所认为的一半。

## 一　辽代佛教造像风格和学术探讨的困境

大辽王朝，或称契丹王朝，是中国历史上的一个重要王朝。在中国民间，则更因为一部《杨家将》的传说和一出京剧《四郎探母》，而使大辽、契丹、萧太后等这些历史学上的专有名词家喻户晓。

大辽王朝的历代统治者均极其宠信佛教。当佛教在中原地区已经走过了它的辉煌时代而开始步向下坡路的时候[1]，在中国的北方，契丹民族在唐代末年开始兴起。在随后建立起来的契丹王朝统治的广大地域里，社会则相对安定。而那里

---

[1]　特别是从公元840年唐武宗执政到960年赵匡胤建立北宋王朝的这120年间，中国的中原地区不仅先后发生两次大规模的"灭佛运动"，而且社会处在长期动乱之中。农民战争、地方割据、战乱频仍、中原地区政权像走马灯似地不断更迭变换等等，都非宗教繁荣昌盛的条件。纵观人类宗教史，任何一次宗教的辉煌和鼎盛时代的出现都必须如下两个条件：一是统治者的信仰和提倡，二是社会安定，经济发展，统治者和社会大众有相当的实力从事普遍的、大规模的宗教活动。虽然宗教的产生、主张、组织和活动有时代表了被压迫、被统治者的呻吟、心声、利益和反抗，但仅有被压迫、被统治者的支持，宗教是无法繁荣昌盛的。

的佛教，在得以避免众多的战乱和完全躲开最后的一次"法难"① 中，不仅依然方兴未艾、继续发展，并逐渐趋向它自己的鼎盛时期。

但今天对辽代的历史、宗教史、特别是佛教造像史和造像风格的探讨研究，却显得困难重重，甚至濒于困境。其主要表现是：

* 总结、吸收、概括和综合后来的，尤其是近百年来的考古新发现和中、外辽史学术研究新成果，并符合科学标准的"现代辽史"，长期难产；

* 在关于辽代佛教造像史和辽像风格问题的论述和著作中，长期流行着一些似是而非的观点。如积非成是的所谓"宋辽风格"、"宋辽造像"之观念的流行，甚至说辽像风格"是在宋式的造像基础上……"形成，"吸收了两宋（造像）的神韵"等等；

* 历史实物资料和其上的铭文，本来可以成为一切史料中极为可靠的信史；但保留在极少数辽代金铜造像上的铭文，却意外地成为学术界争议的对象，甚至否定的意见居于上风，以至于连这些造像自身之作为辽像的真实性也几乎被否定。

造成这种困境的原因是多方面的，不应单纯责备现代的学术界；我们至少可以发现如下一些重要因素在长期起作用：

* 大量辽代的官方史料，如"耶律俨实录"② 等，早已完全散佚；连宋代人和稍后的金代人为大辽王朝时代所纂修的历史，也已不存于世③。并且恐怕永远不复再现。

* 而唯一的一部官修《辽史》，又是元代人所修，且是公认的《二十四史》中较差的一部。特别是它的过于简略，让人永远惋惜却又无可奈何。

* 历史实物的遗存、田野考古的发现都相当有限。例如，辽代的佛教金铜造像和其他法物、法器，见于记载而可以确认并且具有研究价值的，迄今不过十数尊；而其中带有明确的辽代纪年、记地款识和其他铭文的，包括中、外的全部收藏在内，学术界前此所知，仅有四尊（件、套）而已。（也有人说，一件也没有！）

* 汉族正统主义的历史观对历史上少数民族政权的长期贬抑，蒙蔽了人们

---

① "法难"，是佛教的说法，意为佛法遭到了劫难。历史学界通常称为"灭佛运动"。中国历史上"法难"，总共发生过四次。最后一次法难是五代后周世宗（921—959年，954—959年在位）时发生的。他曾经亲率军队打败大辽契丹，收复五代后晋时割让给契丹的部分领土。但不幸病逝于北征途中。正因为其寿不永，然后才有其部下赵匡胤陈桥驿发动兵变，取代后周政权，建立起北宋王朝的事件。

② 辽王朝同中国历史上的其他王朝一样，设有专职史官，记录起居注，撰写日历，纂修实录。辽代历次所修实录，最后由耶律俨总其成。后人称这部实录为"耶律俨实录"。惜早散佚。

③ 清《四库全书》《史部·别史类》收录《契丹国志》一书，旧题南宋叶隆礼撰。但有认为系假托或为元人所撰者。全书27卷，辑录前人记载契丹国事之文字。缺点是未能依据契丹国史资料，讹误亦较多。

的眼睛，使对某些基本历史史实的认识也产生失误和错位。

## 二 所谓"宋辽风格"的立论依据都不能成立

佛教造像的风格，是后代人研究和鉴定古代佛教造像的重要依据之一。特别是对于那些无款的，而且也无其他可资断代的伴随物和文字记载可供参考的单尊造像，就更不能不是这样。

一般地说，佛教造像的风格，既具有它的时代性，又具有它的地域性。同一时代的后期和前期，风格可能有所变化；而同一时代的不同地域，风格可能不一。特殊地说，每尊造像的风格都是它赖以产生的那个特殊年代和特殊地域的艺术统一体；同时又是创作它们的那些艺术家个人的宗教和美学观点，他们所能掌握和使用的材料和工艺手段，以及他们所借鉴的范本和所采用的模特儿的综合统一体。

风格要从观察和研究那个时代和那个地域的大量实物样本中总结和概括出来。实物样本越多，观察得越仔细，研究得越深刻，所能总结和概括出来的风格就越准确。反之，就会是不准确的、片面的，甚至是错误的。有时，已经发现的实物样本实在太少，而且一时又难以克服或弥补。在这种情况下如果又必须谈论风格问题的话，那就应该特别小心。尤其是不能以现有的经验或已知的所谓风格去否认其他风格不同的历史实物之存在的真实性和可能性。

辽代的造像传世到今天的甚少，特别是单尊金铜造像发现的更少。而且其中绝大多数为袖珍小像，又无铭文和其他伴随资料，甚至连是否为辽像都成问题，故它们完全不具备可供深入进行学术研究的条件或资格。在迄今所知的全部存世辽代金铜佛教造像和其他法物中，此前仅知4件（套）是带有铭文的。但这4件中，却竟然有3件，学术界的看法分歧，有的文章认为它们根本不是辽代的造像，或者不是辽王朝统治地区的造像。

也有人认为辽像的风格和宋像（宋代造像）的风格相同，于是有所谓"宋辽造像"、"宋辽风格"的概念出现和流行。但这其实是不正确的。至于说辽像汲取了两宋佛像的神韵，那就太过离奇了。甚至有的人以宋代的造像风格作为标准或依据，去界说或鉴定辽像的真伪，那恐怕就难以避免缘木求鱼了。

例如金申先生曾说：

> 辽朝立国的年代（916年—1125年）大致与北宋一朝相始终。疆域领有黄河以北的华北、东北地区。当年佛教盛行，高僧辈出，译经刻书，大兴

寺塔、伽兰①，至今佛教文物遗存尚多。辽王朝虽是以契丹人为统治者，但佛教仍以汉族人信仰为主，故寺塔建筑、佛像制造等仍多出汉族艺匠之手。②

这段话至少有三重错误：

（1）"辽朝""大致与北宋一朝相始终"——其实不确。实际上大辽王朝比北宋王朝要早出现半个多世纪，具体说是53年。这还不计算北宋灭亡后又延续了87年的"西辽"政权。因此不能说它们大致相始终。

（2）辽王朝的"疆域领有黄河以北的华北……"——也不对。当时——辽宋并存时期——辽、宋的疆界大体从现在的天津，沿海河及其支流大清河向西延伸。该线以南的大片土地③仍属北宋王朝。那时黄河在郑州以下转北偏东方向奔泻，从天津地区入海。

（3）"辽王朝虽是以契丹人为统治者，但佛教仍以汉族人信仰为主"——更不对。辽王朝的统治者从开国者以下，全都一直笃信佛教。辽朝佛教兴盛远远早于宋朝，超过宋朝，正是因为一代代统治者醉心于佛教信仰的缘故。

这些说法显然都是所谓"宋辽风格"、"宋辽造型"、"宋辽造像"等等观点的立论依据，或曰理论基础——想想看，既然辽、宋立国年代大体相始终，两国又是以黄河为界而今天所谓的华北地区都属于辽王朝，辽国的佛教徒又是以汉人为主，那么其造像又焉能不是同一风格？——但实际上，三条依据中并没有一条是能够成立的。大辽王朝的真实历史年代、所辖疆域及其佛教信仰的真实状况，同学者们开了一个不小的玩笑。

这些所谓立论依据的依据，理论基础的基础，在极大程度上应该是受了关于中国历史朝代的传统排序法的影响而又未对当时的历史大环境的变迁和小环境的特殊性进行具体研究和分析而导致的结果。一旦弄清了当时具体的历史史实，适当地调整朝代的排序；并且了解了契丹民族的发祥史和传统，知道了他们的习惯和崇尚，便可以使我们从历史逻辑中轻易地把握辽代佛教造像的风格，然后再界说和鉴定学者们意见分歧的那些造像的真伪，应会帮助我们的学术研究和辽像鉴定走出持续了多年的困境。

现在让我们先看看关于大辽王朝的一些历史史实，再探讨一下契丹民族的崇

---

① "伽兰"中文佛教文献中似均作"伽蓝"，不作"伽兰"，此处"伽兰"当为误置。梵文作Sang-harama，原指僧舍地基，亦兼指地面建筑。中文音译作"僧伽罗摩"、"僧伽蓝"等，意译多作"众园"，音义合译则作"僧院"。历史上最有名的佛教"伽蓝"文献，当为北魏时杨衒之（亦作羊衒之）所撰之史志著作《洛阳伽蓝记》。

② 金申：《谈辽代造像的一种样式》，此处依据《美术研究》1991年第2期，第51—54页。

③ 这片疆域包括现在河北和山西两省的中、南部，更包括山东和河南两省黄河以北的土地。

尚和习俗，以便从理论上，或曰从历史真实性上了解辽代造像的应有风格。

## 三　从几项史实看辽代佛教造像的应有风格

关于那个大辽王朝的历史，这里需要指出一般佛像研究者和鉴定家们至今极少注意到的四项史实。

* 辽王朝在中国通史序列中被长期误置；
* 辽、宋两个王朝曾经长期对抗和战争；
* 辽王朝统治的疆域非常广阔；
* 王朝存在的时间极其长久。

下面逐一叙述之。

（一）辽王朝在中国通史序列中被长期误置

我们首先应该了解，由契丹民族建立的大辽王朝（或称大契丹国），在中国历史朝代的传统排序中是严重错位的。对包括辽王朝在内的中国中古时期那一长段历史朝代的排列顺序，习惯上总是称为：隋、唐、五代（十国）、宋、辽、夏、金、元。这是人们都熟悉的。

但是，这种将辽王朝放在五代（十国），特别是放在北宋王朝之后，甚至放在南宋之后的排法，是汉族正统的史学意识所使然，实际上并不符合历史的真实。

历史的真实是，辽王朝的建立比宋王朝的建立要早得多。因为辽太祖耶律阿保机称"天皇帝""即皇帝位"的时间，是在公元907年的"正月庚寅"（即正月十三日，阳历为2月27日）。而他被"劝进"，"三让，从之"，继承可汗位的时间更在唐哀帝天佑三年，即公元906年的11月。[①] 所以大辽王朝起始的时间应该是西元907年的正月十三日。

而这个时候，在中原地区，仍旧是李唐政权，尽管这个持续了300年的大唐王朝即将灭亡，但毕竟还没有正式灭亡。

这个时候，即契丹人正式建立国家的时候，不但大宋王朝还不存在，而且连它的开国皇帝赵匡胤也还远远没有出生——赵匡胤出生在20年后的公元927年，至于他所发动的史家所谓之陈桥驿兵变，从后周王朝的孤儿寡母手中取得政权，建立起他的北宋王朝，则更在53年后的公元960年[②]——就连所谓"五代"的第一个政权，即朱温所建立的后梁政权，也还没有开始。

---

① 《辽史》卷一《太祖本纪上》。此处月、日仍沿袭史书记载。下同。
② 见《宋史》卷一《太祖本纪》。

朱温取代残唐王朝建立他的大梁王朝是在这一年的四月甲子日（十八日，阳历为6月1日）。改元开平建国号大梁则在4天以后的戊辰日（二十二日，阳历为6月5日）①，这比耶律阿保机建立他的契丹王朝晚了三个多月。

显然，如果严格按照政权建立的先后排列中国中古时代各王朝的顺序——这也是历史学的基本原则之一——的话，那就不是：

隋、唐、五代（十国）、宋、辽、夏、金、元，而应该是：

隋、唐、辽、五代（十国）、宋、夏、金、元。

也就是说，在这一朝代序列中，"辽"的位置，应该向前跳越两级七个朝代②才符合真正的历史。

中国的通史学界似乎正在纠正这个被误置的历史排序。

例如白寿彝主编的《中国通史》就把"辽"提到了"北宋"之前③，但应该仍旧不算到位——对于耶律阿保机于907年称帝事件，这部"通史"的"撰者意此为取代遥辇氏为联盟首领时间，正式建国称帝应为神册元年（916）"④。

其实，对于辽王朝的建立情况，汉民族政权下的史学家所著各种史书，如薛居正等所修《旧五代史》、欧阳修《新五代史》、司马光等所修《资治通鉴》、题叶隆礼撰《契丹国志》等，记载都不甚准确，只有《辽史》（元代蒙古人脱脱等著）记载比较明晰准确，这应该不是偶然的。《辽史》说：

> （唐天祐四年，公元907年）十二月，痕德堇可汗殂，群臣奉遗命请立太祖。曷鲁等劝进，太祖三让，从之。
>
> （辽太祖）元年春正月庚寅，命有司设坛于如迂王集会埚，燔柴告天，即皇帝位。尊母萧氏为皇太后，立皇后萧氏。北宰相萧辖剌、南宰相耶律欧里思率群臣上尊号曰"天皇帝"，后曰"地皇后"。⑤

既然设坛祭天、登基称帝、立皇后、尊皇太后、有宰相朝臣并且帝后皆有尊号，还不就是一个标准的封建王朝么！《辽史》的作者还明确地说：

---

① 依据《资治通鉴》卷二六六"开平元年"。并参考《新唐书》卷十《哀帝本纪》，《旧五代史》卷三之《太祖纪三》，《新五代史》卷二《梁本纪二》。但《辽史》关于此事记载有异。

② 两级七个朝代：这里的"两级"是指"宋"和"五代"这两个历史排序的大级别。"七个朝代"则是指通常所谓的"五代十国"的"五代"和"宋"，具体包括"（后）梁、（后）唐、（后）晋、（后）汉、（后）周"、北宋和南宋。

③ 见白寿彝主编《中国通史》第7卷《中古时代·五代辽宋夏金时期（上册）》目录。

④ 见白寿彝主编《中国通史》第7卷《中古时代·五代辽宋夏金时期（下册）》之《丁编 传记·第14章 辽太祖 述律后·第1节 耶律阿保机》。

⑤ 《辽史》卷一《太祖本纪上》。

太祖受可汗之禅，遂建国。①

这是说，辽太祖耶律阿保机先继承可汗之位，遂后便建立了国家。在这个关于辽王朝建立的问题上，相较于其他各史书的记事之不清楚和不准确，《辽史》的记述和作者的观点要合理和正确多了②。辽王朝的历史应该从耶律阿保机（907年一月）算起。但退一步，即使采取汉族政权下的史家之说，辽王朝的历史从9年之后的916年算起，那对本文的基本论述和结论，也不会发生任何影响。

因此，至少，大辽王朝在其前半个世纪中的无数佛教造像，其风格不可能同什么宋代造像的风格有任何关联，更不会受什么宋代造像风格的影响，因为宋王朝还根本不存在。

（二）辽、宋曾经长期对抗和战争

这点虽是人们所熟知的，但多数并不了解详情。

赵宋王朝建立之后，辽、宋两个政权曾长期相互敌对，长期处于政治对立和军事对抗的战争状态。直到45年后的1005年一月（辽圣宗统和二十二年、北宋真宗景德元年，十二月），双方经过激烈的战争之后，才举行了历史上著名的澶渊之盟③，从此开始了辽、宋两大政权大体上处于和平共处状态的长达一百多年的新时代。

一部在中国家喻户晓的《杨家将》故事，其时代背景就在从986年（这年杨家将第一代、宋大将杨继业战死）至1005年一月这段实际不到二十年的时段内。

诚然，在中国，杨家将的传说故事源远流长，可歌可泣，感人至深。即使笔者在写作这段文字的此时此刻，想起杨家将故事，也依然激动不已。但杨家将故事并非信史，也不可能是信史。

这就是说，在宋王朝建立之后的前45年中，辽王朝的造像风格也不太可能吸收——更不必说"承袭"或"继承"——宋代的新风格。因为：

\* 双方的敌对和战争状态，使文化的交流和影响受到很大的限制，连经济交流也是大都以偷运和走私的方式进行；

\* 同时，对于形成和完善一种独特而具有影响的艺术的时代风格来说，45

---

① 《辽史》卷二《太祖本纪下》。
② 大辽王朝的历史究竟应该从公元916年计算还是应该从907年算起，本文此处只能略述如上，详情则需专论之。
③ 《辽史》卷十四《圣宗本纪五》，《宋史》卷六《真宗本纪一》。澶渊之盟对北宋王朝来说，是一个极端屈辱的盟约，因为它规定了北宋王朝向辽王朝割地、赔款、岁贡等等内容。大宋王朝的"北京"只好拿来称呼现在河北省的大名（也是《水浒传》中所称呼的"北京"），而真正的北京（即明、清和现代的北京）则是大辽王朝法定的"南京"。

年时间，也嫌太短了一些。

\* 更何况，佛教在中原地区，经历了从安史之乱，黄巢起义，藩镇割据，五代走马灯式的政权更迭和辽宋间的长期战争，再加上其间两次大规模的灭佛运动，即所谓"法难"，佛教在中原地区早已趋于衰落而不复唐代风貌。而依据现在所了解到的史实，佛教在中国的北方，在大辽王朝统治的广大地域里，不但直接继承了隋唐佛教的兴隆，而且没有波折地持续着盛唐的气势。

当时中原汉族地区佛教的规模和水准，甚至难以望其项背。

（三）辽王朝存在的时间很长

一般人多不知道辽王朝的时代具体有多长。实际上，这个大辽王朝，即使从耶律阿保机 916 年建立"大契丹国"开始，到 1125 年被女真人完颜阿骨打所建立的金所灭，共历 9 帝 210 年。二百一十年，这已经是一个寿命很长的王朝时代了，但辽王朝的真正历史比这更长。

其实辽王朝的实际寿命如果（也应该）从辽太祖耶律阿保机登极称帝的 907 年元月算起——尽管这时他还没有把国号叫做大契丹国——一直到西辽政权被乃蛮部头领夺取的公元 1211 年为止，共达 304 年之久。如果我们把北宋王室成员的康王赵构南迁之后所建立的南宋政权仍然算作宋王朝的延续的话，那就没有理由不把辽王室的成员耶律大石率部西迁后所建立的西辽政权也算作辽王朝的延续。

很显然，在这样长的时间跨度内，文化艺术也会随着社会的发展而变化。那么，辽代佛教造像的风格，后期和前期如果有所不同的话，也应是自然而然的历史现象。学术界应该对于辽代佛教造像史给予一个科学的分期。

（四）辽王朝统治的疆域非常广阔

辽王朝的疆域究竟有多大？在其全盛时代，现在的整个天津地区，整个北京地区、河北省的北部，和山西省北部的大同地区，都是大辽王朝的疆土。其北部边界达到现在俄罗斯的贝加尔湖地区，东部到达当时的北海，即现在的鄂霍次霍海，包括中国人所说的库叶岛在内。从那里往南越过鸭绿江和图们江，到达朝鲜半岛的北半部（约占现在朝鲜半岛的 1/3）。西部则抵达现在的新疆北部和中亚地区。其疆域的总面积大约是北宋王朝疆域的一倍半。大辽王朝，这是一个幅员何等辽阔的泱泱大帝国啊。[①]

---

[①] 见《辽史》卷三十七《地理志一》，并参阅谭其骧主编之《中国历史地图集》第 5 册《隋唐五代十国》和第 6 册《宋辽金》中有关和涉及辽王朝的地图。谭其骧是中国现代著名历史学家，该书于 20 世纪 50 年代开始编写，70 年代内部发行，80 年代公开出版。这部名著关于辽代的历史排序可以代表本文上面所说的传统的历史排序。

元代人编写的《辽史》说它"东朝高丽，西臣夏国，南子石晋而兄弟赵宋①，吴越、南唐航海输贡……属国六十……幅员万里"②等等，并非虚夸之词。

在这样一个王朝控制下的不同地区，特别是在西部边远地区，在东部滨临海洋地区和朝鲜北部地区，其艺术表现形式，例如佛教造像的风格，如果同中心地区不完全相同，那就一点也不令人奇怪。

至此，所谓辽像的风格问题，尽管有其高度的复杂性，但在历史的逻辑上，也应该是比较容易理解的了。

辽像的风格不可能惟宋代造像的风格马首是瞻。

它的后期和前期以及不同地域的造像，艺术风格也不会那么整齐划一。我们不能硬削辽像风格之足，去适应宋像风格之履，把不符合宋像风格的，或不符合我们尚未全面了解的所谓辽像风格的、那些暂时尚未研究清楚的造像，全部排除在辽像之外。尤其是不应该把那些少数带有辽代纪年款，和兼有纪年和记地款或发愿文的少数造像，只是因为它们同某些学者已知的"宋辽风格""宋辽造像"不合，就一概定为赝品、后刻款或者它国产品。

不，这不是历史的和科学的态度。

## 四 契丹民族对"八"字的崇尚源远流长

这个问题分两点叙述：
* 契丹民族的宗教信仰和"八"字崇尚。
* 祖源传说、社会结构和"八"字崇尚。
现在先说第1点。

(一) 契丹民族的宗教信仰和"八"字崇尚

除了契丹民族和辽王朝的大历史对辽代的佛教艺术形式，包括建筑、绘画、造像等等，起了直接影响，甚至决定性的影响之外，契丹民族的传统习惯和崇尚意识也会对它们产生重大的影响。

契丹民族原本信仰萨满教。萨满教是一种原始宗教，信仰多种神祇，而它的

---

① "南子石晋而兄弟赵宋"。其中"子"，动词，意为"把某人当儿子"。"兄弟"，亦是动词，意为"同某人作兄弟"。此句译成现代汉语是："南面曾认石晋的皇帝为儿子而后来又同赵宋的皇帝称兄弟"。这是指辽太宗耶律德光在五代时曾经帮助石敬瑭建立后晋政权，石敬瑭遂割让燕云十六州于辽，并称辽太宗为"父皇帝"，自称"儿皇帝"。但儿子石敬瑭（892—942，936—942 年在位）比老子耶律德光（902—947，公元 927—947 年在位）实际上年长 10 岁。后来澶渊之盟（1005 年一月）订定后，辽圣宗耶律隆绪称呼北宋皇帝真宗赵恒为兄，真宗则称圣宗为弟，称其母萧太后为叔母。

② 引文见《辽史》卷三十七《地理志一》。

最高崇拜对象则是"天"。在宗教形态学上，萨满教可以归类于泛神论和万物有灵论，也可以归类于主神论。

同时，契丹民族（以及东北地域的其他民族）对数目字"八"，有着强烈崇拜的心态并形成传统，而且源远流长。在佛教成为契丹民族的主要信仰以后，本民族的这种传统习惯和心态自然会融入新的信仰之中，并对佛教艺术的形式和风格产生巨大的作用。

下面考证契丹民族对"八"字的崇尚习俗问题。

中国人早就有崇尚"八"这个数目字的传统。喜好把吉祥的事物凑成八项。例子不胜枚举。如"八卦"、"八佾"、"八阵"、"八珍"、"八仙"、"八法"、"八代"、"八拜"、"八股"等等。

而佛教也是很崇尚"八"这个数目的。例如，佛教中有所谓"八识"、"八戒"、"八苦"、"八迷"、"八教"、"八相"、"八吉祥"、"八中州"、"八解脱"、"八胜处"、"八部众"、"八大人觉"、"八大地狱"、"八相成道"等等说法。

但同汉族和佛教一般对"八"字的心态和传统不同的是，古代契丹民族和契丹王朝的统治者，更加崇尚"八"这个数目字。他们不仅继承汉人和接受佛教对"八"字的喜爱和崇尚传统，而且更把对"八"字的崇拜大规模地贯彻于他们的宗教实践之中。其信仰的虔诚和实践规模的宏伟，即使是今天，也令人叹为观止。

（二）祖源传说、社会结构和"八"字崇尚

契丹人崇尚"八"字的历史源远流长，并且同民族起源的传说和社会结构相互结合在一起。这从以下史实可以得到说明：契丹族起源的神话传说同"八"字相结合。

《辽史》中记载了一个关于契丹人起源的神话传说：上古有一位天神，骑着一匹白马，从马盂山沿着土河向东驰行。又有一位天女，驾驶着青牛拉的车，顺着潢河东向而下。当他们到达木叶山的时候，因为两条河在那里相汇，天神和天女也在那里相遇，并配作夫妻[①]。

---

[①] 土河、潢河皆古代汉语称呼。土河即今之老哈河，西南东北方向流。潢河即今之西拉木伦河，在老哈河之北，自西向东流。二河汇合后称西辽河。这块"两河流域"，是古代契丹人世世代代繁衍生息的地方，是他们祖先的发祥地。按照中国人的风水学（其合理部分代表了中华民族的建筑安全要求和居住美学），这里地势西高东低，后有山岭作屏障，势如白虎，前有绿水环绕东流，状若青龙，并且朝向日出的东方。这个传说似乎也可解释契丹人崇尚东向的传统风俗问题。例如，根据考古发掘报告和宋人记录，辽上京临潢府的宫殿楼阁及"邑屋门皆东向"，著名的山西大同辽代中期兴建的下华严寺，殿门也是东向而不是南向。

他们一共生了八个儿子。后来他们的族裔繁衍昌盛，分为八部，号称八部落①。那天神和天女，当然就成了契丹人的始祖。

契丹族的社会组织结构总是分为八部：

《辽史》记载："契丹之先，曰奇首可汗，生八子。其后族属渐盛，分为八部。居松漠之间。"② 这儿说的已不再是神话传说，而是他们祖先的真实历史。契丹民族先后曾分为"古八部"、"大贺氏八部"和"遥辇氏八部"。《辽史·营卫志》中还记载了每一"部"各自特有的名字。

顺便说一下，东北地区各民族都喜用"八"这个数字。《辽史》中就有"室韦八部"（蒙古学者多认为室韦族是蒙古族的先人）、"敌烈八部"、"婆里八部"等。女真族也是这样，直到清代的"满八旗"、"蒙古八旗"和"汉八旗"等等。

## 五 "八"字崇尚和辽塔、辽像的风格特征

这个问题也分两部分叙述：

* 辽代遗存的佛塔建筑几乎全为八角形状。
* 辽代的造像常见八边形底座和八瓣莲花。

存世的辽代大型的佛教遗迹和小型的佛教造像，都体现了契丹民族对"八"的崇尚，这也是十分有趣的现象。

（一）辽代遗存的佛塔建筑几乎全为八角形状

契丹民族对"八"字的这种崇尚传统直接影响了他们的宗教信仰、宗教建筑和宗教艺术。这种影响在今天仍然能够看到的许多辽代宗教建筑和宗教造像上表现得尤其明显。这是时代特点，也是民族特点。

辽代的佛塔及其基座多为八角形状。例如：

著名的山西应县佛宫寺辽代释迦塔是八角形状，塔基也呈八角形。此塔是中国现存最大和最高的木结构佛塔，建造于辽清宁二年（1056），经历了近千年沧桑依然耸立而不毁。

位于现内蒙古自治区巴林右旗的辽代庆州白塔（因塔身通体白色而得名），为八角七层空心楼阁式砖塔，塔基亦为八角形状。此塔建于辽重熙十八年

---

① 见《辽史》卷三十七《地理志一》。同样的故事也见于旧题南宋叶隆礼所撰之《契丹国志》。但最早记载这个传说的应是宋人范镇的《东斋记事》（卷五）。据范氏说，"此事得于赵志忠，志忠尝为契丹史官"，故这个传说是可信的，它应是契丹民族关于本族起源的神话传说。亦可参考于保林著《契丹古代史论稿》，黄山书社1998年10月版，第7页。

② 《辽史》卷三十二《营卫志中·部族上》。

(1049)。值得注意的是，此塔基座虽然素面无纹，但基座上却有一米高的仰莲纹带，在其上再起造塔身①。

内蒙古宁城县的大明塔，是辽圣宗时建筑的一座实心砖塔，八面十三层，高74米。塔的基座亦为八角形。规模宏伟，造型壮丽，极为精美。辽圣宗在位的半个世纪（982—1031年）是有辽一代之政治、经济、军事、文化、宗教和综合国力的全盛时期。

建于北京房山西石经山的云居寺，因其藏有从隋至清（康熙三十年）一千年间历代沙门所刻的一万五千多块佛教大藏经的石经经版而闻名于世。辽代时曾在该寺建筑两座佛塔，塔身和塔座均为八角形状。（南塔已在上世纪30年代毁于日本人的轰炸。）

位于现在内蒙古呼和浩特市东郊，原辽代丰州故城的西北角，有一座辽圣宗时期建造的万部华严经塔。塔与塔基都是八角形状。

现在辽宁省海城市折木城镇西北9公里处的半角峪山，有辽代建筑的海城金塔。八角十三级。塔的基座为双层八面壸门式样。更特别的是，每个壸门内均有一只伏卧的雄狮伸出头来，威武而壮观②。

在今辽宁省义县城北25公里处有辽时闻义县县城遗址。在城址的西南角尚存一座辽代古砖塔——广胜寺塔。塔的外形也呈八角状。此塔建成于辽乾统七年（1107）。

在辽之建州遗址附近，即今之辽宁省朝阳市西南黄花滩（一作黄河滩）与木头城子（即建州遗址）之间，也有一座八棱的辽塔。

契丹人有时同时建造八座塔，并使八塔并立，如辽宁兴城白塔寺就有并立的八大灵塔。这八塔并立的建筑当然也是崇尚"八"字的一种特殊表现。

（二）辽代的造像常见八边形底座和八瓣莲花

辽代佛教造像的底座，特别是辽代前期金铜造像的底座，铸成八角形状的相当常见。其底座的莲花花瓣，铸成八瓣形状的也不少。例如：

＊现藏于北京故宫博物院的统和二十六年款菩萨像就是八边底座和八瓣莲花。

见彩图06—12—02。

＊现藏东京大学考古学部研究所陈列室的统和二十八年款观音三尊金铜造像，虽然尺寸不同，但也都具有八角形的底座和八瓣形莲花。

＊现为美国私人收藏的一尊统和二十八年二月款的金铜观音立像，底座也

---

① 《巴林右旗志》，此处转引自于保林著《契丹古代史论稿》附录2，第431页。
② 见赵芳志主编之《草原文化》，商务印书馆（香港）有限公司1996年3月出版，第200页插图。

是双层八角形状,并形成八面壶门。其上的仰莲和覆莲花瓣,每层也都是八瓣。

    \* 一尊被金申氏认为"典型的辽代铜观音像",也是八瓣莲花底座。①

    \* 另一尊经金申氏鉴定为辽像真品的佛像,也是这样②。

如此等等,我们不能以偶然的巧合来解释,更不应以否认它们为辽代造像来解决。逻辑上说,它们应该存在着某种内在联系。

值得一提的一个有趣现象是,有的学者在论述辽代造像的底座时,明明八角形的底座,都被说成是六角形,而且是三番五次地重复这种失误③。

我当然希望这是"九方皋相马"式的疏忽。"若皋之所观,天机也。得其精而忘其粗,在其内而忘其外;见其所见,不见其所不见,视其所视,而遗其所不视。若皋之相马者,乃有贵乎马者也。"但九方皋虽然识别了千里马,却把黑马误成黄马,把牡马误成牝马,毕竟是事实不准确。④ 按现代标准来说是不可取的。而把八边形的底座都一律说成是六边形的底座,毕竟是忽略了辽代佛教造像艺术同契丹民族崇尚"八"字之习惯和心态的关系。

---

① 见金申《散见于朝鲜的中国年款佛教遗物》,载《收藏家》2000年第10期,第38页。

② 见傅志新《罕见辽代鎏金铜观音佛像惊现沈城》一文,2007年5月8日,载雅昌艺术网(person. artron. net),2007年5月14日。

③ 见金申《几尊可疑的辽代款佛像》,载《收藏家》1996年底2期,第52页(两处),第53页(一处)和其《散见于朝鲜的中国年款佛教遗物》,载《收藏家》2000年第10期36页(一处)。金氏多次重复这样一个明显的形状和数字的疏忽,应该也不是偶然的。

④ "九方皋相马"的故事出自《列子·说符》,故事不长,生动有趣,寓意深刻,流传颇广。特录该段原文如下(标点和分段皆本文作者所为):

秦穆公谓伯乐曰:"子之年长矣,子姓有可使求马者乎?"

伯乐对曰:"良马,可形容筋骨相也。天下之马者,若灭若没,若亡若失。若此者绝尘弭辙。臣之子皆下才也,可告以良马,不可告以天下之马也。臣有所与共担缠薪菜者,有九方皋,此其于马,非臣之下也。请见之。"

穆公见之,使行求马。

三月而反。报曰:"已得之矣,在沙丘。"

穆公曰:"何马也?"

对曰:"牝而黄(母马、黄色)。"

使人往取之,牡而骊(公马、黑色)。

穆公不说(悦),召伯乐而谓之曰:"败矣,子所使求马者!色物、牝牡尚弗能知,又何马之能知也?"

伯乐喟然太息曰:"一至于此乎!是乃其所以千万臣而无数者也。若皋之所观,天机也。得其精而忘其粗,在其内而忘其外;见其所见,不见其所不见,视其所视,而遗其所不视。若皋之相马者,乃有贵乎马者也。"

马至,果天下之马也。

《列子》一书成于魏晋,假托此故事为秦穆公故事。但这只是一个寓言,宣扬魏晋时流行的"得意忘象"的哲学。

## 六 观音信仰是契丹民族最普遍的信仰

契丹民族,至少从第一代皇帝辽太祖耶律阿保机时代开始就崇奉和祭拜观音。《辽史》记载:

> 冬十一月丙午,幸弘福寺,为皇后饭僧,见观音画像——乃大圣皇帝、应天皇后及人皇王所施——顾左右曰:"昔与父母兄弟'聚观'于此,岁时未几,今我独来!"悲叹不已。乃自制文题于壁,以极追感之意。读者悲之。①

这件事发生在天显十年(935)冬。其中的"大圣皇帝"即"天皇帝"辽太祖,"应天皇后"即"地皇后"或称"述律后","人皇王"是他们的长子耶律倍,他是个文学艺术的天才。可见天皇帝、地皇后、人皇王,还有现在瞻仰观音像的这个辽太宗耶律德光,很早就崇拜观音。既然这幅"观音画像乃大圣皇帝、应天皇后及人皇王所施"于"弘福寺",则《辽史》引用太宗原话,说他们在那里以前曾经"聚观"此观音画像,足见太祖时虽然佛教信仰,尤其是对观音的信仰已相当普遍,但由于太祖认为"佛非中国教"②,故佛教势力的影响在早期或许还不是很大。

而更早,在太宗诞生之前,其母"地皇后"怀孕时就梦见过观音为她送子,此子即是后来的太宗耶律德光。继位后,他在重大的军事行动之前又不止一次地梦到过观音给予神启,使他克服困难和取得胜利。随后他又把幽州(今北京)的一尊白衣观音像迁到其祖宗发祥地的永州木叶山,立庙供奉,作为家神祭祀。

《辽史》记载:

> 永州,永昌军……兴王寺,有白衣观音像。太宗援石晋主中国,自潞州回,入幽州,幸大悲阁,指此像曰:"我梦神人令送石郎为中国帝,即此也。"因移木叶山,建庙,春秋告祭,尊为家神。兴军必告之,乃合符传箭于诸部。③

契丹民族本信仰原始宗教,即一般所谓萨满教。但到了这个时期,观音在他

---

① 《辽史》卷3《本纪·太宗上》。
② 见《辽史》卷72《列传》第2《宗室》中之《义宗倍》本传。
③ 《辽史》卷三十七《志》第七《地理志一》之《永州》条。

们信仰中的地位，实际已经超过天、地、祖宗和佛陀。《辽史》还记载：

> 祭山仪：设天神、地祇位于木叶山，东向……太宗幸幽州大悲阁，迁白衣观音像，建庙木叶山，尊为家神。于祭山仪"过树"之后，增诣菩萨堂仪一节，然后拜神……①

祭山仪是辽王朝各种宗教活动中最重要、最传统、最隆重、最具规模的一种。在这一仪式中特别增加了祭拜观音一节，并且加在拜神之前。这从辽太宗时开始，年年代代相传不辍，又是每有军事行动必先告之，则观音信仰遂成为契丹民族最普遍的信仰。

再者，祭天地，天地有牌位而无形象，祭祖先，祖先有御容却不是神祇，且祭祀有时间、地点和环境的限制，而观音则既是神祇、还是家神、且有具象或形体，又是随时和到处都能祭拜，故观音信仰很容易上升到特殊的地位。

辽代时期，契丹民族，从一般民众到贵族和皇亲国戚，都喜欢以"观音"作为人名。见于《辽史》记载的，就有很多名字叫做"观音"和"观音奴"的人，其中有男性，也有女性，有皇族、公主，也有高官。其中辽世宗耶律阮和怀节皇后所生第2个女儿、后来封为晋国长公主的，就叫"观音"②。

辽景宗耶律贤和睿智皇后——即后来的萧太后③所生的长女、先后封为魏国公主和燕国大长公主的，也叫"观音"④。

当然，最有名的一个"观音"，应该是辽道宗耶律洪基的悲剧皇后、才女、诗人、音乐家萧观音⑤。

辽代对观音信仰的普遍，和观音之神祇地位的崇高，当然也会影响辽代的佛教造像。

一般说，当时观音造像的总数量应该超过其他各种神祇的造像，而遗留到今天的存世量也应以观音像较多⑥。

而辽王朝的观音造像，尤其是前期的皇家寺院的观音造像，一定多以那尊太宗皇帝从幽州迁移到木叶山供于家庙中的、并经常在拜山仪中祭拜和瞻仰的那尊白衣观音像为标准造像。而那尊白衣观音像，太宗从幽州迁移此像于木叶山建庙

---

① 《辽史》卷四十九《志》第十八《礼志一》之"拜山仪"。
② 《辽史》卷六十五《表》第三《公主表》。
③ 在辽代，皇后大多姓萧氏，因此称萧太后的有多人。这里的萧太后即"杨家将故事"中所说的那个后来摄政当国的萧太后。
④ 《辽史》卷六十五《表》第三《公主表》。
⑤ 其故事可见《辽史》卷七《列传》第一《后妃》中的"道宗宣懿皇后萧氏"本传。
⑥ 这只是理论论证的一个结果，究竟是否如此，还应再通过统计学来证实。

供奉的时间为 936 年顷，上距唐亡约 19 年。该像显然在此前早已建成，是故，几乎可以确认其为唐代观音造像。

## 七　结论：对辽代佛教造像风格的简略概括

在了解了辽王朝的建国史、辽王朝的强盛（它曾经具有广阔的疆域并经历了漫长的时代）、辽王朝和宋王朝的关系，以及契丹民族的传统崇尚之后，再来谈论辽代佛教造像的风格，应会比较中肯而具体了。

辽像的风格可以概括如下：

### （一）辽代的佛教艺术直接承袭隋唐风格

隋唐时代，尤其是大唐时代，国力强盛，政治开放，经济繁荣，文化发达，对周边地区的各民族——包括契丹、朝鲜和日本在内——的影响巨大、深远而持久。当然，要全面地论述这个问题，已远远地超出了本文的范围之外。

但就佛教和佛教造像的风格而言，中原地区经过了唐末农民战争和藩镇割据及五代政权更迭，更有唐朝后期和五代末年两次大规模的灭佛运动，佛教鼎盛辉煌的时代事实上已经终结，并且永远不再复返。走上了下坡路的佛教和佛教艺术自然会发生其相应的变化。而在所谓边远化外地区，例如契丹、朝鲜等地区，隋唐佛教文化的形态和风格依然在持续着。

关于隋唐佛教造像的风格，有太多的文章好做。而这里，我们可否这样来简单地加以概括：即神圣性、理想性、生动性、多样性和写实性？

契丹人在佛教传入之后逐渐笃信佛教。相对于"中原地区"从唐代后期开始，由于灭佛运动，战乱频仍和兴盛已久等缘故，佛教开始走向衰落的状况而言，在中国的北方，在"大契丹国"或"大辽国"境内，佛教在这个时期，依然处在方兴未艾、继续发展的阶段。这从他们继续在其广阔的土地上大规模建造宏伟的寺庙和佛塔，并雕刻"契丹藏"可以窥见一斑。

### （二）契丹民族特有之面容/体型/装饰等民族特征

一般地说，一种外来文化，在其异地传播、发展和生根的过程中，总会吸收和融入当地民族文化的内容而形成一些新的特征。辽代的佛教艺术，包括佛教的寺庙建筑、佛塔建筑和神祇造像等，当然也是这样。

关于契丹本民族的传统体现于佛教建筑和造像上的特征问题，似乎也可以说出好多话来。而这里我们也可以只用北方民族的面容、体型和一些发型、衣饰特点来概括之。由于契丹民族后来融合于其他民族，特别是汉化以后而消失，今天已经无法具体指证契丹人的面容及其体格特征。故只能以北方民族代之。好在都是蒙古利亚组群，又都是游牧民族，故有其共同性。另外也可以从考古发现的一些辽代墓室壁画中揣摩其要领。

（三）佛教建筑和造像中体现"八"字崇尚

辽代佛塔的塔基和塔身，大多数设计和建造为八边形或称八角形状。

单尊金铜造像中有相当数量具有八角形台座或八瓣形莲花，或二者兼而有之。

这是辽代佛造塔和造像的重要特征之一，是佛教艺术契丹化的一种形式体现。此处将其单列，以彰显这点在辽代佛教艺术中的重要性和典型性。

就本书作者个人的审美情趣而言：

\* 八角形的塔和塔基比起方形或圆形的设计，

\* 佛教造像八角形的底座比较起方形底座或圆形底座来，

似乎更加具有饱满恢宏的气势和特殊壮观的美感。

不知读者以为然否？

（四）辽代后期的佛教艺术才会融合北宋的风格

我们可以把辽代佛教造像的风格分为前、后两期。从公元907年（辽太祖登基称帝元年，唐哀帝天佑四年）到1012年（辽圣宗开泰元年，北宋真宗大中祥符五年。但该年的阴历十一月辽圣宗才改元开泰，故在十一月之前，仍是统和纪年，是为统和三十年。而这年的阴历十一月十七日是阳历1013年的元月1日，故整个1012年都是统和年。）为前期，共106年。从1013年到1125年为后期（西辽王朝的88年暂不计算在内，因为目前还没有关于西辽佛教艺术的资料和标本），共112年。

在前期106年的前53年中，大辽王朝日趋强盛，但其佛教造像的风格不可能同宋像的艺术风格有任何关联，因为赵宋王朝还根本不存在。即使在前期106年的后53年中，辽像风格也不可能向宋像风格看齐。因为此时的大辽契丹王国一步步正走向自己的全盛时代，佛教随之辉煌，其艺术造像风格一路向前发展，不可能因外来的文化影响而骤然改变；再说，在这样短的时间内，所谓宋代造像风格未必能够形成和完善，更不必说对周围国家发生影响了；退一步说，即使已经形成和完善，在宋、辽军事对抗和战争频仍的环境中，文化交流和艺术风格的影响也必定甚为有限。何况，北宋时期，佛教在中原地区已经衰落呢。

至于说辽像"吸收了两宋风格的神韵"①，硬是把南宋也拉扯进来，那就只能是天方夜谭，或者是关公战秦琼、貂蝉嫁罗成了。

只有辽、宋在1005年一月达成澶渊之盟，双方从此和平共处以后，南与北

---

① 陈振徽、张国俊：《辽代铜佛》，辽宁画报出版社2002年11月版，第54页。

的经济和文化的大规模交流，艺术和造像风格的吸收与融合，才会真正开始。按照盟约，大宋向大辽年年纳贡，岁岁去朝，大宋皇帝同大辽皇帝称兄弟，称大辽萧太后为"叔母"。遇有节庆喜丧，两国共同庆祝和吊祭，双方使者不绝于途。……如果真有统一的所谓宋辽风格的话，也只能在这样的历史条件下，再经历一段时间的交流、融合与演进之后，最终才有可能实现。

上面我们从辽、宋建国历史的先后和战争环境的影响论证了大辽王朝继承的只能是——实际也是——隋唐文化，而不会是——实际也不是——宋代文化，特别是在辽的前期。这是就客观的因素而言。那么，就主观意识而言，在辽的后期，即在时间允许，环境也允许的情况下，大辽是否一定继承和借鉴大宋呢？并不尽然。这里有一个极好的例证：

1036 年，辽兴宗重熙五年，皇帝下诏，命大臣耶律庶成编纂辽太祖以后的法令，"参以古制"①，或曰"参酌古今，刊正讹谬"②，编定条制 547 条，随之颁行天下。这就是辽国的基本法典——"辽律"，史称"重熙条制"。而这里所谓"参以古制"，主要是参照"唐律"，参酌"古今"之"今"，则是指辽王朝的刑法历史和现状，并非以"宋律"为准。其实，这年已经是宋仁宗景祐三年，宋律早已制订并实行了 76 年，甚至也已经加以完善化了③。而且作为辽、宋和平共处之始的"澶渊之盟"也已达成了 31 年。辽宋间的政治、经济和文化交流早已频繁起来。这个事实一定会使"宋辽造像"和"宋辽风格"的提倡者和赞同者感到奇怪。弱者，至少在那个时代，究竟能有多少影响可足称道耶？

一言以蔽之，辽代佛教造像风格应该是，也必定是：前期直接承继和延续盛唐气象，并体现本民族的传统崇尚，而以观音造像居多，并且尤以观音造像更呈唐风。后期才可能同宋像风格渐趋融合。

2005 年 10 月 27 日初稿<br>
2008 年 11 月 17 日定稿

## 八 后记和附录：梁思成先生的真知灼见意味深长

关于辽代佛教造像风格问题，本文完成了考据的、历史的和逻辑的论证，得

---

① 《辽史》卷六十二《刑法志下》。
② 《辽史》卷八十九《列传》第十九之"耶律庶成传"。
③ 宋律包括《宋刑统》和《编敕》。《宋刑统》的全称是《宋建隆详定刑统》。由窦仪等人所撰集，于宋太祖建隆四年（963）所颁行。宋律也是继承和参照唐律而制定的，并且是中国历史上第一部刊版印行的法典。

出了应有的结论。但本文没有具体举实例以证明之，原拟它日另文为之。

那末本文的结论能不能成立呢？本人相信，只要资料和论据充分，推理过程严谨无误，结论是不会骗人的。

本文定稿之后，作者才偶然读到了梁思成先生 1932 年发表的《蓟县独乐寺观音阁山门考》一文。梁思成氏 76 年前对现属天津市的蓟县独乐寺观音阁及其山门从建筑结构艺术和造像风格方面所作的观察、考证和论述，尤其他的真知灼见，恰好为本文的结论提供了一个极佳的实证。3/4 世纪过去，作为中国 20 世纪的大建筑家，梁先生的论断依然显现出其智慧和真理的光辉。

定稿前曾考虑在正文中补充一节专门介绍梁先生的见解，后觉似乎不妥，遂写此附录；但这又涉及另一个大悬案——究竟是谁人修建了独乐寺的辽代建筑观音阁和山门以及其主体观音大像？这也是中国佛教史和文物史上的一个重要历史之谜，而且歧义和争论久矣。但这需要另行考论，本文暂不涉及。

今天津蓟县独乐寺的观音阁和山门是辽代统和二年（北宋为太宗赵光义雍熙元年，公元 984 年，此时北宋王朝建立已经 25 年）的佛教建筑。

观音阁中保存着高 16.27 米①的辽代遗存的极为壮观的 11 面观音造像。是为整个建筑的主题。

20 世纪 30 年代初，中国著名的建筑家梁思成先生等曾经实地考察并专门研究了该寺的观音阁和山门的建筑结构和艺术特点，并涉及观音大像本身。他在自己的著作《蓟县独乐寺观音阁山门考》②一文中有许多真知灼见，对研究辽代造像风格来说，至今仍觉意味深长。

下面仅将梁先生的观点中之同本文内容有关者，列出三点。

（一）观音阁及山门建筑是唐式，但开始向宋式过渡

梁先生在《总论》中首先指出，独乐寺观音阁及山门"实为唐、宋间建筑形制蜕变之关键"，"与宋式亦大异，而与唐式则极相似"。也就是说：辽代式样是唐代式样向宋代式样变化和过渡的中间环节，但基本上仍保持唐式风格，而不会是什么"宋辽风格"。他说：

> 独乐寺观音阁及山门，在我国已发现之古木建筑中，固称最古，且其在建筑史上之地位，尤为重要。统和二年为宋太宗之雍熙元年，北宋建国之

---

① 这尊观音大像的规格，测量数据不一，梁思成先生的文章说约 16 米，也有一些文章说是 15.90 米的。当有测量误差等存在。

② 梁思成先生《蓟县独乐寺观音阁山门考》一文，原载《中国营造学社汇刊》1932 年第 3 卷第 2 期。现收入《梁思成全集》（9 卷本）第 1 卷，中国建筑工业出版社 2001 年 4 月第 1 版。本处中的引文系依据"筑意网"网页：bbs.chinazhuyi.com/dispbbs.asp? boardid = 48。

二十四年耳。上距唐亡仅七十七年,唐代文艺之遗风,尚未全靡;而下距《营造法式》之刊行尚有百十六年。《营造法式》实宋代建筑制度完整之记载,而又得幸存至今日者。观音阁山门,其年代及形制,皆适处唐、宋二式之中,实为唐、宋间建筑形制蜕变之关键,至为重要。谓为唐、宋间式之过渡式样可也。……①

观音阁及山门最大之特征,而在形制上最重要之点,则为其与敦煌壁画中所见唐代建筑之相似也。壁画所见殿阁,或单层或重层,檐出如翼,斗栱雄大。而阁及门所呈现象,与清式建筑固迥然不同,与宋式亦大异,而与唐式则极相似……

观音阁天花……而与日本镰仓时代遗物颇相类似,可相较鉴也。

梁思成先生的这些话内容清楚,不难理解,故不需本人再多加饶舌。

只是梁氏"观音阁天花……而与日本镰仓时代遗物颇相类似,可相较鉴也"的说法,似有不妥。因为日本"镰仓时代"是指1185—1336年的历史时期。镰仓时代开始之时,辽王朝(不含西辽)早已不存在。辽灭于1125年。

再说,契丹民族传统虽面向东方,但当时,大辽也不可能隔海学日本。日本"镰仓时代"之前为"平安时代"(794—1185年)。日本同大辽王朝都是直接继承隋唐文化,因而颇相类似。

是故,梁氏之说中,"镰仓时代"或为"平安时代"之误,或改为"平安时代"更好。

(二)观音大像及其伴随造像都体现着盛唐风格

观音阁中的观音大像,无疑是这片辽代建筑中的主体。见彩图06—12—11。

梁思成先生也指出,那座著名的巨型观音造像,还有"其两旁侍立菩萨",以及其他的伴随观音造像,"其意趣尚具唐风",甚至"与盛唐造像尤相似"。即:这里的统和初年的多尊观音和其他菩萨造像,都体现着盛唐风格,并无任何宋代风格的踪影。他说:

观音阁中之十一面观音像,亦统和重塑,尚具唐风,其两傍侍立菩萨,与盛唐造像尤相似,亦雕塑史中之重要遗例也。

阁中主人翁为十一面观音像,高约16米,立须弥坛上,二菩萨侍立。法相庄严,必出名手,其年代或较阁犹古,亦属可能。与大像相背,面北部分尚有像,盖为落伽山中之观音。此数像者,其意趣尚具唐风,而簇新彩

---

① 《蓟县独乐寺观音阁山门考》。以下引文凡未另外注明出处者,均引自梁氏此文。

画，鲜艳妖冶，亦像之辱也。

梁思成氏从具体实例出发，从中国建筑学史的角度考察，指出蓟县独乐寺的观音阁、山门和观音等造像，都尚具唐风，尤似唐式。（"尚具唐风"是梁先生原话，"唐宋过渡"则接近其原话。而"尤似唐式"——即特别像唐代式样——是本文作者概括本节所引梁氏著作原文之意涵的用语。但同前两种说法并不完全相容。后者实际上更符合梁氏看法之本意。）

而本书作者则从历史史实和逻辑判断的角度，得出辽代前期的佛教造像必定是延续隋唐风格，尤其是盛唐遗风，其观音造像则更是直接承继唐代样式。而不会有什么所谓"宋辽风格"或"宋辽造型"的存在。

方法和途径完全不同，但结论却相同。所谓殊途同归也者，宜乎！

（三）辽前期建筑和造像风格类唐不类宋是必然的

梁先生认为这一时期的辽代建筑结构和佛教造像的风格之所以成为"唐、宋二代"之间的"过渡形式"，并尤其类似唐代风格，是历史变化和发展的"自然结果"。辽代风格并"非故仿唐形"。因为契丹王朝的疆域"在唐代地属中国，其文化自直接受中原影响，五代以后，地属夷狄"，故能保持唐风。而五代北宋初期，中原即使有新变动，"必因当时政治界限而隔阻"，未受影响。他的原文是：

（辽代建筑和佛教造像）其外观之所以如是者，非故仿唐形，乃结构制度，仍属唐式之自然结果。

统和二年，即宋太宗雍熙元年，西元984年也。阁之再建，实在北宋初年。《营造法式》为我国最古营造术书，亦为研究宋代建筑之唯一著述，初刊于宋哲宗元符三年（西元1100年），上距阁之再建，已百十六年。而统和二年，上距唐亡（昭宣帝——郑按："昭宣帝"当为"唐哀帝"——天祐四年，西元907年）仅七十七年。以年月论，距唐末尚近于法式刊行之年。且地处边境，在地理上与中原较隔绝。在唐代地属中国，其文化自直接受中原影响，五代以后，地属夷狄，中国原有文化，固自保守，然在中原若有新文化之产生，则所受影响，必因当时政治界限而隔阻，故愚以为在观音阁再建之时，中原建筑若已有新变动之发生，在蓟北未必受其影响，而保存唐代特征亦比较多。如观音阁者，实唐、宋二代间建筑之过渡形式，而研究上重要之关键也。

梁思成氏将蓟县独乐寺的观音阁和山门之辽代统和初年的建筑结构和艺术形

式，断为唐、宋间建筑形制演变和过渡的关键性代表。换言之，辽代的建筑艺术上承大唐之遗风，下启大宋之法式，但更为唐式。这是何等意味深长的真知灼见啊！说是真知灼见，是说它一语中的，切中要害；说它意味深长，是说它至今仍给我们以启发，甚至振聋发聩。

当然，在本文作者看来，对研究辽代佛教造像风格来说，更具唐风的还是观音阁及山门建筑的那个主体工程——观音的巨大造像本身——以及其他的伴随造像。试看观音大像头上那另外十面观音所形成的整座造像的独特性，造像本身的那种美轮美奂和无比精致，主像面容的女性化中所透露出的那种粗犷和刚强，其神像俯视众生的那种崇高的神圣性和艺术手法上的某种写实性，无一不体现着大唐时代的风格。所有这些又岂是人们所谓的"宋辽风格"的框框所能硬性套得进去的。

梁思成先生关于蓟县独乐寺之观音阁和山门所具备的建筑艺术风格之时代意义的判断，和阁内主题观音大像之佛教造像艺术风格的时代代表性，对于整个辽代前期（907—1005）建筑和造像艺术的风格，具有普遍的意义。

这是历史本身决定了的，不是可以任人随意乱说的。

2008 年 11 月 25 日 完稿

# 第七编

# "捡漏"编

第十三篇 "仿碧玉雕"园林图景乾隆天球瓶
　　——兼论"捡漏"及鉴赏、鉴别诸法之利弊

第十四篇 文物鉴赏和鉴定中的美学标准及其意义

# 第十三篇

## "仿碧玉雕"园林图景乾隆天球瓶
## ——兼论"捡漏"及鉴赏、鉴别诸法之利弊

### 提　　要

本文记录了拍卖会上一次所谓"捡漏"的实际过程及过程中的一些趣事。对整个收藏界而言，"捡漏"是常会发生的事；但对一般收藏者个人而言，"捡漏心态"却是金钱的无底黑洞！而且少有例外。

被捡的是一只绿釉雕园林图大瓶。在对其鉴定和鉴赏的过程中涉及文物古董鉴定中普遍使用的逻辑判定、美学判定、源流判定、比照判定、款识判定、工艺判定、老化判定以及其他许多技术判定等等。

其中每一种判定方法均有其特殊意义和适用范围，但也可能导入陷阱，虽"大家"亦未必能避免。但其中介绍的两种凭肉眼即可作出正确结论的瓷釉老化鉴定法，对入门者和一般收藏者而言，迄今仍然是可靠的。

### 一　预展和拍卖现场，西方面孔和东方面孔

"What's this?"

"Here it says it is a 'LG. (Large) Green Ceramic Vase'. But more accurately, it's a porcelain vase."

"Really? A Chinese antique?"

"Think so."

"Which dynasty – I mean Ming dynasty, Qing dynasty, or Minguo[①]?"

"I am not sure."

（"这是什么？"

---

① "Minguo"是中文"民国"一词的英文音译。现在西方一些收藏和经营文物古董的人士，也会说这个词。这是近十几年来才逐渐发生的新现象。

"这儿说,是一个'绿色陶瓷大瓶'。不过准确地说,这是一个瓷瓶。"
"是么?一件中国古董?"
"我想是。"
"属于哪个朝代——明朝、清朝还是民国?"
"不确定。")

这是在美国某城一个普通拍卖场中一位高高帅帅的美国白人(很可能是一位犹太人)和本文作者的一段对话,当时我们围绕在一个大天球瓶旁边。天球瓶的釉是绿色,图案是雕刻的,好像是一幅宫苑风景图。

见彩图07—13—01和07—13—02。

在预展过程中,一个又一个,一拨又一拨东方面孔的人,来了,看了,又去了。而许多白人和其他面孔的人也来了,仔细地看了,又去了。

到了拍卖的那一天,在叫拍之前,还是有不少白人和其他面孔的人,对这件非常显眼的巨型天球瓶,看了又看,摸了又摸,研究了又研究;但东方面孔的人,却几乎全都不见了。

拍卖从上午9点开始,已经持续到下午两点半。拍卖官也已经一个又一个,换到了第四个。

叫拍天球瓶开始了,只见白人和其他外国面孔的人纷纷举牌竞拍,价格飞快地上升……后来有一个东方人也加入竞拍……

到了更高的价格台阶,只剩下一个白人和一个东方人轮流竞价……

那个白人的手似乎一直没有放下,直到——

拍卖官的锤子轻轻一敲,然后朝那个白人所在的方位一指,说:

"15 hundred……You've got it! Thank you!"

("一千五百……你拍到了,谢谢!")

但拍品最后实际却是落入了那个在白人右后边而和他隔了一个人的东方人的手中。

当那个买主结账后推了一个封得严严实实的大纸箱子出去时,一位老年白人走过去对他说:

"It's a good one, I like it very much."

"Thank you. But do you remember what I got, don't you?"

"Yeah, the huge green ceramic vase."

"What do you think its age is? I mean, is it a modern art, or an old piece?"

"I think it's an older piece."

("那是个好东西,我很喜欢它。")

"谢谢,不过您真的记得我买的是什么?"

"知道,那个绿色釉陶瓷大瓶。"

"您怎么认为它的年代？我的意思是，您认为它是件现代工艺品，还是一件老东西？"

"我想它比较老。"）

令人吃惊的是，那么多东方面孔的人，包括许多极力搜求中国珍宝的人和一般收藏和经营中国古玩的人，在预展时来了，看了，又去了；但拍卖那天却没有去参加竞拍。这显然是：他们都不认这个货。休说出大钱，兴许白送都不要吧。

而那么多的白人和其他面孔的人，来了，看了，仔细地研究了，到拍卖时又回到拍卖场参加竞拍。显然，他们中的许多人愿意在各不相同的某个价位得到它，虽然不能确定那是一件珍宝文物，但至少认为它是一件值得收藏的艺术品。

后来，笔者曾经问过几位看过那个大瓶的说中文的人①，他们对"那个大家伙"的共同观感是：

在任何书上、网路上和电视上；在博物馆展出的真品中或是在充斥文物古董市场的赝品中，他们都不曾见到过同它类似的东西。

制作年代更是无法确定，谁知道是什么年代的。虽然刻了乾隆年号款，但没人相信它真是乾隆时代的。更不可能是什么乾隆官窑产品。

甚至也不能确定究竟是日本的还是中国的，各种式样的日本产雕塑瓷器在美国拍卖场上是相当常见的，而平均价格也远高于中国的陶瓷艺术品。

一个黑乎乎的、脏兮兮的、乍一看也不知道是什么图案的庞然大物——总之，那是个不知道是什么东西的东西。（大意）

更后来，一些中国人又聚在一起，再度谈起那个大瓶。他们中的多数，心目中认为那个瓶是清末民初时代的产品。但体积大，分量重，价值不大而价格会高。

笔者也同一些对该瓶有兴趣的说英语的人士②交谈过。他们的观感大体是：

It looks pretty.

I don't know which dynasty, but it looks like an older piece.

Here is a Qianlong mark on the neck of the piece, maybe, it's real.

Is the motif on it the scenery of a Chinese royal garden? I think so. It's worth collecting.

You are a Chinese, right? You would know it much better than I.

（看起来挺漂亮。

我不知道它的朝代，但看着像是个老东西。

---

① 这里所谓说中文的人，包括华侨和来自中国各地的人，以及来自越南、新加坡等东南亚各处少数会说中文的人。

② 这里所谓说英语的人士，包括在美国收藏和经营东方文物的白人、黑人、墨裔人士、犹太裔、其他中东人，还有俄罗斯人，东方面孔中的朝鲜人和日本人。自认是中国人的人士中也有少数只说英语的人。

这里有一个"砍狼标志"① 在颈部，也许它是真的。

浮雕的图案是一幅皇家园林风景图么？我想是，它值得收藏。

你是中国人，你会了解得比我更清楚。）

（以上记于 2007—03—02）

## 二　捡漏心态——初入收藏界者之无底的金钱黑洞

这个口沿下刻有"大清乾隆年制"款的、仿碧玉雕（或称"仿青玉雕"亦可）而制作的、设计和雕刻了圆明园（？）景致的巨型天球瓶，在上述情况下拍到手算是中国古玩界常说的——也是大多数收藏者希望遇到的——所谓"捡漏"么？

笔者历来反对有意于中国文物古董的一般收藏者，怀揣着侥幸"捡漏"的心态——也就是以类似赌博和冒险的心理——去购买自己认为或许是"文物"或"珍宝"的东西。因为一般的收藏者，尤其是初入收藏界者，去市场和拍卖场"捡漏"的结果，几乎总是上当——甚少例外。在中国的古董市场上购买中国的文物，则更是如此。

"捡漏"，是一般收藏者永远无法填满的金钱黑洞。

理论上说，"捡漏"是永远存在的；实践上说，"捡漏"是常常发生的；心理上说，"捡漏"是一般收藏者常常希望的。但对一般收藏者，尤其是初涉收藏者，则是绝对不可以期待的。

除非你的确碰到了特别的机会，而你对某一方面或某种类的文物古董已经有了相当的研究和鉴定知识，并且你所遇到的又恰好止是在你的鉴定技能和范围之内能被你确认的；否则，无数人的经验告诉后来者：最好不要贸然尝试。

但即使这样，经过几年、十几年，你还是难以避免将一大堆赝品和无什么价值的破烂当作珍宝陆续搬运回家，结果仍然是真货没有假货多，珍宝远比破烂少。不过同你的其他藏友相比较，你会发现你比他们的赝品和破烂，在数量和比例上都会少得多。

新闻和电视中有时会报道一些"捡漏"的实例和真人真事，人们更会经常传闻某某"捡漏"的似乎真实的经历，而自己收藏日久，也可能有幸真的"捡漏"，得到过便宜。但那同整体收藏者的人数和他们所花出去的金钱，是绝对不成比例的。正像世界上常常发生有人中彩票赢大奖的新闻，或在赌场赢了多少多

---

① 美国人把"Qianlong"（乾隆）读成类似"砍狼"的发音，因为不认识中文字，故把款识看作是一个标志、符号或图画。他们中有人认得许多这样的款识标志，倒也真难为他们了。

少万元的报道，同买彩券的人数和赌客的人数以及他们所花出去的金钱，也是绝对不成比例的一样。

有真才实学、能慧眼识宝的鉴定家，如果走入社会和文物市场，当然是有可能"捡漏"的。因为文物古董的种类众多，年代不一，地域不同，质量不齐，没有人是文物鉴定的全智全能。因此，文物古董总有漏网之鱼，从而也总有极少数人能够捕捉到漏网者。

最近又有一个关于"捡漏"的轰动例证。生活在纽约的华裔书画家和书画鉴定家徐世平先生在 1995 年"捡漏"买到北宋李公麟的《海会图》之后，他自己现在又说："这两年在大陆我又摸了10条鱼。"（又"捡漏"获得10件书画真品或珍品。）①

但一般人和一般收藏者，绝对不可期待自己也会如徐世平氏那样，有朝一日自己也能捕捉到经过千层网的漏网珍贵鱼儿而意外发笔大财或成为一个收藏家。

在美国，在所有者、经营者、拍卖客和其他购买者都不了解物品真正价值的情况下，同人家竞争，以低价格合理合法地得到高价值的物品，这算是本文所记载的这种"捡漏"的定义吧。

## 三 逻辑推断——瓶若赝品又如何：可能走向反面

文物鉴定中逻辑推断——或称逻辑判定、逻辑鉴定——不是一个新问题，只是一个新提法。事实上大家经常在使用它，或许不自觉而已。现代福建的鉴定家裴光辉先生就很重视"逻辑鉴定"②。只要其逻辑前提真实和推理过程无疵，则逻辑结论必然可靠。但若前提和过程有疵，也会掉入陷阱。

鉴于东方面孔的收藏者都不认这件中国瓷器，那么在对该瓶作各种技术鉴定之前，姑且假定：这件大天球瓶是赝品，"大清乾隆年制"款也是假款。那么它一定是在乾隆以后的某个时间（清末或者民初，最有可能还是现代）被仿造或伪造出来的。

如此，则——又会怎样呢？

**（一）赝品大、厚、重的程度会导致反向思维的肯定**

首先，这件天球大瓶重达约68磅，即约31千克。可以相当于其他十几件甚

---

① 曾慧燕：《徐世平赋予古画新生命》，载美国《世界周刊（Chinese Daily News）》，2007 年 3 月 18 日，第 10 页。
② 见裴光辉《问疑青花"鬼谷出山"故事纹大罐》，载《文物天地》2007 年第 11 期。

至几十件瓷器重量的总和。

设计和雕刻的景物极其壮观、豪华而复杂。但景物突出部位的尖端和黏贴的花叶之个别地方，因为岁月的侵蚀而有所伤损和脱落。从这些伤损处的断面露出洁白如糯米粉一般的胎质来看，其使用的原料，显然都是淘洗得非常纯净，研磨得非常细腻的上等瓷土和胎泥①。

如果用这些极品胎土去制造一般规格的瓶、罐、碗、碟、杯、盏等，而不是集中造就这样一件庞然大物，则至少可以轻易地造出十几件甚至几十件来。

而如果再设计和绘画较简单的图案，而不是雕刻如此复杂的景物，则十几件、几十件产品也会成造出来。

但事实却是，使用了可以制造十几件几十件瓷器的原料和人工，结果只制作了一件庞然大物，而且到头来还不被很多中国的收藏者看好、认可和欣赏。对于任何仿造者和伪造者来说，这该是一件多么可叹、可怜、可悲的事情。

如果是现代的作伪者，尽管中国的人力价格非常便宜，主事者也未必会愚蠢到如此程度吧。如果他们是前代的作伪者，尽管他们没有现代人聪明——或曰诡诈——以及现代技术和工具，主事者也未必会笨拙到这种地步吧。

如果这样的情况是荒谬的，则真实的情况便应该是它的反面，即：这个大天球瓶只有属于真品而不是赝品，是原创艺术而不是复制仿造，是但求其精美而不是斤斤计较工本，才是合乎逻辑的。

就此而言，这件瓷品作为乾隆以后任何时期的复制品或仿制品，都可以大体被排除；尤其是作为精明而技术高超的，以赢利为唯一目的的现代人的复制品或仿制品，更少有可能。

（二）赝品图景美轮美奂的程度也必然会导致反向思维的肯定

其次，如果大瓶是赝品，其上雕刻的图景自然也是赝品或仿品。

而这幅皇家园林的图景的设计和绘画，则是场面壮观、气势恢宏、制作精致和美轮美奂的。

将这样的巨幅图景，再移植到一只大天球瓶的球面上，又将它们一丝不苟地精雕细刻——有些地方是雕刻和贴塑相结合，贴塑中有泥接，也有釉贴——出来，需要多么高超的绘画、移植和雕刻技巧，又需要耗费多少人力（工夫和功夫）啊。

如果使用同样的技能和人工，以青花、五彩、粉彩、一般单色釉，甚至珐琅

---

① 胎质洁白而像糯米粉般的滋润，是鉴定中国18世纪官窑瓷器的一个重要标准。仅就乾隆瓷器而言，程庸编著的《明清瓷器真赝对比鉴定》一书中，在乾隆12件器中，曾5次提到糯米粉胎质这一特点和鉴定标准。见该书（上海古籍出版社2002年9月，第1版第2次印刷本）第79—101页。

彩等釉料和彩料，去绘制其他种类的图案，如花鸟图、博古图、龙凤图、缠枝花卉图、渔樵耕读图、卷草纹、灵芝纹等等，则也必能造出十数件甚至数十件器物来。

而现在不但用这样多的原材料制作了这样一件"大、厚、重"的家伙，而且还用了艺术家这样高超的艺术才能和技术工匠的熟练技能，以及这样多的人工，雕刻了这样一幅皇家园林风景图，论壮观则委实壮观矣，论美丽则委实美丽矣，论精巧则委实精巧矣，论窑口则必是官窑矣。但从造型、釉色到图案，对现在的收藏者而言，却并不合行话中所谓的"开门见山"，甚至让东方面孔的寻宝人和收藏者大都不去认同它，不能鉴赏它，不愿出价购买它。反倒是几乎只有西方人对它表现出比较浓厚的兴趣。

这又是何等地可悲！设若这只大瓶有灵有知，则必会流下伤心泪。

设若它的设计和制作者们仍然有灵有知，则必忿忿不平或懊恼不已。

但不知该怨恨那些东方面孔的寻宝者和收藏者都"有眼不识金镶玉"呢，还是该埋怨他们自己愚蠢和笨拙，耗费了才华、技艺和功力，却不能讨好现在的收藏者呢？

就这点而言，也能大体排除此瓶为复制或仿造的可能性。因为它同任何赝品制造者的心态、动机、做法和效果都是相反的，至少是不相符合的。

（三）赝品而无范本依据和模仿对象也会导致反向思维

问题更在于，大家都不知道、都不记得曾经从任何博物馆的展品、书本、杂志、电视、网路中见过类似的任何真品，或者赝品也好——虽然我们看过的和记忆的总是有限的——那末所谓赝品之原始的范本依据和模仿对象又在哪里呢？

本文的写作能否引起人们发现和披露类似的藏品呢？

但如果真的没有范本依据和模仿对象，则所谓大瓶属于赝品的这个假设的前提也是难以成立的——那就只能定它为赝品中的臆造品，于是再回到以上（1）（2）两点的假设上——所以，仅就此点而言，也能导致研究者反向思维，大体排除其为后世赝品的可能性。

退一万步说，即使它真的是后世的，甚至是当代的产品，而非真乾隆，则因为大家都不知道曾有类似之物可作样本和成品以供参考和复制，那也可大体断定，它是一件原创艺术。即使是现代的原创艺术，如此的壮观和恢宏，如此的美轮美奂，不也具有极高的美学价值、装饰价值和收藏价值么？

（四）以逻辑判定真伪的可靠性和陷阱及正反例证

文物古董的鉴定手段，一般认为似乎就是所谓"技术鉴定"，包括传统手段和现代科技手段。继承、发扬和规范传统的技术鉴定手段，应用和完善现代已有的科技手段，发明和创造新的科技理论和技术手段，无疑是摆在整体鉴定界面前的长期而艰巨的任务。

但文物古董的鉴定，其实并不只有所谓"技术手段"，在技术手段之外，还有逻辑手段和美学手段等等。它们其实是人们长期使用着却又常常都不自觉的手段，更不必说理论上的自觉、论证和完善了。

实例很多，这里正反随便各举两个例证，俾能有所了解。

迄今（2007—03—12）中国文物最轰动、最高价的成交品是前年（按：2005 年）在伦敦拍卖成功的"鬼谷子下山图元代青花罐"[①]。

其逻辑前提是：

A. 这件器物是一个荷兰驻外军官在 20 世纪初期收藏的；

（B. 20 世纪 50 年代之前所谓元青花还不为世人所知；）

C. 20 世纪后 1/4 世纪以前没有任何元代青花瓷的仿品。

结论就是：这件瓷器一定不是元青花的仿品，而应是真品。

到这里，不需要任何技术鉴定，而是仅靠逻辑就已判定这件器物是真品了。而且结论的可靠性是百分之百。除非能够推翻其前提，否则结论不会有误。

不过在逻辑理论上，这个结论是有瑕疵的[②]。

就逻辑而言，前提中的 B 项实际上是多余的，并非必要的。故放在括号中聊供参考。

又如：2003 年 9 月 16 日，一个破损后经过修补的元青花四系扁瓶在纽约一家拍卖行（Doyle New York）卖了 583 万美元。其鉴定过程也是使用了同样的逻辑判断，实际上即逻辑鉴定。其推理过程是：

前提：

A. 原收藏者莫瑞尔夫妇（Mr. & Mrs. F. Gordon Morrill）在 1973 年，以 77000 美元的代价，收藏了这只青花扁壶；

B. 1973 年时还没有任何元代青花仿品。

结论：这件青花四系扁壶必是真品[③]。

而且其鉴定结论让世界上众多收藏家深信不疑，故在当时创造了中国瓷器拍

---

[①] 《Chinese Ceramics and Works of art, Including Export Art》#88，12 July 2005，Christie's, London, King Street（2005 年 7 月 12 日，伦敦克瑞斯蒂）。

[②] 逻辑理论上的瑕疵：它的结论排除了元青花仿品的任何可能性，确认了它是真品绝无可疑。但在逻辑上，在理论上，却没有排除它是从元代到民国初年以前的产品的可能性。至于是不是真正的元代青花，还需要其他鉴定手段判定之。

[③] 同样，这个结论只说明它不是元青花的仿品，而且绝无可疑；但并没有排除它可能是从元代到 20 世纪 70 年代初期之任何年份的真品。确认为元代青花，仍需其他手段。

卖成交价的世界纪录①。不过在逻辑理论上，同样也是有瑕疵的。但是，逻辑上排除了任何仿品的可能性是鉴定工作中一项巨大的成就，因为剩下的全部工作只是断代而不再需要判定真伪。

但逻辑判定有时也有陷阱，端看前提是否真实和逻辑过程是否严谨。

例如：1934年北京故宫博物院为参加伦敦举办的中国艺术国际展览会而选拔展品。在其选送的18件成化瓷器中，仅从款识判断，有一些就是仿品②。造成这种状况的原因是当时该院成立不久，对瓷器的技术鉴定尚处在初级阶段，而无意中又使用了逻辑判断，但因当时的逻辑水准也不高，遂导致结果出错。好在当时没有人知道它们是仿品，故没有闹成轰动新闻，甚至丑闻。在过了近30年之后，孙瀛洲先生曾著文辨正过其中的一只赝品。③

其逻辑前提是：

A. 这些成化瓷器都带有"大明成化年制"款识；

B. 它们又都是"清宫旧藏"品。

结论：它们都是成化官窑瓷器之真品。

其中A和B两项前提都是真实的，没有问题的；但结论却是假的，不可靠的。原因不是因为逻辑本身不可靠，而是当时相关人士的推理过程有瑕疵，技术鉴定的能力也不高。因为其前提没有排除成化以后各代官窑，尤其是康熙、雍正、乾隆三朝官窑的仿成化产品，因为它们也都是完全符合A、B两项前提的。

再例如，前辈陶瓷鉴定家孙瀛洲先生④宗法他的前辈郭葆昌先生的见解⑤，认为"古月轩"成为宫苑珐琅彩代称系源于乾隆时某亲王权贵使令宫廷造办处造了珐琅彩"古月轩"款鼻烟壶。其推理过程如下。

前提：

A. "古月轩本为当时豪富家仿制（品）的私款"；

B. 珐琅彩长期秘藏于宫苑一直不为外人所知；

C. "后来内廷的珐琅彩器散出，见者以（其）与古月轩仿制品相类"，

---

① 《F. Gordon Morrill Collection/Chinese & Chinese Export Porcelain》#74, Sep 16 2003, Doyle, New York。2003年9月16日，纽约朵尔。并参考潘晴著《纽约朵尔拍卖，一鸣惊人》一文（载《典藏》2003年第11期）。

② 《中国文物珍品图说》，"中华民国二十四年四月伦敦中国艺术国际展览会筹备委员会"编辑印刷。

③ 孙瀛洲著文辨正其中的成化瓷，见其《瓷器辨伪举例》一文，原载《文物》1963年第6期。此处据《名家谈鉴定》，紫禁城出版社1995年7月第1版，第185—193页。

④ 孙瀛洲氏的这个见解由叶佩兰女士在孙氏逝世20年后公开，见叶佩兰所著《珐琅彩和古月轩》一文，载《收藏家》1995年第4期，第44页。

⑤ 见郭葆昌述，王维周记之《瓷器概说·珐琅彩瓷》一节。"伦敦中国艺术国际展览会筹备委员会"1935年编印。

结论：人们便将"古月轩"同珐琅彩联系起来，"转以'古月轩'作珐琅彩器物的代称"①。

其实，这项推理中所使用的三项前提都是不真实的，全是臆测假设的。当然，结论就必定是不可靠的。

以上仅仅是从理论上提出问题并从正、反两方面举出陶瓷界著名的实例以说明逻辑判定的可靠性和陷阱而已，但本文并没有为自己定下论述和完善"文物古董之真伪的逻辑判定"这样的任务。

（五）逻辑上推断大瓶为赝品比推断其为真品更困难

现在回到乾隆款皇家园林图大天球瓶上来。

上文已经从造型规格特大、皇家园林图案和仿造的范本对象三个方面，三次得出该瓶为赝品的可能性"大体"可以排除。

那么，三个"大体"加在一起是否就能构成百分之百了呢？

否！

不管多少个"大体"加在一块儿，尽管可靠性可能有所提高，但在理论上，仍然不能使其可靠性达到百分之百。

因为作出三个"大体"结论的前提，虽然是必要而可靠的，但并不是充分的。故结论仍然具有或然性，仍然只能说"大体"，而不能说"完全"。

但逻辑上对一件文物古董的真伪判定，能够达到很高的概率，已经是很有意义的了。且不可小视这样的结论。

从上面三点逻辑判断的推理过程，可以明显感到：到达这里，逻辑上要推断其为乾隆时期以后的复制品或其他赝品，事实上已经比推断其为真品更加困难。

## 四 美学：画面美轮美奂／皇家园林风光和联想比照

本节的内容属于艺术和美学判定的范畴。也是收藏家、鉴定家和一般收藏者常常使用而没有明言之的重要鉴定方法之一，同样也是老问题新提法。

实际上人们在鉴定与鉴赏文物古董和艺术品的过程中常说的好看与不好看，美与丑，精致与粗糙，神韵和灵气等等，都是从艺术和美学方面表达自己的评价，就是说，都是在使用这种鉴赏和鉴定手段。这种判定很有意义，但结果和准

---

① 见广东、广西、湖南、河南词源修订组与商务印书馆编辑部编：《辞源》修订本，1964年出版，1983年12月修订再版"古月轩"词条。此处的三句引文乃直接依据1991年12月第2次印刷本，第459页。

确性的程度也常会因人而异。就本书作者有限的经验而言，这种判定手段如果使用得当，会较少导致失误。

兹拟分以下两点论述：

* 瓶刻园林风光浑然一体、场面壮观、气势恢宏，
* 瓶刻画面令人悠然联想起当时另外几套（件）艺术品。

(一) 瓶刻园林风光浑然一体、场面壮观、气势恢宏。

整个园林图景虽然局限于一个天球瓶的球面之上，但由于瓶的规格硕大，画面设计配置合理，图景内容丰富多样，绿树花草葱茏繁茂，园内水面景观辽阔，山石峰峦耸峙奇险，殿堂楼阁重檐高架，以致整个园林景致浑然一体、壮观雄奇，气势恢宏。

艺术家构思、创作和绘制这种景观，一般说，当有实景所本，领悟于心；又有浪漫情怀，锐意创新；或也要有高明范本，可资借鉴。故决非轻易所能成功。

读过《红楼梦》的人，都会对其作者所描述的大观园的壮观和精致印象深刻。大观园的描述充满巧思，也充满作者曹雪芹的浪漫情怀，但并无这幅瓶刻园林图景所显示、所能给予人的雄奇场面、恢宏气势和庄严氛围。

这种景观，属于最豪华的皇家园林景观，应无疑问。

本文作者甚至推测性认为，此幅瓶刻园林风景图应是当时圆明园风光的一种浓缩或集中，至少也是某处皇家园林的艺术移植和缩影。

瓶刻整个画面中配置有四座叠梁、架木、重檐结构的殿堂楼阁，它们坐落于湖水之滨，山石之旁，掩映在绿树之中，花木之后。每一座都显得规模宏伟，庄严高耸，琉璃闪光，装设雕刻菱花的门窗。

另有两座亭台，仅露出顶端于森森林木之上。

花木茂密、繁复，但疏密有致。鲜花盛开，争奇斗艳。

本书作者曾游览过保存到今天的许多原私家园林，但少见有这样规模壮观的建筑物。在中国明清时代的山水画册中，像这样构图繁复，显示园林景致如此豪华和奢侈者，也颇为罕见。

瓶刻图景的下半部，即位于瓶腹下部的画面，显示湖水面积异常辽阔，微风吹起涟漪，有船荡漾于波面。湖上分布岛屿，湖岸曲折逶迤，奇石突兀于岸边和水中，花木生长开放于其旁。

同时也有拱门石桥，溪涧流水。或明或暗，互通款曲。大面积的湖泊经过它们通向许许多多的山石角落，林木丛中，并且达到画面的最上部，即靠近瓶颈的山石树木之间。水系复杂并连为一体。

这是一座水上园林么？

综合上述，这座瓶刻皇家园林图景，似乎不类现在的北海公园、颐和园和承

德避暑山庄等。当初的圆明园究竟是个什么景观，只有从外国人的一些记载，中国人的一些诗词和当时画家笔下的"圆明园四十景图咏"中去感受。

故本文作者认为这幅皇家园林图颇有可能是当时圆明园景致的一种浓缩和集中。但这只是敝人的一种艺术观察和审美享受，一种个人推测性判断，带有很大的主观性。还有，它也是永远难以通过学术考论来证实的。

既然如此，这种鉴赏和鉴定还有甚么意义呢？

其实，人们对文物古董的第一印象便是艺术的和美学的观感。时间既久，经验既多，知识既丰而理论既深，观感便会升华。当观感升华到一种自然而然的审美享受，一种电光石火般的灵感，一种品评高下的是非标准时，便会成为一种相当可靠的鉴定手段。

当然，观感，尤其是艺术的和美学的，又总是主观的、经验的、个性的、受层次局限的和特定环境中的特殊产物，因而也常常具有片面性、暂时性、变动性和不确定性。这也是为什么，即使是大鉴定家们，对同一件东西，有时也会出现公婆各说理，鸡鸭不同调，南其辕而北其辙的一个重要原因。

（二）瓶刻画面令人悠然想起另外几套（件）艺术名品

鉴赏和鉴别中的比照和联想问题同样是收藏者和鉴定家经常实践着的一种方法。比照可以开阔眼界，使类似的、相近的、关联的事物"纵向汇流"而"横向成网"。不过可惜的是，按图索骥也是其中的一种。

在拍卖预展期间，当笔者仔细观察了大瓶上的风景图，马上联想起了另外几组（件）著名文物：一是"圆明园四十景图"[①]，一是大型青玉雕《大禹治水图》和《会昌九老图》玉山子[②]，还有碧玉雕《九龙纹碧玉瓮》等。三件大型玉雕都是成于乾隆晚期。

①《圆明园四十景图咏》中圆明园风光多水也多山

当本人猜想大瓶上雕刻的图景有可能是圆明园的图景时，有朋友提出不同意见：圆明园景区内和圆明园周围，是没有山的，故圆明园图景也应该是没有山的；而这里（指瓶刻园林图）有这么多、这么高的山。是故，大瓶上雕刻的图景不可能是圆明园。

这是一个很有价值的反对意见。笔者之说原本也只是一种联想和猜测，故一

---

[①] 《圆明园四十景图》，因每幅有乾隆皇帝咏景诗，故全名为《圆明园四十景图咏》。40景为清乾隆皇帝亲自点题命名，由当时宫廷画家绘制成绢本彩色园林风景图，并配以御题诗。原藏圆明园，1860年英法联军抢劫和焚毁圆明园时，落入法国人手中。现藏法国国家图书馆。

[②] 玉雕《大禹治水图》。全名为《密勒塔山玉大禹治水图》。清乾隆时期巨型玉雕作品。整块青玉，高240厘米，宽96厘米。是仿宋代人画稿而设计、雕刻的"大禹治水"的传说故事场面。现藏北京故宫博物院。该玉雕作品完成于乾隆五十二年（1787）。

时竟无法反驳。因为，在圆明园范围之内和圆明园周围，可以想象，当时除了点缀有人造的假山之外，毕竟是没有像样的自然形成的较大山脉的。

但当再度阅览"圆明园四十景图"时，却不免大吃一惊，发现当时奉乾隆皇帝之命，由宫廷画家所绘制的40幅圆明园景致绢本彩图，绝大部分画面中都是装点了山脉的。艺术虽来自实际，毕竟是高于实际的。

因此，朋友的上述反对意见是不能成立的，不能因为大瓶上雕刻的园林风景图中装点有较高的山脉，就断定它同圆明园不会有联系。笔者以为，大瓶园林风景图不但很可能同圆明园的景致有关，而且很可能就同圆明园四十景图有关。大瓶园林风景图可能是"圆明园四十景图"的部分、演绎、集中或浓缩。

不过，考虑到把圆明园四十景的实景或平面图，直接搬上天球瓶的球面，会导致图景变形和脱样，因此并不适当。要在球面上表现圆明园图景，必须重新设计、选择、变通和改造，也就是通过艺术手段去进行集中、演绎、浓缩的再创造。这样，球面上雕刻的图景，同真景实境，同"四十景图"，也就拉开了距离。

瓶刻皇家园林图的设计和绘制，当初是否参考和借鉴了现成的"圆明园四十景图"，也就是能否使笔者的这个猜测得到确认，或者得到否认，还需更进一步研究。

② 《大禹治水图》玉山子等同瓶刻园林图技法相似

至于大瓶园林风景图同大型玉雕"大禹治水图"的关系，则只要将它们的图片摆在一起，一眼就可以发现它们有多么地相像。

如果将它们的局部图景加以比较，则二者之间就更加相像了。

见彩图07—13—04。

例如"大禹治水图"中的树叶，是一片片精雕细刻完成，树叶层层堆叠，立体感效果很强。树叶的样式成圆片状，圆片上刻有花纹。

而大瓶园林风景图上的绿树茂密，树叶也是层层堆叠。树叶的形状——有的应该是花朵——则有三种，其中有一种同"大禹治水图"上的完全相同。另外两种则属于"大禹治水图"上所没有的新设计。

这应当不是偶然的。就这点而言，大瓶园林风景图模仿、继承和发展了"大禹治水图"的设计、艺术和技法是很明显的。

青玉雕"大禹治水图"是在乾隆后期（乾隆五十二年，1787年）完成的一件玉雕杰作。玉石原产于新疆和田，图案由宫廷设计，雕刻则由扬州玉作完成。整个过程历时十几年，仅雕刻就历时七年[1]。

---

[1] 《Treasures of The Forbidden City（国宝）》，Chief Compiler：Zhu Jiajin（朱家溍主编），Published by Viking Press（Penguin Group），1986，PP.214—215。

《九龙纹碧玉瓮》及《会昌九老图》青玉山子虽也是乾隆晚期的产品，但雕成于《大禹治水图》玉山子之前。《九龙纹碧玉瓮》雕成于乾隆四十四年（1778），而《会昌九老图》玉山子则雕成于乾隆丙午年（乾隆五十一年，1786年）。乾隆皇帝晚年的业余兴趣可能较多倾注于这类大型玉雕，是故连续有这些大型玉雕问世并创下纪录。

看来，这只大天球瓶园林风景图的原图很有可能是宫廷模仿和比照《圆明园四十景图》、青玉雕"大禹治水图"、《会昌九老图》玉山子及碧玉雕《九龙纹碧玉瓮》所设计和绘制的，而后交由景德镇官窑场移植到瓷器大天球瓶上，造成碧玉雕刻作品的那种特殊的立体效果。

倘如此，则大天球瓶应该是制作于乾隆晚年，即1787年以后吧。

## 五　造型鉴定和时代背景：乾隆天球瓶造型特征问题

老一代陶瓷鉴定家特别强调造型在瓷器真伪鉴定中的重要作用，在此也一并讨论之。兹分如下三步：

* 一代鉴定家的经验之谈及其时代背景；
* 乾隆天球瓶造型同中有异，甚至大不相同；
* 从当时成型工艺看乾隆天球瓶造型的同和异。

（一）老一代鉴定家的经验之谈及其时代背景

造型鉴定是陶瓷技术鉴定之一种或一个方面，也是老一代陶瓷鉴定家行之有效的和十分重视的一种传统鉴定依据。

冯先铭先生说：

> 造型和纹饰二者密不可分，是鉴定瓷器的关键问题，抓住这两方面鉴定的可靠系数即可达85%。一般来讲，胎、釉、彩、款识、支烧方法只占很小的比重。[①]

耿宝昌先生说：

> 明清各代瓷器的造型，是鉴别真伪的重要依据……若能谙熟并善于识别其形状和神态，就掌握了一种比较可靠的鉴定方法……对于明清各代一些典

---

[①] 冯先铭：《古陶瓷鉴真》，燕山出版社，1996年12月第1版，第1页。

型器型，特别是名贵品种，更应烂熟于心，形成固有的正宗概念。①

这是他们的经验之谈，也构成了其鉴定理论的一个重要部分。

他们在鉴定实践中所面对的主要仿品是近代到现代早期的仿品，因此这种经验理论的时代背景是：

＊19世纪末叶到20世纪末叶的仿造者还只是局限于个别手工业者和个别古董商号，不像现在已经变成集团甚至行业的商业活动。

＊仿造欺诈还是被社会鄙视的、因而也只能是某种偷偷摸摸的和做贼心虚的行为，不像现在已经变成公然的、肆无忌惮的商业诈欺。

＊他们没有，也不可能使用现代的高、新科技，甚至也不使用"印模"制作"印坯"②，不像现在调动和使用大资本、多行业、高科技。

仿造者大都以手拉坯制作，因此造型成为对仿造者的最大挑战之一。鉴定者把握造型就是把握了仿造者的软肋和要害，可能会无往而不利。

但现代的仿造者，早已突破了造型对他们的传统挑战，因此这个问题已经失去了昔日在鉴定陶瓷器真伪中的光环。

还有一点也颇为重要：随着近几十年大规模的考古发掘和盗掘以及收藏和文物古董交易的普及化、社会化，不少前所未见的造型浮出市面。例如三星堆的青铜器造型，明成化大型瓷器③的造型等等，都是老一代鉴定家熟悉的所谓"经典造型"中的缺失品。

今日，造型同真伪判定的关系之正确表述，至少还应再补充这样一句话：

以前未曾见过的造型，未必百分之百就是赝品；

市场上符合经典造型的，也可能百分之百都是假货。

老一代鉴定家的经验和理论具有时代的真理性和高效性，同时也具有时段性和局限性。造假日新月异，复制迄今未有法律规范，仿造又不被禁止，而鉴定则很难与时俱进、同复制和作伪的速度亦步亦趋。

(二) 乾隆天球瓶造型同中有异，异中有同，甚至大不相同

有藏界朋友说，这只大天球瓶的造型同乾隆时期天球瓶的标准造型有些差

---

① 耿宝昌著《明清瓷器鉴定·明代部分》，中华书局（香港）有限公司，1984年9月初版，1992年2月重印本，第1页。

② "印模""印坯"，陶瓷工艺术语。它们应该是从明末宋应星《天工开物》一书中描述的"印器"延伸而来。早期的陶瓷制坯当然是手拉坯，其耗时费力，造型又难臻于理想。值得注意的一点是：宋应星在明末记载了这种方法，但实际上最迟从元代已经使用。详下文。

③ 从前行内有一个经典说法是"成化无大器"，甚至"绝无大器"（孙瀛洲语，见其《瓷器辨伪举例》一文），现在这一说法或应修正为"成化罕大器"。

异，故推测可能不是乾隆产品。

上面说过，造型艺术具有一定的时代特征，因而是鉴定瓷器的一个重要方面。但许多鉴定瓷器的书本把造型绝对化了。实际上造型的时代特征、年代界限和标准形式，都远非某些书本上所说的那么绝对。

即以乾隆天球瓶造型为例，这位朋友所谓的标准造型是指耿宝昌先生书中所画的示意图①。

\* 事实上该书所附的一幅照片中的乾隆天球瓶的造型，同该示意图的所谓标准造型，就有着一些差异②。

\* 本书作者为此还选出了藏于北京故宫博物院的、带有乾隆官窑款识的五只天球瓶③特别进行造型比较。结果发现竟然没有两只是完全相同的。

\* 尤其是在一本书中照片恰好相邻的、都署有乾隆官窑六字三行篆书款识的、也都叫作"青花釉里红龙纹天球瓶"的两只，其造型居然完全不同！④

这种比较，是非常有趣的，也是挺有意义的。

过去，以造型作为鉴定真伪的一种手段，的确有其相当的意义，但不可绝对化。因为尽管陶瓷器的造型具有时代性的特征和时段上的相对稳定性，但几乎永远不可能产生两只形状、规格、重量和图案等等完全相同的器物。即使是由同一个师傅，在相同的时段中精心追求，恐怕也很难达到完全相同的标准而纤毫不差。

现代因为技术的先进、工具的改良和高科技的参与，造出两只形状、规格、重量和图案等等相同的陶瓷器已非困难。造型，在面对高仿品时，在鉴定中已经失去过去的意义——何况即使在过去也不能绝对化呢。因此鉴定家的手段和技术，以至于理论，甚至心态，都有待发展和提高。如果今天仍然拿着一幅所谓的标准造型图，去按图索骥，寻求真品，则殆矣，危矣。

再回到这只大天球瓶的造型上来。经仔细比较，它还是非常接近大多数乾隆天球瓶的造型，同所谓标准造型示意图比较，也基本相同。但它有较大的假圈足，故着地面较大，放置时重心平稳；又因为雕刻时近底部留了一圈，故看起来像是有真的圈足似的。见彩图07—13—05。

---

① 见耿宝昌：《明清瓷器鉴定·清代部分》，学苑文化事业出版社（未署出版日期），第69页。
② 同上书。见该书第101页，图片编号132。
③ 这几只器物的图片分别刊载于《故宫博物院藏文物大系》之《青花釉里红》卷下第141页，图号127；第230页，图号210；第231页，图号211。《珐琅彩·粉彩卷》第100页，图号86；第101页，图号87。
④ 指载于《青花釉里红》卷下第230页图号210和第231页图号211的两只"青花釉里红龙纹天球瓶"。

（三）从成型工艺看乾隆天球瓶造型的同和异

若究历史真实，乾隆天球瓶造型的"同中有异，异中有同"，甚至大不相同，并不能单纯使用手拉坯来作合理的解释——因为乾隆时代的景德镇窑场早已不再单纯使用手拉坯成型工艺了——而应该研究当时真正使用的成型工艺才可能作出合理的解释。这点也不限于天球瓶，而是至少包括各种瓶类的阔腹小口型器物。

乾隆时代瓷器中所谓的"琢器"——尤其是瓶类——大都不是一般单纯"手拉坯"成型的，而是采用"印坯成型法"的工艺制作的。这同一般人所认为的"手拉坯成型法"是大不一样的。

"印坯成型法"比单纯的手拉坯成型法要优越、先进、快速得多。

而这只大瓶的胎体就是使用"印坯成型法"并结合镟削修胎工艺而制作成功的。这不仅要依靠研究大瓶的成型工艺来说明，而且还有可靠的历史记载来证明。

生活于明代末年的宋应星，在其著名的《天工开物》一书中，曾经对他那个时代使用的"印坯成型法"有所记述。

他说，那时在制作瓶、瓮等器物时，是"先以黄泥塑成模印，或两破，或两截，亦或函囵，然后埏白泥印成，以釉水涂合其缝，烧出时自圆成无隙"①。

宋应星将用这种成型法制作出的器物称作"印器"。

"印器"一词的意蕴，显然是针对其成型工艺而言的，因为这种器物是使用把胎泥压入模具中先分部、分块印制成型，然后再拼合黏结而成为一个整体的。也就是说，因为器物是先经压泥入模铸造而成，即宋氏所说是"印成"的，故而被称作"印器"。

"印器"同后来所说的"琢器"，内涵（即实质意义）有异，但外延（即所包含的器物）却是类同的。

《天工开物》刊行于明王朝即将灭亡之时的1637年。是故，它记载的这种比手拉坯先进的陶瓷成型方法，在宋应星和宋应星以前的时代使用自然毫无疑问，事实上在其以后的时代仍然继续使用。

现在景德镇的陶瓷学者发掘和研究元代青花瓷窑址，确认这种先进的"印坯成型法"，最晚在元代已经开始使用。② 因为其技法远比手拉坯先进，在清代继续沿用下来。

---

① ［明］宋应星：《天工开物·陶埏·白瓷》。
② 见景德镇的黄云鹏、黄滨《元代景德镇青花瓷烧制工艺揭秘》一文，该文连载于《收藏界》2006年第12期，2007年第1、2期。而讲"印坯成型法"的内容刊在2007年第1期。

这样，就可以完全解释乾隆时期的天球瓶，为什么不是只有同一个标准模式和标准造型，而是"同中有异，异中有同"，甚至大不相同了。

造型之异中有同，是因为它们都是处在同一个时代，同一个地区，由同一批官窑，甚至同一批工匠所制作的产品。

造型之同中有异，是因为所谓"乾隆时代"实际上持续了64年，各个时段不同，工匠不同，统治者的要求也可能不同；而泥制模具重复使用的次数又颇为有限，必须不断地更新和制造新模具；在手工制造模具的时代，每次的形状都可能有所差异，甚至大有差异。更不必说制造不同规格的模具和统治者可能要求不同造型的模具了。

## 六 瓶刻"大清乾隆年制"的款识之真伪

这只大天球瓶的口沿下面，有一个横向长方形凹槽，槽内有一行自右向左读的六字横书"大清乾隆年制"篆刻款识。

见彩图07—13—05。

因为大瓶在整体上为当时拍卖场上的中国人前所未见、未知、未闻，故被认为是一个不知道是什么东西的东西，款识自然也不被看好。

更因为该瓶篆书款字中"清"字之三点水的写法，同乾隆官窑瓷器篆书款识中常见的写法不一样，而是少写了两笔——乾隆篆书"清"字三点水的所谓标准写法多为五笔写成，此瓶上的写法是三笔写成——变成同嘉庆时期的一种款识和道光时期标准篆书款识中"清"字的写法相同，于是就更被看成了仿款或伪款。

但如果平心静气，如果撇开"前所未见、未知、未闻"和"不知道是什么东西的东西"，而仅就款识本身言之，它其实是标准的乾隆官窑篆书款识形式之一种——虽然也有不甚规范处。刻出来的款和写出来的款，如非刻意追求，本来就是不会完全相同的。

其实，道光款识中的那个"清"字三点水的所谓标准写法，至少在乾隆末期已经开始使用了。只是因为较为少见，甚至不为一些款识书籍所介绍，故可能较少为一般收藏者所熟悉。再加现代仿品充斥市场，仿款仿到了惟妙惟肖的程度，这种款识就更难被一般乍见者认为是真款了。

但本书作者认为，即使仅就这件大瓶的款识的写法而言，也可断定该瓶是制作于乾隆执政的晚期。这同上文依据它的雕刻艺术很可能是仿那块著名青玉雕《大禹治水图》等所制作的瓷器而推定的制作年代，竟然不谋而合，是完全一致的。

如图所示，大瓶口缘下的"大清乾隆年制"款，是刻在一个长8.5厘米、高 1.8 厘米、深 0.2 厘米的长方形凹槽中的。款字为阳文。

口沿下横书六字单行款，是明宣德天球瓶的款式之一。而在凹槽内施用绿釉之后再刻款字，是这只大瓶款识的特殊之处。

款字虽略有一点上部潇洒下面拥挤的缺陷，但款字雕刻得规整而自然，而且书法的气息非常浓厚，并且给人以气势磅礴之感。

这绝非任何仿款和伪款所能轻易体现出的内涵、底蕴和气势。

## 七 奇异变幻和普遍存在的釉面五彩蛤蜊光泽

这只大天球瓶，如果以恰当的角度观察釉面的反光状况，则釉面可以显现出色彩斑驳、光怪陆离、灿烂美丽和变幻莫测的光泽。

这是釉面折射出的"蛤蜊光"所造成的奇特效果。

彩色釉层之因岁月流逝而自然老化所形成的釉面蛤蜊光的特征是：它们是密集的、由无数不规则的呈多边形状的、色泽和色阶各不相同的彩色小斑块的集合体。仅就此点而言，真正的蛤蜊光的仿造是很难成功的。

见彩图 07—13—03。

据说现代的作伪者已经能够仿造蛤蜊光，但据本人所知，现代作伪者仿造的蛤蜊光同自然形成者，其光学效应是很不相同的。凭肉眼或低倍放大镜即可区别。

就这只大天球瓶而言，它的巨大的规格、复杂的雕刻艺术和遍布全器而又变化有致的色阶，也应使任何想在其釉面上伪造自然蛤蜊光效应者知难而退。

在自然状态下，瓷器釉面形成蛤蜊光的时间，一般认为，至少需要 100 多年。这种美丽的光泽，其形成的机制和原理，可能不只一种。但彩釉釉面蛤蜊光现象，必定是一种棱镜效应或球面效应，其形成的基本原因是釉面老化所造成的光的折射、反射和分解。因此自然形成的釉面蛤蜊光是瓷釉年龄的一种征象。

换言之，仅仅根据大瓶绿釉釉面自然形成的、遍布全器釉面的蛤蜊光这一点而言，其制造的时间也断然不会同 20 世纪或 21 世纪发生任何关系，最晚，它也必定是 19 世纪前半期的产物，并且理应更早。

既然仅仅凭借这样一个特殊现象，即可排除该瓶是清代末期以后的产物，而可以论定其必定是一百数十年前的产物，则它距离乾隆时代的官窑真品还有多远呢？文物古董的技术鉴定，有时候只要发现一个充分必要条件就可以定是非——即断定真伪。而如果不能发现一个这样的充分必要条件，那就要进行综合性条件评估，而避免失之于片面，导致不正确结论。

试看那瓶刻园林图景，山石嶙峋、湖水生波；绿叶丛茂、繁花生树。重檐楼阁，雕花门窗、琉璃瓦垄，掩映在山石和绿树之中。好一幅浓缩的皇家园林景色。然后再以适当的角度，鉴赏那几乎到处都可以呈现出来的、奇妙变幻的五彩光泽，在鉴定之外，实在也是一种欣赏和美学享受。

## 八　包浆：绿釉色阶丰富，釉面"包浆"复杂

兹将本节内容分以下三点叙述：
* 对所谓"包浆"的一般认识；
* 瓶雕绿釉的釉面包浆和色阶分布；
* 绿釉釉面的老化和成化"姹紫"。

（一）对所谓"包浆"的定义、功能和一般认识

釉面"包浆"是文物古董界和鉴定界流行的一个行业术语。似乎可以定义为：器物在传世过程中，在自然环境或特殊环境里，在入土埋藏被侵蚀条件下或非侵蚀条件下，随着岁月的流逝，因为各种复杂的物理、化学、放射、生物、人为等等方面的因素，而在器物表面逐渐形成的一种特殊现象，一个特殊的物质层次及其特殊效应。"包浆"是附着于器物表面的，多少有些类浆液状态的，厚薄不一、颜色不同、明暗差异、成分复杂、感觉奇特的物质层次的现象和光泽效应之总和。

"包浆"，其实不是"浆"，而是文物古董的一个固体的物质"层次"及其特质和功能之综合表现，是文物古董诞生后，在同外界环境条件的交互作用中逐渐形成的，即后天形成于其表面的一种特别的物质层次和现象。在大多数情况下，肉眼可以看见，抚摸或可以感知，思考当可以把握。但实际却又是极端复杂的、难以穷尽的。而今天鉴定者的工作中之相当一部分就是研究"包浆"和它们所代表的功能及意义。

但"包浆"，看起来又似乎是一层"浆"或"浆状物"的东西，故而原初才会有"包浆"这个概念和术语的产生。因此，虽然是包在古玩器物外面，但看起来不类"浆状物"者，不能算是真正的"包浆"。譬如：出土青铜器器表附生的厚厚的锈蚀层，古玉被长期埋于地下而形成的块状土沁，香炉因长期使用而内里累积的灰层等等，一般并不被称作"包浆"。

"包浆"一词的使用，现在有逐渐扩大化的倾向，开始似乎只用来描述古玩中的玉器、石印、古币、木器、牙雕的表象，但现在也用来描述陶瓷器、出土青铜器、大型石雕、木器家具，各种漆器等，甚至对古书画也提出了"包浆"问题。颇有"缘'浆'入魔"之势。

任何入门的收藏者，甚至纯粹的外行，都会有一些关于"包浆"的知识；但任何大鉴定家对"包浆"都是未能穷尽的。在一定意义上，一个收藏者对一

种"包浆"的了解深度和对不同种类的"包浆"的了解广度，影响他的鉴定水准和鉴定范围。但辨识"包浆"毕竟只是鉴定学的一个部分——尽管有时可能具有关键的作用——不应将其作用扩大化或绝对化。

(二) 瓶雕绿釉的釉面包浆和色阶分布

这里首先借用"包浆"一词，来研究和讨论这只雕刻之可能是圆明园图景的绿釉特大天球瓶的釉面状况，即"釉面包浆"。

因为雕刻画面造成的高低差，经测量，最大达到0.8—1.2厘米，这对于一件瓷器的规格和画面的比例来说，当然属于深浮雕作品。

虽然绿釉只一种，但由于胎体雕成了立体的画面，凸凹不平，流釉和积釉的情况异常复杂。是故造成色阶丰富，至少可以分出绿色、淡绿色、深绿色三个色阶；如果再加上黑色和黑褐色，便构成五个色阶。这在某种意义上，可以说大瓶具有"绿釉三彩"或"绿釉五彩"的一些效应。

各种色阶的釉面光泽，都很柔和、自然、沉稳，但分布情况却随景物而变化，实际状况难以捉摸。

这样的硕大规格、这样的雕刻画面，这样的色阶变化，这样的复杂分布，即使想复制、仿造、伪造和做旧，也是极其不易的。

事实上也看不出有任何作伪、作旧的痕迹——即使是在放大镜下仔细观察。

(三) 绿釉釉面的老化状况和成化"姹紫"

但在放大镜下可以发现黑色色阶和褐色色阶，它们其实是较厚绿釉的釉层表面变得粗糙、开裂和脱落所造成的。未脱落的、开始脱落的和少部分脱落的，表现为黑色；而完全脱落的部分则变成褐色。

这种极端错综复杂的釉面差别，是岁月留下的痕迹之铁证，也是瓷釉老化的一种特殊表现，实际是瓷瓶的釉面缺陷，但也是后人难以仿造或伪造的。

尤其是褐色釉面部分，粗糙、干涩、无光，老化较为严重，而且其在画面上的分布，除了同雕刻、流釉和积釉所造成的釉层厚薄有关之外，并没有其他什么规律可循。要说复制、仿造或伪造，显然也是极少可能的。

见彩图07—13—03。

凭借这点，和它的乾隆官窑款识，在技术鉴定标准上，应该就可以断代。

重复言之，单凭这种布满巨大的整个器物之表面的、复杂中而又显出规律的、随景物布局和雕刻刀法变化而导致釉面色阶不同——从而再导致轻重有别的釉面老化状况，就可以确定其为真品而非仿品。

至于何以在厚釉和积釉处的色阶较深的釉面上多见这种老化严重的情形，而薄釉处则都比较光润而少见这种粗糙和损伤，有待进一步研究和作出合理的解释。

不过，这倒有点儿像明代成化彩瓷上的"姹紫"色釉，干涩、无光，实际是一种有缺陷的紫色彩料，故有"姹紫"——实为"差紫"——之说。但不管怎样说，这种色料倒是的确难以仿造成功的。

## 九　工艺：胎体╱损伤╱质地╱接痕╱圈足和镟纹

本节着重从制作工艺上集中论述大瓶的特点。兹分以下四点叙述：
* 胎体、胎质和伤残显示特殊信息；
* 关于胎体衔接保留的内部痕迹；
* 胎体衔接工艺和今人对宋应星记载的补正；
* 假圈足、镟纹和点状╱条状绿釉斑。

（一）胎体、胎质和伤残显示特殊信息

这件天球瓶规格硕大，高度达71.1厘米，上口直径15.7厘米，腹围最大处约149厘米（直径约47.4厘米），假圈足的直径26厘米。

它应属于康、雍、乾时期的最大型瓷器之一。

尤其它是一件深浮雕皇家园林图大瓶。所有的瓷雕作品，器壁都较厚，胎体都较重。而深浮雕器物就更是如此。此瓶器壁，厚度大都在1—1.5厘米。瓶口上部没有浮雕，因而稍薄，但仍然非常浑厚。腰部以下的器壁更要厚一些，平均在2厘米以上。整个大瓶的重量约达68磅（31千克）。

"大瓶园林图"雕刻的突出部位，有些地方发生了一些小伤残，留下几处胎体的微小断面。有的好像是刚刚发生不久的。这不免令人感觉遗憾；但也令人感到某种欣慰。

这样大的一件巨型瓷瓶，雕满山水园林风景，贴接了密集的花叶，在长期传世过程中，在经历战乱和其他灾难中，在流落海外的过程中，居然能够得以保持完整而至今没有破裂和其他重大伤残，实在是值得庆幸的。

为文物本身的命运庆幸，为两百年前的艺术家和陶艺家的创造性劳动成果庆幸，为今人尚能继续观赏它庆幸。

再者，从伤残处的那些小小的断面上，可以让人们直接观察到其胎体的质地：胎质精细，颜色洁白，晶莹可爱，呈鉴定界行话常说的那种糯米粉状。这是那时官窑胎土淘洗纯净、研磨精细的重要表征之一。在瓷器鉴定学上是判定真伪的一项重要依据，故值得重视。

耿宝昌先生曾论及乾隆瓷器胎体的质地："乾隆时注重制瓷质量，瓷质精细。如果没有淘炼至细的洁白胎质，就不可能完成复杂新奇的造型和特殊精细的工艺。"①

冯先铭先生也曾指出乾隆瓷器胎体"呈糯米粉感"的特点②。

这只天球瓶规格巨大,图案设计极为奇特,雕刻的画面极为复杂,而工艺又极为精细。其能够得以制作成功,与其胎土之纯净、精细,也应有密切关系。

(二) 关于胎体衔接保留的内部痕迹

这只大瓶的胎体,从外部不能发现衔接痕。但内壁的衔接界面的痕迹就比较显著。瓶、罐的拉(印)坯和衔接介面痕迹显著,在漫长的古代历史上是瓷器制作的一个重要特征。

从内部触摸感知该瓶的衔接痕有两道。一道在瓶颈和肩部的结合处,从瓶口伸手进去,即可触摸到。这道衔接痕虽然明显,但平整规律。说明当时拼合时,是把瓶颈的下口部套在瓶腹的上口部,瓶颈的下口略大于瓶腹的上口③。

另一道介面在瓶之球腹的中间部位,从瓶口看进去,无法看到,因瓶颈阻挡,视线不能达到那些部位。如果以手抚摸,则可部分地触到。这说明衔接部在大瓶整体成型后经过抹平和整修处理,但不够彻底。

这种衔接工艺,也是鉴定 18 世纪及其以前相当长一段时代的中国瓷器之某些品种的依据之一。

关于明清瓷器在制作中胎体衔接痕迹的情况,耿宝昌先生曾说:

> 永乐、宣德器里很规矩,俗称"净里";其他时期的……琢器的腹部有多至两层的衔接痕迹。弘治以前,注重修胎,接痕不大明显……④
>
> 整个清代的琢器类,腹、颈的接衔痕都极为少见,官窑器上基本没有。⑤

耿氏的说法当属其个人及其同仁的经验,或是故宫大多数藏品的情况。应非历史实情之全貌。

① 明代早期的瓷器,特别是永乐瓷器,非常精致,但耿宝昌氏上述,应是

---

① 耿宝昌:《明清瓷器鉴定·清代部分》,学苑文化事业出版社(未见出版年月)第 131 页。
② 冯先铭:《中国陶瓷 Chinese Ceramics》,上海古籍出版社,1994 年 11 月第 1 版,1995 年 6 月第 2 次印刷本,第 581 页。
③ 见景德镇的黄云鹏、黄滨《元代景德镇青花瓷烧制工艺揭秘》一文,该文连载于《收藏界》2006 年第 12 期,2007 年第 1、2 期。而讲述瓶口衔接工艺的内容,则在 2007 年第 1 期,第 49 页。
④ 耿宝昌:《明清瓷器鉴定·明代部分》,中华书局(香港)有限公司 1984 年 9 月初版,1992 年 2 月重印本,第 5 页。
⑤ 耿宝昌:《明清瓷器鉴定·清代部分》,学苑文化事业出版社(未见出版年月),第 1 页。

一般精品的特征。明代早期的瓷器，即使永、宣官窑瓷器，也有一些琢器是外部接痕明显的，更不必说内部显露的接痕了。

萱草园主人在《近看永乐青花的时代特征》一文中，举出许多例证并附有清晰的图片，说明永宣瓷器——包括从外部都可明显看出的界面衔接痕迹在内——的诸多瑕疵[1]。

② 清代官窑瓷器中的琢器，大多精致，不见胎体的接痕。不仅是外部不显接痕，内部也大都经过修胎，甚至经过镟削，故很平整。

但也不可绝对化，对于许多阔腹小口的琢器，难以在胎体衔接后进行修胎整理，更不能镟削，故内部的衔接痕可能会照原初的面貌保存下来[2]。

这种接痕，大都不是因为工匠的工艺粗糙而留下的，而是因为当时的工艺操作过程而自然产生和留存的。

③ 瓷器中琢器内部的时代特征和工艺特点，也是瓷器鉴定学的一个重要方面，惜乎迄今未见有相关的专著问世。这大概是因为，除非特别的研究组织，或大型博物馆藏品的内部研究者，一般人很难全面了解各时代琢器内部的情形和工艺特征，更不必说写出这样的著作和拍出相关的图片了。

（三）胎体衔接工艺和今人对宋应星记载的补正

此瓶应是使用比拉坯成型法先进的印坯成型法、并结合镟削修胎工艺而制作成功的。上文曾涉及宋应星在《天工开物》中记述印坯成型法的一些文字，这里对此作进一步论述。他说：

> 凡造瓷坯有两种：
> 一曰印器，如方圆不等瓶、瓮、炉、盒之类，御器则有瓷屏风、烛台之类。先以黄泥塑成模印，或两破，或两截，亦或囫囵，然后埏白泥印成，以釉水涂合其缝，烧出时自圆成无隙。
> 一曰圆器……[3]

宋应星氏所说"或两破，或两截，亦或囫囵"中的"或两截"一语，今天验证宋应星时代及其以前时代的器物，以及研究者对此一成型法的最新研究成果和"揭秘"，那时的一些瓶类并非只分"两截""印成"，而是也可能"三截"、

---

[1] 见萱草园主人《近看永乐青花的时代特征》一文，载《艺术市场》2003年第12期。此处内容取自萱草园网页文章：www.xuancaoyuan.com/GuanYao/Ming/YongLe/QingHua/index.html。
[2] 这点属于理论上的推测性判断，是否符合实际，应有更多的观察结果来证明。
[3] ［明］宋应星：《天工开物》中卷《陶埏·白瓷》。

甚至"四截"才"印成"。例如梅瓶实际上就是"四截"分印合成①。

宋氏所说的"以釉水涂合其缝",今天验证宋应星时代及其以前时代的器物,实际上是以胎泥或釉水黏结,并非仅"以釉水"为粘合剂。胎泥本身显然也是极好的黏合剂。

宋氏所说的"烧出时自圆成无隙",今天验证宋应星时代及其以前时代的器物,实际上大都圆成而衔接痕迹明显,甚至连外观都可能有隙缝存在,并非都是"圆成无隙"。

今天阅读宋应星的《天工开物》,陶瓷界应感谢他将明代时期"埏埴以为器"②(陶埏)的方法记载下来。至于细节则需要后人补正。

(四)假圈足、镟纹和点状/条状绿釉斑

天球瓶的圈足大都属于内挖(或内凹)圈足,鉴定学上称为"假圈足"。

这只大瓶的圈足内不施釉,故露胎。圈足系镟削而成,故留下了镟纹。镟纹相当平整和光润。

假圈足的足圈,高度(亦即底足深度)1厘米。两面镟削而成——或者说是经过两面镟削修整。外墙面之内斜角度较大,内墙面之外斜角度甚小。触地面为平面,宽度平均1—1.2厘米,可以称之为平切宽圈足吧。

但圈足的内、外边缘,均被斜削一刀——这也是乾隆时代瓷器圈足的一种形式——再经镟修,否则圈足的触地面将会更宽,会达到2厘米左右。

但此瓶的外底表面似曾先施过一层绿釉,然后经镟削又除去了釉层,只留下斑块状模糊的绿釉痕迹。同时镟痕的上面还有少量细小的点状和条状绿釉斑。这说明绿釉刚被涂上外底面不久,可能修胎者即改变想法,随之便把未干的釉面镟削掉了。而在镟削的过程中又溅上了星星点点的绿釉,构成了细小的点/条状釉斑。

这一过程是如此地自然,丝毫看不出有任何刻意作伪的痕迹。而刻意作伪的痕迹,则是一切复制品和其他仿品所难以完全避免的。

见彩图07—13—05。

## 十  结论

以上从逻辑、源流、美学、比照、款识和其他常规技术、制作工艺等鉴定标

---

① 见黄云鹏、黄滨:《元代景德镇青花瓷烧制工艺揭秘》一文,连载于《收藏界》2006年第12期,2007年第1、2期。梅瓶成型部分见2007年第1期。

② 语出《老子(道德经)》第十一章:"埏埴以为器,当其无,有器之用"说的是哲学上的"有""无"关系。

准诸方面，论定这件大瓶是乾隆末期景德镇官窑制作的一件非常特殊的瓷器；排除了它是后世产品、复制品和其他仿品的可能性。

所谓"特殊"，其意义是指：

* 规格特殊：尺寸特大，胎体厚重，是当时瓷器中的庞然巨物；
* 品种特殊："仿碧玉雕"（或称"仿青玉雕"）瓷器。乾隆"仿玉釉"的瓷器传世不多，"仿碧玉雕"的就更少；
* 图案特殊：美轮美奂的皇家林苑风景图，并且很可能就是圆明园景致的浓缩、集中和再创造。

乾隆时期瓷器釉色多种多样，其中有"仿玉釉"的瓷器，传世品尚可见到。而"仿碧玉雕"的瓷器，则异常罕见。至于雕瓷大器如本瓶者，则为本书作者前所未见、未闻，甚至未见于前人和今人之记载和图录。以雕瓷而名世者，则有生活于道、咸时期的陈国治和生活于同、光时期的王炳荣。但其作品，今日也已少见[①]。

乾隆时期瓷器的装饰图案虽然繁多到无法胜计的程度，其中也不乏山水风景图之类，但使用雕刻的手法把豪华、奢侈的皇家园林搬上瓷器作为装饰的并不多见。把圆明园（？）景致设计和绘制并浓缩为一件瓷器图案的就更为不易。而在后世，直到今天的产品——包括复制品和其他仿品——中也甚为罕见。

但本文作者现在还不能把这件"乾隆官窑款仿碧玉雕皇家园林风景图特大天球瓶"确认是"存世之唯一"，个人掌握信息量有限，"说有容易说无难"，非经全面调查之后，难以下个"唯一"的结论。但同时也无法确认有一件以上存世，因为这也需在全面考查之后才能知晓。而这——又决非一人所能和朝夕之功。

2007 年 4 月 3 日初稿
2009 年 5 月 14 日修订

---

[①] 陈国治和王炳荣的生活年代，说法不一。此处依据《中国古陶瓷图典》一书，文物出版社 1998 年 1 月第 1 版，第 406、407 页。

# 第十四篇

# 文物鉴赏和鉴定中的美学标准及其意义

提　要

本文具体记述拍卖中的一次所谓"捡漏"的过程，在平淡中显示了美学和艺术审美活动的特殊功能和神奇效果。在这里超功利的美和美学同时又是极其功利的。而古人的创造性艺术劳动则变成了一种超越时空的美。

收藏中的所谓"捡漏"，总是同对对象的鉴赏和鉴定相联系的，而鉴赏鉴定又总是体现着主体审美意识、审美层次同客体的本质和形式之美的等级和层次，或曰同客体中所物化、所凝结的创造性艺术劳动的质和量的结合和统一。

在收藏和鉴赏中审美活动是贯彻始终的，而不管审美的主体之是否自觉和客体的美之是否被真正认识。但主体审美之自觉的程度和客体美之被认识的等级和层次在鉴赏和鉴定中具有特别的意义，甚至关键的作用。

## 一　"什么是美？"——"天下皆知美之为美"

这个标题的前半句，是古希腊哲学家柏拉图的一个著名论题，目的则是要揭示美的本源，或本质。后半句则是中国古代大哲学家老子的半句名言，它应该是一个理想的关于美的最高境界。不过柏拉图真的努力探讨了"美之为美"的本质范畴[①]，而老子则没有对"美之为美"进行任何说明[②]。本文作者将它们撮合

---

[①]　参见柏拉图《理想国》（郭斌和、张竹明译，商务印书馆1986年版）第6、7、8卷，《柏拉图文艺对话集》（朱光潜译，人民文学出版社2008年版）中之《大希庇阿斯篇——论美》、《会饮篇——论爱美与哲学修养》、《斐利布斯篇——论美感》等。柏拉图是从哲学的层次和高度去探讨"美"的本质或本源的。他所给予的"美即是美之自身"的答案，在逻辑形式上似乎是一个没有回答的回答。但他实际上他把"美"作为一个哲学范畴，导向一个可以脱离实体的独立存在，涉及了"美"的普遍性问题。他常把"美"同正义、真理、理性、道德、光明等等常常联系在一起。因此，可以把"美"归结为"美"的理念、美之本体，在宗教信仰中也可以归结为"神"。（郑按：其实，连"神即是美"这样的命题都有其合理性的内核。）

[②]　《老子》一书文字极简，他只是在阐述其哲学和政治学见解时顺便提到了他的这个美学境界问题。但他毕竟把"美"提高到一个名词、术语、概念和范畴的层次，并且事实上还提出了"美之为美"和

为一问一答作为本文的第一个标题,只是深入讨论它们却并非本文拟定的任务。

将美学艺术标准引入文物收藏、鉴赏鉴定和交换的市场活动之中,实质上并不是一个新问题,因为很多收藏者和古董商一直都在默默地、自觉和或不自觉地使用这个标准,并不断地获取成功和利益。即使在理论形式上(概念、术语)它也已经不再算是一个新提法,因为近年来有人已经涉及,甚至从不同的角度切入并做过探讨。① 但迄今,不必说学术界还没有出现"文物美学",或"古董美学",或"收藏美学"这样的学科,甚至人们还没有从理论上认真地对其进行过科学论证。而用实例说明其意义和作用者,则更为罕知。

这大概是因为:其中不自觉使用这个标准者显然无法说出其中的任何"道道儿";而能够自觉使用者又常常视其为独家秘器而对外人恕不奉告;或者是虽愿同人交换其心得者,却又因各种原因而无法形诸公开的文字。

中国绘画的鉴赏鉴定中历来流行着一种所谓"望气"说。内行说,此法极灵;外行说,令人发懵。但观览一幅画,"气"在哪里?又怎样望法?

"气"就是另一流行说法的所谓"神韵",但神韵同样令人难以琢磨。

其实,"气"和"神韵",它们所指的都是"美"所达到的某种特别的程度或层次,或者说就是鉴赏和鉴定对象中所凝聚、所固化的其原始创造者之创造性思维水平和技艺水平的高低,是艺术品中所包含的创造性艺术劳动的质的高低和量的多寡。而"质的高低"可以用等级的高下去评判,"量的多寡"可以用劳动时间的耗费去度量。

至于笔者现在写作本文的目的,当然不是要建立什么学科,甚至也不可能对其进行过多的理论阐述。

本文仅仅是从理论上提出美学在文物和艺术品的鉴赏和鉴定中的地位和意义问题,指出在文物古董和艺术品的鉴赏、鉴定和交换中运用美学原理的实质、要

---

(接上页)"美之所以为美"这样的美学本质问题,甚至还强调"美"是在同"恶"的比较中而存在和彰显出来的。在东方美学史上这是很了不起的。老子本人对"美之为美"一定有他自己的思考和见解,可惜后人早已不得而知。而本文这个半截标题则是作为前半句"什么是美?"的答案:"天下都知道甚么是美才叫作美。"这个解释已经离开了老子本义的准确性,可以看作一种曲解、望文生义或断章取义,但也可看作是新解、是心得或感想。这自然不算严格意义上的老子解、老子注而能算作老子衍。聊博方家一笑。

① 据笔者所知:2001 年王政曾发表《历史文物的美学研究》的短文,提出"文物美学研究的重心是要揭示文物群体所体现的具有普遍意义的'形式美学'规律"(《光明日报》2001 年 4 月 24 日)。本文作者不认为这个提法是可以接受的。原因之一是因为:"文物群体"是一个看似明确,实际上却是一个极端不确定的概念。后来,2006 年,陈亚民发表《艺术收藏与投资的美学原则》一文(载《收藏》杂志 2006 年第 2 期),"从美学的角度对艺术品投资者鉴赏与投资中西绘画作品提出一些建议。"但其研究的实际对象仅限于西方油画,更未涉及文物古董的其他众多的门类和收藏美学的理论问题。

害及其所能起到的作用。并在实践上用一个发生在美国的具体实例来加以说明之。同时也顺便介绍一点美国那种最大众化的拍卖会的拍卖情形。

## 二 无底价拍卖的成交价可从 1 美元到十几万美元

下述故事是在文物古董鉴赏、鉴定和市场买卖中运用美学标准并取得成效的一个实例。过程平常而有突兀，甚至存在着某种神奇。

事情发生在 2007 年元月 23 日的一次拍卖预展和 24 日上午的实际拍卖中。地点是美国某大城市一家拍卖行。

那是为犹太人世家所经营的一家美国拍卖公司所举行的拍卖会，他们的这种拍卖已经有很多年的历史。

该公司的拍卖此前一直采用标签上只印拍品名称和编号而对拍卖品不作评估也不设底价的方式进行。一切全凭竞标者临场举牌竞争。所以，在这家拍卖会上，有 1 美元到 5 美元即可成交的物品，但也有经过几十次价格争夺之后达到数千、数万美元，甚至十几万美元才最后成交的物品。

这家公司拍卖的物品中，绝大多数都是西方的，但有时也混有少量东方的，其中包括更少量中国的。而且无论西方的和东方的，其等级，绝大多数属于中国人所谓的破烂和西方人所谓的 Junks。

目标集中于包括中国物品在内的东方物品者，多数是华人、朝鲜人、日本人和越南人。但也有一些美国白人、黑人和拉丁美洲人（Latinos），甚至还有中东人和俄罗斯人。其中有些人，鉴赏和鉴定中国物品的水准还相当高。

参观预展的访客，一整天人来车往，进出不断。各自寻觅、鉴赏、登记和决定自己的意中物。其中绝大多数人属于商人（Dealers），少数人则属于一般收藏者（Collectors），也有观光客（Visitors）。

这次预展的物品约有 1000 多项（Items），每项物品都贴有一个号码，仅标出物品名称和质料，而一般都没有关于物品的来源、真伪、断代、品相和价值等的资料和说明。但正因为没有底价，故几乎所有的物品在拍卖时都能以高低不同的价格全数拍出。

## 三 大量破烂中有一对脏兮兮的瓷瓶改装的旧台灯

大厅里除了走道，到处都摊满了或叫做破烂、或叫做古董、或叫做旧货，或叫做艺术品等等的各式物件。在一堆破烂中，本文作者在预展时看见了一对用两个中国蓝绿釉小瓷瓶改装成的西式旧台灯。

瓷瓶的造型是中国陶瓷界所称谓的棒槌瓶，但尺寸同常见的棒槌瓶高达三四十厘米以上者却大不相同，它们只有20多厘米高①。显得非常小巧。棒槌瓶是康熙时代（1662—1722年）极为流行的一种瓷器造型，遗存到今天的仍有相当数量。是故，敝人第一个感觉是，棒槌瓶虽多而像这样小巧的，记忆中似乎是不太多见的。见图07—14—01。

中国人看待外国人用中国古董瓷器改制的这种台灯，习惯上总是先感慨美国人的无知，再叹息一声中国的文物被老外破坏了——因为改制成实用的台灯，绝大多数都必须在瓷器底部打孔，有盖的也要在盖上打眼，无盖的则须另外加盖穿孔，才能使钢管和电线通过，并将钢管固定——有时甚至还加上一句轻轻的国骂。

至于对器物本身，则多只观察和考虑其本身的品种、真伪、年代、价值减损等等。当然，在绝大多数情况下，其中的瓷器，都是中国近代的制品和仿造物，并无太多的收藏价值可言。

而这对小瓶的釉色，陶瓷学界习惯称之为"孔雀绿釉"或"孔雀蓝釉"，釉色浅淡，厚薄不匀。但具备琉璃质或玻璃质的光洁度。

孔雀绿釉是中国瓷釉发展史上的一个古老品种，起源于唐宋，发展于金代，成熟于明代，兴盛于清代。康熙时期相当流行，存世品也较多。

是故，敝人当时的第二个感觉是，此种釉色还算多见，未必值得高价收藏。

用黄铜制作的底座和上盖，是在改制台灯时另外加上去的。

尤其是底座，做成高圆口、凹弧肩、圆台状。圆台的侧面还整齐地镂空雕刻了一圈佛教的"卐卐卐"字纹作为装饰。整体设计和工艺水准都相当好。这同一般常见的木台座相比，实在是高档多了。

无论是老旧的电线、铜质的底座、上盖和灯泡插口，以及瓷瓶的外表面，都积累了很多灰尘，有些还像是油灰。

因此敝人的第三个感觉是，整体看起来显得脏兮兮的。

而当时的问题是：这对小棒槌瓶上会有什么真正的奥秘么？值得再细花功夫，继续鉴赏和作出确切的真伪、年代和价值判断么？

## 四　暗刻纹饰之美丽和魅力委实令人赞叹和着迷

但当发现稀薄、明亮的绿釉下有暗刻的图案和纹饰时，便立即引起了继续深入观察和探讨的兴趣。

---

① 后来，将台灯拆解后实测，其准确的高度是24.5厘米。上口外直径7.4厘米，底足外直径7.1厘米。上口和圈足的大小约略相等。

原来孔雀绿釉下的胎体上，主图刻的是"海涛怪石三神兽图"。

棒槌瓶的图案是暗刻海涛怪石三神兽纹：靠足部刻有汹涌澎湃的海涛纹，海涛中大略三等分升起三座蘑菇状的巨型怪石，石上各立着一只身披鳞甲的、神采奕奕的灵兽。

而且，两只瓶子上的三种神兽姿态是两两对应的，只是方向相反，左右对称。这说明两只小瓶本是原初设计的对瓶。

这也说明，从它们制坯成型以后，经刻划花纹、窑烧成瓷、涂施蓝釉、再二次入窑烧制；成品出来，在存世多少世代之后又漂洋过海流落国外；再被外国人底部打孔、上部加盖，改制为台灯，变为照明电器；随着照明灯具的发展，它们又被淘汰和废弃在某个角落；直到现在流落于这家拍卖行，同满大厅的旧货和破烂挤在一起，它们俩——应该从来没有分开过。

它们的命运是何其不幸，经历了那么多的曲折和苦难；他们的命运又是何其有幸，不但外形完整，而且始终没有失散。它们是名副其实的难兄难弟（两"难"字读去声）①。

由于中国历史的悠久和疆域的辽阔以及民族的众多，神话传说中的各种神兽的形状也常是复杂多变、多彩多姿的，是故一时还难以确认三只神兽各自的名称，有待继续研究。但它们应是麒麟、貔貅、天禄、四不像之类。

但尽管如此，如果仔细观察图案，便会立刻发现：三种神兽的造型之完美，形状之丰满和健壮，线条之质朴和流畅，刀法刻划之熟练而有力，会令人吃惊，而不得不赞叹其艺术的魅力。

由于当时无法看到瓶子的口部和内壁，也无法观察到其圈足和瓶底，故尚无法准确断代和判断所谓官窑或民窑。

但从棒槌瓶的造型，孔雀绿釉的浅淡色调和厚薄不匀，尤其是图案的质朴、简洁、自然、酣畅和豪放不羁，当时认为它们应属于康熙时代的产物。而且，这种图案，绝对不会是出自一般工匠之手。

如果是民窑，则它们必定是民间艺术家的创造物；如果是官窑，则必定是"工匠艺术家"②的手笔。

---

① "难兄难弟"，语出南朝宋刘义庆《世说新语·德行》："陈元方子长文，有英才，与季方子孝先各论其父功德，争之不能决。咨之太丘（郑按：指他们的祖父陈寔，陈寔曾为太丘令）。太丘曰：'元方难为兄，季方难为弟'。""难兄难弟"，两"难"字本均应读阳平，即第2声。意思是难分高下，难以区别。后衍生出两"难"字均读去声，即第4声，变成另一个成语"难兄难弟"。意思是曾经共历患难，同在困境之中。

② 民间艺术家的概念和对象比较容易理解，而"工匠艺术家"则是本文所用。这里是指在官窑作坊中工作的陶瓷艺术家。因为古代在这种瓷器作坊中工作的员工，除了管理的官吏之外，其余都是工匠身份。他们的技术水准普遍比民间作坊的工匠高，但相互间仍存在设计能力和工艺水准的等级高下之分。其中部分工匠具备现代所谓的"陶瓷艺术家"的水准。

见彩图07—14—01和07—14—02。

从美学和艺术的角度去鉴赏,它们能给予人们以心灵的愉悦和审美的享受,因为在它们身上凝结了古代艺术家的创造性思维和独特设计以及他们高超的技艺和深厚的功力。

就此而言,就此判断,它们既不可能是后世某个时期的仿造物,甚至也不是当时批量生产中匠气十足的工匠复制品。它们体现着艺术创造的某种唯一性。

如果是收藏现代艺术品,当然应收藏这样的艺术品。如果要收藏古代的文物,最好是收藏具备"这样的美"的文物。

## 五 拍卖前部分人士提出的几种断代意见

对于这样一对以中国瓷器改制的旧台灯,拍卖之前并没有引起太多人的特别注意。但一些有兴趣的鉴赏者和收藏者还是注意到了它们,并提出了几种不同的断代意见。

一位藏友认为,这对瓷瓶应不是康熙时期(1662—1722)的产品,而是嘉庆(1796—1820)或道光(1821—1850)时期的东西。

但本书作者认为,棒槌瓶是流行于康熙时期的一种普通造型,康熙以后则少见[1]。这对瓷瓶的绿釉色泽偏绿,故似乎不太可能制造于"嘉道时期"。

而关键则在于它们的图案纹饰所具备的自然、流畅和豪放的风格,则更非嘉、道时期所能见。但是,仅仅依靠对图案的那种似乎毫无定性和标准的美学鉴赏和对艺术的一种常常是说不出道不明的心灵感应,就能作出准确的断代么?

一位明清官窑瓷器行家认为,它们可能是民国时期的仿品,最多是清末时期的产物。而且孔雀绿釉,在清代瓷器中还算常见。

而本书作者以为他可能同样没有注意到棒槌瓶造型的时代特殊性。也没有注意到图案的高度艺术性。

孔雀绿釉器在现存清代瓷器中不算罕见应是事实。这种釉色当年具备类似琉璃或玻璃般的效果,"青翠欲滴,十分鲜嫩"[2],故受到人们喜爱。但近现代彩色玻璃器的充斥,人们对这种釉色已不再具备几百年前的那种热忱。本人也是这样,但却委实被其图案纹饰的超级美感所深深地吸引。

还有一位收藏者,原本并没有注意到这对台灯,只是在即将起拍时,才匆匆

---

[1] 参见冯先铭主编《中国陶瓷》一书,上海古籍出版社1994年11月第1版,1995年6月第2次印刷本,第560页。

[2] 张福康:《中国古代陶瓷的科学》,上海人民美术出版社,2000年9月第1版,第137页。

上前瞅了两眼，便立即投入到竞拍者之中。后来他说，那是清末民初之物，但几百元（美金）买到还是值得的。

一位白人藏友也认为它们是中国 19 世纪的古董（Antiques）。西方人为中国的文物古董断代，一般只说某个世纪，或某个朝代，而很少说皇帝的年号。中国皇帝的年号对于他们，实在是太复杂了些。

但我想，他们可能同样都没有注意到其造型、釉色，尤其是看不太清晰的在釉下刻划的那三对神兽图案纹饰之美学和艺术的奇异性。

拍卖之前，没听说曾有人怀疑它们可能是现代的仿品，也没有人怀疑它们是嘉道时代以前的产品。

更没有听说有人涉及它们是官窑或是民窑的问题，也没有人提到它们的底足部是否可能有款识的问题。在美国，对于中国瓷器，人们通常只讲年代而不大注意官窑或民窑的区别。

对于收藏者来说，混迹在普通旧货之中的、外表脏兮兮的、而图案又朦胧在釉下的两只被改制为台灯的小瓶子，实在是太不起眼了。

而清代的孔雀绿釉瓷器，或因造型常仿古代青铜器，或因常用作祭器之故，事实上大都是无款器。康熙时代的孔雀绿釉器尤其是这样。[①] 笔者当时虽断其属康熙时代，但也未认真考虑过会否有款识之事。

## 六　从 20 美元开始的拍卖叫价、反复竞争和落槌

拍卖开始，拍卖官从 20 美元起价叫拍。场内有不少人立刻举牌参与竞争，价格于是飞快地跳升。

在形式上，这家拍卖行的"做派"当然是完全美国化的。比如说，场内只有一个人的声音，也就是只有拍卖官叫价的声音。不管有多少竞价者，都只能以举牌表示其继续在竞争。而绝没有看见过那种在华人圈中常见的某竞拍者突然喊出某一高价，企图在气势上和精神上一下子压倒其他竞拍者，而使之停止竞争以便自己独获标的的情况。

在这里，应该说，竞争算是公平的。近年来在中国的拍卖行业中盛行的那种中国人的小聪明、小伎俩、小手段，比如除了上述的气势压倒法之外，其他还有什么物主自拍法，请人抬价法，以假充真法，编造故事法，伪造档案法……等

---

① 参见《故宫博物院藏文物珍品大系·颜色釉》卷，杨静荣主编，上海科技出版社、商务印书馆（香港）联合出版，1999 年 9 月第 1 版第 162—167 页。该书共收录"清宫旧藏"的六件清代孔雀绿釉瓷器，仅一件雍正器有刻款。其中收录三件康熙器，全都没有款识。

等，在美国是非常罕见的，恐怕也是难以得逞的。

只有笔者的一个朋友，希望两人合拍，以避免朋友间和中国人间为中国文物古董而自相拼杀。本人欣然同意了这个建议。

现场经过近20次的轮番争夺（百元以下一般是每10美元为一个竞价台阶，百元以上多为每25美元为一个竞价台阶），最后以375美元落锤。再加上佣金和税收，价格总共不到500美元。

坦白说，如果它们确是清末和民初的产品，这个价格并不算低。既然他人可以为其认为的100年前的产品而出到这个价格，那本人既然已经认定它们是300年前康熙时代的产品，为什么不能付出更高的价格呢？

就这样，本书作者轻易地取得了这对瓶的1/2所有权。

在这里，作者明显地意识到：

\* 美和美学在人类历史上所具备的传统意识的超功利性同以美学标准作为收藏之鉴赏和鉴定手段的现实功利性密切结合和统一。

\* 美和美的本质的客观性及其存在于个人审美意识之外的独立性同作为群体的人们审美感受的主观性和多样性密切结合和统一。

\* 主观的审美意识中因为过去经验的累积所形成的美的形式同客观的审美对象自身所具备的美的形式密切结合和统一。

\* 过去某个时代的古人之辛勤劳动所凝固和物化的创造性的艺术美同今人审美所追求的现代美学意识的密切结合和统一。

\* 作为具体的存在于万事万物之中同时又抽象的居于万事万物之上的哲学的一个分支的美学同具象的世俗的甚至是锱铢必较的孔方兄弟的密切结合和统一。

## 七 卸掉底座后的意外发现和给人的几大惊诧

为了进一步鉴赏和更准确地判定制作年代，回家之后卸掉这对台灯的底座和上盖，以便观察其前未能观察到的圈足、底面、瓶口和内壁，这是一般收藏者必做的功课。

卸掉底和盖之后，几项意外发现立刻使人惊诧不已。

一是，底部的穿孔，不像原来想象的那般应该溜圆和整齐，而是边缘的胎体多有崩落，特别是外底部钻孔周围的胎体崩落严重。让我这个尊重文物者和收藏者，为此惋惜和叹息不已。

这点可能说明，改制台灯的那个"老外"，当时所使用的工具相当落后。他没有甚么金刚钻，竟也敢改造旧瓷器。

如果再加上铜底座设计和雕刻的精美度，铜质的锈蚀程度及其表面"包浆"

的情形，台灯式样的老旧和电线的老化程度，则可以确定它们被改制为台灯的时间，至少在半个多世纪以前。也许正因为这些因素，在拍卖前才没有人怀疑它们可能是现代仿品或工艺品的。

二是，穿孔及其周围的崩落处，显示出洁白如雪的胎体质地，有如糯米粉所给予人的那种特殊感觉。

现代中国的不少鉴定家在鉴定瓷器的真伪时，常把胎体质地的这一特点作为鉴定官窑瓷器，特别是康熙官窑瓷器的重要依据之一。如《明清瓷器真赝对比鉴定》一书中鉴定的康熙瓷器 10 件，共 11 次提到瓷胎的这个"糯米粉"特点[1]。耿宝昌先生也说过："此时的胎土……如同糯米粉一般洁白。"[2]

这一点也使这对小瓶子不仅为其为康熙时代的产品提供了又一个有力证明，使其变得更为"开门见山"，同时也说明其实际就应为康熙官窑器。

三是，底部居然有"大清康熙年制"六字双行的楷书刻款。虽然由于打孔时的破坏，款识中的"清"字和"年"字完全被损毁而消失，但其余的"大""康""熙""制"四个字却有幸得以部分保留，甚至整体保留。其刻款的字体（书法）依然充分体现了康熙时期官窑款字的特殊风格。

见彩图 07—14—03。

于是，人们由此完全可以确认，这对孔雀绿釉三神兽图纹小棒槌瓶，是康熙时代的官窑产品而毋庸置疑，并且可以作为康熙棒槌瓶和康熙孔雀绿釉的标准器来看待。

文物古董鉴赏鉴定中运用美学标准作为判定手段，在这次具体实践的过程中，充分显示了它的意义，甚至可以说显示了它的神奇。

前辈的和当代的鉴赏家和鉴定家们普遍运用这个美学标准作为武器，但却不曾在现代美学理论上给予阐释和说明。他们经常使用"笔法"或"画法"，"布局"或"留白"，"境界"或"神韵"，"灵气"或"匠气"，"大家之风"或"小家子气"之类的说法去评价、去判定。其实它们都是美学和艺术标准的特殊语言之表述和评判。

但是，个体人的审美意识的主观性、片面性和不确定性，还有其背后潜在的时代性、民族性和地域性等等，可能极其浓厚和强烈，常常会导致对同一对象作出不同的，甚至相反的评价。但这并不妨碍美学标准在鉴赏和鉴定中的普遍意义。这正如在商业和市场中董事会和 CEO 的战略和谋略可能不同，甚至相反，但并不妨碍战略和谋略的致胜意义一样。

---

[1] 参见《古玩真赝对比系列·明清瓷器真赝对比鉴定》，上海古籍出版社，2002 年 9 月第 1 版第 2 次印刷本，第 34 页—53 页。

[2] 耿宝昌：《明清瓷器鉴定·清代部分》，台湾学苑文化事业出版社（未署出版年月），第 62 页。

## 八 清前期孔雀绿釉器的造型/工艺/开片和审美问题

清代前期的孔雀绿釉瓷器，其造型大多数是仿古代青铜器的式样和图案而制作的觚、鼎、尊等，也有仿生瓷以及盆、奁盒等。这种瓷器，当时民窑似乎甚少烧制，存世量不多，所见多为官窑产品。

现在论述关于孔雀绿釉之造型、工艺、开片、美学等若干问题，如：

＊ 孔雀绿釉和孔雀蓝釉究竟是两种釉还是一种釉？
＊ 孔雀绿釉的烧成温度究竟算是低温、中低温还是中温？
＊ 孔雀绿釉究竟是直接挂在甚么胎、釉上烧成？
＊ 孔雀绿釉器物为什么少见款识而所见又多为刻款？
＊ 所谓孔雀绿釉瓷器之美究竟美在何处？等等。

下面先说第一点。

（一）孔雀绿釉和孔雀蓝釉究竟是两种釉还是一种釉？

陶瓷学界、博物馆界、收藏界和大量网路文章中，流行着"孔雀绿釉"和"孔雀蓝釉"两个术语。那么，这两个术语究竟是指同一种彩釉，还是指两种不同的彩釉呢？

一些陶瓷学家和陶瓷学著作认为它们是两种釉，如汪庆正氏的《简明陶瓷词典》，[①]《中国文物大辞典·陶瓷卷》[②]，《中国古代瓷器鉴赏辞典》[③]，《元明清古瓷标本图示》[④]，等等。后三种著作还都指出，"孔雀蓝釉"是釉层容易脱落的瓷釉品种。

但是，另一些陶瓷学家和陶瓷学著作并不认为在"孔雀绿釉"之外，另有"孔雀蓝釉"，如冯先铭氏《中国陶瓷》[⑤]，耿宝昌氏《明清瓷器鉴定·清代部分》[⑥]，《中国古陶瓷图典》[⑦]《景德镇出土元明官窑瓷器》[⑧]，《中国古陶瓷的科

---

[①] 汪庆正主编《简明陶瓷词典》，上海辞书出版社，1989年第1版，第35页。
[②] 国家文物局主编《中国文物精华大辞典·陶瓷卷》，上海辞书出版社、商务印书馆（香港）1995年版，第447页。
[③] 余继明、杨寅宗主编《中国古代瓷器鉴赏辞典》，新华出版社1992年版，第88页。
[④] 马平：《元明清古瓷标本图示》，经济日报出版社2008年版，第254页。
[⑤] 冯先铭：《中国陶瓷》，上海古籍出版社1994年版，第551页。
[⑥] 耿宝昌：《明清瓷器鉴定·清代部分》，学苑文化事业出版社（未见出版年月），第63页。
[⑦] 《中国古陶瓷图典》，文物出版社1998年版，第16页、199—200页。
[⑧] 炎黄艺术馆编《景德镇出土元明官窑瓷器》，文物出版社1999年版，第265—269页、第369页等。

学》①,《明清颜色釉瓷》②,《故宫博物院文物大系·颜色釉》③,等等。

既然陶瓷学界分成了这样的两大派,那么,我们应该相信谁呢?所谓"孔雀蓝釉"究竟是不是独立于"孔雀绿釉"之外的另一个特殊的釉的品种呢?

马平对二者的区别有特别清晰的论述:

> (1) 孔雀蓝釉同孔雀绿釉实为两种不同金属元素为呈色剂的低温单色釉种。孔雀绿釉以铜为呈色剂,创烧于宋代磁州窑。孔雀蓝釉以钴为呈色剂,为明代景德镇窑始烧的产品。(2) 孔雀绿釉的颜色相似于孔雀羽毛上的美丽绿色,孔雀蓝釉颜色则相似于孔雀羽毛上的美丽蓝色。二者在色质色感上有明显区别……(4) 因釉质与胎体在温度变化下收缩率的差别,孔雀蓝釉釉层极易剥落,成为此釉种无法克服的缺陷。④

马平的观点清楚,毋需再加解释。

而汪庆正氏对同"孔雀绿"相关的"孔雀蓝"的解释则是:

> 孔雀蓝……孔雀绿色调之一。以铜为着色剂,色泽偏蓝的颜色釉。景德镇御窑厂遗址出土的明宣德孔雀绿标本上,同时有绿、蓝两种色调。⑤

如果如汪庆正氏所说"孔雀蓝"只是"孔雀绿"的一种色调的话,则二者其实乃是一物,并非两种东西。

如此,则马平的清晰解释又当如何理解呢?

本书作者在此提供如下几个事实:

\* 孔雀绿釉的色泽之青翠欲滴、鲜嫩诱人,是因为其助熔剂含有大量氧化钾($K_2O$)的关系。此物俗名牙硝。氧化钾含量的多少会影响孔雀绿的色调。

\* 近现代景德镇烧制孔雀蓝釉,确是以钴为着色剂,但这种釉是低温釉。而孔雀绿釉,无论古代的还是现代的,都是中温釉。二者完全不同。

\* 根据现代陶瓷化学的分析,无论是古代磁州窑的孔雀绿釉,还是明清景

---

① 张福康:《中国古代陶瓷的科学》,上海人民美术出版社出版,2000年版,第137页。
② 《北京文物鉴赏》编委会编:《明清颜色釉瓷》,北京出版社2005年版,第6页、第68—73页、第101页等。
③ 杨静荣主编:《故宫博物院文物大系·颜色釉》,是上海科技出版社 商务印书馆(香港),1999年版,第13页、第159—160页等。
④ 马平:《元明清古瓷标本图示》,经济日报出版社2008年版,第254页。
⑤ 汪庆正编《简明陶瓷词典》,上海辞书出版社1989年版,第35页。该书还将孔雀蓝釉另指景德镇现代孔雀蓝釉瓷器和另外一种"低温蓝釉"。

德镇窑的孔雀绿釉中,虽都有氧化铜(CuO),却并无氧化钴(CoO)的踪迹①。

因此,本节标题之"孔雀绿釉和孔雀蓝釉究竟是两种釉还是一种釉?"的结论应该是:

\* 马平是非常努力并卓有成果的一位中年陶瓷学者,见解颇为深刻并多独到之处,只是他区分孔雀蓝釉和孔雀绿釉的见解却是不正确的。

\* 古代瓷器上的孔雀蓝釉和孔雀绿釉是同一个釉种,以铜为着色剂,以氧化钾为助熔剂。牙硝的含量影响其色调"青翠"和"鲜嫩"的程度。

\* 近现代景德镇的"孔雀蓝"是另外一个釉种,是以钴为着色剂的低温釉,它同古代磁州窑和后来景德镇窑的孔雀绿釉的配方和烧成温度不相关涉。

(二)孔雀绿釉的烧成温度是低温/中低温/还是中温?

对于这个问题,陶瓷界和陶瓷学著作同样是说法不一。有些书将孔雀绿釉称为"低温釉",如《中国古陶瓷图典》一书称其为"低温色釉"②,《中国文物精华大辞典·陶瓷卷》称其为"低温绿色釉"。③《景德镇出土元明官窑瓷器》一书称"孔雀绿釉是一种以铜为着色剂的低温色釉"④,《元明清古瓷标本图示》也称其为"低温单色釉种"⑤等等。

而另外一些陶瓷学家和陶瓷学著作则认为孔雀绿釉是"中温釉"。如汪庆正氏之《简明陶瓷词典》称其为"中温颜色釉"⑥,《中国古代瓷器鉴赏辞典》也称其为"中温颜色釉"⑦,张福康氏称其为"中温釉"⑧,《明清颜色釉瓷》一书称其为"中温色釉"⑨,杨静荣、李成龙则不仅称其为中温釉,更指出其烧成温度为950℃—1050℃⑩。

人们知道:一般所谓瓷器的烧成温度是1300℃左右(1250—1350℃),而一

---

① 见张福康著《中国古代陶瓷的科学》一书,上海人民美术出版社出版,2000年版,第144页之《表12.4 中国官窑和民窑早期釉上彩的化学组成》。

② 《中国古陶瓷图典》,文物出版社1998年版,第199—200页。

③ 如国家文物局主编《中国文物精华大辞典·陶瓷卷》,上海辞书出版社 商务印书馆(香港)1995年版,第447页。

④ 炎黄艺术馆编:《景德镇出土元明官窑瓷器》,文物出版社1999年版,第369页。

⑤ 马平:《元明清古瓷标本图示》,经济日报出版社2008年版,第254页。

⑥ 汪庆正:《简明陶瓷词典》,上海辞书出版社1989年版,第35页。

⑦ 余继明、杨寅宗:《中国古代瓷器鉴赏辞典》,新华出版社1992年版,第88页。

⑧ 张福康:《中国古代陶瓷的科学》一书,上海人民美术出版社出版2000年版,第137页。他说:"(孔雀绿釉和法华釉)烧成温度介于高温釉和低温釉之间,所以称为'中温釉',但也有人把它称为低温釉。"

⑨ 《北京文物鉴赏》编委会编《明清颜色釉瓷》,北京出版社2005年版,第101页。

⑩ 杨静荣主编:《故宫博物院文物大系·颜色釉》,上海科技出版社、商务印书馆(香港),1999年版,第159、160页。

般的低温釉的烧成温度则在800℃上下（750—850℃），孔雀绿釉的烧成温度则是在1000℃度左右（950℃—1050℃）。

通过这样的罗列比较，可见传统孔雀绿釉的烧成温度恰好处在中档地位，是故，称其为"低温釉"或"中低温釉"，应该都是不妥当的。

在这点上，本书作者赞同后一派的观点，认为孔雀绿釉显然应该被称之为"中温釉"。而称其为"低温釉"，则已经导致一些误解。

(三) 孔雀绿釉究竟是直接挂在什么胎/釉上烧成？

古代磁州窑的孔雀绿釉器，绿釉挂在胎外的化妆土上。张福康说："胎和化妆土都生烧……结果造成胎和釉结合不紧密，年代久了釉会逐渐剥落。"[1] 但这里的"生烧"是什么意思？是挂釉一次入窑烧成么？倘如此，则磁州窑器的胎和化妆土或者会因窑温太低很难烧成标准的瓷的质地，或者会因窑温太高很难烧成标准的孔雀绿釉。

吾意：

* 磁州窑的孔雀绿釉器仍应是两次入窑烧成。先入窑烧成瓷，施绿釉后再入窑烧成孔雀绿。

* 只是因为二次入窑的烧成温度太低，故造成绿釉附着性能较差，天长日久绿釉容易脱落[2]。

* 磁州窑孔雀绿釉器瓷釉易于脱落而化妆土却并不易脱落，恐怕也能够说明这一点。

而在景德镇，现有资料说明，在明代初期的永乐时期已经烧成孔雀绿釉。[3] 中经宣德、成化到正德时，技术臻于成熟，色彩明艳靓丽。明代此类器物，尤其是"宣德时期的孔雀绿釉是在白釉上施加孔雀绿釉，然后进行二次烧成，釉与釉比釉和化妆土更易结合，因此不易脱落"[4]。

但据现有标本：

* 明代的孔雀绿釉器物，大多是在已经烧成的青花瓷器物上又施加绿釉，再经二次入窑烧成。故釉下多有装饰。

* 孔雀绿釉釉层之不再容易脱落的更重要的原因，应是此时烧成温度较高，故绿釉的附着性能大大增强。

---

[1] 张福康：《中国古代陶瓷的科学》，上海人民美术出版社2000年版，第138页。
[2] 《中国古陶瓷图典》也说："（磁州窑）由于孔雀绿釉烧成温度不高，釉层往往易剥落。"文物出版社1998年版，第200页。
[3] 景德镇公馆岭地段窑址永乐堆积层中，在20世纪80年代出土了孔雀绿釉瓷器标本。
[4] 张福康《中国古代陶瓷的科学》一书，上海人民美术出版社出版2000年版，第138页。其中"进行二次烧成"，"进行"，衍。

＊明代此类器物，造型多为实用器物，而且多有青花款识。

清代初期的孔雀绿釉瓷器，又有新的发展，同明代的同类器物有很大不同：

＊其器形多仿青铜器造型，或者是所谓"仿生瓷"的动物造型——其中尤以狮子为多——以及奁盒之类，而普通的实用器物则很少。

＊其施釉工艺，绝大多数又恢复为在已经烧成的瓷胎器物上直接施加孔雀绿釉，再经二次入窑烧成。鲜少有在青花器物上再施加绿釉者。

＊已经烧成的瓷胎器物，绝大多数均雕刻花纹作为釉下装饰。造型仿青铜器者也多装饰青铜器纹饰。动物造型者则以实际需要装饰之，如鬃毛之类。

＊清代初期的孔雀绿釉器物，绿釉的附着性很强，少见釉层剥落者。此亦可说明，绿釉之是否脱落和脱落的程度，主要依赖其烧成温度是否适宜。

＊清代此类器物，本身多无款识。极少数具有款识者，也均为刻款。未见有写款——如明代之以青花写款——者。

对孔雀绿釉的"挂釉"问题，目前流行"素胎直接挂釉说"。如《中国古陶瓷图典》说：孔雀绿釉的"烧造方法为素胎直接挂釉烧制"①，《宋元明清瓷器真伪鉴别与价值评估》更说是"在制好的素胚上直接挂釉"②，这些说法可能是从耿宝昌氏的"将釉直接施于素胎器上"③的说法讹化而来。

其实，正确说法应是"在烧成的瓷胎器上再挂孔雀绿釉入窑烧制"。因为：

＊直接挂釉的地方，既非"素胎"，更非"素坯"，甚至也非"素胎器"。

＊"物不加饰"④谓之素。而挂这种绿釉的地方，绝大多数不但已经烧成纹饰或已雕刻了纹饰，变成了同"素"相反的东西。

＊素胎直接挂釉说已经导致"素坯"挂釉说，还会被误解为一次烧成说。

这主要是指清初期的孔雀绿釉器物，至于明代的孔雀绿釉器，则应是将绿釉挂在已经烧成的青花瓷器的釉面上，似乎成功者较少，而失败者颇多。例如永乐孔雀绿釉器物，竟未见传世品，而景德镇明官窑窑址永乐地层中却出土多件残品⑤。

（四）清初的孔雀绿釉器物为什么少见款识？

明代宣德、成化和正德时期的孔雀绿釉器物，底部多有青花书写的年号款。

---

① 《中国古陶瓷图典》，文物出版社1998年版，第200页。
② 宁云龙编著之《宋元明清瓷器真伪鉴别与价值评估》，紫禁城出版社2006年版第335页。
③ 耿宝昌：《明清瓷器鉴定·清代部分》，学苑文化事业出版社（未署出版年月）第61页。
④ 阮元：《经籍籑诂》"素"字条下释义。
⑤ 可参见下列诸书：炎黄艺术馆编《景德镇出土元明官窑瓷器》，文物出版社1999年版，国家文物局主编《中国文物精华大辞典·陶瓷卷》，上海辞书出版社 商务印书馆（香港）1995年版，和杨静荣主编《故宫博物院文物大系·颜色釉》，上海科技出版社、商务印书馆（香港）1999年版等等。

而清代前期的孔雀绿釉瓷器，绝大多数都无款识，具有款识的只是极少数。而其有款者也都是刻款。

这是为甚么呢？

所见存世之清初的孔雀绿釉瓷器，绝大多数为祭器和陈设器，在这两类器物本身署上庄严的皇帝年号款，可能被认为是不妥的。譬如在一只造型可爱的孔雀绿釉狮子狗身上再署"大清康熙年制"，会觉得有些不伦不类。

祭器的造型多属仿青铜器造型的器物，而陈设器的造型又多是仿动物造型的玩物，它们本身一般没有合适的地方可供署款。

而就工艺而言，此时期孔雀绿釉之釉下没有施用白釉层，也不使用青花料，故要落款就必须直接在粗糙的胎体上做文章。这会使书写文字相当困难。于是原本较难的刻款，在这种情况下反倒成为易于操作的一种选择。

这三点应该就是在当时的孔雀绿釉器上鲜少见到款识，而极少数有款者其款字也都是刻款的原因。

至于清代早期官府曾经在相当长的一段时间内命令禁止在瓷器上署本朝年号款，当然也是造成那一时期的孔雀绿釉器物上少见款识的原因之一。

（五）所谓孔雀绿釉瓷器之美究竟美在何处？

就图案纹饰而言，清代康、雍、乾时期的孔雀绿釉瓷器，有三种情形：

一种是雕刻的纹饰，如仿青铜器造型的器物。大都是精雕细刻的。

一种是自然的纹饰，如仿动物造型的玩物，大都栩栩如生，异常可爱。

一种是没有图案纹饰的光素器物，为数极少。

而这一对康熙官窑款孔雀绿釉三神兽图小棒槌瓶，花纹图案虽是刻划的，但与多见的精雕细刻有所不同，它们的图案属于艺术家的作品之速写和素描型。线条流畅而粗犷，形象准确而生动，形态奇异而神秘。掩藏于绿釉之下，初视朦胧而细看清晰。

坦白说，本文作者初见这对小棒槌瓶之时，主要是被其暗刻的特殊图案所吸引，并依据这种图案初步判定它们是康熙时代的产品。但那时对所谓孔雀绿釉瓷器本身的美，还几乎是一片空白。事实上，在那之前，本人对这类釉色的瓷器，头脑中除了储存着几件印象深刻而姿态可爱的动物造型之外，还谈不上个人兴趣、喜爱和欣赏等等。

当时对孔雀绿釉瓷器及其历史发展所知并不多，对清初的这类瓷器也不甚了了。但随着阅读资料的增多和研究的深入，才发现：

\* 无论宋元时代磁州窑的孔雀绿釉瓷器或是明清时代景德镇窑的孔雀绿釉瓷器，迄今所知，存世量都很少。

\* 陶瓷学界和现有的陶瓷学著作对孔雀绿釉瓷器的工艺和其它一些学术问

题看法分歧，明显地分为两大派别。

＊清初的孔雀绿釉瓷器常见仿青铜器和仿生动物造型，而罕见一般的瓶、罐之类。更少见成对的产品。

＊明代的孔雀绿釉器物多为用品造型，且多有款识，而清初的孔雀绿釉多为祭器和动物造型，且多无款识。

对某种文物古董之存世量的了解和对与其相关工艺和学术见解的分歧之注重，可以直接影响审美的情趣和结果。

孔雀绿釉的特征可以简略描述如下：

一是釉色亮丽、光鲜、透明，具有亮绿色琉璃和玻璃的质感。而在透明、光鲜和亮丽的绿釉层中密布着细碎的开片。

二是色彩浅淡，厚薄不匀。图案的刻痕以深绿色调显现出线条。粗视的"暗花朦胧"和细看的"图案清晰"并存。

## 九 结论：收藏美学的实质/
## 效用/要害及其他

文物收藏中的美学艺术标准问题，只是"收藏理论"中的一个新提法，而不是一个新问题。

它的实质是要去研究、探讨、发掘和评估一件（或一组、一套）具体的文物中所包含、所物化、所凝结的古人美学思维的等级高下和创造性艺术劳动的多寡，并把它们从质的定性尽可能加以量化的问题。

它是一个既抽象而又非常具体、既理性而又特别富于感性、既有些枯燥而又极为生动的问题，同时又是一个无法定于一尊而又永远难于穷尽的问题。

但是，这种理论的复杂性和文字表述形式的貌似深奥，事实上并不妨碍一个普通收藏者在其收藏活动中具体应用它的最基本的原理为自己收藏的实践服务。

本文记述的正是这样一个具体的、活生生的例子。

美学艺术标准引入文物古董收藏的意义有三点：

一是提高文物古董的鉴赏层次和审美享受；

二是更恰切地评判文物古董的具体价值；

三是有效帮助收藏者和研究者进行真伪鉴定和年代判定。

也就是说，它在个人审美情趣、客观价值判断和文物鉴定学上都具有特别而重要的意义。

那么，将美学艺术标准引入文物古董的鉴赏、鉴定和收藏之中，其要害又是什么呢？

要害即在于，面对一件（或一套）文物古董，经过仔细观察，在进行真伪鉴别和断代确认的同时，在美学和艺术方面首先要能够作出如下最基本的认识、评鉴和判断（如果不能精确的话，哪怕是最粗略、最模糊的认识也好）：

＊ 其究竟是古代艺术家的作品，还是古代一般工匠的作品；

＊ 是多少代表了某个特定时代、某类特殊艺术美的创造物，还是批量产品中的一件大路货；

＊ 是技艺纯熟的精雕细刻，还是手法拙劣的粗制滥造；

＊ 是放荡不羁的思维和独特高尚的情操的自然之流露，还是小心翼翼的、唯恐露出破绽的刻意模仿。

而这里所说艺术家的作品和工匠的作品之区分，乃是仅仅依据该作品本身所物化、所包涵、所体现的对艺术的创造性思维的等级高下和量之多寡，以及技艺水准之高低和熟练的程度，而同他们的真实社会身份没有关联。

这点之所以成为要害，还因为前者大多直接同真品、甚至同一个时代之真品中的珍品相联系，而后者则同当时的大路货和后世的仿造品、甚至可能同以谋利欺世为目的的伪造品相联系。换言之，它在鉴定学上也具有非常而实际的意义。

清代前期（1644—1795）孔雀绿釉瓷器遗存不多，而具有款识者罕少。

康熙时期（1662—1722）的棒槌瓶遗存尚多，而规格小巧者罕少。仿青铜器造型者多，而一般实用器物罕少。

古代瓷器制作本来就是单只者多，成批者多，而成对者少；而成对者比单只者和成批者，在传世过程中更难保存和传世。

而这对带有康熙官窑款识的孔雀绿釉三神兽图小棒槌瓶，得以存留至今，显然属少数极其幸运者流。

2007 年 2 月 7 日初稿<br>
2009 年 5 月 7 日定稿

# 第八编
# 理论编

## 第十五篇 珍宝论

# 第十五篇

# 珍 宝 论

提 要

本文从东西方对"珍宝"之悠久传统的认识之差异开始,论述究竟什么是今天人们所说的"珍宝"或"宝贝"。从理论上阐明其构成的诸要素和实践上如何进行其价值评估的问题。

## 一 珍宝或宝贝——清晰而朦胧、历久而弥新的问题

什么是珍宝(或宝贝、宝物)?——这在收藏界、鉴定界、博物馆界、考古界、文物商界,甚至在艺术界、历史界和宗教界,都是一个看似简单清晰却又实则扑朔朦胧、既陈旧古老而又历久常新、既令人困惑迷离同时又令人不断追索求真、理论上难以分辨和把握而实践上却又必须经常面对和处理的问题。

之所以如此,乃是因为:

(1)理论上似乎无法给"珍宝"或"宝贝"下一个准确的定义,范围上又无法划出一个严格的界限。

古代的东方人和西方人因为历史和经济形态的区别,对"珍宝"或"宝贝"有着非常不同的认知。

中国人历来把珍贵稀少、价值昂贵而一般人难以拥有的东西称为"珍宝"或"宝贝"[①],而最早则是把"珍珠"和"宝玉"合起来称为"珍宝"[②],枣把玉石和作为交换媒介的海贝合称"宝贝"。

西方人则比较直接,他们是把贵金属,尤其是把黄金形态的财富称作"珍

---

[①] 珍宝,《战国策·齐策四》:"君宫中积珍宝,狗马实外厩,美女充下陈。"
[②] 珍珠宝玉,《战国策·秦策五》:(吕不韦)"说秦王后弟阳泉君:'君之府藏珍珠宝玉,君之骏马盈外厩,美女充后庭……"可见中国古代所谓珍宝主要是指珍珠和宝玉。

宝、宝贝"（英文等都是 Treasures），其次才是白银和珠宝首饰等贵重之物①。后来则成为一切贵重财富的统称。

西方 19 世纪后期产生了一部著名的儿童文学作品《Treasure Island》②，中文可译作"珍宝岛"，但实际上中文译本叫作《金银岛》。这个译名基本上是把握了西方人所谓"珍宝"的要义的，即西方人心目中的珍宝或宝贝是指贵金属形态的财富，也说明中国人关于"珍宝"的要义同西方人是有区别的。

而佛经中则说"珍宝"是弥勒的本名。弥勒佛叫"珍宝"，可能意指人们应该把未来之能否进入极乐世界视为"珍宝"。③

随着时代的发展，"珍宝"或"宝贝"的涵义也不断有所变化，现在，有时人们甚至也把货币、股票等纳入珍宝的范围。不过，在现代，"珍宝"或"宝贝"的最常见的意义则是用来指珍稀、贵重的文物、古董、首饰。

（2）珍宝或宝贝之作为珍贵的文物古董，常常是旧的疑难解决了，新的问题又不断涌现。

时代不同了，人们又需要重新认识；环境变迁了，人们也会对过去的再次加以检验，甚至导致认识的改变。而新的珍贵的文物古董也一直在不断地出现。

不同的地区、民族、国家，以至于不同的宗教信仰，不同的文化背景，甚至不同的职业和家族出身，都可能对同一文物古董带来不同的评价，甚至截然相反的结论。

尽管古今中外早就如此，而在当代中国，这个问题则尤其突出。因为：

① 中国具有五千年文明史，文物古董曾遭受无数浩劫而大量毁灭。虽然如此，其传世的已为人知的，和虽传世而不为人知的，以及埋藏于地下、沉没于水下而远未为人知的，数量之多，仍然难以估计。而个人——即便是所谓"大家"——的认识和社会在某个时段的爱好和崇尚，常常具有极大的局限性。

② 中国的改革开放，使文物古董从一个原本死寂的、偷偷摸摸的、违犯法律的勾当和行业，变成社会的和民族的事业或企业。其来势之迅猛，使人们的意识，学术界的理论，社会的规范和国家法律都常常跟不上形势的发展。人们具体对珍宝或宝贝的观念也只能跟在形势的后面变化着、发展着。

③ 中国向来就有因崇尚祖宗文明而复制古代文物如青铜器和玉器等的传统，也有以欺世谋利为目的而仿造文物古董以骗钱的长远历史。这两者在今天都和现代的高新科技结合，达到了历史的新阶段。目前不但方兴未艾，而且更向新高度

---

① Treasure，各种辞书所注释的第一要义便是指贵金属（Precious metals）形态的财富："Wealth in the form of gold, silver, jewels, etc."
② 《Treasure Island》，英国 19 世纪后期的著名作家 Robert Luis Stevenson（1850—1894）著。
③ 《佛本行集经》卷二："尔时彼国雪山南面有一梵志。名曰珍宝……尔时'珍宝'婆罗门者，现今弥勒菩萨是也。"

和大规模发展。是故，鉴赏和识别珍宝和宝贝的过程永远不会完结。理论需要创新和完善，实践则更需要发展和提高，手段则需要规范和科学化。

因此，对珍宝或宝贝的理论探讨，对文物古董之真正价值的理性认识和判定方法的研究，就不一定都是枯燥乏味的，它们可能是十分现实的，关系着人们具体利益的，甚至是十分有趣的。

## 二 究竟什么是珍宝？什么是文物古董的珍品？

很多人认为这个问题是无法理清的。有人说"这是一个永远没办法说清楚的认识观念"。而早在两千二百多年前，战国时期的政治理论家韩非就曾感叹过"论宝之难"[1]。

难道关于珍宝的问题真是永远说不清的么？

其实，非也。

尽管人们审美的差异性、主观性、时代性和变异性普遍存在，但在一个历史时代，大到整个人类社会，小到一个国家、民族和地区，还是大体存在着一个稳定的是非和美丑的认识标准，一个相对稳定的价值判断的标准的。

希腊的古代石雕中那个断臂的维纳斯女神像[2]，意大利文艺复兴时代达·芬奇的油画《蒙娜利莎》[3]，中国的司母戊方鼎（或称后母戊方鼎）[4]，和宋张择端的《清明上河图》[5] 等等，人人皆曰珍宝，并无分歧。足见确定珍宝的标准有比人们个人或群体的认识观念更为根本，更为重要的"客观的和统一的标准"，且

---

[1] 《韩非子》卷四《和氏》在谈到和氏之璧的发现者"和氏"因为向楚王呈献这块宝玉不被承认而先后被砍去两足时，曾深深地感叹道："夫珠玉，人主之所急也。和（氏）虽献璞而未美，未为主之害也，然犹两足斩而宝乃论，论宝若此其难也！"当然，韩非另有"借宝论政"和"借宝论事"之意，不在本文论述的范围之内。

[2] 《Aphrodite, known as the Venus de Milo》（R. M. N./Arnaudet – J. Schormans），"The Venus de Milo, or Aphrodite of Melos"（米洛的维纳斯，或米洛斯的阿弗洛狄忒，前者是罗马神话中的称呼，后者是希腊神话中的称呼），现藏法国巴黎罗浮宫博物馆（Musée du Louvre）。此据罗浮宫博物馆馆方网站资料：www. louvre. fr/llv/activite/detail_ parcours. jsp? CURRENT_ LLV_ PARCOURS%3C%3Ecnt_ id =10134198674098115。

[3] 《Portrait of Lisa Gherardini, wife of Francesco del Giocondo》（Musée du Louvre/A. Dequier – M. Bard），(《弗朗西斯科·戴尔·乔孔达之妻、莉萨·盖拉尔迪尼肖像》)，即"蒙娜莉萨"，意为"莉萨女士"。里昂纳多·达·芬奇的传世名画。现藏法国巴黎罗浮宫博物馆（Musée du Louvre）。此处系依据罗浮宫博物馆馆方网站资料：www. louvre. fr/llv/commun/detail_ image. jsp? CONTENT%3C%3Ecnt_ id = 10134198673226503。

[4] 司母戊方鼎，重 875 千克，已知最大的商代青铜器。现藏中国国家博物馆。此处据国家文物局主编《中国文物精华大辞典·青铜卷》上海辞书和商务印书馆 1995 年 8 月第 1 版第 12 页和马自树主编《中国文物定级图典·一级品上卷》上海辞书出版社 1999 年 12 月第 1 版第 199 页。

[5] 清明上河图，中国传世的历史和社会之经典画卷。现藏北京故宫博物院。此处据 Zhu Jiajin《The treasures of Forbidden City》（朱家溍《国宝》），Viking Penguin Books Inc., New York, U. S. A., 1986, PP98—101。

为全民族，乃至全人类所认可、所接受、所使用，并不以部分人对它们可能具有不同的——甚至完全相反的——"认识观念"和评价而覆地翻天。

既然人们认定珍宝的那个"认识观念"是建立在客观的统一的标准之上的，那么在理论上，它们就应该是可以"说清楚"的。而且它们不只是笼统的和模糊的，也应该是可以定性的，甚至是可以定量的，也就是可以用数学方法去作某种计算的。

说清楚认定"珍宝"的标准，其真正目的，并非只是为了总结过去的经验，而是为了现实的迫切需要和未来的健康发展，是要对包括个体收藏在内的所有人类的珍贵文物的发现、收藏、鉴定、评估、交换、展览等有所帮助和指导。

评估和认定"珍宝"的具体标准，实际上是评定和认定它们所具有的综合价值，即全部价值的总和。这些价值主要是指其所具有的：

\* 文物价值，即历史价值，或曰其所具有的特定历史阶段的社会、生产、生活、人文等方面的考古和研究价值，其中也包括技术、材料、工艺、科学等方面的价值。

\* 美学价值，即艺术价值，装饰价值，审美价值，即能够给予人们艺术和美学享受的价值。

\* 经济价值，即市场交换中所表现于交换媒介的价值，或曰货币价值。

\* 珍奇价值，即珍稀程度所引起的社会风潮和人群偏爱方面所形成的价值。

\* 其它附加价值，即可供人们缅怀追思、信仰膜拜和医用药用的价值。

\* 质料价值，即材料的珍贵程度所体现的价值。

\* 非文物的文物价值和非艺术品的美学价值。

## 三　文物价值——文物古董的历史和知识价值之含量

广义地讲，任何文物古董均有其文物价值，所谓文物价值是指其历史的和知识的价值，也就是历史研究和科学研究的价值。各种文物会带给人们各种关于古代历史的、社会的、文化的、宗教的等等方面的知识。同时也会带有某些科学的、技术的、材料的和工艺的等等方面的知识。

任何文物总会或多或少地告诉后人，它们所赖以产生的那个时代的社会生活，历史背景，工艺水平，甚至相关事件的信息，提供历史和科学研究的某种资料。一件文物，它所能反映的社会生活越广，代表的工艺水平越高，说明的历史背景越多，提供的科研材料和知识越丰富，它的文物价值就越高。

因此，文物价值是文物古董的根本属性，其文物价值的高低和多少是由它们自身所反映、所代表、所显示、所说明的历史及社会生活之"知识的质和量"的高低和多寡来决定的。在这里，文物价值，历史价值，知识价值只是说法不同而意义完全相同的术语，它们的内涵和外延并无区别。

就其根本意义而言，文物古董只是历史上人类的社会生活和意识——包括人们的日常生活，生产活动和精神活动——的凝固、物化和结晶。文物是产生它们的那个古代社会的历史和各种知识的特殊的物质载体。

对于后代人而言，文物古董就像是西方占卜者的水晶球，后人透过它们，可以看到和了解人类的社会生活史。只是占卜者是依靠所谓神启、心智、情感、直觉或别有所图的心态而可以随心所欲地发挥和引申，而文物学则是一门科学，科学是严肃的，不允许随心所欲乱说的。

所以很显然的，仿造的文物古董不具备这种特性和功能，因而不具备文物价值、历史价值和知识价值。在这点上，它们又不像占卜者的水晶球，因为占卜者透过任何水晶球都可以"看到"很多很多，而人们却无法透过假文物古董得到关于古代社会历史的任何新知识。严格控制的少量复制文物，虽然同样不能提供任何新知识，但对普及历史知识和保护原始文物可能是有意义的。

既然文物价值就是文物本身所物化、凝固和结晶的古代社会知识，也就存在着其所含有、代表和证明古代的社会、历史、知识的质地高低和量的多寡问题。因为这种质和量是可以比较、度量和最终可以计算的——尽管永远难以做到精确——而计算是数学的专属领域，故文物的价值最后也是应该，并且是可能用数学来计算和显现的。

## 四 美学价值——文物古董的艺术、装饰和审美价值

美学价值是指文物古董所具有的艺术鉴赏价值。人们在审视、面对、观想、抚摸、把玩文物古董的过程中会得到一种特殊的美学感受和愉悦的情感，即所谓"赏心悦目"者也。这种感觉和情感便是美的享受，或称审美享受，也称艺术享受。因此其美学价值就是透过人们的感官，通过感触、品味和思考的过程，而揭示出作为客观事物和古代艺术品之自身所具备的艺术完美度，并享受这种过程所带给人们的那种特殊的愉悦和快乐（有时也许是痛苦和折磨）。故美学价值是以其作为艺术品的完美程度和能给予人们多少审美艺术享受而作为评价标准的。

就古代流传到今天的文物古董大都是古代的工艺美术品而论，它们都具有不同程度的美学价值，在这里，美学价值、艺术价值、观赏价值、是意义相同的术语，没有本质上的差异。

有些文物古董并不具备美学价值，但却不影响它们具有的文物价值。比如原始文化遗址中可能发现的原始人和共生动物的骨骼和粪便等[①]，会给予人们很多

---

[①] 在某种程度上，它们虽也能间接反映人类文明发展的程度，但并非人类文明发展过程中之个人意识和社会意识的产物，因此大都不属于文物的范畴。

关于古人类和古动物的生活状况方面的知识，以及原始人同动物、植物之相互依存关系等等的了解提供许多知识。但他们一般并不具备鉴赏价值和艺术观赏价值，至少对于正常感觉和正常思维的人来说是这样。

艺术品的制作需要人们付出精神劳动和体力劳动，特别是形象思维的创造性劳动的级别决定了艺术品美学价值的高低，而其耗费的社会劳动时间的多寡则决定了其价值的大小。文物古董所具有的美学价值当然也是这样。

一般说，文物古董大都是古代的美学作品和艺术品。具有高度美学境界的艺术品是人类的本质力量和精神活动的高级物化形式之一，如果排除个别人和部分人们的特殊癖好（不具备社会共同性的、病态的、怪癖的嗜好和兴趣），它们具有形象性、社会性和共同性，因而便易于对其他人和后来人发生深刻的感染力，引起心灵的共鸣、震撼、美感和艺术享受。这是它们的艺术美学价值的真正基础。

一块古玉被古人雕琢成玉器——由于玉的硬度高，古人为这种雕琢所付出的创造性艺术思维和一般劳动时间的耗费远非今人所能想象——变成祭器或玉佩之类的艺术品，于是就具备了它的艺术价值和美学价值。"玉不琢不成器"，即使质地美如和氏璧者，在其被雕琢之前，并不被人们欣赏，也就是并不具备艺术和美学价值。故而它的发现者和识别者会遭遇先后被砍去双脚的命运[①]。

法国罗浮宫所藏众人周知而原产希腊的石雕维纳斯女神像虽然残缺，众人皆以为绝美。而其所藏里昂纳多·达·芬奇的油画蒙娜莉萨，众人皆以为美。罗浮宫还藏有一块黑色的大石头，上面刻写了许多楔形文字符号。同上述两者相比较，不知者是不会以其为美的，知道者也未必以其为美。但是这块大石头上所刻的古代楔形文字，却保存了距今3700多年前古代苏美尔人的一部完整法典，共282条法规，史称"汉姆拉比法典"[②]。它所携带的关于古代苏米尔人的社会、历史、意识、文化，尤其是法律方面的知识和信息，是难以估量的，因此其价值也是难以用金钱去计算的。

## 五 珍奇价值——珍奇的程度直接关系着价值的含量

珍奇价值指的是同样品种的文物古董的存世量和其价值总和之间的关系。由于历史长河的冲刷，文物古董被淘汰的速度是惊人的。今日能够看到的和能被发

---

① "和氏之璧"的故事，最早见于《韩非子》卷四《和氏》的记载，后经司马迁《史记》记述的蔺相如"完璧归赵"的历史故事而得以广泛流传开来。

② 《Law Code of Hammurabi, king of Babylon》（R. M. N. / H. Lewandowski），1792—1750 BC。现藏法国巴黎罗浮宫博物馆（Musée du Louvre）。此处依据罗浮宫博物馆馆方网站资料：www. louvre. fr/llv/oeuvres/detail_notice. jsp? CONTENT%3C%3Ecnt_ id =10134198673226487。

现的，只是当初全部产品的极小部分，它们是历史无数灾难中的幸存者。正因为如此，某种文物的存世量便决定了它们的价值含量。

中国人常说"物以稀为贵"，这种现象的内在原因是什么呢？如果那尊举世闻名的希腊古代大理石断臂维纳斯女神雕像不是至今只发现一尊，而是存世一百尊。那么情形将会怎样呢？如果那样的话，对这一百尊美丽的石雕中的每一尊来说，它们就不再是无价之宝或稀世之珍，而或许是市场上不时可以见到的艺术文物交易品。因为一百尊同样雕像所能体现、代表、说明的艺术家创造性的精神劳动和体力劳动的量和历史知识的量，同其中一尊相比较而言，其总和并没有太大的差别，所增加的只是复制它们的简单劳动的量。

只要第一尊被创造出来，其余的 99 尊只要使用机械的或类机械化的简单劳动便可以复制出来了。而创造性的精神劳动和体力劳动的量则几乎没有增加，或只增加甚少。而其文物价值和美学价值的总量原来全部集中体现在一尊之上的，现在却要被 100 尊平均分摊了。因此每一尊的价值或许只是原来的百分之一到百分之几吧。

当然这是就其本质的、理论的和可计算的数学模式而言。实际上不仅会有差异而且这种差异还可能相当大。但上述价值和存世量的内在关系，即其珍奇价值，无疑在我们的社会实践中，即在文物古董的大量交易中起着不可忽视的作用。

现在世界上最珍贵的邮票之一是英属圭亚那（British Guyana）1856 年发行的邮票①。传说这种邮票，存世原本并非只有一枚，但一个收藏者只保存了一枚而将其余的予以销毁，就是为的追求这个珍奇价值。

现代人发行纪念金银币、艺术品的复制品等等有所谓限量发行的招数，为的也是这个珍奇价值。

珍奇价值本是历史的必然因素和各种偶然因素相互作用而自然形成的一种价值现象，现在则成为商业活动中刻意追求市场最高利润的一种惯用手段。

## 六 经济价值——市场价值，一般人最牵肠挂肚的价值

经济价值指的是文物古董的市场交换价值，是文物古董的价值总和所体现在货币单位上的量的多少，也就是它们的交易价格或金钱价格。

迄今（2005 年）为止单项文物古董艺术品交易最高价格是梵高的一幅画以 8350 万美元成交，而中国文物交易的最高价格则是一件青铜方罍以 924.6 万美

---

① "The British Guiana 1c Magenda"，1980 年拍卖时以 $ 935000（即 93 万 5 千美元）成交，它的新主人是约翰·杜邦（John Dupont）。存世仅知一枚，且被剪去四个角。现在行家估价应值 150 万美元。

元成交，这就是它们特定时空中的经济价值。

2009年11月23日作者按：这段话的内容现在需要修订：

上述两个记录后来均被打破。世界油画交易的最高价格纪录现在是波洛克（Pollock，中文可谐音"破落客"）的《No. 5, 1948》，成交价格是1亿4000万美元①。中国文物的价格纪录则是那件鬼谷子下山图元青花罐，价格是2700万美元②。

将两组记录相比较，可以明显发现：

一是中国文物的价格记录提升的速度极快。在15年中平均提高了10倍以上。

二是距离世界纪录仍然有很长的距离。从世界价格记录的十分之一以下提高到五分之一以下。③

文物古董的价格是经常变动的，因时因地因环境而异。梵高的那幅画，多年后有人说仅值500万美元。（此话虽难以当真，却也反映了本世纪初年人们对那个价格的有代表性的看法。）而中国明代永乐年间的一副"唐卡"，1994年在纽约交易时是108万美元，而2002年春天在香港再度交易时，成交价是3087.41万港元（近400万美元），涨了近4倍。

经济价值是文物古董的历史、文物价值，美学、艺术价值和珍奇价值等在现代社会中的最典型、最集中、最直接和最后的一种外在表现形式，但同时也是其最简单，因而也是最易衡量的表现形式。

有些人以文物古董的经济价值作为其参与此类活动的出发点和归宿，虽然是

---

① 见《纽约时报》（《The New York Times》）2006年11月2日的报导：《A Pollock Is Sold, Possibly for a Record Price》（《一幅波洛克油画成交，可能创价格纪录》）。亦可查纽约时报网页：http://www.nytimes.com/2006/11/02/arts/design/02drip.html? adxnnl=1&ref=arts&adxnnlx=1163031599-revbG-MuaIhdTP4qLonq8BA.

② 可参见《Chinese Ceramics and Works of art, Including Export Art》，#88，12 July, 2005, Christi's, London, King Street（2005年7月12日，伦敦克瑞斯蒂）。其准确的成交价格为£15688000英镑，当时合$27657944美元，即约2766万美元。

③ 2010年11月20日作者补记：现在已提高到接近二分之一。中国文物价格记录在进入本世纪以来不断被翻新。现在的记录是一件乾隆花瓶所创造的。2010年11月11日，伦敦的"斑桥"拍卖行（Bainbridge Auction，音近"白银布瑞吉"，是拍卖行老板的姓）拍出一只"乾隆官窑款/珐琅彩粉彩/腹部透雕并四面圆开光浮雕鱼波纹/肩颈等部绘花卉鱼蝠纹/转心花瓶"——该行拍卖目录则称其为"洋彩网状透雕双层壁花瓶（Yang cai Reticulated Double-Walled Vase）"——落锤价£43m，即4300万英镑。据《文物交易报（Antique Trade Gazette）》11月15日报道，买方总价为£51.6m，即5160万磅，合$66.1m，即6610万美元。折合人民币5.5亿元。是中国文物艺术品新的价格记录。在全世界也颇轰动，中国人再次称为"天价"，宜矣。这个价格接近世界文物艺术品成交价之最高记录的一半。最高纪录迄今依然是2006年11月由美国艺术家杰克逊·波洛克（Jackson Pollock）的作品所创造的。他的那幅被命名为《No. 5 1948》的油画，由索斯比公司（Sotheby's）作中介，卖给了墨西哥金融投资家大卫·马丁内兹（David Martinez），价$140m，即1.4亿美元。该画原藏家是大卫·盖芬（David Geffen），美国著名制片人和慈善家。

本末倒置，但也算是抓住了一个关键的环节。毕竟在商品社会，在货币单位被全社会做为一切价值的尺度的大环境中，文物古董自然也是无法逃脱它的这个宿命的。

但文物古董的经济价值毕竟只是"末"，"末"应是"本"的表现形式（或表现形式之一）。故紧紧（或仅仅）抓住经济价值不放，也易于导致风险，甚至落入可怕的陷阱。因为价格除了同其真实的综合价值相关外，一般还同具体环境，例如时尚流行，个人爱好，竞争激情等等相关。此种例子不胜枚举，可谓经验深刻，教训惨痛。

## 七 附加价值——供缅怀追思、信仰崇拜和医用的价值

除了上述四种价值之外，部分文物古董对特定人群和特定人士来说，还有缅怀、追思和信仰、崇拜的价值。前者如祖宗遗物等等，后者如宗教圣物等等。

祖宗遗物，还有同祖宗有关的其他文物，对其后世子孙来说，有令其缅怀追思、纪念祭奠、团结后裔，即儒家所说的"慎终追远"的价值。

例如30世纪90年代初在山东省鄄城县孙老家村发现的、成于明代万历七年（1579）的孙膑像（原题"始祖膑公传影"）[1]，虽然其成画的时间上距孙膑在世的年代已经过去约1900年，也很难说就符合孙膑的真容。但其存世时间已历430年，且其画技娴熟不凡，意境高雅，不仅具备很高的文物和艺术价值，更是当地众多孙氏后人崇敬和祭拜的"法相"。

宗教遗物如神像、圣物、法器等对于各特定宗教徒来说，有信仰、膜拜的价值。

如据传耶稣受难时的裹尸布（The Shroud of Jesus，一般称作"都灵裹尸布"），虽早已知其伪，但因传世历史已经相当悠久，故依然受到无数基督教徒的尊崇和膜拜[2]。它的价值，在历史上还曾经交换过一座城堡，颇有点像中国的和氏璧交换15座城池（诈欺未成）的故事[3]。

有些文物古董还具有医用和药用的价值。中国历史上有大量殷墟甲骨、犀角

---

[1] 此处依据周方林《孙膑故里考证记》，收入《人文自然网·齐鲁先贤》。或见 www.rwzr.cn/Html/Article/rwyc/qlxx/8020070706112100.html。

[2] 米兰裹尸布（Milan Shroud），西方一般称"都灵裹尸布"（"The Shroud of Turin"），现代科学用碳14年代测定法（分别经英国牛津大学、美国亚利桑那大学、瑞士联邦技术学院）测定，约产生于13—14世纪（1260—1390），上距《圣经》中所说的耶稣受难，达1200多年，同传说中这块裹尸布开始传世的年代约略相符。

[3] 见《史记》卷八十一《廉颇蔺相如列传》。

和象牙雕品毁于医用，就是负面的证明。

类似的例子还可以举出很多。这种可供缅怀、追思、崇拜、信仰和医用药用的价值，不是文物古董的普遍价值，故不属于文物古董的固有属性。可视其为部分文物的附加价值或特殊价值。

## 八　质料价值——部分文物古董所具有的特殊价值

许多文物古董因其当初制作时使用了特殊的材料，因而具有特殊的质料价值。如黄金、白银、玉石、翡翠、珍珠、钻石和其他宝石等等。又有珍贵木材，如紫檀、沉香木和黄花梨等，还有某些珍贵动物的牙角，如象牙、犀角等，它们都具备特殊质料的价值。

有些材料，如铜、铁，在古代曾是非常难得的，因而是贵重的，但今天，对于文物价值和艺术价值而言，已不具备珍贵的特质。陶瓷土、大理石、汉白玉等，相对而言也不再具备很高的价值。

质料价值应该作为价值的一个项目单独评估，同时又要结合其文物价值和美学价值等综合评估。

## 九　非文物的文物价值和非艺术品的美学价值

这个标题不是文字游戏，更不是诡辩，而是指非常有意义的两大范围收藏品类的价值和价值评估。

一类是能反映自然历史发展过程的自然物标本和动、植物化石，如岩石、陨石、恐龙化石、木化石等等。它们是自然界科学史的见证者，具有关于大自然的历史价值和知识价值。

一类是其质地和形状、色彩等等能够同人类或社会群体的审美意识和艺术形式相类似，甚至相媲美的自然物，如各种奇石异物、动植物标本和化石等等。它们也能给予人类以美感和艺术享受。

"文物"，顾名思义，是同人类社会的文明和文化发展史密切相关的、凝固了人类活动和人类创造性思维、创造性劳动成果的对象。日语称作"文化财"，定义为"人类文化过程中产生的物品"。英语中还有"文化珍宝"（Cultural treasures）的说法。它们都不包括本段所说的这两大类物品。"文物"的英文译作 Cultural and historical relics（文化历史遗物）。但 Relics 一词，除了文物外，事实上还包括化石等一切遗物和遗迹。而拍卖文物古董的拍卖行通常则既不使用文物（Relics）一词，也不使用古董（Antiques）一词，而喜欢使用 Works of art（艺术品或工艺品）这个词组，或者给予更具体的分类名称。

英美的顶尖拍卖行大都不拍卖化石类和标本类物品。较小者也有拍卖这两类物品的。它们的交易属于法律的灰色地带。

## 十 结论：综合价值指数和价值真实的追求

面对文物古董，一般地说：

博物馆、学者和其他研究者，较多地重视它们的历史文物价值，即它们所反映、所代表和说明的社会历史知识的含量。相关的科学家会重视其科学、技术知识的含量。

鉴赏者和艺术家则会较多地重视它们的美学艺术价值，重视它们的创造者的艺术思维的独创性、艺术境界的高低和艺术的完美程度。

而收藏家和猎奇者则可能较偏重于它们的珍奇价值。

至于大多数的文物古董商人和一般收藏者，则自然会特别重视它们的市场经济价值。

所有这些，或可被视作个人兴趣或职业的偏见，但也是行业的追求和职业意识的表现。他们可以是无可厚非的。

但是，在全面评估文物古董的价值时，他们都可能产生以偏概全的结论，从而使文物古董的真正价值不能得到全面而恰如其分的认识、揭露和判断。再从而导致行为的偏差，甚至经济的损失。

而在文物古董的拍卖和交易市场上则盛行以金钱价值统治和压倒其它一切价值的现象，这同样是无可厚非的。因为，在商品社会中，金钱价值毕竟是一切商品的价值之最普遍、最标准的尺度和最集中、最简单的表现形式。但其缺陷同样是普遍存在的和随处可见的。

迄今人们所使用的估价方式和思维方式是古董交易的市场经验——合法的和非法的，秘密的和公开的，公平的和诈欺的，偷窃式的和强盗式的等等——的累积，有其历史的合理性，亦有其局限性和荒谬性。本书作者希望现代社会能够将其建立在科学的基础上，甚至是数学（可以计算）的基础上。但这已经超出了本文预定的主旨，只好留待来日。

仅以此文阐释什么是珍宝，什么是精品的问题，以及其价值评估的问题，故名之曰《珍宝论》。

2002 年 12 月 3 日初稿
2009 年 5 月 11 日二稿
2009 年 11 月 24 日定稿

# 附录1：

## 注释中文字较长且属论述性的条目汇编

提要：本书中有些注释文字颇长，而内容又带有某种学术性和考论性，特将它们从原文注释中移出，集中汇编于此附录中。

### 第一篇 《郎世宁和官苑珐琅彩关系之真相考论——郎世宁未经考论过的一项艺术贡献》

关于马国贤（Matteo Ripa）在中西文化交流史上的贡献。

Matteo Ripa，中文名马国贤，意大利人，耶稣会士。1707年被派往中国传教，1709年（康熙四十八年）到达澳门。1710年（康熙四十九年）觐见康熙皇帝。1711年和1712年（康熙五十年和五十一年）曾随康熙皇帝两次出巡关外，备咨询。

马国贤是优秀画家，长期供职宫廷画院，并担任翻译。康熙五十一年（1713）制作了铜版画《御制避暑山庄咏三十六景》，五十七年（1718）铜版印制了《皇舆全览图》，马国贤均著力甚多。而二者在中国历史上都具有开创的性质和意义。

因为其父亲等亲属病故，马国贤于1723年（雍正元年）返回意大利。雍正皇帝赏赐他：暗红白磁碗100件，五彩龙凤磁碗40件，五彩龙凤磁杯60件，上用缎四匹。

经过长期不懈的奔走努力，马国贤终获教皇和国王准许，在意大利的那不勒斯创办了一家"圣书院"，又名中国书院。1732年7月25日开业。该书院延续存在了136年，培养了中国学生136人，意大利学生191人。1868年这家书院被意大利政府没收。

马国贤对东、西方文化交流事业有重大贡献。惜中文的大、中型辞书很少介绍他的事迹。

其所创办的这座书院在1868年（中国为同治七年）之被意大利政府没收和中文辞书鲜少介绍这位深晓东、西方文化并致力于文化交流的艺术家和教育家，应该是东、西方的历史对马国贤的两项不公正。

## 第二篇 《关于珐琅彩瓷十二个历史问题的考论》

*雍正六年前宫廷竟然不知制作珐琅彩须以油料作调色介质！*

这点确实让今人很难理解。既然仓库中油料还有现成的存货在，说明康熙时画珐琅可能是使用油料调色的。在康熙时曾专门画过珐琅的郎世宁等传教士和一直在造办处任职的唐英等人，都不可能不知道画珐琅是应该使用油料调色的。——如果康熙晚期清宫武英殿造办处真的制造了许多瓷胎画珐琅的话。

而雍正六年的"清档"中两次记载怡亲王的指示，说明宫廷造办处在整个雍正前期制作珐琅彩之不知道使用油料调色又是确定无疑的历史事实。

这里或可以珐琅作从武英殿合并到养心殿时物资清查和搬挪不彻底、手续交接和工艺传承不良来解释。而这又可以解释为同当时宫廷内部气氛紧张，宫禁森严无比，若非高层统治者有具体指示或者主事人亲自过问，则人人不敢多言、更不敢多事有紧密关系。

但是，对于这个非常奇怪而又无可怀疑的历史真实，似乎也可以作另外一种推测和理解，那就是：在康熙末年的那段陶瓷学界一般认为已经制造出珐琅彩瓷的时段，宫廷造办处实际上并没有成功制造出过真正的珐琅彩瓷器。但这是一个极具挑战性的问题，如果此说成立的话，则接踵而至的问题是：

雍正六年时在武英殿清查出康熙末年剩余下来的那点多尔门油当年是干什么用的？难道不是用来作为调配瓷胎画珐琅色料的介质的么？

存世的带有康熙纪年款的那些珐琅彩瓷器难道不是那时的宫廷造办处制作出来的么？对那些纪年明确的康熙珐琅彩瓷难道还有什么可以怀疑的么？

或者说，那些一向被公认的于康熙末年在宫廷造办处制作的、带有康熙年款的珐琅彩瓷器，都没有使用油料作为调色介质么？倘如此，它们还能被称作珐琅彩么？

因为这个问题过于复杂和挑战，不是一个注释就能解决的。汇集资料加以考论须待来日。此处只算是依据一个历史的无可争辩的真实合理地提出问题而已。

## 第三篇和第四篇 《古月轩之谜 考论和破解》（上、下）

*"民初"——即民国初期——的具体时限应当如何界定？*

"民国初期"，也称"民国初年"，或简称"民初"（英文作 Early Republic of China，或 Early Period of the Republic of China）是文物学界，尤其是鉴定学界，近几十来广泛使用的一个术语。在外国、在西方也相当流行。

但它究竟是指多长的时段，中国和外国也同样没人说得清楚。史学界也没有明确界定。文物古董界又常将这段时期同"清代末年"直接联系起来，合称"清末民初"。

"民国"始于1912年1月1日，并无异议。但所谓"民初"止于何年，却没有给予界定。

为使问题明晰一些，本文作者将"民国初期"姑且界定为1912—1924年。理由如下：

（1）1924年，孙中山先生改组国民党，提出新三民主义，制订新政策，开始了国民党历史的新时代，从而也导致中国共产党的迅速壮大。

（2）同一年，冯玉祥将军发动北京政变，推翻贿选总统曹锟，电邀孙中山北上"共商国是"，孙中山发表《北上宣言》，中国政治形势一时为之大振。但次年孙中山不幸病逝于北京。

（3）也是在这一年，一直还居住在故宫里的清逊帝爱新觉罗·溥仪（清宣统皇帝）被驱逐出紫禁城，从而导致中国的故宫博物院正式成立。

（4）本书作者界定"民初"到1924年为止，是在写作"古月轩之谜学术史"的过程中，为了确认这个时期是"古月轩之谜"正式形成的时期。

（5）余戢门先生在参与普查和登记清故宫的文物时，发现所谓"古月轩"瓷器原名"瓷胎画法琅"也在这一年。

当然，后两件事情，作为历史事件来看待，实在是太小了，不足于影响"民国初年"之具体时段的界定。但若同大事联系起来，这些事件对界定一个历史时段还是颇有意义的。更何况"民初"和"民国初年"早已成了文物古董界之常用的术语呢。

### 被汉族所有辞书一直忽略的"胡"字的一个本义新考

《汉书》卷九十四《匈奴传》上记载：

> 其明年，单于遣使遗汉书云："南有大汉，北有强胡。胡者，天之骄子也……"

郑按："其明年"，系指西汉武帝征和（也称"延和"）四年，即公元前89年。此匈奴"单于"（发音为 chan‐yu）史书称为"狐鹿姑单于"。

此时，匈奴刚被以卫青和霍去病为主要统帅的大汉军队重创之后而逃亡西域、或退回漠北不久。势力虽然稍有恢复，但也只能向汉王朝恳求和亲和通关贸易。故匈奴单于在这封国书里所说的"胡者，天之骄子也"不能简单地认为是这位匈奴单于的吹牛大话或挑衅之语。"胡"本是更早时期北方胡人的自称。所以"天之骄子"应该就是胡人之所以自称为"胡"的原初本意。

"胡"字的发音和这个本意可能来源于他们古老的图腾动物狼和狼的"嗥呼"声音的一种转化。《魏书》《列传》卷九十一《……高车》史传中曾记载了一则关于匈奴族的高车族支之起源的传说。非常有趣,兹全文照录于下:

> 高车,盖古赤狄之余种也,初号为狄历,北方以为敕勒,诸夏以为高车、丁零。其语略与匈奴同而时有小异,或云其先匈奴之甥也。其种有:狄氏、袁纥氏、斛律氏、解批氏、护骨氏、异奇斤氏。俗云:
> 匈奴单于生二女,姿容甚美,国人皆以为神。
> 单于曰:"吾有此女,安可配人,将以与天。"
> 乃于国北无人之地,筑高台,置二女其上,曰:"请天自迎之。"
> 经三年,其母欲迎之,单于曰:"不可,未彻之间耳。"
> 复一年,乃有一老狼昼夜守台嗥呼,因穿台下为空穴,经时不去。
> 其小女曰:"吾父处我于此,欲以与天,而今狼来,或是神物,天使之然。"将下就之。
> 其姊大惊曰:"此是畜生,无乃辱父母也!"妹不从,下为狼妻而产子。
> 后遂滋繁成国,故其人好引声长歌,又似狼嗥。

这个记载可以为本书作者对"胡"的起源所作的推测性解释,提供一个有力的佐证。

**托名诸葛亮的《马前课》一书之成书年代考证**

《马前课》第9课:"水月有主,古月为君。十传绝统,相敬如宾。""解曰:'水月有主','清'也。'古月','胡也'。胡人为君,殆亦天数,不可强欤!老僧生于嘉庆十年,今年八十有六,过此以后,不敢妄议。"末有"八六老僧白鹤山守元志"。"嘉庆十年"为1805年,八十六年后为1891年(清光绪十七年)。

所谓诸葛亮的《马前课》,全文现刻于福建省厦门市集美镇"鳌园"(陈嘉庚墓园),据说《马前课》为其早年所得。而注解者为清朝后期的僧人守元。

研究了《马前课》的"课文"及其注解,便会发现:

(1)全部14课中,只有第9课(清代部分)和第10课(民国部分)的前两句,比较准确。

(2)第10课以后的4课无注,亦无解,是摆迷魂阵。

(3)而第9课以前的课文和注解大都存在历史知识方面的问题。

因此可以判定:

（1）这个《马前课》及其注解，同诸葛亮和守元和尚，都不可能有联系。
（2）作者很可能是某一倾向革命党人的江湖术士，通晓卜卦，继承中国的谶纬传统，假托诸葛亮和守元和尚之名而作课文和注解。目的是借谶纬和预言鼓舞群众。
（3）时间当在民国初年，也不会太迟后，就在1911年或1912年的可能性最大。
（4）作者的文化水准不太高，历史知识也不够丰富和准确。

## 第五篇 《康熙五彩花卉图对盆鉴定手段和鉴赏美学》

究竟什么是"百圾碎"？

"百圾碎"一词最早出现于明代陆深著《春风堂随笔》："哥窑浅白断纹，号曰百圾碎。"对照存世哥窑瓷器，其意义当然是指其瓷釉之繁密的开片和裂纹。

但何以叫做"百圾碎"？查遍诸书，均不得要领。许多"陶瓷词典"解释是：由于那些裂纹"交错重叠似百圾"，或"见之犹如百条裂痕而得名"。实际全不确切，甚至错误。

"百圾"是什么？从未听闻过。

吾意如下："圾"字作为单音词，即单独使用时，只有一个意义，那就是"危险"。这有《庄子·天地》篇所说"殆哉圾乎天下"一语可证。是故，"圾"字没有任何别的意义可为人们提供选择的余地。

如此，
则"圾"者，险也；
"百圾"者，极险也；
"百圾碎"者，极险而将碎裂也。

也就是说，"百圾碎"是说哥窑瓷器的开片和裂纹实在太多，有使瓷器随时破碎之危险，让人看着为之担心。

## 第六篇 《"余园珍藏"款和曹雪芹父祖操办官廷瓷器考论》

仪征盐船大火发生年月日略考——汪中错还是方志错？

"乾隆三十五年十二月乙卯"，这是清代汪中《哀盐船文》的华章之首句，说的是历史上仪征盐船着火大灾难发生之年、月、日。但其具体而准确的日期，发生歧异久矣，后世乃莫衷一是。是故，其本身也早已变成了一个历史的不解之谜。

对此，有注曰：《嘉庆扬州府志》作"乾隆三十六年十月（？）"，《道光仪征县志》记为"乾隆三十六年十二月十九日",记年异。乙卯,即农历十九日。(此处引文据 share. jxlib. gov. cn：8088/. . . /Author/DL/DL - 179570/md_ get_ ref? nodePath 网页。)

又另有注曰：《嘉庆扬州府志》作"乾隆三十六年十二月",《道光仪徵县志》为"乾隆三十六年十二月十九日",未知孰是。又,乾隆三十五年、三十六年十二月均无乙卯日,当是作者误记。(引自 course. bnu. edu. cn/course/classical-literature/doc/text/qing/wangzhong1. htm 网页。)

郑按：以上两段注文关于"府志"和"县志"的引文都说是"乾隆三十六年",故同汪中的"乾隆三十五年",发生了"记年异"的问题。

汪中《哀盐船文》写在这场大灾难发生后不久,不可能把当时的年份和日子都弄错。尤其是年份,汪中应该绝不会记错和写错。当时的大学者杭世骏曾为该文作序,备极称赞之。如汪中该文首句的记年和记日都错误,杭世骏当会为之正误。杭世骏虽非扬州人,但他晚年讲学于扬州书院,距离仪征很近,而且他卒于1772年,至迟1773年。

(关于杭世骏卒年,最新的考证是"以乾隆三十七年七月庚辰,考终里舍"之说较为可靠。但乾隆三十七年七月并无庚辰日,故应是"六月庚辰"或"八月庚辰"。乾隆三十七年六月庚辰是公历1772年7月16日,八月庚辰为阳历9月14日。当以"六月庚辰为是。)

汪中和杭世骏这两位大学者就更无可能都把刚刚过去不久,不到一年,最多也只有一年半的这场大灾难发生的具体时间搞错。特别是乾隆三十五年这个年份,二人应绝无都记错之可能。一般人可能把多年前发生的事情的年份记错,但断不会把去年、前年、大前年这刚刚过去的三年内所发生的重大灾难的具体年份记错；退一步说,即使记忆错误,汪中落笔成文时也会再次推敲、发现和纠正过来；再退一步,即使汪中落笔写错,先读到该文的家属、仆人和朋友们,也会发现帮助更正过来。再退一步,即使他们没有更正过来,杭世骏阅读和赞美该文时也会发现和更正。既然乾隆三十五年决然不会错成乾隆三十六年,那也就不应怀疑汪中把记日的"乙卯"会弄错。不知读者诸君然否。

且乾隆三十六年十二月,没有"乙卯"日。这年的十二月十九日,阳历为1772年1月23日。此日为"乙酉"日,并不是什么"乙卯"日。"乙酉",在字形上,甚少可能被误记为"乙卯"。

而乾隆三十五年为公元1770年,这年的十二月的确没有"乙卯"日。故有人便只好将问题归结为作者汪中"误记"。于是一个不大的历史之谜居然在事发后数十年悄然形成。

吾意："乙卯"日为"己卯"日之后来转抄时误植。因"乙"和"已"发音相近,字形相似,在行、草书中最易混淆。"己"字正写虽是3笔,但草书和行书，常一笔呵成，且形状类似"乙"字。"己卯"和"乙卯"，又都是干支相配的常用词语，读音也容易混淆。这点在扬州方言中或更易发生。

如此，则汪中原文首句所记应是"乾隆三十五年十二月己卯"（十二月七日），西历为1771年1月22日。但该文问世后，扬州一时纸贵，文人竞相抄诵。后来遂被误为"乾隆三十五年十二月乙卯"。后来又恰恰是被传抄错误的篇章得以传世。

至于《嘉庆扬州府志》和《道光仪征县志》的编纂者们，在灾难发生几十年后不但记忆不清，而且没有找到直接证据（很难想象这样一件大事竟无官方记录）或佐证，也未经认真考校，不但胡乱改动了年份，还改动了日子。致使结果更加迷乱、错误。

"方志"所改订后的"乾隆三十六年十二月十九日"为"乙酉"日（公历为1772年1月23日），"乙酉"同"己卯"，无论是发音和写法，都相差甚远，而且还改动了年份。而"己卯"被误为"乙卯"，则只是传抄中极易发生的一个微不足道的书写小错误而已。

**诸家关于康熙皇帝对曹頫奏折一个朱批的标注和诠释**

康熙五十九年二月初二日（公历为1720年3月10日），皇帝对曹雪芹之父曹頫秘密奏折的那个朱批，无论对研究曹雪芹的家世，对研究中国18世纪的珐琅彩瓷器，都是极为重要的历史文献。这一文献被披露和研究已经达半个多世纪。为便于了解学术界对其研究的全貌，特将各家标注和诠释的资料，搜集、整理、汇编如下：

（1）周汝昌先生引文标点和说明如下：

曹頫在江宁织造任。承办磁器珐琅之类，差事甚多。

本年二月初二日曹頫报雨水折内附康熙朱批：

"近来你家差事甚多。如磁器珐琅之类。先还有旨意，件数到京之后，送至御前览完才烧珐琅。今不知骗了多少磁器，朕总不知。已后非上传旨意，尔即当密折内声名〔明〕奏闻；倘瞒着不奏，后来事发，恐尔当不起，一体得罪，悔之莫及矣。即有别样差使，亦是如此。"

（此处依据周汝昌《红楼梦新证》第7章《史事稽年》《一七二〇，康熙五十九年，庚子》的红学网站网页 www.hongxue.org/book/chapter.asp? btypeid = 69&id。）

（2）朱家溍先生1960年引文之标点和意见如下：

根据故宫旧藏档案，康熙五十九年二月初二日曹頫奏折上面有皇帝的批语：

"近来你家差事甚多，如磁器珐琅之类，先还有旨意件数，到京之后，送至御前览完才烧，珐琅今不知骗了多少……"

……根据这个批语内容可以知道"江宁"或附近苏、扬地在当时是铜胎画珐琅产地之一。

（《铜掐丝珐琅和铜胎画珐琅》，原载《文物》1960年第1期。此处引文依据紫禁城出版社《名家谈鉴定》一书，1995年7月第1版第383页。分段为本书作者所为。）

（3）朱家溍先生1982年引文之标点和看法如下：

康熙给江宁织造曹家的谕旨中有康熙五十九年二月初二日朱谕：

"近来你家差事甚多，如磁器珐琅之类，先还有旨意件数，到京之后，送至御前览完，才烧珐琅。今不知骗了多少磁器，朕总不知……"

这道朱谕说明曹家经手办理过烧造珐琅。曹寅在世时的差事是江宁织造兼两淮盐政，来往于江宁和扬州，扬州是铜胎画珐琅的产地之一，曹家曾经手造办过铜胎画珐琅是很可能的事。但在磁器档案中从惯例来看都是直接命江西烧磁器处办理，而没有必要由曹家经手办理，从这道朱谕来看很可能曹家从曹寅到曹頫都曾经手造办过磁胎画珐琅器。

（《清代画珐琅制造考》，原载《故宫博物院院刊》1982年第3期。此处引文依据紫禁城出版社《名家谈鉴定》一书，1995年7月第1版第379页。分段为本文作者所为。）

（4）台北故宫博物院标点和按语如下：

"近来你家差事甚多，如磁器、法（珐）郎（琅）之类，先还有旨意，件数到京之后送至御前览完才烧法琅（琅），今不知骗了多少磁器，朕总不知，已（以），后非上传旨意，尔即当密折入内声名（明）奏闻，倘瞒着不奏，后来事发，恐尔当不起一体得罪，悔之莫及矣。即有别样差，使亦是如此。"

（台北故宫博物院原编者加有如下按语）案：曹頫奏折原为请安、奏报江南米价及呈递"正月分（份）晴雨录"，不意发还奏折内，夹来了一则康熙朱批意旨，指责曹頫不当。曹家三代受恩，至曹頫划下休（止）符，已是雍正年间事矣。

（载台北故宫博物院网页：www.npm.gov.tw/exh93/understood9310/05.htm。）

郑按：周汝昌先生应是最早注意到这条史料者，朱家溍先生在1960年和1982年两次引用这个朱批（部分），没有能够确认曹家同珐琅彩瓷的关系。台北故宫博物院依据康熙皇帝朱批原件，但标点有误，未涉及珐琅瓷器事。

本书作者对于这件历史文献，特别加以研究，虽参考诸家，但重新标点和诠释，并提出见解。

康熙皇帝的夹条御笔朱批原文，见本书彩图03-06-01的原件图片。批语全文标点诠释如下：

近来你家差事甚多，但仍需将诸事即时报朕知晓。

如磁器法郎（珐琅）之类，先还有旨意：件数到京之后送至御前览完才烧法郎（珐琅）。而近来竟不奏报了。今不知骗了多少磁器，朕总不知。

已（以）后非上传旨意，尔即当密折内声名〔明〕奏闻；倘瞒着不奏，后来事发，恐尔当不起。一体得罪，悔之莫及矣。

即有别样差使，亦是如此。

① 这段文字依照原件图片整理，并参考了周汝昌、朱家溍两先生以及台北故宫博物院的标点断句。但其中的分段、标点、纠错和文意补充等等，均为本文作者所为。

康熙皇帝当时随手阅批奏折，并不特别讲究文句，故其中有一些明显的别字，尤其是存在思维跳跃之处，读起来文意不甚连贯通畅。对这种情况当然完全可以理解。笔者反复细玩文意，除放于括号内的正误文字之外，并作两处简单的文意修补——即其中下加横线部分——仅供读者和研究者参考。

② 康熙皇帝批文中的"磁器珐琅"，不应断作"磁器、珐琅"，即不应理解为两类东西，而应理解为"瓷胎珐琅"；否则，下文中的"送至御前览完才烧法郎"和"今不知骗了多少磁器，朕总不知"两语，便根本无从着落。如果康熙皇帝原意是指"磁器、法郎之类"，则下文当以"今不知骗了多少磁器、金、铜，朕总不知"等相呼应。

批文中"件数到京之后送至御前览完才烧法郎"，显然是皇帝先前关于制造"磁器法郎"之"旨意"的内容。而所谓"件数"，应包含图样设计等，否则只是一个数字，只要报批即可，是不需要"送至御前览完"的。

③ 这件御批里所说的"磁器"，只能是指景德镇官窑窑厂烧制、用于再制作瓷胎珐琅的半成品白瓷器。对于江南织造局和曹頫来说，它们应是打着皇帝的旗号，通过调拨无偿得来的。

如果不是，则应是曹頫另外烧制的，或者是在景德镇以"官搭民烧"的方式定制督烧的。但——倘若确是这样的话，则下文就不应有"今不知骗了多少磁器，朕总不知"的话了。因为曹頫经手太多的事项，操办太多的东西，便无所谓言其"骗"得瓷器的问题。只有曹頫无偿得来、本应属于皇家所有、而非曹家经手办理、且又不奏报皇帝知晓的瓷器，康熙皇帝才会指责他"骗了"瓷器。

④ 康熙皇帝的这个御批是对曹頫的一个严重警告。（十年前康熙皇帝也告诫过曹寅："千万小心，小心，小心，小心！"）此时曹頫新任织造官不过五年。"织造"的所有职责本来只对皇帝个人负责，而康熙皇帝此时已发现曹頫不守官

箴官规，甚至胡作非为，暗受他人指示，私烧珐琅瓷器，借以交换利益，送礼行贿，大拉关系。

八年之后，曹家首因巨额亏空而被弹劾查办，雍正皇帝命交怡亲王处理。曹家仍然到处使钱财、通关系、走门子。因而受到雍正皇帝严厉叱责。并告诉他怡亲王对他不错，让他老老实实听候怡亲王发落。

曹家的垮台不是偶然的，也无法认定他家遭遇不幸就是政治斗争的牺牲品，曹頫显然不是好官，下场不值得同情。不能因为其子是曹雪芹，写了《红楼梦》，就应该改变这个基本认识。

本书的一个论点是要通过考证，论述和确认曹家，包括曹雪芹的父亲曹頫、祖父曹寅等都曾操办过宫廷瓷器这一此前无人确认过的历史事实。

康熙皇帝的这个朱批，至少使这点无法撼动：曹家至少在康熙末年曹頫任"江宁织造"时期，曾经制作过"磁器珐琅"，并且是一批又一批。同时也使我们进一步对曹雪芹的祖辈曹寅等人经办宫廷瓷器这点可以论定。当然还有更多的资料。

**陶瓷学界关于珐琅彩和粉彩始烧年代和相互关系的学说难以自圆其说**

迄今，陶瓷学界最流行的一种说法是：

珐琅彩瓷器是在康熙末年的宫廷作坊中制作成功的，而粉彩瓷器则是在珐琅彩的基础上在景德镇产生的。

但保留到今天的实物却铁一般地证明：所谓"粉彩"，最迟却是在康熙三十五年（丙子年，即1696年）时已经出现，并且传世至今。

是故，在这点上，陶瓷学界的主流见解不能自圆其说。

兹举耿宝昌先生的说法为例，他说：

"……珐琅彩瓷，在康熙皇帝授意下，于（康熙）三十五年首先创烧成功……"这个说法比陶瓷界的流行说法早了约20年之久。只是不知道其依据何在。他又说：

"粉彩——它深受珐琅彩的影响，于康熙中期出现。"康熙中期应是指康熙二十年至四十年之间（1682—1702）。那么，其所说的"中期"，究竟是在三十五年之前，还是也在三十五年，抑或是在三十五年之后呢？他还说：

"一些粉彩八仙人物塑像（雍正时最为流行）署丙子年款的，为康熙三十五年器，其胎、釉、彩绘等具有康熙中、晚期的风格。"

（上面三段引文分别见《明清瓷器鉴定·清代部分》，学苑文化事业出版社，未署出版年月，第51、52页。）

因此，可见耿宝昌氏思路应该是：

* 粉彩有康熙三十五年器物存在和传世；（郑按：这是一个历史的铁证。）

\* 粉彩瓷器深受珐琅彩瓷器的影响，故应在珐琅彩瓷产生之后或产生之时产生；（郑按：认为粉彩受珐琅彩的影响而产生，虽是陶瓷界的主流说法，但迄今并无依据。）

\* 因此，珐琅彩也在康熙三十五年创烧成功。（郑按：此说也无依据。）

可见，耿宝昌氏的说法，虽然将珐琅彩始烧的时间比陶瓷界的一般说法提前了20年，但仍然缺乏依据，甚至也不能自圆其说。

**究竟谁是中国历史上最大的盗墓者？**

《后汉书》卷七十二《董卓列传》记载：

> 卓迁太尉……寻进卓为相国，入朝不趋……
> 
> 是时，洛中贵戚室第相望，金帛财产，家家殷积。卓纵放兵士，突其庐舍，淫略妇女，剽虏资物，谓之'搜牢'。人情崩恐，不保朝夕。
> 
> 及何后葬，开文陵，卓悉取藏中珍物。又奸乱公主，妻略宫人，虐刑滥罚，睚眦必死，群僚内外莫能自固……
> 
> 又使吕布发诸帝陵及公卿已下冢墓，收其珍宝。
> 
> 又筑坞于郿，高、厚七丈，号曰"万岁坞"。积谷为三十年储。自云："事成，雄据天下；不成，守此足以毕老。"
> 
> 坞中珍藏有金二三万斤，银八九万斤，锦绮缯縠纨素、奇玩，积如丘山。

\* "文陵"为汉灵帝的陵墓。被董卓乘机盗取。

\* "文陵"之外，汉代诸皇帝陵墓和公卿墓，被董卓派遣吕布盗掘。

\* 董卓曾职司守卫历朝汉代皇帝的陵墓，"开文陵"时他已是东汉王朝的相国，并兼任太尉。"相国"相当于现代的总理，"太尉"则掌握全国的军队，有最高军权。

董卓，作为名副其实的国家总理兼三军总司令而居然盗掘诸皇陵殆遍，是故，他应是中国历史上职位最高，权力最重，开挖陵墓规模最大的掘墓盗宝者。

## 第七篇　《刘一燝款牙雕金佛和明末那段暗无天日的历史》

**关于"刘一燝"的"燝"字之意义和读音**

现在突然发现，本篇论文中的主要历史人物刘一燝，其名字中"燝"字的读音，发生了问题。

\* 《汉典》（www.zdic.net/）网站，意思当是"中国典籍（或经典）"，关于"燝"的注音和解释（见 www.zdic.net/zd/zi/ZdicE7Zdic87Zdic9D.htm）是："燝 拼音：zhǔ，注音：ㄓㄨˇ。古人名用字。"

＊而《互动百科》所给予的注音和解释则是："燝"jǐng 人名用字。明代有一燝。见《明纪·喜宗纪》。（本书作者按：其"一燝"当为"刘一燝"，《喜宗纪》当为《熹宗纪》。）

＊"在《新华字典》中的意思解释和说明：燝 zhǔ 古人名用字。"（此处转引自 zidian.odict.net/858666433/。）

这就是说，现代的说文解字者对"燝"字的注音是分歧的，其解释是过于简单的，且没有说明字义。是故，特作如下考证。

依据现有资料，"燝"这个字，最迟应是出现于唐代，最早被收入的字书，应是成于辽代的《龙龛手镜》，读如"煮 zhu"。但未指明出处，也没有释义。如上所说，今人也有认为当读如景 jing 者。

如此，则"燝"字似乎应有两个读音：zhu 和 jing，均第三声。

本书作者经过考证，认为这个"燝"字，应当读 Jing（景），第三声。字义是"光明"和"明亮"。理由如下：

1. "燝"读"煮 zhu"时，是"煮"字之异体俗写字。

复旦大学程少宣、梁春胜、韩小荆等学者，依据《可洪音义》中关于"煮"字之各种不同写法，推定"燝"字在辽人字书《龙龛手镜》中注音"主"，应是"煮"字诸多变体字中的一种手写俗体。同用于人名没有关系。（见程少宣《燝字小考补记》）

2. 古代的避讳间接证明"燝"字音"景 jing"而非"主 zhu"。

《金史》卷一百《列传》第三十八"张炜传"中记载："张炜，字子明，洺州永年人，本名燝，避章宗嫌名改焉。"金章宗名"完颜璟"，"燝""璟"同音而使张炜不得不改名避讳。（见程少宣《近代汉字考释二则》之二《说"燝"》）

3. "燝"字是形声字，故应读如"景 jing"。

"火"字作左偏旁使用而构成的字若笔画稍多，则绝大多数都是形声字，即：可以按照右边那部分的读音而读音。如刘一燝的大哥刘一焜、二哥刘一煜。其中"焜"字读如"昆 kun"——也读 hun，《词源》注作第三声而《辞海》则注作第四声。但古文实际也将"焜"写作"昆"，是故当以 kun 音为正读——而"煜"字则读如"昱 yu"，第四声。它们都是形声字，右半表音。刘一燝是三兄弟中最小者，命名也当最晚。援其兄命名之例，其名应无例外地也是"火"字偏旁的形声字。据此，"燝"字则当读如"景 jing"，第三声。

4. 明代两位名臣的名和字证明了"燝"字的音和义。

明末另有名"萬燝"者，亦为王朝之忠烈名臣，后竟被魏忠贤廷杖惨死。万燝与刘一燝同为江西南昌人而晚一代。二人皆出身官宦之家，《明史》均有傅。值得注意的是：刘一燝字"季晦"（"季晦"之通俗的现代汉语译法可以是"三黑子"、"三傻子"等），万燝字"暗夫"（"暗夫"之通俗的译法可以是"黑汉子"、"糊涂汉"等）。这说明"燝"字的意思是它们的反面——"光明"和"明亮"。而"景"字的本义就是"日光"或"光明"。这两个人的名与字，不仅确切地说明了"燝"字的本义是"光明"和"明亮"的意思，同时也是其读音应为"景 jing（第三声）"的又一个有力证据。

令人不解的是，"燝"这个字，最迟在唐代就已产生。《全唐诗》卷二六四收有白居易的老师顾况的《十月之郊》诗，其中有"丹素之燝兮，椒桂之馥兮"句。《金史》中有这个字，明末又有两大名臣刘一燝和万燝，清初还有黄燝和王燝等等，亦非凡夫。不知随后编辑的大型字书《康熙字典》和大型辞书《佩文韵府》，以及《经籍纂诂》等，何以都没有收入这个字。而近现代成书的《词源》、《辞海》、《中华大辞典》等，也没有收入这个字。直到近来才有新版字辞典收录它，却又未详加考证而导致注音和释义均简单而不妥的现象。（1461）

## 第八篇　《谁是崇祯十五年决河灌城造成开封大劫难的肇祸者》

**李自成第 3 次围困开封的起始时间历史记载得非常精确**

关于李自成的农民起义军第 3 次围困开封城的起始时间，诸书和诸文说法竟然不同。如：《开封之战》一文说：

"五月，李自成、罗汝才再次联兵三攻开封……"（载 www. unitedcn. com，作者不详）。

《崇祯帝——朱由检年谱》也说：

"五月，李自成部三围开封。"（见 www. guoxue. com，但也不详作者。）

姚雪垠的长篇小说《李自成》更具体地说：

"从五月初二日李自成的部队到达开封城外……"（见《李自成》第 3 卷第 54 章。）姚雪垠此书虽属小说，但并不同于一般的"小说家言"，作者曾对同李自成相关的史实详加考证。但其所谓"五月初二日"，并不正确。

其他还有说是 5 月 25 日开始围城的。

所有这些"五月说"都不是将阴历换算为阳历的结果。

李自成第 3 次开始围困开封的具体而准确的时间是明崇祯十五年夏四月癸亥。而当年的"夏四月癸亥"，是阴历四月二十四日，也就是公元 1642 年 5 月 22 日——既非某些文章所说的 5 月 25 日，也非姚雪垠先生所说的"五月初二日"。

关于这点，所有的"五月说"，除非特别注明是阳历，都是不正确的。《明史》的记载都是"四月说"。如：

《明史》卷二七三《列传》第一六一"左良玉传"说："十五年四月，自成复围开封。"

卷一一六《列传》第四《诸王》记载："其年四月，自成再围汴。"

卷二六〇《列传》第一四八"丁启睿传"说："四月，自成合群贼复攻开封。"

卷二六七《列传》第一五五"高名衡传"更说："（李自成军）十五年四月复至开封，围而不攻，欲坐困之。"

所有这些记载，应不可能是出自一人之手笔，也不大可能只有一个原始的资料来源。是故，足见李自成三围开封的起始时间，"四月说"是符合历史真实的。

但是更准确的记载，则应依据《明史》卷二十四《庄烈帝本纪二》的记载："夏四月癸亥，李自成复围开封。"

月和日都记载得明确无误。这是根据明朝官方当时纪录的档案，故应该相当可靠，几乎不可能发生日期的错误。现在撰文，可有两种选择：一是沿袭历史成说：李自成四月开始第3次围困开封；一是明确指出阳历5月22日复围开封。

笼统的"五月说"会误导读者。

此事虽是历史的小事末节一桩，本不值得斤斤计较，但既然历史文献记载是如此的明确，为什么不使用准确说法而让它模糊或错误？！

# 附录2：

# 征引书目和文目

说明：

* 本书文章各有专论主题，所征引之图书和文章各有相对范围。
* 为参阅和查找方便，兹分篇辑录书目和文目。
* 目录以第1次被征引的先后排序，被多次征引者不再重复列举。

## 第一篇　《郎世宁和官苑珐琅彩关系之真相考论——郎世宁未经考论过的一项艺术贡献》

《养心殿造办处各作承做活计清档》，现藏北京南池子皇史宬。

《郎世宁传考略》，石田干支助（いしだ　みきのすけ，1891——1974）著，贺昌群译，载《国立北平图书馆馆刊》第7卷，1933年第3、4号合刊。

《养心殿造办处史料辑览·第一辑·雍正朝》，朱家溍辑录，紫禁城出版社2003年8月版。

《清代画珐琅器制造考》，朱家溍著，载《故宫博物院院刊》1982年第2期。直接依据《名家谈鉴定》一书，紫禁城出版社1995年7月第1版。

《清朝皇帝和西洋传教士》，林莉娜著，载《故宫文物月刊》2002年第8期，总236期。

《康熙、雍正、乾隆朝瓷胎画珐琅历史档案资料》，萱草园主人辑录，载萱草园官窑瓷器网站 www.xuancaoyuan.com/GuanYao/Qing/FaLangCa... 111K 2006—4—27。

《郎世宁年谱》，鞠德源著，载《故宫博物院院刊》纪念郎世宁诞生三百周年特辑，1988年2月号。并鞠德源网站之 www.jdyhome.com/yieshu/yieshu.asp。

《怡亲王允祥及年表》，萱草园主人辑录，载 www.xuancaoyuan.com/images/l_lan003.gif。

《实战派瓷器鉴定专家毛晓沪谈瓷器造假》，载"人民网"2006年8月17日。

《清史稿》卷十三《高宗本纪四》。

《清史稿》卷五〇四《列传》二九一《艺术三》。

《乾隆皇帝的文化大业》，载《故宫文物月刊》第 20 卷第 8 期，第 27 页，2002 年 8 月。

## 第二篇　《关于珐琅彩瓷十二个历史问题的考论》

《明清瓷器鉴定·清代部分》，耿宝昌，学苑文化事业出版社版（未署出版年月）。

《珐琅彩粉彩概论》，作者为叶佩兰、蔡毅，收入《故宫博物院藏文物珍品大系》之《珐琅彩·粉彩》卷，叶佩兰主编，上海科技出版社、商务印书馆（香港）1999 年第 1 版。

《清朝皇帝与西洋传教士》，林莉娜著，载《故宫文物月刊》第 20 卷第 8 期（2002 年 11 月号）。

《怡亲王允祥及年表》，萱草园主人辑录，载 www.xuancaoyuan.com/images/l_lan003.gif。

《鼎盛时期的雍正珐琅彩瓷》，王建华著，载《艺术市场》2006 年第 7 期。

《康熙、雍正、乾隆朝瓷胎画珐琅历史档案资料》，萱草园主人辑录，载于 www.xuancaoyuan.com/images/l_lan003.gif。

《中国陶瓷》，冯先铭著，上海古籍出版社，1994 年 11 月第 1 版。

《古月轩瓷考》上卷，杨啸谷著。

《瓷器概论·珐琅彩瓷》，郭葆昌著。

《铜掐丝珐琅和铜胎画珐琅》，朱家溍著，刊《文物》1960 年第 1 期。

《清代画珐琅器制造考》，朱家溍著，载《故宫文物月刊》1982 年第 3 期。

《明清瓷器鉴定·明代部分》，耿宝昌著，中华书局（香港）有限公司 1984 年 9 月初版，1992 年 2 月重印本。

《清代宫廷珐琅彩瓷》，王健华著，载《艺术市场》2006 年第 9 期。又载 www.cangnet.com/html/200609/2006090615482...11K 2006—9—6 等。

《珐琅彩和古月轩》，叶佩兰著，载《收藏家》1995 年第 12 期。

《唐英年表及其时官窑制作历史档案资料》，萱草园主人辑录，载于萱草园网站 www.xuancaoyuan.com/GuanYao/Qing/TangYing/index2.html。

《绝世瑰宝珐琅彩瓷》，吕成龙著，载《文物天地》2005 年第 12 期。据 www.jdzmc.com/jdztc/Article/...5095.html 29K 2006—3—22 网页本。

《乾隆珐琅彩瓷的断代和鉴定》（下），萱草园主人，载《艺术市场》2005 年第 3 期。

《清会典事例》卷八七五《工部·物财·琉璃厂》。

《南涧文集（上）·琉璃厂书肆记》，李文藻撰。

《乾隆珐琅彩瓷的断代及鉴定（上篇）》，萱草园主人著，载《艺术市场》2005年第2期。其定稿本改名为《乾隆前期珐琅彩瓷及其相关若干问题》，载萱草园官窑瓷器网站 www.xuancaoyuan.com/images/l_lan002.gif。

《圆明园欧式庭院》，圆明园管理处编印，1998年9月。书名中的"庭院"一词，似当作"廷苑"。

《中国古陶瓷图典》，文物出版社1998年1月第1版。

## 第三篇和第四篇　《"古月轩之谜"考论和破解（上、下）》

《匋（陶）雅》卷上，寂园叟陈浏。

《珐琅彩和古月轩》，叶佩兰著，载《收藏家》1995年第4期。

《明清瓷器鉴定·清代部分》，耿宝昌著，学苑文化事业出版社（未署出版年月）。

《故宫专家夏更起谈鼻烟壶的历史与价值》，马继东撰，刊载于《艺术市场》2004年第5期。此文在网路上转帖甚多。引文据 blog.artron.net/？action/viewspace/itemid/7812 — 32k 和 ssyczz.com/0405.htm—34k。

《汉书》卷九十四，《匈奴传》。

《魏书》《列传》卷九十一"高车传"。

《史记》卷一〇《孝文本纪》。

《晋书·苻坚载记下》（《载记》第十四），唐房玄龄撰。按：《苻坚载记》，《中华大字典》（1963年版）误为《苻健载记》，见第6册第36页。

《全唐诗》卷二十九《杂歌谣辞》。

《全唐诗》卷一六七李白《永王东巡歌》。

《谶言》上篇，清陆圻撰。

《马前课》第9课，《马前课》为民国初年无名氏托名诸葛亮撰。

《说文解字》，东汉许慎撰。

《抱朴子·外篇》卷三十二《尚博》，晋葛洪撰。

《全唐诗》卷一七九李白《七古·把酒问月》。

《郎世宁传考略》，石田干之助（いしだ みきのすけ，1891—1974）著，贺昌群译，载《国立北平图书馆馆刊》第7卷，第3、4号合刊。

《清史稿》卷五〇二，列传二八九《艺术一》。

《陶瓷述古》，霍华所著，上海文化出版社，1995年1月版。

《经籍纂诂》卷八十九，清阮元主编。

《古月轩瓷考》，杨啸谷著。

《泾县古代著述一览表》，载 xc88.ik8.com/wszl/jx_zhuzuo.htm – 39k – Supplemental Result。

《历代名人室名别号词典》，池秀云编撰，山西古籍出版社，1998年1月版。

《清稗类钞·鉴赏二·曹君直藏唐镜》，徐柯（字仲可）编。

《饮流斋说辞·说款识第六》，许之衡撰。

《辞源续编》，商务印书馆1931年版之"古月轩"词条下。

《清史稿》卷一一八，《职官志五》。

《历史上的郎世宁》，"京报网"，据 www.bj.xinhuanet.com/bjpd_sdwm/2006—11/30/content_8662597.htm。

《郎世宁年谱》，鞠德源著，载北京《故宫博物院院刊》纪念郎世宁诞生三百周年特辑，即1988年2月号。据鞠德源网站之 www.jdyhome.com/yieshu/yieshu.asp。

《"宫廷画师郎世宁"引发争议》，孙玉洁著，载新华网，引文据 www.artcns.com/html/200606/3236.html。

《宫廷画师郎世宁是老北京》，《法制日报》"本报编辑"（一作"徐莉"），引文据《法制网》www.fawan.com/articleview/2006—6—20/article_view_20966.htm。

《清朝皇帝和西洋传教士》，林莉娜著，载《故宫文物月刊》2002年第236期，第58页。

《圆明园系列丛书·圆明园欧式建筑》，圆明园管理处编印。

《康熙、雍正、乾隆朝瓷胎画珐琅历史档案资料》，萱草园主人辑录，载萱草园网站，引文据 www.xuancaoyuan.com/images/l_lan003.gif。

《圆明园西洋楼简介》，《圆明园系列丛书·圆明园欧式建筑》一书之序言，圆明园管理处编印。

《圆明园史介绍》，此文为"圆明园遗址公园"网站文章：www.yuanmingyuanpark.com/zy/ymysjs.htm

《圆明园大事年表》，此文亦为为"圆明园遗址公园"网站文章：www.yuanmingyuanpark.com.cn/zy/dashiji—0.htm。

《追寻失落的圆明园·导言》，汪荣祖著。此书原为英文版《A Paradise Lost: The Imperial Garden Yuanming Yuan》，夏威夷大学出版社 University of Hawaii Press，2001年出版。《追寻失落的圆明园》的中文版译者为锺志恒先生。简体字版为江苏教育出版社出版。中文译文经过原作者通读和修订。

《长春园的扩充·长春园的兴建》，《追寻失落的圆明园》第1部《建筑》第3章。

《古玩指南全编》，赵汝珍编著，北京出版社，1992年11月版。

《鼻烟壶》，未署作者姓名，注明来源为CCTV（中央电视台）。此文网上流传甚广。引文据新华网版本：news. xinhuanet. com/collection/ 2003—05/19/content_ 875127. htm。

《史记·秦始皇本纪》。

《搜神记》，晋干宝著。

《白雪歌送武判官归京》，唐岑参著。

《从利玛窦开始传入我国的西方科学》，顾保鹄著，可见 archive. hsscol. org. hk/Archive/periodical/ct/CT055a. doc — Supplemental Result。

《中国历代陶瓷鉴赏（精华版）》下卷之《清代陶瓷·雍正官窑的各式名瓷》，刘良佑著，尚亚美术出版社，1993（？）年版。

## 第五篇　《康熙五彩花卉图对盆鉴定手段和鉴赏美学》

《五彩·斗彩》，王莉英主编，《故宫博物院藏文物珍品大系》之一，上海科技出版社 商务印书馆（香港）有限公司，1999年9月版。

《明清瓷器鉴定·清代部分》，耿宝昌著，学苑文化事业出版社，未发现出版年月。

《南京博物院珍藏系列·清宫瓷器》，徐湖平主编，上海古籍出版社，1998年12月版。

《中国历代陶瓷鉴赏》（精华版）之22《清代早期的官窑》一章，刘良佑著，尚亚美术出版社，1993（？）年版。

《珐琅彩·粉彩》，叶佩兰主编，《故宫博物院藏文物珍品大系》之一，上海科技出版社 商务印书馆（香港）有限公司，1999年9月版。

《明清瓷器文饰鉴定——荷莲牡丹卷》，铁源主编，华龄出版社，2002年4月版。

《青花釉里红》下卷，耿宝昌主编，《故宫博物院藏文物大系》之一，上海科技出版社 商务印书馆（香港）有限公司，1999年9月版。

《恽寿平书画及其鉴识》，潘深亮著，载《收藏家》2003年第3期。

《中国美术家辞典》修订本，俞建华编，上海人民美术出版社，1992年第五次印刷本。

《春风堂随笔》，明陆深著。

《中国陶瓷》，冯先铭主编，上海古籍出版社1994年11月第1版。

《景德镇陶录》，清乾隆时人蓝浦撰，是中国陶瓷史上的一部重要专著。共10卷。但其中第一、第十两卷为郑廷桂在嘉庆时期补辑而成。

《中国古陶瓷的科学》，张福康著，上海人民美术出版社，2000年9月版。

《Chinese Ceramics and Works of art, Including Export Art》# 88, 12 July

2005, Christie's, London, King Street。（2005 年 7 月 12 日，伦敦克瑞斯蒂拍卖公司。）

《F. Gordon Morrill Collection/Chinese & Chinese Export Porcelain》# 74, Sep 16 2003, Doyle, New York。2003 年 9 月 16 日，纽约朵尔拍卖公司。

《格古日记》2005 年 7 月 14 日，裴光辉著，2005 年 7 月 14 日。www. pghwwjd. com/ge—gu—riji29. htm。

## 第六篇　《"余园珍藏"款和曹雪芹父祖操办官廷瓷器考论》

《陶庵梦忆·于园》，明张岱（1597—1679）著。
《扬州画舫录》卷二，清李斗著。
《红楼梦考证》，胡适著。
《华夏之旅——北京之最》，载 www. ccnt. con. cn。
《阮元和"京邸小园杂诗册页"》，孙学峰著，载 blog. sina. com. cn/sunxuefeng123163。
《古桂飘香满余园》，沈润章著，载 www. pudongmedia. cn。
《民国时期益阳城区一座特别风格的老建筑——余园》，原乡山人著，载 bbs. rednet. cn。
《扬州画舫录》卷十三，清李斗著。
《战国策·魏策四》。
《史记》卷九十一《黥布列传》。
《汉书》卷四十三《郦食其列传》。
《哀盐船文》，清汪中著，编入《四部丛刊》本《述学·补遗》。此处依据 www. iwangs. com/bbs/read. php？tid。
《以书法名世的曹寅》，周喻著，载香港《文汇报》，2006 年 8 月 4 日。引文直接依据该报之网页：paper. wenweipo. com/2006/08/04/OT0608040007. htm
《仪征县志·盐漕志》，清胡崇伦等修于康熙七年（1668），据 www. ourjg. com/bbs/dispbbs. asp？boardID = 22&ID。
《仪征县志·河渠志》，清道光时王心检、刘文淇等所修，据 www. ourjg. com/bbs/dispbbs. asp？boardID = 22&ID。
《奏报熊赐履病故折》，曹寅，康熙四十八年九月。
《圣驾五幸江南恭录》，原载于《振绮堂丛书》，顾颉刚转告胡适，此据胡适《红楼梦考证》（改订稿）二。
《集余园看梅/同人限字赋诗/追忆昔游/有感而作》，曹寅。
《四库全书》之《总目提要·别集类·存目》。胡适《红楼梦考证》（修订版）二。

《上元江宁两县志》，顾颉刚转告胡适，胡适《红楼梦考证》（修订版）二。

《红楼梦新证》第7章《史事稽年》《一六九九年，康熙三十八年，己卯》，周汝昌著。红学网站网页 www.hongxue.org/book/chapter.asp? btypeid=69&id。

《铜掐丝珐琅和铜胎画珐琅》，朱家溍著，原载《文物》1960年第1期。据紫禁城出版社《名家谈鉴定》一书，1995年7月第1版。

《清代画珐琅制造考》，原载《故宫博物院院刊》1982年第3期。据紫禁城出版社《名家谈鉴定》一书，1995年7月第1版。

"台北故宫博物院关于康熙皇帝给曹頫的一个朱批的标点和按语"（此标题为本文作者所加），载台北故宫博物院网页：www.npm.gov.tw/exh93/understood9310/05.htm。

《在园杂志》卷四，清刘廷玑著。

《窑器说》，清程哲著。

《江宁织造进物单》，自萱草园网站：www.xuancaoyuan.com/GuanYao/Qing/TangYing... 50K 2006—9—3。

《后汉书》卷七十二《董卓列传》。

《竹月堂珍藏鉴赏——元明清颜色釉瓷器》，吕成龙著，载《收藏家》2005年第7期。

《清史稿·圣祖本纪三》。

《明清瓷器鉴定·清代部分》，耿宝昌著，学院文化事业出版社本（未署出版年月）。

《中国古代瓷器鉴赏辞典》，余继明、杨寅宗编，新华出版社1992年3月版。

《葬花词》，见曹雪芹《红楼梦》第27回《滴翠亭杨妃戏彩蝶　埋香冢飞燕泣残红》。

《五彩·斗彩》，王莉英主编，《故宫博物院藏文物珍品大系》之一，上海科技出版社 商务印书馆（香港）有限公司，1999年9月版。

《南京博物院珍藏系列·清宫瓷器》，徐湖平主编，上海古籍出版社，1998年12月版。

《清顺治康熙朝青花瓷》，陈润民主编，紫禁城出版社2005年1月版。

《明清小说外围论》之六《作家论》第13《论红楼梦的江南情结》，于平著，这一节网上流传甚广。据《国学网站》网页：www.guoxue.com/study/mingqing/content/mqStorywwl—6—1.htm。

《〈红楼梦〉中扬州情节作用析》，潘宝明著，原载《扬州大学学报（人文社会科学版）》2005年第4期，据 www.wanfangdata.com.cn。

# 第七篇　《刘一燝款牙雕金佛和明末那段暗无天日的历史》

《明史》卷二一八《本纪》第二十一《神宗二》。
《明史》卷二一九《本纪》第二十二《熹宗》。
《李自成》第三卷第55、56、57章，姚雪垠著。
《历史灾害》之第3节《黄河洪水灾害》，作者不详，载 www.hh—sb-jc.com/hhgk/lszh.htm。
《天灾还是人祸？》，徐平著，载《南方周末》2002年12月12日。
《开封城墙——李自成三打开封》系列之三《黄河之水沉开封》，原作者不详，载于 www.zhengzhou.org.cn，2004年9月2日。
《本草纲目》卷五十一《兽部二·象》，明李时珍著。
《明史·舆服志三》。
《明史·舆服志四》。
《中药药性歌诀》第二二二。
《明史·外国列传五》"占城传"。
《金石琐碎》，清谢堃著。
《佛本行集经》卷九。
《中国美术全集》电子版《工艺美术·竹木牙角器》卷。
《中国古代工艺珍品》，朱家溍、曹者祉主编，上海文化出版社1997年11月版。
《中国文物精华大辞典》4卷本，国家文物局主编，上海辞书出版社、商务印书馆（香港）1996年1月出版。
《中国文物定级图典·一级品》上、下卷本，马自树主编，上海辞书出版社1999年12月出版。
《中国竹木牙角图鉴》，余继明编著，浙江大学出版社2003年6月版。
《蹴鞠纹牙雕笔筒》，刘秉果著，载2004年4月30日上海《新民晚报》。
《明史》卷二四〇《列传》第一二八"刘一燝传"。
《明史》卷三〇五《列传》第一九三《宦官二》"魏忠贤传"。
《元代牙雕作品赏析》，浙江摄影出版社，《古玩鉴赏百日通》丛书之一。
《明史》卷二一八《列传》第一六〇"方从哲传"。
《明史》卷二四四《列传》第一三二"杨涟传"。
《明史》卷二四五《列传》第一三三"缪昌期传"。
《明史》卷二十四《本纪·庄烈帝二》。
《明史》卷二六二《列传》第一五〇"孙传庭传"

《明史》卷二四六《列传》第一三四"江秉谦传"。

《明史》卷二五九《列传》第一四七"熊廷弼传"。

《明史》二九三《列传》第一八一《忠义五》"张维世传"。

《明史》二四五《列传》第一三三"万燝传"。

《明史》卷二六七《列传》第一五五"高名衡传"。

《明史·五行志一》。

《明史·天文志三》。

《灾害与社会研究刍议》，邹逸麟著，载 2000 年第 6 期《复旦学报·社科版》。

《明史》卷二七二《列传》第六〇。

《明史》卷三一九《列传》第一九七。

《开封城下七座古城"叠罗汉"》，新华社 2000 年 7 月 3 日电。

《中国最早玉器出自岫岩》，徐贵权、朱玉龙著，《鞍山日报》2004 年 7 月 31 日。

《Fine Chinese Ceramics & Works of Art including Jades from the Fine Arts Museums of San Franciso》，19 March，2009，New York。（《中国陶瓷艺术精品：来自圣弗兰西叟的艺术精品博物馆》，2009 年 3 月 19 日，纽约）。

《The Evolution of the Buddha Image》，Asia House，New York，and illustrated in the Catalogue，（《佛陀形象之演化》，亚洲之家，纽约，展览目录。）

《Chinese Art: The Minor Arts II》，New York，1965（《中国艺术中的小型艺术 II》，纽约，1965 年版），Soame Jenyn's & William Watson（叟姆·杰宁和威廉姆·华特森合著）。

《Chinese Buddhist Sculpture in a New Light at the Freer Gallery of Art》，Orientations，，April 2002，J. Stuart & Chang Qing（《佛瑞尔艺术馆藏透露中国佛教艺术之光》，东方出版社，2002 年 4 月，斯提瓦和张清合著）。

《宋史》卷三四八《列传》第一〇七"沈畸传附萧服传"。

## 第八篇　《谁是崇祯十五年决河灌城造成开封大劫难的肇祸者》

《李自成》，姚雪垠著，第 3 卷第 54 章。

《开封之战》，不详作者，载 www.unitedcn.com。

《崇祯帝——朱由检年谱》，作者不详，载 www.guoxue.com。

《明史》卷二七三《列传》第一六一"左良玉传"。

《明史》卷二六〇《列传》第一四八"丁启睿传"。

《明史》卷二六七《列传》第一五五"高名衡传"。

《明史》卷二十四《庄烈帝本纪二》。

《明史》卷二六二《列传》第一五〇"孙传庭传"。

《明史》卷三〇九《列传》第一九七"李自成传"。

《明史·五行志一》。

《明史·地理志三》。

《明史》卷二六〇《列传》第一四八"丁启睿传"

《明史》卷一一六《列传》第四《诸王》"周王传"。

《明史》卷二六七《列传》第一五五"王汉传"。

《明史》卷八〇《志》第六〇《河渠二》。

《明史》卷二七六《列传》第一六四"张国维传"。

《河南开封犹太人的故事》，佚名，载《华夏文摘》，www.archives.cnd.org/HXWK/author/YI—Ming/kd001226—3.gb.html。

《历史上的开封犹太聚落漫谈》，邱永君著，载中国民族学会网站，www.3miao.com/ces/article/dikaifengyoutai.htm。

《天灾还是人祸？》，徐平著，载《南方周末》2002年12月12日。

《明末农民战争史》，顾诚（1934—2002）著，中国社会科学出版社1984年10月出版。

《李自成》第3卷，姚雪垠著，第55章至第60章。

《开封城下七座古城"叠罗汉"》，新华社北京2000年7月3日专电。

《花园口决堤内幕》，作者和出处不详，从2004年起网上流传极广。

《伪造历史是左棍们的惯用伎俩——读〈饿死3000万是不存在的〉有感》，作者署名：雅科夫·伊万诺维奇·布尔什维科夫。该文载www.boxun.com/freethinking/freetxt/wenge/wg049.txt。

《历史灾害》，作者不详，载www.hh—sbjc.com/hhgk/lszh.htm。

《新见"守汴日志"具有很高的史料价值》，殷罡著，载1998年11月15日《北京青年报》。

《犹太李姓》，载2004年10月30日www.prc.net.cn网页。

《开封城墙》系列文章《李自成三打开封》之第3篇《黄河之水沉开封》，载《中国·郑州》网页www.zhengzhou.org.cn，2004年9月2日，作者未详。

《李自成》一文，2001年10月22日，载www.hebei.com.cn网页，作者不详。此文一经发表，很快被至少15个网站转载。

《书·尧典》："方命圮族"，孔传。

《东轩记》，宋苏轼著。

## 第九篇 《康熙墨地三彩 辉煌一个时代——兼论墨地墨彩之工艺美学等学术问题》

《Chinese Ceramics and Works of art, Including Export Art》# 88，12 July 2005，Christi's，London，King Street。（2005 年 7 月 12 日，伦敦克瑞斯蒂）

《F. Gordon Morrill Collection/Chinese & Chinese Export Porcelain》# 74，Sep 16 2003，Doyle，New York。（2003 年 9 月 16 日，纽约朵尔。）

《A Magnificent Guyuexuan Vase》，《Fine Chinese Ceramics and Works of Art》# 188 23 October 2005，Sotheby's Hong Kong。（2005 年 10 月 23 日，香港索斯比）。

《Imperial Chinese Ceramics From The Robert Chang Collection—Jade Shears And Shimmering Feathers》#1309，28 November 2006，Christi's，Hong Kong。（2006 年 11 月 28 日，香港佳士得）。

《古玩指南》之《瓷器的评价》，赵汝珍编著，该书 1942 年 9 月初版，本书依据 1992 年 11 月北京出版社重印第 1 版。

《钧窑花器 历朝宝爱》，郑又嘉著，原载《典藏·古美术》，据 magazine.jingp.com/historic/25689.html 网页。

《鸡缸杯的真实价值》，杨静荣著，网上转贴广泛，据中华博物网 www.gg—art.com/talk/index.php? termid 。

《万历野获编》卷二十四《庙市日期》，明沈德符（1578—1642）著。

《匋雅》卷上，陈浏著。

《饮流斋说瓷》卷上《说彩色》，许之衡著。

《伟大的艺术传统图录》，郑振铎（1898—1958），中国古典艺术出版社，未见版权页。

《中国陶瓷》，冯先铭著，上海古籍出版社 1995 年 6 月版，

《明清瓷器鉴定（清代部分）》，耿宝昌著，学苑文化事业出版社，未署出版年月。

《中国景德镇艺术陶瓷精品鉴赏》，人民日报出版社出版，1996 年 6 月第 1 版。

《瓷器辨伪举例》，孙瀛洲著。原载《文物天地》1963 年第 6 期。据《名家谈鉴定》一书收录本，紫禁城出版社 1995 年 7 月第 1 版。

《简明陶瓷词典》，汪庆正著，上海辞书出版社，1992 年 4 月第 1 版第 4 次印刷本。

《中国古陶瓷图典》，冯先铭主编，文物出版社，1998 年 1 月版。

《康熙素三彩》，叶佩兰著，载《收藏家》1994 年第 3 期。

《中国古代瓷器鉴赏辞典》，余继明、杨寅宗主编，新华出版社1992年3月第1版。

《中国古陶瓷的科学》，张福康著，上海人民美术出版社，2000年9月第1版。

《明清瓷器鉴定·明代部分》，耿宝昌著，中华书局（香港）有限公司1984年9月第1版92年2月重印本。

《故宫博物院文物珍品大系·珐琅彩·粉彩·导言》，上海科技出版社、香港商务印书馆1999年9月第1版。

《瓷器的釉色》，原作者不详，见www.artwork.com.cn/xrhy/shc/cq/004.asp。

《纽约朵尔拍卖，一鸣惊人》，潘晴著，载《典藏》2002年第9期。

《礼记·大学》。

《论语·述而》和《论语·先进》。

## 第十篇 《广彩：学术探讨和实物新证》

《"广彩瓷器精品展"今日开幕》，作者未详，文载广东网2001年12月29日www.gdtzzs.gov.cn/front/displayGdTodayDetail.jsp？id=2273&titlecon=1。

《广彩瓷器》，冯素阁著，文物出版社，2004年出版。

《广州彩瓷面临失传危机》，新华网广东频道，2004年3月1日。见www.gd.xinhuanet.com 2004—03/01。

《古窑考·广窑》，《景德镇陶录》卷七，清蓝浦著。

《仿古各釉色·广窑釉》，《景德镇陶录》卷三，清蓝浦著。

《匋雅》卷下，陈浏著。

《广窑（附广彩）第六》，《竹园陶说》，刘子芬著。

《明清瓷器鉴定·清代部分》，耿宝昌著，学苑文化事业出版社（未署出版年月）。

《中国古代瓷器鉴赏词典》，余继明、杨寅宗主编，新华出版社，1992年3月版。

《简明陶瓷词典》，汪庆正编，上海辞书出版社，1992年4月第1版第4次印刷本。

《清代瓷器赏鉴》，钱振宗主编，香港中华书局和上海科技出版社1994年香港版。

《中国瓷器迷老外，清代初期的出口瓷》，蔡国声著，原载《新民晚报》2003年6月25日，见big5.xinhuanet.com2003—6/25。

《中国古陶瓷图典》，冯先铭主编，《中国古陶瓷图典》编辑委员会编，文物出版社 1998 年版。

《明清瓷器》，未详作者，载 www.tourernet.com。

《广瓷简介》，见 www.863ok.com。

《浅说广彩瓷器》，冯素阁著，2005 年 8 月 26 日。据 www.gg—art.com/hundred/viewNews.php? newsi。

《清史稿》，卷 246《列传》第 33 "谭泰传"。

《荷兰东印度公司与中国明清瓷器》，冯先铭著，收入《古陶瓷鉴真》，北京燕山出版社 1998 年 4 月印刷本。

《乾隆官窑中的罗汉图》，萱草园主人著，载于 XUANCAOYUAN.COM 网站 2003 年 6 月 27 日网页。

《广彩》，李广琪著，载《中华古玩》2003 年第 4 期。

《郎世宁年谱》，鞠德源著，载 www.jdyhome.com/yieshu/yieshu.asp。

《养心殿造办处各作承做活计清档》。

《康熙珐琅彩瓷》，作者不详，见 jiyvonnemaomao.spaces.live.com/ — 322k。

《康熙、雍正、乾隆朝瓷胎画珐琅历史档案资料》，萱草园主人著，载萱草园网站，见 www.xuancaoyuan.com/GuanYao/Qing/FaLangCai/ZiLiao/NianBiao.html。

《中国陶瓷》，冯先铭著，上海古籍出版社，1995 年 6 月印刷本。

《珐琅彩粉彩概论》，《故宫博物院文物大系》之《珐琅彩·粉彩》卷《道言》，叶佩兰、蔡毅著，上海科技出版社、商务印书馆 1999 年 9 月本。

## 第十一篇　《否定辽太平二年款观音造像的理由不能成立》

《辽太平二年观世音金铜像》，李静杰、胡国强著，载《收藏家》1996 年第 4 期（总第 18 期）。

《几尊可疑的辽代款佛像》，金申著，载《收藏家》1997 年第 2 期（总第 22 期）。

《散见于朝鲜的中国年款佛教遗物》，金申著，载《收藏家》2000 年第 10 期。

《千年佛教史》，季崇建著，艺术图书公司，1997 年 7 月初版本。

《东亚的形态世界（东アジアの形态世界）》之《佛像雕刻》第 20 节《观音像》，青柳正规和西野嘉章合编，东京大学总和资料馆（The University Museum, the University of Tokyo），1996 年版。

《海外遗珍·佛像雕刻 CHINESE ART IN OVERSEAS COLLECTIONS · BUDDHIST SCULPTURE》台北"故宫博物院"1886 年 9 月版。

《中国金铜佛像》，蔡志忠著，艺术家出版社1997年9月版。
《故宫博物院50年入藏文物精品集》，紫禁城出版社1999年9月版。
《远东·汉语大辞典》，徐中舒主编，美国国际出版公司，New York，1991年9月版。
《正字通》，明末张自烈撰。
《斋琬文》，现藏法国国家书馆，统一编号为P. 2940。定名为《斋琬文一卷并序》。
《佛教美术全集八·观想佛像》，徐政夫编著，艺术家出版社，1998年10月版。
《中国地域文化大系·草原文化·游牧民族的广阔生活》，赵芳志主编，商务印书馆（香港）有限公司，1996年3月版。
《辽史》卷十五《圣宗本纪一》。
《辽史》卷四十一《地理志五》。
《辽史》卷四十九《礼志一》。
《辽史》卷十七《圣宗本纪八》。
《辽史》卷十三《圣宗本纪四》。
《辽史》卷十六《圣宗本纪七》。
《辽史》卷八《景宗本纪上》。
《魏书》卷一一四《释老志》。
《中国历代纪年佛像图典》，金申编著，文物出版社1995年2月第1版第2次印刷本。

# 第十二篇　《辽王朝的历史排序和辽代造像风格驳议》

《契丹国志》，旧题南宋叶隆礼撰。
《谈辽代造像的一种样式》，金申著，据《美术研究》1991年第2期。
《辽史》卷一《太祖本纪上》。
《宋史》卷一《太祖本纪》。
《资治通鉴》卷二六六"开平元年"。
《洛阳伽蓝记》，北魏杨衒之（亦作羊衒之）撰。
《新唐书》卷十《哀帝本纪》。
《旧五代史》卷三《太祖纪三》。
《新五代史》卷二《梁本纪二》。
《辽史》卷二《太祖本纪下》。
《中国通史》，白寿彝主编。第7卷《中古时代·五代辽宋夏金时期（下册）》之《丁编 传记·第 14 章 辽太祖 述律后·第 1 节 耶律阿保机》。

《辽史》卷十四《圣宗本纪五》。

《宋史》卷六《真宗本纪一》。

《辽史》卷三十七《地理志一》。

《中国历史地图集》，谭其骧主编。第 5 册《隋唐五代十国》和第 6 册《宋辽金》。

《契丹古代史论稿》，于保林著，黄山书社 1998 年 10 月版。

《草原文化》，赵芳志主编，商务印书馆（香港）有限公司 1996 年 3 月出版。

《辽史》卷三十二《营卫志中·部族上》。

《巴林右旗志》，转自《契丹古代史论稿》。

《散见于朝鲜的中国年款佛教遗物》，金申著，载《收藏家》2000 年第 10 期。

《罕见辽代鎏金铜观音佛像惊现沈城》，傅志新著，2007 年 5 月 8 日，载雅昌艺术网 person. artron. net 2007 年 5 月 14 日。

《几尊可疑的辽代款佛像》，金申著，载《收藏家》1996 年第 2 期。

《列子·说符》。

《辽史》卷三《本纪·太宗上》。

《辽史》卷七十二《列传》第二《宗室中》之"义宗倍"本传。

《辽史》卷四十九《志》第十八《礼志一》之"拜山仪"。

《辽史》卷六十五《表》第三《公主表》。

《辽史》卷七《列传》第一《后妃中》的"道宗宣懿皇后萧氏"本传。

《辽代铜佛》，陈振微、张国俊著，辽宁画报出版社 2002 年 11 月版。

《辽史》卷六十二《刑法志下》。

《辽史》卷八十九《列传》第十九之"耶律庶成传"。

《蓟县独乐寺观音阁山门考》，梁思成著，原载《中国营造学社汇刊》1932 年第 3 卷第 2 期。现收入《梁思成全集》（9 卷本）第 1 卷，中国建筑工业出版社 2001 年 4 月第 1 版。据"筑意网"：bbs. chinazhuyi. com/dispbbs. asp? boardid =48。

## 第十三篇 《"仿碧玉雕"园林图景乾隆天球瓶——兼论"捡漏"及鉴赏、鉴别诸法之利弊》

《徐世平赋予古画新生命》，曾慧燕著，载美国《世界周刊（Chinese Daily News)》，2007 年 3 月 18 日。

《问疑青花"鬼谷出山"故事纹大罐》，裴光辉著，载《文物天地》2007 年第 11 期。

《明清瓷器真赝对比鉴定》，程庸编著，上海古籍出版社 2002 年 9 月，第 1 版第 2 次印刷本。

《Chinese Ceramics and Works of art, Including Export Art》# 88，12 July 2005，Christie's, London, King Street。2005 年 7 月 12 日，伦敦克瑞斯蒂。

《F. Gordon Morrill Collection/Chinese & Chinese Export Porcelain》# 74，Sep 16 2003, Doyle, New York。2003 年 9 月 16 日，纽约朵尔。

《纽约朵尔拍卖，一鸣惊人》，潘晴著，载《典藏》2003 年第 11 期。

《中国文物珍品图说》，"中华民国二十四年四月伦敦中国艺术国际展览会筹备委员会"编印。

《瓷器辨伪举例》，孙瀛洲著，原载《文物》1963 年第 6 期。据《名家谈鉴定》，紫禁城出版社，1995 年 7 月第 1 版。

《珐琅彩和古月轩》，叶佩兰著，载《收藏家》1995 年第 4 期。

《瓷器概说·珐琅彩瓷》，郭葆昌述，王维周记。

《辞源》修订本"古月轩"条。广东、广西、湖南、河南词源修订组与商务印书馆编辑部编。

《圆明园四十景图》和《圆明园四十景图咏》。

《Treasures of The Forbidden City（国宝）》，Chief Compiler: Zhu Jiajin（朱家溍主编），Published by Viking Press (Penguin Group)，1986。

《古陶瓷鉴真》，冯先铭著，燕山出版社，1996 年 12 月第 1 版。

《明清瓷器鉴定·明代部分》，耿宝昌著，中华书局（香港）有限公司，1984 年 9 月初版，1992 年 2 月重印本。

《天工开物·陶埏·白瓷》，明宋应星著。

《明清瓷器鉴定·清代部分》，耿宝昌著，学苑文化事业出版社（未署出版日期）。

《青花釉里红》卷下，《故宫博物院藏文物大系》之一，耿宝昌主编，上海科技出版社 商务印书馆（香港）有限公司，1999 年 9 月版。

《珐琅彩·粉彩卷》，《故宫博物院藏文物大系》之一，叶佩兰主编，上海科技出版社 商务印书馆（香港）有限公司，1999 年 9 月版。

《元代景德镇青花瓷烧制工艺揭秘》，黄云鹏、黄滨著，连载于《收藏界》2006 年第 12 期，2007 年第 1、2 期。

《中国陶瓷 Chinese Ceramics》，冯先铭著，上海古籍出版社，1994 年 11 月第 1 版，1995 年 6 月第 2 次印刷本。

《老子》第 11 章。

《中国古陶瓷图典》，文物出版社 1998 年 1 月第 1 版。

《近看永乐青花的时代特征》，萱草园主人著，载《艺术市场》2003 年第 12 期。萱草园网站 www. xuancaoyuan. com/GuanYao/Ming/YongLe/QingHua/index. html。

## 第十四篇　《文物鉴赏和鉴定中的美学标准及其意义》

《理想国》第 6、7、8 卷，柏拉图著，郭斌和、张竹明译，商务印书馆 1986 年版。

《柏拉图文艺对话集》中之《大希庇阿斯篇——论美》、《会饮篇——论爱美与哲学修养》、《斐利布斯篇——论美感》，朱光潜译，人民文学出版社 2008 年版。

《老子》，第二章。

《历史文物的美学研究》，王政，载《光明日报》2001 年 4 月 24 日。

《艺术收藏与投资的美学原则》，陈雅民，载《收藏》2006 年第 2 期。

《世说新语·德行》，南朝宋刘义庆著。

《中国陶瓷》，冯先铭主编，上海古籍出版社 1994 年 11 月第 1 版。

《中国古代陶瓷的科学》，张福康著，上海人民美术出版社 2000 年 9 月第 1 版。

《故宫博物院藏文物珍品大系·颜色釉》卷，杨静荣主编，上海科技出版社、商务印书馆（香港）联合出版，1999 年 9 月第 1 版。

《古玩真赝对比系列·明清瓷器真赝对比鉴定》，上海古籍出版社，2002 年 9 月第 1 版。

《明清瓷器鉴定（清代部分)》，耿宝昌著，学苑文化事业出版社（未署出版年月）。

《简明陶瓷词典》，汪庆正主编，上海辞书出版社，1989 年第 1 版。

《中国文物精华大辞典·陶瓷卷》，国家文物局主编，上海辞书出版社 商务印书馆（香港）1995 年 8 月第 1 版。

《中国古代瓷器鉴赏辞典》，余继明、杨寅宗主编，新华出版社 1992 年 3 月第 1 版。

《元明清古瓷标本图示》，马平著，经济日报出版社 2008 年 6 月第 1 版。

《中国古陶瓷图典》，文物出版社 1998 年 1 月第 1 版。

《景德镇出土元明官窑瓷器》，炎黄艺术馆编，文物出版社 1999 年 9 月第 1 版。

《明清颜色釉瓷》，《北京文物鉴赏》编委会编，北京出版社 2005 年 1 月第 1 版。

《宋元明清瓷器真伪鉴别与价值评估》，宁云龙编著，紫禁城出版社 2006 年 6 月第 1 版。

《经籍纂诂》，清阮元编。

## 第十五篇 《珍宝论》

《战国策·齐策四》。

《战国策·秦策五》。

各种英文辞书关于"Treasure"一词的注释。

《Treasure Island》。

《佛本行集经》卷二。

《韩非子》卷四《和氏》。

《Aphrodite, known as the Venus de Milo》（R. M. N. /Arnaudet - J. Schormans）。（《阿夫洛狄特，即米罗的维纳斯》）。此据罗浮宫博物馆馆方网站资料。

《Portrait of Lisa Gherardini, wife of Francesco del Giocondo》（Musée du Louvre/ A. Dequier - M. Bard），（《弗朗西斯科·戴尔·乔孔达之妻、丽莎·盖拉尔迪尼肖像》），此处系依据罗浮宫博物馆馆方网站资料。

《中国文物精华大辞典·青铜卷》，上海辞书和商务印书馆 1995 年 8 月第 1 版。

《中国文物定级图典·一级品上卷》，马自树主编，上海辞书出版社 1999 年 12 月第 1 版。

Zhu Jiajin：《The treasures of Forbidden City》, Zhu Jia Jin（朱家溍：《国宝》）, Viking Penguin Books Inc., New York, U. S. A., 1986。

《史记》，卷八一《廉颇蔺相如列传》。

《Law Code of Hammurabi, king of Babylon》（R. M. N. /H. Lewandowski），载罗浮宫博物馆馆方网站资料。

《A Pollock Is Sold, Possibly for a Record Price》（《一幅波洛克油畫成交，可能創價格紀錄》），载《The New York Times》（《纽约時報》），2006 年 11 月 2 日。

《Chinese Ceramics and Works of art, Including Export Art》, # 88, 12 July, 2005, Christi's, London. （《中国陶瓷和艺术品，包括外贸瓷》，2005 年 7 月 12 日，伦敦克瑞斯蒂）。

周方林：《孙膑故里考证记》，收入《人文自然网·齐鲁先贤》。

《The Shroud of Turin（都灵裹尸布）》，也称米兰裹尸布（Milan Shroud）。依据大量网路资料。

《Sensational £ 43m record for Chinese work of art in Ruislip》，载《Antique Trade Gazette（文物交易报）》，2010 年 11 月 15 日。

# 名词和术词索引

## 第一编

**M**
Matteo Ripa：8

**三画**
大清会典事例：35
广珐琅：53
广彩瓷器：58
马国贤：8
马维祺：50

**四画**
王建华：28
王致诚：24
天主教"东堂"：23
天主教耶稣会：6
五彩珐琅：20，40
太监杜寿：28
太监胡世杰：50，57
日记档：8
中国古陶瓷图典：59
中国陶瓷：30
毛晓沪：19
允祥：33

**五画**
艾启蒙：24
古月轩：22，60
古月轩之谜：6，22
古月轩瓷考：25，36
古月轩彩：29，60
石田干支助（いしだ みきのすけ）：5

叶佩兰和蔡毅：26
外郎金辉：54
冯先铭：30
记事录：28
圣母圣子图：5

**六画**
约瑟佩·盖斯蒂廖内
　　（Giuseppe Castiglione）：4
西洋楼区建筑群：5，15，21，51，55
灰飞烟灭：6
吕成龙：40
年希尧：14，45，47
年羹尧：39
朱家溍：3，47
行文：56
名家谈鉴定：39
米兰（Milano, Milan）：4
远瀛观：56

**七画**
杨啸谷：36
杨琳奏折：9
吴大琦：13
低潮期：30
邹文玉：26
沈源：15
完颜亮：26
宋七格：43
宋三吉：13

名词和术语索引 425

陈忠信：9
驴肝马肺钧窑缸：10

**八画**

奉宸苑卿：22
武英殿露房：30
林莉娜：9
林朝楷：12
画画人：47
画珐琅人：12，47
画珐琅人林朝楷：12
画珐琅艺术家：14
画珐琅系：11
抹红地：28
非宫苑制作的瓷胎画珐琅：41
非宫苑制珐琅彩：60
贤良寺：34
明清瓷器鉴定：25
和硕怡亲王：33
金昆：26
周岳：13
京内造办处各作，着搬挪
　圆明园去：50
怡亲王允祥及年表：12
学院派：19
空白期：30
实战派：19
实战派瓷器鉴定专家毛晓沪
　谈瓷器造假：19
郎中白世秀：54
郎世宁年谱：9
郎世宁传考略：5
郎宁石：22
织金彩瓷：58

**九画**

珐琅处：13
珐琅调色用多尔门油：30
珐琅彩与古月轩：59
珐琅彩粉彩概论：26

《故宫博物院藏文物珍品
　大系》之《珐琅彩·粉彩》：26
胡人：7
胡大有：13
胡僧：7
南涧文集（上）·琉璃厂书肆记：44
柏唐阿：35
柏唐阿：50
胤祥：33
养心殿造办处史料辑览·
　第一辑·雍正朝：4
养心殿造办处各作成造活计清档：4
首领太监吴书：15
首领太监萨木哈：10
总管太监张起麟：10
总管太监张瑞：32 总管太监张瑞：46
宫廷画家：4
宫苑画珐琅：6
宫苑制珐琅彩：60
宫苑制瓷胎画珐琅：41
宫苑珐琅彩瓷：3
宫苑瓷胎画珐琅：5
宫掖苑囿：22
绝世瑰宝珐琅彩瓷：40

**十画**

耿宝昌：25
恶名昭著：6
圆明园来帖：10，12，29，43
圆明园欧式庭院：56
圆明园造办处：18
积非成是：39
爱新觉罗家族全书：33
郭葆昌：36
唐英：41，47
唐岱：15
瓷器概论·珐琅彩瓷：37
海望：10
涩胎：28

课子图：5

**十一画**

培训画珐琅人才：11
乾隆珐琅彩瓷的断代及鉴定（上）：54
乾隆珐琅彩瓷的断代及
　鉴定（上篇）：49
曹寅：37
曹頫：37
铜掐丝珐琅和铜胎画珐琅：37
彩地：28
庶人弗得一窥：38
康熙、雍正、乾隆朝瓷胎画珐琅
　历史档案资料：9，56
断层期：30
清史稿：22
清代画珐琅器制造考：7，37
清会典事例：44
清档：4
清朝皇帝和西洋传教士：9，26

清漪园：26
淮安关：45

**十二画**

萱草园主人：9，47
硬彩：45
鼎盛时期的雍正珐琅彩瓷：28
焦国俞：14
粤海关：54

**十三画**

新编郎世宁小传：21
新编"郎世宁小传"：22
雍邸事务：33

**十四画**

聚瑞图：4，23
磁器法郎：20
谭荣：13

**十七画**

鞠德源：9

# 第二编

**三画**

三朝老臣：119
干：126
工地现场和工程指挥部：121
也里可温：81
马前课：82
马继东：78

**四画**

王致诚：95
王致诚（法文原名 Jean Denis
　Attiret）：95
天之骄子：68
"天之骄子"应是"胡"字的本意：80
天主教东堂：100
天主教耶稣会：81

五彩珐琅：68，70
太监胡世杰：106
历史上的郎世宁：97
历代名人室名别号词典：93
中国历代陶瓷鉴赏（精华版）：127
长春园：68
化外民族：80
从利玛窦开始传入我国的
　西方科学：126
方外之国：80
方济各会：81
水法：95

**五画**

正式建筑的"古月轩"不可能同
　珐琅彩瓷有关联：116

名词和术语索引　427

"去古月轩"：111
"世宁轩"：118
古人不见今时月，古月依
　　旧照今人：123
古月：68
古月之末乱中州：81
古月老人：93
"古月"还是"胡"：118
古月轩：65
古月轩之谜：65
"古月轩之谜"学术史：65
"古月轩"为乾隆皇帝之轩：124
"古月轩"为清朝康熙、雍正、
　　乾隆诸皇帝之轩：124
古月轩主人：76
古月轩诗文存：93
"古月轩"珐琅彩瓷：75
《古月轩瓷考》：125
古月轩瓷考：86，91
古月轩瓷器：67
古月轩款：66
古月轩"款指的就是"乾隆
　　年制"堆料款：76
"古月轩"款器物都应是民间
　　作坊的产物：79
古月轩"器物：75
《古玩指南》：125
石田干之助（いしだ みきのすけ）：84
平安春信图：110
叶佩兰：66
史记》卷十《孝文本纪》：80
史记·秦始皇本纪：126
四夷：80
汉、胡各族常讳用"古月"：80
民国：67
民国初期：67
　　　　六画
西洋式园林建筑群：69

西洋楼：68，69
西洋楼区建筑群：102，113
有"古月轩"款者，都不是
　　真品"古月轩"器物：79
伪科学：72
后金：91
行走：97
《全唐诗》卷二十九《杂歌谣辞》：81
池秀云：93
阮元：88
孙瀛洲：125
远瀛观：102
　　　　七画
杨啸谷：86，125
李白：81
轩：75，116
轩魂还在灰飞烟灭处：87
我大清：115
位高权少，但职务繁重：102
饮流斋说瓷·说款识第六：94
汪荣祖：116
沈源：106
灵感：110
陈忠信：96
陈嘉庚：82
努尔哈赤：91
纵向发展：89
　　　　八画
奉宸苑卿：71
坤舆全图：95
"取古月轩"：111
苻健载记：81
抱朴子：82
"非正式建筑'古月轩'"：112
"非正式建筑古月轩"才会同乾隆
　　珐琅彩相关联：116
"非古月轩"珐琅彩瓷：75
非我族类：91

匋（陶）雅：76
匋雅：66
泾县古代著述一览表：93
空名字：87
郎世宁：68
郎世宁年谱：97
郎世宁传考略：83
经验科学：72，79
经籍纂诂：88

## 九画

珐琅作：68
珐琅彩：68
珐琅彩和古月轩：127
珐琅彩和古月轩：66，77
政治铁律和世俗铁律：92
赵之谦：127
赵汝珍：125
故宫专家夏更起谈鼻烟壶的
　历史与价值：78
胡：68
胡人：73
胡人轩：91
胡天：81
胡天神：126
"胡"字多用于贬义：81
'胡'字拆'古月'，'古月'
　还是'胡'：82，92
胡轩：91
胡学周：94
胡学周——古月轩——珐琅彩
　之说：94
胡姬：81
胡笳：81
胡麻：81
胡旋舞：81
胡商：81
胡僧：68
"相地"、勘查、测量：113

临时建筑古月轩：124
昵称：70
拜火教：126
《追寻失落的圆明园·导言》：116
"送古月轩"：111
前科学：72
洞天深处：103
"宫廷画师郎世宁"引发争议：100
宫廷画师郎世宁是老北京：100
宫廷造办处各作奉命迁往圆明园：99
说文解字：82

## 十画

耿宝昌：78，125
晋书·苻坚载记下：81
真正的"古月轩"器物都没有、
　也不可能有"古月轩"款：79
配享：96
夏更起：78
圆明园大事年表：108
圆明园史介绍：108
圆明园西洋楼简介：106
圆明园的兴废：84
圆明园的那座如意馆：120
圆明园造办处：68
郭良蕙：126
郭葆昌：125
准科学：72，79
瓷胎画珐琅：68
《瓷器概说》：125
涅斯托利派：81
海望：106
"朗月轩"：118
调侃：110
陶瓷述古：87

## 十一画

"乾隆之轩"：124
移交和摆脱：106
"偏让古月伴今皇"：115

名词和术语索引 429

假说：72
"康熙御制"款被"古月轩款"
　　所仿造：76
《清史稿》卷一一八，《职官
　　志五》：96
"清帝之轩"：124
清宫内皇家园林内没有
　　"古月轩"：86
清宫造办处：68
清宫造办处各作成造活计清档：104
清稗类钞：93
淳化轩：122
淳化阁帖：122
寂园叟：66，76
谐奇趣：106，113
谐称：70
谐谑：110
谑称：70

十二画

博物学界：125
葛洪：82
蒋友仁（法文原名 Michael
　　Benoist）：95
搜神记：126
雅兴：110
雅称：70

雅谑：119
景教：81
筑群：73

十三画

髡首袒肩：126
禁忌：123
鉴园：68，69
暗称：70
《辞源续编》：125
简称：70
满大人：92

十四画

碧眼胡僧：81
磁器法瑯：68

十五画

潜科学：72

十六画

横向延伸：89
霍华：87

十七画

鞠德源：97

十八画

鳌园：82

二十二画

鑑园：88

# 第三编

一画

一批又一批"磁器珐琅"：161
一招定真伪：133
一招定真品：144
一招致命：133，134
一招致胜：132，144
一票否决：133

二画

二方连续图案：136

三画

三山五园：147
三代四任的江宁织造：164
"于园"：152
"土咬"：140
《上元江宁两县志》：157

## 四画

王莉英：131，179
无论是碳-14年代测定：149
五彩·斗彩：131
《五彩·斗彩》：138，179
历史"清案"：170
《中国历代陶瓷鉴赏》（精华版）：135
《中国古代瓷器鉴赏辞典》：170
中国古陶瓷的科学：148
中国美术家辞典：139
中国陶瓷：144
公婆各说理，鸡鸭不同调：142
文友：158
火石红：135
"丑美"：142
《以书法名世的曹寅》：155
"以两线水为国家转运咽喉"：156
双犄牡丹：136
"双璧增辉"：172
书友：158

## 五画

"古泉堂"：177
《古桂飘香满余园》：151
平定"三藩"：147
"东、西，南、北之津要"：156
"东园"：147
"东施效颦"：172
叶佩兰：137
《史记》卷九十一《黥布列传》：153
《史事稽年》：159
四王吴恽：139
四方连续图案：136
《四库全书》之《总目提要》：158
《四部丛刊》本《述学·补遗》：156
《仪征县志·河渠志》：156
《仪征县志·盐漕志》：156
"仪征余园"：151
仪征余园：152
"仪征余园"：154
"仪征余熙余园"：178
"仪征刻本"：158
"仪真"：152
"仪真余园"：157
包衣：156
《汉书》卷四十三《郦食其列传》：153
冯先铭：143
《民国时期益阳城区一座特别
　风格的老建筑——余园》：151
《圣驾五幸江南恭录》：156

## 六画

老的招数间或失灵：134
"西园"：147
《西都赋》：165
《在园杂志》：163
"百圾碎"：141
《扬州画舫录》：152
扬州情结：181
吕成龙：166
朱家溍：149，159，161
《竹月堂珍藏鉴赏——元明清颜色
　釉瓷器》：166
伦敦克瑞斯蒂：133
华夏之旅——北京之最：151
《后汉书》卷七十二《董卓列传》：165
《全唐诗》：156
色地珐琅：163
《庄子》：142
刘廷玑：163
刘良佑：135
"江天传舍"：152
《江宁织造进物单》：164
江宁织造局：152
《江西通志》：166
江南情结：181
冰裂纹：141
《阮元和"京邸小园杂诗册页"》：151

红地珐琅：163
《〈红楼梦〉中扬州情节作用析》：181
《红楼梦考证》：152
《红楼梦新证》：159
孙学海：132
孙瀛洲：134
"巡盐御史"：156

**七画**

"坞中珍藏……积如丘山"：165
"苏州织造"：176
李斗：152
李煦：176
"吾园"：151
两淮盐院：152
位居要津：136
"余园"：147，154
"余园余熙"：154
《余园诗抄》：152
余园珍藏：131
"余园珍藏"：151，165，175
余熙：153
鸠车竹马：157
"饭友"：158
汪中：155
汪园：156
没骨花卉：139
没骨画法：139
"沈阳唐英"：170
初见惊奇：131
张福康：148
"纯一堂"：166，173
纽约朵尔：133

**八画**

玩伴：158
"玩器"：179
"青花团花木桶炉"：170
《青花釉里红》下卷：138
现象认识的概念化：143

"若深珍藏"：165
《明清小说外围论》：181
《明清瓷器文饰鉴定——荷莲牡丹卷》：138
《明清瓷器堂名（年号干支）款一览表》：170
明清瓷器鉴定·清代部分：131
虬干蟠曲：137
罗丹：142
"佳器"：179
"供御"：166
《佩文韵府》：156
金钱黑洞：149
"贫困户"：171
周汝昌：159，161
怡亲王：162
"宝玩"：177
宜兴胎画珐琅：161
"宜兴紫砂陶胎珐琅彩器"：161
"官搭民烧"：160
"郎窑"：163
恽寿平书画及其鉴识：139
"视力范围"：149
《居常饮馔录》：158
"织造郎中曹寅"：159
"织造曹寅"：159

**九画**

"奏报熊赐履病故折"：156
"春育言人珍藏"：165
珐琅彩·粉彩：137
珍藏：132
"珍藏"款的授受关系是一个关键：168
故宫博物院藏文物珍品大系：131
胡适：152
"南园"：147
南京博物院珍藏系列·清宫瓷器：131
《南京博物院珍藏系列·

清宫瓷器》：179
《郦生列传》：153
《战国策·魏策四》：153
哈若·凡·海默尔：133
"俊公"：170
俞建华：139
《哀盐船文》：155
恽南田：138
恽南田画风：139
《养心殿造办处各作成造
　活计清档》：162
"类似珍藏款"：180
误定终身：133
姹紫：134
垒染：140
统一台湾：147

十画
艳压群芳：137
耿宝昌：131
莫瑞尔（F. Gordon Morrill）
　夫妇：133
"莘园"：147
"真品现象"：150
格古日记：134
原始"珍藏款"：180
热释光年代测定：149
秘密统战部长：157
笔友：158
徐崇嗣：139
唐英：141
"唐英"：170
"唐英隽公"：170
粉白釉：148
"准官窑"：147，155，165，173
瓷器"珍藏"款中隐藏的背景
　和秘密：165
酒友：158
浙江布政使：166

"家用"：179
"家藏"：166
"陶成宝玩"：171
"陶成居士制古泉堂"：171
"陶成居士陶成堂印"：170
"陶成堂"：177
"陶成堂制"：170
《陶庵梦忆·于园》：152

十一画
"菜友"：158
"乾隆甲辰俊公赠品"：170
"梅岭春深"：153
"曹织部子清"：163
曹荃：180
曹玺：152，159
曹家为宫廷经办瓷器：164
曹雪芹父祖操办宫廷用瓷：159
曹寅：152
"曹寅奏进晴雨录折"：161
曹頫：159
曹颙：159
接胎痕：135
"彩虹光"：143
彩虹光：173
脱玻化程度测定：149
康熙五彩的代表者是民窑：146
康熙墨地：132
情报长官：152
惟美是归：146
《清末余园今犹在——汪家花园》：152
《清史稿·圣祖本纪三》：166
《清代画珐琅器制造考》：161
清初六大家：139
"清响园"：152
《清顺治康熙朝青花瓷》：179
"清宫旧藏"：146
"清档"：163
"清赏"：173，177

"清慎"：168
《窑器说》：163
"郎坞"：165
　　　十二画
"喜舍"：166
《葬花词》：179
萱草园主人：164
"雅玩"：177
"雅制"：179
《景德镇陶录》：146
遗恨难平：149
遗憾难消：149
"蛤蜊光"：142
幅面宏伟：136
黑疵：142
程哲：163
"集余园赋诗"：157
御笔朱批：159
御赐纯一堂珍藏：132
"御赐纯一堂珍藏"：165
骗了多少磁器：160
　　　十三画
《栋亭诗钞》：158
"甄陶雅玩"：171
"督造"：179
"蜗寄老人"：171
"蜗寄居"：177
"蜗寄居士古柏堂"：171

"蜗寄居士清赏"：171
"蜗寄唐英制"：170
锦地开光：136
微量元素分析，：149
鲐背庞眉：157
"雍正甲寅年沈阳唐英敬制
　普陀山元通殿"：170
"榷陶使者唐英制"：170
　　　十四画
磁器法胍：159
"磁器法胍"：160
"臧窑"：146
裴光辉：134
"舞文弄墨"：155
寤园：156
缪沉：152
噶尔丹叛乱：147
　　　十五画
"蝶梦园"：151
墨釉：132
"餘园"：152
　　　十六画
镟纹：135
　　　十八画
鬃眼：142
　　　二十画
"灌园"：147

# 第四编

　　　一画
"一门四进士"：194
一门四进士：200
　　　二画
二口并决：216，219，236
十五日说：212

十六日说：212
十四日破坝，十五日毁城：220
丁启睿传：213，214，221
卜从善：215
八年祸中国：204
人谋不臧：239

### 三画

"三十二大丈夫相"：188
工艺水准：187
《工艺美术·竹木牙角器》：191
大相国寺：212
大顺王朝：216
大梁守城记：219
万燝：199
万燝本传：199
马自树：192
马家口：186，213，216
马鉴：199

### 四画

王化贞：197
王汉传：214
王安：195
王燮：222
开封府志：213
开封城下七座古城
　"叠罗汉"：206，215
开封城墙：217
《开封城墙——李自成三打开封》：186
天灾还是人祸？：215
天灾说和无法判定说：213
天鉴：198
《元代牙雕》：193
艺术的理想主义：189
艺术鉴赏层次：200
五大古都：231
太监王国臣：199
太监庞保、刘成：185
历史上的开封犹太聚落漫谈：214
历史灾害：217
历史研究价值：187
历史悬案：213
牙牌：188
"牙雕金佛"：185
日志和流水账：220

中国艺术中的小型艺术：209
《中国文物定级图典·一级品》：192
《中国文物精华大辞典》：192
《中国古代工艺珍品》：191，192
《中国竹木牙角图鉴》：192
《中国美术全集》：191，192
中国陶瓷艺术精品：来自圣弗兰
　西叟的艺术精品博物馆：208
中国通史：242
中国最早玉器出自岫岩：207
中国境内犹太人的若干历史问题：217
内操：198
"手指纤长"：189
仁寿殿：186
化石长毛象：209
分杀水势：227
文水伯：205
文字使用鉴定和铭文内容鉴定：190
文盲男女：198
方从哲传：195
方国安：204，212，231
"双手过膝"：189
双方决河说：213
孔尚任：215
书·尧典：219
书法和书体鉴定：190

### 五画

玉篇：201
本纪：220
《本纪·庄烈帝》：186
本杰明·罗兰德（Benjamin
　Rowland）：209
《本草纲目》：188
左光斗：186，199
左良玉：204，212，231
左良玉传：212
石器时代：191
东厂：199

# 名词和术语索引

东轩记：219
东林党：196
旧唐书：200
叶向高：198
四川广汉三星堆遗址：187
白寿彝：242
白愚：205，220
"对食"：197

## 六画

"当国"：185
吕不韦：198
同志：198
朱由校：194
朱仙镇：204，212
朱仙镇会师：231
朱恭枵：215
朱家潭：191，192，223
朱家寨：186，212
朱常洛：185
《竹木牙角器》：191，192
伪造历史是左棍们的惯用伎俩：216
《庄烈王本纪》：204
庄烈帝本纪：211，213，219
刘一煜：194
刘一燝：185，198
刘一燝本传：194
刘克敬：199
刘材：203
刘秉果：193
刘泽清：225
刘宗周传：241
刘重庆：196
刘超据：204
羊马墙：221
江秉谦：197
江秉谦传：196
决河马家口：237
决河朱家寨：237

决河竞赛：235
"决河灌城"：186
决河灌城：212
决河灌城"或"决河灌贼"
　的决策者：213
决河灌城说：213
"决河灌贼"：186
决河灌贼：212
决河灌贼说：213
决河灌敌：229
守汴日志：205，217，219
许定国：204，212
妇好墓：192
"红丸案"：186
孙传庭：204，212，232
"孙传庭传"：186
孙传庭传：213，220
孙膑故里：191

## 七画

进退维谷：235
花园口决堤内幕：215
严云京：215
苏轼：219
杨涟：186，195，199
杨涟传：195
杨德政：204，212，231
李可灼：186
李邦华：199
李光壂：205，217，220
李自成：186，212，213，216，218
《李自成》：186
李自成三打开封：205，217
李自成本人被明将陈永福：232
李自成传：212
李应升：199
李选侍：195
李密传：200
李爵禄：191

两口并决：242
两个李选侍：186
两个狗男女：204
技术（刻写和锈蚀等）鉴定：190
折箭为誓：232
吴怀贤：199
时代特征：187
《佛本行集经》：188
佛陀形象之演化：208
佛教神像：193
佛瑞尔艺术馆藏透露中国佛教
　艺术之光：209
余继明：192
犹太李姓：217
邹元标：198
邹逸麟：205
汪乔：204
汴围湿襟录：205，217
汴京：209
汴梁：209
汴梁佳丽甲中州：222，231
沈畸传附萧服传：210
宋史：210
《灾害与社会研究刍议》：205
君子总是无法战胜小人：198
张廷玉：193
张国维：214
张国维传：214
张差：185
张惟贤：195
张维世传：204
张献忠：204
张慎言：196
陈于廷：199
陈永福：205，232
陈新甲：214
陈德：205
纽约克瑞斯蒂（Christi's,

New York）：208

**八画**

环宇大劫难：212
武阉：198
英雄兼枭雄：232
林汝翥：199
虎大威：204，212，231
国恩寺：209
明末农民战争史：215
《明史》：186，193
明史：220，211
《明史·天文志三》：204
《明史·五行志》：206，212
《明史·五行志一》：204
《明史·本纪》：212
《明史·外国列传五·占城传》：188
《明史·地理志》：212，234
《明史·庄烈帝本纪》：225
《明史·张国维本传》：214
《明史·河渠志》：227
《明史·诸王传》：223
《明史·舆服志三》：188
《明史·舆服志四》：188
《明实录》：220
秉笔太监：194
金申：209
乳母客氏：194
周王：205
周王朱恭：242
周王朱恭枵：223
周王府：212
周宗建：199
周起元：199
周堪赓：228
周朝瑞：199
郑贵妃：185
河姆渡：187
河姆渡文化遗址：187

河南开封犹太人的故事：214
"河南相国寺"：185，194
河南相国寺：200
河渠志：214
官军续决马家口以避责：239
弥天大祸：240
陕西左布政使：194
《始祖胈公传影》：191
经籍纂诂：201

## 九画

《春草堂集》：188
春秋：220
赵南星：199
南明史：215
柿园之役：232
点将录：198
是天也，非寇也：217
重修清真寺碑记：214
叟姆・杰宁和威廉姆・华特森（Soame Jenyn's and William Watson）：209
顺太祖：216
顺理成章：236
修内司少监萧服：210
皇后张氏：198
皇帝绝嗣：199
侯恂：215
胆战心惊：236
亲贤宅教授：210
美学艺术价值：187
"首辅"：185
将作少监：210
洪承畴：204
客氏：197
祖大寿：204
祖陵：228
误导世人：212
说文解字：201
姚宗文：196

姚雪垠：212，213，219

## 十画

秦师：221
袁化中：199
袁崇焕：207
梃击：185
桃花扇：215
破沂州：236
顾大章：199
顾诚：215
顾宪成：198
致仕：198
贼军反决马家口以灌城：239
积愤：232
笔走偏锋：189
倪瓒：189
徐平《天灾还是人祸？》：186
高弘图：196
高名衡：215，242
高名衡传：204，221
高迎祥：207
高攀龙：189，199
郭巩：196
准确断代：192
流贼：213，216
流贼传：216
流落中国的犹太人：217
诸王：214

## 十一画

《黄河之水沉开封》：186
黄河之水沉开封：205，217
黄河花园口：228
《黄河洪水灾害》：186
黄振效：191
黄尊素：199
黄澍：215
乾清宫：186
萧服款：190

萧服款佛像：190
曹者祉：191，192
推官：241
崔文升：186
"移宫案"：186
笼统断代：191
庶吉士：201
商代牙雕夔鋬杯：191
惨绝人寰：186，217
惨绝人寰的大灾难：239
惨绝人寰的历史大灾难：206
清真寺碑：214
续决马家口：237

### 十二画
堤外黄流滔天，堤内水涝蔓延：232
堤满河平：233
斯提瓦和张清（J. Stuart and Chang Qing）：209
"萬厤"：190
"萬厯"：190
"萬歷"：190
"萬曆"：190
蒋应阳：199
韩炉：199
集行政、军务和治河大权于一身：242
道教神像：193
谢堃《金石琐碎》：188

### 十三画
瑕瑜互见：234
暗无天日：198
锦衣卫：192

"锦字八十八号"：192
新见"守汴日志"具有很高的史料价值：217
新石器时代：187
慈庆宫：185
群阉：195

### 十四画
蔡美彪：213，242
碳14测定：187
"蝇头小楷"：189
疑雾：235
肇祸：187
肇祸者：219，242
熊廷弼：196
熊廷弼本传：197
缪昌期：199
缪昌期传：196

### 十五画
镇寺之宝：203

### 十六画
《熹宗本纪》：194

### 十七画
魏大中：199
魏忠贤：186，194
魏忠贤传：194，197
魏、客奸党集团：198
瓮中之鳖：215

### 十九画
"蹴鞠纹牙雕笔筒"：193
艨艟巨筏：222，232

# 第五编

### 一画
一招定真品：269

### 二画
八成是康熙：269

## 三画

三朝瓷器的鉴赏美学：263
三藩之乱：279
万历野获编：247
广义的珐琅彩瓷器：290
广州十三：275
广州三彩：277
广州市志·工艺美术工业志：289
广州织金彩瓷：273
广州彩瓷：277
广彩：275
广彩"开创了中国粉彩瓷业的历史先河"：287
广彩的概念：273
广彩是古彩、粉彩、珐琅彩兼而有之：284
广彩瓷器：274
广彩瓷器面临失传危机：274
广彩瓷器精品展：273
广窑：274，275
广琪说瓷：286

## 四画

无光黑釉：252，272
中华古玩：286
中国古代瓷器鉴赏辞典：257，276
中国古陶瓷图典：276
中国古陶瓷的科学：257，258，260
中国瓷器迷老外：276
中国陶瓷：250
中国绿色舞狮：271
中国景德镇艺术陶瓷精品鉴赏：252
"中国舞狮"（Chinese Lions，或称 Foo Dogs）：267
中国舞狮图：272
"内战"（"Civic War"）：279

## 五画

古玩指南：246，249
古陶瓷图典：254
古陶瓷鉴真：280
古彩：274
古窑考·广窑：275
平定三藩之乱：280
叶状形辐射开光（Foliated radial panels）：278
叶佩兰：253
他山之石，可以攻玉：268
用于彩绘之颜料者谓之"彩"，用于地釉或作满釉使用者谓之"釉"：255
外来的和尚会念经：268
闪光和推测：287
冯先铭：250
冯素阁：274，277
礼记·大学：266

## 六画

老干虬枝：269
列举诸说：256
死生同体：267
过渡期：280
吐舌不能下：247
先施绿釉后罩墨釉：253
先施墨釉，后施绿釉：254
竹园陶说：275
伟大的艺术传统图录：249
伦敦克瑞斯蒂：245
创烧广彩的历史机缘：279
朵尔（Doyle, New York）：245
刘子芬：275
江西大志·陶书：258
许之衡：248
许恩曾：274
论语·先进：266
论语·述而：266
收复台湾的战争：280
孙学海：269
孙瀛洲：252

## 七画

进口珐琅彩料的先知先觉：285

走一步退两步：268
花随人圣庵摭忆：246
克拉克：266
克拉克瓷：278
杏林春燕图珐琅彩碗：246
杨琳：289
杨静荣：247
李广琪：286
李成栋：279
李秉忠：289
龟裙绿：265
条斑状蛤蜊光：283
饮流斋说瓷：248
汪庆正：253，258，276
沈德符：247
宋代官钧：246
宋建文：286
宋钧窑瓷：247
灵动：269
张福康：257，258
陈浏：248
鸡缸杯的真正价值：247

**八画**

青花珠明料：262
耶稣会士：285
林朝楷：288
画图之美：265
画珐琅工匠：288
非宫苑珐琅彩：284
尚之信：279
尚可喜：279
明心见性：266
明代官窑仿宋钧窑：246
明清瓷器：277
明清瓷器鉴定：250，258
典型蛤蜊光：269
罗浮宫（Louvre Museum）：250
制作康熙墨地：262

金片：256
金红珐琅彩料：290
饲雅：248，275
郑振铎：249
浅说广彩瓷器：277
河南彩：275
宜兴胎画珐琅：290
官宦之家：282
郎世宁：288
郎世宁年谱：288
细小而深度直达胎骨的棕眼：282
织金填彩：273

**九画**

珐琅彩粉彩概：291
玻璃白：252，254，259
玻璃白釉是一种乳浊的不透
　明釉：259
赵汝珍：246
南明桂王：279
品种特殊的珐琅彩瓷器：289
香港苏富比：246
香港佳士得：246
俗艳：273
鬼谷子下山图元青花瓶：245
养心殿造办处各作承做活计
　清档：288
美其名曰弘扬文化：268
美恶共崇：267
宫苑珐琅彩：284
误置的真理：261
说广彩：286
统一诸说：256

**十画**

珠明料：256
珠明釉：252
珠密：256
耿宝昌：250，258
荷兰东印度公司与中国明清

名词和术语索引 441

瓷器：280
真理的一种误置：261
格物：266
格致学：266
钱振宗：276
透明玻璃白：285
透明釉：254
唐窑：275
粉彩是在珐琅彩的基础上发展
　起来的：291
瓷胎画珐琅：288
瓷器之评价：248
瓷器的釉色：259
瓷器辨伪举例：253
海水龙纹扁：246
海禁：287
陶瓷之父：267
陶瓷界的所谓"清初"：276
陶瓷釉"与"陶瓷彩：255
　　　十一画
黄金有价钧无价：246
乾隆官窑中的罗汉图：284
梦幻之美：266
盛世之美：265
雪白釉：252
雪白熔剂：285
推究物理：266
蛇皮绿：265
银本位制：246
银灰色光泽：270
彩虹光：271，283
康熙珐琅彩：289
康熙素三彩：255
康熙、雍正、乾隆朝瓷胎画珐琅
　历史档案资料：289
康熙墨地：256
康熙墨地是釉墨覆盖绿釉：260
康熙墨彩是绿彩覆盖墨彩：261

康熙墨釉工艺流程：253
康熙墨釉的复活：272
"商船"（Kraak）：278
清史稿：279
清代瓷器赏鉴：276
清宫旧藏：263
深蕴：265
寂园叟：275
维吉伍德：266
维吉伍德一世 Josiah Wedgwood：267
绿彩覆盖墨彩：262
　　　十二画
萱草园主人：284
搜罗殆尽：248
景德镇陶录：274，275
蛤蜊光：283
黑白分明：267
黑彩：252
黑釉：252
奥斯曼帝国：285
釉下三彩：284
釉下双彩：284
　　　十三画
蓝浦：275
锦鸡图古月轩瓶：246
简明陶瓷词典：254，258
解人难索：249
数典记祖：267
　　　十四画
蔡国声：276
慢节奏：280
谭泰传：279
　　　十五画
墨地：252
墨地三彩高足碗：267
墨地彩瓷而具有康熙官窑款识：263
墨彩：252
潘淳：289

### 十七画

鞠德源：288

# 第六编

### 二画

"八大人觉"：319
"八大地狱"：319
"八中州"：319
"八代"：319
"八仙"：319
八边形底座：321
"八吉祥"：319
"八"字崇尚：318
"八阵"：319
"八戒"：319
"八识"：319
"八卦"：319
"八苦"：319
"八佾"：319
"八股"：319
"八法"：319
"八珍"：319
"八相"：319
"八相成道"：319
八面壶门：322
"八拜"：319
"八胜处"：319
"八迷"：319
"八部众"：319
八部落：320
"八教"：319
八塔并立：321
"八解脱"：319
八瓣莲花：321
人皇王：322
人被神化，同时神也被人化：305

儿皇帝：318
几尊可疑的辽代款佛像：296，322
几尊可疑的辽代款造像：301
"九方皋相马"式的疏忽：322
乃蛮部：317

### 三画

三皇五帝：298
于保林：320
土河：319
下华严寺：319
大册礼：307
大圣皇帝：322
大辽王朝：310
大英博物馆（The British Museum, England）：300
大契丹国：305
"大贺氏八部"：320
大悲阁：323
万物有灵论：319
万部华严经塔：321
山西应县佛宫寺辽代释迦塔：320
千年佛教史：297
川篇：302
广胜寺塔：321
飞鸟时代：299

### 四画

天皇帝：298，315
云居寺：321
木叶山：319
太子成道变文：302
日本商人的恶作剧：301
中国历代纪年佛像图典：308

# 名词和术语索引

中国地域文化大系·草原文化：305
中国金铜佛像：300
中国通史：315
中京：305
贝加尔湖：317
仏：296，302
'仏'字只有日本人才这样写：296
"仏"字是中国古代的一个标准字
　　和常用字：301
父皇帝：318
六神通：302
文化入侵、强制灌输：298
巴林右旗志：321
双菩萨立像：303

## 五画

正字通：302
甘露寺：302
世俗性：300
"古八部"：320
石敬瑭：318
平安时代：329
灭佛运动：310
打入冷宫：295
东大藏辽款观音：300
东亚的形态世界：299
东斋记事：320
北宋真宗：316
旧五代史：315
《旧五代史》卷三之《太祖
　　纪三》：315
叶隆礼：315
四郎探母：310
生动性：325
白衣观音像：323
白寿彝：315
令如帝身：308
主神论：319
头陀：300

"汉八旗"：320
宁城县的大明塔：321
写实性：300，325
礼志一：306
司马光：315
弘福寺：322
圣宗本纪七：307
圣宗本纪八：306
圣宗本纪六：305
圣宗本纪四：307
圣诞：307
圣居山天圣寺：300
辽人髡发：300
辽上京临潢府：319
辽太平二年观世音金铜像：295，304
辽太平二年款观音坐像：295
辽太宗耶律德光：318
辽史：311，315
《辽史》卷3《本纪·太宗上》：323
《辽史》卷72《列传》第2《宗室》
　　中之《义宗倍》：323
《辽史》卷一《太祖本
　　纪上》：314，315
《辽史》卷二《太祖本纪下》：316
《辽史》卷十四《圣宗本纪五》：316
《辽史》卷三十二《营卫志中·
　　部族上》：320
《辽史》卷三十七《地理
　　志一》：318，320
《辽史》卷三十七《志》第七《地理
　　志一》：323
《辽史》卷六十二《刑法志下》：327
《辽史》卷六十五《表》：324
《辽史》卷四十九《志》第十八
　　《礼志一》：324
辽代铜佛：326
辽圣宗：296
辽圣宗：316

辽兴宗：327
辽律：327
辽统和二十六年款观音造像：301
辽款造像：301
辽道宗：307
辽像风格：301
辽像"吸收了两宋风格的神韵"：326

### 六画

老者颜：306
老哈河：319
地皇后：298，315
地理志五：305
西辽：313，317
西拉木伦河：319
有辽代建筑的海城金塔：321
列子·说符：322
朱温：314
传统排序法：313
华严寺，奉安诸帝铜像、石像：305
后梁：314
多样性：300，325
庆州白塔：320
关公战秦琼、貂蝉嫁罗成：326
兴城白塔寺：321
安史之乱：317
观世阴：303
观音：324
观音奴：324
观想佛像：303
孙建华：303
远东·汉语大辞典：302

### 七画

杨家将：310
《杨家将》故事：316
杨衒之：313
李胡文：296
李胡文章：301
李静杰、胡国强：295

两级七个朝代：315
两河流域：319
抖擞：300
围场县一带是辽代契丹人的
　发祥地：301
男像观音：299
但"仏"字透露出日本气息：301
位列神佛菩萨：306
佛教美术全集：303
伽兰：313
伽蓝：313
库叶岛：317
应天皇后：322
沙门昭敏：307
《宋史》卷一《太祖本纪》：314
《宋史》卷六《真宗本纪一》：316
宋辽风格：296，301，311，313，330
宋辽（的）造型：296
《宋辽金》：317
宋辽造型：297，313，330
宋辽造像：296，311，313
宋式风格：297，298
宋式造型：298
宋刑统：327
宋建隆详定刑统：327
宋律：298，327
证伪：309
证真：309
罕见辽代鎏金铜观音佛像惊现
　沈城：322
改并四声篇海·人部：302
陈桥驿兵变：314

### 八画

奉若圭臬：298
武则天：298
耶律大石：317
耶律阿保机：298，314
耶律俨实录：311

耶律庶成：327
耶律庶成传：327
耶律隆绪：304
松漠之间：320
述律后：322
欧阳修：315
典型的明代造像：296
罗汉：300
季崇建：299
金申：296，299，312
金像：306
变文：302
京口甘露寺：302
净饭王子：302
法式：308
法难：311
诣菩萨堂仪：324

### 九画

契丹人有为帝、后造像的传统：305
契丹大字：304
契丹小字：304
契丹王朝：310
契丹古代史论稿：320，321
契丹民族的发祥史：313
契丹国志：311，315
契丹藏：325
赵光义：328
草原文化：321
重熙条制：327
帝及后妃皆铸金像纳焉：306
洛阳伽蓝记：313
"室韦八部"：320
神圣性：300，325

### 十画

都尚具唐风，尤似唐式：330
真知灼见：331
振聋发聩：331
造像风格类唐不类宋：330

"敌烈八部"：320
徐中舒：302
徐政夫：303
高丽造像而署上了辽款：297
斋琬文：303
斋琬文一卷并序：303
唐律：298，327
唐哀帝：314
唐高宗：298
资治通鉴：315
海外遗珍：300
诸帝石像：305
袖珍小像：305
谈辽代造像的一种样式：313

### 十一画

理想性：300，325
黄花滩：321
黄巢起义：317
营造法式：329
萧太后：310
萧观音：324
萨满教：318
盛唐风格：329
盛唐遗风：330
鄂霍次霍海：317
得意忘象：322
脱脱：315
祭山仪：324
痕德堇可汗：315
康王赵构：317
康熙字典·人部：302
"婆里八部"：320
隋唐五代十国：317
隋唐风格：330

### 十二画

散见于朝鲜的中国年款
　佛教遗物：297，322
朝鲜的三国、新罗时代：299

最后一次法难：311
景宗本纪：307
景宗本纪六：307
御容殿：305
释老志：308
敦煌变文：302
敦煌学：303
编敕：327
缘木求鱼：312
　　　十三画
髡发：305
"蒙古八旗"：320
错位：314
"遥辇氏八部"：320
新五代史：315
《新五代史》卷二《梁本纪二》：315
《新唐书》卷十《哀帝本纪》：315
"满八旗"：320

福井武次郎旧藏观音：300
　　　十四画
聚观：322
蔡志忠：300
僧伽罗摩：313
僧伽蓝：313
潢河：319
　　　十六画
薛居正：315
澶渊之盟：316
　　　十七画
魏书：308
　　　十八画
燕节：306
藩镇割据：317
镰仓时代：329

# 第七编

　　　二画
九龙纹碧玉瓮：346，348
　　　三画
工艺判定：335
工匠艺术家：365
大禹治水图：346
"大家之风"或"小家子气"：369
马平：370
　　　四画
王炳荣：360
天工开物：349
天工开物：351
天工开物·陶埏·白瓷：351
天下皆知美之为美：361
元代景德镇青花瓷烧制
　　工艺揭秘：351，357

元青花四系扁瓶：342
元明清古瓷标本图示：370
艺术收藏与投资的美学原则：362
历史文物的美学研究：362
比照判定：335
牙硝：371
中低温釉：373
中国文物大辞典·陶瓷卷：370
中国文物珍品图说：343
中国古代瓷器鉴赏辞典：370
中国古代陶瓷的科学：366
中国古陶瓷图典：370
中国古陶瓷的科学：371
中国陶瓷：366，370
中国陶瓷 Chinese Ceramics：357
中温釉：373

手拉坯成型法：351
什么是美？：361
反向思维：339
公婆各说理，鸡鸭不同调：346
文物美学：362
孔雀绿釉：364
孔雀绿釉三神兽图纹小棒槌瓶：369
孔雀绿釉瓷器之美究竟美在何处：375
孔雀蓝釉：364
　　　　　五画
正宗概念：349
世说新语·德行：365
古月轩：343
古陶瓷鉴真：348
古董美学：362
"布局"或"留白"：369
印坯：349
印坯成型法：351
印模：349
印器：349，351
包浆：354
冯先铭：357，366，370
永乐孔雀绿釉：373
　　　　　六画
老子：361
老子衍：362
老子（道德经）：359
老化判定：335
有眼不识金镶玉：341
成化无大器：349
光学效应：353
传统鉴定：348
伦敦克瑞斯蒂：342
仿碧玉雕：338
会昌九老图：346，348
名家谈鉴定：343
刘义庆：365
讹化：374

收藏美学：362
孙瀛洲：343
　　　　　七画
'形式美学'规律：362
杨静荣：371
李公麟：339
技术鉴定：341，348
助熔剂：372
低温釉：373
近看永乐青花的时代特征：358
汪庆正：370
宋元明清瓷器真伪鉴别与
　价值评估：374
宋应星：349
"灵气"或"匠气"：369
张福康：366
陈国治：360
陈寔：365
纵向汇流：346
纽约朵尔：343
纽约朵尔拍卖，一鸣惊人：343
　　　　　八画
明清瓷器真赝对比鉴定：340，369
明清瓷器鉴定·明代部分：349，357
明清瓷器鉴定·清代
　部分：357，369，370
明清颜色釉瓷：371，372
图案清晰：376
质的高低：362
金钱的无底黑洞：335
庞然大物：340
净里：357
"经典造型"中的缺失品：349
经籍纂诂：374
　　　　　九画
珐琅彩和古月轩：343
珐琅彩·粉彩卷：350
珍宝文物：337

名词和术语索引　447

故宫博物院文物大系·颜色釉：371
《故宫博物院藏文物大系》之
　《青花釉里红》：350
故宫博物院藏文物珍品大系·
　颜色釉：367
柏拉图：361
柏拉图文艺对话集：361
砍狼标志：338
鬼谷子下山图元代青花罐：342
差紫：356
美之为美：361
美之所以为美：362
美即是美：361
美国人的无知：364
"美"的理念：361
"美"的普遍性：361
美学艺术标准：362，376
美学手段：342
美学判定：335，344
烂熟于心：349
宫廷造办处：343
神即是美：361
神韵：362
说有容易说无难：360
姹紫：356

### 十画

耿宝昌：356，370
莫瑞尔夫妇（Mr. & Mrs. F.
　Gordon Morrill）：342
原创艺术：340
捡漏：335，338
捡漏心态：335
圆成无隙：359
圆明园四十景图：346
圆明园四十景图咏：346
氧化钾：371
造型鉴定：348
"笔法"或"画法"：369

徐世平：339
徐世平赋予古画新生命：339
郭葆昌：343
瓷器概说·珐琅彩瓷：343
瓷器辨伪举例：343，349
海会图：339
海涛怪石三神兽图：365

### 十一画

难兄难弟：365
球面效应：353
理想国：361
逻辑手段：342
逻辑判定：335，339
逻辑判定的可靠性和陷阱：344
逻辑推断：339
逻辑鉴定：339
"望气"说：362
清初的孔雀绿釉器物为什么
　少见款识：374
清宫旧藏：343
密勒塔山玉大禹治水图：346
绿釉三彩：355
绿釉五彩：355

### 十二画

琢器：351
款识判定：335
萱草园主人：358
棱镜效应：353
量的多寡：362
景德镇出土元明官窑瓷器：370
蛤蜊光：353
程庸：340
釉面包浆：355
曾慧燕：339
"缘'浆'入魔"：354

### 十三画

暗花朦胧：376
简明陶瓷词典：370

源流判定：335

**十四画**

嘉道时期：366

"境界"或"神韵"：369

裴光辉《问疑青花"鬼谷出山"故事纹大罐》：339

**十五画**

横向成网：346

**二十画**

糯米粉：340，369

糯米粉状：356

糯米粉感：357

# 第八编

**三画**

工艺水平：384

**四画**

艺术价值：384，385

艺术完美度：385

艺术享受：385

艺术境界：391

历史价值：384

中国文物定级图典·一级品上卷：383

中国文物精华大辞典·青铜卷：383

文化财：390

文化珍宝：390

文物价值：384

文物价值是文物古董的根本属性：384

认定珍宝的那个"认识观念"：384

**五画**

《史记》卷八十一《廉颇蔺相如列传》：389

市场交换价值：387

汉姆拉比法典：386

司母戊方鼎：383

出发点和归宿：388

**六画**

有信仰、膜拜的价值：389

存世量便决定了它们的价值含量：387

米洛的维纳斯：383

米洛斯的阿弗洛狄忒：383

论宝之难：383

观赏价值：385

**七画**

形象性、社会性和共同性：386

苏美尔人：386

时尚流行：389

佛本行集经：382

附加价值：384

**八画**

非艺术品的美学价值：384，390

非文物的文物价值：384，390

知识价值：384

"知识的质和量"的高低和多寡：384

物质载体：385

和氏之璧：383，386

货币价值：384

质料价值：384

金银岛：382

波洛克：388

宝贝、宝物：381

宗教圣物：389

审美价值：384

审美的差异性、主观性、时代性和
　　变异性：383
审美享受：385
始祖朕公传影：389
经济价值：384，387

### 九画
珍奇价值：384，386，391
珍宝：381
珍宝岛：382
"珍宝"的要义：382
"珍宝"是弥勒的本名：382
战国策·齐策四：381
战国策·秦策五：381
美学价值：384，385
客观的和统一的标准：383
祖宗遗物：389

### 十画
都灵裹尸布：389
莉萨·盖拉尔迪尼肖像：383
破落客：388
竞争激情：389

### 十一画
清明上河图：383

### 十二画
《韩非子》卷四《和氏》：383
赏心悦目：385

### 十三画
楔形文字：386
慎终追远：389

### 十六画
凝固、物化和结晶：385